LA GRANDE
MASCARADE PARISIENNE

DU MÊME AUTEUR

VOYAGES TRÈS EXTRAORDINAIRES
DE
SATURNIN FARANDOUL

DANS LES 5 OU 6 PARTIES DU MONDE

ET DANS TOUS LES PAYS CONNUS ET MÊME INCONNUS DE M. JULES VERNE

Un volume : **10 francs.**

EN PRÉPARATION :

LE VINGTIÈME SIÈCLE

OUVRAGE DE GRAND LUXE

SCEAUX. — TYP. ET STÉR. M. ET P.-E. CHARAIRE.

LA GRANDE MASCARADE
PARISIENNE

PREMIÈRE PARTIE

UNE VIE DE POLICHINELLE

I

L'hôtel Hippocrate un lendemain de carnaval. — Le testament de feu Badinard. — Étrange mission dévolue à M. Antony Cabassol. — L'album aux soixante-dix-sept portraits compromettants.

Mᵉ Taparel
et M. Nestor Miradoux.

Ils étaient deux, l'un gros et rond, l'autre long et sec, l'un rouge et chauve, l'autre jaune et chevelu, mais tous les deux sanglés dans une redingote noire, tous les deux majestueusement cravatés de blanc, tous les deux portant haut le nez surmonté de lunettes, — une paire à branches d'or, une paire à branches d'argent, — et tous les deux porteurs d'un grand portefeuille noir bourré de papiers, évidemment timbrés.

Le premier, le gros rond, rouge et chauve, n'était autre que Mᵉ Taparel, notaire, 52, rue du Bac, la meilleure étude de Paris; le second, le monsieur long, sec, jaune et chevelu, avait le droit d'inscrire sur

Liv. 1.

ses cartes de visite le nom harmonieux de Nestor Miradoux, avec cette qualification : *Principal clerc de Mᵉ Taparel.*

La porte devant laquelle Mᵉ Taparel et M. Miradoux s'étaient arrêtés indécis était celle de l'hôtel Hippocrate, rue de l'École de médecine, l'hôtel meublé le moins sérieux de ce folâtre quartier des Écoles.

— M. Antony Cabassol? demanda enfin Mᵉ Taparel en franchissant la porte.

— Au troisième, porte nº 24, répondit une voix s'échappant d'une sorte de cage vitrée.

— Il n'est pas sorti? demanda M. Miradoux.

Un ricanement fut la seule réponse qui sortit de la cage.

Mᵉ Taparel et M. Miradoux, toujours solennels, s'engagèrent dans un couloir et gravirent l'escalier du premier étage; au bruit de leurs pas, une porte s'ouvrit sur le palier, une longue pipe sortit, tandis qu'une voix de basse disait au bout de la pipe :

— Eh bien, Jules, et ces bocks? animal.

Mᵉ Taparel et M. Miradoux négligèrent de répondre.

Une autre porte s'était ouverte, et du fond d'un couloir une voix de femme s'écriait :

— Garçon, nos bottes !

Mᵉ Taparel et M. Miradoux, mettant encore plus de solennité sur leur figure, entamèrent l'ascension du second étage. Des portes s'ouvraient aussi dans les couloirs de ce second étage, et l'on entendait des frottements de jupes ; deux femmes les attendaient sur le palier, penchées au-dessus de la rampe. Mᵉ Taparel, qui s'avançait le premier, vit avec inquiétude qu'elles étaient légèrement décolletées. L'une de ces dames n'avait qu'un jupon et pas même de camisole pour cacher les opulences de son corsage ; elle tenait à la main un pot à eau et une serviette.

— Comment, ce n'est pas Jules ! dit la première en voyant poindre les lunettes d'or et la cravate blanche de Mᵉ Taparel.

— En voilà une boite ! le garçon est toujours sorti. Vous ne l'avez pas rencontré? demanda la seconde.

— Non, madame ! répondit le notaire.

— Garçon ! cria une voix d'homme.

— Des petites nèfles ! répondit une demoiselle qui venait d'entr'ouvrir une porte pour chercher ses bottines sur le paillasson.

Mᵉ Taparel toussa légèrement dans sa cravate pour raffermir sa solennité, et prit la rampe du troisième étage.

— Oh ! là, là, fit d'une voix aiguë la dame ou demoiselle qui venait de chercher inutilement ses bottines. Viens donc voir, Charles, je parie que c'est le paternel à Chose, de là haut, qui vient pour embêter son fils..., gare là-dessous !

Il y eut des froufrous de robes en haut, une porte se referma vivement. Il n'y avait personne sur le palier. Mº Taparel en eut quelque satisfaction.

— Le nº 24, voyons, fit-il en s'engageant dans le couloir, voilà 16, 17, 18.

La porte du 18 était grande ouverte, Mº Taparel et M. Miradoux ne purent faire autrement que d'apercevoir une petite blonde boulotte, qui se carrait

Si je m'en allais comme ça prendre le tramway ?

les mains dans les poches devant une armoire à glace, dans un costume de Pierrette un peu frippé, en criant à pleine gorge :

— Dis donc, Coco, zut pour le mercredi des Cendres ! si je m'en allais comme ça prendre le tramway ? Dis, Coco ?

Un peu plus loin, dans la chambre nº 22, un jeune homme brossait mélancoliquement un paletot.

— Garçon, dit-il en entendant les pas du notaire, si vous entendez un marchand d'habits, vous me l'enverrez.

Mº Taparel avait trouvé le nº 24 et frappait à la porte. Rien ne répondit. Mº Taparel frappa trois fois sans plus de succès.

— La clef est sur la porte, entrons, fit-il à la fin, je ne pense pas qu'ici cela soit considéré comme une indiscrétion.

Et les deux habits noirs s'insinuèrent dans une chambre qui leur parut surtout meublée d'un nombre infini de photographies épinglées au papier de tenture.

— Il n'y a personne, fit Miradoux.

Un ronflement formidable répondit à cette affirmation. Le notaire et son principal clerc tournèrent leurs regards vers le lit. Il était en désordre, comme toute la chambre, d'ailleurs, mais l'auteur du ronflement ne s'y trouvait point.

Mᵉ Taparel et M. Miradoux levèrent les yeux au plafond, puis les ramenèrent au plancher, le ronflement continuait toujours, clair et distinct.

— Cela vient de par là, pourtant, dit le notaire en retournant vers le lit.

— Ah! fit Miradoux en découvrant dans la ruelle deux jambes sortant de l'ombre,

— Et les bocks, animal?

voici probablement les jambes de M. Cabassol, il sera tombé derrière son lit, l'infortuné jeune homme!

— Vite! retirons-le de cette fâcheuse position! dit le notaire en s'attelant aux jambes de l'infortuné Cabassol.

Le ronflement s'arrêta subitement.

— Cornélie! c'est mal ce que tu fais là... tu m'abandonnes! murmura le ronfleur d'une voix pleurarde.

La moitié du corps de Cabassol était sortie de la ruelle, mais Cabassol se débattait pour ne pas quitter son asile.

— Aidez-moi, Miradoux, dit le notaire. A nous deux nous en viendrons à bout.

Et le ronfleur, malgré sa résistance, fut bientôt amené au jour et assis sur son lit, où il resta en contemplant avec des yeux étonnés ces visiteurs inattendus.

Mᵉ Taparel et son principal clerc s'aperçurent alors que M. Cabassol portait un costume étrange, composé d'un maillot bariolé de dessins aux vives couleurs, de couvertures effilochées, de colliers de dents d'animaux,

— Garçon, nos bottes!

de plumes et de perruques suspendues à la ceinture. Sur la figure de Cabassol quelques restes de tatouages déteints se voyaient encore, mais disparaissaient rapidement sous les frottées énergiques dont il se bourrait pour achever de se réveiller.

— Pardon de vous avoir dérangé, dit enfin le notaire, mais est-ce bien à M. Antony Cabassol que j'ai l'honneur de parler?

— A lui-même, fit d'un signe de tête le sauvage Cabassol.

— Très bien! Je suis Mᵉ Taparel, notaire à Paris, et je viens vous entretenir d'une affaire importante!

Les couloirs de l'hôtel Hippocrate.

Cabassol, tout à fait réveillé, bondit et se trouva sur ses jambes.

— Notaire, n'est-ce pas? balbutia-t-il, notaire, pas huissier?

— Notaire à Paris, prononça Miradoux.

Cabassol poussa un soupir de satisfaction.

— Asseyez-vous, je vous prie, dit-il en se précipitant vers un fauteuil rouge et vers une chaise qu'il traîna devant ses visiteurs.

— Vous êtes bien, reprit le notaire en ouvrant sa serviette bourrée de papiers, vous êtes bien monsieur Georges-Antony Cabassol, étudiant en...

— En? répéta Cabassol.

— Oui, étudiant en quoi?

Cabassol sembla chercher dans ses souvenirs.

— Voyons, étudiant en droit ou en médecine? ah! voilà, je ne suis pas encore décidé... j'attends... je consulte mes goûts... il n'y a que quatre ans que je suis à Paris !

— Soit, mettons simplement étudiant, poursuivit Mᵉ Taparel,... né à Castelnaudary et cousin de M. Badinard.

— Oh ! cousin éloigné, très éloigné ! Les Badinard sont imbéciles de père en fils ; j'ai dîné une fois chez lui à Saint-Germain dans son *castel*, comme il disait, ce crétin de marchand d'huiles...

— ... Et cousin de feu M. Badinard, reprit le notaire en appuyant sur le mot *feu*.

— Ah ! fit Cabassol, *feu* M. Badinard...

— En qualité de notaire et d'exécuteur testamentaire de feu M. Badinard, je viens vous prier de vouloir bien m'accompagner jusqu'à mon étude pour y entendre la lecture du testament dudit. En me chargeant de l'exécution de ses dernières volontés, M. Badinard m'a recommandé de vous aller chercher moi-même à votre domicile et de vous emmener sans perdre une minute, et toute affaire cessante dans mon cabinet. Le testament ainsi qu'une petite boîte y annexée vous attendent, et je ne doute pas que la communication des dernières volontés de feu votre cousin ne vous soit agréable...

Antony Cabassol était retombé sur son lit.

— Pardon, monsieur, balbutia-t-il, vous êtes notaire, c'est une noble fonction qui vous revêt d'un caractère sacré... mais... ce que vous me dites... ça n'est pas une blague ?

L'air indigné de Mᵉ Taparel et de M. Miradoux convainquirent Cabassol.

— Ah ! ce pauvre cousin, feu Badinard !... Et moi qui n'en savait rien ! J'ai dîné chez lui il y a dix-huit mois, et je me souviens maintenant qu'il me considérait avec un air tout particulier... qu'il m'interrogeait paternellement sur mes habitudes, sur mes aptitudes, et même, je me souviens, sur mes succès auprès des .... si bien que je l'appelais le cousin Batifolard !... Pauvre Badinard ! belle famille ! tous très forts...

— De père en fils ! dit le notaire.

— Partons, messieurs, reprit Cabassol, allons à l'étude...

— Un instant ! vous êtes encore en sauvage...

— Ah ! c'est vrai... j'oubliais... c'était hier le mardi gras ; il y avait bal chez Raphaël Taupin, un peintre distingué de mes amis, et j'y suis allé en guerrier apache. J'ai eu beaucoup de succès ; mon costume était assez réussi comme vous pouvez le voir... Ah ! si j'avais seulement un ulster !

— Comment, un ulster ?

— Oui, ce serait plus commode, car, s'il faut tout vous avouer, ce costume d'apache compose à lui tout seul toute ma garde-robe actuelle, le reste est où vous savez !

— Comment où je sais?

— Au clou, parbleu! Voilà ce que c'est : mon costume à moi ne coûtait pas grand'chose comme exécution : des idées artistiques, du bon goût, et c'était tout ; mais il y avait celui de Cornélie...

— Cornélie?

— Oui, Cornélie, ma faiblesse actuelle... Je rougis de vous faire tous ces aveux!...

— Au contraire, jeune homme, au contraire! ne rougissez pas... Cor-

Cabassol contemplait avec des yeux étonnés ces visiteurs inattendus.

nélie! ah! il y a une Cornélie, c'est très bien, c'est excellent, en qualité d'exécuteur testamentaire de feu Badinard, cela me ravit. Du haut du ciel il doit être content de vous!

— Alors, je puis vous avouer Cornélie? Il y avait donc le costume de Cornélie, un délicieux costume de cantinière apache, allant porter l'eau de feu dans le sentier de la guerre! C'est pour cette cantinière apache que j'ai dû mettre toute ma garde-robe au clou.

Depuis une minute, M. Miradoux baissait la tête et regardait sous le lit.

— Qu'est-ce que vous cherchez? demanda Cabassol.

— Mais... Cornélie?

— Hélas! je croyais être revenu avec elle, mais je m'aperçois que je dois l'avoir laissée au bal chez Taupin.

— Alors, comment faire si vous n'avez pas d'autre costume?

Cabassol courut vers une commode et bouleversa les tiroirs.

— Je n'ai que cela, dit-il en revenant avec quelques petits papiers, voici trois reconnaissances!

— Nous sommes sauvés alors, s'écria le notaire; M. Miradoux, mon principal clerc, va courir dégager votre garde-robe, c'est un peu en dehors des habitudes notariales, mais enfin, il le faut!

Jules était revenu avec les bocks.

M. Miradoux prit les reconnaissances, reçut quelques indications du jeune homme et partit vivement. Après trois grands quarts d'heure d'attente il reparut, suivi d'un commissionnaire, porteur d'un fort paquet.

Cabassol, débarbouillé et débarrassé de ses tatouages, fut bien vite habillé.

— Et maintenant, messieurs, je suis à vous, dit-il.

Et, ouvrant la porte, il laissa passer le notaire et son principal clerc.

L'hôtel Hippocrate était un peu plus tranquille. Jules, le garçon, était revenu avec les bocks des uns et les bottines des autres.

— Jules, dit solennellement Cabassol en passant, si Cornélie revient, vous lui direz que je suis parti pour Castelnaudary, et soyez sévère.

Mᵉ Taparel avait sa voiture à la porte, les trois hommes y prirent place et roulèrent vers la rue du Bac. En route, Cabassol, anxieux, ne parla que de son cousin feu Badinard, et chercha à deviner l'importance du legs que ce cher Badinard devait lui avoir réservé.

En arrivant les trois hommes traversèrent l'étude au grand émoi des clercs, évidemment instruits de la situation, et pénétrèrent dans le cabinet du notaire.

— Monsieur Antony Cabassol, donnez-vous la peine de vous asseoir, prononça cérémonieusement Mᵉ Taparel.

Et, sans se presser, le notaire marcha vers une grande caisse de fer, l'ouvrit, en tira quelques papiers, ainsi qu'une boîte fermée par de grands cachets rouges, et vint s'asseoir devant son grand bureau.

— Mais, dit timidement Cabassol, et les autres... les autres parents?

— Dans un préambule au testament que je vais avoir l'honneur de vous lire, préambule contenant mes instructions, M. Badinard a écarté formelle-

LA GRANDE MASCARADE PARISIENNE

ment tous ses autres parents et amis, et il a exprimé la volonté que son testament vous fût lu à vous seul, en présence de M. Miradoux, mon principal clerc.

Cabassol se cramponna aux bras de son fauteuil.

— Je commence donc, dit le notaire en tirant d'une enveloppe une feuille de papier timbré :

« CECI EST MON TESTAMENT

« Moi, Jean Timoléon Badinard, sain d'esprit, mais cloué par la goutte dans mon fauteuil, je déclare ici avoir le cœur navré et me sentir l'âme profondément abattue par des désillusions conjugales.

« Je viens de découvrir caché dans un guéridon de la chambre de ma femme, un album contenant soixante-dix-sept photographies masculines, portant pour la plupart des mentions et des dédicaces, qui me semblent compromettantes. Ma femme m'avait paru jusqu'ici au-dessus du soupçon, elle s'est toujours montrée, dans le cours de cinq années de vie conjugale, d'un caractère si parfaitement désagréable que je me croyais à l'abri des risques ordinaires. Je me trompais, elle me trompait !

« Après de mûres réflexions, et dans l'impossibilité où je suis, vu ma goutte, de courir sus aux soixante-dix-sept personnages de l'album, aux soixante-dix-sept infâmes qui l'ont si affreusement compromise à mes yeux, j'ai résolu de

La cantinière apache.

tirer d'eux une vengeance aussi éclatante que possible par procuration. En conséquence, je donne et lègue à M. Antony Cabassol, mon cousin, toute ma fortune particulière, montant à quatre millions clairs et nets, à la condition expresse que ce jeune homme se fera mon vengeur et, sans marchander ses peines et ses soins, infligera la peine du talion à chacun de mes soixante-dix-sept rivaux.

« Œil pour œil, dent pour dent ! Photographie pour photographie ! Mon rêve serait qu'un jour chacun de mes soixante-dix-sept ennemis découvrît dans le guéridon de son épouse — ou de sa maîtresse, le portrait de Cabassol, mon vengeur !

« J'accorde trois années à M. Antony Cabassol, pour compromettre soixante-dix-sept personnes ; je charge Mᵉ Taparel, mon ami, de surveiller ses opérations et de lui délivrer largement les fonds nécessaires, au fur et à mesure des nécessités de ma vengeance.

« S'il se montre indigne de ma confiance et s'il ne fournit pas au bout des trois années soixante-dix-sept vengeances constatées, ma fortune, frais déduits, devra servir à élever dans un endroit sain et désert, à vingt-cinq lieues environ de Paris, et autant que possible près d'un cours d'eau et dans un site agréable, un REFUGE *pour les maris maltraités par le sort*.

« Je nomme Mᵉ Taparel et son principal clerc, M. Nestor Miradoux, mes exécuteurs testamentaires, et je les charge de veiller à la stricte exécution de mes volontés.

« Saint-Germain, le 18 août 18.....

« TIMOLÉON BADINARD. »

Mᵉ Taparel se tut. Cabassol se passait de temps en temps la main sur le front et se pinçait comme pour bien s'assurer de la réalité de sa présence dans le cabinet d'un notaire chargé de lui annoncer de pareilles choses.

— Eh bien, monsieur Antony Cabassol, dois-je conclure de votre silence, demanda le notaire, que vous acceptez le legs de feu Badinard et les graves obligations qui en résultent ?

— Si j'accepte ! s'écria Cabassol en sautant sur son fauteuil, si j'accepte ce legs et cette noble mission ! Avez-vous jamais pu douter un instant que j'hésiterais à me faire le vengeur d'une infortune imméritée, j'en suis sûr !

— Très bien ! j'aime cette chaleur, et je suis heureux pour mon ami feu Badinard de vos belles dispositions... Je vais donc vous donner communication de l'album aux soixante-dix-sept photographies. D'après mes instructions, cet album ne doit pas sortir de mon étude, vous prendrez note des noms et qualités des personnages photographiés, et vous graverez leurs traits dans votre mémoire. Chaque victoire que vous remporterez devra être constatée, soit par un acte notarié, soit par une lettre de la personne compromise, ou même une photographie avec dédicace flatteuse, que nous annexerons à la photographie de l'album.

Cabassol frappa sur la table d'un air déterminé.

Mᵉ Taparel fit sauter les cachets du paquet contenant les photographies. L'album apparut revêtu d'une couverture coquette et galante. Au centre du

— Moi, Jean-Thimoléon Badinard.....

maroquin rose, se trouvait un cœur doré servant de cible aux flèches de quatre amours disposés aux quatre coins.

— Oh! oh! fit le notaire, la reliure est significative. Pauvre Badinard!

L'album de Mme Badinard.

L'album possédait cent quarante cases, soixante-dix-sept seulement se trouvaient occupées par des cartes photographiques. Les trois hommes, penchés sur la table, parcoururent rapidement le volume.

— Belle collection ! dit enfin Mᵉ Taparel.
— Remarquable collection, affirma M. Miradoux.

Il y avait un peu de tout parmi la collection des ennemis de Badinard, sur lesquels le vengeur testamentaire allait avoir à se précipiter ; des militaires, des diplomates, des Parisiens, des étrangers, des jeunes gens et des hommes mûrs, des moustaches naissantes et des crânes chauves, de tout enfin, jusqu'à un gommeux nègre.

Des dédicaces brûlantes accompagnaient la plupart de ces photographies.

A Elle
son
Félicien Cabuzac !

Si je t'aime, ça ne se demande pas !
Hans Klopmann.

Le diable emporte ma femme, à toi mon cœur !
Achille Vauberné.

O amour ! amour ! amour ! toujours ! toujours ! toujours !
Ou du moins le plus souvent possible.
Vᵗᵉ Exupère de Champhadour.

Moi petit nègre, mangerais bonne blanche à tous repas !
Lili-Bocanda,
ambassadeur de Zanguebar.

En avant !!!
Capitaine Bignol.

Corpo di baccho ! si jamais les horreurs de la guerre m'amenaient sous vos fenêtres, j'enfoncerais tout, je n'écouterais ni larmes ni prières et ne vous ferais pas de quartier. Vous en valez la peine !
Major Buffarelli.

A toi mon âme !
Cotignac (du Tarn).

Ton œil est un poignard enfoncé dans mon âme.
Ramon Carabellas.

Je n'accorde ma mandoline
Que pour chanter ta crinoline !
Célestin Bedarrous,
poète lyrique.

Etc., etc., etc.

Cabassol, le notaire et le principal clerc se regardèrent pleins d'indignation.
— Oh ! oh !
— Saperlipopette !

— Sacrebleu !
Ce sacrebleu venait de Cabassol qui jugeait convenable d'être plus indigné que les autres.
— Sacrebleu !!!..... Je propose, messieurs, d'ouvrir les hostilités immédiatement...
— Bravo ! vous n'avez d'ailleurs pas de temps à perdre, soixante-dix-sept vengeances en trois ans, cela fait vingt et une et demie par an, c'est un chiffre imposant ! Il peut se présenter des difficultés à surmonter, des obstacles à franchir.

Refuge pour les maris maltraités par le sort (projet).

— Voulez-vous m'accorder la permission d'émettre un avis ? s'écria M. Nestor Miradoux, eh bien, mon avis serait que M. Cabassol entamât plusieurs affaires à la fois pour mener les choses plus rondement !
— Vous avez raison ! je vais choisir dans l'album un lot de quatre personnages, et je me mettrai immédiatement en campagne !
— C'est cela, dit le notaire, M. Nestor Miradoux, dont je connais l'expérience et les hautes capacités, fera toutes les courses nécessaires, toutes les démarches qu'il faudra pour faciliter votre tâche, dès à présent, il ne va plus que s'occuper de la succession Badinard.

II

Cabassol ouvre les hostilités et débute en révolutionnant Bullier. — Un notaire qui se dérange.

A Bullier.

L'héritier de feu Badinard était un jeune homme énergique. Une situation si nouvelle pour lui, tout à l'heure encore réduit par le manque d'argent, à rester dans ses appartements en costume d'apache, n'avait jeté dans son âme qu'un trouble momentané ; maintenant il avait repris toute son assurance et voulait se montrer à la hauteur des circonstances.

Assis calme et ferme devant le bureau de M° Taparel, il feuilletait l'album aux photographies pour y chercher ses quatre premières victimes. Tout à coup il poussa une exclamation d'étonnement.

— En voilà un que je connais, dit-il, en montrant la photographie d'un jeune homme barbu, ornée de cette dédicace :

A ELLE

L'amour a mordu mon cœur comme un bocal de sangsues !

PAUL MATASSIN.

— Vous le connaissez, demanda M° Taparel, c'est un pharmacien ?
— Non, c'est un étudiant en médecine, un de mes amis..... Mais, rassurez-vous, du moment où il s'agit de l'exécution de mon mandat, je ne connais plus d'amis, Badinard sera vengé !... que dis-je ? il l'est déjà !..... J'ai dans ma poche une lettre de..... mais, non je ne l'ai pas sur moi, mon paletot vient de chez ma tante, et naturellement, avant de l'y conduire, j'en avais retiré les papiers compromettants. La lettre est chez moi, à l'hôtel Hippocrate.

— Allons-y ! dit le notaire, il me serait doux d'inscrire déjà une vengeance pour la satisfaction des mânes de Badinard !

— Soit, nous allons chercher cette preuve. Je termine ma liste ; si vous le voulez bien, je commencerai mes opérations par les personnages suivants :

« M. Paul Matassin.

« L'ambassadeur de Zanguebar.

« Le vicomte Exupère de Champbadour.
« Don Ramon Carabellas.
— Très bien ! dit le notaire, voici maintenant une avance de cinquante mille francs pour l'entrée en campagne. Vous allez prendre un appartement

M. Paul Matassin et Cornélie.

dans un beau quartier, et organiser votre maison. J'ai jeté les yeux sur un entresol rue Saint-Georges, nous le verrons ensemble et s'il vous convient, vous l'arrêterez ; quant aux menus détails de votre installation, je m'en occuperai..... Badinard sera content !
— Je m'en rapporte à vous, l'entresol me convient !
— Bien ! mon tapissier va être prévenu, tout sera prêt pour ce soir. Si

Liv. 3.

vous le voulez, nous retournerons d'abord à l'hôtel Hippocrate..... Pendant ce temps, M. Miradoux s'occupera des recherches nécessaires sur M. de Champbadour et M. Carabellas ; l'ambassade de Zanguebar est facile à trouver, tout ira bien !

— Tout ira bien ! s'écria Cabassol en insérant dans un portefeuille, qui n'avait jamais été à pareille fête, les cinquante premiers billets de mille francs de la succession.

— Si voulez me faire l'honneur de partager notre modeste déjeuner, reprit le notaire, madame Taparel sera heureuse de connaître l'homme auquel notre ami Badinard a légué le soin de sa vengeance...

Cabassol s'inclina. M. Nestor Miradoux était compris dans l'invitation.

— Madame Taparel, dit le notaire dans le cours du repas, vous voyez en nous trois hommes attachés désormais à une œuvre formidable : M. Cabassol est le vengeur, mais nous sommes ses collaborateurs ; M. Nestor Miradoux est chargé de préparer, M. Cabassol d'exécuter et moi je suis le notaire, le fonctionnaire public dont la haute et délicate mission sera d'apprécier et de constater. Les devoirs de ma charge me forceront souvent à m'absenter pour accompagner M. Cabassol dans le monde, autant pour l'aider de mes conseils que pour accomplir les conditions de surveillance imposées par le testament de Badinard. Il faut nous attendre à bien des dérangements, mais les affaires sont les affaires, nous en serons récompensés plus tard par la satisfaction du devoir accompli !

Immédiatement après le déjeuner, Mᵉ Taparel fit atteler sa voiture, et après avoir donné ses dernières instructions à M. Miradoux, il partit avec Cabassol pour l'hôtel Hippocrate.

— En vérité, dit-il à Cabassol, en montant l'escalier, j'avais mal jugé cet hôtel, il est très tranquille...

— Patriarcal ! ajouta Cabassol.

Jules, le garçon de l'hôtel Hippocrate, était en train de lire les journaux d'un locataire dont il faisait la chambre ; en entendant la voix de Cabassol, il accourut :

— Monsieur, dit-il, Cornélie n'est pas venue... vous savez, moi je trouve pas ça joli !

Cabassol et le notaire entrèrent dans la chambre.

— Voyons, dit Mᵉ Taparel, voyons cette preuve de la première vengeance. Comme il faut procéder par ordre, j'inscris en tête de ma liste, le nom de M. Paul Matassin et j'attends pour constater !...

Cabassol se dirigea vers sa commode et bouleversa les tiroirs.

— C'est là, dit-il, que je range mes lettres et papiers, mais je ne sais jamais dans quel tiroir, Jules bouleverse tout pour lire ma correspondance...

voyons, voyons...des billets pour l'Odéon, c'est pas ça... ah! des photographies, non ce sont les anciennes... ah! voilà, des lettres d'elle, tenez, il n'y a qu'à choisir!

Et il tendit un paquet de lettres défraîchies à M⁰ Taparel.

— Le devoir m'oblige à tout lire, répondit le notaire, je suis obligé de me montrer indiscret...

Mon petit Cabassol,

A demain trois heures au Lux., sous la statue de la reine Blanche, etc., etc.

Mon cher,

J'ai une couturière qui m'embête pour trente-cinq francs, je compte, etc.

Mon cher Toto,

Tu es si gentil que je t'adore...

— J'ai une couturière qui m'embête pour 35 francs.

— Mais, il y a des notes au crayon en marge, des protestations : blague! blague! blague! · C'est de vous?

— Non, c'est Jules, le garçon, un vieux philosophe, qui a la manie d'annoter ma correspondance... je le laisse faire, il connaît si bien les femmes!

— Ah! très bien... voici une lettre concluante pour nous, M. Paul Matassin y est nommé :

Mon vieux Cabassol,

Enfin, je respire !... je vais donc pouvoir t'aimer sans remords... Ça me faisait de la peine de tromper ton ami Matassin, bête, mais bon garçon. Il s'en va pour quinze jours dans son pays. Je ne le tromperai pas, puisqu'il ne sera plus là ! Ça fait quinze jours de tranquillité !

Je t'adore de plus en plus !

Ta CORNÉLIE.

A Bullier.

— C'est parfait, s'écria le notaire, c'est parfait, mais Cornélie, n'est-ce pas le petit nom de la cantinière apache avec qui vous fûtes hier au bal ?

— C'est elle-même. Lorsque Paul Matassin est revenu, Cornélie lui a déclaré que c'était fini, que pendant son absence son cœur avait tourné et que présentement il brûlait d'une belle flamme pour votre serviteur. Hier donc, il y avait deux mois que Cornélie m'adorait ouvertement, lorsque nous sommes allés au bal, costumés en apaches. Je dois vous dire que Paul était de la partie, — car nous ne nous sommes pas brouillés, — il était en sapeur...

— Attendez ! exclama le notaire, qu'est devenue Cornélie depuis hier ? quand nous vous avons réveillé ce matin, vous la réclamiez...

— Mais oui, figurez-vous que le punch de nos amis était si fort et si abondant qu'il m'avait un

Paul était en sapeur.

peu troublé les esprits, je croyais être revenu ce matin avec Cornélie et je me trompais... C'est la faute à Paul Matassin...

— Malheureux ! Il n'y a rien de fait. Paul Matassin vous a enlevé Cornélie, vous n'avez pas vengé Badinard...

— Sapristi ! vous avez raison, tout est à recommencer ! mais rassurez-vous, je vais retrouver Cornélie, j'ai Cabassol et Badinard à venger, elle me raimera ! à nous deux, Matassin !

Un peu contrariés de ne pouvoir enregistrer un premier succès, M° Tapa-

Le fastueux Cabassol s'était fait habiller par un tailleur à la mode.

rel et notre ami Cabassol reprirent leur voiture pour aller visiter le petit entresol que le prévoyant notaire avait retenu pour le légataire de Badinard. M. Miradoux avait déjà prévenu tout le monde, le tapissier était là, surveillant la besogne d'une brigade d'ouvriers ; on apportait le mobilier, on posait les glaces, on clouait les tentures, on disposait les menus bibelots et les objets d'art.

Cabassol n'eut qu'à s'extasier, M° Taparel faisait bien les choses. Cela tenait du conte de fées ; à six heures du soir les ouvriers avaient terminé, le nid de Cabassol était prêt ; à six heures et demie, se présentèrent un valet de chambre et un petit groom engagés par Miradoux, et à sept heures le dîner vint, envoyé d'un grand restaurant par l'aimable Miradoux.

Le lendemain, vers trois heures, Cabassol fit irruption dans le cabinet de M⁰ Taparel. Il était rayonnant et transformé, transformé parce que sa première pensée le matin avait été de se faire habiller par un tailleur à la mode, et rayonnant parce qu'il avait pu retrouver Paul Matassin et faire passer un mot à Cornélie par l'entremise de Jules, le garçon de l'hôtel Hippocrate.

Jules, bon diplomate, avait parlé de la tuile dorée tombée sur la tête de Cabassol, il apportait cette réponse de la traîtresse Cornélie : « Ce soir, à Bullier! »

— Bravo! s'écria M⁰ Taparel, à Bullier, nous irons à Bullier!

— Comment, vous viendriez...

— Mais, et mon mandat d'exécuteur testamentaire? Je n'ai pas l'habitude de jongler avec les devoirs; j'irai à Bullier. Sans vouloir me montrer très formaliste, je désire constater régulièrement. Donc à ce soir, à Bullier. Aurez-vous l'obligeance de venir me prendre? Nous n'emmenons pas Miradoux; d'ailleurs il est occupé, il a rendez-vous chez l'ambassadeur de Zanguebar. Mon second clerc recherche M. de Champbadour et le troisième est sur la piste de don Ramon Carabellas; vous voyez que toute mon étude s'occupe de vous. La succession Badinard prime toutes les autres affaires!

Cabassol passa le reste de son après-midi à fumer d'excellents cigares sur le boulevard en roulant des plans fastueux et rosés dans sa tête. Il dîna chez Brébant et s'en fut ensuite prendre M⁰ Taparel. Il trouva celui-ci prêt à partir.

— Faites-moi passer pour un oncle de province, glissa M⁰ Taparel à l'oreille de Cabassol au moment de passer la porte mauresque illuminée, de l'établissement cher aux indigènes de la rive gauche.

Cabassol jouissait d'une certaine notoriété parmi les habitués et surtout parmi les habituées, car il recueillit de nombreux sourires et de chaleureuses poignées de main accompagnées de quelques : Offres-tu un bock?

L'orchestre entamait un quadrille brillant. Dans ce dernier asile de la

Des jambes apparaissaient au-dessus des têtes.

chorégraphie française, une dizaine de messieurs et une dizaine de dames levaient la jambe d'une façon tout à fait indépendante. Les messieurs imitaient les élégantes contorsions de la grenouille expirante, mais les dames étaient plus intéressantes à contempler; au-dessus des têtes de la ligne de curieux rangés autour des danseurs, des jambes apparaissaient de temps en temps, se dressant tout à coup parmi le tourbillonnement des jupes et des jupons blancs à petits plis, comme des spécimens de l'art du bonnetier : bas rayés, bas quadrillés, bas couleur chair à coins brodés, etc.

Cabassol tira Mᵉ Taparel de la contemplation de ce déhanchement musical et, tout en se laissant raconter quelques souvenirs émus de la Closerie de

Popularité de Cabassol. — Payes-tu un bock?

Lilas de 1850, entraîna le notaire vers le coin, non moins encombré, non moins bruyant, où l'on bavardait autour des bocks, entre jeunes dames à franges ébouriffées sur des nez insolents et tapageurs et vétérans barbus du quartier, poètes naturalistes et peintres impressionnistes.

— Voilà Paul Matassin! dit tout bas Cabassol.

— Et Cornélie?

— Elle est là.

— Bien. Abordons-les, mais sans avoir l'air de les chercher.

Paul-Matassin avait aussi vu Cabassol et le hélait déjà.

— Hé, guerrier apache! ça va bien?

— Matassin et Cornélie! En croirai-je mes yeux? s'écria Cabassol en levant les bras en l'air. Et bien, vil séducteur, et les devoirs de l'amitié? Et vous, cantinière apache, que faites-vous de la fidélité, l'austère fidélité, la tranquillité des parents, la sécurité des foyers?

— Mon petit Cabassol, répondit Cornélie, c'est la faute à l'Observatoire, il y avait tant de brouillard que j'ai confondu le nez de Paul avec le vôtre Paul en a odieusement abusé. Voilà !

— Au musée de Cluny, l'amour ! C'est fini ! je ne crois plus à rien, du moment où Cornélie me trompe ! Enfin, pour calmer les souffrances de mon malheureux cœur, je vais m'abreuver de houblon amer. Allons, affreux Matassin, et vous, ingrate Cornélie, souffrez que je vous présente mon oncle, mon vénérable oncle de Castelnaudary !

— Dis donc, murmura Cornélie à l'oreille de Cabassol, est-ce de lui que tu as hérité ?

— Ah ! on sait déjà…

— Oui ; l'hôtel Hippocrate est en révolution, on dit toutes sortes de choses, est-ce vrai ?

— Tout est vrai ! Et bien autre chose en plus.

— Tu sais que je t'ai toujours aimé ?

— Oh ! oui, tu nous as toujours aimés.

— Dites donc, fit M⁰ Taparel en s'emparant de l'autre oreille de Cabassol, Matassin a l'air froid, on dirait qu'il ne serait pas fâché de vous relaisser Cornélie… Vous savez que cela ne ferait pas l'affaire, feu Badinard ne serait pas vengé ! Il faut que Matassin soit ennuyé, soyons féroces !

Une jeune dame était venue s'asseoir à la gauche de Cabassol, elle était blonde, elle avait un menton potelé, une bouche aux lèvres moqueuses, un nez palpitant et des yeux point farouches, le tout souligné par les mèches folles d'une chevelure abondante et encadré dans un immense chapeau doublé de soie rose. Cabassol qui la connaissait un peu lui faisait déjà une cigarette, et lui avait permis de boire dans son bock. Cinq minutes après, une autre jeune dame, brune celle-ci, avec autant de mèches noires que la précédente possédait de mèches blondes, sous un grand chapeau abat-vent, s'appuyait sur les épaules de Cabassol et lui demandait aussi une cigarette.

Cabassol lui avait permis de boire dans son bock.

Bientôt une troisième jeune dame à cheveux de nuance indécise, mais jouissant d'un petit nez guilleret qui donnait de la joie rien qu'à le regarder, accapara la droite de Cabassol, réussit à en éliminer le notaire et se fit faire également une cigarette qu'elle alluma à celle de notre héros.

— Zut pour Matassin ! Cabassol, c'est toi que j'aime !

Le digne M⁰ Taparel se rapprocha de Paul Matassin pour ne pas le laisser échapper. Cornélie paraissait contrariée.

Trop de popularité, Cabassol, beaucoup trop de popularité! Les habitants de l'hôtel Hippocrate avaient porté aux quatre coins du quartier la nouvelle de l'héritage. Comme ils manquaient de détails, ils en avaient inventé. On parlait de sommes fantastiques et de projets superbes pour les dévorer. Cabassol avait l'intention d'acheter l'Odéon pour en faire son hôtel et donner des bals dans la salle. Cabassol allait donner un punch monstre à tout le quartier, dans le grand bassin du Luxembourg, loué très cher pour la circonstance.

Le magnifique Cabassol, un peu entraîné par les hommages rendus à son éclatante personnalité, avait donné des ordres au garçon et faisait servir des rafraîchissements variés. Il oubliait sa noble mission, le misérable, il trônait au milieu d'ébouriffements de chevelures brunes, blondes ou indécises et des ondulations des plumes des chapeaux féminins. Il continuait à confectionner d'innombrables cigarettes, et ce, malgré les coups d'œil désespérés et les hum! hum! de M⁰ Taparel.

Il était lancé, il négligeait Cornélie, la seule, l'unique jeune dame intéressante pour M⁰ Taparel, esclave de son devoir. Quant à Paul Matassin, délaissé par toutes les jeunes personnes, il n'avait pas beaucoup l'air de s'amuser non plus.

Sortie triomphale de Bullier.

Comme tout à côté les cuivres de l'orchestre commençaient une polka, M° Taparel prit un grand parti.

— Mon neveu! dit-il, il se fait tard, si nous offrions à souper à ces dames!

Les dames levèrent la tête avec une stupeur évidente. Jamais elles n'avaient vu d'oncle pareil, jamais, jamais, même celles qui dataient du Prado de 1860. C'était la première fois.

— C'est véritablement ton oncle, dis, Loulou? demanda un chignon jaune doré.

— De Castelnaudary, répondit Cabassol.

— A la bonne heure! ils vont bien à Castelnaudary. Est-ce qu'ils sont tous comme ça?

— Mon oncle, répondit Cabassol élevant la voix, au nom de toutes ces aimables jeunes personnes j'accepte votre invitation; prenez le bras de Matassin, je veux qu'il soit des nôtres!

— Où soupons-nous? demanda une dame, à la brasserie?

— Allons donc! répondit M° Taparel, une soupe au fromage, jamais de la vie! c'est un vrai souper, de l'autre côté de l'eau, dans un cabaret des boulevards. Est-ce accepté?

— Accepté! répondirent les jeunes personnes en se levant.

Les municipaux ouvraient de grands yeux.

M° Taparel avait offert son bras à Cornélie et il entraînait Paul Matassin. Cabassol le suivit, escorté de toutes ces dames. Cette sortie ne s'effectua point sans un grand tapage de tables remuées et de chaises renversées. L'orchestre s'interrompit de lui-même au milieu de sa polka, on monta sur les tables pour voir passer le cortège. Les municipaux de service ouvraient de grands yeux.

— Combien de voitures, mon empereur? demandèrent les gamins à la porte.

— Six, répondit majestueusement Taparel.

Et le notaire fit monter Cabassol et Matassin avec Cornélie et une petite dame dans la première voiture.

— J'ai mon plan, dit-il tout bas à Cabassol.

M. Taparel s'en fut successivement à chacune des cinq autres voitures et parla ainsi aux cochers :

— Quarante francs de pourboire! Voici mes ordres : Vous suivrez la première voiture pendant cinq minutes, puis vous tournerez à droite ou à gauche, vous prendrez les petites rues et vous irez déposer votre chargement sous l'arc de Triomphe de l'Étoile. Est-ce compris?

— Compris, bourgeois!

Fausses nouvelles. — Punch monstre offert par Cabassol
dans le grand bassin du Luxembourg.

— Et maintenant, s'écria ostensiblement Mᵉ Taparel, au boulevard, mais par le plus long, pour nous ouvrir l'appétit !

Les passagères des cinq voitures l'appelèrent et s'engagèrent à faire une petite place près d'elles à ce modèle des oncles passés, présents et futurs, mais le notaire grimpa sur le siège de la voiture de Cabassol, en déclarant qu'il préférait faire le voyage en lapin.

Les voitures s'ébranlèrent au milieu des hourras de la population. Au carrefour de l'Odéon, la première voiture seule s'engagea dans la rue Dauphine, les autres prirent les petites rues et disparurent.

Sur le siège, le notaire se frottait les mains.

Vingt minutes après la voiture arrivait à la porte d'un des grands restaurants du boulevard. Mᵉ Taparel rabattit son chapeau sur ses yeux, releva le collet de son pardessus pour ne pas être reconnu par quelque client indiscret, et grimpa lestement l'escalier des cabinets particuliers.

— Ouf! fit-il en se laissant tomber sur le sopha capitonné, ouf! ce n'a pas été sans peine... Ah! Badinard, du haut du ciel, tu dois être content, ton exécuteur testamentaire se donne du mal !

Cabassol et Paul Matassin retiraient leurs pardessus, les dames accrochaient leurs chapeaux aux patères.

— Allons! mes enfants, dit le notaire, à table, et faites le menu.

— Oui, mon oncle, répondit tout le monde à la fois, oui, notre oncle, le plus aimable des oncles !

— Garçon, s'écria Cabassol, bisque d'écrevisses, perdreau truffé, homard et champagne frappé.

— C'est cela, fit Mᵉ Taparel, champagne frappé, beaucoup de champagne, mon neveu,... et pense à Badinard ! ajouta-t-il d'une voix grave.

— Farceur ! s'écria Cornélie en frappant sur le crâne dénudé de Mᵉ Taparel.

Mᵉ Taparel s'occupa spécialement de Paul Matassin et lui versa du champagne avec tant de sollicitude qu'au bout d'un quart d'heure Paul le faisait monter en grade et l'appelait papa. Cornélie était heureuse, elle avait profité d'un moment d'expansion de Cabassol pour lui parler d'un bracelet qui, selon son expression, lui tapait dans l'œil depuis six semaines, et Cabassol, contrairement à ses anciennes habitudes, ne lui avait pas prêché le mépris de la bijouterie.

Bientôt le souper devint tumultueux. Cornélie était tendre ; son amie, qui répondait au doux nom de Veloutine ou Valentine, on ne savait pas exactement, chantait *Coco dans le Trocadéro* avec des larmes dans la voix.

Paul pleurait dans le sein de Mᵉ Taparel et lui faisait des confidences au sujet de Cornélie dont l'infidélité chronique lui torturait le cœur et qu'il se proposait décidément de remplacer par une jeune personne plus candide.

— Baste ! aimez-la tout de même, lui répondait le notaire, elle est un peu légère, mais elle est charmante.....

— Elle est charmante ! répétait Paul en versant de nouvelles larmes dans son verre.

Mᵉ Taparel tout en se réservant le plus possible commençait à sentir un certain mal de tête le gagner peu à peu ; mais il se raidissait contre l'étourdissement en pensant à Badinard et à ses devoirs d'exécuteur testamentaire.

Tout à coup Paul Matassin poussa un cri de désespoir et se laissa choir dans les bras du notaire. Cabassol venait de jurer solennellement à Cornélie de faire déposer à ses pieds le lendemain même le bracelet de ses rêves, et Cornélie l'embrassait par-dessus la table sans le moindre égard pour la douleur de Paul.

— Cabassol! je m'en aperçois maintenant, c'est toi que j'aime! Zut pour Matassin!

— Elle l'aime! s'écria le notaire en se débarrassant de l'étreinte de Paul, elle l'aime!... Vengé!... Il est vengé. Je constate!... Et d'un!..... Et maintenant, messieurs, tout à la joie! Garçon, encore du champagne!

— Farceur! s'écria Cornélie en frappant sur le crâne de Me Taparel.

— Ah! murmurait Cornélie qui n'avait rien compris naturellement à la joie du notaire, ils vont bien les oncles de Castelnaudary!

Paul Matassin, pour endormir sa douleur, voulait se noyer dans le champagne; au bout de cinq minutes il glissa sous la table. La jeune personne qui avait chanté *Coco dans le Trocadéro* pleurait aussi avec une extinction de voix. Cabassol dormait sur la nappe, et Cornélie, tendrement appuyée sur son épaule, rêvait au fameux bracelet.

Seul, Me Taparel était encore debout et à peu près lucide. Il promena un regard triomphant sur le champ de bataille et leva les bras en l'air.

— O Badinard! s'écrie-t-il, tu es vengé d'un de tes 77 ennemis!

Et le digne notaire, avec la satisfaction du devoir accompli, allongea ses jambes sur le sopha, disposa quelques coussins sous sa tête, dénoua sa cravate se coiffa d'un foulard, et s'endormit.

Le silence régna dans le cabinet tout à l'heure si tapageur, silence troublé seulement par les sanglots étouffés de Paul et par les ronflements de Cabasso et de mademoiselle Veloutine.

A six heures du matin les garçons entrèrent et réveillèrent les dormeurs.

— Un fiacre! murmura le notaire d'une voix éteinte, après avoir soldé une respectable addition.

Les garçons firent avancer un fiacre et aidèrent les soupeurs à descendre. Cornélie et Veloutine se soutenaient à peine, Paul dormait debout, et Cabassol ne valait guère mieux ; quant à Me Taparel, cette victime de l'austère devoir, il avait un mal de tête formidable, et le froid lui faisait claquer les dents malgré le foulard qu'il avait conservé sous son chapeau.

— Où vont ces messieurs? demanda le garçon qui les mettait en voiture.

Me Taparel donna son adresse d'une voix mourante et se glissa dans le fiacre entre Veloutine et Cornélie.

Me Taparel avait un mal de tête formidable.

Le fiacre s'ébranla ; il avait à peine fait dix tours de roue que chacun avait repris son somme interrompu.

On fut bientôt rue du Bac où demeurait Me Taparel. Le cocher descendit de son siège et sonna lui-même. Il faisait petit jour, le concierge était debout. Ce fonctionnaire faillit s'évanouir à la vue du notaire que le cocher tirait du fiacre.

— Souper d'affaires! prononça le notaire en essayant de reprendre sa solennité, souper à la chambre des notaires...

Cabassol, Matassin et les deux dames étaient descendues de voiture et pénétraient dans la maison à la suite du notaire. Madame Taparel entendant du bruit dans l'escalier, ouvrit elle-même et poussa une exclamation...

— Affaire Badinard ! murmura son mari... affaire Badinard !

Cabassol s'inclina, tant bien que mal, devant l'épouse de Me Taparel, Paul passa le dernier avec Cornélie et Veloutine, un peu surprises à la vue de la respectable notairesse qui était tombée dans un fauteuil et paraissait sur le point de s'évanouir.

— Passons à l'étude, balbutia le notaire, c'est une affaire d'étude...

Et prenant une lampe, il ouvrit la porte de communication avec l'étude. Ses compagnons le suivirent et s'installèrent du mieux qu'ils purent sur les chaises des clercs. Paul, Matassin et les deux jeunes dames se trouvaient dans un état d'abrutissement impossible à décrire.

— Elle est forte celle-là ! En voilà un oncle ! murmurait Cornélie à l'oreille de Veloutine.

Le notaire était rentré dans ses appartements ; on pouvait l'entendre donner des explications embarrassées sur sa conduite à la pauvre Mme Taparel. Enfin il revint en poussant des soupirs de soulagement ; sans doute il avait réussi à lui faire comprendre que les affaires sont les affaires.

Me Taparel se mit au bureau du principal clerc et tira un papier de son portefeuille.

— N° 1, dit-il, M. Matassin... Rayé !

Et comme M. Paul le regardait sans comprendre.

— Souvenez-vous de Badinard ! dit le notaire avec sévérité.

Un assez long silence suivit ces paroles mystérieuses; chacun semblait mal à l'aise, sauf Cabassol qui dormait déjà du sommeil du juste sur un bureau.

— Oh ! que j'ai mal à la tête ! exclama enfin M° Taparel.

— Je voudrais bien du thé ! gémit Mlle Cornélie.

— Mon enfant, je n'ai rien à vous refuser ; je vais dire à la cuisinière de nous préparer une forte infusion, ça nous fera du bien à tous.

Une bonne tasse de thé bouillant ranima un peu les esprits des victimes de Badinard, le notaire avait toujours mal à la tête, mais il se sentait plus solide,

Le mystère de l'Arc de triomphe.

Paul allait à peu près bien, quant aux deux jeunes dames, les couleurs leur revenaient à vue d'œil.

Seul Cabassol dormait toujours.

A huit heures, un peu avant l'arrivée des clercs, Mᵉ Taparel empila dans

La fin du souper.

une voiture ceux qu'il appelait *ses clients* pour détourner les soupçons de son concierge. Cabassol, toujours endormi, fut conduit dans le cabinet du notaire où il put continuer son somme en toute tranquillité.

Qu'étaient devenues cependant les vingt-deux dames invitées à un souper monstre et empilées dans les cinq voitures retenues par Mᵉ Taparel? Nous avons dit que, sur les instructions du notaire, les cinq cochers, au lieu de suivre la première voiture, étaient partis en file, dans les petites rues pour gagner les Champs-Élysées. Ces dames ne s'étaient aucunement aperçues de la manœuvre, elles riaient d'avance en pensant au souper de l'oncle de Castelnaudary. En apercevant les premiers arbres des Champs-Élysées, elles eurent un moment d'étonnement, mais se rappelèrent que l'oncle avait parlé d'une petite promenade pour ouvrir l'appétit.

— Nous allons faire une partie de campagne! se crièrent-elles de voiture à voiture.

Et les rires recommencèrent avec quelques chansons répétées en chœur d'une voix aiguë.

Tout à coup les voitures s'arrêtèrent, les cochers descendirent et ouvrirent les portières.

— Nous sommes arrivées?

— Je ne vois pas de restaurant?

— Allons! les petites mères, c'est pour vous dégourdir les jambes!

Quand tout le monde fut descendu, les cochers sautèrent vivement sur leurs sièges et repartirent au galop.

— Eh bien, et Cabassol?
— Et l'oncle?

Vingt-deux exclamations retentirent, vingt-deux cris de désespoir.

Le lendemain, les journaux du matin mettaient les populations en rumeur par de sinistres petites notes en tête des faits divers :

Surprise de madame Taparel.

LE MYSTÈRE DE L'ARC DE TRIOMPHE.

A la dernière heure, on nous apporte la nouvelle d'une aventure mystérieuse et probablement tragique. Des sergents de ville appelés par des cris lamentables aux environs de l'Arc de triomphe se sont trouvés en présence de vingt-deux jeunes dames en proie à la plus profonde douleur. D'après leurs déclarations, elles avaient été amenées là en voiture par une bande de malfaiteurs, et abandonnées après des scènes de violence épouvantables ; tout le quartier, ordinairement tranquille, est en proie à la terreur. A demain des détails plus circonstanciés.

VINGT-DEUX VICTIMES.

Ohé! ohé! qui qu'a... qui qu'a vu Coco?

Au moment où nous mettons sous presse, la préfecture de police est en rumeur par suite de la découverte d'un épouvantable crime ou plutôt d'une série de crimes commis dans la soirée sous les arbres des Champs-Élysées. Ces horreurs rappelleraient les agissements de Tropmann — en plus grand! — Ce scélérat aurait-il fait école? On parle de vingt-deux victimes. Nous lançons nos reporters en campagne. Nous connaissons suffisamment leur flair et leur habileté pour être certain qu'ils seront bientôt sur la piste des atroces criminels de cette nuit.

UNE TÉNÉBREUSE AFFAIRE.

Une tentative d'enlèvement sans précédent a été déjouée cette nuit par la police. Vingt-deux dames appartenant, dit-on, au meilleur monde, doivent la vie, plus encore, peut-être, à la vigilance des autorités. Enlevées brutalement, jetées dans des fiacres suspects, elles roulaient épouvantées dans la direction du bois de Boulogne. Des passants attardés dans les Champs-Élysées ont entendu leurs cris et donné l'alarme.

Une enquête est ouverte. Nous en dirons les résultats demain à nos lecteurs.

III

Une soirée à l'ambassade de Zanguebar. — Le Crocodile d'argent. — Négociation d'un emprunt hypothéqué sur trois cents lieues carrées de serpents à sonnettes.

— Monsieur Cabassol ! monsieur Cabassol !
— Hein ! qu'est-ce que voulez ?... Jules !... Cornélie...
Ce n'était ni Jules ni Cornélie, c'était M. Nestor Miradoux qui secouait

L'ambassadrice de Zanguebar.

Cabassol pour le faire sortir d'un sommeil durant depuis plus de six heures.
Cabassol se redressa enfin et abandonna le fauteuil de Mᵉ Taparel. Étonné d'abord, il regarda M. Miradoux sans le reconnaître. Enfin il se rappela tout, l'héritage, le notaire, Bullier, Paul et la première vengeance.
— Je vous demande pardon, dit-il, il me semble que je me suis endormi.
— Oui, un peu, fit le principal clerc, mais vous n'avez pas de temps à perdre, il y a du nouveau !...
— Quoi donc ?
— Pendant que vous vous occupiez de la première affaire, je n'ai pas perdu mon temps, j'ai découvert l'adresse du vicomte de Champbadour. Je

rapporte des indications précieuses sur la vicomtesse de Champbadour : cette dame se promène tous les matins de neuf à dix heures, à cheval, au Bois; c'est là qu'on peut la rencontrer. Enfin j'ai obtenu pour vous et Mᵉ Taparel une invitation pour ce soir à l'ambassade de Zanguebar...

— Déjà !

— Oui, j'avais un prétexte, l'ambassadeur cherche à traiter, pour le prince de Zanguebar, d'un emprunt hypothéqué sur trois cents lieues carrées de forêts vierges avec leurs arbres, leurs lianes et leurs animaux. J'ai parlé adroitement de vous et de Mᵉ Taparel, je vous ai annoncé comme étant les lumières de la finance, les flambeaux de l'économie politique. Alors l'ambassadeur m'a remis pour vous deux invitations à son grand dîner diplomatique de ce soir.

Et Nestor Miradoux tira de sa poche une jolie carte sur bristol portant en tête les armes de Zanguebar. En même temps il laissa tomber un objet métallique que Cabassol ramassa.

— Qu'est-ce que c'est que ça?

— Ça? c'est une décoration que m'a donnée l'ambassadeur de Zanguebar. Il a été si content qu'il a été chercher cela dans son bureau, qu'il en a orné ma boutonnière en me disant : « Vous g'and homme ! vous, ami de Zangueba, ze fais vous zevalier du Cocodile d'azent ! » Et voilà, je suis chevalier du Crocodile d'argent, ça se porte à la boutonnière, et c'est en nickel.

— Avez-vous de la chance !

— Oui, mais le secrétaire de l'ambassade a couru après moi et m'a réclamé 18 fr. 50 pour droits de chancellerie, et j'ai donné 40 sous de gratification au concierge.

— N'importe, chevalier, recevez mes félicitations ! Et Mᵉ Taparel ?

— Mᵉ Taparel est un peu indisposé, il est retiré dans ses appartements, il vous prie de l'excuser... mais à six heures il sera sur pied, et vous pourrez le prendre en passant pour aller à l'ambassade.

Cabassol, en sortant de chez le notaire, allait machinalement se diriger vers l'hôtel Hippocrate.

— Suis-je bête ! se dit-il en se rappelant son entresol de la rue Saint-Georges, je retournais vers ma pauvre petite chambre... Eh ! sapristi, j'y pense, la rive gauche m'est désormais interdite. Et les petites dames de Bullier, les cinq voitures que ce brave Mᵉ Taparel a envoyées à l'Arc de triomphe ! On m'arracherait les yeux si l'on me tenait ! Allons rue Saint-Georges et préparons-nous pour la soirée zanguebarienne.

Il s'était passé tant de choses depuis la veille que Cabassol avait oublié le numéro de sa demeure ; il parcourut toute la rue Saint-Georges sans reconnaître sa porte. Comme il hésitait entre trois ou quatre maisons, il prit le parti de s'informer près des concierges.

A l'étude. — En voilà un oncle! murmurait Cornélie.

— M. Cabassol, s'il vous plaît?
— Nous n'avons pas ça ici.
Il alla plus loin.
— M. Cabassol?
— M. de Cabassol, à l'entresol, la porte à gauche.
— Merci!

Cabassol sonna enfin chez lui et reconnut avec satisfaction son groom. Les quelques heures qui lui restaient furent consacrées à la toilette. Cabassol voulait être étincelant pour paraître devant une ambassadrice. A cinq heures, habillé, barbifié, coiffé en parfait gommeux avec trois mèches tombant en pointe au milieu du front, Cabassol fit venir une voiture et se dirigea vers l'étude de M⁰ Taparel.

Cette fois, il traversa l'étude en homme nourri dans le sérail et entra chez le notaire.

L'étude le connaissait bien, on ne parlait que de lui et des dérangements que la succession Badinard causait à M⁰ Taparel, jadis si casanier. Un jeune clerc avait trouvé sur son bureau des épingles à cheveux, un autre avait, en arrivant le matin, ramassé une jarretière rose, sous sa chaise! C'en était assez pour bouleverser ces jeunes imaginations. En interrogeant adroitement le concierge, on avait appris le retour de M⁰ Taparel à six heures du matin, avec des clients et des clientes d'allures bizarres. Étrange! étrange! Et toutes ces courses ! tout ce remue ménage d'une étude jadis si tranquille ! Le principal clerc M. Miradoux savait tout, mais il était impénétrable.

M° Taparel terminait sa toilette.

Un jeune clerc avait ramassé une jarretière rose.

— Je suis à vous, mon cher ami, dit-il en entendant la voix de Cabassol, je suis à vous. J'explique à Mme Taparel que ce soir l'affaire Badinard nous conduit dans le grand monde et que nous n'aurons pas les ennuis de la soirée d'hier.

— Madame, s'écria Cabassol, je vous conjure d'oublier les bizarreries de notre arrivée ce matin ; hier, c'était une soirée irrégulière, tout à fait irrégulière, les exigences de notre tâche nous avaient conduits, votre mari et moi, dans un monde un peu... dans un monde légèrement...

— Oh ! fit Mme Taparel en baissant les yeux, épargnez-moi ces détails !

— Bref, dans un quart ou un huitième de monde à peu près ! Mais aujourd'hui, madame, c'est dans la haute aristocratie, dans les salons diplomatiques, dans le grand monde enfin, que la succession Badinard nous entraîne !

— Monsieur Cabassol, vous me tranquillisez ! au moins M. Taparel n'aura pas sujet de s'exposer à une autre migraine...

M° Taparel ayant complété par un nœud majestueux sa solennelle cravate blanche, on pouvait partir.

— Ah ! mon jeune ami, s'écria le notaire en montant en voiture, j'ai passé une journée cruelle, le notariat, comme la religion, a ses martyrs !

L'hôtel de l'ambassade zanguebarienne était situé avenue de Friedland, au fond d'un petit jardin bien ombragé. En l'honneur de ses hôtes, l'ambassadeur avait suspendu sous les arbres des guirlandes de lanternes vénitiennes et japonaises, et caché sous un massif une demi-douzaine de musiciens qui jouaient sur des pistons et des trombones criards les airs nationaux français et zanguebariens. De loin l'hôtel avec ses lanternes, son orchestre, avait une apparence de petit Mabille; le cocher de Cabassol n'eut pas à chercher le numéro, il s'arrêta devant la grille grande ouverte, au milieu d'un groupe de badauds émerveillés.

Un suisse posté devant la grille frappa un coup de sa grosse canne. Il était superbe ce suisse : de sa face on ne voyait que deux yeux blancs roulant avec impétuosité et l'ouverture rouge d'une bouche fendue par un large sourire ; au-dessus de cette boule noire se dressait un immense chapeau rouge galonné d'or et garni de plumes blanches. Le reste de l'individu était perdu dans une grande houppelande également rouge et or,

LA GRANDE MASCARADE PARISIENNE

Soirée diplomatique à l'ambassade de Zanguebar.

timbrée sur la poitrine d'une plaque aux armes de Zanguebar, crocodile d'or sous croissant rouge.

Le coup de canne du suisse avait amené deux valets de pied à boule noire et livrée rouge, qui débarrassèrent MM. Cabassol et Taparel de leurs pardessus et les introduisirent dans un salon luxueux. L'ambassadeur vint au-devant de ces messieurs avec un sourire absolument semblable à celui de son superbe suisse.

— Bonsoir, messieurs! dit-il, vous bien gentils, bien aimables pou Zangueba, venez que je vous pésente à l'ambassadice !

— Excellence, c'est le plus cher de mes vœux! répondit M° Taparel.

Dans le fond du salon, au milieu d'un cercle d'invités des deux sexes mais tous également noirs, l'ambassadrice causait dans un langage bizarre tenant le milieu entre le français et le zanguebarien. Les hommes étaient irréprochables de tenue, tous vêtus de l'habit noir, tous cravatés de blanc, et tous admirablement coiffés par des artistes qui avaient dû passer beaucoup de temps et user pas mal de pommade, pour donner à leurs chevelures crépues le tour exigé par

Le suisse de l'Ambassade.

la mode, c'est-à-dire une raie au milieu de la tête et quelques mèches plaquées sur le front.

Les femmes, très élégantes aussi, étaient plus bizarres d'apparence, leurs épaules noires sortaient de corsages à teintes éclatantes, de robes collantes roses ou jaunes enrichies de bandes de dentelles; mais, dans ces groupes à têtes noires, ce qui tirait l'œil avec le plus d'intensité, c'était l'éclatante blancheur des mains, couvertes de splendides gants blancs; hommes et femmes gesticulant avec animation, on voyait sans cesse passer et repasser toutes ces mains aux doigts déliés, blanches comme des mains de plâtre.

— Cère amie! zézaya gaiement l'ambassadeur, permettez-moi de vous pésenter MM. Cabassol et Taparel, deux éminentes personnalités de la finance...

— Madame! firent Cabassol et Taparel en s'inclinant profondément devant un groupe de dames dont les visages et les épaules offraient toutes les différentes nuances des noirs, depuis le pur cirage jusqu'au gris tirant sur la sépia.

— Laquelle est l'ambassadrice? pensait Cabassol, ô mon Dieu! faites qu'elle soit au moins passable!

Une dame modelée dans une robe d'un jaune éclatant, soutachée de vert tendre et garnie de rubans roses, adressa le plus gracieux des sourires aux deux éminentes personnalités de la finance et répondit en minaudant et en scandant chaque parole d'un léger coup d'éventail :

— C'est bien aimable à vous, messieurs, d'embellir notre réunion... vous charmants!...

Les artistes avaient dû passer beaucoup de temps.

Les deux hommes s'inclinèrent plus profondément.

— Elle nous trouve charmants, murmura le notaire.

— O doux espoir! murmura Cabassol enchanté de voir que l'ambassadrice était d'un noir un peu moins foncé que l'ambassadeur.

Et il appuya la main sur son cœur en jetant à l'aimable dame un regard qu'il fit aussi brûlant que possible.

— Asseyez-vous, messieurs, je vous prie, poursuivit l'ambassadrice, vous charmants, je vous assure, vous sympathiques au Zanguebar, Zanguebar heureux!

— Oh oui! fit audacieusement Cabassol, nous sympathiques au Zanguebar, et surtout à Zanguebariennes... si jolies!

— Zembo! s'écria l'ambassadrice en se levant, Zembo! je vous prie? que signifie? vous pas poli, vous oubliez de décorer ces messieurs!... c'est mal!

— Oh! pardon! fit l'ambassadeur en se précipitant, excusez ce petit oubli... ze suis distrait... le plaisir de recevoir ces messieurs me troublait... mille excuses! mille excuses!

Et le bon ambassadeur faisant des gestes de désespoir, fouilla rapidement dans toutes ses poches en paraissant y chercher quelque chose. Enfin il en tira deux petits crocodiles semblables à celui de Miradoux, et, tout en continuant à s'excuser, il se mit en devoir d'en accrocher un à la boutonnière de chacun de ses invités.

Grand dîner à l'ambassade de Zanguebar.

— Ze vous fais zevalier! dit-il en frappant gravement sur l'épaule de Cabassol, zevalier de l'o'd'e du Cocodile d'azent!...

Pendant que l'ambassadeur répétait la même cérémonie avec le digne Mᵉ Taparel, Cabassol prodiguait les remerciements et les galanteries à madame l'ambassadrice.

— Croyez, madame, à toute ma joie d'approcher de la plus séduisante des ambassadrices, de la fleur tropicale implantée des rives du Zanguebar dans nos salons parisiens qu'elle réchauffe de sa grâce et de... Je le disais encore la semaine dernière, notre Europe périrait de froid et d'ennui si, de temps en temps, les contrées plus favorisées du Ciel ne lui envoyaient quelques beautés écloses sous les rayons ardents de leur soleil, dans la verdure des forêts vierges!

— Oh! vous flatteur! répondit à la fois tout le cercle des dames, en jouant modestement de l'éventail.

— Moi juste! s'écria Cabassol.

Un majestueux valet, aussi nègre que l'ambassadeur, vint majestueusement glousser quelque chose à la porte du salon. Cabassol comprit que cela voulait dire :

— Madame est servie !

Aussitôt toute la société se leva pour passer à la salle à manger. Cabassol offrit, avec une désinvolture tout à fait ancien régime, le bras à l'ambassadrice. Mᵉ Taparel n'eut pas la peine d'offrir le sien à personne, une dame d'un noir intense s'empara de son bras gauche, et une dame au teint chocolat se saisit de son bras droit.

La table était somptueusement servie, mais rien n'égalait le luxe de valets déployé par l'ambassadeur : chaque convive en avait un ou deux derrière sa chaise, quand ce n'était pas trois, tous plus nègres les uns que les autres et tous couverts de la superbe livrée rouge et or, avec des petits crocodiles sur les boutons.

— Ce sont mes secrétaires et mes attachés, dit l'ambassadeur à Cabassol ; les affaires de la chancellerie expédiées, ils cherchent à se rendre utiles.

Les convives s'étaient assis, l'ambassadeur promena un regard circulaire sur la table et frappa sur un timbre colossal, qui résonna comme un tam-tam.

— Boum! fit intérieurement Cabassol après avoir sauté sur sa chaise.

Ce signal sembla électriser tous les secrétaires dorés à boule noire ; ils se précipitèrent dans tous les sens dans un désordre qui parut combler de satisfaction l'heureux ambassadeur.

— Est-ce qu'ils vont faire de la gymnastique ? se demanda Cabassol

— Ah! ça, est-ce qu'ils vont nous jouer une pantomime, se disait Mᵉ Taparel légèrement inquiet.

Mais un secrétaire plus doré que les autres, plus couvert de passementeries et d'aiguillettes, et de plus coiffé d'une perruque poudrée à blanc, venait d'entrer apportant le potage avec la solennité d'un magistrat chargé de présenter sur un coussin de velours les clefs de sa ville à un monarque.

Le potage fut servi au milieu d'un tourbillonnement de têtes noires et de livrées rouges.

Cabassol l'aborda avec une certaine défiance, mais dès la première cuillerée il eut la satisfaction de constater que la cuisine de l'ambassade n'avait rien de trop zanguebarien.

— Hein ! pas mauvais ? demanda le majordome en se penchant avec un large sourire sur l'épaule de Cabassol.

— Bono, bono, répondit notre héros.

Les boules noires des secrétaires se balafrèrent d'ouvertures rouges et blanches, un rire joyeux leur fendit la bouche jusqu'aux oreilles, et ils redoublèrent de précipitation dans leur service.

Le beau majordome à la perruque poudrée les surveillait et les encourageait par de grands coups de poing dans le dos. Cabassol remarqua qu'il portait sur la poitrine un crocodile d'argent semblable à celui que l'ambassadeur venait de leur décerner. Le majordome était décoré aussi !

— Esselent, ce suprême volaille, dit une dame, esselent !

— Charmant ! répondit une autre.

— On croirait manger de la femme, fit un nègre avec un galant sourire.
— Oh ! fit la première dame en essayant de rougir.
— De l'ambassadrice ! s'écria Cabassol, c'est fin et délicat.

Ce fut au tour de l'ambassadrice de minauder en se cachant derrière son éventail.

Ze vous fais zevalier !

— Est-ce que l'on mange encore quelquefois son semblable à Zanguebar? demanda le notaire.
— Oh ! dit l'ambassadour, vieille coutume ! abandonnée ! hommes mal élevés quelquefois encore, mais bien rare, et puis pas manger semblable, manger femmes !.....
— Oui, fit l'ambassadrice, eux aimer femmes, beaucoup ! mais défendu !
— Croyez bien que je le regrette, madame, manger ce que l'on aime, ce doit être délicieux.

Et Cabassol prenant la main de l'ambassadrice y déposa un baiser, en même temps qu'il lui marchait sur le pied.

L'ambassadeur voyant la conversation mise sur le Zanguebar s'empressa de saisir l'occasion pour placer quelques mots relatifs à l'affaire de l'emprunt.

— Beau pays le Zangueba ! dit-il avec emphase, des a'b'es g'os comme l'obélisque de Pa'is, des lions g'ands, t'ès g'ands, et mézants ! des se'pents, des cocodiles, un beau ciel, touzous bleu et touzous zaud ! Beau pays, p'ince puissant, mais besoin d'azent, pou payer fusils et femmes….. Ça t'ès zer, t'ès zer !

— Avez-vous des chemins de fer ? demanda M⁰ Taparel.

— Des chemins de fer ? oh! beaucoup, beaucoup, mais en p'ojet, vous pensez bien ! et nous en avons même trop..... Alors, le p'ince de Zangueba a pensé à une chose bien simple... besoin d'azent? un emp'unt! bien simple!

— Bien simple ! firent Taparel et Cabassol.

— Vous app'ouvez, n'est-ce pas ? un petit emp'unt, quelques millions, avec belles ga'anties... t'ois cents lieues ca'ées de territoire, les plus belles p'ovinces du Zangueba, terre fertile, t'op fertile même, a'b'es poussent t'op! ciel bleu...

— Ah ! le ciel en est aussi ?

— Oui, ciel bleu, — t'op bleu ! soleil t'op zaud ! des rivières, — trop de rivières, elles débo'dent touzous ! végétation splendide, — t'op de vézétation, on peut pas passer ! Et du zibier, des lions, des éléphants, des rhinocéros, des hippopotames les plus g'ands et les plus beaux de l'Afrique, les plus mézants. Oh ! pas de pays pour rivaliser avec Zangueba pour les animaux. Et des se'pents ! Que je regrette de ne pas avoir un se'pent de mon pays pour vous faire voir ! en cinq minutes, ils avalent un cheval ! oh ! les se'pents de Zangueba, touchez pas ! touchez pas ! Et les cocodiles... c'est la gloire de ma pat'ie ! aussi voyez, Zangueba a mis le cocodile dans ses armes ! il y en a t'op !

— C'est splendide ! s'écria Cabassol, monsieur l'ambassadeur, vous m'émerveillez ! qu'est-ce que le bois de Boulogne à côté du Zanguebar !...

— C'est de l'herbe, de la toute petite herbe !

— C'est magnifique ! s'écria le notaire, trois cents lieues comme ça ! Et les habitants ?

— Les habitants ? il y en a pas ! ou s'il y en a eu, c'est peut-être dans les temps anciens, mais vous pensez bien que les lions, les rhinocéros, les se'pents et les cocodiles les ont mangés ! On n'y va plus pour ne pas être mangé, c'est même ce qui fait la valeur de la ga'antie, pour not'e emp'unt, car puisqu'il n'y va pe'sonne, on est certain que pe'sonne ne p'endra le pays ! Les voisins du Zangueba voudraient bien p'endre le pays, mais le Zangueba est tranquille, les lions et les cocodiles les manzeraient si eux essayaient !

— Garantie superbe, belle ceinture de défense ! prononça un monsieur d'un noir pur, au bout de la table.

— Vous entendez ce que dit monsieur, il s'y connaît, lui militaire, lui général de la république de Haïti ?

— Garantie splendide ! s'écria Cabassol, je ne doute pas que les avantages de l'affaire et l'énumération des garanties de la garantie hypothécaire n'entraînent les souscripteurs ! Monsieur l'ambassadeur, moi je vous garantis un grand succès ! madame l'ambassadrice, permettez-moi de boire au Zanguebar, à son ciel trop bleu, à son soleil trop chaud, à ses serpents trop méchants, à ses lions, à ses crocodiles, à son prince, à son emprunt, à son ambassadeur et surtout à sa charmante ambassadrice !

— Zembo ! s'écria l'ambassadrice, à quoi pensez-vous, mon ami ? vous distrait ! décorez ces messieurs !

— Pardon, madame, nous le sommes déjà, fit observer le notaire.

Messieurs les secrétaires de l'ambassade de Zanguebar.

— Oui, mais du Crocodile d'argent, deuxième classe, il faut commencer par là, mais maintenant c'est le Crocodile d'or ! première classe !

L'ambassadeur s'était levé, et il fouillait dans ses poches. Enfin il trouva ce qu'il cherchait, deux petits crocodiles d'or suspendus à des rubans bleus. Cabassol et Taparèl s'étaient levés, la serviette à la main.

— Alors, nous montons en grade ? demanda Cabassol.

— Oui, la deuxième classe, c'était indigne de vous, ze vous fais zevalier du Cocodile d'or !

Cabassol et Taparèl s'inclinèrent.

— Tout mon cœur est au Zanguebar et à sa gracieuse ambassadrice, murmura Cabassol en se rasseyant ; mais je vous prie, madame, un petit renseigne-

Liv. 7.

ment? J'ai remarqué que vous dites de temps en temps *Zembo*, cela veut dire, n'est-ce pas, quelque chose comme sapristi?

— Mais non! mais non! Zembo, c'est le nom de mon mari, ce n'est pas sapristi!

— Ah! sapristi, mais alors... voyons votre mari s'appelle bien Zembo? il ne s'appelle pas Bocanda?

Bocanda était le nom que Cabassol se rappelait avoir lu sous la photographie de l'ambassadeur de Zanguebar ornant l'album de Mme Badinard.

— Ce n'est pas lui! Bocanda est le nom de notre prédécesseur, l'ambassadeur d'il y a deux ans, répondit l'ambassadrice.

— De votre prédécesseur! murmura Cabassol d'une voix étranglée par l'émotion, de votre prédécesseur!

— Eh bien, eh bien, vous troublé! vous malade?

— Non, madame! pas du tout, au contraire! c'est le plaisir, l'émotion, le Crocodile d'or! c'est l'orgueil d'être fait chevalier de première classe de l'ordre du Crocodile d'or... Mais, je vous prie, votre prédécesseur, Son Excellence M. Bocanda, qu'est-il devenu?... il est à Paris?

— Oh non! il a été disgracié! il est resté huit ans à Paris sans parvenir à négocier l'emprunt qui doit servir à rendre au Zanguebar et à son prince leur splendeur d'autrefois; alors il a été rappelé au Zanguebar et...

— Et?

— Et, pour lui témoigner son mécontentement, le prince l'a nommé gouverneur d'une province éloignée, justement les trois cents lieues de forêts vierges dont nous parlions tout à l'heure...

— Les trois cents lieues de crocodiles et de rhinocéros...

— Précisément.

— Excusez ma curiosité, madame, un de mes parents a beaucoup connu Son Excellence M. Bocanda; les crocodiles et les rhinocéros n'ont-ils pas mangé leur gouverneur?

— Pas encore!...

— Ah! je respire...

— Pas encore... mais jamais un gouverneur n'a pu durer plus de trois ans, il n'a encore fait que la moitié de son temps.

Cabassol resta quelques minutes sans mot dire. Le vengeur de Badinard se heurtait dès le commencement à une difficulté imprévue. Zanguebar était loin et surtout malsain. Allait-il donc falloir entreprendre le voyage pour retrouver M. Bocanda dans ses forêts vierges, au milieu de ses crocodiles et de ses rhinocéros? Quelle catastrophe! trois mois de voyage pour aller, trois mois pour revenir, cela faisait déjà six mois; et le temps de chercher M. Bocanda parmi ses administrés à la dent cruelle, et le temps de venger M. Badinard? Et les dangers sans nombre, les fatigues, les fièvres et les lions? Décidément la situation de vengeur testamentaire n'était pas une sinécure! Tout à coup Cabassol se rasséréna, une idée lui était venue.

Tous les nègres se ressemblent, un ambassadeur de Zanguebar ressemble à un autre ambassadeur de Zanguebar, la preuve c'était que Son Excellence M. Zembo avait absolument la même tête que le Bocanda de la photographie. Pourquoi se tourmenter, pourquoi s'élancer à la poursuite de M. Bocanda? c'était comme représentant du prince de Zanguebar que S. Exc. Bocanda avait offensé Badinard, eh bien, c'est sur un représentant du prince de Zanguebar que l'on vengerait Badinard.

Ce sophisme apporta quelque satisfaction à l'âme troublée de Cabassol. Il respira; mais en respirant il regarda du côté de Mᵉ Taparel pour voir s'il n'avait rien entendu de la conversation de l'ambassadrice.

Non. Mᵉ Taparel était entrepris par l'ambassadeur et, il subissait une description enthousiaste et imagée du beau Zanguebar. Il n'avait rien entendu.

Tout était donc pour le mieux, mais il fallait se hâter, il fallait mener les choses tambour battant pour ne pas lui laisser l'occasion de reconnaître l'erreur de per-

Beau pays le Zanguebar!

sonne. Notre héros Cabassol avait déjà pu reconnaître chez Mᵉ Taparel un formalisme un peu excessif dû à ses vingt-cinq années de notariat ; ce formalisme sans nul doute l'eût porté à exiger de Cabassol le voyage de Zanguebar et à lui faire affronter les crocodiles et les rhinocéros de Son Excellence M. Bocanda.

— Ah! grand Dieu! pensa Cabassol, je me vois d'ici naviguant avec Mᵉ Taparel flanqué de M. Miradoux, débarquant chez le prince de Zanguebar et cherchant à travers les forêts vierges mal habitées, les traces de M. Bocanda! Non, non, non, je ne veux pas donner aux crocodiles de Zanguebar du Cabassol à manger ; je vengerai Badinard à Paris! De l'audace! de l'audace! encore de l'audace!

Et il entama immédiatement les hostilités en marchant légèrement sur le pied de l'ambassadrice. Celle-ci se retournant vivement, Cabassol mit la main sur son cœur et dit, en lui lançant une œillade enflammée :

— Il faut que l'emprunt de Zanguebar réussisse, il le faut! Je tremble en pensant qu'en cas de non-réussite, le prince confierait sans doute à M. l'ambassadeur quelque poste au sein des forêts vierges. Je frémis à l'idée que notre charmante ambassadrice risquerait de se trouver un jour exposée à des désagréments avec les affreux crocodiles dont nous parlions tout à l'heure!

Madame l'ambassadrice, pour toute réponse, sourit à Cabassol et lui laissa effleurer furtivement de sa moustache son gant blanc comme la neige.

Mᵉ Taparel, se retournant en ce moment, surprit un regard triomphant de Cabassol et quelques signes d'une douce confusion sur la figure de l'ambassadrice. Le bon notaire, enthousiasmé, abandonna quelque peu la conversation de S. Exc. M. Zembo, pour faire de son côté les doux yeux à l'ambassadrice et pour lui marcher aussi sur le pied, en signe d'encouragement.

Cependant le dîner tirait à sa fin. Les secrétaires se multipliaient ; à les voir courir, paraître et disparaître, en exécutant des prodiges d'adresse pour ne pas se jeter les uns sur les autres avec les plats, on les eût pris pour de simples clowns. Le sang des tropiques les travaillait.

Enfin, le dessert ayant été absorbé, madame l'ambassadrice proposa de passer au salon. Cabassol se précipita pour lui offrir son bras et fut assez heureux pour obtenir la préférence sur un autre invité, le général haïtien, qui s'était levé en même temps que lui.

L'ambassadrice, jouant nonchalamment de l'éventail, prit le bras de Cabassol pendant que le pauvre général s'en allait tout déconcerté s'adresser à une autre dame.

L'ambassadeur et Mᵉ Taparel, les mains derrière le dos, avaient repris leur conversation géographico-financière.

Un peu de musique.

IV

L'ambassadrice compromise. — Un rival de Haïti. — Nouveaux désagréments causés par l'affaire Badinard à l'infortuné M° Taparel.

Déjà une dame et un monsieur, également foncés en couleur, s'étaient approchés du piano.

— Est-ce que nous allons avoir une petite Bamboula? se demanda Cabassol.

Mais la dame et le monsieur, dédaignant la bamboula de leurs pères, se lancèrent à quatre mains à travers une rêverie mélancolique de Chopin; un groupe se forma autour du piano pour profiter des propriétés éminemment digestives de cette douce et poétique musique.— L'ambassadeur et le notaire continuaient leur promenade, les mains derrière le dos.— Cabassol, donnant le bras à l'ambassadrice, la conduisit dans l'embrasure d'une fenêtre sous les grandes feuilles des plantes exotiques, et mit la conversation sur les nuits zanguebariennes, sur leurs splendeurs et sur leurs dangers.

La musique continuait, entraînant doucement les invités à travers les domaines éthérés du rêve; une délicieuse somnolence s'emparait de tout le monde, les têtes se penchaient, seul le bruissement des éventails accompagnait les rythmes étranges et crépusculaires du compositeur polonais. L'ambassadeur avait abandonné le notaire; enlevé par la musique, il était allé flirter avec une jeune Africaine noire comme la nuit.

Cabassol causait toujours; il avait repris le bras de l'ambassadrice et se promenait avec elle dans les salons. Là, sous l'abri des plantes tropicales, il pouvait presser tendrement son bras sous le sien et même effleurer de temps en temps les doigts de l'aimable dame, sauf à recevoir quelques légers coups d'éventail sur les siens. — Peu à peu il l'entraînait vers la serre, éclairée par des lampes à verres bleus de façon à imiter le clair de lune.

— Quelle retraite embaumée! murmura-t-il en s'asseyant sur un banc de léger bambou à côté, tout à côté, de l'ambassadrice; comme cela doit vous rappeler le Zanguebar et ses forêts vierges... Ah! madame, que ne suis-je moi-même un homme de ces terres ensoleillées, un enfant de ce ciel trop bleu, au lieu d'être le fils de ce Paris qui me semble maintenant froid, morne et désolé! C'est là-bas que j'aurais dû naître, car je me sens une âme brûlante, un cœur tropical comme celui d'un Zanguebarien!

— Vous trop aimable... vous plaisantez! balbutia l'ambassadrice en agitant son éventail.

— Moi, je plaisante! s'écria Cabassol, pouvez-vous avoir la cruauté de dire cela...

Si Cabassol n'avait pas pas été aussi occupé, il aurait pu entendre comme le bruit d'une altercation à la porte de la serre. Le piano continuait toujours dans le salon, et dans le jardin, l'orchestre loué par l'ambassadeur jouait des airs d'Offenbach et de Lecoq pour se réchauffer. Cette musique avait du bon, elle couvrait la voix de Mᵉ Taparel disputant l'entrée de la serre au général haïtien.

Mᵉ Taparel avait suivi de loin la conversation animée de Cabassol avec l'ambassadrice; dès qu'il les avait vus pénétrer dans la serre, il s'était dirigé du même côté pour défendre la succession Badinard contre les insdiscrets.

Un autre aussi n'avait pas un seul instant perdu de vue l'ambassadrice, cet autre, c'était le général haïtien à l'œil jaloux. Lui aussi paraissait avoir le cœur féri par la gracieuse zanguebarienne, et déjà il avait paru supporter difficilement les galanteries prodiguées à son idole par l'audacieux Cabassol.

Le notaire et le général haïtien s'étaient donc heurtés à la porte de la serre, le soupçonneux général aurait voulu passer, mais le notaire s'était cramponné à son bras.

— Que pensez-vous, mon cher général, lui dit-il, des ravages du phylloxéra?

— Je n'aime que le cognac, répondit brusquement le général.

— Pardon, est-il vrai, comme je me le suis laissé dire dans un cercle

Cabassol avait repris le bras de l'ambassadrice.

bien informé, que la situation à Haïti devient de jour en jour plus alarmante?

— Au contraire.

— Permettez, cela dépend ! au point de vue conservateur, non pas ; sous un autre point de vue, peut-être, d'une autre façon encore, c'est différent. La situation est embrouillée, mais claire : ça va mal si vous êtes pour le pouvoir, ça va bien si vous n'êtes pas pour lui, ça va mieux si vous êtes pour le prétendant que vous croyez avoir le plus de chances,..... Tout est bien si... tout est mal si vous êtes de l'opinion contraire... Je ne veux pas vous influencer, mais il me semble que le nœud de la politique est là ! Toute la politique est là, dans tous les pays du monde, aussi bien à Haïti que dans la lune.....

— Parfaitement raison, mais......

— Vous voilà bien, vous les vieux partis, toujours des objections...

— Mais non !

— Mais si, vous êtes pour les mesures de rigueur, je vous voir venir... tenez, général, vous êtes un sabreur...

— Pardon, laissez-moi passer !
— Non pas ! songez..... avez-vous seulement une bonne constitution...
— Je me porte bien, mais...
— Vous plaisantez, je veux dire, une constitution politique. Soulouque n'en avait pas.....

Dans la serre le dialogue entre Cabassol et l'ambassadrice devenait de plus en plus brûlant.

— Et que sont les obstacles pour un homme comme moi ! le fer, le feu, l'eau, les éléments déchaînés, toutes les brutalités de la nature, toutes les férocités des hommes blancs ou noirs, je braverais tout, je défierais tout, si je pouvais un jour espérer.....
— Taisez-vous !
— Les défenses des éléphants.....
— Je vous en prie !....
— La corne des rhinocéros.....
— De grâce !....
— Le venin des serpents à sonnettes.....
— Oh !
— La griffe des lions.....
— Ah !
— Les dents des crocodiles ! ! !
— Grâce ! Cabassol, je t'aime ! ! !

Au même instant un grand fracas de vitres cassées retentit à l'entrée de la serre, la porte s'ouvrit violemment, renversant quelques vases de faïence artistique garnis de fleurs. Deux hommes parurent l'un poussant l'autre, et faisant tous deux une grande dépense de cris et de gestes.

C'étaient Me Taparel et le général haïtien, l'un s'obstinant à passer et l'autre à le retenir.

— Laissez-moi passer !
— Permettez ! cette question politique est d'une importance... pour l'avenir de Haïti...
— Laissez-moi.....
— Jamais !

Me Taparel bondit en avant comme s'il était lancé par une catapulte. La catapulte, c'était le général haïtien, qui n'avait pu se retenir en entendant l'ambassadrice murmurer le « Cabassol, je t'aime ! ! ! »

La charmante ambassadrice, terrifiée par cette invasion, se jeta dans les bras de Cabassol à moitié évanouie et tout à fait échevelée.

— Oh ! ! ! rugit le général haïtien en se dressant les bras en l'air devant ce tableau douloureux pour lui.

LA GRANDE MASCARADE PARISIENNE

L'ambassadrice de Zanzibar compromise par Cabassol.

— Oh! fit Cabassol légèrement troublé.
— Oh! fit le notaire en se frottant les mains.
— Oh! fit l'ambassadrice d'une voix à peine perceptible.

Mais le bruit des vitres cassées et les éclats de voix du général avaient appelé l'attention des invités du salon. S'arrachant aux enivrantes extases du piano, toute la société accourait croyant à un accident. M⁰ Taparel vit le péril, il comprit que l'ambassadeur allait s'apercevoir du trouble de la pauvre ambassadrice et s'enquérir de la cause de cette émotion.....

M⁰ Taparel prit un parti héroïque pour détourner le danger.

— Général! cria-t-il d'une voix formidable, vous m'en rendrez raison! Ces brutalités de corps de garde ne sont pas de mise dans les salons!... nous ne sommes pas chez Soulouque!... Quoi! au cours d'une paisible discussion politique, lorsque je vous fais part de mes idées sur l'avenir de la..... sur les choses générales..... sur le..... en particulier et..... vous vous emportez.....

— C'est vous! rugit le général.
— C'est affreux, vous dis-je, c'est inconvenant, c'est inouï.....
— Pourquoi me.....
— Dans les annales du parlementarisme on n'a jamais vu ça! vous me direz que chez vous..... mais ce n'est pas une raison..... Enfin c'est scandaleux!....

— Messieurs, je vous prie....., fit l'ambassadeur.....

— Jamais! s'écria le notaire..... Général! vous m'en rendrez raison!

— Tout de suite! répondit le général, vos armes?...

— Toutes! répondit le notaire avec un geste superbe.

— J'ai servi dans l'artillerie, mais je ne veux pas profiter de mes avantages pour vous proposer l'obusier de montagne..... Donc! toutes les armes, le canon seul excepté!

— Cela m'est égal!

— C'est bien, nos témoins s'entendront pour le reste, j'ai là deux amis de Haïti qui voudront bien m'assister dans cette circonstance.

Général, vous m'en rendrez raison!

— Je vais mettre vos témoins en rapport avec les miens. Voici M. Cabassol, je vais chercher un second témoin.... Voyons, un de ces messieurs..... Ah! voici mon affaire.

Et M° Taparel se dirigea vers le seul invité de l'ambassade qui ne fût ni blanc ni nègre. C'était un brave Chinois, à la figure honnête et douce, qui n'avait pas dit un mot pendant le repas, et que le bruit de l'altercation avait réveillé dans le fauteuil où il sommeillait bercé par la musique

— Permettez, fit l'ambassadeur, laissez-moi vous présenter !..... M. Tchou-li-tching, jeune savant de Pékin, venu pour étudier les arts et les sciences de la belle Europe; M° Taparel, une sommité du monde des affaires !

M° Taparel et M. Tchou-li-tching s'inclinèrent.

M° Taparel mit rapidement le jeune Chinois au courant du service qu'il réclamait de lui, puis il l'aboucha avec Cabassol.

— Qu'allez-vous faire ? dit tout bas Cabassol au belliqueux notaire, un duel, un vrai duel ?

— Il le faut bien, pour détourner autant que possible l'attention de l'ambassadeur, voyez de quel œil il regarde l'ambassadrice, comme il l'interroge sur les causes de son trouble... Voyez, voyez, il a des soupçons, elle est compromise aux yeux de toute la colonie zanguebarienne... Allons, allons, il nous faut maintenant terminer cette désagréable affaire avec le général haïtien..... en douceur, vous savez, en douceur !

— Un instant... Voyons, la trouvez-vous suffisamment compromise ?

— Oui, Badinard est vengé !

— Très bien ! alors je vais arranger l'affaire... Pendant que vous allez prendre congé de l'ambassadeur, je vais m'entendre avec les témoins de votre adversaire.

Maître Taparel, laissant les témoins discuter les conditions de la rencontre, s'en fut présenter ses excuses à l'ambassadeur pour le regrettable incident qui terminait si mal une aussi délicieuse soirée.

L'ambassadrice était encore toute troublée de l'aventure et dissimulait ses inquiétudes sous un jeu fébrile de l'éventail. L'ambassadeur semblait inquiet et la regardait les sourcils froncés.

— Jouons serré ! se dit le notaire.

— Monsieur, un mot, s'il vous plaît ! dit l'ambassadeur en l'interrompant dès ses premières paroles... moi, pas content, moi furieux !...

— Aïe ! se dit le notaire, serait-ce un second duel ?

— Moi furieux ! vous pas gentil ! Comment au moment où Zanguebar compte sur vous, pour l'emprunt, vous allez vous battre en duel, vous couper en morceaux... C'est mal, bien mal ! vous, existence précieuse !

— Monsieur l'ambassadeur, croyez je suis profondément touché, je suis ému, vous le voyez, mais l'honneur l'ordonne, il me faut aller sur le terrain... mais ne craignez rien pour l'emprunt, avec la simple énumération des garanties, il se fera tout seul.

Cabassol pendant ce temps glissait quelques paroles gracieuses à l'ambassadrice et se disposait à la retraite. Nos deux amis se dirigeaient vers la porte, lorsque un mot de la séduisante Zanguebarienne les rappela.

— Zembo! mon ami, à quoi pensez-vous?...

O muse du notariat, que dois-tu penser de tout cela!

— Pardon, madame, fit Cabassol, mais nous le sommes déjà crocodile d'or, première classe!

— Oui, mais zevaliers seulement, ce n'est pas assez, ze vous fais officiers! zangez les décorations...

— Madame, nous sommes confus!

Et la toute gracieuse ambassadrice se mit en devoir d'orner de ses mains blanches — elles étaient admirablement gantées — la boutonnière de nos amis, avec des crocodiles d'or plus grands et plus ornementés que ceux de simples chevaliers.

Naturellement, nos amis ne voulurent pas s'éloigner avant d'avoir acquitté les droits de la chancellerie, afférents à leurs promotions successives dans l'ordre du Crocodile d'or ; cela ne monta pour les deux décorations qu'à 175 fr., que Me Taparel remit au secrétaire de l'ambassade en échange des deux brevets. Les insignes, étant en doublé, coûtèrent 35 fr., cela faisait 210 fr., plus cent sous de gratification au concierge. C'était pour rien.

— Où allons-nous? demanda Me Taparel à Cabassol en quittant l'ambassade.

— Nous allons chez Brébant... votre duel est difficile à organiser, nous n'avons pu rien terminer encore, et nous allons continuer la discussion en soupant légèrement.

En effet le bon Chinois, le second témoin de Me Taparel, les attendait à la porte sur le trottoir ; à quelques pas de lui, le général haïtien et ses témoins attendaient aussi.

Bientôt deux voitures se dirigèrent au galop vers le boulevard.

— Sapristi! disait Me Taparel, j'aurais pourtant bien voulu prendre quelques minutes de repos avant de croiser le fer avec ce général...

— Il est furieux, il veut se battre tout de suite, moi j'essaye de gagner du temps.

— Vous savez, mon cher ami, je ne tiendrais pas à un duel à mort, je n'ai aucune soif de sa vie ; ce que je voulais, c'était détourner les soupçons de l'ambassadeur et couvrir notre retraite...

— Oui, mais vous avez été un peu vif avec le général... il veut une satisfaction ; il faudra, je le crains, une petite effusion de sang...

— De son sang, alors!

— Oui, de son sang. En attendant, vous allez souper pour prendre des forces.

— Ouf! fit le notaire, la succession Badinard m'en fait voir de cruelles!... si je n'avais pas à un haut degré le sentiment de l'honneur professionnel, je pourrais murmurer... Mais, vous voyez, je ne murmure pas!... O muse du notariat, que dois-tu penser de tout cela!

Tout en disant qu'il ne murmurait pas, le brave notaire ne fit que gémir pendant tout le trajet sur les désagréments de l'affaire Badinard et en particulier sur celui d'avoir à s'aligner sur le terrain, lui simple exécuteur testamentaire, lui pacifique homme d'étude, avec un sabreur exotique.

Le second témoin du notaire, le jeune Chinois, trouvant sans doute ces lamentations monotones, s'était endormi dans le fond du coupé.

Les deux voitures arrivèrent chez Brébant, sans s'être perdues, comme l'espérait secrètement Mᵉ Taparel. Le notaire et ses témoins s'enfermèrent dans un cabinet et le général haïtien avec les siens dans un autre.

— Eh bien, qu'allons-nous faire? demanda Mᵉ Taparel.

— Souper d'abord, puis discuter avec nos adversaires, rédiger des procès verbaux... Il faut faire les choses régulièrement. Voyons, êtes-vous fort à l'épée?

— Je ne sais pas, je n'ai jamais essayé.

— Et au pistolet?

— Carabine rayée, accepté! écrivit Cabassol.

— J'ai possédé dans ma jeunesse un pistolet à pierre, mais je n'ai jamais réussi à le faire partir, parce que le silex était égaré.

— Bon, pas de science du tout. Mais l'intuition? Vous sentez-vous l'intuition?

— Dame, je ne sens rien pour le moment, mais cela peut se révéler sur le terrain.

— Donc vous n'avez pas de préférence pour une arme quelconque, et vous nous laissez carte blanche! Attendons les propositions de nos adversaires...

Le garçon, en apportant les écrevisses, remit à Cabassol un petit papier de la part du cabinet ennemi.

Il contenait ces simples mots :

BOIS DE VINCENNES, SEPT HEURES DU MATIN.

— Accepté! écrivit Cabassol en renvoyant le papier.

— Il est une heure et demie, je pourrai dormir un peu, fit le notaire

Dix minutes après le garçon revenait avec une seconde note :

« Notre adversaire, dans sa provocation, a prononcé les mots : toutes les armes! Cependant nous tenons à préciser. Acceptez-vous la carabine rayée de précision?

— De précision me semble inutile, dit négligemment le notaire.

— Carabine rayée, accepté ! écrivit Cabassol.

Le temps d'avaler un léger doigt de champagne, et le garçon revint avec une nouvelle note diplomatique, aussi laconique que les autres.

REVOLVER A DOUZE COUPS.

— Tous chargés? demanda M° Taparel.

— Je ne sais pas, répondit le garçon.

— Accepté ! écrivit héroïquement Cabassol.

La quatrième note arriva au bout de cinq minutes avec ce mot.

BOWIE-KNIFE DE 44 CENTIMÈTRES.

— J'aimerais mieux la taille au-dessous, fit observer M° Taparel.

— Baste ! fit Cabassol, ne lésinons pas ; dans ces circonstances-là quelques centimètres de plus ou de moins font très peu de chose. Accepté ! Et maintenant, achevons tranquillement de souper ; car je suppose que c'est fini. Monsieur Taparel, un peu de cette mayonnaise ?

Le second témoin de M° Taparel.

— Allons, fit M° Taparel, un peu de gaieté ce soir, en attendant la séance de découpage avec ce féroce Haïtien !

Au moment où il allait vider son verre, le garçon rentra avec une nouvelle note ainsi conçue :

HACHE DE MARINE AMÉRICAINE.

— Encore ! s'écria le notaire bondissant de son siège.

— Ne vous fâchez pas, dit Cabassol en le rasseyant de force, attendez, je vais leur répondre !

Et il parafa la proposition haïtienne d'un *accepté* énergique suivi de ces mots :

COUTEAU A SCALPER !

— Allez ! dit-il au garçon.
Le Chinois, qui n'avait pas encore prononcé une parole, frappa sur l'épaule de M° Taparel et lui dit en cherchant ses mots :
— Pardon ! je voudrais dire une petite chose...

— Tiens ! vous parlez français ! voyons, vous voulez peut-être proposer une arme de votre pays...
— Non ! je suis un paisible lettré, j'étudie la littérature et pas la coutellerie, je voulais dire, votre adversaire est un homme terrible, il est de Haïti, *haï-t-il ! haï-t-il !*
— Oh ! fit M° Taparel.
— Comment ! s'écria Cabassol, c'est pour apprendre ces choses-là que votre gouvernement vous envoie ici avec une petite pension ; mais vous pervertirez votre pays à votre retour !

Arrivée de la noce Cabuzac au restaurant.

Le jeune Chinois rougit et s'inclina modestement.

— Carabine, revolver, bowie-knife, hache de marine et couteau à scalper... énumérait le notaire, un arsenal complet... Ah! l'affaire Badinard!... Mais, dites-moi, messieurs, vous oubliez de fixer la distance entre les combattants... Vous savez, ne lésinez pas, donnez-nous nos aises!

— Mais, comme vous n'êtes pas sûr de votre adresse, à votre place je préférerais cinq ou six pas!

— Non, non, fit le notaire, la carabine porte à mille mètres, je veux le compte...

L'arrivée du garçon l'interrompit.

Le garçon revint avec la mine encore plus grave.

— Bigre! murmura Me Taparel, notre féroce *haï-t-il* va proposer à bout portant!

Le garçon portait cérémonieusement un grand papier sur un plateau. Cabassol s'en saisit rapidement et le déploya.

C'était un plan du bois de Vincennes.

Aux deux extrémités du bois se voyaient une grosse croix à l'encre rouge, et, dans le bas, les Haïtiens avaient écrit :

CHOISISSEZ.

— Comprends pas? écrivit Cabassol en renvoyant la carte.

Le garçon revint bientôt avec la mine encore plus grave qu'auparavant.

— Messieurs, dit-il, je suis chargé de vous fournir les explications. Vos ennemis veulent le duel à l'américaine, la chasse à l'homme à travers le bois! Les deux adversaires entreront dans le bois de Vincennes, l'un par Saint-Mandé et l'autre par Joinville, à sept heures moins un quart, les montres réglées l'une sur l'autre; à sept heures, la chasse commencera, ils se chercheront et tireront à volonté. Voilà!

— C'est un peu fatigant, dit le notaire.

— On ne tire pas sur les témoins, surtout? fit Cabassol.

— Je ne crois pas, monsieur.

— Eh bien? demanda Cabassol au notaire.

— Accepté! s'écria Me Taparel, accepté! je choisis le côté de Saint-Mandé...

— Alors, reprit le garçon, tout est réglé. Maintenant, ces messieurs demandent que deux des témoins, un de chaque côté, soient délégués pour aller chercher chez un armurier les armes et les cartouches.

— J'y vais! dit Cabassol en se levant, mon cher monsieur Taparel, vous pouvez vous en rapporter à moi, je prendrai ce qu'il y aura de mieux.

Mº Taparel et le Chinois restèrent seuls.

— Si nous faisions un petit somme? proposa Mº Taparel.

— Si nous en piquions un? répondit le Chinois.

Mº Taparel regarda d'un œil inquiet le naturel de l'Empire du milieu, qui riait silencieusement.

Le Chinois, étendu sur le divan, ronfla bientôt, mais le digne notaire tenta vainement de clore la paupière; les affaires d'honneur sont rares dans le notariat, profession pacifique; c'était la première fois que la liquidation d'une

En route pour le champ de bataille.

succession le conduisait sur le terrain. Cependant il n'y avait pas à reculer, l'honneur professionnel exigeait qu'il fît bonne contenance sous la carabine et le bowie-knife du Haïtien.

— Et dire, songeait tristement Mº Taparel, que pendant que nous nous préparons, le Haïtien et moi, à nous livrer à une orgie de sang, dans les cabinets voisins on soupe joyeusement! Il y a tout à côté une dame qui rit sans se douter de nos idées de carnage... c'est peut-être la dernière fois que j'entends des rires féminins!... ô Badinard, tu le vois, ton notaire, ton exécuteur testamentaire pousse la fidélité au devoir professionnel jusqu'au sacrifice! je vais périr peut-être..... à la fleur de l'âge, victime du devoir et martyr du notariat!... Es-tu content de moi, ô Badinard, client difficile à contenter?... oh, ce Haïtien..... Quel tigre avec son arsenal!... Quel anthropophage!... Ah, si la chambre des notaires savait à quelles opérations de découpage je vais employer ma matinée... mais buvons pour écarter ces images...

La mission de Cabassòl demanda une bonne heure; il était bien près de trois heures du matin quand il rentra dans le cabinet, chargé d'un belliqueux bagage.

— Voilà! fit-il en faisant résonner sur le parquet la crosse d'une carabine, Voilà! voilà, et voilà!

Et il déposa sur la table un superbe revolver, un bowie-knife à la lame féroce une hachette et une lardoire que l'armurier avait décorée du nom de couteau à scalper.

Des légions de noirs Haïtiens passaient devant ses yeux troublés.

— Vous n'avez pas prévenu la police, surtout? demanda le notaire, qui se rattachait à un dernier espoir.

— Soyez tranquille! je n'ai rien dit, vous ne serez pas troublé dans votre massacre du Haïtien! Et maintenant j'ai commandé une voiture pour six heures, vous pouvez essayer de dormir jusque-là. Installons-nous le plus commodément possible et prenons des forces, nous en aurons besoin!

Bientôt le silence le plus complet régna dans le restaurant; à côté, dans le cabinet haïtien on dormait sans doute aussi, pour se préparer à la terrible lutte du réveil. Seul M° Taparel cherchait vainement le sommeil, il avait beau essayer, pour se refroidir le sang, de réciter toutes les formules d'actes notariés possibles, et même d'inventer des complications d'affaires entre des personnages imaginaires, rien n'y faisait; le revolver, les cartouches et les couteaux déposés devant lui sur la table le ramenaient toujours à la désolante réalité.

Le général haïtien.

Devant ses yeux troublés passaient des légions de

noirs Haïtiens brandissant des armes épouvantables rougies par le sang des notaires...

Cabassol, à six heures sonnantes, se réveilla et sonna pour avoir l'addition.

— Et ces messieurs d'à côté? demanda-t-il au garçon.

— Partis il y a une demi-heure, répondit le garçon. Vous savez qu'ils vont jusqu'à Joinville?

— Dans les cabinets voisins on soupe joyeusement!

— C'est vrai, allons, en route!

Le cocher parut un peu surpris à la vue de l'arsenal ambulant qui s'installait dans sa voiture.

— Ah! ah! dit-il, on va se cogner, je connais ça! Et ben, vous avez de la veine, bourgeois, je porte chance! il n'y a pas huit jours que j'ai chargé des messieurs pour un duel au pistolet à Meudon, et...

— Et? demanda le notaire d'une voix pleine d'émotion.

— Mon bourgeois n'a pas écoppé...

— Et mon bourgeois n'a pas écoppé; au contraire, il a flanqué une balle dans...

— Dans... l'adversaire ?

— Non, dans les quilles d'un de ses témoins.

— Vingt francs de pourboire ! s'écria le notaire, rempli d'un doux espoir.

Le cocher, électrisé, lança ses chevaux à toute bride et partit en sifflant une fanfare guerrière.

— Ah ! gémit Me Taparel, qu'a dû penser Mme Taparel en ne me voyant pas rentrer cette nuit !...

— Tranquillisez-vous, répondit Cabassol, je lui ai télégraphié ces simples mots :

« Retenu par affaire BADINARD. Complications d'un caractère particulier exigent ma présence. Tout va bien. »

TAPAREL.

— Merci. Je vois que je puis maintenant être tout entier au général haïtien.

M. et Mᵐᵉ Félicien Cabuzac.

V

Un duel féroce au bois de Vincennes. — La troisième vengeance. — Le plus beau jour de la vie de M. Félicien Cabuzac est troublé par des discussions violentes.

L'aube se levait à peine, une aube pâle et triste de mars, lorsque le cocher débarqua ses bourgeois à l'entrée du bois de Vincennes. — Le notaire paya le cocher d'avance pour le cas où les hasards du combat l'entraîneraient trop loin pour retrouver la voiture, puis il ceignit une ceinture bleue apportée par Cabassol, y passa le revolver, la hachette, le bowie-knife et le couteau à scalper et jeta sa carabine sur l'épaule.

— Bonne chance! cria l'automédon; faites comme l'autre de la semaine dernière!

— Quelle heure avons-nous? fit Cabassol en tirant sa montre, voyons, sept heures moins deux minutes. Allons, maître Taparel, voilà le moment, chargez la carabine et le revolver! A l'heure qu'il est, votre adversaire se prépare à se jeter sous bois pour marcher à votre rencontre... allons, voici sept heures! en avant! Utilisez chaque mouvement de terrain, rangez-vous derrière chaque arbre, sautez de buisson en buisson !... de l'œil et du jarret !... En avant ! nous vous suivons à vingt mètres sur le côté.

Mᵉ Taparel, enfonçant son chapeau sur ses yeux d'un geste énergique, se jeta dans le fourré. — Les témoins lui laissèrent prendre une petite avance et se glissèrent à sa suite sous les arbres. — Pendant dix minutes on avança sans prononcer une parole. Mᵉ Taparel marchait avec la prudence d'un Peau-Rouge, sans faire crier une branche d'arbre, sans déranger une touffe d'herbe, se rasant derrière chaque pli de terrain, et sautant comme un cabri, quand il avait à traverser un espace découvert.

Tout à coup Cabassol et le jeune Chinois le perdirent de vue ; ils attendirent cinq ou six minutes, puis ils se risquèrent en avant.

Mᵉ Taparel était invisible. Cabassol l'appela doucement, mais rien ne répondit.

— Avançons, dit tout bas Cabassol.

Le Chinois l'arrêta brusquement et lui montra un objet étrange, à une vingtaine de mètres, au milieu d'un buisson.

— C'est sa tête ! murmura le Chinois.

— Qu'est-ce que cela ?

— C'est sa tête ! murmura le Chinois d'une voix entrecoupée.

— Sapristi, c'est sa tête... ah ! mais, est-ce que le Haïtien l'aurait déjà...

La tête siffla doucement et s'agita. Cabassol et le Chinois respirèrent. Ils se précipitèrent en avant et trouvèrent Mᵉ Taparel blotti au fond d'un fossé, la tête seule hors du trou.

— Avez-vous entendu ! demanda sourdement Mᵉ Taparel.

— Quoi ?

— Le son du cor, il me semblait qu'il n'avait pas été question de cor dans nos arrangements.

— Mais non,... ah ! je l'entends, c'est le tramway de Vincennes...

— Ah ! très bien, j'ignorais... maintenant indiquez-moi la direction de Joinville.

— Par là, sur la gauche.

— Merci, je vais opérer un mouvement tournant.

Et le notaire sortit de son fossé et se dirigea sur la droite.

Cinq minutes après, un nouveau sifflement du notaire appela les deux témoins qui s'empressèrent de le rattraper.

— Qu'est-ce qu'il y a ?

— Des maisons, répondit tout bas le notaire.

— Un restaurant ! dit Cabassol... si nous allions déjeuner un peu, cette

LA GRANDE MASCARADE PARISIENNE

Le repas de noces de M. Félicien Cabnzac troublé par des discussions violentes.

promenade matinale m'a ouvert l'appétit... Rentrez votre carabine dans son enveloppe, cachez sous votre pardessus votre attirail guerrier et déjeunons!

M° Taparel accueillit volontiers l'idée de suspendre les hostilités. Il dissimula, autant que possible, ses armes à feu et ses armes blanches et gagna le bord de la route.

— Un instant! dit-il avant de quitter le couvert des arbres, allez donc voir si le restaurant n'est pas occupé par nos adversaires.

— Mais, non, vous voyez qu'il ouvre à l'instant même; il n'y a personne.

La route fut traversée rapidement, et les trois hommes pénétrèrent dans le restaurant.

Trop de champagne!

— Une omelette et du jambon! commanda Cabassol.

Les garçons du restaurant parurent un instant surpris de voir des clients aussi matinals, mais ils s'empressèrent et conduisirent nos amis dans une grande salle du premier étage, consacrée ordinairement aux noces et festins de corps, et garnie d'une immense table pour cinquante couverts.

— Belle position, fit le notaire en examinant les environs par la fenêtre, on soutiendrait un siège très facilement. Si nous attendions ici nos adversaires?

— Votre adversaire! n'oubliez pas que nous ne sommes que vos témoins, répondit Cabassol. Attendons-le si vous voulez.

Nos amis s'installèrent à une petite table dans un angle de la salle, le plus près possible de la porte, qu'il était nécessaire de surveiller. Le notaire, pour déjeuner plus facilement, posa sur la nappe son revolver, sa hache et son bowie-knife. Le garçon, à cette vue, parut peu un effaré.

— Messieurs, dit-il, vous savez, nous avons un tir au pistolet dans le jardin, avec les balançoires et le jeu de boules, mais on ne tire pas dans les salons.

— As pas peur! répondit Cabassol en s'étendant sans façon sur un divan.

— Et quel vin désirent ces messieurs? reprit le garçon, nous avons un petit blanc à vingt sous la bouteille dont vous me direz des nouvelles.

— Du petit blanc! s'écria M° Taparel avec indignation, allons donc, pour un homme qui, peut-être, sera dans deux heures étendu sur le champ de bataille!... Du champagne, et vivement!

— Du champagne! s'écria Cabassol.

— Du champagne! siffla le bon Chinois avec une voix de fausset, trois bouteilles!

Pour se distraire en attendant l'arrivée de l'omelette, Cabassol fit sauter d'un coup de bowie-knife le bouchon de la première bouteille de champagne.

— Ah! qu'il est bon de vivre! dit le notaire en mettant la main sur son cœur; messieurs, je le sens maintenant, ma vocation ce n'était pas le notariat, c'était la vie d'aventures, fiévreuse, ardente, la vie de trappeur avec ses périls, ses fatigues, ses joies, ses combats dans le sentier de la guerre et ses petites noces au champagne! Voilà ce qu'il fallait à ma nature indomptée, je m'en aperçois trop tard!

— Hourra! cria Cabassol.

— Hourra! siffla le Chinois.

— A bas le notariat! Vive l'affaire Badinard qui me procure ces joies! Que ne suis-je à la place de ce jeune Cabassol, que n'ai-je la mission d'accomplir moi-même les soixante-dix-sept vengeances de Badinard, au lieu de mon simple rôle de constatateur!

Avant d'aller plus loin, avouons ce que décidément nous ne pouvons plus cacher. Depuis la veille, au dîner chez l'ambassadeur du Zanguebar, nos amis et leur acolyte le jeune Chinois ont absorbé bien du champagne, on l'a peut-être remarqué. Qu'on ne les en blâme pas trop, les circonstances seules sont coupables; Cabassol et M° Taparel avaient quitté l'hôtel avec une simple et légère émotion seulement, mais toute une nuit de discussions orageuses et de préparatifs sanglants, occasionnés par la fâcheuse collision avec le général, avait donné à cette émotion de singulières proportions, que l'omelette au champagne du matin n'était certes pas faite pour diminuer.

Cet aveu, fait en rougissant, soulage notre conscience et nous donne les coudées plus franches. Aussi nous n'hésiterons pas à déclarer sans réticences que M° Taparel, cette intelligence lumineuse, que M. Cabassol, jeune homme remarquablement doué, et que le jeune Chinois, dont nous avons oublié le nom, lettré de première classe, poète et prosateur, homme politique des-

..tiné à occuper plus tard un poste important dans l'Empire du milieu, que ces trois éminents esprits enfin, semblèrent pendant le déjeuner, bien obscurcis par le champagne.

L'omelette au jambon calma leur appétit. A la fin du repas et de sa bouteille de champagne particulière, Mº Taparel déclara qu'il avait sommeil et que nulle puissance humaine ne l'empêcherait de dormir. En conséquence, il s'étendit sur une banquette, glissa quelques coussins sous sa tête et se coiffa d'une serviette.

— Et l'ennemi? s'écria Cabassol, si les Haïtiens se présentent?

— Vous êtes mes témoins, vous allez faire faction! à la première alerte, vous me... reveill...

Quelques jeunes cousines déclarèrent qu'elles ne se marieraient jamais!

Et sans même achever sa phrase, le notaire ferma les yeux et s'endormit.

— Le devoir, balbutia Cabassol en se levant, peut se concilier avec le repos, la commodité avec la sécurité; mon cher mandarin, nous allons veiller... en dormant!... aidez-moi.

Cabassol saisit l'extrémité d'une banquette, fit signe au jeune Chinois de

La conversation roula sur les désagréments du mariage.

prendre l'autre bout, et tous deux se mirent en devoir de la transporter jusqu'à la porte de la salle. Le prudent Cabassol ferma cette porte à double tour et posa la banquette en travers ; cela fait il s'en fut avec le Chinois chercher une seconde banquette pour la placer contre la première.

— Et maintenant, mon cher ami, que je vous ai enseigné la manière de fortifier un poste, je vais vous montrer comment l'on monte sa garde sans fatigue !

Cabassol s'allongea sur la banquette, remua un peu pour bien se caler et ferma l'œil.

— Faites comme moi, dit-il en bâillant, le Haïtien ne nous surprendra pas, et nous nous réveillerons frais et dispos pour lui tenir tête !... Bonsoir, mon cher Chinois, mon petit dragon bleu, bonne nuit !

Le jeune Chinois, après avoir soigneusement roulé sa queue autour de sa tête, allait faire comme Cabassol, mais il réfléchit sans doute et revint vers la table. Prenant successivement les trois bouteilles de champagne, il les égoutta dans son verre et le vida consciencieusement. Ce devoir accompli, il revint à sa banquette et se coucha près de Cabassol.

Quel bon sommeil après tant de fatigues et de si nombreuses émotions ! Quel repos précieux et réparateur ! Mᵉ Taparel rêva, il est vrai, du Haïtien, mais son rêve ne manqua pas de douceur ; il songea qu'après trois heures de combat corps à corps, les cartouches épuisées, les haches brisées, les bowie-knifes ébréchés, il réussissait à scalper son ennemi, et qu'il lui faisait grâce ensuite.

Le calme le plus complet régnait donc dans la grande salle du restaurant ; il dura de neuf heures du matin à une heure et demie. Rien ne l'avait troublé, pas même les garçons du restaurant qui pourtant auraient bien eu le droit de déranger un peu ces singuliers clients.

Au dehors il faisait un temps superbe ; le soleil, voilé le matin, avait dissipé son rideau de nuages et chauffait le bois de Vincennes de façon à éveiller bientôt les frondaisons printanières et à faire éclore les premières violettes. De toute la nature se dégageait une impression de douceur et de tranquillité vraiment délicieuses, les oiseaux sifflaient dans le jardin, le canon du polygone tonnait à intervalles réguliers, et de temps en temps retentissaient dans le fort, à peu de distance, des appels de clairon ou des sonneries de trompette de cavalerie.

Tout à coup, le ronflement de Cabassol s'arrêta. Des bruits suspects avaient troublé son calme sommeil ; il ne bougea pas, mais il cessa de ronfler. Un tapage assez violent se faisait au-dessous, au rez-de-chaussée du restaurant, puis des portes s'ouvrirent vivement, et le tapage retentit plus clair et plus vif. On montait l'escalier.

Deux secondes après, des cris et des appels retentirent dans l'escalier; et la porte fut vigoureusement secouée du dehors.

— Aux armes! s'écria Cabassol en se précipitant en bas de sa banquette et en jetant le jeune Chinois sur ses pieds.

— Aux armes! répéta le notaire éveillé en sursaut, je ne l'ai donc pas bien scalpé?

— Qui ça?

— Lui! le Haïtien...

— Sans doute, puisque le voilà qui va enfoncer la porte... allons, allons, du calme, procédons avec régularité... Qui vive?

Deux dames le questionnaient sur les modes de son pays.

— C'est la noce! répondit-on du dehors, ouvrez donc, farceurs!

— La noce? quelle noce? demanda Mᵉ Taparel à Cabassol.

— Je n'en sais rien... mais ce n'est pas l'ennemi, ils n'ont pas d'accent...

— Non! alors puisque ce sont des gens paisibles, ouvrons et dissimulons nos projets.

Cabassol et le jeune Chinois enlevèrent rapidement les barricades et ouvrirent la porte.

Pressés sur le palier, serrés sur les marches de l'escalier, riaient et plaisantaient des braves gens en ribambelle, tous en tenue de cérémonie, avec des robes de soie, des chapeaux à grands fracas, des habits noirs, des redingotes imposantes et des cravates blanches noblement empesées. C'était bien une noce. En tête de la foule, une jeune dame tout de blanc vêtue et couronnée de fleurs d'oranger, donnait le bras à un jeune homme cravaté, coiffé et frisé avec une perfection suprême.

— Farceurs, fit le marié en donnant une poignée de main à Cabassol. Vous savez que les cérémonies nous ont mis en appétit, et vous barricadez la salle du festin!

— Comment vous portez-vous? demanda Cabassol légèrement ahuri en secouant la main de ce marié qu'il ne connaissait en aucune façon.

Toute la noce avait fait irruption dans la salle, M° Taparel et le Chinois distribuaient des poignées de main sans rien comprendre aux politesses que leur prodiguaient des inconnus. Cabassol complimentait la mariée émue et rougissante.

— Vous nous avez donc précédés, disait le marié à Cabassol, l'attente à la mairie vous a ennuyés... moi, c'est incroyable comme ça m'a creusé. Aussi nous allons expédier un petit déjeuner sur le pouce, puis l'on se promènera dans le bois, et à six heures le grand festin!... Allons, à table, mon cousin!

— A table, mon cousin, dit gracieusement la mariée.

— Dites donc, mon nouveau cousin, glissa le marié dans l'oreille de Cabassol, est-ce que le Chinois est un parent ou un ami? Ça doit être un ami... Vous lui ferez chanter des drôleries de son pays, n'est-ce pas?

Cabassol réussit à prendre M° Taparel à part.

— Je comprends tout, lui dit-il, le côté du marié nous prend pour un parent de la jeune dame, et le côté de la mariée pour un parent de l'époux; ne brusquons rien, déjeunons avec la noce; l'omelette de ce matin est oubliée, il m'est resté une certaine lourdeur de tête qu'un léger repas dissipera.

— Mais, et mon adversaire qui bat le bois à ma recherche, s'il arrivait?...

— Baste! il ne nous trouvera pas au milieu de tout ce monde. Déjeunons d'abord, nous verrons ensuite.

Déjà le jeune Chinois était à table entre deux dames qui le questionnaient sur les modes de son pays. Cabassol et M° Taparel s'installèrent chacun en face d'une fenêtre pour avoir l'œil sur la route.

Le déjeuner fut naturellement d'une gaieté folle; la conversation roula surtout sur le divorce, sur les désagréments du mariage. Quelques jeunes cousines déclarèrent qu'elles ne se marieraient jamais; les deux belles-mères commencèrent à verser quelques larmes et prirent M° Taparel pour confident de leur douleur. Celui-ci, d'abord abattu par le mal de tête, avait peu à peu retrouvé son aplomb grâce à des moyens énergiques, c'est-à-dire en ingurgitant quelques verres de ce petit vin blanc dédaigné le matin.

Doucement ému par les confidences des deux mamans, il jugea convenable de prononcer quelques paroles bien senties pour répondre aux politesses et aux amitiés dont on l'accablait.

— Je comprends, dit-il, toute la douleur d'une mère quand vient le jour qui doit la séparer de son enfant!... Il y a une romance là-dessus... *Tralala... ta chambre sera vide!* etc. Pauvre brebis qu'on traîne à l'autel, tu quittes le doux abri du sein maternel, pour suivre celui qui n'est trop souvent, hélas! qu'un infâme loup ravisseur! C'en est fait : le oui décisif, le oui terrible, le

Ce qu'elles font des contrats de mariage rédigés avec tant de soin par les notaires !!!

oui fatal est prononcé, l'arrêt est sans appel, pleure, pauvre mère ! Un étranger s'est introduit subrepticement dans ta famille et t'a enlevé pour toujours celle qui devait être la consolation de tes vieux jours ! Au moins, sera-t-elle heureuse ? C'est si rare ! O mes amis ! la statistique est là pour nous retirer nos illusions à cet égard : un mariage heureux est une exception, une de ces curiosités que l'on signale aux étrangers dans les villes où quelquefois il se produit de ces phénomènes... La statistique a réuni là-dessus des documents qu'elle n'ose livrer à la publicité, de peur des conséquences...

— Ah mais, pardon ! s'écria le marié, il y a...
— Mon gendre, laissez parler monsieur ! gémit la belle-mère maternelle.
— Pardon, reprit M⁰ Taparel en se tournant vers le marié, voulez-vous

que je vous énumère les trop nombreuses causes de désordre et de malheur des mariages d'aujourd'hui? — Côté masculin, nous avons : l'ivrognerie, vins, liqueurs, absinthe! la paresse : la jeunesse d'aujourd'hui n'aime pas le travail! la brutalité : dans les classes bourgeoises, le mari, doucereux devant le monde, bat sa femme dans l'intimité! l'inconduite, oui, jeune débauché, l'inconduite...

— Si vous vouliez bien ne pas vous adresser à moi ! hurla le marié.

— Taisez-vous, mon gendre!

— Taisez-vous, mon gendre, s'écria la belle-mère, monsieur nous en apprend de belles sur votre compte ! D'ailleurs j'avais prévenu ma pauvre fille, je lui avais dit : Quand tu seras malheureuse, ne t'en prends qu'à toi, tu l'auras voulu !

— Laissez donc ce vieux raseur, dirent quelques jeunes gens en se levant de table, allons dans le jardin, il y a des petits jeux, des balançoires...

La pauvre mariée venait de se jeter au cou de sa mère pour mêler ses larmes aux siennes. Une vieille cousine était en train de s'évanouir, et deux ou trois dames sanglotaient tout haut.

Cabassol s'était levé pour prodiguer des consolations à la jeune épouse; il faisait des signes à M° Taparel ; mais celui-ci était lancé, et il ne pouvait plus s'arrêter.

— Je n'entends pas dire que les torts soient d'un seul côté ! au contraire, la Société de statistique a établi par des chiffres incontestables dans ses *Tables officielles des mauvais ménages*, qu'il n'y avait que 42 pour 100 de ménages troublés par le fait des torts masculins. Il reste donc 58 pour 100 de torts féminins !

— Oh ! firent quelques dames.

— Vous paraissez mettre mes paroles en doute? reprit M° Taparel, je n'ai qu'à détailler les torts féminins et, en réfléchissant avec bonne foi, vous verrez que le chiffre de 58 pour 100 doit être faible. Voyons! du côté des dames, nous avons : la coquetterie, immense source de désastres conjugaux ! — la paresse et le désordre, la ruine des maisons ! le.... la... Comment dirais-je? les goûts folâtres, enfin, qui les portent à faire des cribles des contrats rédigés avec tant de soin par les notaires.....

— Monsieur ! s'écrièrent quelques dames.

— Je ne fais pas de personnalités, je parle en général..... Eh ! mon Dieu, tout cela est connu, archiconnu, cela se voit tous les jours, à toute heure, dans tous les quartiers ; la jeune dame montre un front sévère à son époux et elle minaude avec ses amis ; un jeune homme, un contrebandier conjugal, lui prend la main, elle le regarde d'un œil ému et languissant, un œil de carpe amoureuse...

Un cri de colère poussé par le marié l'interrompit, le pauvre garçon montrait du doigt un groupe répondant parfaitement à la description imagée de M° Taparel. — C'était Cabassol qui cherchait à consoler la mariée en lui tapant tendrement dans les mains, tandis que, toute troublée, la pauvre jeune dame le regardait avec cet œil ému et languissant si sévèrement qualifié par le notaire.

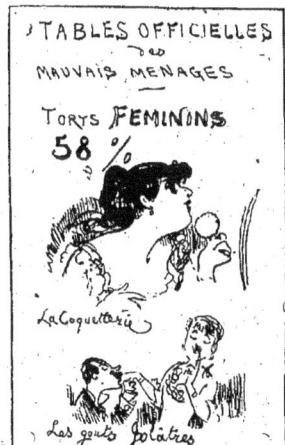

Recherches de la Société de statistique.

— Heureusement, continua le notaire sans faire attention au brouhaha, heureusement nos législateurs ont enfin été touchés par les nombreuses plaintes qui s'élèvent vers le temple des lois, depuis tant d'années... heureusement, dis-je, il y a le divorce... Plus de chaînes éternelles, plus de forçats rivés par un contrat de mariage indestructible ! ta femme te trompe, répudie-la !

En vérité, quel joyeux repas de noce ! autour de la table du festin on pouvait compter cinq ou six dames évanouies, une vingtaine de personnes de tout âge et de tout sexe en pleurs et au moins autant en train de se disputer. De tous côtés on faisait respirer du vinaigre et l'on versait de l'eau sur la tête des plus malades. — Au centre, on gesticulait beaucoup dans un groupe formé autour des époux : le marié

Recherches de la Société de statistique.

criait, la mariée pleurait, et Cabassol recevait des reproches indignés.

— Mais enfin! s'écria le marié dans un transport de fureur en s'adressant aux parents de sa femme, qu'est-ce que ce cousin que vous m'amenez-là?... ce monsieur qui vient, à ma barbe, taper dans les mains de ma femme... le jour de mes noces...

— Ce cousin? mais c'est le vôtre, il n'est pas de notre côté.

— Il n'est pas de votre côté?

— Non, non, et non!

— Mais c'est un intrus, il n'est pas du mien non plus! Qui est-ce qui le connaît ici? Et l'autre, son ami, qui vient de nous faire un discours si plein d'à-propos... l'autre, qui dit que je bois, que ma femme me trompe et qui nous engage à divorcer?

De tous côtés on faisait respirer du vinaigre.

— Ce n'est pas notre parent?

— Encore un intrus! Et le Chinois, ce n'est pas votre cousin non plus?

— Non.

— Ce sont des escrocs... venir manger notre repas, troubler mon ménage, et taper dans les mains de ma femme... vite, un garçon d'honneur pour aller chercher les gendarmes!...

Tout à coup, un coup de feu retentit dans le jardin, sous les fenêtres de la salle du banquet, un second coup le suivit, puis un troisième accompagné de quelques cris.

Cabassol et Mᵉ Taparel, qui se débattaient dans des explications impossibles, sursautèrent.

— Alerte! cria Cabassol.

— Haïti! Haïti! s'écria le Chinois.

— Aux armes! hurla Mᵉ Taparel.

Et, bousculant les gens de la noce, ils coururent aux fenêtres.

— Les voilà! les voilà! gare les coups de carabine! répétait Mᵉ Taparel.

Des cris aigus retentirent dans la salle, les dames coururent follement vers l'escalier.

Mais le mari, penché à l'une des fenêtres, avait découvert la cause de cette chaude alarme. C'étaient les jeunes gens de la noce qui, pour échapper aux discours du notaire, avaient gagné le jardin et qui s'amusaient aux balançoires et au tir au pistolet.

— Ce n'est rien, dit le marié, ce sont les petits cousins qui cassent des pipes à la cible.

Les petits jeux dans le jardin.

Cabassol et le notaire s'étaient aussi aperçus de leur erreur, les petits cousins n'avaient rien de commun avec le redoutable Haïtien. Mᵉ Taparel, la carabine sur l'épaule, le revolver à la ceinture et la hache dans sa poche, descendait rapidement l'escalier, suivi de Cabassol et du jeune Chinois.

D'un pas ferme Mᵉ Taparel s'en fut droit au tir et arma sa carabine. Les petits cousins s'étaient écartés, Mᵉ Taparel visa longuement une pipe et fit feu. La pipe demeura intacte.

— J'aurais dû exiger des balles explosibles ! s'écria Mᵉ Taparel.

Et tirant son revolver, il en déchargea successivement les douze coups sur cette pipe obstinée ; au douzième coup, la balle eut un écart de quelques mètres et s'en fut casser la jambe d'un petit Amour, qui, perché sur un mur dans un coin du jardin, regardait l'assistance d'un œil malin.

— L'honneur est satisfait, dit gravement Mᵉ Taparel en remettant le revolver dans l'étui, il est bientôt quatre heures, il y a assez longtemps que nous cherchons ou attendons nos adversaires ! Rentrons chez nous, messieurs, vous rédigerez à Paris le procès-verbal de la rencontre.

M° Taparel et ses compagnons allaient profiter de l'étonnement des gens de la noce pour quitter le restaurant, mais le maître de l'établissement ayant appris, au milieu du tumulte, que les trois intrus ne faisaient point partie de la famille, accourait vers eux.

— Messieurs, dit-il, nous avons un compte...
— Ah ! c'est vrai, j'oubliais, fit M° Taparel en se frappant le front.

Le restaurateur.

— Vous n'êtes pas de la noce Cabuzac ?
— Cabuzac ! s'écria le notaire, le marié s'appelle Cabuzac ?
— Ah ! fit à son tour Cabassol, il s'appelle Cabuzac ? Félicien Cabuzac ?
— Oui.
— Alors, nous le connaissons, il est dans l'album.
— Dans quel album ? demanda le restaurateur.
— Ça ne vous regarde pas ! Tenez, voilà cent francs pour nos deux repas... plus cent francs pour du champagne que vous offrirez à la charmante mariée, en disant à M. Félicien Cabuzac : C'est de la part de Badinard. Allez !

Cabassol, M° Taparel et le Chinois, sans plus répondre aux interpellations des gens de la noce, prirent le chemin de la porte et s'enfoncèrent dans le bois. M° Taparel, depuis la découverte du nom du marié, avait bien moins mal à la tête, et il oubliait le redoutable Haïtien.

— Ainsi, disait-il, nous n'avons pas perdu notre journée, nous avons une vengeance de plus... cela fait trois ! Je me disais aussi en regardant le marié, je connais cette figure-là ; je l'avais vue dans l'album de Mme Badinard.

Un bruit de trompette l'interrompit. Le tramway de Vincennes au Louvre passait.

— Au tramway ! cria le notaire.

Et les trois compagnons se mirent au pas de course en faisant des signes au conducteur. Le tramway s'arrêta. Sans remarquer une agitation extraordinaire qui se manifestait sur l'impériale, les trois amis escaladèrent la plate-forme.

— Complet à l'intérieur, dit le conducteur en sonnant ses voyageurs.

— En haut ! exclama le notaire.

La trompette retentit, le tramway se remit en marche. M⁰ Taparel, suivi de ses compagnons, prit la rampe pour gagner l'impériale où l'agitation semblait redoubler.

Parvenu en haut de l'étroit escalier, M⁰ Taparel s'arrêta pétrifié. Trois têtes noires venaient de se montrer à l'extrémité de la banquette, et ces têtes étaient celles de ses adversaires, du général haïtien et de ses deux témoins.

Sur le tramway.

— Qu'est-ce qu'il y a ? demanda Cabassol.
— Les Haïtiens ! répondit M⁰ Taparel.
— Allons, allons, montez-vous ! s'écria d'en bas le conducteur.
— Laissez-moi passer, je vais aller parlementer, reprit Cabassol.

Et dépassant M⁰ Taparel, il s'avança vers les Haïtiens qui semblaient bouleversés.

— L'honneur est satisfait, dit-il.
— L'honneur est satisfait, répéta M⁰ Taparel en faisant jouer la batterie de son revolver vide.

Le général haïtien fit un geste de satisfaction. Il tira son revolver de sa poche et montra qu'il était déchargé.

— L'honneur est satisfait, dit-il gravement.

Les deux partis pacifiés prirent place sur la même banquette.

— Ouf! fit Mᵉ Taparel, quelle journée !

— Quelle battue dans le bois! fit le général. J'y ai perdu ma carabine

— Comment cela?

— J'ai attrapé un procès-verbal, j'ai eu beau dire qu'il s'agissait d'un duel, la gendarmerie a confisqué mon arme. Mais je rapporte ceci...

Le général, entr'ouvrant son pardessus, tira un lapin de sa poche.

— A trois cents mètres ! s'écria-t-il, je l'ai tiré à trois cents mètres, hein ! si vous aviez été à sa place...

Mᵉ Taparel, toujours suivi de Cabassol et du Chinois, rentra chez lui à six heures du soir.

Mᵐᵉ Taparel se jeta dans ses bras en pleurant, elle ne comptait plus le revoir, car des bruits de duel commençaient à courir Paris.

Mᵉ Taparel avait obtenu du général haïtien qu'il lui fît cadeau du lapin, il le remit à Mᵐᵉ Taparel et lui dit :

— La balle qui a tué ce lapin m'était destinée. Je veux le faire empailler pour en faire l'ornement de mon salon. Et maintenant que Badinard est vengé de l'infâme Cabuzac, nous allons nous occuper de madame la vicomtesse de Champbadour!

L'infortuné lapin.

LA GRANDE-MASCARADE PARISIENNE

Première entrevue avec Mme de Champbadour.

Cabassol demande douze sonnets à un jeune poète de ses amis.

VI

Idées de Cabassol sur l'équitation. — Les douze sonnets dédiés à Mme Éléonore de Champbadour. — Intimités sur l'Arc de Triomphe.

Me Taparel depuis huit jours ne quittait pas la chambre. A peine était-il descendu une fois dans son cabinet, pour rayer de la liste des vengeances à exercer les noms de l'ambassadeur de Zanguebar et de Félicien Cabuzac.

L'estimable notaire était un peu souffrant, une semaine d'émotions aussi intenses, couronnée par cet affreux duel à l'américaine avec le redoutable Haïtien qui abattait des lapins à trois cents mètres, l'avait fatigué outre mesure, et il avait besoin d'un certain laps de repos.

Cabassol était jeune, lui ; au lieu des trois jours de migraine violente dont Me Taparel avait souffert, il en avait été quitte pour une demi-journée de lassitude. Tous les jours il était venu prendre des nouvelles de Me Tapa-

La vicomtesse de Champbadour.

rel ; il avait poussé l'héroïsme jusqu'à proposer de tenir compagnie au malade, pour lui lire les cent cinquante volumes du *Recueil des lois et arrêts* ou la collection du *Journal du notariat*. Mais, tout en lui sachant gré de sa bonne intention M⁰ Taparel avait énergiquement refusé et l'avait engagé à ne pas perdre un instant de vue sa noble mission.

Cabassol n'avait pas besoin d'être encouragé. Électrisé par ses trois succès en moins de huit jours, il s'était mis de lui-même à la besogne et avait dirigé toutes ses batteries contre le vicomte Exupère de Champbadour. Par les soins de Miradoux il avait été parfaitement renseigné sur les habitudes du vicomte et sur celles de Mme de Champbadour ; il connaissait le petit nom de cette dame et — ici Miradoux ne saurait être trop admiré — jusqu'à l'existence d'un signe particulier de Mme Éléonore de Champbadour, un petit fripon de grain de beauté, situé un peu au-dessous de l'épaule gauche.

Son premier soin avait été de demander à un jeune poète de ses amis douze sonnets variés sur Éléonore. Il avait eu douze chefs-d'œuvre, douze ravissants petits poèmes dont les strophes tendres ou vibrantes, émues ou colorées, mais toujours fines et délicates, devaient toucher le cœur de n'importe quelle femme. Ces sonnets étaient intitulés : le pied d'Éléonore, l'œil d'Éléonore, la chevelure d'Éléonore, etc., etc.

Le premier sonnet fut envoyé par la poste et ne coûta que trois sous d'affranchissement ; le second revint à meilleur marché, car Cabassol le déposa lui-même dans le manchon de Mme la vicomtesse en profitant d'un mment où cette dame l'avait posé sur une chaise pour examiner des curiosités chez un marchand. Le troisième arriva jusqu'aux mains d'Éléonore dans une boîte de parfumerie. Un bouquet acheté par Mme de Champbadour

L'estimable notaire était un peu souffrant.

à une petite bouquetière contenait le quatrième sonnet. Le lendemain Éléonore ayant renvoyé son coupé dut prendre un fiacre, et reçut du cocher le cinquième sonnet à la place du numéro de la voiture.

Mme de Champbadour avait lu le premier sonnet sans émotion, elle avait

Pendant que la vicomtesse examinait les curiosités chez un marchand.

rougi en recevant le second, le troisième l'avait troublée, le quatrième l'avait fait rêver malgré elle au poète amoureux et obstiné... Quelle délicatesse de sentiments, quel charme, quelle douceur exquise dans ces vers mystérieux ! Ah ! M. le vicomte Exupère de Champbadour était bien loin de posséder les qualités d'âme qui se révélaient dans chacune des strophes de ces sonnets. M. de Champbadour avait été charmant pendant les quinze jours de la lune de miel, puis, ne daignant plus se mettre en frais d'amabilité pour sa femme, il avait adopté un petit train-train conjugal bien vulgaire, et bien commun. Il vérifiait les comptes de la maison, il tenait à avoir bonne table et cave suffisante, il allait au cercle, et jamais, au grand jamais, il n'avait songé à aligner deux rimes en l'honneur d'Éléonore.

Pour faire parvenir à Mme de Champbadour le sixième sonnet, Cabassol corrompit Bob, le petit groom de la vicomtesse. — Restaient six sonnets, de plus en plus galants et enflammés. — Cabassol loua en face de l'hôtel Champbadour un petit logement, donnant juste sur les fenêtres d'Eléonore. Le soir, le vicomte Exupère étant au cercle, Cabassol mit un petit caillou dans le septième sonnet et le lança dans les carreaux. — Il cassa une vitre et une glace, mais il eut la joie d'entrevoir Eléonore en train de savourer cette poésie qui tombait du ciel. Un matin, la fenêtre étant entr'ouverte, Cabassol, à l'aide d'une sarbacane, envoya le huitième sonnet à son adresse.

Il ne perdait pas son temps, le jeune Cabassol. En deux jours, il avait acquis des notions d'équitation suffisantes pour se risquer à faire un tour à cheval au Bois de Boulogne.

— Je n'ai pas le temps d'apprendre à monter à cheval, avait-il dit aux écuyers du manège, apprenez-moi seulement à tomber sans me faire trop de mal.

On l'avait compris et l'on avait dirigé son éducation en conséquence. Cabassol, d'ailleurs, avait de véritables dispositions pour la science difficile de l'équitation; suivant lui, esprit éminemment simplificateur, toute cette science se réduisait à deux points. Pour monter à cheval il faut : 1° ne pas se laisser tomber, et 2° savoir diriger sa monture.

Et encore l'article 2 est de beaucoup le moins important : ne pas tomber est le principal, puisque du moment où l'on ne se laisse pas désarçonner, on doit toujours arriver à diriger son cheval, soit par la persuasion, soit à coups de cravache.

Or, l'objectif principal étant pour le cavalier d'éviter les chutes, Cabassol avait étudié les chutes. On peut tomber de cheval de quatre côtés : par le flanc droit, par le flanc gauche, par-dessus la tête et par-dessus la queue. La première leçon avait été consacrée à apprendre la manière de tomber par le flanc gauche sans se faire de mal. Cabassol s'en était tiré avec quelques contusions légères.

Dès la seconde leçon, le maître de Cabassol put constater de réels progrès; son élève apprit sans trop de mal à tomber par la droite. La chute par-dessus la queue, quand on a un peu de sang-froid, n'offre pas de grandes difficultés, et c'est aussi la plus gracieuse; on tombe assis; le tout est d'avoir l'air de s'asseoir naturellement. Cabassol y parvint; après deux heures d'exercice, il tombait avec une élégance telle, que, d'après le professeur, il semblait à le voir qu'une duchesse venait de lui dire gentiment : « Prenez donc un siège, cher marquis ! » Restait la chute par-dessus la tête, Cabassol la gardait pour la fin, car c'est la plus difficile ; elle exige une certaine souplesse de reins et une solidité de poignets peu commune ; il l'étudia soigneusement et son professeur fut content de lui.

En quatre leçons, Cabassol avait appris tout ce qu'il voulait connaître. Le cinquième jour, il prit une cravache sérieuse, sauta en selle et partit avec

Il eut la joie d'entrevoir Éléonore savourant sa poésie.

l'intention d'aller faire un tour aux Champs-Élysées. Malgré toutes les remontrances et toutes les objurgations de l'éperon et de la cravache, le cheval refusa de s'engager dans la grande avenue, et prit par le Cours la Reine. Cabassol ne tomba qu'une fois et encore il eut l'adresse de tomber sur une pelouse.

Avant de remonter, il tourna la tête de sa monture vers une allée transversale, devant regagner l'avenue, et il sauta en selle.

A l'angle de l'avenue, il eut l'occasion de s'apercevoir qu'en un quart d'heure il avait déjà fait de notables progrès. Le cheval ayant manifesté l'intention de tourner à droite, quand son maître désirait monter à gauche vers l'Arc de Triomphe, Cabassol réussit à l'en dissuader. La cravache bien maniée est un éloquent moyen de persuasion. Enfin le problème du cheval dirigeable était résolu! Cabassol ne tomba qu'une fois, — par le flanc gauche — en revenant.

Le lendemain, il était au bois parmi les autres cavaliers, à l'heure où Mme de Champbadour endossait son élégante amazone pour faire sa promenade quotidienne.

Comment s'y prit-il pour entrer en relations personnelles avec la charmante vicomtesse dès ce matin même? D'une façon bien simple. Dans une allée déserte, où Éléonore se livrait aux douceurs d'un temps de galop, suivie du seul Bob, le groom corrompu par l'or de Cabassol, notre héros mit à profit ses leçons du manège, et tomba de cheval de la façon la plus gracieuse, juste devant Mme de Champbadour. Son secret espoir était que cette dame épouvantée s'évanouirait aussitôt, et qu'il aurait le bonheur de la recevoir dans ses bras. Son désir ne s'accomplit point; Mme de Champbadour ne s'évanouit pas, elle se contenta de pousser un cri d'effroi gracieusement modulé et d'arrêter brusquement sa monture.

Notre héros, en se relevant, sans qu'Éléonore eût pensé à s'évanouir, songea qu'il aurait mieux fait d'accepter le moyen de Bob : l'ingénieux Bob avait proposé de couper une courroie de la selle de sa maîtresse, ce qui, à un moment donné, eût amené une chute et l'évanouissement demandé.

L'évanouissement manquant à son programme, Cabassol, après s'être relevé, tira gravement un papier de sa poche, et le tendit à Mme de Champbadour étonnée. Cela fait, il mit la main sur son cœur, en s'inclinant profondément, et sauta en selle pour s'éloigner, d'un air mélancolique.

Ce papier c'était le neuvième sonnet!

Et Mme de Champbadour le lut avec des battements de cœur.

En vérité, depuis le temps des Buckingham et des Bassompierre, avait-on vu façons plus galantes et plus chevaleresques!

Il restait trois sonnets, les plus ardents, les plus enflammés; des strophes de lave, destinées à mettre le feu aux poudres et à dévorer le cœur d'Éléonore! Le lendemain, à la même heure, dans la même allée, et de la même façon, Cabassol remit le dixième à la belle Champbadour.

Cette fois elle faillit s'évanouir. Cabassol ne partit pas, comme la veille, à toute bride, il remonta sur son cheval et chevaucha longtemps, à côté de l'amazone, en recherchant les allées ombreuses.

Au moment de reprendre la grande allée du bois, Mme de Champbadour, pressée par l'ardent Cabassol, dut lui accorder ce qu'il demandait: un rendez-vous! Que voulez-vous! Pouvait-elle laisser ce malheureux fou risquer sa vie pour lui remettre chaque jour un sonnet de la même façon? Non, non, il y aurait eu trop de cruauté, cela n'était pas possible! Et rougissante, troublée, le cœur battant à tout rompre, la vicomtesse avait elle-même indiqué l'endroit tranquille et sûr où le poète pourrait la voir.

C'était pour le jour même à trois heures au sommet de l'Arc de Triomphe.

Cabassol, en quittant le bois, arrêta son cheval devant le bureau télégraphique de l'avenue de la Grande-Armée, et envoya la dépêche suivante à M⁰ Taparel.

« Quatrième vengeance se prépare. — Plate-forme Arc de Triomphe 3 heures. — Venez ! »

« CABASSOL. »

— Si cela continue à marcher avec cette rapidité, se dit Cabassol en s'en allant tranquillement déjeuner, j'aurai achevé ma tâche en moins d'un an, Badinard sera vengé, et je pourrai me donner du bon temps !

A trois heures moins un quart, notre héros descendait de voiture sous la voûte de l'Arc de Triomphe et commençait l'escalade du monument. Tout allait bien, la plateforme était déserte. Accoudé sur la balustrade, une lor-

Sur la plate-forme de l'Arc de Triomphe.

gnette à la main, Cabassol explora du regard la grande avenue des Champs-Élysées.

Un fiacre jaune qui montait lentement au milieu d'une auréole de poussière fit battre son cœur, dès qu'il l'aperçut; quelque chose lui disait que ce fiacre jaune devait abriter l'incognito de la charmante vicomtesse. En effet, à l'angle de l'avenue, le fiacre s'arrêta et Mme de Champbadour, hermétiquement voilée, mais reconnaissable pour le cœur de Cabassol, en descendit, relevant ses jupes et sautillant pour éviter le jet d'eau d'un arroseur municipal.

Enfin, après avoir bien regardé autour d'elle, la vicomtesse pénétra dans le monument.

Cabassol, charmé, courut l'attendre à l'entrée de l'escalier. Au bout de cinq minutes, horreur! au lieu de la vicomtesse, ce fut la tête d'un Anglais qui parut, un Anglais long, desséché, au visage orné d'une grande barbe jaune; derrière lui un autre Anglais se montra, court et apoplectique avec la même barbe jaune, le même chapeau casque à voile, la même lorgnette en bandoulière. Après cet Anglais replet, un autre Anglais maigre parut, puis un autre rondelet, puis un autre et encore un autre..... Cabassol en compta trente-sept, il pensa que c'était tout; mais, après une minute d'intervalle, une nouvelle série mit le pied sur la plate-forme. C'était la série des gens mariés, les dames étaient en majorité, toutes avec des vêtements à carreaux en forme de sacs et des abat-jour invraisemblables en guise de chapeaux.

Perdue au milieu de cette invasion, apparut enfin Mme de Champbadour en vêtements gris, le voile noir rabattu sur les yeux, élégante comme une petite souris parisienne. Éléonore s'enfuit à l'extrémité de la plate-forme loin des Anglais, et parut s'abîmer dans la contemplation des cheminées de Paris. Cabassol l'avait suivie.

— Enfin! s'écria Cabassol, je vais donc pouvoir vous dire.....

— *Do you speak English?* dit une voix étrangère.

C'était un immense Anglais qui s'interposait entre eux.

— *No!* répondit énergiquement Cabassol.

— Madame, reprit notre ami en tournant le dos au malencontreux insulaire, madame, par quels mots essayerai-je de vous peindre le bonheur qui remplit mon âme, qui fait déborder mon cœur..:

— *Please, sir? Have the kindness to tell me where is the Panthéone?* dit une voix féminine.

Une Anglaise en waterproof écossais venait de passer la tête entre Cabassol et la vicomtesse.

— Plaît-il? demanda Cabassol ennuyé.

— *The Panthéone?*

— Là bas, madame.
— *Tanke you!*
— Oui, reprit Cabassol, je me sens l'âme enivrée d'une poésie...

Cabassol étudiant le problème de la direction des chevaux.

Je vous demandais bien pardone, fit un monsieur qui bouscula légèrement Cabassol en ouvrant un immense plan de Paris qu'il étendit à terre.
— Allons plus loin, dit Cabassol en entraînant Mme de Champbadour à l'autre extrémité de la plate-forte. — Oui, comme je vous le disais dans mes vers, je vous aime à en perdre la raison ; depuis que je vous ai vue, la joie et le désespoir ont tour à tour envahi mon âme...
— *Please, sir?*

— Encore! s'écria Cabassol en se retournant.

Cette fois ils étaient toute une famille, formant un cercle autour des deux jeunes gens.

— *No speak english!* cria Cabassol; qu'est-ce que voulez? des renseignements? Adressez-vous au gardien, çà ne me regarde pas!

— Aoh! vous n'êtes donc pas le guide de l'agence Fogg?

— Vous m'ennuyez!

—*Aoh! I do not understand ennuyer*... Mary, Lucy, cherchez dans le *Pocket-dictionnary*.

— Ah! Fuyons, monsieur, s'écria la vicomtesse suppliante, un esclandre me perdrait!.....

Cabassol furieux regarda autour de lui; près de cent cinquante fils ou filles d'Albion avaient pris possession de la plate-forme, braquant sur Paris toutes leurs lorgnettes, déployant tous leurs plans : l'escalier en amenait encore et toujours, et toujours! L'Arc de Triomphe semblait plein à l'intérieur. Il fallait fuir, la solitude de tout à l'heure était trop habitée.

— Voilà le commencement! les premiers soleils nous amènent les premières caravanes d'Anglais!

— Hélas! soupira la vicomtesse.

— O ange! si vous vouliez, nous irions loin, bien loin, aux Buttes-Chaumont...

— Buttes-Chaumont! *Very beautiful park!* dit une voix dans l'ombre de l'escalier.

C'était encore un Anglais!

— Voulez-vous indiquer à moa, dans le panorama, les Buttes-Chaumont... Ce était un parc véritablement... Comment dites-vous? Charmant!... le parc Monceaux était bien peigné. Mais le parc des Buttes-Chaumont était plus charmant, parce qu'on pouvait plus fumer le pipe! Jenny! Fanny! Arabelle! Maud! Valentine! venez voir le parc des Buttes-Chaumont que le gentleman va avoir l'obligeance de nous indiquer!

— Ah! s'écria Cabassol, en tournant le dos à l'insulaire, qui pouvait se douter que l'Arc de Triomphe fût aussi peuplé!... Bientôt on en sera réduit à donner ses rendez-vous sur la colonne de juillet ou bien en ballon... non captif... Et encore!...

— Ah! Fuyons, fuyons! répéta la vicomtesse, si mon mari était revenu d'Orléans!...

— Ne craignez rien, âme de ma vie... ah! il est à Orléans! Eh bien... je connais au bois de Boulogne, un restaurant mystérieux, où une femme du monde peut se glisser incognito... sans rien craindre...

— Oh! fit Mme de Champbadour.

AU MOULIN-BLEU

... il était arrivé des couples et des personnes inconnues.

— Ne vous offensez pas! ce que ces malencontreux Bretons m'ont empêché de vous dire sous le ciel bleu d'une belle journée de printemps, les étoiles du soir l'entendront... L'astre de Diane, au croissant d'argent, n'est-il pas le flambeau de l'amour plus que le soleil brûlant de midi?...O ange, je vivrai plus en cette soirée qu'en cinquante mille jours, loin de vos yeux charmants !...

— O poète! fit Mme de Champbadour, en laissant sa main dans celle de Cabassol.

— Eh bien, d'un mot vous allez me désespérer ou transporter mon âme au quinzième ciel : viendrez-vous?

— Eh bien, oui !... mais, chut ! nous voici descendus, laissez-moi partir seule...

Cabassol, après avoir furtivement baisé la main de la charmante vicomtesse, resta dans le monument pendant dix minutes encore. Comme il sortait à son tour, il se jeta dans les bras de M° Taparel qui accourait au reçu du télégramme.

— Eh bien ! demanda Taparel, trop tard ?
— Au contraire, trop tôt !
— Comment cela ?
— Une invasion de touristes de l'agence Fogg a troublé notre rendez-vous sur la plate-forme, mais c'est partie remise. Ce soir, bois de Boulogne, au *Moulin-Bleu*, cabinet n° 15 ! Elle m'a promis ! A ce soir la quatrième vengeance de Badinard. La vicomtesse est moins pittoresque que l'ambassadrice de Zanguebar, mais elle est charmante !

— Très bien ! dit M° Taparel, je serai aussi au *Moulin-Bleu*, avec Miradoux, nous prendrons le cabinet n° 14.

Au bois

VII

Où surgit M. de Champbadour, mari invulnérable! — L'Œil, compagnie d'assurances contre les risques du mariage.

La nuit tarda bien à venir au gré des désirs du bouillant Cabassol, mais elle vint enfin. Cabassol et M° Taparel étaient depuis longtemps déjà au *Moulin-Bleu*, Cabassol dans le cabinet n° 15, et Taparel au n° 14, où M. Nestor Miradoux devait venir le rejoindre.

Huit heures venaient de sonner, Cabassol un peu ému attendait d'un instant à l'autre l'arrivée de la vicomtesse. Le garçon était prévenu, une dame soigneusement voilée devait se présenter, il fallait l'introduire vivement et sans bruit.

Cabassol, devant la fenêtre, regardait au dehors ; les étoiles ne l'intéressaient pas, il guettait l'arrivée du fiacre mystérieux qui devait amener la vicomtesse. Déjà quelques voitures lui avaient donné une fausse joie, mais il en était descendu des couples ou des personnes inconnues.

Tout à coup Cabassol sursauta. On venait de frapper à la porte. Enfin ! elle arrivait ; sans doute, il ne l'avait pas aperçue grâce aux précautions qu'elle avait prise.

Et le sourire sur les lèvres, il se précipita vers la porte qui s'ouvrit pour livrer passage à...

A monsieur de Champbadour lui-même !

Catastrophe !!!!!!

Cabassol le reconnut du premier coup d'œil : la photographie de Mme Badinard était très ressemblante. C'était bien la moustache noire du vi-

Le mari invulnérable.

comte Exupère de Champbadour, c'était bien le nez, le lorgnon et les mèches plaquées sur le front.

Exupère de Champbadour souriait d'un sourire où Cabassol trouva sans exagération quelque chose de véritablement infernal.

— Je ne vous dérange pas? demanda le vicomte en saluant avec une politesse satanique.

— Comment donc, monsieur! fit Cabassol, se raidissant contre la mauvaise fortune.

— Figurez-vous, poursuivit le vicomte en congédiant le garçon et en fermant la porte, figurez-vous, mon cher monsieur, que madame de Champbadour ne peut pas venir!

Le grain de beauté d'Éléonore.

Cabassol fut légèrement interloqué par cette brusque entrée en matière.

— Ah..... elle ne peut pas venir?

— Non, impossible, cher monsieur, désolé, mais impossible. Alors je me suis dit, la politesse exige que j'aille à sa place...

— Comment? balbutia Cabassol.

— Oui, c'est bien le moins, quand une... circonstance imprévue vous crée un empêchement, que l'on fasse prévenir la personne qui se morfond dans une impatience bien naturelle... J'aurais pu vous envoyer une dépêche ou un commissionnaire, mais j'ai préféré, quoique un peu fatigué, car je reviens de voyage, — vous devez savoir...

— Oui, d'Orléans, dit Cabassol en commençant à reprendre son aplomb.

— C'est cela. J'ai donc préféré, disais-je, venir moi-même pour avoir le plaisir de faire votre connaissance.

— Enchanté, monsieur, et désolé tout à la fois... Mais prenez donc la peine de vous asseoir...

— Monsieur, reprit le vicomte, nous avons beaucoup de choses à nous dire, beaucoup, beaucoup...

— Certainement!

— Monsieur, êtes-vous comme moi? Je pense, moi, que l'on ne cause pas bien à jeun. Devant une bonne table bien servie, la conversation ne languit pas, les idées sont plus claires... Voyons, je suis sûr que vous nous avez

rédigé un petit menu délicat et succulent... Auriez-vous la bonté de faire servir? tenez, je sonne le garçon.

La porte s'ouvrit.

— Servez! dit Cabassol avec la rage dans le cœur.

— Excellent, reprit Exupère de Champbadour, après quelques minutes, excellent, madame de Champbadour aime beaucoup ça, elle eût été charmée.....

— Et moi donc! fit Cabassol en s'inclinant.

— Vin exquis! bonne cave, le *Moulin-Bleu*, crus authentiques! tous mes compliments... Voyons pour en revenir à Mme de Champbadour, je voulais vous dire que j'ai apprécié tout autant qu'elle, pour le moins, les délicieux sonnets que vous avez eu la gracieuseté de lui adresser... J'en ai pris copie, car naturellement je n'ai pas voulu lui demander de s'en dessaisir à mon profit, j'en ai pris copie pour ma collection particulière... celui d'hier surtout m'a beaucoup plu...

Cabassol faillit pâlir, le sonnet de la veille était consacré au grain de beauté d'Éléonore!

L'inspecteur des risques.

— Il était charmant... mais, dame, un peu risqué! vous savez, il y a bien des maris que cela pourrait offusquer, un sonnet aussi..... moi, j'ai l'esprit plus calme, je me suis contenté d'en apprécier les beautés littéraires. Je suis un mari placide, doux et tranquille! je vais, je viens, je voyage, je vais souvent plus loin qu'Orléans, et cela en toute tranquillité.....

— Bah!

— Mon Dieu oui, avec le calme le plus parfait, la sécurité la plus absolue!... Non pas que j'aie le ridicule de croire mes avantages personnels tels qu'ils me mettent pour jamais à l'abri de tout... désagrément, non, je suis bien trop modeste pour le penser... Non! j'ai des motifs plus sérieux; d'abord, naturellement, une confiance parfaite en Mme de Champbadour... cette confiance vient en première ligne... et ensuite...

— Ensuite?

— Ensuite, et c'est le plus important, j'ai ma plaque qui me constitue une invulnérabilité absolue...

— Votre plaque?... une invulnérabilité?... Vous êtes cuirassé?

— Non, il ne s'agit pas de cuirasse, tenez, quelque chose de plus simple, ceci...

Et M. Exupère de Champbadour détacha de la chaîne de sa montre et passa à Cabassol une petite plaque ronde portant ces mots :

Photographie de l'objet de l'assurance.

L'ŒIL

COMPAGNIE D'ASSURANCE CONTRE LES RISQUES DU MARIAGE.

Avec un œil grand ouvert au milieu.

— Qu'est-ce que cela? fit Cabassol stupéfié.

— Mais, comme vous le voyez, la plaque d'assurance d'une compagnie puissante et discrète qui garantit les maris amis de la douce tranquillité contre tous les risques, tous les désagréments, toutes les avaries du mariage. Cette compagnie ne fait pas de réclames, elle ne bat pas la grosse caisse, mais elle fait son chemin tout doucement; fondée il y a quelques années à peine par un groupe de capitalistes ayant été éprouvés conjugalement, elle est bien vite devenue une véritable puissance. Tout mari assuré peut se considérer comme inattaquable, la Compagnie veille sur lui, il n'a rien à craindre, rien, rien, rien!

— Je ne le vois que trop, dit Cabassol.

— Tenez, un exemple de la vigilance de la Compagnie! une copie de votre premier sonnet m'a été remise une heure après que ma femme l'avait reçu de vous, j'ai eu le second une heure avant elle... et je vous dirai que j'ai entre les mains la copie des deux derniers, ceux que vous n'avez pas encore envoyés!

Cabassol rougit. Ces deux derniers sonnets étaient d'un lyrisme véritablement échevelé. Il regretta d'avoir choisi un poète d'un romantisme aussi coloré.

— Vous voyez, n'est-ce pas, que je suis bien en effet un mari invulnérable! maintenant n'allez pas croire que je paye pour cela une prime extravagante, non, la compagnie opérant sur une échelle considérable, a pu réduire les primes à des sommes insignifiantes. Ainsi, moi qui vous parle, je paye seulement 553 francs de prime annuelle pour une assurance de 800,000 francs !

Inspecteur de L'OEIL constatant un sinistre.

— Ma foi, puisque nous parlons si franchement, s'écria Cabassol, je vous dirai que vous m'étonnez prodigieusement !
— J'ai ma police dans mon portefeuille, je vais vous la faire voir, pour vous prouver que je n'exagère rien, reprit M. de Champbadour; car je tiens à vous convaincre que toute autre tentative de votre part serait inutile... Tenez, lisez !

M. de Champbadour tendit à Cabassol, une police absolument semblable d'apparence aux polices d'assurances contre l'incendie ou la grêle.

L'ŒIL

COMPAGNIE D'ASSURANCE CONTRE LES RISQUES DU MARIAGE,

Siège social à Paris, avenue de l'Opéra 15.

Fondée en 1878.

I. L'ŒIL a pour but d'assurer *dans toute la France continentale* (et à l'étranger moyennant des surprimes et sous des conditions indiquées plus loin) tous les risques conjugaux en général.

II. Elle garantit contre les risques d'hiver, tels que réunions, bals, soirées, spectacles, sermons, concerts ordinaires, concerts de musique religieuse et même concerts de musique wagnerienne, etc., etc.

II. Elle garantit contre les risques de printemps, résultant soit du grand mouvement de la nature, soit des courses et réunions de cette saison dangereuse.

III. Elle garantit contre les risques d'été, bains de mer et voyages, à la condition toutefois d'être prévenue par l'assuré comme il sera spécifié plus loin.

IV. Elle garantit contre les risques d'automne, saison parfois aussi dangereuse que le printemps.

V. L'engagement résulte d'un acte d'adhésion aux présents statuts, auquel sera joint 1° un état descriptif de la personne formant l'objet de l'assurance; 2° une photographie en pied de ladite.

VI. Un inspecteur des risques délégué par la Compagnie étudiera toute demande d'assurance; il devra autant que possible et sous un prétexte laissé à la discrétion de l'assuré, être mis en rapport avec la personne objet de l'assurance. Cet inspecteur fera son rapport à la Compagnie, procès-verbal sera dressé et soumis au Conseil d'administration qui admettra ou rejettera l'assurance.

VII. La police ne sera délivrée qu'après l'admission inscrite sur les registres de la Société.

VIII. L'assurance court de la première minute du jour qui suivra l'admission par le Conseil.

IX. A défaut de déclaration écrite, trois mois avant l'expiration de chaque période, l'assurance se renouvelle de droit de cinq ans en cinq ans. La photographie de la personne faisant l'objet de l'assurance doit être renouvelée tous les cinq ans ou plus souvent à toute réquisition de l'inspecteur des risques délégué.

X. Si les risques garantis par la Société viennent à être aggravés, soit par des changements de situation ou par des changements de profession ou enfin par suite de circonstances laissées à l'appréciation de l'inspecteur des risques délégué et assermenté, la police devra être modifiée et, s'il y a lieu, l'assuré devra verser une surprime au fonds de prévoyance.

XI. L'assuré ayant payé sa prime annuelle n'a plus à s'occuper de rien, sauf le cas de changement prévu par l'article X. La Compagnie *l'Œil* se charge de veiller pour lui et de le préserver complètement et intégralement, particulièrement et généralement de tous les risques et dommages du mariage. — Elle recevra avec reconnaissance tous les renseignements que l'assuré voudra bien lui transmettre, mais ce dernier n'est en aucune façon tenu de les lui fournir.

XII. La Compagnie ne garantit les dommages provenant de guerre, d'émeute, de grandes manœuvres, de force militaire quelconque, que moyennant une prime supplémentaire.

XIII. La Compagnie garantit contre les risques des voyages dans l'Europe continentale ; mais pour les risques résultant d'excursions dans les autres parties du monde, de voyages méditerranéens, transatlantiques, une surprime spéciale doit être payée et un supplément de police signé entre les parties.

XIV. Les risques des voyages en ballon, même en Europe, ne sont garantis que moyennant une surprime.

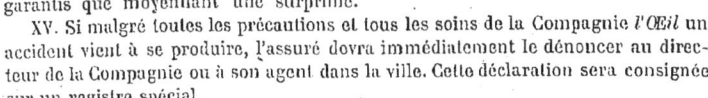

Sévices simples.

XV. Si malgré toutes les précautions et tous les soins de la Compagnie *l'OEil* un accident vient à se produire, l'assuré devra immédiatement le dénoncer au directeur de la Compagnie ou à son agent dans la ville. Cette déclaration sera consignée sur un registre spécial.

XVI. Aussitôt après l'événement, le Conseil d'administration se déclare en permanence, les inspecteurs ou agents procèdent, de concert avec l'assuré, à la classification de l'accident et à l'estimation du dommage.

XVII. Les accidents se divisent en quatre catégories :
1° Sévices simples.
2° Sévices graves.
3° Sinistre.
4° Sinistre avec enlèvement.

Les sévices simples donnent droit à une indemnité du quart de l'assurance.
Les sévices graves donnent droit à une indemnité de moitié de l'assurance.

Sévices graves.

Le sinistre donne droit à une indemnité de la totalité de l'assurance.
Le sinistre avec enlèvement donne droit à une indemnité de la totalité et d'un quart en sus.

XVIII. Le payement des indemnités aura lieu trois jours après la signature du procès-verbal d'estimation de l'accident, et ce sans aucune formalité, à la caisse de la Compagnie.

SITUATION	DÉSIGNATION de l'objet DE L'ASSURANCE.	POSITION ou PROFESSION
Départ. (Seine). Arrond. Canton. Commune. Rue. } PARIS.	Madame Claire-Iseult-Éléonore DE VOLPIGNON, épouse de M. le vicomte Jean-Théodule-Victor-Pélage-Exupère de CHAMPBADOUR.	Rentière. Train de maison : 40,000 fr. par an. Petit hôtel à Paris et château avec fermes, à Champbadour (Vaucluse).
	Lieu de naissance... Avignon. Age............ 28 ans. Taille.......... 1m65. Chevelure....... Brune. Signes particuliers apparents...... Néant.	

La Compagnie L'ŒIL assure M. le vicomte Exupère de Champbadour contre tous les risques résultant de son mariage avec Mme Éléonore de Valpignon, y compris les risques de guerre, émeute ou force militaire quelconque, pour une somme de huit cent mille francs.

Et ce, moyennant une prime annuelle de cinq cent cinquante-trois francs vingt-huit centimes, que M. de Champbadour s'engage à payer aux bureaux de la Compagnie.

Paris, 8 juin 1879.
Signature du directeur.
(*Illisible*).

Signature de l'assuré.
CHAMPBADOUR.
Signature de l'inspecteur des risques.
(*Illisible*.)

Sinistre avec enlèvement.

Pendant que Cabassol lisait, M. de Champbadour avait tranquillement continué à faire honneur à ce repas commandé pour son épouse.

— Eh bien? dit-il lorsque Cabassol ayant achevé sa lecture se plongea dans la contemplation des signatures, eh bien? suis-je invulnérable?

— Je m'incline! fit Cabassol.

— J'ai préféré vous avertir pour ne pas vous laisser perdre votre temps et vos peines, l'ŒIL veille! Ainsi cet après-midi sur l'Arc de Triomphe...

— Comment, vous y étiez?

— Oh non, je n'avais pas besoin de me déranger; l'ŒIL a dirigé sur l'Arc de Triomphe une caravane d'excursionnistes anglais conduits par un faux guide de l'agence Fogg. Ils ont dû bien vous ennuyer. Si j'avais été là je vous aurais évité ce petit désagrément et nous aurions eu là-haut notre explication, mais comme vous le savez, j'étais pour affaires à Orléans. Je suis revenu tranquillement, juste à temps pour avoir le plaisir de faire votre connaissance.

— Et...

— Je sais ce que vous voulez dire, et madame de Champbadour, n'est-ce

Sur le boulevard. Cinq jolis gommeux.

Liv. 15.

pas? Eh bien, mais je lui ait fait voir ma police d'assurance, elle a compris et je lui ai pardonné, car, j'ai oublié de vous le dire, la compagnie l'OEil, animée d'intentions vraiment philanthropiques, fait signer à l'assuré en même temps que la police d'assurance, l'engagement de pardonner toujours, quand, par les soins de la Compagnie, le sinistre menaçant a été évité.

Cabassol sonna le garçon.

— Des cigares, dit-il.

Champbabour se pencha vers lui.

— A propos, dit-il tout bas, ce garçon, il est superbe de tenue, n'est-ce pas? il est parfait?

— Sans doute...

— Il est bien imité, car c'est un faux garçon! c'est un inspecteur de l'OEil! un homme remarquable, qui connait le cœur humain et le fond des choses comme personne! c'est lui qui a tout dirigé...

— Vous ferez mes compliments à la Compagnie!

Après quelques minutes d'une causerie tout à fait amicale, M. de Champbadour se leva de table.

— Allons! dit-il, je vais aller faire un tour à mon cercle ; j'ai ma voiture en bas, voulez-vous que nous rentrions ensemble à Paris.

Cabassol s'excusa, il préférait rentrer seul pour conter sa peine aux étoiles.

— Je vois que vous m'en voulez encore, dit Champbadour en allumant un dernier cigare, vous avez tort, il faut de la philosophie dans la vie. Pour vous consoler, dites-vous que c'est la faute à l'OEil !... Il n'y a pas de déshonneur à ne pas réussir quand on entre en lutte avec toute une compagnie... Allons, sans rancune ! au plaisir !...

Cabassol resté seul, s'abima dans des réflexions désagréables. Il contemplait la table, les assiettes et les bouteilles, tous ces vestiges d'un galant festin devant lequel un mari importun était venu s'asseoir, au lieu et place de la femme attendue !

Il était ainsi plongé, depuis un quart-d'heure, dans la plus amère mélancolie, lorsque un petit coup frappé à la cloison du cabinet voisin attira son attention. C'était Me Taparel, qu'il avait oublié. Le notaire s'impatientait ; Cabassol répondit à son signal.

Bientôt, après quelques grattements discrets, la porte s'entre-bâilla et Me Taparel passa la tête par l'ouverture.

— Comment ! elle est déjà partie ? fit-il en voyant que Cabassol était seul.

— Oui, répondit tristement notre héros. Il est déjà parti !

— Comment, il ?

— Oui, il..... Monsieur le vicomte Exupère de Champbadour !

La pendule de L'ŒIL.

— Oh !!!
— Ah !!! fit M. Miradoux arrivant à son tour.
— Échec complet ! reprit Cabassol,
— Mais alors, si le mari était là... il y a sans doute eu provocation... Encore un duel, sans doute ?
— Du tout, nous avons soupé ensemble très tranquillement et... il voulait me reconduire dans sa voiture.
— Par exemple !
— Vous allez tout comprendre !

Et Cabassol expliqua comment l'intervention de l'ŒIL, cette compagnie d'assurance si bien organisée, avait fait échouer tous ses plans. Pour conclusion, il convint avec MM. Taparel et Miradoux, que le mieux était, pour le moment, d'avoir l'air d'oublier complètement l'affaire Champbadour, pour opérer un retour agressif, lorsque le vicomte et l'ŒIL ne seraient plus sur leurs gardes.

« *Remis à 6 mois* » écrivit le notaire en regard du nom de Champbadour.

Le cabinet du directeur de L'OEIL.

VIII

Vie torrentueuse de cinq aimables gommeux. — Bézucheux de la Fricottière, sous-préfet et ses cinq sous-préfètes. — Signes particuliers de quelques belles-petites.

Le lendemain de cette soirée néfaste pour Cabassol, voici ce qui se passait au premier étage d'une superbe maison de l'avenue de l'Opéra. Et d'abord une courte description. Nous sommes dans une grande pièce sévèrement meublée, un bureau ou plutôt un cabinet de travail. Sur la cheminée une belle pendule à sujet, représentant l'Amour et l'Hymen; l'Amour est le petit dieu malin que tout le monde connaît, au moins de vue; il est vif et souriant, l'arc et le carquois en bandoulière, il fait un pied de nez irrespectueux à son grand cousin l'Hymen, auquel l'artiste a donné un bandeau sur les yeux et un air très bête.

Toutes les faces de ce cabinet de travail sont garnies du haut en bas d'un immense cartonnier. Tous les cartons portent une même marque, un œil grand ouvert, au-dessous d'indications variées, parmi lesquelles nous relevons celles-ci:

ASSURANCES CRÉOLES. — SURPRIMES ET SUPPLÉMENTS.
SINISTRES ACCOMPLIS (EXERCICE 1879).
ASSURANCES NON ADMISES POUR RISQUES TROP CONSIDÉRABLES.
RAPPORTS DES INSPECTEURS.
SINISTRES AVEC CIRCONSTANCES AGGRAVANTES.....

A droite de la cheminée, devant un grand bureau couvert de papiers et de cartons, un homme est assis. A sa cravate, à sa redingote et à ses décorations

La dame objet de l'assurance est un véritable brûlot.

on devine un homme important. Cet homme c'est le directeur de l'OEIL lui-même.

Il vient de lire entièrement une liasse de rapports déposés devant lui, et le front dans les mains, il réfléchit. Enfin il relève la tête et, sans se déranger, il prononce ces simples mots dans un long tuyau acoustique, se balançant près de son bureau :

— L'inspecteur chargé de l'affaire Champbadour.

Au même instant deux coups secs sont frappés à la porte, et l'inspecteur demandé se présente. C'est bien l'homme que nous avons vu la veille en garçon de restaurant au *Moulin-Bleu;* il n'a plus ses longs favoris, il est rasé comme un acteur.

— Lu votre rapport, prononce monsieur le directeur de l'OEIL, approuvé complètement votre conduite dans toute cette affaire. La compagnie augmente vos appointements de 2,000 francs. Maintenant vous dites avoir appris des choses particulièrement intéressantes pour nous, à l'occasion de l'affaire Champbadour. Expliquez.

— C'est très compliqué, monsieur le directeur. La partie adverse dans l'affaire Champbadour, M. Cabassol, avait amené au *Moulin-Bleu*, deux personnes, un notaire et son principal clerc. Étrange !... j'ai veillé. Par leur conversation j'ai appris que M. Cabassol accomplissait, en compromettant Mme de Champbadour, une mission. — Le notaire a dit : une mission sacrée !... M. Cabassol remplissait un sacerdoce...— Il aurait, paraît-il, soixante-dix-sept missions semblables à accomplir, sur lesquelles trois ont déjà pleinement réussi. Il y a là un mystère... de soixante-dix-sept ôtez trois, reste soixante-quatorze ; M. de Champbadour étant assuré, doit être mis hors de cause, mais il reste encore soixante-treize de ces missions. J'ai pensé qu'il y avait là un vaste champ pour la compagnie l'ŒIL.

— Très bien raisonné. Vous ne savez rien de plus, non ? Eh bien, voici la marche à suivre : Surveiller M. Cabassol ; dès que l'on connaîtra les objets de ces soixante-treize missions, on assurera les personnes menacées. Occupez-vous en, et, comme cela ne prendra pas tous vos instants, voici une autre très grave affaire. Un mari sinistré, malgré toutes les précautions de la compagnie, (hélas ! nous ne sommes pas infaillibles, et nous avons parfois affaire à forte partie !) un mari sinistré, dis-je, et auquel nous avons déjà dû payer deux fois l'indemnité, demande à contracter une nouvelle assurance. Le conseil d'administration s'est réuni et a délibéré : en principe, cela peut se faire, mais le conseil hésite. La dame objet de l'assurance est un véritable brûlot... C'est grave ! Vous allez étudier l'affaire. Si les risques sont trop sérieux, nous aurons le chagrin de repousser un ancien client ; mais si vous jugez qu'en augmentant fortement la prime, la compagnie, déjà si éprouvée, peut se risquer encore une fois, vous convoquerez l'assuré. Allez !

L'inspecteur s'inclina et sortit.

Retournons maintenant vers nos amis. Cabassol, Me Taparel et M. Miradoux, encore tout chagrinés de leur échec, tenaient conseil dans le cabinet du notaire.

— Je demande huit jours de congé, avait dit Cabassol la veille en les quittant ; l'affaire Champbadour m'a contrarié, je veux me recueillir, pour ne rentrer dans l'arène que consolé. A huitaine donc.

Mais, comme toutes les fortes natures, Cabassol, se raidissant contre l'infortune, avait senti son courage renaître dès le lendemain matin et il était accouru chez Me Taparel.

Le fameux album de Mme Badinard était là devant eux. Miradoux prenait des notes.

— Je n'ai pas d'aventures extraordinaires, je ne me bats pas en duel, mais je travaille aussi de mon côté, dit enfin Miradoux; piocheur obscur et obstiné, je prépare les voies dans lesquelles vous allez vous lancer! Je suis un homme d'ordre; j'ai pensé qu'apporter une certaine méthode dans nos opérations au lieu de marcher au hasard, ne pourrait que faciliter et abréger la besogne. Au premier abord je songeais à adopter la méthode alphabétique et à suivre les vengeances dans l'ordre des lettres, mais je me suis décidé ensuite à classer nos clients par catégories.

Revue de la garde nationale passée par Bézucheux.

— Très bien! fit M° Taparel.

— J'ai donc réuni un certain nombre de séries, parmi lesquelles je me permettrai de vous proposer, pour les prochaines hostilités, un petit lot de cinq jeunes gommeux on ne peut mieux assortis. J'ai découvert que ces cinq messieurs étaient très liés ensemble, qu'ils fréquentaient les mêmes cercles, les mêmes cafés.

— Parfait! s'écria Cabassol, on peut les entamer tous à la fois, sans perdre de temps. Comment s'appellent-ils?

— Voici les noms et les photographies. Ce petit blond à monocle se nomme Bezucheux de la Fricottière, il a mangé trois cent mille francs en 18 mois, mais il commence à se ranger, pour faire durer plus longtemps ce qui lui

reste. Le n° 2, ce gaillard à forte moustache, est un ancien capitaine de cuirassiers nommé Lacostade. Le n° 3 est le jeune Pontbuzaud, de Bordeaux. Le n° 4 s'appelle Jules de Saint-Tropez ; c'est un petit malin qui s'est fait donner un conseil judiciaire par raison d'économie, dit-on. Le n° 5, ce grand maigre, sec et noir comme un Espagnol, porte le nom de Bisséco, Marius, de Marseille.
— Voilà.

— Très bien. Maintenant avez-vous quelque idée sur la manière la meilleure et la plus prompte pour entrer en relations avec ces messieurs?

— Pas difficile. Mon second clerc est l'ami d'un monsieur qui est celui d'une connaissance de Bezucheux de la Fricottière. Soyez ce soir au café Riche, mon second clerc vous présentera à son ami, qui en suivant la filière vous fera connaître le Bezucheux.

— J'y serai ! j'ai hâte de me rattraper de l'échec Champbadour. J'entame les cinq gommeux dès ce soir.

Ainsi qu'il l'avait annoncé au notaire, Cabassol se mit en campagne dès le soir même. En suivant la filière indiquée par M. Miradoux, c'est-à-dire en allant d'ami en ami et de présentation en présentation, il arriva jusqu'à Bezucheux de la Fricottière.

Il était minuit, les présentations avaient commencé à huit heures ; Bezucheux de la Fricottière, assis devant une table du café Riche sur le trottoir, suçait la pomme de sa canne en regardant défiler sur le boulevard les bataillons multicolores des petites dames. L'astucieux Cabassol était à côté de lui cherchant tous les moyens de s'insinuer dans sa confiance ; il avançait, car déjà ils étaient au mieux ensemble, et déjà Bezucheux l'appelait mon bon.

— Or donc, mon petit bon, disait Bezucheux de la Fricottière, vous lâchez l'École de droit pour vous lancer dans la bonne petite existence torrentueuse d'un bon petit gommeux?

Cabassol venait de lui dire en confidence que sa famille l'avait envoyé à Paris pour se faire recevoir avocat avec l'intention de le lancer ensuite dans la politique ; mais que, maître de sa fortune, il préférait la manger d'abord, avant de songer à devenir un des législateurs de son pays.

— Parfaitement, répondit Cabassol d'une voix chantante, la bonne petite existence, la vraie !

— C'est comme moi, reprit Bezucheux, figurez-vous, mon petit, que je fus sous-préfet !

— Bah !

— Hein? c'est ruisselant d'inouïsme, flamboyant d'insenséisme ! C'est d'un épatant gigantesque ! moi, le petit la Fricottière, je suis un ancien fonctionnaire, premier magistrat d'un arrondissement... pendant huit jours seulement par bonheur. Mon bon, c'était un tour à papa... vous ne connaissez pas papa ?

Débarquement de Bezucheux de la Fricottière dans sa sous-préfecture.

— Non.

— Eh bien, c'est un type, papa de la Fricottière, un vrai type! Pour être débarrassé de ma surveillance et pour pouvoir fricoter à l'aise, il m'a fait nommer sous-préfet, — il est influent, papa, ah! il a fricoté avec tous les gouvernements, dans leur jeunesse! — il m'a fait nommer sous-préfet d'un arrondissement perdu dans les montagnes de l'Auvergne. Ah, vous savez, mon bon, tout là-bas, là-bas! pas de chemins de fer, un pittoresque insensé, des habitantes qui disent fouchtra et qui en sont encore à la crinoline! Tous

Saint-Tropez embrassa la cantinière.

les sous-préfets s'y pendent; c'est comme les factionnaires de cette guérite posée dans un paysage embêtant!

— Vous vous êtes pendu?

— Non. J'ai commencé par dire à papa que je la trouvais mauvaise. Pour m'amadouer, il m'a promis de me faire décorer au bout d'un an. — Mais, je la connaissais! le gouvernement, pour avoir son sous-préfet pour son arrondissement montagneux et embêtant, promet toujours la croix après un an de séjour, mais le sous-préfet est toujours pendu avant. Moi, malin, j'ai fait semblant d'accepter, j'ai carotté à papa mes frais d'installation et je suis parti ou plutôt nous sommes partis toute une bande, Pontbuzaud, Saint-Tropez, Bisseco, Lacostade, avec des sous-préfètes en nombre suffisant. Ouf, mon cher bon, ouf!

— Quoi donc?

— Ce que nous avons épaté l'arrondissement, c'est babylonien! Ils s'en souviendront de mes huit jours de règne! D'abord l'arrivée en diligence, une diligence frétée pour nous seuls. En entrant dans les bourgs sur la route, les maires et les conseils nous recevaient avec des discours : Mochieur le chous-préfet!... Il fallait répondre; c'était tantôt l'un tantôt l'autre qui faisait le sous-préfet et qui répondait : Mes chers jadminichtrés! Et alors : Vive le chous-préfet! Et nos cinq dames, sortant la tête par toutes les portières, criaient : Vive l'arrondichement! Ça m'a fait une réputation de sous-préfet

Le blason des la Fricottière

torrentueux et mormonien extraordinaire. Je suis sûr que l'on parle encore des cinq sous-préfètes de la Fricottière! Dans la ville ce fut bien autre chose : en route j'avais promis aux dames de passer une revue de la garde nationale dès l'arrivée; au dernier relais, un exprès était parti pour convoquer les soldats citoyens. Ça n'a pas manqué : en débouchant par le faubourg, voilà que nous entendons des roulements de tambours et des sonneries de trompettes, à croire que la ville était assiégée. La diligence s'arrête à la place Neuve devant tous les épiciers et charcutiers du pays alignés le long de l'hôtel de ville; à notre vue, on bat aux champs, le commandant tire son sabre et crie : Gar... d'àvos!... Portez... armes! Préjentez... armes! Lacostade saute en bas de la voiture. La garde nationale crie : Vive le chous-préfet! il parcourt le front des troupes. Nouveaux cris de : Vive le chous-préfet! c'est Bisseco qui descend de la diligence et qui file à son tour devant les soldats citoyens. Puis Saint-Tropez exécute majestueusement la même manœuvre, la garde nationale est ahurie mais n'en crie pas moins fort : Vive le chous-préfet ! Pontbuzaud descend et enfin moi, le vrai chous-préfet, plus majestueux que les autres. Les cinq

Les cinq sous-préfètes.

dames sautent à terre et parcourent comme nous le front de bandière en distribuant les félicitations et les poignées de main. La musique joue. Saint-Tropez embrasse la cantinière, une forte luronne. Puis les discours commencent. A la fin la garde nationale se forme en colonne, nous nous plaçons au centre et nous marchons sur la sous-préfecture, au milieu des vivats d'une foule idolâtre ! Le lendemain grand dîner officiel offert au maire et à la délégation du conseil : quel ahurissement, mon bon, devant la conversation des sous-préfets et sous-préfètes, et quel train ! Toute la ville était sous nos fenêtres. A six heures du matin seulement nous laissons partir nos invités... dans un triste état : huit jours comme ça et la ville était en révolution. Les sous-préfètes sur la promenade déploient des toilettes fantastiques et tous les soirs la noce recommence. Le huitième jour, conseil de révision !... Les sous-préfètes riaient à se tordre d'avance, mais j'en avais assez des fatigues de l'administration, je résolus d'abdiquer ! Les malles faites, ma démission envoyée, la diligence qui nous avait amenés nous remporta... Voilà, mon bon, toute ma vie politique ! Elle est courte, mais bien remplie... mon arrondissement s'en souviendra.

— Et qu'a dit papa ?

Fête à la sous-préfecture.

— Papa de la Fricottière a été embêté, je revenais sur le théâtre de ses farces quand il se croyait tranquille pour quelque temps. Il l'a trouvée mauvaise... Demandez à Lacostade le nez qu'il a fait... tenez, voilà Lacostade, je vais vous présenter.

Un nouvel arrivant venait de s'asseoir à côté de Bezucheux ; Cabassol reconnut la carrure et la moustache du capitaine Lacostade.

— Mon bon, je te présente mon ami Cabassol, un charmant garçon ; monsieur Cabassol, mon ami Lacostade, un des cinq chous-préfets.

Lacostade se mit à rire.

— Dis donc, Lacostade, je racontais à M. Cabassol notre promenade là-bas... hein, le nez de papa de la Fricottière ?

— Sacristi ! fit Lacostade, un nez des cinq cent mille diables. Ça gênait ses fricotages, le retour de Bezucheux... il flairait le conseil judiciaire que son fils lui avait promis s'il se lançait dans des farces trop coûteuses !

— Oh ! s'écria Bezucheux, il l'aura ; il ne l'a pas encore, mais il l'aura... je le laisse aller jusqu'à un certain point, parce qu'il ne faut pas être trop dur pour l'auteur de ses jours, mais dès qu'il sera arrivé à la limite, vlan ! un bon conseil judiciaire! Il le sait bien, c'est l'habitude dans la famille. Depuis les croisades, car nous étions aux croisades, il n'y a pas un de la Fricottière qui n'ait eu son petit conseil judiciaire à un certain moment... C'est réglé! Les malins en ont eu deux, un dans leur jeunesse, et un second pour les bêtises de leur âge mûr. Il faudra bien que papa ait le sien! Vous connaissez le blason de ma famille, un lion et une poêle à frire sur champ d'azur, avec la devise à changements. D'abord : *Je fricoterai*, puis *Je fricote*, et enfin *Je fricotais!*

— Bravo! s'écria Cabassol.

— Je porte la seconde devise, messieurs. Je fricote!

— Nous fricotons! s'écria Lacostade. Tiens, voilà Pont-Buzard et Saint-Tropez. Bonsoir, mes enfants! Eh bien, et Bisseco, où est-il?

Le corset et la fausse natte de Lucy Carramba.

— Présent, fit un quatrième survenant.

— Bravo, fit Bezucheux, nous sommes au complet! Messieurs, je vous présente mon ami Cabassol, un aimable gommeux, plein de bonnes intentions.

Cabassol était au comble de la joie. Il connaissait enfin les cinq personnes contre lesquelles il devait opérer. Il s'agissait maintenant de bien manœuvrer pour gagner leur confiance et pénétrer leurs secrets. Cela ne devait pas être bien difficile avec des gaillards du caractère de Bezucheux de la Fricottière.

Les cinq gommeux s'étaient assis, rangés en ligne, le dos appuyé aux vitres du café, et les pieds allongés sur des chaises. — Tous les cinq suçaient avec acharnement la pomme de leurs cannes, le monocle fixé sur les promeneurs du boulevard.

— Que faisons-nous? dit Bezucheux après un silence.

— Le moment me semble venu d'aller tailler un petit bac, répondit Lacostade.

— Moi je rentre, fit Bisseco, j'ai ma migraine.

Cabassol entendit Bisseco dire tout bas à son voisin :

— Mon bon, un service ! je vais voir mon idole, un ange que je tiens à garder pour moi tout seul : j'ai rencontré Bezucheux dans ses environs, et je le soupçonne de vouloir me la croquer sous le nez... C'est dégoûtant, n'est-ce pas ? ça devrait pourtant être sacré, un ami !... enfin !... tâche donc de le retenir pour qu'il ne me suive pas.

— Sois tranquille, cher ami, nous ne le lâcherons pas avant le matin.

— Merci... Bonsoir, messieurs !

Et Bisseco s'en fut après une distribution de poignées de main.

— Allons, reprit Bezucheux, allons tailler ce petit bac, au cercle des Poires tapées... nous vous présenterons, mon petit bon, ajouta-t-il en prenant le bras de Cabassol.

Cabassol enchanté de la proposition, se leva, et toute la bande, moins le mystérieux Bisseco, se dirigea vers le cercle des Poires tapées situé à deux pas du boulevard.

Lucy Carramba.

— Dites donc, j'y pense, fit Bezucheux en route, n'étiez-vous pas l'un des témoins de ce duel à l'américaine, dont on parle tant depuis deux jours, entre un notaire dont on ne dit pas le nom et un général haïtien ?

— Oui.

— Fichtre, il paraît que l'on a échangé deux coups de carabine et vingt-quatre coups de revolver pour des femmes du monde !... En voilà un notaire du Bengale ! Vous me le ferez connaître... Un pareil lapin me trouvera bien cent mille francs à emprunter sur mes propriétés... sur troisième hypothèque !

Cette première nuit au cercle des Poires tapées coûta quinze mille francs à Cabassol et ne lui rapporta aucun renseignement. Bezucheux et ses amis, tout entiers à la dame de pique, ne lui firent aucune confidence sur leurs affaires de cœur. Saint-Tropez, qui gagnait, prit prétexte des sévérités de son conseil judiciaire pour faire charlemagne et s'endormit du sommeil du juste sur un divan du cercle, dès deux heures du matin. Lacostade, décavé, l'alla rejoindre à trois heures, Pont-Buzaud dura jusqu'à trois heures et demie, Bezucheux resta le dernier et pontait encore à cinq heures. Enfin l'on se sépara après s'être donné rendez-vous pour le lendemain, jour de courses à Longchamps.

A l'heure dite, le lendemain, dans le mail frété par Bezucheux, toute la bande attendait notre ami.

— Peut-être serai-je plus heureux aujourd'hui, se dit Cabassol en prenant place à côté de Bezucheux.

— Les propriétaires bâtissent maintenant des maisons machinées pour belles-petites...

Et dès le départ il mit la conversation sur le chapitre des aventures galantes.

— Vous connaissez l'histoire arrivée à Lucy Carramba? demanda-t-il à ses nouveaux amis.

— Non... répondirent ces messieurs, quelle histoire?

Cabassol se disposait à inventer une aventure quelconque.

— J'y suis, fit Bezucheux de la Fricottière, je la connais!

Liv. 17.

— Elle est forte ! dit Cabassol qui ne la connaissait pas du tout.

— Elle est raide ! enchérit Bezucheux, vous connaissez tous Carramba, la belle Lucy Carramba.

— Oh oui ! Palsambleu ! Carramba ! répondirent les autres en se donnant des coups de coude.

— La belle Lucy, surnommée Carramba, parce que...

— Parce que toutes les émotions un peu vives se traduisent chez elle par cette exclamation...

— Je l'ai connue avant qu'elle soit espagnole, s'écria Bisseco, elle disait seulement : Cristi ! c'est même moi qui l'ai engagée à choisir une exclamation plus distinguée, je suis l'auteur de Carramba, c'est moi qui l'ai lancée... j'ai fait le bonheur de bien des gens qui ne m'en ont pas de reconnaissance !

— Eh bien ! Carramba honorait de son amitié et de ses exclamations andalouses un homme politique considérable, un chef de parti que je n'aurai pas l'indiscrétion de nommer, parce que vous le connaissez tous. Un jour, cet homme politique eut l'imprudence de la recevoir dans son petit appartement de député. Que voulez-vous ! il préparait un grand discours et il avait besoin des inspirations d'une Égérie bonne enfant ! Tout à coup l'appartement est envahi par la femme du député, arrivant de son château de Touraine pour éclaircir certains soupçons. Notre homme politique n'a que le temps de confier son Égérie à un valet de chambre dévoué, et de fourrer dans sa serviette de député une tresse blonde et un corset oubliés sur une chaise. La dame cherche partout et ne trouve rien ; Carramba avait filé. L'homme politique se croyait tranquille ; mais sa femme veut l'accompagner à la Chambre : il part, il cherche à dérouter les soupçons de sa conjointe, il cause, il plaisante. Enfin il arrive à la Chambre, il campe madame dans une tribune et s'assied. Justement on discute son affaire, il est obligé de prendre la parole, il monte à la tribune, boit un verre d'eau sucrée et déploie sa serviette pour y prendre ses papiers. Horreur ! il en tire la natte et le corset de Lucy Carramba qu'il avait oubliés !... Explosion de cris et de rires sur tous les bancs. Le corset était pourtant bien joli ; ils sont jolis les corsets de Carramba !

— Oh oui !

— Je reprends. De la tribune, la femme de l'homme politique fixe sa lorgnette sur ces objets compromettants et peu parlementaires. Le tapage redouble. Le président sonne à tour de bras... tandis que l'homme politique s'efforce de faire rentrer son corset et sa fausse natte dans sa serviette...

— Et la fin ? Comment l'histoire a-t-elle fini ?

— Voilà, la femme de l'homme politique parlait de séparation, de procès, mais un ami fit comprendre à la dame que le corset et la natte étaient des pièces relatives à une pétition contre l'usage de ces deux objet de toilette, que monsieur son mari devait déposer aux archives de la chambre. Les deux époux se reconcilièrent, l'ami reçut les confidences de l'homme politique et se chargea de reporter le corset et la natte à leur aimable propriétaire.

— Le malin, je le vois venir !... s'écria Pontbuzaud, il allait réclamer une prime de sauvetage...

— Une récompense honnête...

— Oui, messieurs ! c'est ce qui fait qu'aujourd'hui Lucy Carramba a changé d'homme politique !

— Nous irons la féliciter.....

Le signe particulier de Mme d'Argy.

— Si elle a du cœur, elle me fera obtenir une recette générale, s'écria Bisseco.....

— Tiens ! voilà Tulipia Balagny, s'écria Bézucheux en saluant une petite dame qui passait en voiture.....

Toute la bande salua comme un seul homme.

— Savez-vous ce qu'on dit ? Tulipia est prise tout entière en ce moment par une grande passion, oui, messieurs, une vraie passion !

— Une passion effroyable ? s'écria Pontbuzaud.

— Une passion tempétueuse et torrentueuse ! s'écria Bisseco.

— Une passion du tonnerre de tous les diables, fit Lacostade.

— Enfin, chasse gardée, rien pour personne ! acheva Saint-Tropez.

— Tulipia Balagny, femme d'un chic Babylonien, signe particulier : fidélité étourdissante, comme on n'en a pas vu depuis l'âge d'or... Voilà un signe particulier, bien particulier !...

— Ce n'est pas Anna Grog qui le porterait sur son passeport, fit Pont-Buzaud, d'un air mélancolique.

Cabassol tendit l'oreille, allait-il enfin recevoir des confidences.

— Ni Blanche de Travers, non plus, sacrebleu! cria Lacostade, je vous le garantis...

Cabassol enregistra encore ce nom.

— Ni la blonde d'Argy! fit Bisseco d'un air accablé.
— Ni Marie Colonel! s'écria Saint-Tropez.

Le signe particulier d'Anna Grog.

— Eh bien, mais, quels sont donc les signes particuliers de ces dames? reprit Cabassol, j'entre dans la carrière où nos aînés se sont couverts de gloire, je demande à être renseigné.

— Anna Grog est suave! s'écria Pontbuzaud, mais son signe particulier, si c'en est un, est infidélité constante. Elle abuse de ce qu'elle est anglaise pour donner des leçons de conversation à tout un pensionnat de jeunes et vieux gommeux. A tout instant, quand on a l'imprudence d'entrer chez elle sans faire beaucoup de bruit à la porte, on entend des voix qui disent : *I love you, my dear, my little coco*, etc., etc..... je connaissais ça, puisque dans mon temps de surnumérariat, — Oh! temps bien court — j'avais conjugué aussi... A la fin, ça m'a porté sur les nerfs et j'ai rompu... Ça m'ennuyait, toutes ces conjugaisons; voilà six mois que mon cœur ne bat plus pour elle...

Le signe particulier de Marie Colonel.

— Oui, dit Bezucheux, depuis ta mystérieuse almée !...

— Allons, pensa Cabassol, je ne suis pas plus avancé que tout à l'heure, rayons le nom d'Anna Grog. Eh bien ? Et le signe particulier de Blanche de Travers ? demanda-t-il à Lacostade.

— Ah, mon bon ! signe particulier : quatre escaliers de service ! Beaucoup de qualités, Blanche de Travers, mais trop d'escaliers de service !... j'en découvre un, je me doutais bien de son existence, car je suis plein de philosophie et je n'ai pas des exigences féroces ! — Cependant je fais une scène pour sauver les apparences. — Bon ! sacrebleu, huit jours après, j'en découvre un second ! nouvelle scène, je fais appel à toute ma philosophie et je pardonne. Troisième escalier ! ah mais ! il faut se montrer... Blanche de Travers se traîne à mes pieds... je tolère ! Quatrième escalier ! je fulmine ! je fais explosion... je passe une revue détaillée de toute la maison! Ah, mon ami! une maison mieux machinée qu'un théâtre, des placards, des petits couloirs dissimulés, etc., etc. Les propriétaires bâtissent maintenant des maisons machinées pour belles petites, comme on bâtit des cages vitrées pour les peintres! C'est dégoûtant! Scène dernière avec Blanche de Travers: — Ah çà! m'écriai-je, puisqu'il y a tant de portes secrètes, pourquoi me faire payer à moi seul toutes les factures?... Que diable! si je n'ai que dix pour cent de fidélité, je ne veux pas qu'on m'en compte davantage... Et je rompis! il y a cinq mois de ça et je ne le regrette pas, car...

— Car, fit Pontbuzaud, elle est remplacée par une belle petite que ce cachottier de Lacostade se garde bien de nous faire connaître...

Les six gommeux.

— Bon! pensa Cabassol, Blanche de Travers est à rayer aussi... — Voyons, dit-il tout haut, voyons maintenant le signe particulier de la blonde d'Argy que notre indiscret ami Bisseco va nous révéler?

— Son signe particulier?... trop d'expansion! voilà! la blonde d'Argy est tout cœur, tout feu, tout flamme; quand elle aime quelqu'un, c'est avec tant d'ardeur, qu'elle veut aussitôt qu'il soit l'ami de tous les autres... car il y a des autres aussi... Elle vous présente, elle vous réunit, elle vous jette dans les bras les uns des autres, que c'en est vraiment gênant! Au commencement on est étonné, mais ça finit par être désagréable de s'entendre dire à chaque instant:

— Mon cher bon, permettez-moi de vous présenter le baron de... trois étoiles, un de mes bons amis! ou: — Permettez-moi de vous présenter mon ami... chose, ou: — Mon cher loulou, donnez une poignée de main à M... machin que je vous présente, c'est un ami!... Aussi nous sommes brouillés depuis quatre mois et demi; elle dit partout que je suis un mauvais cœur, un être dénaturé, mais ça m'est égal...

— Oui, une autre infante, n'est-ce pas? fit Lacostade, une mystérieuse infante à laquelle tu refuses de nous présenter...

— Rayons encore la blonde d'Argy, se dit Cabassol, il faut chercher encore... Et vous, mon cher Saint-Tropez, allez vous faire des révélations sur Marie Colonel?

— Ah! bien facilement; signe particulier : Ordre et régularité, ordre parfait dans la maison, régularité dans les heures de service. Hôtel admirablement tenu, domestiques intelligents et bien stylés. Jamais de collisions dans les escaliers : là le numéro 1 ne connaît pas le numéro 2, et le numéro 2 ignore

Les six gommeux au Cirque.

jusqu'à l'existence des numéros 3, 4, 5 et suivants s'il y en a. — Marie Colonel divise ses troupes en quatre corps : Saint-Cyr, composé des aspirants, l'armée active, la réserve et la territoriale. Chaque enrôlé passe successivement dans chacun des quatre corps...

— Et duquel faites-vous partie? demanda Cabassol.

— Hélas, mon pauvre ami, pas même de la territoriale, j'ai été réformé il y a trois mois... Congé de réforme en règle, jamais je ne serai rappelé sous les drapeaux! Vous ne connaissez pas mon infirmité? un conseil judiciaire infligé par une famille barbare! Quand j'ai obtenu cette triste distinction, je suis allé en faire part à Marie Colonel... Je pensais recevoir de chaudes consolations, je m'attendais à une scène pathétique, à des baisers mêlés de larmes... Car ce conseil judiciaire, je l'avais gagné sous son règne et grâce à elle... et...

— Et ?...

— Et pas du tout, elle me flanqua tout de suite à la porte !

— O désespoir !

— Réformé depuis trois mois !...

— Allons bon ! pensa Cabassol, rayons le nom de Marie Colonel, je ne saurai rien aujourd'hui !

— Mon ami ! s'écria Bezucheux en s'adressant à Saint-Tropez, nous savons pourquoi tu prends si tranquillement ton malheur..... les consolations que Marie Colonel te refusait, tu te les fais offrir par une autre, par une beauté mystérieuse, une femme du monde, que tu vas voir enveloppé dans un manteau couleur de muraille.

Cabassol désolé de n'avoir pu tirer aucun renseignement de la conversation qu'il avait amenée, se plongea dans les délices d'un pur havane et ne dit plus un mot.

En revenant le soir il dut s'avouer que la journée avait été entièrement perdue pour la succession Badinard. Nul indice n'était venu l'éclairer sur les affaires de cœur des cinq gommeux, ses nouveaux amis. Tout ce qu'il pût saisir d'intéressant, fut un court dialogue entre Bezucheux et l'un des cinq.

— Mon petit vieux ! disait Bezucheux de la Fricottière, tu sais, j'ai le culte de l'amitié, mais je n'y crois pas !

— Bah !

— Oui, ainsi Caroline, tu te souviens de Caroline ? je lui avais été présenté par un ami. Eh bien, je l'enlevai à cet ami ! Jeanne,... pas celle de l'histoire de France, une autre, tu sais,... eh bien, je la chipai aussi à un ami ! Antonia, *idem*, à un vieil ami encore !..... tu vois que je suis payé pour ne pas croire à l'amitié...

— Où veux-tu en venir avec tes théories empreintes d'un scepticisme désolant ?

— A ceci, mon ami : c'est que je soupçonne Lacostade d'avoir des visées sur l'ange de mes rêves. Il ne la connaît pas, mais il sait que j'ai du goût, et il rôde autour de moi pour arriver d'abord à connaître cet ange, une femme du monde, mon bon, et ensuite à me la souffler ! Or, ce que je te demande, c'est d'avoir l'extrême obligeance de garder à vue mon Lacostade, de façon à l'empêcher de m'emboîter le pas tout à l'heure, quand je vais filer en grande vitesse vers l'hôtel de mon adorée. Comprends-tu ?

— Comment donc ! sois tranquille, mon petit Bezucheux, Lacostade ne bougera pas, nous allons lui faire tailler un bac de longueur... jusqu'à six heures du matin. Ça te suffit-il ?

— Parfait, mon bon !

LA GRANDE MASCARADE PARISIENNE

La Charmante Tulipia Balagny.

IX

Pures amours enveloppées dans l'ombre et le mystère. — Cabassol perd son temps Les faux pickpockets de Mabille.

Cabassol ne quittait plus ses nouveaux amis. La société des cinq gommeux comptait maintenant six membres. Cabassol déjeunait avec eux, dînait avec eux, soupait avec eux. Il courait en leur compagnie les petits théâtres et les skatings; on les voyait ensemble à cheval au Bois, dans la grande avenue des Champs-Élysées où parfois Cabassol croisait madame la vicomtesse de Champbadour qui rougissait à sa vue. Sur le boulevard par les belles après-midi de soleil, on voyait au café Riche une rangée de six gommeux assis devant six chartreuses en suçant la pomme de leurs cannes. Les soirs de première, aux Variétés, aux Nouveautés, à la Renaissance, six fauteuils de premier rang étaient occupés par six gommeux, absolument semblables de tournure des pieds à la tête.

Le samedi, au Cirque, les écuyères pouvaient remarquer le groupe des six gommeux, opérant avec ensemble, tantôt assis, le lorgnon fixé sur leurs gracieux exercices et tantôt debout à l'entrée de la piste pour les applaudir à leur sortie.

Au grand prix.

Au cercle des *Poires tapées*, Cabassol taillait des bacs avec fureur en compagnie de ses amis; il allait avec eux aux courses, aux Folies-Bergère, à Mabille et aux kermesses de charité.

Et tout cela inutilement. Jamais conspirateurs obligés de fuir les sbires, jamais Roméos forcés de dérouter des pères, des frères ou des oncles farouches ne s'étaient autant enveloppés de mystère. Les cinq gommeux étaient impénétrables. Cabassol en était venu à cette conclusion que ses amis, trop fortement étrillés par les belles-petites, s'étaient tournés d'un autre côté. Ils devaient aimer des femmes du monde plus ou moins mariées.

De temps en temps, Cabassol avait recueilli des indices. Il avait entendu un jour Lacostade dire mystérieusement à Bézucheux :

— Jeune de la Fricottière, descendant de vingt générations de fricoteurs, je fais appel à ton amitié.

— Dis vite, mon cœur bat frénétiquement à ton appel. De quoi s'agit-il?

— Je vais voir ma femme du monde. Je ne te dirai pas son nom, tu abuserais de ma confidence. Je te dirai seulement qu'elle est folle de moi. Amour pur, mon bon! Et des transports à ma seule vue! Vrai, je ne me croyais pas encore autant de prestige! Je me défie de Saint-Tropez; le pauvre garçon avec son conseil judiciaire n'a plus beaucoup de succès près des dames, il doit chercher à se rattraper sur les amis... je n'ai pas le courage de l'en blâmer, mais...

— Mais?

Sur la piste.

— Mais ça m'embête!... je te demande simplement, ô Bezucheux, de veiller sur ma tranquillité comme un frère, et d'empêcher Saint-Tropez de se lancer sur mes traces pour découvrir l'asile de ma bien-aimée.

— Mon ami, compte sur moi! Moi aussi, je suis aimé, moi aussi je tiens à la tranquillité! à charge de revanche, j'empêcherai Saint-Tropez de te faire de la peine, nous le garderons au cercle jusqu'à six heures du matin. Ça te suffit-il?

— Amplement. Merci, digne ami! merci, Castor! merci, Pylade!

Une autre fois, ce fut Saint-Tropez qu'il entendit faire des recommandations à Lacostade. C'était au cercle des *Poires tapées*, un soir de mai.

Au grand prix.

Au grand prix.

— Mon cher ami, disait Saint-Tropez, admirez-moi! malgré mon conseil judiciaire, on m'aime... presque pour moi-même!

— Fichtre, mon gaillard! Recevez mes félicitations!

— Mais il y a une ombre à mon bonheur : on veut le trancher dans sa fleur! Et qui? qui? qui? qui? Je vous le demande?

— Est-ce que je sais, moi?

— Qui? parbleu, un ami! Oui, digne Lacostade, antique cuirassier, homme de fer, cœur de bronze, noble et vertueux camarade, un ami, un vieil ami! Ce serpent s'appelle Pontbuzaud, je l'ai rencontré l'autre soir comme il se glissait subrepticement dans l'ombre sur mes pas... Oui, de ma suite, ami, de ma suite, il en est!... Comprends-tu cet acte de haute trahison? il me suivait évidemment pour voir où j'allais porter mes pas; il cherchait à connaître la demeure de celle qui m'aime d'un ardent et pur amour, pour me la souffler, le misérable!...

Enceinte du pesage.

— Et qu'as-tu fait?

— Ce que j'ai fait? Moi, malin, au lieu d'aller chez elle, j'ai fait le sacrifice d'une soirée d'amour et, pour le dépister, je me suis lancé au pas de course dans une excursion formidable...

— Et il t'a suivi?

— Je l'ai perdu de vue tout de suite, mais je pense bien qu'il était derrière moi. Aussi je l'ai promené toute la nuit, des Champs-Élysées à Grenelle, puis par le faubourg Saint-Germain, le boulevard du même nom, jusqu'au Jardin des plantes;

Au grand prix.

Au grand prix.

j'ai passé la Seine, j'ai pris le boulevard à la Bastille et je l'ai suivi jusqu'à la Madeleine; de là, pour achever de le dérouter, je l'ai conduit par le boulevard Haussmann et le boulevard Malesherbes, jusqu'à l'Arc de Triomphe, et là, j'ai disparu adroitement en sautant dans une voiture qui m'a ramené chez moi, éreinté, mais triomphant !

— Sacrebleu, quelle course !

— Oui, et tu comprends, mon doux ami, que je ne pourrais vraiment pas recommencer ça souvent. Veux-tu me rendre un service ?

— Ah mais, tu ne vas pas me demander de me promener pour toi ?

— Non, quelque chose de plus simple, tu vas l'attabler avec Pontbuzaud, à la table du bac et le tenir pendant que je vais filer... veux-tu ?

— Comment donc ! mon ami, compte sur moi. Pontbuzaud ne bougera pas d'ici, je le tuerais plutôt !

— Merci ! je pars tranquille !

Enfin à quelques pas de là, Cabassol entendit Pontbuzaud glisser à son tour quelques recommandations à Bisseco.

— Bisseco, mon bon, j'ai des chagrins ! disait Pontbuzaud, je suis désolé, désenchanté, abreuvé d'amertume...

— Mon pauvre ami ! tu as des contrariétés avec les huissiers ?

— Pis que cela, mon bon !

— Il n'y a rien de pire que cela ! s'il ne s'agit pas d'huissiers, je supprime les gémissements auxquels j'allais me livrer... Ça ne sera rien, ça passera ! De quels chagrins s'agit-il ?

— De chagrins d'amour !

— Ça ne m'étonne pas, ce n'est pas pour te flatter, mais tu n'as pas une tête à avoir du bonheur en amour... ça n'est pas ta faute ! sois fort, drape-toi dans un indifférentisme forcené, c'est plus sain que de se tourmenter parce que celle que tu aimes te trompe !

— Tu vas trop loin, Bisseco !... tu outrages un ange ! C'est toi qui te trompes, car on ne me trompe pas. Ah ! je suis bien tranquille là-dessus ; seulement je prends des précautions, car je ne suis pas un homme à défier les dieux.. Mes chagrins viennent de ceci : j'aime, on m'aime, nous nous aimons, mais un faux ami, un misérable cherche à jouer dans mon Éden le rôle du serpent tentateur. Heureusement j'ai du flair et de l'œil, j'ai deviné son plan et je déjouerai ses manœuvres...

— Mais c'est un drame ce que tu me racontes-là !

— Un effroyable drame, mon ami ! l'héroïne innocente et persécutée, je ne te dirai pas son nom, le jeune premier c'est moi, et le traître, c'est Lacostade ! je devrais dire l'aspirant traître, car grâce à mon habileté, j'ai déjoué ses machinations. Il n'est pas encore parvenu à découvrir l'innocente bergère qu'il brûle de croquer à ma barbe, mais il s'attache à mes pas pour arriver jusqu'à elle ! c'est abominable ! Alors... tu me suis ?

— Ce que tu me racontes est trop palpitant pour que j'aie des distractions, je te suis... continue!...

— Alors pour lui faire perdre mes traces, je suis forcé de prendre des précautions de Peau-Rouge. Voilà ce que je fais lorsque l'amour m'appelle : je prends une voiture, et devine où je vais?

— Dame! chez ta belle, en brûlant le pavé!

— Naïf enfant! je ne vais pas chez ma belle, car je suis sûr que Lacostade me guette, je ne le vois pas, mais j'en suis sûr, — je vais au chemin de fer de ceinture et je prends le premier train dans l'un ou l'autre sens, je fais le tour de Paris, une fois, quelquefois deux, et dès que je pense Lacostade suffisamment dépisté, je descends à la première gare, je saute dans un fiacre et j'arrive chez mon ange!

On avait été baiser la main de Lucy Carramba et autres.

— Ouf! fit Bisseco.

— Ouf, tu l'as dit! ça devient monotone à la fin, voilà trois mille lieues, douze mille kilomètres que je fais ainsi depuis moins de trois mois! au lieu de voyager en tournant toujours en rond, si j'avais fait ces 12,000 kilomètres en ligne droite, je serais maintenant au pôle Nord, j'aurais découvert des îles auxquelles j'aurais donné le nom que je tiens de mes aïeux, j'écrirais des relations pour le *Journal des Voyages*, je serais un grand homme! Mais voilà je les ai faits en rond... enfin j'en ai assez, mon abonnement au chemin de fer de ceinture m'ennuie absolument, il vole trop de temps à mon amour... j'ai donc pensé à toi...

— Pour quoi faire?

— Ceci tout simplement : pour retenir Lacostade et pour l'empêcher de courir derrière moi à la recherche de mon idole. Tu vas me jurer de la façon la plus solennelle, sur le blason de ta famille, sur l'âme de tes ancêtres, de retenir ici par tous les moyens notre ami Lacostade, l'aspirant serpent de mon Éden!

— Je le jure !

Le temps passait et Cabassol n'avançait pas dans son entreprise. Ces cinq vengeances qu'il se flattait d'enlever avec rapidité reculaient sans cesse devant lui, sans qu'il lui fût possible de tenter même un commencement d'hostilités.

— Ça ne peut pas durer comme cela, se disait Cabassol ; du haut du ciel Badinard va se moquer de moi.

Le jour du grand prix de Paris étant arrivé, la bande des six gommeux n'avait pas manqué cette solennité. Cabassol avait consciencieusement emboîté le pas de Bezucheux de la Fricottière ; il avait exploré l'enceinte du pesage dans l'espoir d'y découvrir la femme du monde de son ami ; il avait perdu deux cents louis en pariant pour Pistache, et Bezucheux en avait gagné autant en se rangeant du côté de Bats-la-Breloque, cheval français vainqueur du grand prix. Ce triomphe national remporté sur le cheval de la perfide Albion avait électrisé tous les cœurs : Bezucheux, Pontbuzand, Lacostade, Bisseco et Saint-Tropez avaient été fraterniser avec les belles-petites qui remplissaient de leurs toilettes étincelantes, de leurs immenses chapeaux fleuris et empanachés, de leurs traînes, de leurs dentelles et de leurs éventails, les innombrables voitures serrées le long de la piste. On avait rencontré là mainte charmante figure de connaissance, on avait oublié d'anciens griefs, on avait été baiser la main de Lucy Carramba, de Blanche de Travers et d'autres anciennes passions, on avait salué quelques aimables belles auxquelles on avait été plus ou moins présenté.

Au grand prix.

Une charmante blonde, indolemment couchée dans un huit-ressorts, avait reçu de la bande le discret hommage d'un coup de chapeau unanime.

— Qui est-ce ? demanda Cabassol.

— Nous l'avons déjà rencontrée plusieurs fois, répondit Bezucheux, c'est Tulipia Balagny, charmante, charmante, mais trop bien gardée ! Rien à faire de ce côté, mon bon !

Le soir de ce jour mémorable du grand prix, on fêtait à Mabille la victoire de Bats-la-Breloque. Nos six gommeux ne pouvaient y manquer.

Cabassol était venu avec une idée arrêtée. Lorsque l'un de ses amis, n'importe lequel, s'éclipserait mystérieusement, comme cela continuait à arriver souvent, il abandonnerait les autres et se lancerait sur ses traces pour tâcher de découvrir quelque chose.

Il ne se doutait pas que depuis de longues semaines ses moindres démarches étaient épiées et que ce jour-là même la surveillance occulte dont il était l'objet se resserrait particulièrement. Que l'on se rassure, la police n'était pour rien dans cet espionnage, Cabassol était tout simplement filé par l'OEIL, la toute puissante compagnie d'assurances conjugales qui déjà avait détourné les foudres du vengeur de Badinard, de la tête assurée de M. le vicomte de Champhadour.

L'inspecteur de l'OEIL surveillait donc Cabassol depuis le jour où notre ami, après avoir si malheureusement échoué près de Mᵐᵉ de Champhadour, avait dirigé ses batteries d'un autre côté.

Tulipia au grand prix.

L'assemblée était houleuse, le jardin était bondé, on tournait en cercle sous les palmiers de zinc autour de l'orchestre, les coudes serrés. Au centre quelques dames levaient la jambe sans conviction. Des groupes d'Anglais en veston rayé, la lorgnette en bandoulière, déblatéraient contre *Bat-la-Breloque*; dans les bosquets de jeunes sportmen imitaient spirituellement des cris d'animaux. Des dames charmantes, mais qui paraissaient avoir un peu bu, riaient aux éclats dans des coins où l'on se bousculait fort. — Nos amis s'étaient naturellement faufilés au centre d'un de ces groupes tumultueux. — Cabassol avait l'œil sur tous et sur chacun, et derrière lui l'inspecteur de l'Œil ne perdait pas un de ses mouvements.

Tout à coup, Cabassol vit sur la droite Bezucheux abandonner le bras de ses amis et se glisser tout doucement derrière un énorme Anglais. Au même instant, sur la gauche, Bisseco, par une adroite manœuvre, se détacha de la bande et disparut derrière un autre insulaire. Lequel suivre? Cabassol n'eut pas le temps de se décider, il vit Saint-Tropez tourner autour d'un groupe et se perdre dans le noir, puis Lacostade se détacher adroitement de Pont-Buzaud et filer dans un massif pendant que Pont-Buzaud tournait court et se dirigeait vers la sortie.

Cabassol s'élança. L'inspecteur s'élança derrière Cabassol. Ces mouvements simultanés produisirent un certain désordre dans la foule internationale; quelques sportmen décavés en profitèrent pour pousser des hurlements et des coups de sifflets à l'adresse de *Bat-la-Breloque* et plusieurs pickpockets trouvant l'occasion belle pour travailler, enlevèrent quelques montres et plusieurs portefeuilles.

Mais un jeune débutant inexpérimenté ayant eu la maladresse de se laisser prendre avec quatre montres à la main, le cri : Enlevez les pickpockets ! retentit de plusieurs côtés et une forte bousculade se produisit.

Bezucheux, Lacostade, Bisseco, Saint-Tropez et Pont-Buzaud filant vers la sortie avec des allures légèrement mystérieuses, que pouvait faire la garde qui veille à la porte de l'avenue Montaigne, sinon prendre nos pauvres amis pour les pickpockets signalés dans le jardin? La garde n'y manqua pas et les arrêta d'une main ferme. Cabassol, qui arrivait derrière eux avec les mêmes allures, eut le même sort; il fut appréhendé au corps de la même façon, et conduit au poste par un inflexible brigadier qui ne voulut entendre aucune protestation.

L'inspecteur de l'Œil avait tout vu. Il sourit de la méprise des agents de la force publique, mais ne vint pas au secours des infortunés jeunes gens. Il laissa même échapper un geste équivoque, dans lequel un esprit prévenu aurait pu voir une nuance de satisfaction; puis, d'un pas calme et tranquille, il franchit les grilles de Mabille et se perdit dans l'obscurité.

A Mabille.

X

Interrogatoires. — Horribles découvertes. — Les cinq clefs à faveurs roses. — Invasion nocturne et nouvelle découverte non moins horrible que les autres.

Cependant Cabassol, Bezucheux, Lacostade, Bisseco, Saint-Tropez et Ponthuzaud étaient, malgré leurs protestations indignées, conduits sous bonne escorte au plus voisin commissariat de police, où, dès leur arrivée, un secrétaire à moitié endormi procéda à l'interrogatoire de rigueur.

— Des pick-pockets, bon, je connais ça! murmura le secrétaire en bâillant, vous vous appelez Smith? Ils s'appellent tous Smith!...

— Non, fit Bezucheux étonné.

— Brown, alors?

— Non, je m'appelle Gontran Bezucheux de la Fricottière, rentier, et je m'étonne...

— Ça m'étonne aussi, répondit le secrétaire.

— Et vous? reprit-il en s'adressant à Saint-Tropez, Smith? Brown?

— Non, Jules de Saint-Tropez, rentier.

— Bon, alors vous ne vous appelez ni Smith ni Brown,... vous cachez votre jeu! Vous n'avouez pas?

— Nous n'avouons pas... qu'est-ce qu'il faut avouer?

— Voyons, vous êtes pris, il est inutile de faire des manières, ça ne rendrait pas votre affaire meilleure, au contraire.... il y a flagrant délit !

— Comment, il y a flagrant délit !

— Vous pickpockettiez, quand on vous a arrêté...

— Nous pickpockettions ! s'écrièrent à la fois les six gommeux avec un éclat de rire.

— Les agents vous ont arrêtés comme vous filiez dans les massifs... on va vous fouiller ; si j'ai un conseil à vous donner, c'est d'avouer pour que ce soit plus vite fini.

Malgré les protestations des infortunés soupçonnés de pickpockétisme, les agents qui les avaient arrêtés se mirent en devoir de procéder à une perquisition dans toutes les poches.

— Où avez-vous volé cette montre? dit sévèrement le secrétaire en s'adressant à Bezucheux.

— Chez un bijoutier ! répondit Bezucheux, mais tenez, voici nos cartes, vous voyez bien : Bezucheux de la Fricottière, ancien sous-préfet... Marius Bissecco, capitaine Lacostade...

— Ce sont vos pseudonymes, puisque vous persistez à soutenir que vous ne vous appelez ni Smith, ni Brown...

— Vous avez nos portefeuilles entre les mains, vous allez y trouver des lettres...

Le secrétaire ouvrit le portefeuille de Bezucheux et trouva quelques adresses...

— Hum... M. de la Fricottière, rue... en effet... enfin, nous allons voir... Tiens, une clef? pourquoi une clef dans un portefeuille ?

Le secrétaire avait tiré de la dernière poche une délicate petite clef ornée d'une faveur rose.

— Monsieur, laissez cette clef, je ne l'ai pas volée, elle me vient d'une dame qui veut bien avoir quelques bontés pour moi... Contentez-vous de cela, vous pensez bien que je n'ai pas le droit de la compromettre !

Cabassol remarqua, sans trop y attacher d'importance, que la vue de la clef de Bezucheux avait produit un singulier effet sur ses compagnons d'infortune. Le lorgnon braqué sur le bureau du commissaire, ils examinaient la clef à faveur rose en donnant des marques d'inquiétude.

Le secrétaire passant à l'inventaire du portefeuille de Lacostade, en tira une liasse de papiers...

— Ne touchez pas aux lettres ! s'écria Lacostade, regardez seulement les adresses..... Ce sont des lettres de femmes du monde et si des indiscrétions venaient à être commises, je vous rendrais responsable des malheurs qui pourraient arriver !...

— Bon, voici un papier timbré... bonne référence... Voyons?... commandement à monsieur Maxime Lacostade..... excellent, je vois que vous ne vous appelez pas Smith. Comment, encore une clef !

Le secrétaire venait de tirer du portefeuille une clef à faveur rose exactement semblable à celle de Bezucheux.

Étrange ! même ruban, même dessin...

Lacostade et Bezucheux se regardaient avec des yeux furibonds. Cabassol commençait à s'intéresser puissamment à l'aventure et à ne plus regretter autant que ses amis et lui eussent été pris pour des pickpockets.

— Oh ! oh ! poursuivit le secrétaire en interrogeant l'intérieur du portefeuille de Pontbuzaud, oh ! oh ! une troisième clef !.....

Arrestation de Bezucheux.

Lacostade et Bezucheux cessèrent de se foudroyer du regard pour accabler M. Pontbuzaud de regards chargés d'indignation. Cabassol regardait de tous ses yeux, il lui parut étrange de voir Saint-Tropez ainsi que Marius Bisseco aussi troublés et aussi furieux que Lacostade et Bezucheux.

— Oh ! oh ! fit-il avec le secrétaire, serais-je sur la piste de quelque chose d'intéressant pour feu Badinard ?

— Oh ! oh ! fit le secrétaire, oh ! oh ! une quatrième clef ! Oh ! oh ! une cinquième clef ! ! !

La quatrième et la cinquième clef venaient d'être découvertes dans les profondeurs du portefeuille de Saint-Tropez et de Bisseco. Le carnet de Cabassol, au grand étonnement du secrétaire, ne renfermait aucune clef à faveur rose; quand il annonça ce résultat négatif, Cabassol crut entendre cinq soupirs de soulagement sortir de la poitrine de ses amis.

— Ça devient louche, très louche! dit enfin le secrétaire, rubans absolument pareils, clefs *idem*..... c'est étrange..... jolies petites clefs de sûreté...

— Oh oui, de sûreté! firent en chœur les cinq infortunés.

— Enfin, prétendez-vous encore, monsieur de la Fricottière, que votre clef à faveur rose vous a été confiée par une femme du monde qui vous accordait les siennes... de faveurs?

— Monsieur Lacostade, s'écria Bezucheux sans répondre au secrétaire, monsieur de Saint-Tropez! monsieur Bisseco! monsieur Pontbuzaud!... l'indignation m'étreint à la gorge..... j'éclate à la fin..... je fulmine!..... Vous me trompiez!

— Monsieur de la Fricottière, j'éclate aussi! vous me trompiez également! répondit Lacostade.

— Indignes amis, c'est ainsi que vous entendez le culte de l'amitié! tenez, seul, Cabassol est un véritable ami, il n'avait pas de clef, lui! il se ferait scrupule, lui, de faire de la peine à un ami! Cabassol, je te vénère!

Et Bezucheux de la Fricottière serra énergiquement la main de Cabassol.

— Ainsi donc, reprit Lacostade, ta femme du monde, c'était...

— Et la tienne, ta mystérieuse beauté, c'était... et l'almée de Pontbuzaud et l'infante de Saint-Tropez et la belle-petite de Bisseco... c'était... oh! l'amitié est un vain mot; je n'y croyais pas du tout, mais j'y croirai moins encore, maintenant... Ce que je trouve horrible, monsieur Lacostade, c'est que, lorsque vous alliez la voir, vous vous adressiez à moi pour me prier de veiller sur votre tranquillité en empêchant Saint-Tropez de vous suivre!

— Et toi, s'écria Saint-Tropez, et toi, affreux la Fricottière, lorsque tu comptais te servir de ta petite clef à faveur rose pour aller roucouler aux pieds de la traîtresse... de celle que tu nous donnais pour une femme du monde en puissance de mari, tu t'adressais à moi pour empêcher Lacostade de se jeter sur tes pas!... Et moi, moi, amant infortuné, amant berné, bafoué... moi, bête, moi pur, moi loyal, je passais mes nuits sur la table de baccarat du cercle des Poires tapées, pour y retenir Lacostade... je perdais des sommes... enfin, ça me coûtait horriblement cher de t'aider à me tromper et j'attrapais des migraines formidables!...

— Petit serpent de Saint-Tropez, je te conseille de parler, interrompit Lacostade, tu te plains, misérable, et comment te conduisais-tu avec les camarades?... de quelle manière entendais-tu les devoirs sacrés de l'amitié?... Ah!

tu récrimines, serpent? Eh bien, je vais récriminer aussi, criminel! te souviens-tu des soirs où tu me prenais à part en m'appelant vieil ami, noble et vertueux cuirassier, pour me demander de veiller sur ton repos comme un frère et d'empêcher, par tous les moyens possibles, Pontbuzaud de te suivre? Je ne me doutais pas que pendant, que je m'embêtais consciencieusement avec Pontbuzaud qui a la conversation lugubre, — car il a la conversation lugubre, on ne peut pas le nier, — tu te glissais en toute sécurité dans certain boudoir rose dont je croyais être le seul à posséder la clef.

— Pontbuzaud a la conversation lugubre, dit amèrement Bisseco, cela n'empêche pas que certaine dame trouvait du charme à son éloquence... à notre détriment... mais ce qui me semble assez peu délicat, c'est que ce lugubre Pontbuzaud venait me parler continuellement à moi de ses chagrins

Les cinq clefs.

d'amour, et qu'il faisait appel à mon amitié pour l'aider à protéger la vertu de la belle contre les embûches dressées par Lacostade!!!... Moi, homme délicat et discret, je ne lui demandais même pas le petit nom de cette vertueuse personne et deux jours par semaine je montais la garde autour de Lacostade pendant que Pontbuzaud, qui a la conversation lugubre avec nous, s'en allait conter des douceurs poétiques à celle que... qui...

— Mais alors la noirceur de Pontbuzaud dépasse tout ce que l'imagination d'un homme ordinaire peut concevoir! Voyons, Bisseco m'apprend que deux fois par semaine Pontbuzaud le priait de me garder à vue pour m'empêcher également de le gêner dans ses aventures amoureuses... et nous nous gardions mutuellement... Ce Pontbuzaud lugubre est un Machiavel!

— Moi, reprit Bisseco, je n'ai rien à me reprocher, je n'ai fait poser personne... malheureusement!... mais je me souviens avec beaucoup d'amertume que, de temps en temps, lorsque je poétisais, le cœur rempli de bleu ou de rose, comme vous voudrez, aux pieds de ma traîtresse, dans ce petit boudoir dont je crois au moins inutile de vous faire la description, ladite traîtresse me disait tout à coup de sa voix douce : Marius, mon petit Beco, j'attends ma marraine, c'est une sainte femme, faut pas qu'elle te trouve ici, tu comprends?... Je croyais comprendre, je pensais que cette marraine intempestive était un vieux et gros banquier quelconque... et je filais par le petit escalier !... et c'était Bezucheux !...

— Permets, mon ami, n'affirme pas à la légère! le lundi, c'était moi, mais les autres jours, je n'étais pour rien dans tes chagrins!...

— Soit, c'était Lacostade... ou Pontbuzaud... ou Saint-Tropez!... Il n'en est pas moins vrai...

— Assez! Toutes ces explications me paraissent louches, interrompit le secrétaire du bureau de police, qui avait déjà donné de nombreuses marques d'impatience, très louches même!...

— Sans doute c'est louche, s'écria Bezucheux, c'est une situation inextricable : je trompais, on me trompait, nous nous trompions.

— Alors vous prétendez que ces clefs vous viennent d'une certaine dame du monde?...

— Que la discrétion nous défendrait presque de nommer, s'il y avait encore des ménagements à garder; messieurs, y a-t-il encore des ménagements à garder?

— Il n'y en a plus, répondirent d'une seule voix Lacostade et les autres.

— Alors dites-moi son nom? reprit le secrétaire.

Bezucheux se pencha vers le secrétaire et lui murmura un nom à l'oreille.

— Bon, fit le secrétaire.

Lacostade et les autres s'approchèrent à leur tour et parlèrent également à l'oreille du secrétaire de la police. Cabassol très intrigué, pencha vivement la tête pour tâcher de recueillir ce nom mystérieux au passage.

— Rue? demanda le secrétaire.

— Rue de Miromesnil, 35 bis.

— Bon, c'est ce que nous allons vérifier, fit le secrétaire. Je reconnais qu'il ne s'élève contre vous que des charges légères et je commence à croire, messieurs, que vous êtes victimes d'une fatale méprise... On doit s'être trompé en vous accusant de pickpockétisme... et puis, le récit de vos malheurs m'a sensiblement attendri... je prends sur moi de ne pas réveiller monsieur le commissaire; la rue de Miromesnil est tout à côté et je vais vérifier immédiatement la véracité de vos dires.

— Allons-y tous ensemble! fit Bezucheux.

— C'est cela, allons confondre la coupable! s'écrièrent les autres, nous

A Mabille.

nous expliquerons demain, aujourd'hui soyons tout à la vengeance!
— Tout à la vengeance!
— Soit, fit le secrétaire; vous avez les cinq clefs, nous pénètrerons chez la dame...
— Eh bien, et moi? demanda Cabassol, je n'avais pas de clef, moi, je ne fais pas partie de votre société... secrète, mais je demande à être de l'expédition... mais auparavant, dites-moi au moins le nom de la femme du monde dont vous venez de découvrir la trahison d'une façon aussi singulière .. dites-moi le nom de la perfide?

Et moi, bête, je montais la garde...

— Son nom ne souillera plus mes lèvres, fit Bezucheux, ni, ni, c'est fini! Je vais te la foudroyer tout à l'heure! Demande à M. le commissaire, si tu veux! Je te dirai seulement ses initiales : T. B.
— Tulipia Balagny!!! acheva le secrétaire.
— Quoi, Tulipia Balagny, la belle Tulipia, la charmante Tulipia, que nous rencontrions si souvent et que vous me disiez absorbée par une passion unique et folle, une passion effroyable, Tulipia Balagny, enfin, remarquable par ce signe particulier : fidélité étourdissante!
— Elle-même!!!
Deux fiacres appelés par un agent, emmenèrent Cabassol, le secrétaire du commissaire et les cinq victimes de Tulipia. En route, Bezucheux et les autres reprirent leurs récriminations.

— Je comprends maintenant, dit tristement Bezucheux, par suite de quelle méprise je reçus un jour, moi qui m'appelle Gontran, un de ces billets charmants qu'elle écrit si bien, car elle a un style que je qualifierai d'enflammé...

— Je sais, dit Lacostade d'un ton sec, je sais,... abrège!

— Nous savons! dirent les autres.

— Je ne dis rien de trop, en affirmant qu'elle a un style délicieux et enflammé : *Bezuco de mon cœur*, écrivait-elle ordinairement, *mon Bezuco! je te...*

— Arrête, Bezucheux, tu retournes le fer dans ma plaie, s'écria Lacostade.

— Dans notre plaie, dirent les autres.

— Nous avons reçu tous de ces lettres enflammées!

— Eh bien, je reçus un jour, reprit Bezucheux, moi qui m'appelle Gontran, un petit billet commençant par ces mots : *Mon petit Jules!* Et quand je lui demandai une explication, elle me dit que la plume lui avait fourché et que Jules était le nom d'un oncle vénérable... Horreur, c'était le nom de Saint-Tropez, notre indigne ami!

— Et moi, s'écria Saint-Tropez, j'ai reçu un jour un billet où elle me disait : Ce soir, sans faute, je t'attends pour...

— Ne me torture point par des détails! fit Bezucheux, abrège!

— Soit, j'abrège pour ne pas te chagriner! elle terminait ainsi... *le temps va me sembler...* etc... *je vais compter les minutes*, etc., etc... *jusqu'au moment où...* etc., etc... *J'embrasse bien mon petit Marius.* — TULIPIA! » Et, tu l'as dit, je m'appelle Jules!

— Elle pensait à moi, dit Marius Bisseco, elle avait des remords!

— Lorsque je lui témoignai l'étonnement que m'avait causé ce prénom marseillais et intempestif, elle me répondit : — Tiens je me suis trompée, c'est le nom de mon concierge!... Et je la crus!...

Bisseco baissa la tête.

— Et dire, reprit Bezucheux, qu'il était entendu que l'on ne devait pas marcher sur les brisées les uns des autres! O amitié tu n'es qu'un mot!

— L'humanité me dégoûte! fit Lacostade.

— Tulipia est un monstre!

Pendant que les cinq malheureux gémissaient ainsi, les voitures arrivaient rue de Miromesnil et s'arrêtaient à la porte de Tulipia.

— Mon cœur bat à la vue de cette porte, reprit Bezucheux, je chérissais la porte, je chérissais la sonnette, je chérissais toute la maison, je vénérais le concierge pour l'honneur qu'il avait de tirer le cordon à la...

La porte s'ouvrit au coup de sonnette et les visiteurs se trouvèrent dans un vestibule obscur. Cinq allumettes étincelèrent et cinq petites bougies s'allumèrent dans cinq minuscules lanternes en forme de montres.

— Présent de Tulipia, fit tristement Bezucheux en regardant les bougeoirs de ses amis.
— Présent de Tulipia !
Bezucheux, Lacostade et les autres, le bougeoir d'une main et la clef à faveur rose de l'autre, le suivirent en soupirant.
Sur le deuxième palier, tout le monde s'arrêta.
— Voici la porte !... fit Bezucheux, je vois d'ici la confusion de Tulipia à notre vue. Ce sera le châtiment ! Mon avis est qu'il faut la foudroyer !... Restons unis ce soir pour l'accabler, nous nous expliquerons demain !
— Foudroyons-la !

Nous donnons notre démission de la Société Tulipia and C⁰.

— Je propose, messieurs, dit Lacostade, que, par une ironie cruelle, nous nous présentions à elle bras dessus, bras dessous, tous les cinq, et que toujours bras dessus bras dessous, nous lui demandions galamment des nouvelles de sa chère santé et la permission de lui baiser la main...
— Adopté !
— Si elle ne s'évanouit pas pour de bon à notre apparition, ce sera une femme de bronze, je le déclare !
— Allons, messieurs, la petite clef ?...
— Entrons ! dit résolument Bezucheux, et soyons dignes !

Bezucheux ouvrit brusquement la porte.

— Il y a de la lumière! dit le secrétaire du commissaire.

— Tant mieux!

Les cinq infortunés, bras dessus, bras dessous, tous le bougeoir à la main, entrèrent dans l'appartement; une porte s'ouvrit dans le vestibule, une bonne parut et s'arrêta pétrifiée à la vue des envahisseurs.

— Bonsoir, Julie!... Madame est dans sa chambre? prononcèrent-ils d'une même voix sourde, sans s'arrêter.

— Oui... non... n'entrez pas... elle est sortie!... balbutia la bonne.

— Foudroyons! s'écrièrent-ils.

Et traversant une ou deux pièces, ils ouvrirent brusquement la porte d'une pièce qu'ils connaissaient bien tous.

Un cri aigu et des bruits de chaises renversées éclatèrent aussitôt.

— Horreur! s'écrièrent les cinq amis en reculant, toujours bras dessus, bras dessous.

— Qu'est-ce qu'il y a? demanda Cabassol en bousculant légèrement le secrétaire du commissaire et en repoussant ses amis en avant.

Les cinq malheureux gommeux se séparèrent pour lever les bras en l'air.

— Un sixième larron! s'écria Cabassol.

La charmante Tulipia, debout devant la cheminée, baissait la tête avec confusion, mais elle ne s'était pas évanouie. A ses pieds un homme, assis sur un petit pouf, s'éventait avec son claque pour se donner une contenance. Sur un guéridon Louis XVI, à côté de Tulipia, un énorme bouquet reposait près d'un écrin ouvert, dans le velours duquel étincelaient quelques brillants.

Les cinq amants trahis s'étaient remis bras dessus, bras dessous.

— Daignez agréer, madame, prononcèrent-ils de la même voix, nos plus sincères excuses, si nous arrivons dans un mauvais moment! nous troublons un aimable tête-à-tête... toutes nos excuses encore une fois... Et nos compliments à monsieur!

Le monsieur continuait à s'éventer et à grimacer avec un sourire de plus en plus gêné.

— Monsieur nous permettra-t-il de lui demander, reprirent en chœur les cinq voix, s'il a la clef?

— Quelle clef? demanda le monsieur.

— Nous voyons que monsieur n'est pas encore initié... il n'a pas la clef réglementaire de la société en commandite *Tulipia and C°*, il n'a pas la clef. Monsieur daignerait-il accepter celles-ci?

Et tous les cinq retirèrent leurs bras pour tendre au monsieur les cinq clefs à faveurs roses.

— Nous prions madame d'agréer nos démissions de sociétaires, reprirent les cinq amis en se reprenant par le bras.

Cabassol pendant toute cette scène n'avait pu détacher ses yeux de la figure du sixième larron.

— Où diable ai-je vu cette tête-là? se demandait-il. Je connais ce monsieur, pourtant... Où l'ai-je rencontré?... Ah!... mais... sacrebleu! c'est le faux garçon de restaurant du Moulin-Rouge, celui qui m'a empêché de... sévir contre M. Exupère de Champbadour, c'est l'inspecteur de l'*Œil!* ..

Cabassol passa devant ses amis et s'arrêta devant l'inspecteur de l'*Œil*.

— Bonsoir, monsieur! dit-il, me reconnaissez-vous?

— Parfaitement, monsieur Cabassol.

— Alors, si je ne me trompe... vous êtes ici...

— Pour affaires! dit l'inspecteur en s'inclinant.

Coup de théâtre dramatique.

— Vous comprenez qu'il me faut une explication, je vous trouve sans cesse devant moi... Souvenez-vous du Moulin-Rouge... et de madame de Champbadour!... Asseyons nous et causons!

Tulipia avait repris toute son assurance et répondait aux coups d'œil foudroyants de Bezucheux et compagnie par des regards non moins foudroyants de femme indignement outragée.

— Tulipia, femme perfide, recevez nos adieux ! déclamèrent les cinq gommeux en chœur.

— Vous êtes des insolents ! s'écria-t-elle. Julie, flanquez-moi tout le monde à la porte !

L'inspecteur de l'*Œil* prit son chapeau et suivit Cabassol et les autres.

— Eh bien, et mon explication, dit Cabassol en route, que faisiez-vous ici ?

— Vous vous en doutez. Chargé par la Compagnie d'assurance l'*Œil* de préserver M. de Champbadour de... vos entreprises, j'avais appris par la conversation de Mᵉ Taparel que, pour une raison que j'ignore, vous aviez à troubler la tranquillité conjugale ou extraconjugale d'autres personnes... Je vous ai donc surveillé et j'ai bien vite compris que vos cinq amis étaient menacés. Vos amis filaient dans l'ombre des amours mystérieuses : je suis intervenu, comme vous voyez, j'ai découvert avant vous leur secret... un seul secret au lieu de cinq. Je devais, ces jours-ci, leur proposer de les assurer à notre compagnie...

— Et en attendant vous...

— J'avoue qu'en ceci je dépassais quelque peu mes instructions, mais... j'ai un cœur... et je suis faible !

Dans la rue, sur la porte de Tulipia, le secrétaire du commissaire déclara aux faux pickpockets que tous ses soupçons étaient évanouis et qu'ils étaient libres.

— Maintenant que nous avons foudroyé Tulipia, séparons-nous ! dirent les cinq infortunés ; demain nous nous expliquerons sérieusement.

Ils se quittèrent, la tête basse, et se perdirent dans des rues différentes.

L'inspecteur de l'*Œil* était parti.

Cabassol revint seul aussi et furieux.

— Ainsi donc, sans cette fâcheuse affaire de Mabille, sans la découverte des cinq clefs, Bezucheux et les autres ne se seraient pas fâchés avec la belle Tulipia, et je la leur aurais soufflée, et j'aurais accompli cinq vengeances à la fois !... Badinard ! Badinard ! sur qui vais-je faire tomber ta vengeance, pour me rattraper ? Patience ! patience, ô Badinard ! demain grand conseil avec tes exécuteurs testamentaires, et tu verras mon zèle !

La vengeance poursuivant le crime.

DEUXIÈME PARTIE

LE CLUB DES BILLES DE BILLARD

I

Recherche d'un crâne. — Une réception aux Billes de Billard. — Une photographie mystérieuse.

Antony Cabassol, ce brave et consciencieux garçon, était dans un état de désolation impossible à décrire. La série d'échecs qui venaient de l'accabler lui avait en partie enlevé cette belle confiance en soi qui lui avait fait accepter si hardiment le mandat de vengeur testamentaire de feu M. Timoléon Badinard. Trois vengeances en quatre mois, c'était peu pour un homme qui n'avait que trois ans pour en exécuter soixante-dix-sept! Cabassol, humilié, sentait que le vindicatif Timoléon Badinard, du haut du ciel, sa demeure dernière, devait froncer un sourcil mécontent!

Et Mᵉ Taparel et M. Nestor Miradoux, les exécuteurs testamentaires, que devaient-ils penser, eux aussi, de ce vengeur qui ne vengeait pas, de ce légataire qui n'exécutait pas les conditions imposées !

Lo vengeur.

Cabassol, accablé, faisait ces tristes réflexions, assis dans le cabinet de Mᵉ Taparel, le lendemain du jour où, apercevant la possibilité d'exécuter cinq vengeances en une seule, il s'était vu souffler à son nez et à sa barbe la belle Tulipia Balagny, l'ange de Bézucheux de la Fricottière et Compagnie, enlevée par l'inspecteur de l'*OEil*.

Mᵉ Taparel et son principal clerc, assis devant un monceau de papiers et de factures, prenaient des notes et tiraient au clair la situation des affaires de la succession Badinard. Bientôt, après avoir aligné des colonnes de chiffres et terminé de longues additions, M. Nestor Miradoux prit une feuille de papier timbré et écrivit :

SUCCESSION BADINARD

Situation au 10 juin 18...

Vengeances exercées.	3
Reste.	74

Total des sommes déboursées, dépenses, frais prévus et imprévus, loyers, frais de maison du légataire, M. Cabassol, etc., etc. . . . 327,982 fr. 65
Reconnu et approuvé par nous, légataire et exécuteurs testamentaires.

— Voulez-vous signer ? demanda Miradoux à Cabassol, après avoir donné lecture de cette pièce.

— Et qu'allons-nous faire ? demanda Cabassol, après avoir paraphé.

— Lutter ! s'écria Mᵉ Taparel en frappant du poing sur la table, lutter courageusement ! Nous avons eu le malheur, après avoir bien commencé, de tomber sur un mari assuré à la Compagnie l'*OEil*, mais cela ne se représentera peut-être plus..... Il faut nous remettre prudemment à la besogne, pour ne pas donner l'éveil à cette Compagnie qui continuerait sans doute à mettre, pour se créer des clients, des bâtons dans nos roues ! Donc prudence et discrétion, et en avant !

— Très bien ! fit Miradoux.

— Allons, vous me rendez le courage ! s'écria Cabassol ; sur qui vais-je me lancer ?

— Un instant, fit M⁰ Taparel, ne choisissons pas ; si vous m'en croyez, nous allons nous en remettre au hasard pour trouver l'ennemi contre lequel nous devrons opérer. Voici l'album aux photographies, prenez en une sans regarder.

— Soit, dit Cabassol, au hasard de la fourchette ! une, deux, trois, voilà !

Une chaude explication.

Et sans regarder, il ouvrit vivement l'album à une page quelconque.

Les trois hommes se penchèrent sur la photographie amenée par le sort, en poussant une exclamation de désappointement. Elle représentait tout simplement une large plaque jaune, blanche par endroits, et parsemée de taches foncées, laquelle plaque avait pu autrefois être une figure d'homme, mais n'était plus qu'une sorte de reflet perdu, le portrait d'un vague fantôme, d'une apparition sans contours arrêtés et sans forme précise.

Au-dessous se lisaient les mots :

PHOTOGRAPHIE GABIN
NOUVEAU PROCÉDÉ INALTÉRABLE
Médailles, Paris 1867. — Vienne, 1873. — Philadelphie, 1876. — Paris, 1878.

En y regardant de plus près avec une grande attention, Cabassol finit par découvrir un point où le nouveau procédé s'était montré un peu plus inaltérable qu'ailleurs. C'était le sommet de la tête de l'individu photographié : on distinguait une tache blanche qui devait être un crâne dépouillé de cheveux. Et c'était tout; du nez, des yeux, de la barbe, nulle trace, le crâne seul avait survécu au désastre.

— Allons, s'écria Cabassol, voilà un faible point de départ ! ce crâne est un indice bien mince pour reconnaître un homme. Comment, avec cela seulement, parviendrai-je à le découvrir dans Paris, où fourmillent les crânes que les orages de la vie ont dénudés ? N'importe, je le découvrirai, il le faut ! le hasard m'a donné cette tâche, je la mènerai à bien, je trouverai ce crâne, et je vengerai sur lui le pauvre Badinard !

Le président du club des *Billes de billard*.

— Voilà une grande difficulté ! fit le notaire, je ne vois pas trop comment nous percerons l'incognito du monsieur qui se cache sous ce crâne.

— Quand je devrais prendre un à un tous les chauves de Paris, j'y parviendrai. Les difficultés de l'entreprise me fouettent le sang et font renaître mon ardeur, je trouverai le porteur de ce crâne...

— Et s'il a trouvé une eau pour faire repousser les cheveux ?

— Et s'il portait maintenant perruque ?

— Sommes-nous bêtes ! interrompit Mᵉ Taparel, il doit y avoir derrière, comme aux autres portraits, une dédicace qui nous dira le nom de ce crâne mystérieux !

Miradoux tira délicatement la photographie de l'album et la tendit à Mᵉ Taparel.

— Il y a une dédicace !...

— Victoire !

— ..... Mais elle ne nous avance guère, voyez :

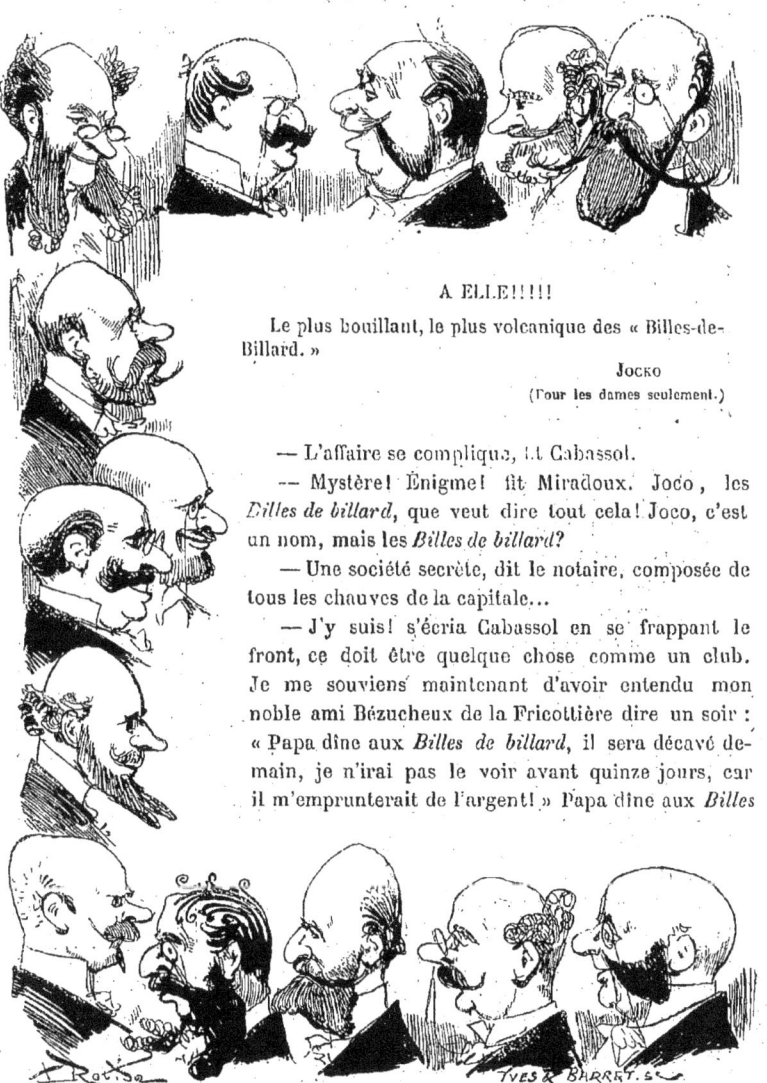

A ELLE!!!!!

Le plus bouillant, le plus volcanique des « Billes-de-Billard. »

JOCKO
(Pour les dames seulement.)

— L'affaire se complique, M. Cabassol.
— Mystère! Énigme! fit Miradoux. Joco, les *Billes de billard*, que veut dire tout cela! Joco, c'est un nom, mais les *Billes de billard*?
— Une société secrète, dit le notaire, composée de tous les chauves de la capitale...
— J'y suis! s'écria Cabassol en se frappant le front, ce doit être quelque chose comme un club. Je me souviens maintenant d'avoir entendu mon noble ami Bézucheux de la Fricottière dire un soir : « Papa dîne aux *Billes de billard*, il sera décavé demain, je n'irai pas le voir avant quinze jours, car il m'emprunterait de l'argent! » Papa dîne aux *Billes*

Aristocratie, arts, lettres, finances, tous les mondes sont représentés aux *Billes de billard*.

de billard, je me souviens que ce mot m'a frappé, sans que j'aie pensé à demander une explication. Je vais aller trouver Bezucheux et je reviens vous faire part de mes découvertes !

Et, sautant sur son chapeau, Cabassol, qui avait retrouvé toute son ardeur, partit comme un tourbillon, sans même prendre congé de M° Taparel et de Miradoux.

— Les *Billes de billard!* les *Billes de billard!* répétait-il en volant dans un char rapide et numéroté vers la demeure de Bezucheux de la Fricottière, quand tout le club, si c'est un club, devrait y passer, il faudra bien que je trouve Jocko !

Cabassol, en arrivant chez l'élégant Bezucheux, tomba au beau milieu d'une explication : Pontbuzaud, Saint-Tropez, Lacostade et Bisseco étaient là, tous graves et boutonnés jusqu'au menton.

— Voilà la situation, disait Bezucheux, et je prends notre ami commun, Cabassol, à témoin. Pontbuzaud trompait Saint-Tropez, Lacostade et Bisseco ; Saint-Tropez trompait Lacostade, Bisseco et Pontbuzaud ; Lacostade trompait, etc., mais moi, qui, vous venez de le reconnaître, étais premier en date, j'étais trompé par Pontbuzaud, Saint-Tropez......

— Permets ! fit Pontbuzaud, cela peut se discuter, tu nous trompais aussi !

— Je vous dis que non ! Je suis le seul lésé, le seul...

— Cela n'est pas ! Nous nous trompions tous et nous étions tous trompés...

— Soit ! dit Bezucheux d'une voix sourde, nous sommes tous offensés, et il nous faut à tous une réparation ; mais voilà où commence mon embarras, nous sommes cinq, chacun de nous a quatre adversaires, ça fera un duel bien compliqué... Comment faire?

— Je n'ai jamais vu d'affaire aussi embarrassante, s'écria Cabassol, c'est bien autre chose que le combat des Trente ou que le duel des Mignons d'Henri III...

— Je ne vois qu'un moyen, reprit Bezucheux ; d'ailleurs, verser le sang de quatre vieux amis me répugnerait...

— Quel moyen ?

— Chacun de nous va faire des excuses aux quatre autres, on se serrera la main, et l'honneur sera satisfait !

— Adopté ! Et puisse notre constante amitié faire rougir Tulipia ! Sa punition sera de nous voir, marchant bras dessus, bras dessous, comme par le passé, toujours unis et passant devant elle avec le sourire du dédain sur nos lèvres !

— Mes amis ! s'écria Bezucheux, je commence, je ne verserai pas votre sang pour Tulipia, elle n'en est pas digne : je vous fais à tous les plus plates excuses !

— Mon bon Bezucheux, nous te faisons humblement les nôtres !

— Mon petit Bezuco, reprit Cabassol après une minute donnée à l'effusion, tu m'attendris ! Vrai, je suis obligé de renfoncer un pleur sous ma paupière ! Mais je ne suis pas venu seulement pour vous supplier de renoncer à vos idées de carnage. J'ai à te demander un renseignement.

— Parle, ô mon ami, pourvu qu'il ne s'agisse pas de la quintuple traîtresse, Tulipia Balagny.

— Qu'est-ce que les *Billes de billard*, mon bon ?

— Les *Billes de billard* ? mais tu n'as pas encore besoin de connaître ça, tu ne te déplumes pas encore...

— Dis tout de même.

— Eh bien, c'est le club à papa, le club des *Billes de billard*, ainsi nommé parce qu'il faut posséder un crâne dépouillé par la calvitie pour être admis à l'honneur d'en faire partie. Aristocratie, finance, arts, lettres et sciences,

Conseil de révision du club.

tous les mondes sont représentés aux *Billes de billard* par des crânes d'élite ; fronts hautains de grandes races, sur lesquels ont passé tous les ouragans de la vie, rasant les folles mèches de la jeunesse, fauchant les illusions et dévastant le cuir chevelu ! Fronts de la Fricottière ravagés par une haute et joyeuse vie, fronts bombés de vieux savants, crânes pointus d'hommes politiques, genoux farceurs de gens de lettres, il y a de tout au club des *Billes* ! Et tous ces crânes se consolent entre eux par de joyeux dîners hebdomadaires, dont papa, en sa qualité de président, fait le plus bel ornement !

— Je voudrais bien voir ça, un dîner de *Billes de billard* !

— Trop jeune, mon petit, tu n'as pas le genou d'ordonnance.

— Avec ta protection ?

— Impossible ! Moi-même, fils de mon auguste père, président de la société, je n'ai jamais pu me faire inviter au club. Ah ! mais, le comité est strict ! Pour être reçu aspirant *Bille de billard*, il faut présenter au comité d'examen un commencement de calvitie. S'il est suffisant, on est admis aux dîners tous les mois d'abord, puis tous les quinze jours, mais on ne dîne pas à la grande table, on dîne à la table des petits. C'est que l'on a le sentiment de la hiérarchie, aux *Billes de billard!* Et tous les trois mois, conseil de révision, les aspirants comparaissent devant le bureau pour faire vérifier leur calvitie ; si les cheveux repoussent, on est honteusement chassé, tandis que si la calvitie se dessine plus majestueusement, on reçoit les éloges de papa et l'on monte en grade.

— Charmant! fit Cabassol, ainsi pas d'espoir pour moi... Mes cheveux tiennent encore trop... Mais... cependant... si...

Une idée venait de surgir sous la chevelure proscrite de Cabassol. S'il n'était pas digne de se présenter aux *Billes de billard*, M° Taparel, lui, était dans les conditions voulues, il possédait un joli commencement de calvitie...

— C'est cela, se dit Cabassol, je vais le faire présenter au club... il se doit à l'affaire Badinard, puisqu'il est exécuteur testamentaire, il cherchera le nommé Jocko lui-même...

Allons! reprit-il tout haut, il ne s'agit plus de moi, puisque je ne suis que trop certain d'être impitoyablement blackboulé, c'est pour un autre que je plaide... Reçoit-on les notaires?

— Quand ils sont suffisamment chauves, oui!

— Eh bien, j'en ai un qui sollicite, mon petit Bezucheux, l'honneur de t'être présenté, pour avoir celui d'être introduit par ton aimable père au club des *Billes de billard!*

— Un notaire! ce doit être ton ami, le notaire torrentueux et cascadeur qui a eu ce fameux duel à l'américaine, avec un nègre anthropophage?

— M° Taparel, en un mot!

— O mon ami le meilleur, fais-moi faire la connaissance de M° Taparel et recommande-moi à lui pour ses placements hypothécaires...

— Je te l'amène à l'instant! Il brûle de faire partie des *Billes de billard*, il va venir tomber dans tes bras!

Cinq minutes après Cabassol remontait en voiture pour regagner l'étude de M° Taparel.

M° Taparel, à son arrivée, était en affaire ; il rédigeait le contrat de mariage d'une riche cliente. Cabassol lui fit passer ces simples mots :

AFFAIRE BADINARD

« Bâclez votre mariage rapidement. Vous êtes par mes soins sur le point d'être reçu membre du club des *Billes de billard!*

« C. »

Une réception au club des *Billes de billard*. (M. de la Fricottière, père, président.)

LA GRANDE MASCARADE PARISIENNE

Me Taparel sans doute bâcla le contrat de mariage de sa riche cliente, car il parut bientôt sur le seuil de son cabinet, reconduisant son monde. Il courut vivement à Cabassol.

— Mais, pourquoi me faire recevoir moi-même de ce club, pourquoi pas vous? dit-il.

— Parce que... parce que je ne possède pas encore le commencement de calvitie qui couronne si bien votre noble front fatigué par l'étude. Je serais blackboulé avec rigueur, tandis que vous avez les plus grandes chances. Vous

— Or donc, dit le notaire...

allez être reçu et vous étudierez les crânes de vos collègues pour découvrir celui de Jocko...

— Mais...

— N'êtes-vous pas exécuteur testamentaire? Il le faut, l'affaire Badinard l'exige.

— C'est que madame Taparel va peut-être me faire quelques observations... l'affaire Badinard m'entraîne un peu loin, selon elle!

— Que voulez-vous, un officier ministériel doit être esclave de son devoir!... Allons, prenez votre chapeau, je vais vous présenter à Bézucheux de la Fricottière dont le père est justement le président des *Billes de billard!*

Me Taparel poussa un soupir et suivit Cabassol. Bézucheux et ses quatre amis attendaient curieusement le notaire torrentueux de Cabassol; la connaissance fut vite faite. Bézucheux trouva Me Taparel charmant, et posa incontinent la question d'un emprunt sur troisième hypothèque.

Cabassol, par discrétion, prit congé sitôt qu'il eut remis le notaire entre les mains de son ami. Il sut le lendemain que Bézucheux avait présenté M° Taparel à son père. Bézucheux avait été droit au but.

— Papa, avait-il dit, suppose un instant que tu fais partie de l'Académie française et que je viens te demander ta voix pour monsieur. L'accorderais-tu ?
— Oui.
— Eh bien, c'est bien plus important que ça. Monsieur est un aspirant *Bille de billard*, il demande à entrer au club sous tes auspices ! Regarde, il a des droits; il a déjà un joli petit genou bien rond et bien lisse...

Le papa de la Fricottière s'était laissé attendrir, il avait promis d'user de toute son influence pour favoriser l'admission de M° Taparel, et il l'avait immédiatement convoqué pour la présentation officielle au comité, au dîner du jeudi suivant.

Les membres du comité des *Billes de billard*.

M° Taparel avait deux jours devant lui pour se préparer à cette solennité.
— Comme nous voudrions vous suivre ! lui disaient Cabassol et Miradoux ; mais hélas ! nous avons encore trop de cheveux.

Force leur fut de rester à la porte quand, le soir du dîner, ils eurent conduit le notaire, un peu ému, jusqu'au somptueux hôtel où le club des *Billes de billard* tenait ses grandes assises hebdomadaires. Pour passer le temps, ils entrèrent dans un café, en face des fenêtres du club, et attendirent, dans une contemplation muette de ces fenêtres.

A une heure du matin, ils étaient encore là, les yeux fixés sur les fenêtres d'où s'échappait un joyeux bruit de champagne, de toasts et d'éclats de rire.

— Ce sont les *Billes de billard* qui se consolent, leur dit le garçon en fermant le café.

Cabassol et Miradoux errèrent quelque temps sur le trottoir, puis ils pensèrent que le plus sage était de rentrer tranquillement chacun chez soi, sans attendre la fin de la réception de M° Taparel.

A neuf heures, le lendemain, Cabassol se présentait à l'étude.

— Mal à la tête naturellement, lui dit Miradoux, mais ça ne fait rien, je vais le faire prévenir de votre arrivée, et il passera sa migraine en nous racontant sa glorieuse soirée.

Au même instant M° Taparel parut en robe de chambre, l'air un peu fatigué, comme le lendemain de son duel avec le Haïtien.

— Si vous le permettez, messieurs, dit-il, je me ferai apporter un bain de pieds à la moutarde, en causant de nos affaires. La soirée a été chaude, la moutarde me rafraîchira.

— Comment donc! firent à la fois Cabassol et Miradoux, il faut vous soigner, vous avez eu tout le mal.

— Or donc, reprit le notaire après quelques minutes, quand il se fut commodément installé dans le bain de pieds bouillant apporté par son valet de chambre, or donc, je suis reçu *Bille de billard*.

— Ne vous voyant pas revenir, nous avons bien pensé que vous n'étiez pas blackboulé.

— Lorsque vous me quittâtes hier à la porte du club, le cœur me battait, je l'avoue ; mais en pensant à notre mission, tout mon courage me revint, je pris ma lettre de convocation dans ma poche, et je la tendis au chasseur debout au pied de l'escalier. Ce chasseur était chauve, quoique tout jeune encore ; j'ai appris depuis qu'on le payait très cher pour lui permettre d'en-

— La *Bille de billard* Taparel annonça un domestique chauve.

Délibération du comité.

tretenir sa calvitie. Le chasseur chauve me fit immédiatement entrer dans une pièce où se tenaient messieurs les membres du comité, en m'annonçant ainsi : — L'aspirant Taparel! — Derrière une grande table recouverte d'un tapis rouge, cinq messieurs, ou plutôt cinq crânes majestueux, étaient assis, impassibles comme des bonzes. Je reconnus celui du milieu, c'était le président Bézucheux de la Fricottière.

— Aspirant Taparel, me dit le président, jeune présomptueux qui osez prétendre au beau nom de *Bille de billard*, dites-moi quels sont vos titres?

— Trente années de notariat, profession aride... allais-je répondre. Mais le président Bézucheux m'interrompit.

— Assez! s'écria-t-il, taisez-vous et apprenez, aspirant Taparel, que tous les hommes sont égaux devant la dégénérescence du cuir chevelu, qu'il n'y a ici ni titres ni distinctions, mais rien que des crânes! Le seul titre à présenter, c'est une calvitie bien accentuée, et autant que possible prématurée. Ce titre, le possédez-vous? Avancez ici et montrez votre crâne aux membres du bureau.

J'obéis à cette injonction et je vins soumettre mon crâne à l'examen des membres du bureau. Chacun de ces messieurs le contempla longuement de face, de profil et à vol d'oiseau, sans prononcer une parole.

— Aspirant Taparel, prononça le président, après cinq minutes d'examen, vous jurez que votre calvitie n'est pas le résultat de manœuvres illicites et qu'elle n'a en elle-même, rien de frauduleux?

— Je le jure!

— Vous promettez de ne jamais avoir recours à de vains artifices pour dissimuler cette calvitie aux yeux du vulgaire, vous jurez de mépriser toujours perruques et faux toupets?

— Je le jure!

— Et maintenant, aspirant Taparel, allez vous asseoir, le conseil va délibérer!

Je m'assis sur une chaise que m'indiqua le chasseur chauve, pendant que les membres du bureau causaient entre eux avec animation, en me tournant le dos. Le cœur me battait, je l'avoue, car mon sort allait se décider.

Le président Bézucheux père se retourna enfin et dit d'une voix tonnante :

— Chasseur, apportez l'urne du scrutin!

Le jeune et vénérable chasseur tira d'une armoire une urne monumentale qu'il vint présenter à chacun des membres du bureau ; quatre boules roulèrent dans le vase. Le président Bézucheux père vota le dernier et procéda aussitôt au dépouillement du scrutin... Il fut triomphant pour moi : cinq boules blanches!

— Aspirant Taparel, vous êtes reçu à l'unanimité des votants. Cette unanimité vous fait passer par-dessus le noviciat; avec quatre voix vous étiez seulement surnuméraire... Taparel, tout à l'heure vous étiez un chauve simple et vulgaire, je vous sacre maintenant *Bille de billard!*

Et les membres du bureau, quittant leur air solennel, se pressèrent autour de moi pour me féliciter.

— Dites donc, Taparel, vous savez, ne vous gênez pas, me dit M. Bézucheux père, considérez-moi comme votre égal; une fois reçus nous sommes tous égaux ici...

Un rideau glissa, une porte s'ouvrit à deux battants et je me trouvai dans une salle resplendissante de lumières et de fleurs; quarante *Billes de billard*, debout, me préparaient une chaude ovation.

— La *Bille de billard* Taparel! annonça un domestique chauve.

— Vive la *Bille de billard* Taparel! crièrent mes quarante collègues en levant des coupes pleines.

— A table, *Billes de billard* mes frères! s'écria M. de la Fricottière.

M. Fulgence Colbuche.

Nous prîmes tous place au hasard, autour d'une table splendidement servie. Pour me mettre au diapason de mes collègues, je dus me lancer dans la gaieté, dans la plus folle gaieté, et me permettre quelques bons mots et traits d'esprit que je ne vous rapporterai point par modestie, et parce que vous les avez peut-être déjà lus quelque part. Je racontai mon duel avec le farouche Haïtien et dis les angoisses de la noce Cabuzac pendant cette terrible journée... Je mangeai délicieusement, je bus et je toastai comme quatre notaires... Cependant n'allez pas croire que je m'endormis dans les délices de Capoue; non, messieurs! à travers les fumées du champagne écumant dans nos coupes, sous le feu croisé des plaisanteries roulant sans trêve d'un bout de la table à l'autre, je ne perdis pas un instant de vue mon devoir d'officier ministériel et d'exécuteur testamentaire, je n'oubliai pas une minute la succession Badinard et ses exigences. Où était le nommé Jocko (pour les dames)? Là, devant moi, je n'en pouvais douter, parmi les quarante-cinq crânes en comptant les membres du bureau et M. de la Fricottière! Mais comment le chercher, comment le découvrir? Pendant tout l'après-midi j'avais contemplé le crâne de Jocko pour me graver sa géographie dans les yeux, je le voyais, je l'aurais pu dessiner, si j'avais su! il se compose, n'est-ce pas, d'une surface lisse régulièrement bombée, nue, au sommet, et garnie sur les flancs d'une végétation de boucles clairsemées. Pas de protubérances ou de signes particuliers. Tout en causant, je passai en revue mes collègues en commençant par un bout de la table pour finir par l'autre. Ma méthode était bien simple, j'éliminais mentalement tous les crânes en désaccord avec le signalement du crâne de Jocko, les crânes pointus, les crânes à protubérances, les crânes dépouillés, ou pas assez dévastés, et je mettais de côté tous ceux qui possédaient le moindre point de ressemblance avec ledit Jocko, avec l'intention de choisir ensuite dans ce bouquet. Après deux heures d'examen attentif, j'avais trouvé 17 crânes, en rapport de forme avec celui que je cherchais ; j'allai m'installer successivement à côté de chacun d'eux, pour causer amicalement en apparence, en réalité pour les étudier de plus près. J'éliminai encore 6 crânes de cette façon ; il m'en restait onze ! Je recommençai mon examen, bientôt j'acquis la conviction que sept crânes de ces onze-là n'avaient aucun lieu de parenté avec l'objet de mes recherches. Les cinq derniers, ah ! mes amis, m'en ont-ils donné du mal ! les cinq derniers restaient. Jocko était là, je le sentais, j'en étais sûr ! Et pourtant je ne pouvais pas leur demander : Pardon, messieurs, lequel d'entre vous se nomme Jocko, pour les dames ? Ma demande, outre qu'elle eût été indiscrète, eût pu donner l'éveil. Il fallait discerner le vrai crâne de Jocko sans le secours de personne!... Enfin, j'y suis parvenu par suite d'une inspiration, d'un trait de génie. Mes soupçons se portaient principalement sur un de ces crânes, mais les mèches plaquées sur le front me donnaient encore des doutes lorsque tout à coup je songeai à un stratagème : j'appelai un des valets — chauves aussi comme les convives — et je lui demandai du Rœderer frappé. En tendant ma coupe je simulai une maladresse, je lâchai mon verre et pour le rattraper, je frôlai avec ma manche les mèches plaquées du crâne objet de mes soupçons... je les frôlai à rebrousse poil et je les vis se redresser... O triomphe ! c'était lui ! c'était Jocko ! je tenais enfin ce crâne tant cherché, espoir d'une vengeance future ! — Cabassol je vous le livre : ce monsieur qui possède le crâne de la photographie, le Jocko de l'album, c'est M. Fulgence Colbuche, le célèbre compositeur de musique !

II

Une fête andalouse. — Rendez-vous dérangé. — Comment Cabassol, surpris par un mari jaloux comme un tigre, s'en tira en lui arrachant une molaire. — Le ballet du mal de dents.

— A moi le soin de recueillir les renseignements nécessaires sur ce M. Colbuche, avait dit Miradoux après la révélation du notaire.

Madame Colbuche.

Et le brave Miradoux, qui s'était mis en campagne aussitôt, n'avait eu besoin que de deux jours pour mettre notre ami Cabassol au courant de toutes les particularités qu'il lui importait de connaître.

Le célèbre maëstro Fulgence Colbuche, né en 1837, à Montélimart, était marié ; il travaillait en ce moment à un opéra-comique, destiné aux *Fantaisies-Musicales* ; enfin sa femme était blonde et jolie.

Ces renseignements suffisaient à un homme tel que Cabassol. Son plan fut vite bâti. Il recopia les sonnets qui lui avaient déjà tant servi pour Mme de Champbadour, en ayant soin de changer brune en blonde, et de mettre *toi que j'adore*, chaque fois qu'un vers se terminait par le doux nom d'Éléonore. Les sonnets copiés, il les mit sous enveloppe et les envoya d'un seul bloc à Mme Colbuche, avec ces simples mots :

A Mme ***

Le poète chante comme il aime
Malgré défenses et barrières ! ! !

Cabassol aurait bien voulu suivre ses sonnets pour voir la commotion qu'ils devaient produire, mais il n'avait encore trouvé aucun moyen pour pénétrer dans la citadelle de l'ennemi. Il ne connaissait encore Mme Colbuche que par la description détaillée que lui en avait faite M. Miradoux, savoir : un nez délicat et fin, de couleur rose et surmonté de deux yeux gris clair aux cils chatoyants ; au-dessous du nez, une bouche que M. Miradoux n'hésitait pas à qualifier de mutine, et qu'il comparait à un écrin oriental, (pourquoi oriental ? M. Miradoux n'avait pu le dire) doublé de satin cerise et contenant une collection très complète de petites dents fines. A droite et à gauche, une oreille aux délicates découpures, perdue dans des mèches blondes ; au-dessus des yeux, des sourcils châtains nettement arqués, le tout, couronné par une forêt de cheveux blonds comme la bière d'Alsace, tenant et appartenant à Mme Colbuche.

Cabassol, au surplus, devait avoir bientôt l'occasion de comparer le portrait tracé par le poétique Miradoux avec le séduisant original. Une grande vente de charité, au profit des inondés du Mançanarès, se préparait dans le foyer du théâtre des Fantaisies-Musicales, décoré, pour la circonstance, de boutiques et de baraques aussi espagnoles que possible, de façon à donner l'idée d'une fête de Saint-Cloud andalouse. Mme Fulgence Colbuche devait tenir, à cette fête de charité, une boutique de mirlitons enrichis des plus poétiques devises. Cabassol comptait bien arriver à lui parler de sa flamme.

Le soir de cette fête andalouse, notre héros arriva l'un des premiers aux

Fantaisies-Musicales. Les derniers préparatifs s'achevaient à peine, commissaires et marchandes étaient encore perdus dans les embarras de l'installation ! En quelques secondes, Cabassol eut les mains et les poches pleines de bibelots que les jolies vendeuses lui mirent sous la gorge : éventails, tambours de basque, etc. Cabassol cherchait parmi la foule les cheveux blonds et l'écrin doublé de satin cerise, décrits par M. Miradoux; mais faute de précision suffisante dans le signalement, il hésitait entre plusieurs chevelures blondes. Il dédaignait les brunes et refusait avec énergie de leur rien acheter; enfin une blonde, répondant à peu près à l'idée qu'il se faisait de la belle Mme Colbuche, lui ayant offert, pour la faible somme de 500 francs, une superbe

guitare, un stradivarius de guitare valant 7 fr. 50 dans les bazars, Cabassol la paya sans marchander et se mit en devoir d'offrir une sérénade à la jeune marchande. Au milieu du morceau, qu'il jouait d'ailleurs avec une maestria qu'il ne se connaissait pas la veille, il entendit soudain une délicieuse voix de femme, disant à quelques pas de lui :

— Allons, messieurs, achetez-moi des mirlitons!

Le cœur de Cabassol battit. Il arrêta brusquement son air de guitare, jeta l'instrument en bandoulière et fendit la foule dans la direction de la boutique aux mirlitons.

Au profit des inondés du Mançanarès.

Cette fois il n'y avait pas à douter. La vendeuse étalait bien la profusion de mèches blondes signalée par Miradoux; c'était bien Mme Colbuche.

— A cinq francs mes mirlitons, messieurs! voyez la vente! Grande liquidation à cinq francs!...

— A moi, à moi! disaient des acheteurs en passant leurs pièces de cinq francs à la vendeuse.

— Pardon, madame, dit Cabassol, je vous achète cent francs celui-ci, si vous consentez à jouer un petit air dessus.

— Volontiers, monsieur.

Et Mme Colbuche approcha gracieusement ses lèvres de l'instrument, joua avec une virtuosité remarquable l'air national de Saint-Cloud :

En jouant du mirliti...

— Madame, je le conserverai toute ma vie..., s'écria Cabassol, je renonce au piano pour me consacrer à ce séduisant instrument ; je vous achète tout votre magasin de mirlitons. Combien, s'il vous plaît ?

— Monsieur, j'en ai deux cent cinquante.., je vous les laisserai pour deux mille francs parce que c'est en gros.

— Voilà la somme ! maintenant que le fonds m'appartient, voulez-vous me permettre, madame, de vous offrir mon bras pour les vendre en détail dans la fête ?

Au milieu des éclats de rire de la foule, Cabassol prit avec gravité un grand

Elle s'évanouit.

panier plein de mirlitons, et offrit son bras à la charmante Mme Colbuche qui l'accepta gaiement.

Que lui dit-il pendant le cours de cette soirée du Mançanarès, pendant cette longue promenade à travers la foule, en allant et revenant sans cesse de boutique en boutique, du vestiaire au buffet, achetant ici, vendant là, et pour arroser les opérations commerciales, prenant de temps en temps quelques verres de champagne ? ceci est le secret de Cabassol, il est probable qu'il était arrivé à faire passer dans ses discours tant de choses spirituelles, tant d'intentions galantes, tant de paroles capiteuses, qu'à la fin le cœur de Mme Colbuche n'avait pu résister. Dès les premiers pas, il lui avait parlé des sonnets et s'en était avoué l'auteur. Mme Colbuche s'était bornée pour le punir, à lui donner quelques légers coups d'éventail sur les doigts, ce qui ne peut en aucune façon passer pour une riposte décourageante. Aussi Cabassol avait-

Le siège de Mme Colbuche.

il poursuivi l'attaque de la place avec d'autant plus de vigueur que l'assiégée montrait de mollesse dans la défense.

Nous ne suivrons point le siège dans toutes ses phases ; nous laisserons Cabassol envelopper la place de savants travaux d'approche, ouvrir la tranchée, avancer ses parallèles, placer ses batteries, battre et contrebattre les remparts, — construits peut-être un peu légèrement, — de la vertu de Mme Colbuche et nous arriverons au jour où les batteries de brèche ayant fait leur œuvre et renversé tout ce qui s'opposait à une affaire décisive, Cabassol se préparait à donner l'assaut et Mme Colbuche à capituler !

Pour notre ami, ingénieur savant et hardi, tout ceci n'avait pas demandé plus de trois jours. Soixante-douze heures après la soirée du Mançanérès, l'assiégée faiblissait visiblement, l'heure psychologique de la reddition allait sonner, Mme Colbuche avait accepté de venir visiter l'appartement de Cabassol pour jeter un coup d'œil à l'installation d'une panoplie de mirlitons, sur lesquels ses lèvres gracieuses avaient joué les airs les plus poétiques.

Les choses avaient marché vite, on le voit ! Cabassol avait l'habitude de ces dénouements rapides; plaignons M. Fulgence Colbuche, et faisons provision d'indulgence pour la belle et bientôt coupable Mme Colbuche !

Cabassol attendait Mme Colbuche, impassible en apparence, mais très ému au fond. Il avait fait mettre des fleurs partout, son entresol était transformé en un nid embaumé tout prêt à recevoir la fauvette folâtre.

Trois heures venaient de sonner, c'était l'instant. Cabassol anxieux, tordait les pointes de sa moustache. Viendrait-elle, ne viendrait-elle pas ? avait-il suffisamment, par ses discours poétiques, porté le ravage dans son cœur ?

Des bruits de pas légers, mais précipités, suivis d'un violent coup de sonnette firent bondir Cabassol. Elle venait ! Il ouvrit la porte...

O joie ! c'était elle !

Mme Colbuche se précipita d'un bond dans l'appartement en repoussant violemment la porte, courut se jeter dans un fauteuil, la tête renversée, les bras étendus..., et s'évanouit !

Cabassol, un instant étourdi par cette manière d'arriver à un rendez-vous, accourut au secours de la pauvre dame ; il lui prit les mains, et, très embarrassé, les frotta vigoureusement. Mme Colbuche poussa des gémissements, mais n'ouvrit pas les yeux.

— De l'eau ! s'écria Cabassol en se frappant le front, de l'eau et du vinaigre !

Il se levait pour courir chercher lui-même les moyens de faire revenir Mme Colbuche à la vie, lorsque la main de la pauvre évanouie l'arrêta brusquement.

— Le tigre ! murmura Mme Colbuche.

— Plaît-il ? demanda Cabassol.

— Le tigre..., mon mari, M. Colbuche..., il me suit, c'est un véritable tigre !

— Votre mari vous suit et vous vous évanouissez !

— Je m'étais évanouie pour réfléchir !... mon mari me suit, il est jaloux comme un tigre, je lui ai dit que j'allais chez le dentiste, vous êtes dentiste ou je suis perdue !...

— Comment, je suis dentiste ?

— Oui ! oui ! oui ! il le faut..., faites monter votre concierge, ou prenez votre valet de chambre, et arrachez-lui une dent en présence de M. Colbuche... il le faut... vous dis-je...

Un nouveau et plus violent coup de sonnette l'interrompit.

— C'est lui! s'écria Mme Colbuche, c'est le tigre....., vous êtes dentiste, n'oubliez pas!

Cabassol avait de la résolution et de la présence d'esprit. En une minute il eut entraîné Mme Colbuche au fond de l'appartement et donné ses instructions à Jean, son valet de chambre.

M. Colbuche s'impatientait et carillonnait avec frénésie. Jean prit un air froid et solennel et, sans se presser, s'en fut ouvrir au tigre.

L'instant psychologique de la reddition était arrivé.

Un homme gros, court, rouge et chauve entra comme un ouragan. C'était bien M. Colbuche, le tigre de son épouse, le maëstro si connu, le membre très distingué du club des *Billes de billard*.

— Heu..., heu..., fit M. Colbuche essoufflé, il... elle... où...

— M. le docteur est occupé, dit le valet de chambre en s'inclinant, mais si monsieur veut s'asseoir, M. le docteur ne tardera pas à être à lui.

— M. le docteur? balbutia M. Colbuche.

— M. le docteur a deux ou trois molaires à extirper et un ratelier à poser : c'est l'affaire de quelques minutes.

— Mais... reprit M. Colbuche... je... nous... ma... j'avais peur de m'être trompé d'étage et de n'être pas chez monsieur...

— Chez M. le docteur Cabassol, chirurgien-dentiste.
— Dentiste!... je suis bien chez le dentiste!... Ouf! que j'en suis aise!...
— Monsieur souffre? dit le valet de chambre avec un air d'intérêt.
— Je... oui... je souffre... ou plutôt je souffrais! Je suis bien chez le dentiste?...
— Oui, monsieur, je vois que monsieur est pressé... une dent à arracher?...
— Oui... oui... non, ce n'est plus la peine...

M. Colbuche s'épongeait le front.

— Ouf! se disait-il, elle ne m'a pas trompé, c'est bien chez son dentiste qu'elle allait... Et moi, misérable que je suis, je la soupçonnais, je l'accusais, je... je la suivais enfin! Ah! mais, c'est qu'on ne me trompe pas comme cela, moi!... Cependant, enfin, si elle m'avait vu, si c'était une ruse...

Et le soupçonneux Colbuche, roulant ses gros sourcils, regardait d'un air féroce la porte derrière laquelle venait de disparaître le valet de chambre.

Soudain, de longs hurlements éclatèrent derrière la cloison. Le visage de M. Colbuche s'éclaircit.

— Ah! c'est un vrai dentiste... Ces cris déchirants me réjouissent l'âme!...

De l'autre côté de la cloison, on continuait à hurler. C'était le groom de Cabassol qui, suivant les instructions de son maître, poussait des cris furibonds et renversait des chaises.

— Allons, vite, dit le valet de chambre en allongeant un coup de pied au groom, encore une bonne série de hurlements, là, là, encore! marche! très bien, du courage!... Assez, maintenant, bouscule un peu les chaises... très bien!

M. Colbuche, dans le salon, se frottait les mains...

— C'est un vrai dentiste! fichtre, il n'y a pas à en douter... Quels cris! une opération difficile sans doute. C'est un vrai dentiste! Si je m'en allais maintenant? Allons bon, des cris d'enfant!... Je vais filer...

Cabassol, pendant que M. Colbuche se livrait à des réflexions consolantes, avait réussi à calmer l'effroi de Mme Colbuche; mais, à son grand regret, il avait fallu la laisser partir par le petit escalier de service. Furieux du contretemps, il avait supplié Mme Colbuche de lui donner au moins l'espérance de la revoir.

— Je ne veux rien promettre, avait dit la charmante blonde, mon mari est un tigre, arrangez-vous de façon à lui enlever tous ses soupçons; il faut qu'il emporte d'ici la certitude complète que je venais chez mon dentiste.

— Il l'aura, cette certitude, je vous le jure! s'écria Cabassol en déposant un baiser brûlant sur la main de Mme Colbuche. Et alors...

— Alors... espérez!

LA GRANDE MASCARADE PARISIENNE

Une répétition de ballet aux Folies-Musicales.

Sur ce mot consolant, Mme Colbuche disparut dans les profondeurs de l'escalier de service.

Cabassol réfléchit une minute; puis, frappant du poing sur la table, il s'écria :

— Il l'aura, cette certitude! je vais lui prouver que je suis dentiste.

Il chercha vivement quelque chose dans les tiroirs du buffet de sa salle à manger, et dissimulant dans sa poche l'objet qu'il avait trouvé, il se dirigea vers le salon où M. Colbuche attendait toujours, hésitant encore à partir.

Cabassol trouva son groom dans la pièce à côté.

— Des cris de femme maintenant, dit-il, allons...

Le groom, un affreux gamin, faubourien distingué, enchanté de la comédie qu'il jouait, cligna de l'œil vers son maître en guise de réponse, fit une affreuse grimace du côté du salon et se mit à pousser des cris aussi aigus que possible.

— Assez! fit Cabassol, file vite... Adieu, madame, ce ne sera rien, si vous éprouvez encore la moindre douleur, n'hésitez pas à revenir.

— Bon, pensa M. Colbuche, voici ma femme qui s'en va... Je vais lui laisser prendre un peu d'avance et partir à mon tour.

Il se promenait de long en large

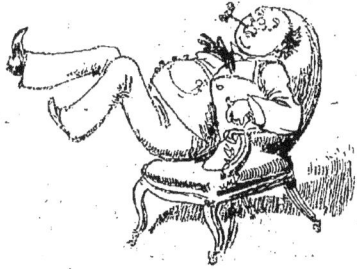

M. Colbuche exprima sa douleur par la pantomime.

en attendant le moment de sortir, quand la porte du salon s'ouvrit. Cabassol parut sur le seuil, solennel comme il sied à un dentiste.

— C'est à vous, monsieur, donnez-vous la peine d'entrer.

— Monsieur, fit M. Colbuche embarrassé, excusez-moi, mais...

— Mais?

— C'est étonnant, mais les vives douleurs que je ressentais se sont soudainement dissipées.

— Je connais cela, c'est toujours la même chose; à notre seul aspect, les rages de dents les plus féroces se calment et font place à un bien être enchanteur, aux plus délicieuses sensations... Et puis, dès que l'on est sorti, les rages reviennent avec plus de violence! Nous connaissons cela; aussi, permettez-moi de vérifier l'état de votre mâchoire...

Cabassol, appuyant la main sur l'épaule de M. Colbuche, le contraignit à retomber dans son fauteuil, le même, précisément, qui avait reçu Mme Colbuche évanouie.

— Ouvrez la bouche.

M. Colbuche obéit.

— Mauvais état! votre mâchoire est en très mauvais état; à votre place, je me débarrasserais de tout cela, pour remplacer ces dents défectueuses par un bon ratelier...

— Non, merci, je...

— Vous ne voulez pas, soit! Je vous prédis cinq ou six années de douleurs atroces, au bout desquelles, si vous résistez à tant de névralgies, ce qui me paraît douteux, vous serez bien forcé d'en venir là. Jolie perspective! Mais attendez, je la vois, elle...

— Qui ça, elle? madame...

— Elle, celle qui vous a fait tant souffrir, celle qui vous a forcé à venir ici... votre dent malade...

— Mais...

— Permettez!

— Mais non, je tiens à la conserver!...

— Ah çà, monsieur, fit Cabassol en se drapant dans sa dignité, pourquoi diable êtes vous venu ici? Je pourrais trouver étrange votre présence dans mon salon...

M. Colbuche maudissait intérieurement l'accès de jalousie qui l'avait poussé chez ce dentiste féroce. Cependant comme il tenait à sa dent, il se débattait encore pour essayer de s'échapper sans opération.

— Je la vois et je la tiens! poursuivit Cabassol; en vous l'enlevant, je vous épargne toutes les névralgies qui vous menacent; laissez-moi faire...

— Attendez! je voulais seulement des conseils...

— Je n'en donne pas! j'extirpe! je suis chirurgien opérateur, moi, monsieur...

— J'aimerais mieux revenir... je voudrais être insensibilisé...

— J'ai insensibilisé l'autre jour une vieille dame qui ne s'est plus réveillée... ça arrive souvent... mais si vous y tenez...

— Je n'y tiens pas... je...

Monsieur Colbuche poussa un hurlement semblable à ceux qu'il entendait depuis son arrivée chez le faux dentiste. Cabassol armé d'un tire bouchon américain à pince, nouveau modèle perfectionné, avec lequel on ne parvient que très difficilement à déboucher les bouteilles, avait introduit son instrument dans la bouche de M. Colbuche et venait de tenailler une dent quelconque.

M. Colbuche se débattait sur sa chaise; d'une main, Cabassol le retenait, tandis que de l'autre, il cherchait à enlever la malheureuse dent.

— Ne bougez pas, il arriverait quelque accident! s'écria Cabassol, je la tiens, elle vient... elle vient!...

M. Colbuche ne remua plus le haut du corps, par crainte des conséquen-

Extraction d'une molaire.

ces dont on le menaçait, mais il exprima sa douleur par une pantomime vive et animée, exécutée par ses jambes seules.

A ce moment, un coup de sonnette retentit; le valet de chambre de Cabassol, ayant ouvert la porte, reparut un papier bleu à la main.

— Un télégramme, dit-il.

— Donnez, fit Cabassol, en abandonnant son patient et en fourrant tout de suite dans sa poche l'instrument de torture improvisé.

Pendant que Cabassol déchirait l'enveloppe du télégramme, M. Colbuche poussait des soupirs de soulagement et se frottait la joue du côté attaqué.

— C'est de M⁰ Taparel! se dit Cabassol en courant à la signature; voyons, que dit-il?

Cabassol rue Saint-Georges, Paris.

Arrêtez! Colbuche est pas Jocko. Ai preuves. Jocko est pseudonyme à Roquebal, auteur dramatique connu.

TAPAREL

— Mille cartouches, pensa Cabassol, voilà une tuile! toute une campagne si adroitement conduite, aboutissant à un pareil impair! Et mes peines, mes sonnets, mes galanteries, mes deux mille francs de mirlitons, tout cela en pure perte! tout cela pour arriver à travailler les molaires de M. Colbuche... Fatale erreur!

— Ouf! fit M. Colbuche, en voyant Cabassol se retourner vers lui.

— Oui, ouf! répondit Cabassol, trois fois ouf!

— Eh bien?

— Eh bien..., elle est moins malade que je ne pensais, votre dent; avec des soins, elle ira encore quelques années..., gardez-la puisque vous y tenez!

— Mais c'est qu'elle remue, maintenant..., qu'est-ce que je dois faire?

— Vous éviterez de vous en servir; avec un peu de tranquillité, elle reprendra racine.

M. Colbuche fit la grimace.

— Je suis bien puni de mon absurde jalousie! se dit-il, cet infernal dentiste m'a fait un mal..., J'avais l'air de danser la carmagnole quand il tirait sur ma pauvre dent... Et ces cris, et ces hurlements des autres victimes!... Quel drame! on mettrait ça au théâtre... Oh! quelle idée! quelle idée!

Oubliant ses douleurs M. Colbuche était retombé dans le fauteuil de la torture et réfléchissait...

En face de lui, Cabassol s'était assis et, les bras croisés, les sourcils froncés, songeait à sa malechance, et aux moyens de tomber sur M. Roquebal avec la rapidité du vautour quand, du haut des airs, il fond sur sa proie dans la plaine!

Les deux hommes, la victime et le bourreau, se regardèrent sans mot dire pendant quelques minutes.

— J'y suis! s'écria enfin M. Colbuche, une poignée de main, monsieur, vous m'avez donné un clou superbe, ce qui peut s'appeler un vrai clou!

— Un clou? répéta Cabassol.

— Un clou merveilleux! le roi des clous!... jugez-en : un ballet intitulé le *Mal de dents*, ballet de dentistes et de petites femmes ayant mal aux dents. Une fête à Grenade sous Boabdil, gitanos, gitanas, maures et mauresques; baraque de gitanos, dentistes et tondeurs de mules; divertissement, tambours de basque, etc... — Le premier sujet, chef des dentistes; les petites femmes viennent en consultation; le dentiste et ses aides, après un pas gracieux, font asseoir les petites femmes et commencent à arracher des dents. Alors, cris de douleur aigus sur les petites flûtes, plaintes sur les violoncelles. Les petites femmes supplient les dentistes de ne pas leur faire de mal, les dentistes extirpent, les petites femmes dansent des pas désespérés au milieu des gémissements de l'orchestre. Puis cris de triomphe des dentistes, les dents sont arrachées, les petites femmes et les dentistes se livrent à un pas joyeux;

les dentistes se montrent galants; mouvement de valse accentué à l'orchestre..., les dentistes se jettent aux genoux des belles et leur offrent leur cœur... tenez, comme ceci...

Et M. Colbuche, esquissant un mouvement de valse, fait quelques grimaces gracieuses, met la main sur son cœur et tombe un genou en terre aux pieds de Cabassol.

Une fluxion.

— Voilà le clou! dit-il, avec ça, deux cents représentations! Merci encore une fois, mon cher docteur, de m'avoir suggéré une aussi merveilleuse idée... Vous m'avez rudement fait sauter, mais je vous

Le ballet du mal de dents.

remercie tout de même... C'est Roquebal qui va jubiler, sa pièce ne marchait pas, il nous manquait ce fameux clou, je flairais un four... Et voilà que je trouve l'idée, au péril de ma mâchoire, et que je lui apporte un ballet tout prêt.....

— Roquebal? fit Cabassol dressant l'oreille à ce nom.

— Oui, Albert Roquebal le vaudevilliste, mon collaborateur, mon librettiste ordinaire; je suis M. Colbuche, le compositeur de musique, Roquebal et moi nous travaillons à une féerie-opérette, *la Petite favorite*. Ça n'allait pas, mon idée de ballet va lancer notre pièce comme sur des roulettes. — Cet animal de Roquebal a-t-il de la chance, il n'a pas eu besoin de se faire arracher de dent, lui, et il a son ballet tout de même !... A propos, mon cher docteur, réglons notre compte, combien vous dois-je pour ma petite opération?

— Rien du tout ! je ne travaille que pour la gloire.....

— Pardon, je ne l'entends pas ainsi.

Consultation dans les coulisses.

— N'insistez pas, je me trouve suffisamment payé par le plaisir d'avoir fait la connaissance du célèbre maëstro Colbuche, par l'honneur d'avoir travaillé sur une mâchoire illustre, destinée, sans nul doute, à s'asseoir bientôt dans un des fauteuils de l'Institut !

— Mon cher docteur, vous êtes un homme charmant... Voyons, soyez assez aimable pour venir dîner un de ces jours avec nous..., je vous présenterai à madame Colbuche..., que vous connaissez déjà d'ailleurs.

— Vraiment ?

— Oui, c'est une de vos clientes. Me promettez-vous de venir ? Elle sera enchantée... Tenez, venez ce soir, Roquebal y sera, vous ferez connaissance, un charmant garçon, vous verrez!

— Maëstro, vous me comblez, j'accepte !

— Mon cher docteur, je suis ravi !... J'ai une fluxion qui commence, mais je suis ravi !

M. Colbuche partit en chantonnant quelques motifs qui venaient de lui venir pour son ballet du *Mal de dents*. Dès qu'il fut parti, Cabassol prit une plume et adressa le télégramme suivant à Mᵉ Taparel :

Mᵉ TAPAREL, notaire, rue du Bac.

Était temps. Allais faire malheur irréparable. Lancé sur un autre Jocko. Dîne ce soir avec Roquebal.

CABASSOL.

III

**L'illustre docteur Cabassol. — Consultations dans les coulisses
Siège de Mlle Criquetta, étoile des Folies Musicales.**

Mme Colbuche rentrée chez elle, encore un peu effrayée, vit revenir M. Colbuche, très guilleret, très aimable, mais avec une joue ornée d'une

Dans les coulisses.

fluxion énorme. Son cœur battit joyeusement. Elle était sauvée; son mari devait être convaincu maintenant d'avoir eu affaire à un vrai dentiste, ses soupçons, sans doute, étaient complètement dissipés.

Liv. 25.

— Quelle figure vous avez! s'écria-t-elle, que vous est-il arrivé? une chute, un accident?...

— Non, fit M. Colbuche d'un air dégagé, le mal de dents se gagne, sans doute : tu l'avais ce matin, je l'ai cette après-midi... mais ce ne sera rien. A propos, ma bonne amie, tu sais que nous avons du monde à dîner ce soir, Roquebal d'abord, puis Criquetta, l'étoile des Folies-Musicales et peut-être un ami ou deux! Donne des ordres en conséquence, tu sais, il nous faut quelque chose de gentil, Criquetta est gourmande et..,

— Et quoi?

— Et je veux une vraie fête, j'ai quelque chose à célébrer.

— Votre fluxion?

— Non, mais le clou de la *Petite Favorite*, un vrai clou que j'ai trouvé et que je te raconterai ce soir, tu verras! Avec mon clou, la *Petite Favorite* a ses deux cents représentations dans les jambes!

— Ce n'est pas malheureux! j'espère, monsieur, que vous ne serez plus aussi ridiculement liardeur avec les dépenses du ménage... j'ai la facture de Mme Sigal, je suppose que vous ne me ferez plus de chagrin pour cette malheureuse facture?

— Fichtre! trois mille sept cents francs de chiffons et dentelles en quatre mois! Tu appelles cela des dépenses de ménage!

— Me les avez-vous déjà assez reprochés! Vous devriez avoir la délicatesse de n'en plus parler et de payer.

— Allons, donne-moi la facture, je passerai chez Mme Sigal; je vais au théâtre, et je reviendrai à six heures avec Roquebal et Criquetta.

Quand, à l'heure du dîner, M. Colbuche revint avec les convives annoncés, sa fluxion, loin d'être diminuée, avait encore pris des proportions plus phénoménales, mais M. Colbuche n'en était pas moins joyeux; Mme Colbuche sourit en songeant qu'il était bien puni de son odieuse jalousie.

M. Roquebal, le vaudevilliste bien connu, n'avait qu'un seul point de ressemblance avec le maëstro : son crâne, le crâne chauve d'ordonnance au club des *Billes de billard*. Pour le reste de sa personne, il était la contrepartie exacte de Colbuche, il était aussi long que le musicien était court, aussi sec que celui-ci était rond.

Criquetta, l'étoile des Folies-Musicales, est la jolie petite personne que tout le monde connaît : brune, rose et souriante, aux yeux toujours à demi clos, avec une expression de langueur toujours à poste fixe sur des lèvres découvrant éternellement trente-deux perles blanches; Colbuche avait amené aussi Bédarrou, le fameux comique des Folies-Musicales, le principal rôle de la *Petite favorite*.

On commençait à causer en attendant de passer dans la salle à manger, lorsqu'un convive nouveau se présenta; Mme Colbuche faillit s'évanouir en reconnaissant notre ami Cabassol.

— Je vous présente le docteur Cabassol, chirurgien-dentiste, dit Colbuche, un homme à poigne qui voulait me débarrasser ce matin d'une partie du râtelier que la nature m'a octroyé. Je voulais me contenter d'une consultation, mais il a tenu à ce que je sortisse de chez lui avec une fluxion. Je vous le recommande, il dédaigne d'enlever les dents par la douceur et la persuasion, il est pour la violence.

— Je connais monsieur, balbutia Mme Colbuche, j'ai justement eu besoin de le consulter aussi ce matin, pour des douleurs névralgiques...

— Il se sacrifie, le pauvre garçon!

— En effet! répondit Cabassol, j'ai l'honneur de compter madame parmi les clientes qui veulent bien m'honorer de leur confiance.

— Allons, à table, s'écria M. Colbuche, je vous raconterai mon clou en avalant le potage. A table! Vous me permettrez de placer M. Cabassol à la place d'honneur, car c'est lui qui m'a suggéré l'idée de ce clou.

— Bravo! fit l'illustre Bédarrou, bravo! la place d'honneur est entre Mme Colbuche, notre aimable hôtesse, et la charmante Criquetta.

La motion de Dédarrou ayant été approuvée, Cabassol fut placé à table entre la belle Mme Colbuche et la non moins belle Criquetta. — Maintenant qu'il n'avait plus à sévir contre M. Colbuche, absolument innocent, d'après Me Taparel, de tout méfait envers M. Badinard, Cabassol était décidé à respecter la tranquillité conjugale du maëstro. Aussi, se promit-il d'être très froid avec Mme Colbuche. Toutes ses galanteries furent réservées à Criquetta qu'il accabla des attentions les plus délicates.

— Il se sacrifie, le pauvre garçon, se disait Mme Colbuche en le regardant passer la salière à Criquetta d'un air ultra-sentimental, il se sacrifie encore pour détourner les soupçons de M. Colbuche.

Cabassol, cependant, ne perdait pas de vue M. Roquebal, l'homme indiqué à sa vengeance, le Jocko de la succession Badinard. Il se demandait de quel côté il l'attaquerait; déjà quelques mots de Colbuche lui avaient appris que le vaudevilliste était un célibataire forcené, ennemi des doux liens du mariage.

Pendant que le maëstro expliquait longuement son idée de ballet à ses convives et racontait les souffrances qu'il avait endurées sous la pince de Cabassol, pour le plus grand bénéfice de l'art dramatique, Cabassol songeait.

Tout à coup, un pied pressa fortement le sien sous la table. Cabassol dressa la tête et regarda Mme Colbuche qui rougit. — Au même instant, un second pied appuya fortement sur sa bottine gauche. Cette fois ce ne pouvait être Mme Colbuche placée à sa droite. Était-ce donc Criquetta qui répondait ainsi aux galanteries de Cabassol par une marque d'encouragement? mais à qui appartenait le pied de droite?

Cabassol un peu confus, adressa quelques mots agréables à gauche à la charmante artiste, il allait se retourner à droite pour répondre à la trop aimable Mme Colbuche, afin de tenir la balance égale, lorsqu'il sentit qu'on lui serrait plus énergiquement les bottines.

Et, levant la tête, Cabassol vit en face de lui, de l'autre côté de la table, le vaudevilliste Roquebal froncer les sourcils de son côté, et regarder ensuite amoureusement la séduisante Criquetta; à chaque coup d'œil langoureux lancé vers Criquetta, Cabassol sentait une pression correspondante sur ses bottines; il comprit tout, Ce n'était ni Criquetta ni Mme Colbuche qui lui marchaient sur le pied, c'était Roquebal qui croyait presser les bottines de Criquetta.

Cabassol poussa un soupir de satisfaction, Roquebal lui-même lui indiquait la voie. Il n'y avait pas de doute à avoir, Roquebal était en ce moment Jocko, spécialement pour la gracieuse artiste.

La situation était nette et le devoir tout tracé.

C'était conjointement avec Criquetta qu'il fallait venger M. Badinard du Jocko de l'album. Cela ne devait pas présenter des difficultés insurmontables et Cabassol

L'illustre Bédarrou.

Le vaudevilliste Roquebal.

n'eut pas un instant la pensée de ranger cette mission dans la catégorie des travaux herculéens.

Et, sans plus tarder, Cabassol, sans paraître prêter attention aux coups d'œil furibonds du vaudevilliste, redoubla de galanteries vis-à-vis de sa voisine de gauche.

— Comme il se sacrifie! pensait Mme Colbuche, sa voisine de droite.

Six autres commissionnaires s'étaient présentés.

Cabassol, par une savante manœuvre, avait dégagé ses bottines de la pression de Roquebal, et lui rendait avec usure les coups de pied sous la table ; en attendant mieux, il vengeait Badinard en écrasant les cors de son ennemi. Ce fut tout un drame sous cette table. D'un côté, Cabassol pressait significativement le pied de Criquetta, et, de l'autre, il repoussait avec violence les attaques de celui qu'il considérait déjà comme un rival. Criquetta ne saisissait pas très bien les nuances de cette lutte sourde, les froncements de sourcils et les coups d'œil suppliants de Roquebal l'étonnaient. A la fin, Roquebal, ayant souffert probablement d'un froissement trop accentué, fit une grimace et renonça à la lutte.

Cabassol bâtissait son plan d'attaque, il projetait d'écrire dès le lendemain à Criquetta et de lui envoyer une voiture de fleurs pour sa loge. On répétait le premier acte de la *Petite Favorite*, il demanderait au maëstro la permission de l'accompagner au théâtre.

Comme on se levait de table, le comédien Bédarrou le prit à part pour lui dire deux mots.

— Docteur, s'il vous plait?

— Grand artiste, que désirez-vous?

— Une petite consultation. Colbuche m'a vanté votre talent...

— Vous avez mal aux dents?

— Non, il ne s'agit pas de ça, c'est plus grave, c'est mon extinction de voix qui se passe!

— Eh bien, prenez du réglisse, ça ira plus vite.

— Au contraire, docteur, je voudrais quelque chose pour la faire revenir : la critique et le public y sont habitués, à mon extinction de voix, et j'y tiens...

— C'est très grave! Je puis vous la faire passer tout à fait, mais la faire revenir, je n'en pas le droit! vous ignorez donc que cela nous est défendu... Si l'académie de médecine le savait... cependant, si vous me jurez le secret, j'étudierai votre affaire et je tâcherai de vous contenter.

— Merci, docteur, répondit Bédarrou avec une énergique poignée de main.

Cabassol ne le laissa pas partir comme cela et, dans un coin du salon de Colbuche, pendant que le maëstro jouait au piano quelques morceaux inédits de la *Petite Favorite*, il interrogea adroitement Bédarrou sur Criquetta. Bédarrou fut indiscret, il raconta tout ce qu'il savait sur Criquetta et même un peu ce qu'il ne savait pas, il apprit à Cabassol que la charmante artiste avait eu jadis la plus violente des toquades pour lui, Bédarrou, vieux roublard, qu'elle l'avait aimé follement, etc., etc. Vous voyez ça d'ici, des scènes de jalousie quand il jouait avec une autre et qu'il ne se montrait pas assez froid, et des exigences!... Enfin, que c'en était arrivé à un tel point, que, pour retrouver sa tranquillité, lui, malin, lui avait cherché un engagement en Russie, où des boyards encore plus roublards l'avaient consolée sans doute!...

— Et présentement?

— Présentement? Mais, j'espère pour elle qu'elle m'a oublié... Cependant je dois dire qu'elle me regarde encore quelquefois avec un œil où brille un reste de passion...

— Ce n'est pas cela, est-ce que Roquebal ne...

— Oui, vous l'avez dit, c'est Roquebal qui règne en ce moment.

Cabassol avait une certitude, il pouvait commencer l'attaque de Criquetta.

Il se félicita de n'avoir pas perdu son temps au dîner de Colbuche.

Le lendemain aux Folies-Musicales, comme Mlle Criquetta, assise sur le divan de sa loge, lisait son courrier en fumant une cigarette, le concierge du théâtre se présenta, suivi de deux commissionnaires chargés d'immenses bouquets de roses blanches.

C'était Cabassol qui entrait en campagne.

Une demi-heure après l'arrivée des deux premiers commissionnaires, deux autres auvergnats de profession survinrent avec un nouveau chargement de roses blanches. Criquetta était sur la scène en train de répéter avec Bédarrou.

— Comment, encore des fleurs! fit-elle.

— Ne serait-ce pas pour moi? demanda Bédarrou, les femmes du monde ne me laissent pas un instant de tranquillité...

On reprenait la répétition interrompue, lorsque deux autres commissionnaires arrivèrent encore, porteurs de quatre gros bouquets.

— Douze bouquets! s'écria Criquetta, ah ça, mais, c'est donc un jardinier qui vous envoie?

Roquebal fronça les sourcils.

— Allons! allons! mes enfants, reprenez la scène... Ça ne va pas, ça ne va pas!

— Je me suis mis au piano à deux heures du matin

Avant la fin de la répétition, six autres commissionnaires s'étaient présentés, ce qui portait à vingt-quatre le nombre des bouquets de roses blanches. Criquetta était enchantée de voir les artistes femmes, ses camarades, furieuses de cet arrivage de bouquets ; de plus elle était fortement intriguée. A qui fallait-il attribuer cette galanterie ?

Qui avait pu envoyer tant de commissionnaires et tant de fleurs ?

Était-ce le baron, était-ce le maëstro Colbuche, était-ce le banquier qu'on lui avait présenté deux jours auparavant, était-ce le petit Bézucheux de la Fricottière, était-ce... ou bien n'était-ce pas plutôt ce docteur un peu original, placé à côté d'elle, la veille, au dîner de Colbuche ? il s'était montré si galant et si empressé... Oui, ce devait être cela ! En y réfléchissant, Criquetta ne douta plus que cette exquise galanterie ne vînt de ce docteur d'allures folâtres.

Cabassol s'arrangea pour rencontrer par hasard le maëstro Colbuche à la sortie de la répétition. On comprend que, pour ce qu'il avait à lui demander, il ne tenait pas à se trouver en présence de madame Colbuche.

— Eh bien ! cher maëstro, et cette fluxion ?

— Cher docteur, vous voyez elle y est encore ; j'ai eu une très mauvaise nuit, j'en ai profité pour achever mon finale du troisième acte et pour ajouter un duo entre le prince et la petite favorite au deuxième. Je me suis mis au piano à deux heures du matin et j'y suis resté jusqu'à sept. Tant pis pour les voisins ! ils ont murmuré, mais je m'en moque !

— Et le clou ?

— Quand je lui ai raconté notre clou, le ballet du mal de dents, le directeur des Folies-Musicales a sauté d'enthousiasme. Il n'y a que Palmyre, le maître de ballet, qui n'y morde que modérément. J'ai envie de vous l'envoyer, je suis certain que vous lui en ferez comprendre les beautés. Cependant tout va marcher, on va pousser ferme le ballet pour passer dans quinze jours.

— Mon cher maëstro, je vais vous adresser une prière : j'adore le théâtre, le spectacle de la salle m'est familier ; je voudrais passer de l'autre côté du rideau et pénétrer dans les coulisses ! Vous devriez me permettre d'assister aux répétitions de votre pièce...

— Comment donc, mais vous avez des droits, n'êtes-vous pas pour quelque chose dans le ballet ! Venez demain, le concierge aura l'ordre de vous laisser passer.

Cabassol ne manqua pas le rendez-vous. Préalablement, il réunit les douze commissionnaires de la veille, leur mit à tous un bouquet dans chaque main et les envoya en corps au théâtre.

— Mme Criquetta ? demanda le premier des commissionnaires.

Le concierge prit la tête de la troupe, et les douze auvergnats s'engagèrent

La loge de Criquetta.

dans une série d'escaliers et de petits couloirs au plancher tremblotant. De la scène, on entend le retentissement des souliers sur la planche. Quand le premier commissionnaire parut, ses bouquets à la main, des éclats de rire sortirent de derrière tous les portants.

— Mme Criquetta n'est pas là ?demanda le commissionnaire.
— Elle est à sa loge... Laissez les bouquets là, on les lui remettra.
— Non, je dois les remettre à elle-même.

— En scène, tout le monde!

— Elle s'habille peut-être...
— Ça ne nous gêne pas.

Et les douze commissionnaires, tournant sur leurs talons, emboîtèrent le pas derrière le concierge pour gagner la loge de Mme Criquetta, suivis par un cortège d'artistes, de figurantes et de choristes, avec une arrière-garde, formée par deux pompiers de service.

— Eh bien! eh bien! Est-ce qu'on s'en va? cria la voix de Roquebal, en conversation derrière un portant avec Colbuche et le maître de ballet.
— Non, monsieur, répondirent quelques voix de femme aux intonations

aiguës, c'est les commissionnaires à Mᵐᵉ Criquetta qui apportent encore vingt-quatre bouquets.

— Sait-on de la part de qui? demanda Bédarrou, assis dans un coin.

— On dit que c'est de la part d'un Américain...

Roquebal parut furieux. Il se tourna vers le régisseur et demanda si décidément l'on allait répéter, oui ou non.

Le régisseur s'élança.

— Sur la scène, tout le monde! cria-t-il, allons, mesdames, toutes celles qui ne vont pas être là d'ici deux minutes, à l'amende! Nous commençons tout de suite! Allons, là, les buveurs, côté cour, nom d'un chien, entendez-vous, vous là-bas, côté cour! massez-vous... Allons, sacristi, commencez, le chœur des buveurs!

Les marches de l'escalier du fond de la scène retentirent sous le galop précipité des artistes qui revenaient de la loge Criquetta.

Roquebal et le directeur s'étaient installés devant une petite table, placée à l'avant-scène; derrière eux, la salle faisait un grand trou noir et vague, percé de points lumineux, les œils de bœuf des loges, semblables à plusieurs rangées de petites lunes.

La répétition commença. Mᵐᵉ Criquetta avait daigné quitter sa loge, et, en attendant son entrée en petite favorite, elle s'était installée sur une chaise, derrière un portant, à côté de Bédarrou; elle s'éventait nonchalamment, en répondant de temps en temps aux plaisanteries de l'acteur. Cabassol parut à ce moment, remorqué par le maëstro Colbuche.

La répétition.

— Bonjour, Criquetta, dit le maëstro, comment vas-tu, mon enfant?
— Bonjour, mon gros chien! Bonjour, mon petit docteur! Dites donc, j'ai à vous parler, vos auvergnats sont splendides!
— Quels auvergnats?
— Vos douze commissionnaires et leurs vingt-quatre bouquets, parbleu!
— Ah! vous avez deviné?

Consultation artistique dans la loge de Criquetta.

— Comment c'était de lui, les bouquets d'hier? fit Colbuche.
— Et ceux d'aujourd'hui, mon cher, monsieur a encore fleuri ma loge! Voyez, je porte à mon corsage un échantillon de son envoi... trop galant!
— Madame, j'avoue tout! au jour de la première de la *Petite Favorite*, votre loge contiendra trop de bouquets de tous les admirateurs de votre talent et de votre beauté. Je n'ai pas voulu attendre jusque-là, pour ne pas laisser écraser mes modestes fleurs sous l'avalanche de ce grand jour... Pardonnez mon empressement!
— Criquetta! où est Criquetta! cria Roquebal du fond de la scène, elle n'est pas à sa réplique.

— Voilà ! voilà !

L'entretien fut interrompu.

Criquetta et Bédarrou avaient à tenir la scène jusqu'à la fin du premier acte.

— Sapristi ! fit Bédarrou entre deux tirades, fichtre ! qu'est-ce que c'est que ça ? je ne te connaissais pas ce bijou ? c'est une broche...

— Oui, mon petit, une cigale d'or avec brillants à la clef. Comprends-tu, une cigale ? C'est un criquet, comme on dit aux champs ; Criquet, Criquetta, c'est mon emblème, un bijou parlant...

— Je vois bien, c'est d'un Brésilien ?

— Mais non, mon petit, c'était avec les bouquets de mes auvergnats. C'est de mon galant docteur !

— Sapristi ! dis donc, Criquetta, à ta place, je changerais de nom, je m'appellerais Éléphantine ou Hippopotama... Ça serait plus avantageux.

— Pourquoi ça, insolent ?

— Parce que les auvergnats t'apporteraient peut-être ton emblème grandeur naturelle et enrichi de diamants.

Cabassol ayant été présenté au directeur et à tout le personnel des Folies-Musicales, ne manqua plus aucune répétition de la *Petite Favorite*. Chaque jour il arrivait au théâtre, avec le maëstro Colbuche et faisait répéter avec lui les nouveaux morceaux intercalés dans la reprise. Les commissionnaires et leurs bouquets lui avaient valu une popularité immense parmi les artistes femmes, rôles ou choristes, popularité dont il n'abusait point, nous devons le dire.

Toutes ses attentions étaient pour Criquetta, chaque jour il s'ingéniait à la surprendre par une galanterie nouvelle, aussi délicate et aussi inédite que possible, ce qui piquait d'autant plus les camarades de la charmante artiste. Colbuche interrogé sur son compte, avait raconté que ce dentiste galant était un excentrique américain, docteur exerçant en amateur, et quelque peu millionnaire. Aussi, chaque jour, à l'arrivée de Cabassol dans les coulisses des Folies Musicales, notre ami était-il immédiatement entouré par toute la troupe féminine du théâtre.

— Docteur, il faut que vous me donniez une consultation !

— Docteur ! docteur ! N'est-ce pas que ma perruque n'est pas dans l'esprit de mon rôle, vous savez, je fais le page du trois, celui qui apporte une guitare au prince...

— Mon petit docteur ! vous qui êtes bien avec M. Colbuche, tâchez donc qu'il m'ajoute un couplet au finale du deux... je n'ai que six vers à chanter, c'est dégoûtant, on me colle toujours des pannes !

— Docteur, j'ai mal à la tête toutes les après-midi...

Cabassol plaisantait tant que l'on voulait, il donnait des consultations à qui lui en demandait, prescrivant même au besoin ce qu'il avait entendu prescrire à ses amis, étudiants en médecine, lorsque des petites dames de Bullier les consultaient sur des indispositions. Puis il allait baiser la main de Criquetta qu'il trouvait en grande conversation dans sa loge avec la costumière, ou le coiffeur, ou le cordonnier, ou même l'armurier, car Criquetta devait, au troisième acte, porter un travesti militaire.

Cabassol, là encore, donnait des consultations, mais des consultations artistiques sur le bon goût de telle ou telle étoffe, sur la couleur des cheveux ou sur la hauteur des talons de bottines; Criquetta légèrement courte de taille, tenait à rehausser sa majesté par quinze centimètres de talons, et le flatteur Cabassol lui donnait toujours raison.

Il n'en était malheureusement pas plus avancé pour cela dans son entreprise galante; Criquetta lui donnait libéralement sa main à baiser, elle lui donnait des tapes sur la joue, et l'appelait avec effusion son petit canard, quand il lui présentait quelque échantillon de bijouterie nouveau; mais tout s'arrêtait là. — Elle avait refusé jusqu'à ce jour toutes les invitations à souper et ne l'avait pas laissé s'émanciper avec elle ainsi qu'il en avait eu plusieurs fois la velléité.

D'ailleurs, Roquebal veillait, inquiet de la cour assidue de Cabassol auprès de son idole. L'intention de Criquetta n'était pas de désespérer le pauvre Cabassol, mais elle avait des principes et ne voulait pas succomber avant un semblant de défense ! Elle s'admirait elle-même, dans son for intérieur, pour sa belle résistance à cet américain charmant et criblé de dollars, et elle se trouvait parfois bien cruelle de le faire poser si longtemps.

Les répétitions de la *Petite Favorite* tiraient à leur fin, on allait

Criquetta devait porter un travestissement militaire.

répéter généralement, en costumes, la pièce et le ballet, quand Criquetta jugea le moment venu de changer de tactique. Cabassol en lui baisant la main s'aperçut de ses bonnes dispositions à son égard et comprit qu'il allait mener à bonne fin la vengeance de Badinard. Roquebal-Jocko allait payer sa dette !

Un scrupule vint alors à notre consciencieux ami ; déjà il avait failli se tromper et porter le poids de sa vengeance sur l'innocent maëstro Colbuche. Il voulut, avant de faire du chagrin à un prévenu, être au moins certain de sa culpabilité ; il résolut de constater tout d'abord, bien et dûment, l'identité de Roquebal !

A brûle-pourpoint il interrogea Criquetta.

— Divine Criquetta ! Roquebal, cet affreux vaudevilliste, n'est pas, je l'espère, pour vous ce qu'il est pour les autres femmes...

— Quoi donc ? Qu'est-ce qu'il est pour les autres femmes ?

— Il est l'irrésistible Jocko !

— Vilain jaloux ! je ne comprends pas.

— Vous ne comprenez pas ? Vous connaissez pourtant bien Jocko, le séduisant Jocko !

— Je connais Jocko ou le singe du Brésil.

— Ce n'est pas celui-là, voyons, vous ne connaissez pas de Jocko ?

— Non ! je connais beaucoup de singes, mais pas de Jocko.

— Mais alors...

— Mais alors, mon petit Cabassol, que signifie votre agitation ? qu'est-ce que vous avez ? Et qu'est-ce que ce Jocko, dont vous me parlez avec une si singulière persistance ?

— Ce que c'est que ce Jocko !... ce que c'est que ce Jocko !

— Oui ?

Cabassol, étourdi par sa découverte, ne répondit pas. Ainsi, cette nouvelle campagne aboutissait à une nouvelle déconvenue ; Roquebal lui aussi était innocent, innocent comme Colbuche ; il n'avait jamais fait de peine à M. Badinard ! Ce n'était pas lui qui figurait sous le nom de Jocko dans l'album de

L'avertisseur.

Mme Badinard. Il se raccrocha encore à un dernier espoir et reprit l'interrogatoire de Criquetta.

— Voyons ! Rappelez tous vos souvenirs. Jamais on n'a appelé devant vous M. Roquebal du nom de Jocko ?

Le campement de Mme Friol.

— Jamais...
— Ni personne autre ?
— Non... cependant... attendez... il me semble tout de même qu'un jour, à un souper avec des camarades du théâtre, quelqu'un avait amené un nommé Jocko !
— Ah ! fit Cabassol triomphant, et ce Jocko ?
— Ce n'était pas Roquebal, je ne sais même plus qui c'était, si je l'ai jamais su...

Liv. 27.

— Sapristi !

— Mais enfin, mon cher, depuis le temps que vous me faites poser avec votre Jocko, vous ne m'avez pas dit ce que vous lui vouliez ?...

Cabassol embarrassé cherchait à donner une raison quelconque à Criquetta. Une idée lui vint.

— Pourquoi je cherche Jocko? dit-il, je vais vous le dire, si vous me promettez le secret. Je le cherche pour le marier !

— Bah ! qu'est-ce qu'il vous a donc fait ?

— Rien du tout...

— Eh bien, alors ?

— C'est une simple commission...

— Étrange commission !... Et à qui voulez-vous le marier ?

— Voilà, je vais tout vous dire !... Je cherche partout le nommé Jocko, je le demande à tous les échos et particulièrement aux échos du monde où l'on ne s'ennuie pas, pour lui faire épouser une Américaine ! trente-cinq ans, fortune fabuleuse, des sources de pétrole, un quartier à Chicago, le tout provenant d'un héritage récent. Furieuse d'avoir si longtemps tressé les nattes de sainte Catherine, elle veut, pour se rattraper, épouser un mari farceur comme tout et elle a jeté son dévolu sur le nommé Jocko, dont la réputation est venue jusqu'à elle. Voilà pourquoi je cherche Jocko.

Criquetta éclata de rire.

— Pauvre Jocko ! dit-elle, pauvre Jocko qui ne se doute pas de ce que vous méditez contre lui... Pourvu qu'il ne soit pas trop rangé, maintenant, ou trop décati ! Si jamais j'en entends parler, je vous promets de vous le dire. Vous savez, s'il est si farceur que cela, je regrette de ne pas l'avoir mieux connu... j'en rêverai de votre Jocko !...

La sonnette de l'avertisseur interrompit l'entretien. Cabassol profita de cette diversion pour se sauver au foyer des artistes, où il s'abîma dans ses réflexions, sans faire attention au bruit qu'y menait toute la troupe des Folies Musicales, réunie dans ses nouveaux costumes de la *Petite Favorite*.

IV

Campement bellevillois. — Amers chagrins de Mme Friol mère... Une jeune fille qui tourne mal.

Le foyer des artistes est en rumeur. A chaque minute, un nouveau personnage arrive et se campe au milieu de la petite pièce pour se faire admirer de ses camarades. Sur les banquettes qui garnissent les quatre côtés, sont

Le grand Canisy et la grosse Berthe.

étendus des choristes en bourgeois ou en hommes d'armes et des ribaudes à jupes excessivement courtes, et à corsages échancrés avec libéralité; des dames de la cour s'éventent, des pages regardent dans la grande glace si leur maillot ne fait pas de plis. Quelques petites femmes chantonnent des couplets de la pièce, en se tournant devant la glace, d'autres se serrent le plus possible dans leurs jupes courtes ou les relèvent d'un côté pour dégager le mollet.

Le grand Canisy, maigre comme un clou, cause dans un coin avec la grosse Berthe revêtue d'un costume de duègne comique.

L'entrée des petites Vanda et Drago, en bohémiennes de Grenade, cause une certaine sensation ; elles sont charmantes, l'une est un peu svelte, l'autre au contraire semble prête à faire éclater son costume, serré jusqu'à la dernière limite. Vanda lance son pied en l'air devant la glace et fait résonner son tambour de basque sur sa tête.

Cabassol réfléchit toujours; assis entre une ribaude qui relace sa bottine sur son genou et un alguazil à l'air lugubre, il ne fait attention à rien, ni aux aimables masques qui sollicitent son appréciation, ni à leur costume, ni à celle-ci qui lui demande si le relevé de sa jupe fait bien valoir son mollet, ni à celle-là qui tient — ah! mais là, absolument, — à lui faire voir qu'elle n'est pas trop serrée. Il n'entend pas les plaisanteries un peu raides de la grosse Berthe, ni les éclats de rire à chaque nouvelle entrée, ni les plaintes contre cet animal de costumier, ni les *Comment vas-tu, mon petit chat?* de Bedarrou qui lui tape sur l'épaule.

Le relevé de la jupe fait-il valoir le mollet?

Tout à coup il bondit. Jocko existe, on l'a connu ; Criquetta a soupé avec lui, elle ne se souvient pas de son vrai

Elle tient absolument à lui faire voir qu'elle n'est pas trop serrée.

nom, mais peut-être quelque autre artiste des Folies Musicales aura plus de mémoire.

— Mesdames! s'écrie-t-il, l'une de vous a-t-elle jamais aimé un nommé Jocko?

— Hein? firent à la fois Vanda, Drago, Berthe et les autres.

— Oui, Jocko, un nommé Jocko! cherchez, réfléchissez...

Mᵐᵉ Colbuche écrit trop!

— C'est pas un grand qui attendait toujours chez le concierge?

— C'est pas le gommeux du quatrième fauteuil, tous les soirs?

— Mais non, il s'appelle Gontran!

— Jocko est chauve, voilà tout ce que je sais!

— Je le connais! s'écria triomphalement une petite ribaude, je le connais.

— Parle! je te promets tout ce que tu voudras, n'importe quoi, un porte-bonheur, une bague, un bouquet de violettes, si tu me dis son nom!...

— Je le connais, c'est le grand barbu à Lucie Friol! Friol l'appelait son Jocko! je ne sais pas son autre nom...

— Mais je puis le savoir par Lucie Friol. Est-elle aux Folies Musicales?

— Non, il y a un an qu'elle est partie; je ne l'ai pas vue depuis ce temps-là.

— Sacristi! Sait-on son adresse?

Personne ne répondit. Cabassol faillit s'arracher un cheveu. Cet infernal Jocko était bien difficile à trouver; de toute son enquête, Cabassol n'avait recueilli qu'un simple renseignement à ajouter à celui qu'il possédait déjà. Par la photographie, il avait vu que Jocko était chauve, il savait de plus maintenant qu'il était grand et barbu.

La répétition commençait. Bohémiennes, alguazils, seigneurs, et grandes dames quittaient le foyer pour entrer en scène. La petite ribaude vint s'asseoir à côté de Cabassol.

— Docteur! j'y repense, je sais où demeure la mère de Lucie Friol. Vous pourrez avoir l'adresse de sa fille.

— Mon enfant, vous me sauvez la vie! où demeure-t-elle?

— Là-haut, à Belleville, je connais l'endroit, mais je ne sais pas le numéro; je vous conduirai si vous voulez!

— Tout de suite!

— Ah non! Et la répétition... Voulez-vous demain matin?

— Entendu, demain, neuf heures! tu es un ange!

Cabassol, sans même prendre congé de Criquetta, quitta le théâtre et sauta en voiture pour aller rendre compte de ses opérations à M⁰ Taparel.

— Eh bien? demanda M⁰ Taparel, Badinard est-il vengé de M. Roquebal? Vous m'avez télégraphié hier que vous en aviez le ferme espoir.

— Nous allions encore commettre une erreur! fit Cabassol en se laissant tomber dans un fauteuil, Roquebal est innocent comme l'enfant qui vient de naître, il est pur, il est...

— Quoi, ce n'était pas Jocko?

— Non! Je m'en suis aperçu à temps! Sans ma prudence, sans je ne sais quel pressentiment, j'allais faire un malheur!... Mais, rassurez-vous, je suis enfin sur la bonne piste, le véritable Jocko va me tomber sous la main.

Cabassol et M⁰ Taparel reprirent l'album de Mme Badinard, pour examiner encore une fois la photographie si malencontreusement effacée du Jocko qui leur donnait tant de mal.

— Ce n'est pas le tout, reprit Cabassol, mais, de ma campagne contre M. Colbuche, il résulte pour nous quelques légers embarras, Mme Colbuche m'adore! J'avais, vous le voyez, bien mené les choses... elle m'adore! ce ne serait rien si elle n'écrivait pas, mais c'est qu'elle écrit, et beaucoup...

— Comment cela?

— Mon cher M⁰ Taparel, tous les matins, j'ai ma lettre, une lettre de quatre ou six pages! des reproches, des protestations... Hélas! nous sommes tombés sur une femme littéraire!

— Diable! diable! fit M° Taparel en se grattant le menton.

— Vous savez, reprit notre héros, quelle existence occupée je mène! C'est à peine si j'ai le temps de lire les missives de Mme Colbuche, encore moins ai-je le temps d'y répondre... Ces jours-ci, j'ai eu l'occasion de rencontrer plus d'une fois Mme Colbuche et j'ai pu la faire patienter au moyen de signes mystérieux, mais elle s'aigrit et j'ai vu, par sa lettre de ce matin,

Aux Buttes-Chaumont.

— huit pages serrées, — que mon silence incompréhensible la jetait dans la désolation...

— Que faire? gémit M° Taparel considérablement ennuyé de faire souffrir une pauvre et innocente dame.

— Dame, cherchez un moyen! c'est votre faute aussi, vous me lancez sur un faux Jocko, toute la responsabilité vous incombe, je vous enverrai les lettres et vous ferez ce que votre cœur vous imposera pour soulager un peu les souffrances morales de cette pauvre dame...

— Vous voulez que je réponde à ses lettres? fit M° Taparel effrayé.

— Je n'ai pas écrit une seule fois, elle ne connaît pas mon écriture... vous pouvez le faire en toute sécurité. Cependant il y a un moyen, vous avez des clercs, faites-les travailler...

— Diable! c'est que c'est une besogne extra-notariale : il n'y a, dans le Formulaire d'actes, rien qui ressemble à des lettres galantes!

— Bah! ce sont des jeunes gens, ils ont de l'imagination... et puis M. Miradoux est là pour les guider...

Mº Taparel réfléchit pendant quelques minutes, puis il appela Miradoux pour conférer avec lui sur cette délicate affaire.

Miradoux, au commencement, jeta les hauts cris, il trouvait l'étude déjà suffisamment compromise par toutes les négociations nécessitées par les affaires de la succession Badinard, mais il finit bientôt par se laisser convaincre.

— Voilà le paquet de lettres, lui dit Cabassol, lisez-les et arrangez-vous. Je vous enverrai toutes les autres avec la plus grande régularité.

— Après tout, reprit Miradoux, cela peut encore se faire, et j'entrevois le moyen d'arriver bientôt à retrouver notre tranquillité de ce côté. Voilà mon plan : nous serons brûlants tout d'abord, nous taperons dans les grandes phrases, puis tout doucement, tout doucement, nous mettrons une sourdine, nous deviendrons plus calmes et nous arriverons peu à peu à l'amour le plus platonique.

— Bravo! s'écrie Cabassol, j'approuve complètement votre ligne, monsieur Miradoux, vous êtes un grand homme!

— Voici comment je vais partager la besogne : mon second clerc est un garçon fougueux, je lui confierai les lettres passionnées ; à lui les grands élans, les imprécations, les propositions d'enlèvement ou de suicide à deux! à mon quatrième clerc, jeune homme léger et même un peu skating-rink, reviendra la mission d'écrire des choses spirituelles, pour reposer un peu Mme Colbuche des ardeurs romantiques du précédent; puis, quand nous en arriverons au platonisme, j'utiliserai mon troisième clerc, garçon tranquille et nébuleux ; il a des dispositions pour ça, voilà trois ans qu'il fait la cour à une dame sans se déclarer positivement!

— Très bien!

— Et, pour les cas particuliers, pour les réponses embarrassantes, acheva modestement Miradoux, je serai là et je ferai pour le mieux.

— Ouf! fit Cabassol, voilà un poids de moins sur mon esprit!

Cette question réglée, notre héros serra la main de Miradoux et s'en fut passer la soirée tranquillement avec Bézucheux de la Fricottière et ses quatre amis.

La petite ribaude des Folies Musicales fut d'une exactitude remarquable le

Le foyer des artistes le jour de la répétition générale.

lendemain. Cabassol monta en voiture avec elle à neuf heures et donna l'ordre au cocher de se diriger vers les Buttes Chaumont.

— Qu'est-ce qu'elle fait, la mère de Lucie Friol? demanda Cabassol à la petite qui s'appelait Camus de son vrai nom et Billy de son nom de théâtre. — Elle est concierge?

— Non, elle est rentière! répondit fièrement Billy.

Cabassol et Billy descendirent de voiture à la porte des Buttes Chaumont, et là, Billy chercha à s'orienter. Ce quartier très bizarre et très varié d'aspects, a des coins qui ressemblent à de la vraie campagne et d'autres semblables à

Conférence avec Mme Friol.

d'affreux faubourgs abandonnés; on y trouve de tout, de longues prairies, avec de la mauvaise herbe et de malheureuses vaches, des ruelles ornées d'antiques réverbères, des places perdues couvertes d'herbe et pareilles à des places de village, des endroits charmants ainsi que des restes des vieilles buttes pelées de Montfaucon, — mamelons tristes et sauvages, sur lesquels paissent des chevaux maigres et des chèvres mélancoliques, — enfin de mornes déserts ressemblant à certains coins désolés de la campagne de Rome. Près de la porte du parc des Buttes Chaumont, s'élèvent des cafés en planches et en treillages, berceaux dépourvus de feuillage, dans lesquels les clients du dimanche et du lundi ont l'air d'être en cage; puis des tirs, des jeux de macarons et de grandes balançoires dressant leur grand squelette rond.

Billy prit une petite rue, tourna dans une autre, regardant à droite et à gauche pour tâcher de se reconnaître.

— Vous ne trouvez pas? demanda Cabassol.

— Je cherche, je n'y suis venue qu'une fois avec Friol... attendez, ce doit être là-bas, à cette clôture de planches...... oui, c'est ça, je reconnais la porte.

Son journaliste.

Elle reconnaissait la porte. Cabassol cherchait vainement une porte dans cette longue palissade formée de pièces et de morceaux, pourris par en bas et écornés par en haut. Il regardait à travers les interstices des planches et ne voyait derrière qu'un grand terrain couvert de hautes herbes.

— Voici la porte, dit Billy, en poussant trois planches reliées par un morceau de bois et retenues à la palissade par des lanières de cuir en guise de gonds ; vous voyez, c'était difficile à trouver, il n'y a pas de numéro...

— Et pas de maison non plus, c'est un terrain vague...

Billy se mit à rire.

— Vous ne voyez pas de maison ?

On a saisi les meubles.

— Non, je ne vois que des lapins qui courent dans l'herbe... Ah ça, c'est dans une garenne que vous m'avez amené...

— Entrez toujours, vous allez trouver la maison.

Cabassol et Billy entrèrent, et firent en quelques pas, lever une demi douzaine de lapins qui se sauvèrent dans toutes les directions. Dans le fond du terrain, adossée à une butte couronnée d'un vieux mur ébréché courant en zigzag, Cabassol aperçut ce que Billy appelait la maison, c'est-à-dire une cabane de planches plus ou moins dis-

Un gros fabricant de soieries voulait lui faire une situation...

jointes, couverte d'un toit en morceaux de papier goudronné de différentes provenances, que retenaient des barres de bois et de grosses pierres. Un trou carré, ouvert sur le côté, servait de fenêtre. On apercevait dans l'intérieur un petit poêle de fonte, dont le tuyau, sortant au-dessus de la fenêtre, supportait du linge et des chiffons fraîchement lavés.

Çà et là, dans l'herbe, quelques ustensiles de ménage, plus ou moins hétéroclites étaient dispersés ; ce qui tirait l'œil surtout, c'était, jeté sur une touffe de chardons, un édredon d'un rouge éclatant, débris d'une splendeur passée tout étonné de se trouver là, dans ce campement bizarre. En avançant Cabassol aperçut au soleil, au beau milieu de l'édredon, une nichée de petits lapins dont la mère était plus loin en train de brouter des fanes de carottes. Derrière la cabane, au pied de la butte, s'élevait une petite colonne de fumée ; la propriétaire de cet étrange établissement devait être là en train de faire sa cuisine.

M. Charles.

— Eh bien! et la porte? cria une voix, vous voulez faire sauver mes élèves?

— On y va, madame Friol, répondit Billy en riant.

Au même instant, une grande femme sèche, habillée d'un jupon et d'une camisole parut, en traînant des savates, à côté de la cabane. A la vue des visiteurs, elle mit les deux poings sur les hanches.

— Tiens, c'est vous, ma petite Billy! comment va la petite santé? Bonjour, monsieur, je vous salue.

— Et vous, Mme Friol, vous avez l'air de vous porter comme un charme?

— Oui, mon enfant, je me porte trop bien, même ; c'est pas comme les affaires ! ah, si je n'avais pas mes élèves...

— Nous venons causer un peu, monsieur et moi, reprit Billy.

— Attendez! s'écria madame Friol, je ne vous propose pas d'entrer chez moi, c'est un peu en désordre : vous savez, le matin, le ménage n'est pas fait, nous resterons dans le jardin si vous voulez!

— Comment donc, madame, ne vous gênez pas pour nous...

— Nous sommes des amis, de vieilles connaissances, acheva Billy.

— Ah ! ma petite, vous dites vrai, nous sommes de vieilles connaissances, fit Mme Friol en apportant une chaise de paille légèrement dépaillée, une chaise recouverte en vieux velours usé, et un fauteuil décrépit, asseyez-vous, nous serons mieux là... Ah oui! Billy, nous sommes de vieilles connaissances; vous n'êtes pas comme ma fille, vous, Billy, vous avez bien tourné...

— Comment, Lucie n'est pas bonne pour vous?

— C'est-à-dire que c'en est honteux ! une fille pour qui j'ai fait tant de sacrifices, à qui j'ai fait donner une belle éducation, et que j'ai toujours aidée de mes conseils, j'ose le dire... et tout ça, pour en arriver là!

— C'est justement d'elle que nous venons vous parler !...

— J'aime mieux que nous parlions d'autre chose ! tenez, j'ai plus de satisfaction avec mes lapins qu'avec ma fille, parlons de mes lapins !

— Non ! fit Cabassol en riant, parlons de Mlle Friol tout de même, qu'est-ce que vous avez donc à lui reprocher?

— J'ai à lui reprocher d'avoir mal tourné! Elle s'est fait enlever, monsieur !

— Diable ! s'écria Cabassol aussi contrarié que madame Friol.

— Et elle n'a pas voulu m'emmener !!!

— Je comprends votre chagrin devant une telle ingratitude, reprit Cabassol, mais donnez-nous des détails ; comment, elle s'est fait enlever?

— Oui, monsieur, et sans me prévenir encore... ah ! Dieu sait que je ne lui ai jamais donné que de bons conseils et que je ne lui ai pas épargné les avertissements et les leçons... j'ai de l'expérience, moi, et je pouvais diriger une jeunesse dans le bon sentier... et lui éviter bien des chagrins, bien des ennuis! Enfin!... d'ailleurs, je l'ai toujours dit, elle n'avait pas de bons sentiments!

— Vous exagérez sans doute!...

— Non, monsieur! Figurez-vous que j'avais tout fait pour lui préparer un avenir, elle était aux Folies Musicales, où son directeur qui était bien bon pour elle, lui donnait des petits rôles; elle avait de belles connaissances, je lui disais toujours : « Ma fille, tu feras ton chemin, mais faut de la conduite. Prends-moi avec toi pour tenir ta maison ! » Mais, flûte! mademoiselle n'aimait pas l'ordre, elle ne m'écoutait pas, et rien ne marchait... Un beau jour monsieur, ce que j'avais prévu est arrivé, elle est partie avec un cabotin ! J'allais la voir de temps en temps, car je me doutais de quelque chose et je lui disais : « Ma fille tu perds ton avenir ! Emmène-moi au moins, quand ça n'ira pas, je serai là pour t'aider de mon expérience...

— Est-elle partie loin? demanda Cabassol plein d'inquiétude.

— Chez les sauvages, monsieur, à New-York !

— Sacristi !

Et Cabassol dans un mouvement de contrariété trop brusque, faillit casser un des pieds de son fauteuil.

— En me laissant seule avec mes lapins, mon unique consolation !

— Diable! diable! murmurait Cabassol, voilà encore la trace de Jocko perdue ! Voyons, madame, peut-être pourrez-vous m'éclairer. N'avez-vous pas ouï parler par mademoiselle votre fille d'un nommé Jocko qu'elle honorait de... son amitié?

— Jocko? fit Mme Friol étonnée.

— Oui, un monsieur farceur qui se faisait appeler, ou que l'on appelait ainsi dans l'intimité? Un grand, chauve et barbu?...

— Me souviens pas de ça. Il y avait un gros fabricant de soieries, retiré des affaires, qui voulait lui faire une situation, à la petite ingrate; il lui avait loué un petit appartement gentil, et il me témoignait beaucoup de considération, quand je venais faire un petit bezigue avec lui chez ma fille.

— Etait-il chauve?

Une lionne du Prado de 1850.

— Dame, c'est que j'en ai beaucoup connu des chauves! il me semble que celui-là ramenait légèrement... Mais ma fille n'était pas raisonnable; un soir qu'il l'attendait, elle n'est rentrée que trois jours après! Puis il y a eu M. Charles, encore un garçon bien gentil, mais il n'était pas majeur et ça n'a pas duré, c'était pas sérieux...

— N'en parlons plus, il n'était pas chauve.

— Non! après M. Charles, il y a eu de la débine. On a saisi ses meubles, c'était la troisième fois, à vingt-deux ans!... De mon temps, on n'allait pas si vite que ça, mais les jeunesses d'aujourd'hui, voyez-vous, ça n'a pas de sérieux pour deux sous, avant trente cinq ans!... Et alors, il est trop tard. Si de mon temps on avait eu les occasions d'aujourd'hui, je serais millionnaire, oui monsieur! vous ne savez peut-être pas, mais j'ai eu mon temps aussi... Billy, ne vous l'a pas dit?

— Non, madame, Billy ne m'a rien dit.

— Je lui ai pourtant raconté. Moi qui vous parle, monsieur, j'ai été une célébrité, de mon temps, j'étais la lionne du Prado, en 50. Quelques années après,

Pomaré, Maria,
Mogador et Clara...

vous savez bien!... Hélas! hélas! la moitié de la magistrature de France et de Navarre, au moins, me disait des douceurs dans ce temps-là... Ils ont fait leur chemin, ils sont maintenant procureurs, notaires, députés ou même sénateurs, et moi, je suis là avec mes lapins! Pour en revenir à votre Jocko, je ne vois pas...

— Cherchez bien, madame, c'est un motif très grave qui me fait vous le demander...

— Attendez que je me remémore. Aidez-moi, mam'zelle Billy. Quand Lucie est entrée aux Folies, elle avait un journaliste, n'est-ce pas? Oui, même que c'est lui qui l'a fait engager.

— Était-il chauve?

— Non! il en avait trop de cheveux!

— Ne parlons pas de lui. Après le journaliste?

— Je vous ai dit que je n'avais pas la confiance de ma fille. Elle ne me faisait pas de confidences; je cherche parmi les messieurs de cette époque... Il y a longtemps, vous pensez, ça fait déjà trois ans!... Attendez, il y avait un peintre qu'était chauve. Je lui disais toujours : mauvaise connaissance... ma fille! il te fera poser pour ton portrait et puis voilà tout!... mais...

— Il était chauve?

— Oui, je me souviens maintenant... chauve, grand et barbu!

— C'est lui ! comment s'appelait-il ?

— Je ne sais pas si je l'ai jamais su, car je n'avais pas beaucoup de considération pour lui... mais, oui, oui, il me semble bien que ma fille l'appelait Jocko...

— Vous êtes sûre

— Oui, oui, je me souviens maintenant. Vous connaissez Criquetta, des Folies Musicales ?

— Oui.

— Eh bien ! c'est elle qui a enlevé le peintre à Lucie. Demandez-lui son nom, elle vous renseignera.

Cabassol s'affaissa, découragé, au fond de son fauteuil.

— Dites donc, ma petite Billy, reprit Mme Friol, vous n'avez pas besoin d'une mère ou d'une tante ?

La première de la *Petite Favorite*.

— Vous savez bien, madame Friol que je ne suis pas assez arrivée pour me payer ce luxe-là ; plus tard, je ne dis pas...

— Et en attendant, vous ne connaissez pas quelqu'un dont je pourrais faire l'affaire? Vous savez, sans me flatter, je représente !... Et je joue le bezigue dans la perfection, je fais des réussites comme personne... je vais même jusqu'au grand jeu, c'est précieux ça !

Cabassol réfléchissait.

— Criquetta ne se souvient pas non plus de Jocko, dit-il, elle n'a que de vagues souvenirs, mais à vous deux, madame Friol, peut-être retrouveriez-vous le nom de ce monsieur.

— Vous êtes bien avec Criquetta, s'écria Mme Friol, eh bien, vous devriez tâcher de me faire entrer chez elle comme mère ou comme tante... Faites cela pour moi, monsieur, faites-moi retrouver une position, et je vous jure que je retrouverai votre Jocko !

— Je ferai tout mon possible.

— C'est ça qui ferait mon affaire. Figurez-vous que j'ai congé de mon propriétaire, il faut que j'enlève ma maison pour le terme prochain, à cause de mes lapins qui font des terriers partout. Et je ne sais pas où aller, n'ayant pas assez de rentes pour louer un appartement boulevard Haussmann !...

— Écoutez, Criquetta répète cette après-midi : ce soir, première de la *Petite Favorite*, demain nous pourrons la voir, je viendrai vous prendre à onze heures pour vous conduire chez elle...

— Entendu, mon cher monsieur, je serai en grande tenue pour prouver que je puis faire une mère très convenable et même imposante au besoin !

Ce farceur de Bizouard.

V

La première de la Petite Favorite.
Où Cabassol et M⁰ Taparel sont admis à l'honneur de se pâmer devant les chefs-d'œuvre de l'illustre maître Jean Bizouard peintre impressionniste et naturaliste.

Après avoir refusé le petit verre de cognac que leur offrait Mme Friol, pour sceller leur amitié, Cabassol et Billy quittèrent la garenne de l'ex-étoile du Prado.

La première de la reprise de la *Petite Favorite*, annoncée avec un éclat particulier et un grand luxe de réclames, célébrant les changements introduits dans la pièce, était une petite solennité d'été qui devait réunir le fameux tout Paris avant son départ pour la campagne.

Cabassol avait retenu son fauteuil quinze jours d'avance et commandé trois douzaines de bouquets qui devaient être lancés à la diva des Folies Musicales, à raison de douze par acte. Il fut au théâtre dès l'ouverture des bureaux et fit d'avance de grands éloges de la pièce et des interprètes ; il parla du clou de la pièce, du fameux ballet du mal de dents, réglé et monté en quinze jours, et dansé par vingt danseuses spécialement engagées pour la circonstance, danseuses charmantes et vraiment pas trop maigres !

Hélas, trois fois hélas ! A quoi tient le sort des empires et des opérettes ! Le temps, assez frais jusque-là, s'était mis à l'orage

Madame Friol en toilette.

l'après-midi même ; il faisait une chaleur étouffante qui, probablement, agit déplorablement sur les nerfs de la presse et du public, car la *Petite Favorite* fut écoutée avec une mauvaise humeur visible.

Quelques gros critiques déclarèrent en s'épongeant que c'était idiot et qu'il était absolument indispensable de faire un exemple sur la *Petite Favorite*, pour sauver l'art dramatique en péril.

Cabassol lutta tant qu'il put, de concert avec Bezucheux de la Fricottière et ses amis, qui parlaient tout haut de cabale infecte. Ils lancèrent, en dépit des protestations, leurs bouquets sur la scène en acclamant Criquetta, mais tout fut inutile, le ballet lui-même, ce ballet si original et si poétique, ne put sauver la pièce, la chute fut complète.

En allant sur la scène au dernier entr'acte, pour tâcher de consoler Criquetta de cet échec, Cabassol rencontra Roquebal et le maestro Colbuche. Les deux auteurs se disputaient et rejetaient l'un sur l'autre l'insuccès de la pièce.

— Ça marchait très bien sans votre ballet biscornu, disait Roquebal; il était joli, votre clou, je vous en félicite! Ainsi voilà ma pièce qui a eu jadis un fort succès, nous la dérangeons en opérette féerie, avec un ballet idiot, et naturellement elle fait un four complet!

— Vous n'allez pas insinuer que c'est ma musique que l'on siffle ce soir! s'écria Colbuche furieux.

— Non! mais c'est votre fameux clou qui a tout perdu! c'est votre ballet de dentistes. Vous pouvez féliciter M. Cabassol! La dent qu'il vous a arrachée nous coûte cher.

Cabassol baissa la tête; la *Petite Favorite*, il ne pouvait se le dissimuler, tombait victime de l'affaire Badinard.

N'osant pas affronter la douleur de Criquetta immédiatement après la chute, Cabassol s'en alla sans mot dire.

Il reprit son courage pendant la nuit et se leva décidé à tout faire pour arriver à percer l'incognito de Jocko. Il fut à l'heure dite aux buttes Chaumont; lorsque le fiacre s'arrêta devant la demeure de Mme Friol, le cocher manifesta quelque surprise, mais la porte de planches s'ouvrit d'elle-même, et Mme Friol apparut sur le seuil de la garenne, coiffée superbement d'un chapeau à grands rubans jaunes flottant au vent, et revêtue d'un châle éclatant retenu par une immense broche contenant la photographie d'un tambour de la garde nationale.

— Vous voyez, monsieur, je suis sous les armes! je suis prête, je viens de faire rentrer mes élèves, il n'y en a plus que deux qui manquent à l'appel... vous devriez bien m'aider à les retrouver, car on serait capable de me les subtiliser, il y a des gens si peu délicats.

— Volontiers, madame, répondit Cabassol en entrant.

Et il se mit à fouiller, du bout de sa canne, les grandes herbes et les touffes de chardons pendant que Mme Friol battait les buissons du côté opposé. Bientôt Cabassol fit lever les deux fugitifs qui bondirent effrayés au milieu du terrain.

— Prenez garde aux terriers! cria Mme Friol, ne les laissez pas entrer!

— J'en tiens un! répondit Cabassol en saisissant une paire d'oreilles blanches.

— A moi l'autre, dit Mme Friol.

Et les deux lapins, malgré leur belle défense, furent emportés vers la maison de planches et jetés au milieu de leurs frères, parmi les meubles et les casseroles de leur maîtresse.

— Vous ne voulez pas prendre un petit cassis, avant de partir? demanda Mme Friol.

— Non, merci, répondit Cabassol, j'ai hâte d'être chez Criquetta.

— Monsieur, déclara Mme Friol en s'installant dans la voiture, monsieur, j'ai beaucoup réfléchi, j'ai creusé mes souvenirs, et je suis certaine maintenant que le Jocko que vous cherchez est bien le peintre que je vous ai dit... et pour plus de certitude encore, j'ai fait trois réussites!

Criquetta venait de déjeuner lorsque Cabassol se fit annoncer, remorquant Mme Friol.

— Eh bien, mon bon! fit Criquetta en appliquant sa main aux lèvres de Cabassol, quel four! quelle dégringolade!

— Chère Criquetta, vous avez vu que j'ai lutté jusqu'au bout!

La maison de l'illustre peintre Jean Bizouard.

— Courageux comme Bayard !... Mais la *Petite Favorite* ne tiendra pas huit jours, et ensuite, vacances et bains de mer! Vous verra-t-on à Trouville, Cabassol? avez-vous vu les journaux? ils se sont montrés gentils, lisez : l'admirable talent de Mme Criquetta ne pouvait sauver une pièce impossible... l'esprit et la souplesse de Mme Criquetta, cet éclat de rire vivant, a soutenu quand même cette pièce inepte... Mme Criquetta, séduisante comme toujours, s'est montrée grande artiste, etc..., etc... C'est Roquebal qui doit faire un nez! mais je m'en bats l'œil, il m'a fait une scène atroce, hier soir et je l'ai envoyé promener...

— Pauvre Roquebal, pensa Cabassol, c'est la succession Badinard qui lui vaut ça!... Ma chère Criquetta, reprit-il tout haut, vous souvient-il de notre conversation au sujet du nommé Jocko?

— Encore Jocko ! fit Criquetta avec une moue délicieuse.

— Toujours, tant que je ne l'aurai pas trouvé. J'ai découvert que ce Jocko était un peintre chauve, grand et barbu, et je vous amène une dame qui l'a rencontré jadis, mais qui ne se souvient pas de son nom. J'ai pensé qu'en réunissant vos souvenirs, vous parviendriez peut-être à retrouver ce nom tant cherché...

— Un peintre, chauve, grand et barbu...

— Oui, dit Mme Friol, et farceur ! ah ! qu'il était farceur... Voyons, il y a trois ans, vous ne vous rappelez pas?... le peintre à Lucie Friol?...

— Ah ! s'écria Criquetta, le peintre à Lucie Friol, Bizouard, ce farceur de Bizouard, c'est vrai, toutes les femmes l'appelaient Jocko !

— Serait-ce Jean Bizouard, le fameux peintre impressionniste? demanda Cabassol.

— Lui-même! tenez, regardez, il m'a fait mon portrait... C'est d'ailleurs le seul souvenir qu'il m'ait donné... il était toujours dans la panne dans ce temps-là.

Criquetta avait décroché un petit tableau que Cabassol tourna, retourna dans tous les sens.

— Ce n'est pas un paysage?

— Mais non, tenez, dans ce sens-là, vous ne voyez pas? c'est mon portrait dans mon cabinet de toilette... Vous ne voyez pas mes cheveux, et là un bras... l'autre est oublié, mais ça ne fait rien...

— Oui, oui, parfaitement, je me retrouve maintenant, cette grande tache blanche, c'est votre peignoir... oh ! très bien, mais je l'aimais mieux comme paysage ; à votre place, je l'accrocherais dans l'autre sens.

Cabassol heureux d'avoir enfin découvert le nom du mystérieux Jocko, ne pensait plus qu'à s'en aller, pour ouvrir immédiatement les hostilités contre lui ; il avait oublié Mme Friol qui multipliait pourtant les signes pour lui rappeler qu'il avait promis de l'aider à retrouver une position sociale. Enfin Cabassol, après un coup de coude plus accentué, se souvint de ce qu'elle attendait, et entama cette négociation délicate avec Criquetta. Celle-ci venait justement de perdre sa femme de chambre qui lui avait donné ses huit jours, pour entrer dans un café-concert et se consacrer entièrement à l'art. Elle avait besoin d'une personne de confiance pour tenir la maison et surveiller la nouvelle femme de chambre et les autres domestiques.

Portrait de Criquetta en paysage.

Mme Friol était vraiment ce qu'il lui fallait, elle avait l'expérience et possédait des qualités remarquables de tenue et de discrétion. En peu de minutes l'affaire fut conclue et Mme Friol fut acceptée en qualité de marraine.

Cabassol se hâta de prendre congé pour courir chez Me Taparel afin de lui annoncer son heureuse découverte.

Il trouva toute l'étude en train de travailler pour la succession Badinard. Mme Colbuche avait écrit deux lettres nouvelles de six pages chacune, et M. Miradoux s'occupait des réponses.

— Victoire! s'écria Cabassol en entrant dans le cabinet de Me Taparel, Victoire! je tiens enfin le membre du club des billes de billard que nous cherchons, je tiens Jocko!

— Enfin! comment se nomme-t-il? demanda Me Taparel.

— C'est le célèbre peintre impressionniste Jean Bizouard.

— Je l'ai vu hier au dîner hebdomadaire du club, et j'ai causé avec lui sans le soupçonner!

— Il faut que vous me présentiez à lui sous un prétexte quelconque, pour que j'entre en campagne...

— C'est bien facile, justement le grand artiste m'a invité à venir admirer, dans son atelier, l'œuvre qu'il destine au prochain salon des impressionnistes, une œuvre qui doit révolutionner l'art... Venez avec moi, je vous présente comme un riche amateur, nous nous pâmons devant le chef-d'œuvre et la connaissance est faite ! Est-ce dit ?

— C'est dit. Partons tout de suite !

M° Taparel sonna pour demander son pardessus et sa canne. Cabassol avait sa voiture à la porte, M° Taparel donna l'adresse de Jean Bizouard, boulevard de Clichy, et les deux vengeurs de Badinard roulèrent menaçants vers la demeure de Jocko.

Le célèbre peintre impressionniste avait son atelier au quatrième étage d'une maison entièrement occupée par les beaux arts : au rez-de-chaussée, un sculpteur ; un peintre de petits sujets mondains et de jolis chiffonnages, au premier ; un prix de Rome, au second ; un animalier, au troisième ; l'impressionniste au quatrième, nous l'avons dit ; et, sous les toits, au cinquième, un paysagiste qui, de son atelier, pouvait apercevoir la grande nature de la banlieue de Paris, les nobles lignes et les suaves contours des coteaux d'Argenteuil.

Le célèbre peintre impressionniste ouvrit lui-même sa porte à nos amis. Il répondait bien au signalement donné par Criquetta et par Mme Friol, il était grand, barbu et chauve. Il était vêtu d'une vareuse de velours violet et d'un pantalon bleu d'une coupe ultra élégante. Une cravate de soie bleue à pois jaunes, un monocle, un jabot et des manchettes plissées, complétaient ce costume que M. Bizouard portait avec une désinvolture nonchalante.

— Eh ! bonjour, bille de billard Taparel ! fit Jean Bizouard en tendant la main aux arrivants, vous avez eu le courage de grimper jusqu'à mon perchoir, c'est bien aimable à vous !

— Mon cher Bizouard, répondit M° Taparel, j'avais soif d'idéal et de poésie, je voulais contempler votre nouveau chef-d'œuvre, pour me reposer de mes longues séances d'affaires notariales... J'ai l'honneur de vous présenter M. Cabassol, un de nos amateurs distingués, un érudit des choses de l'art...

— Asseyez-vous donc, messieurs, fit Bizouard en les poussant vers un divan, asseyez-vous et prenez des cigarettes...

Cabassol et M° Taparel se laissèrent tomber sur un large divan rouge et prirent les cigarettes que leur offrait Bizouard ; l'illustre maître s'étendit dans un fauteuil américain, tenant la palette d'une main et de l'autre une longue pipe turque. Pendant qu'il se perdait dans la contemplation des spirales de la fumée bleue qu'il lançait autour de lui dans toutes les directions, les deux visiteurs examinaient l'atelier immense et élégant du Raphaël de l'impressionnisme.

Profond repos
par Jean Bizouard.

L'atelier du célèbre maître Jean Bizouard.

Au centre de l'atelier, se dressait le chef-d'œuvre en fabrication, splendidement encadré dans une large bordure d'or et flanqué de deux grandes plantes tropicales dans des vases de faïence bleue; sur d'autres chevalets, des toiles terminées ou commencées seulement, donnaient des taches bizarres, des effets de couleur terrifiants, de véritables feux d'artifice éclatant en

DANAÉ, par Jean Bizouard.

fusées jaunes, bleues, vertes ou rouges. Au centre de l'atelier, sur une grande table du XVIe siècle, parmi des fouillis de gravures, d'étoffes orientales et de japonaiseries, trônaient, dans une attitude pleine de fierté, deux immenses bottes de gros cuir noir, non pas des bottes artistiques des temps passés, des bottes gothiques et archéologiques, mais bien d'ignobles bottes du plus pur XIXe siècle, des bottes naturalistes d'égoutier.

Les murs de l'atelier étaient du haut en bas garnis d'esquisses et de pochades, portant toutes la patte du maître; dans le fond s'élevait un escalier de bois, aux balustres finement tournées, conduisant à une petite pièce basse de plafond, bondée de débarras et de chefs d'œuvre retournés contre le mur.

— Regardez-moi ça avec vos meilleurs yeux, dit enfin Jean Bizouard, en indiquant avec le tuyau de sa pipe le chef-d'œuvre du jour, regardez-moi ça et dites-moi votre sentiment vrai, sans flatterie aucune !

Cabassol et M° Taparel arrondirent leurs mains en forme de télescope, devant leurs yeux et se plongèrent dans l'étude du grand tableau.

— Ma composition, poursuivit Bizouard, aura pour titre *Profond repos*. Je veux montrer dans une œuvre à la fois calme et forte, le repos des travailleurs se confondant avec le grand repos de la nature à l'heure du crépuscule ! C'est une œuvre longuement pensée, où je veux allier la vigueur du naturalisme aux sentimentalités de l'idéalisme, avec une teinte de panthéisme, mais de panthéisme moderne. — Ce trou rond au milieu de ma toile, c'est une bouche de l'égoût collecteur; vous voyez, elle n'est pas fermée, mais l'échelle avec laquelle on descend est retirée, ce qui indique déjà des intentions de repos. — Maintenant, voyez la superbe dominante du tableau, les deux paires de bottes debout sur le trottoir, l'une un peu affaissée et allanguie à la fois par le travail d'une rude journée et par les molles tiédeurs d'un coucher de soleil de septembre, et l'autre, fière personnification du courage plébéien, se redressant pleine de confiance dans la force et dans l'élasticité de son cuir, prête à recommencer demain le labeur d'aujourd'hui ! Vous voyez comme l'idée de *profond repos* ressort vigoureusement. Ce qui l'achève, c'est cette indication sur la droite, voyez, un commencement de boutique avec ces mots : Commerce de vins !.... tout est là, les travailleurs, après la tâche faite, sont remontés, ils ont mis en tas leurs outils, ces racloirs, ces lanternes et cette échelle, ils ont retiré leurs bottes de travail et ils sont allés respirer un instant devant une coupe pleine... Profond repos !

— Superbe ! fit M° Taparel.

— Écrasant ! s'écria Cabassol.

— Ah ! l'ignoble critique prétend que nous ne pensons pas, nous autres impressionnistes ! reprit Jean Bizouard, j'ai voulu, dans cette seule toile, prouver que nous sommes au contraire essentiellement des penseurs ! nous sommes des poètes, non pas des gratteurs de lyres, des accordeurs de mandolines, de fadasses amants de la lune, mais bien des prêtres de la vraie poésie moderne, à la fois poètes vibrants et penseurs immenses ! Et comme peintres, quel est votre sentiment sur notre peinture ?

— Notre sentiment, à nous, simples et vils bourgeois, c'est qu'il n'existe pas d'autre peinture que la vôtre, l'autre n'est qu'un coloriage vulgaire !

— Vous l'avez dit, vous avez trouvé le vrai mot : coloriage à l'huile ! Messieurs, vous avez des sentiments impressionnistes dont je ne saurais trop vous féliciter !... C'est si rare, l'ineptie triomphante a tant d'adeptes parmi ceux qui se disent amateurs éclairés des beaux-arts ! Vive l'impressionnisme, l'autre peinture c'est de la peinture blette !

— Nous permettrez-vous, quand nous serons remis de notre émotion, d'examiner un peu vos autres chefs-d'œuvre? demanda Cabassol.

— Tant qu'il vous plaira! venez voir encore un morceau capital : le *Mélé-Cassis*, portrait de Mme la comtesse de D... C'est le portrait intime que je prétends opposer aux portraits officiels des salons...

Me Taparel et Cabassol admis à se pâmer devant les chefs-d'œuvre de Bizouard.

— Oui, fit Cabassol, des portraits où les modèles, hommes ou femmes, généraux ou grandes dames, ont l'air de simples navets habillés!

— C'est peint sur le pouce, en pleine pâte, avec une intensité d'expression...

— Inouïe! s'écria Me Taparel.

Bizouard s'était levé et faisait avec ses visiteurs le tour de son atelier.

— Ceci, dit-il en montrant quatre grandes toiles, est une série de panneaux pour l'hôtel du prince Barlikoff, un de nos grands seigneurs naturalistes. — J'ai symbolisé les métaux : voici *l'or*, une Danaé moderne, aux cheveux fauves, ruisselants sous une pluie d'or; puis *l'argent* symbolisé par un vieux brave couvert de blessures et cachant une noble amputation sous un appendice nasal en argent! Ensuite vient le *cuivre*, un vieux saltimbanque jouant de l'ophicléide, et le *zinc*, brillamment indiqué par un comptoir de marchand de vins sur lequel une jeune blanchisseuse est en train de prendre un verre d'anisette... Ça nous sort un peu des grandes imbécillités allégoriques à la pommade!

— C'est de la grande peinture! prononça Cabassol.

— Le reste de mes machines est de moindre importance, ce sont des pochades, des toiles commencées, des ébauches d'impressions, de fugitives sensations jetées sur la toile... Mes meilleures choses sont parties, l'Amérique enlève tout ce que je fais avant que ce soit sec! Vous voyez cette grande toile en train, c'est commandé par un banquier de Chicago qui ne sait pas le chiffre de ses dollars. — J'appellerai probablement ça l'*Ame embêtée;* vous voyez que je me lance dans la peinture des sentiments, dans la psychologie; j'ai voulu peindre sur une figure le reflet des désenchantements de la vie... Tout cela se lit dans cette figure de femme... Hein, comme elle dit bien : *Ah! zut alors!*

L'âme embêtée,
esquisse par J. Bizouard.

— Il me semble que vous vous séparez là du pur impressionnisme? glissa Cabassol.

— Mais oui, je creuse davantage, je fais du sensationnisme ; je prétends que tous les mouvements de l'âme peuvent se peindre d'une façon parfaitement tangible, ainsi je médite une figure de femme que j'intitulerai : *Hésitation :* — C'est difficile à peindre avec une seule figure, l'hésitation. Donnez-moi ça à un prix de Rome vous verrez ce qu'il fera...

— Il hésitera, dit Cabassol.

— Il fera une nymphe en train d'effeuiller des marguerites... une bêtise pour les pensionnats de demoiselles! moi qui n'ai jamais vu de nymphe, je ferai carrément une brune à l'œil piquant tenant d'une main une carte de visite qu'elle parcourt d'un rapide coup-d'œil, et dissimulant avec l'autre main un élégant clyso! Je vais vous montrer l'esquisse...

— Quelle idée charmante! s'écria Mᵉ Taparel.

— Et quel délicieux tableau pour le boudoir d'une jolie femme! fit Cabassol. Il faudra, cher maître, que vous ne laissiez pas enlever toutes vos œuvres par l'Amérique, et que vous me consacriez quelques heures d'inspiration... ma galerie a besoin d'une perle!

— C'est que je suis si occupé, répondit Bizouard, cependant.... Une idée me vient : Que diriez-vous d'un jambon d'York entouré de quelques chaudrons?

— Ce serait exquis, mais je préférerais une étude de femme dans le genre de l'Hésitation.....

— Eh bien, je réfléchirai, je chercherai.....

Cabassol était déjà dans un autre coin de l'atelier, examinant de nombreuses toiles commencées, qu'il tournait et retournait dans tous les sens.....

— Cher maître, dit-il, serait-il indiscret de vous demander.....

— Ce que c'est que tout ça ? Je ne sais pas encore, répondit le maître ; j'attends l'inspiration, ma méthode à moi n'est pas celle que l'on enseigne à l'école de Rome, mais c'est la bonne ! J'écrase au hasard mes tubes de couleur sur ma palette, je tripote, je triture, je fricasse le tout ensemble, je prends une toile et je flanque tout ça dessus ; puis je retourne contre le mur et j'attends que ça sèche !

— Merveilleux ! Il faut être un maître pour risquer ces audaces... Et quand c'est sec ?

— Quand c'est sec, je prends ma toile, je la flanque sur un chevalet et je me colle devant avec ma pipe..... Ces jours-là, je condamne ma porte pour ne pas effaroucher la muse ! Je fume

Sculpture naturaliste.

Bourgeois et bourgeoise du XIXe siècle.

et je pense, je pense et je fume, et alors, après quelques heures d'entraînement, les sujets se dressent devant moi, complets et achevés. Je décide si telle ou telle ébauche sera terminée en paysage à Argenteuil, en blanchisseuse ou en chaudron, en bouquet de lilas ou bien en coucher de soleil d'automne sur les rives de la Loire.

— Voilà la vraie manière !

— Oui, j'ai fait ainsi de vraies trouvailles... des perles !... Tenez, ces *falaises du Tréport à marée basse, ce soleil couchant de novembre* et ce *portrait de madame la baronne de Canisy*, je les ai trouvés comme ça !... Ce portrait m'a donné un peu de mal ; par suite d'une erreur due sans doute à la mauvaise qualité d'un paquet de tabac, ou bien je ne sais quelle cause, j'en avais fait d'abord *un coin des régates d'Argenteuil*, mais je n'en étais pas content... Le lendemain l'inspiration m'est revenue et j'ai transformé mes régates en baronne de Canisy.

— Elle a le nez un peu rouge, est-ce que la baronne...

— Non, c'est une vareuse de canotier de ma première version qui lui donne cette carnation un peu chaude...

— Cher maître, n'oubliez pas qu'il me faut un chef-d'œuvre, vous m'électrisez, vous m'enlevez, je ne serai tranquille, que lorsque je vous verrai en train !

— Voyons ! fit Bizouard, j'ai depuis longtemps l'intention de faire un tableau à sensation intitulé *la Reine de la Boule noire*, représentant une personne plantureuse en train de lever la jambe à la hauteur de l'œil...

— Délicieux ! cher maître, c'est le chef-d'œuvre qu'il me faut ! J'accepte d'avance toutes vos conditions.....

— Alors, puisque le sujet vous va, je vais méditer mon œuvre ; demain je me mets au travail.

— Encore une autre faveur, cher maître. Aurai-je la permission de venir, de temps en temps, voir où en sera notre Reine de la Boule noire ?

— Comment donc ! j'espère que vous me ferez le plaisir de venir le plus souvent possible.

Quelques tableaux ornant les murs de l'atelier de M. Bizouard.

VI

La poésie naturaliste. — La sculpture naturaliste. — Programme de la VIE DÉGOUTANTE, organe naturaliste. — La jalousie de Mme Bizouard. — Exploits d'huissier.

— Me voilà dans la place! dit Cabassol, en quittant l'atelier de Jean Bizouard, il ne me reste plus qu'à plaire à Mme Bizouard...

— Que l'on dit charmante, heureux gaillard! répondit Me Taparel.

— Je m'arrangerai de façon à me faire inviter à dîner à ma prochaine visite; Jocko n'a qu'à se bien tenir, je vengerai Badinard!

— C'est cela, le plus tôt possible, car le temps passe, et il ne faut pas oublier que vous avez un délai relativement court pour opérer les vengeances imposées par le testateur... En ma qualité d'exécuteur testamentaire, je dois vous le faire remarquer.

Liv. 31.

— C'est bien, je vais tâcher de rattraper le temps perdu à courir à la recherche de Jocko.

Cabassol laissa passer deux jours sans tourmenter Bizouard; mais le troisième jour, il sonna à l'atelier du peintre impressionniste, bien disposé à mener rondement les choses.

Jean Bizouard ne travaillait pas; assis devant une grande toile vierge de tout coup de pinceau, il causait en fumant sa pipe turque avec quelques amis.

— Tiens! dit-il en tendant la main à Cabassol, je parlais de vous; j'expliquais à ces messieurs le tableau que je médite pour vous. Permettez-moi de vous présenter, messieurs, monsieur Cabassol, un de nos amateurs les plus éclairés, j'ose le dire! Monsieur Cabassol, le prince Barlikoff, grand seigneur impressionniste et naturaliste, le flambeau artistique de la Russie, M. Buchot, peintre impressionniste, mon meilleur élève, M. Jules Topinard, une des étoiles de la littérature contemporaine, un homme qui tient haut et ferme le drapeau du naturalisme et de l'impressionnisme dans les lettres! Et maintenant, monsieur Cabassol, prenez un calumet ou une cigarette et asseyez-vous!

— Messieurs! fit Cabassol, excusez mon outrecuidance, vous formez un cénacle illustre, où moi, simple et vulgaire amateur, je me présente sans titres...

— Monsieur, je vous félicite, dit le romancier naturaliste Topinard, répondant à Cabassol, vous allez posséder un chef-d'œuvre. Bizouard vient de nous esquisser à larges traits le sujet qu'il vous destine. C'est de la peinture sociale!...

On causa longuement de la future *Reine de la Boule noire*, puis les visiteurs de Jean Bizouard reprirent la conversation que l'arrivée de Cabassol avait interrompue.

— Je disais donc, s'écria le romancier Topinard, que le moment me semble venu de créer une tribune spéciale au naturalisme, à l'aurore de son triomphe! Notre influence se fait sentir dans les hautes régions, peu à peu le naturalisme atteint et transforme tout autour de lui; la peinture devient naturaliste, la poésie se laisse gagner... il faut qu'avant peu, il n'y ait plus que des poètes naturalistes, chantant les réalités augustes, au lieu de gratter leurs vieilles lyres en regardant les étoiles. Il faut que la sculpture devienne, elle aussi, un art moderne et naturaliste, il faut qu'elle donne un bon coup de balai dans son armoire aux poncifs, qu'elle abandonne ses agamemnons, ses muses, ses génies et ses nymphes, pour en arriver, sous le souffle vivifiant des doctrines nouvelles, à des œuvres plus fortes et plus saines!

— Bravo! dirent à la fois Bizouard, Cabassol et les autres.

— J'ai déjà converti un sculpteur, il a brisé avec l'école, pour se retremper

Le romancier Topinard.

M. Buchot, peintre naturaliste.

dans le sein du naturalisme. Il travaille à une *Vachèrese fourrant les doigts dans le nez en ne pensant à rien*, qui sera la gloire du prochain salon. Dès qu'il aura terminé sa vachère, il se mettra à un groupe colossal intitulé : *Bourgeois et bourgeoise du XIXe siècle, endormis*. J'ai vu l'esquisse, c'est superbe! Son bourgeois et sa bourgeoise sont couchés dans leur lit; ils se tournent le dos et ronflent. Le mari tient encore à la main le journal qu'il lisait avant de s'endormir; c'est une scène complète avec tous les accessoires indispensables, l'édredon, la table de nuit et la lampe, et le jeune sculpteur espère obtenir de l'État la commande du marbre de ce groupe, pour une place publique ou un musée. Quel document pour les générations futures!

— Je veux déjà lui commander quelque chose! exclama le Russe naturaliste.

— Les hommes qui planent dans les hautes régions de l'art, peintres, sculpteurs, écrivains, sont touchés et projetés en avant par le grand souffle naturaliste, reprit le romancier Topinard. Ce qu'il faut maintenant, c'est faire pénétrer ce souffle dans les masses, pour les imprégner des doctrines nouvelles, pour les lancer à leur tour dans le grand mouvement littéraire qui sera l'unique gloire du XIXe siècle!

Le levier qui doit soulever les masses, c'est le journal! Il faut au naturalisme sa tribune officielle, son moniteur, il va l'avoir : j'ai réussi à grouper quelques écrivains distingués et je fonde :

LA
VIE DÉGOUTANTE

Organe littéraire, artistique, politique et purement naturaliste.

Paraissant deux fois par semaine.

— Bravo! excellent titre! s'écria Cabassol.

— Charmant! je m'abonne, dit le Russe.

Un prince naturaliste.

— Nous sommes résolus à casser toutes les vitres! reprit Topinard, tous les carreaux de l'idéal, cette vieille balançoire fadasse... Plus de grandes phrases creuses, plus de ces sentiments faux et florianésques dont on nous rebat les oreilles dans les romans. A bas le romantisme! Le vrai, le réel, le vécu, l'arrivé, l'expérimenté, il n'y a que ça!

Creusons, fouillons les réalités de la vie. Je commence, dès le premier numéro, un grand roman physiologique et médical, où je compte donner toute une série d'ordonnances de médecins du plus grand intérêt, par la clarté qu'elles jettent sur le tempérament de mes personnages. Mon héros est un jeune élève en pharmacie qui, par la lecture intelligente des ordon-

Le cénacle naturaliste.

nances, devine le moment précis où il doit offrir ses hommages à une veuve charmante et maladive. Il y a, à la dernière ordonnance, quand l'élève en pharmacie apporte lui-même les potions à cette dame, une scène... pathétique qui révolutionnera la critique!

— Et vous ferez de la politique dans votre journal? demanda Cabassol.

— Nous ferons de tout! Nous avons un bulletin politique conçu naturellement dans un esprit tout nouveau, puis des échos de Paris, où nous raconterons les faits du jour, avec des détails francs et naturalistes, des études physiologiques et sociales, des variétés naturalistes et, de temps en temps, des échantillons de la poésie nouvelle. Avant que la *Vie dégoûtante* ait seulement deux ans d'existence, notre cause aura triomphé partout, je vous le prédis!

— Monsieur Topinard, vous avez une éloquence d'apôtre qui me subjugue! proclama Cabassol. Je conservais encore quelques vieilles tendances idéalistes, mais je les sacrifie solennellement sur l'autel de la *Vie dégoûtante!*

— Je venais, reprit le romancier Topinard, solliciter de notre éminent ami Bizouard la permission d'inscrire son nom sur la liste de nos collaborateurs...

Mlle Virginie Galoubet.

— Comment donc! fit Bizouard en s'inclinant.

— Ce n'est pas tout, je demande de plus au grand maître impressionniste et naturaliste, un frontispice pour la *Vie dégoûtante*, si, du moins, ses travaux gigantesques lui laissent un instant de loisir...

— Votre journal combat pour la bonne cause; je lui ferai un frontispice programme de haut ragoût, vous m'en direz des nouvelles! s'écria Bizouard.

Topinard reçut les félicitations de tout le monde pour son idée triomphante, il causa encore et développa ses théories; puis, se levant enfin, il prit congé de Bizouard; le prince russe et l'élève du peintre en firent autant bientôt et Cabassol resta seul avec le maître.

— Et mon chef-d'œuvre? demanda-t-il. A quelle période est-il? L'incubation ou l'exécution?

— Il n'est pas encore sorti de là, s'écria Bizouard en se frappant le front, voyez ma toile, netteté absolue... L'idée est là, dans mon cerveau, complète, armée de toutes pièces et... vous ne savez pas, vous ne pouvez pas savoir ce qui l'empêche de sortir !...

— Qu'est-ce donc? cher maître, vous m'épouvantez...

— Vous ne pouvez pas vous douter...

— Dites-moi tout, cher maître, j'ai du courage !

Bizouard se leva, arpenta convulsivement son atelier, en se donnant des coups de poing sur la tête; puis il alla soulever les portières, regarda derrière les chevalets s'il n'y avait personne et revint ensuite vers Cabassol dont il saisit la main.

— Eh bien? demanda notre héros inquiet.

— Eh bien!... dit Bizouard avec une intonation tragique, elle est jalouse !

— Elle est jalouse? qui ça?

— Ma femme !

— Mme Bizouard !

— Oui, elle m'a fait signifier hier, par huissier, que, si je prenais encore des modèles féminins, elle plaidait en séparation ! Il y a longtemps qu'elle me tourmente : j'ai été héroïque, j'ai lutté, tous les tableaux qui ont fait mon succès, mes Rigoleuses du boulevard extérieur, mes canotières, ces études féminines que l'on qualifie de magistrales, ont été exécutées parmi les orages et les querelles ! ah ! mon ami, permettez-moi de vous appeler mon ami, quelle énergie et quelle souplesse j'ai dû déployer ! Mais, c'est fini, elle ne veut plus que je fasse autre chose que de la nature morte, elle m'aime trop !

— Quelle situation !

— Hélas ! voilà près d'un an que je suis voué à la nature morte... toute sa famille s'est liguée contre moi, ma belle-mère me fait surveiller dans la crainte que je n'introduise subrepticement des modèles féminins dans mon atelier, un atelier que j'avais choisi exprès assez loin du domicile conjugal...

— Mais c'est un drame ! s'écria Cabassol.

— Maintenant c'est fini, l'huissier est venu; il m'a apporté un papier timbré, qui m'interdit absolument tout modèle féminin; sans quoi, procès, séparation, etc., etc. !!

— Aïe ! fit Cabassol.

— Est-ce que vous tenez beaucoup à votre Reine de la Boule noire? Voyons, un superbe chaudron et une bourriche d'huîtres ne vous iraient pas plutôt? Ça ne troublerait pas mon ménage, je ne recevrais pas de significations d'huissier. Tenez, lisez mon papier timbré.

Et Bizouard tira d'un album une feuille de papier timbré et la tendit à Cabassol qui lut rapidement :

L'an mil huit etc., je, Vincent-Népomucène-Gontran Lebarbu, huissier près le tribunal civil de la Seine, à la requête de Mme Eulalie-Marguerite-Estelle Vertpré, épouse de M. Eugène-Jean-Jules Bizouard, artiste peintre, demeurant à Paris.

Me suis transporté à l'atelier de mondit sieur Eugène-Jean-Jules Bizouard, artiste peintre, époux de la requérante, boulevard de Clichy, où étant et parlant à la personne de son concierge, j'ai parlementé pendant treize minutes avant d'obtenir l'entrée de l'atelier dudit sieur Eugène-Jean-Jules Bizouard.

Chez M. le juge de paix

« La porte ouverte enfin, je me suis trouvé dans une grande pièce meublée et agencée comme il convient pour le travail dudit, en présence dudit sieur et d'une dame blonde aux cheveux dénoués, fumant une cigarette et buvant un petit verre de fine champagne, ainsi que je m'en suis assuré; ladite dame revêtue pour tout costume, d'une petite pièce d'étoffe turque. Je, huissier, après avoir constaté que les vêtements ordinaires de ladite dame blonde, consistant en robe, jupons, corset, bas et autres, qu'il ne convient pas de détailler, gisaient dans un des coins de l'atelier, ai demandé à ladite dame blonde, ses nom, prénoms et qualité, pour les faire figurer au présent acte avec toutes les réserves de droit pour citations ultérieures; auxquelles demandes ladite dame blonde a répondu se nommer Virginie-Eusébie Galoubet, exerçant la profession de modèle, et demeurant à Paris, chaussée Clignancourt, 424.

Poursuivant mes constatations, malgré l'opposition dudit Eugène-Jean-Jules

Bizouard, opposition que je qualifierais presque de violente, je, huissier, ai rencontré sur le panneau de droite en entrant, huit cadres contenant des figures de femmes, sinon dépourvues de tout vêtement, du moins à peine couvertes d'étoffes plus ou moins flottantes ou même vagues ; sur le panneau de gauche, vingt-deux toiles que ledit sieur a qualifiées des termes d'études et de pochades, lesquelles études et pochades représentent également des figures de femmes, quelques-unes vêtues, mais de costumes un peu débraillés et les autres presque non couvertes ; sur le panneau du fond quatorze autres toiles, figures de femmes en buste ou à mi-corps à vêtements indécis, enfin sur le panneau près de l'entrée six toiles de même caractère, parmi lesquelles j'ai parfaitement reconnu à certain signe le portrait de Mlle Virginie Galoubet, sans aucun tapis turc.

Sur le chevalet dudit Eugène-Jean-Jules Bizouard, je, huissier, ai trouvé une grande toile de près de deux mètres, sur laquelle se trouvait retracée la figure en pied de ladite demoiselle Virginie Galoubet, reconnaissable à quatre grains de beauté dispersés tant sur sa figure que sur le reste de sa personne. Sur ma demande de m'expliquer le sujet de cette toile, mondit Eugène-Jean-Jules Bizouard m'a déclaré que son tableau devait s'intituler *Après le bain*, sur le livret du prochain Salon impressionniste.

Après lecture faite desdites constatations audit sieur Bizouard, ledit sieur s'est refusé à signer, mais ladite Virginie Galoubet et ledit concierge ont signé et parafé avec nous.

L'an mil huit cent, etc., je, huissier, à la requête de Mme X... attendu qu'il résulte des constatations ci-dessus que le sieur Eugène-Jean-Jules Bizouard se sert ordinairement pour l'exercice de son art de différents modèles féminins parmi lesquels, Mlle Virginie Galoubet.

Ai signifié à mondit sieur Bizouard que ladite dame Bizouard, lui faisait expresse et absolue défense de se servir dorénavant, pour l'exercice de son art, en qualité de modèles, soit de Mlle Virginie Galoubet, soit de toute autre personne, lui faisant observer que les mannequins artistiques fabriqués par des marchands spéciaux, suffisaient amplement audit sieur, vu leurs mérites et beautés plastiques reconnus par tous les artistes.

Signé : Lebarbu.

— Eh bien ! demanda l'infortuné Bizouard, qu'en dites-vous ? j'ai reçu cela hier. Ce matin, bravant les défenses de ma femme, j'avais modèle pour ma *Reine de la Boule noire*, lorsque, au milieu de la séance, l'huissier Lebarbu s'est représenté, a procédé à de nouvelles constatations, a pris les nom et prénoms de mon modèle, une plantureuse fille des Batignolles, et m'a cité pour aujourd'hui à quatre heures chez le juge de paix de l'arrondissement.

— Sapristi !

— Oui, sapristi ! ma femme me traîne devant le juge de paix... vous le voyez... elle m'aime trop ! Voilà pourquoi je vous demandais de vous contenter d'un tableau de nature morte...

— Mais non ! mais non ! Il faut lutter, morbleu ! il faut convaincre Mme Bizouard... du non fondé de ses craintes... Et l'art, et le grand art qui

LA GRANDE MASCARADE PARISIENNE.

LIV. 32. Les constatations de l'huissier Lebarbu.

vous réclame... tenez, il me semble que si je voyais Mme Bizouard, je trouverais pour plaider la cause de l'art, des accents qui la feraient renoncer à ses préventions contre les modèles!...

— Vous devriez venir un de ces jours dîner chez moi, vous êtes éloquent, peut-être auriez-vous plus de succès que moi... voulez-vous venir demain?

— Certainement! répondit Cabassol enchanté de cette invitation qui devait lui faire connaître l'épouse du Jocko voué à ses foudres vengeresses.

Révélations sur la *Fornarina*.

— Je compte sur vous, alors; j'avertirai Estelle. Je vais de ce pas chez le juge de paix pour m'expliquer avec elle.... je vous dirai demain ce qu'il en sera résulté. Gardez-moi le secret, surtout!

Cabassol laissa le pauvre Bizouard se préparer à affronter la justice de paix et sortit enchanté de la tournure que prenait l'affaire Jocko. Cette brouille entre M. et Mme Bizouard servait singulièrement ses projets et il se promettait bien d'attiser encore les flammes de la discorde pour la plus grande vengeance de feu Badinard.

De concert avec Me Taparel il prépara un plan d'attaque adroit qui devait le conduire à une victoire rapide. Mais tout d'abord, il résolut de bien constater l'identité de Bizouard Jocko en le mettant en présence d'une personne qui l'eût connu sous ce petit nom élégant.

Il s'en fut donc chez Criquetta, l'étoile des Folies-Musicales, qui le reçut avec de doux et violents reproches pour ses trop rares apparitions. Cabassol se laissa donner sur les doigts un certain nombre de coups d'éventail, puis saisissant la main qui l'avait frappé, il la baisa galamment et pour achever de se faire pardonner, se mit en devoir d'en enchaîner le poignet dans le cercle d'or d'un bracelet délicatement ciselé.

Criquetta pardonna. Cabassol convint avec elle de la venir prendre le lendemain sans lui dire où il la conduirait.

Jean Bizouard pendant ce temps-là, plaidait sa cause devant M. le juge de paix de son arrondissement. Cette séance de conciliation fut orageuse, car le lendemain quand Cabassol se présenta à l'atelier, il trouva l'illustre peintre

L'infortunée M⁻ᵉ Estelle Bizouard.

perdu dans la mélancolique contemplation d'un lot de chaudrons de cuivre de toutes les couleurs, l'arsenal du peintre de natures mortes.

— Eh bien? demanda Cabassol.

Pour toute réponse Jean Bizouard montra ses chaudrons.

— Vous vous résignez ! s'écria notre ami.

— Que voulez-vous ! Elle m'aime trop, elle en mourrait !... Le juge de paix a été terrible ; justement c'est un vieux classique, il ne m'a pas caché qu'il avait ma peinture en horreur. Il est persuadé que tous les impressionnistes sont des barbares, des sauvages échevelés qui vivent en dehors de toute loi, bravant l'institut et la société, se roulant dans des orgies ténébreuses, dans des sabbats où l'on blasphème les noms de Raphaël et de M. Ingres ! Puis il s'est attendri, il a parlé de ma femme, jetée comme une malheureuse victime au milieu de cette horde, à la discrétion du chef reconnu de ces sauvages ; il a dit qu'il compatissait à ses chagrins et qu'il comprenait ses craintes, hélas, trop fondées. J'ai eu beau protester de mon attache-

Catastrophe!

ment pour Estelle, de ma fidélité inébranlable, il m'a adjuré au nom de la morale, de revenir aux bons sentiments et de renoncer aux modèles féminins ainsi que mon épouse m'en priait. J'ai discuté, j'ai lutté, j'ai parlé des nécessités du métier : il a prétendu, de même que l'huissier Lebarbu, que je pouvais peindre d'après le mannequin. Raphaël faisait ainsi, a-t-il dit en terminant, malgré tous les bruits qui ont couru sur la *Fornarina*, il est connu maintenant que ce noble jeune homme avait pour unique modèle un sapeur qu'il faisait poser aussi bien pour les Vierges que pour Dieu le père, en ayant soin seulement dans le premier cas, de supprimer la barbe ! — Et les contours ? ai-je dit. — Il modifiait certains contours, suivant les nécessités, m'a répondu le juge de paix avec sévérité, je vous le répète, la *Vierge à la chaise* et nombre d'autres madones ont été faites ainsi, d'après le sapeur...

— Vous avez protesté ?

— Parbleu ! j'ai dit que, tout en méprisant profondément le nommé Raphaël qui était un poseur, je ne lui faisais pas un seul instant l'injure de penser que sa *Fornarina* eût la moindre ressemblance avec un sapeur !...

— Mais plus près de nous, a repris le juge de paix, pensez-vous que M. Ingres fût arrivé à la haute position qu'il occupait, si le gouvernement avait pu croire qu'il ornait les murailles des palais nationaux ainsi que des églises, avec des figures de Virginie Galoubet? Non, monsieur, le véritable talent ne s'abaisse pas jusque-là, consultez les critiques autorisés et vous apprendrez que l'on peut parvenir aux plus hauts sommets de l'art sans outrager les convenances et surtout sans faire rougir le foyer conjugal ! L'*Odalisque* et l'*Angélique délivrée*, ont été peintes par M. Ingres avec le concierge de l'école des Beaux-Arts pour tout modèle. — Et la *Source*? ai-je crié en colère, fût-ce aussi un concierge qui posa pour la *Source* de M. Ingres ? — Non, monsieur, ce tableau fut inspiré au grand artiste par son porteur d'eau !!!... Faites-en autant !

— Et puis? demanda Cabassol.

— Je courbai la tête, j'étais vaincu !... Pour ne pas plaider en séparation, j'ai dû promettre de ne plus donner de nouveaux griefs à mon épouse ; ce matin je me suis mis à mes chaudrons...

— Et ma Reine de la Boule-Noire?

— Je ne veux pas la faire de chic pour aventurer ma réputation... Je chercherai un autre sujet...

— Soit, je chercherai de mon côté, et si je trouve je viendrai vous soumettre mon idée ; cependant, je tâcherai ce soir, puisque vous m'avez fait l'honneur de m'inviter, de faire revenir Mme Bizouard sur ses préventions contre Mlle Virginie Galoubet.

Cabassol, en sortant de chez le peintre, sauta dans une voiture et se fit conduire chez Criquetta qu'il trouva prête.

— Vite, ma chère Criquetta, en voiture ! dit-il.

Criquetta, assez intriguée, se demandait où Cabassol la conduisait, mais pressentant sans doute quelque surprise agréable, elle ne questionna pas notre ami.

La voiture les déposa boulevard de Clichy. Cabassol et Criquetta montèrent rapidement jusqu'à l'atelier de Bizouard.

— Nous y sommes, dit Cabassol en sonnant.

On entendit dans l'atelier un bruit de chaudrons, c'était Jean Bizouard qui venait ouvrir lui-même.

— C'est encore moi, dit Cabassol, j'ai réfléchi et j'ai une idée : au lieu du jambon et des chaudrons que vous me proposiez, je préférerais que vous me fissiez le portrait de madame...

Et il démasqua Criquetta.
— Tiens! fit Bizouard avec un geste d'étonnement.
— Tiens! fit Criquetta.

Cabassol se frottait les mains, ils se reconnaissaient.
— A nous deux, Jocko! pensa-t-il.
— Par quel hasard... Comment, te... vous... vous voilà! s'écria Jean Bizouard.
— En voilà une surprise, Coco! mon vieux Coco! répondit Criquetta, il y a longtemps que nous ne nous sommes vus, tu sais que je te permets de m'embrasser, aimable Coco!

Le peintre profitait de la permission lorsque deux cris, où la colère et la surprise se mêlaient à dose égale, le clouèrent sur la place.

Le premier cri était poussé par madame Estelle Bizouard elle-même, qui venait s'assurer de la sincérité des promesses de son mari, et qui arrivait juste à temps pour le voir en train d'embrasser une de ces jeunes et jolies dames qu'elle croyait avoir proscrites à jamais de l'atelier.

Quant au second cri, il avait été proféré par notre héros Cabassol. Lui aussi était furieux et il y avait de quoi : l'exclamation de Criquetta venait de lui faire comprendre qu'une fausse piste avait encore été suivie, et que Bizouard n'était pas le Jocko tant cherché.

Il y avait encore une fois quiproquo, on avait pris Coco pour Jocko!

Le célèbre peintre impressionniste Jean Bizouard présentait l'image d'un homme accablé par le malheur : debout à côté de Criquetta, il courbait la tête sous les regards indignés de madame Estelle Bizouard.

Une explication orageuse allait avoir lieu entre le peintre et son épouse.

— Je considérai ce crâne sous toutes les faces.

On sentait, à l'œil irrité de la trop aimante Estelle, qu'un simple juge de paix ne suffirait pas à rétablir la concorde. Gare le procès en séparation !

— Je comprends très bien, dit enfin Estelle Bizouard d'une voix cruellement ironique, je comprends très bien que monsieur ne veuille pas d'un simple sapeur pour modèle, ainsi que s'en contentaient Raphaël et Horace Vernet ; un sapeur a la peau moins satinée, il n'aurait pas tant de plaisir à l'embrasser ! Nous verrons ce que les tribunaux penseront de cette conduite...

— Pardon, pardon, chère madame, s'écria Criquetta furieuse à son tour, qu'est-ce que vous me voulez avec votre sapeur ? On ne peut donc plus être poli quand on se rencontre ?

— Coco ! une autre femme l'appelle Coco ! continua Estelle, ô mes illusions ! ô mes rêves de jeune fille ! Le tribunal ne refusera pas de délier les chaînes qui m'attachent à ce monstre !...

— Sapristi ! pensa Cabassol, voilà une fâcheuse aventure, je découvre que Bizouard est innocent juste au moment où j'occasionne des troubles dans son ménage ! Il faut que j'essaye de réparer mes torts...

— Madame, dit-il tout haut en s'adressant à Mme Bizouard, je vous jure qu'il y a ici un malentendu, je suis seul coupable, si coupable il y a : c'est moi qui, admirateur du talent de votre mari, ai amené madame, pour le prier de peindre d'après elle une de ces œuvres magistrales qui sont la gloire de la nouvelle école française !...

Mais Mme Bizouard ne l'écoutait pas, elle continuait à faire à son mari de sanglants reproches. Bizouard protestait de toutes ses forces, il jurait de consacrer désormais son pinceau aux jambons et aux casseroles de cuivre ; de temps en temps il faisait des signaux désespérés à Cabassol pour le conjurer d'emmener au plus vite Criquetta loin des yeux irrités de son épouse.

— Ma foi, sauvons-nous, il s'arrangera mieux sans nous, se dit Cabassol en entraînant rapidement Criquetta vers la sortie de l'atelier.

En descendant l'escalier, il put entendre encore Mme Bizouard qui s'écriait d'une voix entrecoupée :

— Coco ! Elle **vous** a appelé Coco !

Chez le docteur Malbousquet.

VII

Un prince de la science. — Cabassol et Miradoux, esclaves du devoir, risquent des maladies pour le service de la succession Badinard. — Trop de potions!

Personne ne fut plus désolé que M. Miradoux lorsque Cabassol, accouru en sortant de chez Bizouard, lui apprit qu'il était encore tombé sur un faux Jocko; outre l'inconvénient d'avoir occasionné une foule de désagréments à l'innocent impressionniste et d'être en partie cause d'une séparation imminente, il y avait encore la perte d'un temps précieux.

Où trouver le véritable Jocko? Comment le découvrir parmi les *Billes de billard?* Allait-on en être réduit à consulter une somnambule pour sortir d'embarras?

M⁰ Taparel était sorti. Quand on lui apprit la nouvelle, il ne manifesta qu'un étonnement relatif.

— Voulez-vous que je vous dise? dit-il, eh bien, je m'en doutais, j'avais des pressentiments! Hier, au dîner des *Billes de billard,* je considérais M. Bizouard et je me disais que son crâne paraissait plus jeune que celui de la photographie de Jocko. Le crâne de Bizouard est dévasté par une calvitie précoce, tandis que la calvitie du crâne de Jocko n'a pas le même caractère... Et tout en étudiant les différentes calvities qui m'entouraient, je tressaillis à la vue d'un crâne que je ne connaissais pas encore. C'était celui d'une *Bille de billard* qui, depuis ma réception, n'avait pu prendre part à nos agapes; un étrange soupçon se glissa dans ma tête... Si c'était là le vrai Jocko? me dis-je, éperdu à la pensée des malheurs suspendus sur la tête de l'innocent Bizouard... Et de toute la soirée je ne pus détacher mes regards de ce crâne, je le considérai sur toutes les faces, et j'acquis à la fin la conviction que mes soupçons étaient fondés!

— Et vous ne m'avez pas prévenu par dépêche! s'écria Cabassol.

— Je ne croyais pas les choses aussi avancées avec Bizouard. Ce matin je suis sorti pour aller chercher quelques renseignements sur Jocko...

— Comment se nomme-t-il?

— C'est un prince...

— Un prince!

— Un prince... de la science, le docteur Malbousquet, une des lumières de la faculté.

— Marié ou célibataire?

— Notre président, Bezucheux de la Fricottière, le père de votre ami, n'a pu me le dire.

— Il faut sans tarder commencer les opérations. Vous êtes certain que c'est bien, cette fois, le coupable Jocko?

— Absolument certain, c'était le médecin de M. Badinard; j'ai trouvé ce matin, dans les papiers de la succession, une note d'honoraires pour soins donnés à madame!

— Horreur! Et il réclamait des honoraires pour ça au mari!

— Oui, c'est scandaleux!

— Je serai sans pitié! dit Cabassol avec solennité.

Sur ce mot, les vengeurs de Badinard commencèrent la discussion du plan d'attaque contre l'affreux docteur Malbousquet.

— C'est bien simple, dit Cabassol, notre ennemi est médecin, je vais

Le docteur passa la potion sous le nez de Cabassol.

m'introduire chez lui en qualité de malade, je vais aller le consulter. Quand je serai dans la place, j'étudierai son point faible.

— Parfait, dit Mme Taparel, je vais vous donner une lettre de recommandation pour lui.

L'honorable notaire se mit à son bureau et écrivit rapidement les lignes suivantes :

Mon cher confrère en calvitie,

Je me permets de vous adresser un jeune homme de mes amis, un garçon charmant, qui se trouve hélas ! depuis longtemps, dans un état de santé déplorable sans en avoir l'air.

Abandonné des médecins dans son pays, en proie à la plus profonde mélancolie, je dirai même au marasme, il donne de graves inquiétudes à sa famille.

Vous seul, prince de la science, pouvez le sauver, je vous l'envoie avec confiance, faites un miracle !

La *Bille-de-Billard*,

TAPAREL.

Muni de cette lettre de recommandation, Cabassol se rendit le jour même chez le docteur Malbousquet. Dix-sept personnes attendaient dans le salon l'instant redoutable de la consultation, mais Cabassol n'eut qu'à faire passer la lettre de Me Taparel pour être introduit immédiatement dans le cabinet du docteur.

L'homme qui cumulait les deux qualités de prince de la science et de *Bille de billard* était grand et gros ; boutonné jusqu'au menton dans sa longue redingote ainsi qu'il sied à un membre important de la Faculté, toute sa personne respirait la froideur et la solennité : son front dénudé de *Bille de billard* était solennel, son nez était solennel, son menton grave était solennel, ses favoris poivre et sel s'allongeaient en côtelettes avec solennité.

Cabassol se donna l'air aussi intéressant que possible pour soutenir l'examen du docteur, il pencha la tête et regarda le sol avec mélancolie.

— Où souffrez-vous ? demanda le docteur.

— Partout, soupira Cabassol.

— La tête ?

— Lourde.

Il passa deux heures à boire de la chartreuse.

— Et au cœur? que ressentez-vous.
— Des battements!

Cabassol malade.

— Diable! Et l'estomac?
— Horrible. Pas d'appétit, je bois et je mange seulement par habitude.
— Diable! voyons le pouls? C'est extraordinaire, il n'est pas mauvais.
— En reviendrai-je? demanda Cabassol d'un air inquiet.
— Soyez tranquille, nous vous soignerons. Votre état me paraît d'autant plus grave que chez vous la nature ne donne que des indications vagues sur lesquelles il serait difficile d'asseoir un diagnostic à première vue. Vous êtes atteint d'une anémie arrivée au dernier degré, compliquée de phénomènes nerveux généraux, de troubles profonds dans les régions du cœur et de l'estomac. En un mot nous sommes en présence d'une diathèse générale ou plutôt votre organisme, aussi délabré et aussi fatigué que possible, a pour ainsi dire synthétisé une foule d'affections diverses qui se combinent de façon à former des sous-affections dérivées des... enfin c'est pour la science un très beau cas, que je remercie M. Taparel de m'avoir envoyé. Je vais étudier votre maladie et combattre pied à pied.

Miradoux malade.

Ce disant le docteur Malbousquet prit une plume et griffonna de nombreuses lignes.

— Voici mon ordonnance, prenez ce que je vous indique et revenez me voir demain à la même heure.

Cabassol remercia le docteur et se retira. Dans l'antichambre, il rencontra Miradoux qui venait aussi pour consulter.

Il vida la potion dans la Seine.

— Comment, vous aussi? dit-il tout bas.

— Je veux, pour aller plus vite, réunir tous les renseignements qui vous seront nécessaires, répondit le consciencieux Miradoux. A ce soir.

Le docteur Malbousquet avait généreusement attribué à son client une forte quantité de pharmacie. Cabassol avait deux potions à prendre par cuillerées à bouche de deux heures en deux heures, une tasse de quelque chose à avaler matin et soir, et des frictions à subir.

Il déchira l'ordonnance en petits morceaux et s'en fut chez M° Taparel pour attendre Miradoux.

Celui-ci revint au bout de trois heures avec une ordonnance et quelques petits renseignements obtenus des domestiques.

Le docteur Malbousquet était marié, sa femme était à la campagne, mais elle devait revenir à Paris sous trois ou quatre jours.

Cabassol retourna le lendemain à la consultation. Le domestique prévenu le fit entrer tout de suite dans le cabinet du docteur.

— Eh bien? demanda M. Malbousquet, avez-vous pris tout ce que je vous avais ordonné?

— Tout! répondit Cabassol.

— Et le résultat?

— Ça va plus mal.

Le docteur prit la main de Cabassol pour consulter le pouls.

— En effet, dit-il, mais cela ne durera pas, l'attaque soudaine et simultanée de vos diverses affections a provoqué un trouble passager, nous allons continuer la médication dans le même sens, sans nous laisser effrayer par ces phénomènes inexplicables.

Et le docteur refit encore une ordonnance plus longue et plus compliquée que la première.

— A demain.

Cabassol rencontra encore Miradoux en sortant.

— Madame Malbousquet a trente-huit ans, glissa-t-il dans l'oreille de son complice.

— C'est beaucoup, fit Cabassol, mais baste! c'est le bel âge de la femme, ce n'est pas le printemps, mais c'est encore l'été... saison planturcuse!...

Quand il revint pour la troisième consultation. Cabassol répondit encore aux questions du docteur que son état paraissait s'aggraver.

— Ça va plus mal? je m'en doutais, la maladie se défend, mais patience, nous en viendrons à bout.

— Que dois-je faire maintenant?...

— Pour le moment, attendez!...

Le docteur Malbousquet prit une grosse fiole posée sur son bureau, l'agita fortement, la déboucha, la flaira avec des mouvements de narines caressants et la passa ensuite sous le nez de Cabassol.

— Sapristi que ça sent mauvais! murmura Cabassol.

— Vous m'en direz des nouvelles, j'ai préparé cela moi-même, répondit le docteur en versant une pleine cuillerée de potion, tenez, avalez-moi ça!

Cabassol fit un saut en arrière, il ne s'attendait pas à celle-là. Passe encore pour des ordonnances qu'il jetterait au feu, mais ingurgiter réellement des potions, cela dépassait ses intentions.

— Hein? fit sèchement le docteur, j'aime les malades dociles, si vous reculez devant les médicaments que j'ordonne, vous ne guérirez jamais!

— Pardon, c'est que...

— Quand on est dans votre état, mon pauvre ami, on doit s'en remettre les yeux fermés à la Faculté... vous allez me prendre une cuillerée à bouche de cette potion et continuer d'heure en heure... allons!

Il n'y avait pas moyen de lutter, le docteur avançait sa cuillerée jusque sous le nez de Cabassol, notre pauvre ami ferma les yeux et avala...

— Pouah! fit-il avec une affreuse grimace.

— Bah! ce n'est pas exquis, mais c'est souverain, je n'ai pas cru qu'il fût nécessaire de noyer ma mixture dans le sirop dont les pharmaciens abusent, mais vous vous y habituerez. Emportez la fiole... d'heure en heure, vous m'entendez bien, et agitez énergiquement! à demain.

Miradoux était encore à la consultation, Cabassol en sortant ne fit pas attention à ses signaux, il avait hâte de faire passer avec des liqueurs quelconques l'affreux goût de la potion du prince de la science.

Madame Malbousquet.

Il passa deux heures dans un café à s'abreuver de chartreuse, enfin quand le mauvais goût fut passé, il sortit et se dirigea à pied vers l'étude de M° Taparel.

En passant sur le pont des Saints-Pères, il s'approcha du parapet et débouchant la potion de M. Malbousquet, il la vida dans la Seine jusqu'à la dernière goutte.

— Pouah! fit-il encore en remettant la bouteille vide dans sa poche.

M. Miradoux était de retour à l'étude. Il était en train de dicter à l'expéditionnaire une missive destinée à Mme Colbuche.

— Vous voyez, dit-il, nous nous occupons de la succession Badinard, je réponds aux lettres de cette dame... nous allons commencer le platonisme.

— Très bien! répondit Cabassol, n'oubliez pas de parler des âmes sœurs, qui vivent quelquefois séparées l'une de l'autre par des océans, et qui n'en goûtent que mieux plus tard, dans le ciel, les douceurs d'une éternelle réunion. C'est très calmant.

— A propos! reprit Miradoux, je sais quelque chose de plus sur l'épouse de Jocko...

— L'affreux docteur Jocko! fit Cabassol avec une grimace.

— Elle s'appelle Sophie!

— Ce nom ne me dit pas grand'chose.

— Bah ! il a été illustré par la Sophie de Mirabeau... Et elle revient après-demain.

— Le plus tôt sera le mieux. Je boirai le calice jusqu'à la lie, je retournerai demain chez le docteur, il faut que je devienne de plus en plus pour lui un cas intéressant et phénoménal, je me grimerai en malade, je me cernerai les yeux...

Cabassol n'eut pas besoin de se grimer le lendemain pour aller chez le docteur. La cuillerée de potion qu'il avait bue l'avait presque rendu malade ; il arriva pâle et les yeux caves, et le docteur constata chez son sujet un pouls fébrile et capricant.

— Bon symptôme ! dit-il, cela se dessine, vous voyez que ma potion produit son effet. Il faut que la maladie se régularise et s'affirme d'une façon nette pour être combattue ensuite avec précision. Tenez, avalez-moi ça ! c'est un peu plus fort qu'hier, tous les jours j'augmenterai le dosage des divers ingrédients...

L'infortuné Cabassol dut s'exécuter. Il avait consulté la veille quelques livres de médecine, et il avait choisi un certain nombre de maladies intéressantes dont il amalgama les symptômes qu'il décrivit avec un grand luxe de détails. Le docteur Malbousquet frémit d'aise, son malade devenait de plus en plus un phénomène, un précieux sujet d'étude pour la science.

— C'est curieux, dit-il, j'ai justement en ce moment-ci un autre cas bizarre sur lequel je me propose d'appeler l'attention de la Faculté. Un de ces jours je réunirai quelques collègues en consultation et je vous présenterai à eux avec mon autre malade... mais quand vous serez à point !

Cabassol frémit. En sortant il se croisa encore avec Miradoux qui lui parut un peu languissant.

Il l'attendit en voiture à la porte du docteur, après avoir bu, pour se remettre, quelques gorgées d'aguardiente espagnole, liqueur violente entre toutes.

— Eh bien ! dit-il en le voyant apparaître, de plus en plus languissant, vous avez l'air malade, mon pauvre ami.

— Ça ne va pas ! répondit Miradoux. Je ne me sens pas bien...

— Il vous fait aussi avaler des cuillerées de potion ! Savez-vous que ça devient dangereux les affaires de la succession Badinard ! Cet infernal Jocko qui nous a déjà fait tant courir, nous donne de la peine.

— Patience, elle arrive demain, elle !

— A demain la vengeance ! Tenez, ingurgitez un peu d'aguardiente pour faire passer ça !

Me Taparel fit son possible pour consoler les deux victimes du docteur Malbousquet, il leur fit envisager une revanche prochaine.

— Vous avez raison, répondit Cabassol un peu remonté, nous avons encore de la chance de ne pas être tombé sur un chirurgien !

Le lendemain n'était pas jour de consultation. Néanmoins les deux clients

LA GRANDE MASCARADE PARISIENNE.

Aurino n'avait pas la bosse du respect.

du docteur avaient rendez-vous à l'heure habituelle. En arrivant ils trouvèrent toute la maison en mouvement, le salon était encombré de malles et de paquets que deux femmes de chambre rangeaient.

— Elle est arrivée ! pensa Cabassol.

Et il entra un peu consolé dans le cabinet du docteur, la chambre de la torture, comme l'appelait Miradoux.

Le bouillant colonel Ploquin.

— Grave ! très grave ! murmura le docteur en examinant son patient, j'avertirai demain quelques savants professeurs de l'École de médecine qui se feront un plaisir de se livrer à quelques études sur votre maladie... une maladie intéressante au plus haut degré. Où en est votre potion ? vous avez pris tout ?

— Voici la fiole, répondit Cabassol.

— Bien, en voici une nouvelle, celle-ci plus forte encore... n'oubliez pas, de demi-heure en demi-heure ! Avalez cette cuillerée...

En sortant, Cabassol se croisa dans le salon avec une dame en toilette de voyage, que le docteur appela Sophie ! Cabassol leva les yeux et s'arrêta foudroyé. Horreur ! Mme Malbousquet était affreuse ! C'était une femme grosse, courte, au nez d'un Roxelane exagéré, rouge et rousse par-dessus le marché, et marchant avec le dandinement élégant d'une oie gênée par la graisse. De plus il était visible qu'elle avait doublé, depuis quelque temps déjà, le cap de la cinquantaine.

Cabassol n'eut pas la force de saluer. Il se laissa tomber sur un canapé dans les bras de Miradoux aussi consterné que lui.

— Vite! des sels! s'écria le docteur, ce jeune homme se trouve mal, il est encore plus bas que je ne croyais!

Cabassol rentra chez lui et se coucha véritablement indisposé, pendant que de son côté Miradoux courait se mettre au lit. Il souffrit une partie de la nuit et ne s'endormit que vers le matin. Il dormait encore vers midi quand il fut brusquement réveillé par M° Taparel.

— Eh bien! dit-il en se frottant les yeux, un peu remis par ce sommeil réparateur.

— Eh bien, je sais tout! je sors de chez Miradoux, il est malade comme vous...

— La maladie n'est rien, ce qui est terrible, c'est que... enfin... j'ai le sentiment du devoir fortement enraciné dans mon cœur, mais...

— Mon ami! il y a du nouveau, j'ai à vous annoncer...

— Quoi encore, grand Dieu?

— Malbousquet n'est pas Jocko!

— Que dites-vous!!!

— Non, le docteur est innocent. Il y a encore erreur! Vous savez la note des honoraires de Malbousquet, pour soins donnés à madame...

— Oui, je sais, eh bien?

— Eh bien, je n'avais pas vu l'adresse au dos : Mme Tulipia Balagny, rue...

— Ce n'est pas possible!

— C'est comme je vous le dis, je ne comprends pas comment cette note de Tulipia Balagny, a pu se glisser dans les papiers de la succession Badinard...

— Hélas! vous auriez bien dû faire cette découverte plus tôt! nous ne serions pas malades... Et il va falloir encore chercher cet infâme Jocko!

— Je l'ai trouvé! s'écria M° Taparel, j'ai maintenant une certitude... tranquillisez-vous!

— Je vous préviens, dit solennellement Cabassol, que je n'agirai plus maintenant que lorsque j'aurai des preuves...

— Puisque je vous dis que j'ai une certitude! hier au Club, j'ai repris mes investigations... ce Jocko, cet abominable Jocko, c'est...

— Dites vite!

— C'est M. Théodule Ploquin, colonel de cavalerie en retraite, membre du club des *Billes de billard* et ami intime de notre président Bezucheux de la Fricottière!

— Apportez-moi une preuve quelconque de l'identité du colonel Ploquin avec ce cauchemar de Jocko et j'agis, sinon, non!

Et Cabassol se laissa retomber sur l'oreiller.

VII

Question véritablement indiscrète posée au bouillant colonel Ploquin. — Le phonographe de M° Taparel. — Victoires et conquêtes d'un vieux brave.

M° Taparel se gratta l'oreille.

— Je comprends très bien, dit-il, qu'après nos erreurs successives, vous désiriez une preuve avant d'entrer de nouveau en campagne; mais quelle preuve puis-je donner?

Le bouillant colonel Ploquin administrant le poil quotidien à ses gens.

— Interrogez le colonel Ploquin, il est de votre club des *Billes de billard*, vous pouvez très bien l'appeler Jocko et voir si le vieux farceur vous répondra.

— Y pensez-vous! appeler Jocko de but en blanc le colonel Ploquin! Vous ignorez que c'est le plus bouillant, le plus rageur des colonels de cavalerie en retraite; c'est un pourfendeur, il me pourfendra! Bezucheux m'a dit qu'il en était à son trente-huitième duel... Je suis un simple notaire, je ne tiens pas à lui fournir une trente-neuvième occasion de pourfendre!

— Cherchez un moyen quelconque d'avoir mieux qu'une certitude morale! Je n'agirai pas sans cela!

M° Taparel partit considérablement ennuyé. Il s'enferma seul dans son cabinet, et se plongea dans la méditation. Le surlendemain, Cabassol qui entrait en convalescence reçut le télégramme suivant :

Eureka !!!

TAPAREL.

Cabassol sauta en voiture et vola vers l'étude. Miradoux allait un peu mieux, mais il n'avait pu encore retrouver la force de venir siéger dans son fauteuil; quelques lettres de Mme Colbuche amoncelées sur son bureau attendaient son retour : on voyait, aux frémissements de l'écriture de la dernière, que Mme Colbuche s'impatientait.

M° Taparel, quand notre ami entra dans son cabinet, était en train d'examiner avec une attention singulière, une petite machine que Cabassol prit pour une presse à copier de nouvelle invention.

— Bonjour, maître! dit Cabassol. Eh bien, *Eureka* quoi?

— *Eureka* le moyen pratique, facile et sans aucun danger pour le questionneur, d'adresser au colonel quelques questions insidieuses qui vous donneront, je l'espère, cette certitude absolue que vous souhaitez! *Eureka* ceci!

Et M° Taparel frappa sur la petite machine.

— Ceci est un phonographe, mon jeune ami, une ingénieuse invention dont on ne tire pas encore tout le parti que l'on pourrait. Vous allez voir comment je sais en jouer. Je fais venir un commissionnaire, j'enveloppe mon phonographe et je l'envoie au bouillant colonel Ploquin avec la lettre suivante :

Monsieur le colonel,

Permettez à une personne que guide seul un intérêt sacré, et non une futile et vaine curiosité, de pousser l'indiscrétion jusqu'à vous poser une question, une seule, mais une délicate question.

Elle est difficile à formuler, mais un homme comme vous, un homme de fer dont toute la vie a été consacrée au devoir, et tout le sang à la France, comprendra que le sentiment d'un devoir impérieux peut quelquefois faire oublier le sentiment des convenances, et j'ai le ferme espoir que, passant par-dessus l'étrangeté de la question, vous y répondrez avec une franchise toute militaire.

Voici cette question :

Monsieur le colonel, les femmes ont-elles pour habitude, dans l'intimité, de vous appeler Jocko ?

Encore une fois, monsieur le colonel, soyez assuré qu'un intérêt sacré me force à vous paraître aussi indiscret. Ayez la bonté de répondre par ce phonographe (l'instruction pour le maniement est ci-jointe).

Et agréez avec mes humbles excuses, un million de remerciements.

Une personne anxieuse.

— Voilà, fit M⁰ Taparel en posant la plume. De cette façon le bouillant colonel Ploquin ne pensera pas à pourfendre personne.

Transportons-nous maintenant chez le bouillant colonel Ploquin et voyons comment il va recevoir la communication de M⁰ Taparel. Certes, le président Bezucheux de la Fricottière n'a pas trompé le notaire quand il lui a dépeint le colonel Théodule Ploquin, comme le plus rageur et le plus impétueux des guerriers retraités. A côté du colonel Ploquin, l'Etna et le Vésuve sont de simples soupes au lait, pour la tranquillité de leurs éruptions, et ils ont de plus cette infériorité sur lui qu'ils ne proposent jamais à personne de petite partie fine au sabre de cavalerie.

Il est juste de dire aussi, pour excuser cet excès de volcanisme, que le colonel est tourmenté à la fois par la goutte et par le chagrin de ne plus pouvoir flanquer quinze jours de clou à personne, pas même au cantinier et à la cantinière du 24ᵐᵉ hussards qui l'ont suivi dans la retraite, le premier en qualité de brosseur civil et la seconde comme cuisinière.

Par bonheur, le jour où le phonographe de M⁰ Taparel arriva chez le colonel dans les bras d'un simple commission-

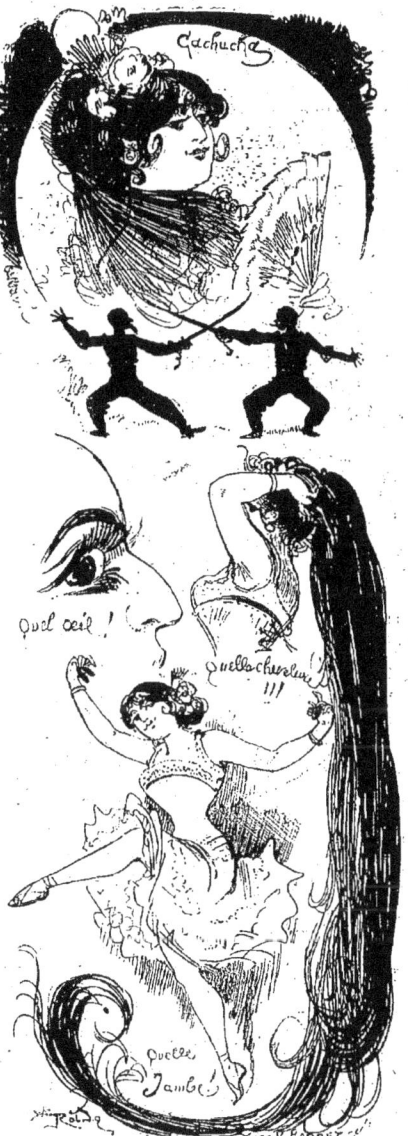

Victoires et conquêtes du colonel Ploquin.

Victoires et conquêtes du colonel Ploquin.

naire, le bouillant Théodule Ploquin était un peu tranquille du côté de sa goutte et il venait d'administrer à son brosseur le poil quotidien qui soulageait sa bile pour toute une journée.

Le colonel reçut avec étonnement le paquet, il considéra un instant le phonographe avec méfiance sans pouvoir comprendre quelle diable de machine ce pouvait être, puis décacheta la lettre. Une stupéfaction immense se peignit sur ses traits, ses sourcils se froncèrent, sa grosse moustache se hérissa, son nez rougit et il éclata :

— Zut! vous m'embêtez! exclama-t-il, sacrrrrr..... par sainte cartouche, voilà un espèce d'animal joliment curieux !... Qu'est-ce qu'il me chante avec son Jocko, ce bougre de sacrebleu de nom de nom? Qu'est-ce que ça veut dire et qu'est-ce que ça lui fiche, que les femmes m'appellent comme ci ou comme ça dans l'intimité... Attends un peu, que je vous envoie sa mécanique par la fenêtre!

On voit par cette modération que le bouillant colonel était dans un de ses bons jours.

— Cependant, reprit-il, la lettre de ce clampin parle d'un intérêt sacré... Qu'est-ce que ça peut être? par sainte car-

touché! c'est peut-être un mari... un mari chagriné qui me soupçonne et qui cherche à me tirer les vers du nez.... J'ai envie de l'envoyer promener! mais non, c'est flatteur tout de même, c'est que l'on ne s'aperçoit pas trop que je suis retraité... que j'ai quitté les hussards, et aussi... hélas!... les étendards du général Cupidon!... Et puis, un intérêt sacré... après tout je peux répondre... Voyons son phonographe... Cette petite machine n'est pas bête du tout... Si on

Victoires et conquêtes du colonel Ploquin.

avait connu ça de mon temps, moi qui n'aime pas écrire, je n'aurais jamais voulu correspondre par lettre...

Le colonel Ploquin étudia un instant l'instrument, il lut attentivement l'instruction jointe par le notaire à son envoi, et approcha son visage du petit entonnoir dans lequel il faut parler.

— Hum ! fit-il, vous voulez savoir comment les femmes m'appellent dans l'intimité, vous êtes bien curieux ! Je veux bien vous répondre, mais sachez que si les petits noms que l'on m'a donnés vous contrarient, je suis prêt à échanger autant de coups de sabre que l'on voudra ! Y êtes-vous ? Attention ! Je me souviens d'une Andalouse de Mostaganem, Créhleu, la belle femme ! C'était en 42 : j'étais simple lieutenant quand nous nous tapâmes mutuellement dans l'œil, il y avait là des tas d'officiers, mais elle me distingua et quitta pour moi un capitaine du train avec lequel je dus m'allonger sur le terrain ! Vlan ! j'attrapai une estafilade, j'en flanquai une au hussard à quatre roues, mais ce fut moi qu'elle vint soigner. Cristi, quel œil ! un vrai velours ! Je dois dire que son œil me posa énormément dans la considération du corps d'officiers de Mostaganem. Et quelle chevelure ! Et quelle jambe !... mais ça ne vous regarde pas, fichez-moi la paix là-dessus et sachez que Cachucha, c'est ainsi que je nommai mon Andalouse, ne m'appela jamais que Théodoule ! avec un accent !... Bon ! il n'y a pas de Jocko là-dedans, si vous n'êtes pas content, venez me le dire ! Je me souviendrai toujours de mon Andalouse, et je ne lui fus jamais infidèle qu'en campagne.

« Attendez !... en 43, toujours aux chasseurs d'Afrique, une belle arme, en 44, 5, 6, 7, 8, et 9 souvenirs embrouillés ; j'étais capitaine, je me souviens de trois Marseillaises qui, à elles trois, pouvaient bien valoir Cachucha, mais que je n'aimai pas simultanément tandis qu'elle.... Brisons là-dessus ! il y en avait une qui me donna pendant longtemps le petit nom de Bibi ; encore, je sus à la fin que ce nom ne m'appartenait pas en propre, qu'il avait servi à de simples civils et qu'en dernier lieu elle le distribuait à un sous-lieutenant et à des capitaines de zouaves ! une Maltaise, dans les moments d'épanchement, me prodigua vers 46 ou 7 des mots d'amitié qui ne ressemblent pas beaucoup à Jocko : si ça peut vous intéresser, elle m'appelait *mio amore, mio... mio* je ne sais plus quoi... Bref pas de Jocko... Ah ! attendez !... non, je ne me souviens pas... En 50, quand je passai aux hussards, je fus tenir garnison à Landerneau ! garnison embêtante... cependant, il y avait la femme d'un pharmacien qui m'aida à passer de bons moments... J'espère que vous n'êtes pas le pharmacien de Landerneau... dans tous les cas, si vous l'êtes, je m'en fiche et je vous attends !... Bref, ma pharmacienne de Landerneau, — je ne sais plus son petit nom, — qui aimait la gaité, et que je faisais rire à en faire éclater tout Landerneau, — m'appelait son Gobichon ! voilà ! Le nom est drôle, mais dans ce temps-là, ça voulait dire quelque chose comme petit farceur!...

Le colonel Floquin fut interrompu à cet endroit de ses confidences, par le retour du commissionnaire qui venait chercher sa réponse.

— Enlevez! dit le colonel en lui remettant le phonographe.

Cabassol et M° Taparel attendaient pleins d'anxiété le retour du commissionnaire. Dès qu'ils eurent le phonographe, ils le mirent en mouvement et recueillirent par la sténographie le discours du colonel.

Cabassol poète.

Le phonographe s'arrêta à *petit farceur* et resta muet.

— Ce n'est pas cela, dit Cabassol.

— Parbleu, il s'est arrêté à 1850, répondit le notaire, je vais renvoyer l'instrument.

M° Taparel joignit au phonographe un petit billet ainsi conçu :

« On ne parlait pas de Gobichon; on avait dit Jocko. On supplie le brave colonel Ploquin de passer une trentaine d'années et de dire si, dans ces derniers temps, il n'était pas Jocko pour les dames!

« Intérêt sacré, que le colonel ne l'oublie pas!

« *Une personne en proie aux plus vives inquiétudes.* »

— Sainte Cartouche! fit le colonel Ploquin quand il vit revenir le commissionnaire avec le phonographe, vous n'avez pas fini de m'embêter, vous là-bas?

— Faut-il le flanquer à la porte, mon colonel? demanda le brosseur du vieux guerrier.

— Oui, mais qu'il apporte son instrument du tonnerre de nom de nom!

— Sainte Cartouche! reprit le colonel après avoir lu le billet, je ne peux pourtant pas compromettre des femmes du monde! Sacré nom de nom! intérêt sacré! allons y encore!

Le colonel saisit le phonographe et reprit le cours de ses confidences.

— Sacristi! alors, s'il faut passer une trentaine d'années, il est inutile de vous parler d'une grande dame Milanaise en 59, qui m'appelait... mais non, pas la peine! ni du camp de Chalons de 61, j'étais aux lanciers, alors ni d'un tas de petites femmes; mais sachez que c'est parce que vous me parlez d'un intérêt sacré, sacrebleu! Or puisque vous voulez les dernières, dans le Midi, en 78, l'année que l'on m'a fendu l'oreille, à moi, le plus lapin encore de tous les colonels de hussards, — à part ma sacrée goutte, — dans le Midi, enfin, où il y a des petites femmes charmantes, du vrai salpêtre, il y en avait une, — non, deux, pas ensemble, mais consécutivement, sacrebleu, je ne vous dirai pas leurs noms, inutile de les compromettre, quoique cependant, leurs petits noms ça ne fait rien... Clémence et Azurine, toutes les deux brunes, deux nez piquants, des yeux! des mains!

Clémence m'appelait papa, et Azurine qui n'avait pas la bosse du respect, *gros papa*. Et voilà!

« J'espère maintenant que vous allez me ficher la paix!

Le brosseur du colonel enveloppa méthodiquement le phonographe et le remit au commissionnaire.

Le brave colonel croyait être quitte avec ces dernières confidences, mais le phonographe revint encore accompagné d'un troisième billet.

« Ce n'est pas encore cela! revenons à Jocko, personne ne vous a donc jamais appelé Jocko? Jocko, entendez-vous, rien que Jocko? »

Une personne désespérée d'être forcée de se montrer si importune.

— Sainte Cartouche! hurla le colonel dans le phonographe, voulez vous insinuer que je ne suis qu'un vieux singe! à part ma sacrée goutte, j'ai bon pied, bon œil et bonne garde! Vous m'embêtez! Zut! Et si vous n'êtes pas content, envoyez vos témoins!

Sur ce, le brosseur du colonel remit le phonographe au commissionnaire et le mit à la porte avec un grand coup de balai dans le dos.

— Que vous disais-je? s'écria Cabassol, quand le notaire eut fait dire et redire au phonographe la réponse du bouillant colonel. Vous voyez, le colonel est innocent, jamais personne ne lui a donné le nom de Jocko! il faut renoncer à découvrir cet introuvable Jocko...

— Renoncer! y pensez-vous? répondit sévèrement Me Taparel. Renoncez-vous à la succession? Non, eh bien, exécutez toutes les volontés du testateur! D'ailleurs le champ de nos investigations se rétrécit peu à peu, nous finirons par tomber juste!

IX

Échantillon de poésie darwiniste pour la Revue préhistorique. — La bibliothèque ambulante de M. Poulet-Golard. — Collections de cailloux de l'âge de pierre et de photographies de l'âge du faux chignon.

Le jour du dîner hebdomadaire du club des Billes de billard, attendu avec tant d'impatience par M° Taparel, arriva enfin et le notaire put reprendre ses laborieuses recherches. Il porta ses soupçons sur différents crânes et

Adam.

après les avoir étudiés longuement, après les avoir comparés à la photographie du coupable, il interrogea avec adresse le président Bézucheux sur leur compte. Peu à peu les renseignements obtenus sur l'un de ces crânes prirent corps et M° Taparel sentit naître en lui un vif espoir.

— Ce petit père là, disait le président Bézucheux, c'est le fameux savant Poulet-Golard, le directeur de la Revue préhistorique, ancien professeur de linguistique antédiluvienne au collège de France, membre de l'Institut, etc., et de plus un gaillard ! Quelle belle Bille de billard ! Ce savant qu'à première vue vous pourriez croire aussi desséché qu'un vieux silex, fait explosion de temps en temps et se repose de ses travaux historiques par de folles cascasdes... il partage sa vie entre ses cailloux de l'âge de pierre, et des petites dames qui n'en sont pas...

Le crâne du vieux savant était plus dénudé que celui de la photographie, mais ce déboisement pouvait être récent, vu les nombreux et fatigants travaux dont M. Poulet-Golard était accablé.

— Drôle de tête ! dit le notaire, ses favoris poivre et sel sont bizarrement arrangés...

— Comment, vous ne savez pas? M. Poulet-Golard, persuadé que l'homme descend du singe en droite ligne, cherche à en être une preuve vivante... tous les jours, devant son miroir, il se fait sa tête pour ressembler à un vieux chimpanzé...

— C'est lui ! pensa le notaire.

Dès le lendemain, Cabassol mandé à l'étude, apprit que M⁰ Taparel avait porté ses soupçons sur un autre Jocko. Il convint qu'il pouvait y avoir quelques chances de réussir en se lançant sur cette nouvelle piste et annonça qu'il allait agir, en alliant autant que possible la prudence à la rapidité.

Mais comment s'insinuer dans la confiance du savant Poulet-Golard et l'approcher d'assez près pour étudier sa vie et ses habitudes?

— Un moyen bien simple, dit Miradoux qui avait retrouvé avec la santé toute sa lucidité d'esprit ordinaire, M. Poulet-Golard est directeur de la *Revue préhistorique*, n'est-ce pas? Eh bien, que M. Cabassol lui porte pour sa revue un travail profond et réussi sur une question quelconque...

— Parfait ! s'écria le notaire, je me charge d'obtenir de Bezucheux de la Fricottière père une chaude lettre de recommandation pour la *Bille de billard* Poulet-Golard. Avec ça, il est sûr que son ouvrage ne moisira pas dans les cartons et que...

— Votre plan est très joli, fit justement observer Cabassol, mais ce travail profond et réussi sur une question scientifique?...

— Dame, c'est à vous de chercher ! Voyons, que pensez-vous de : *Recherches sur les institutions politiques et administratives des peuplades de l'âge de pierre?...*

— Ou bien : *Invention de la pêche à la ligne par les populations lacustres du Léman, d'après quelques documents mis en lumière?*

— *Des progrès de l'art musical, considérés comme indication suprême d'une dégénérescence morale et physique des nations modernes.*

— Ces sujets sont empoignants. Je vais m'enfermer en tête à tête avec une main de papier, déclara énergiquement Cabassol, et je les creuserai ; occupez-vous de la lettre de recommandation.

L'infortuné Cabassol fut trois jours sans sortir. Sa plume rebelle, sans doute, aux travaux de science, ne put jamais écrire que le titre d'une demi-douzaine de sujets intéressants mais trop arides pour elle. Le troisième jour Cabassol eut un éclair de génie et résolut de fonder la poésie darwiniste. En conséquence il écrivit en vers au lieu d'écrire en prose et produisit un morceau transcendant qu'il courut le soir même lire à ses complices.

— Écoutez! dit-il d'une voix émue quand M° Taparel et Miradoux se furent enfermés avec lui dans le cabinet notarial.

Les gens de Cabassol donnaient une petite fête régence.

ADAM

C'était la fin du jour, sur le désert immense,
Les rayons du soleil rougissant peu à peu,
S'allongeaient par delà les monts pleins de silence ;
L'astre qui les dardait semblait un œil de feu.

Le calme se faisait dans la grande nature,
Chez eux, pour se coucher, rentraient bœufs et chameaux ;
Un singe cependant, pensive créature
Tête basse fuyait les autres animaux.

Bizarre et déplumé, triste, myope, étrange ;
Honteux même, et gêné dans tous ses mouvements,

Ce singe n'avait pas la figure d'un ange,
Mais sur son large front les meilleurs sentiments

Se lisaient sous les plis de ses rides précoces!
Ah! quel sombre chagrin faisait courber ce dos,
Ce dos chauve et rugueux comme les vieilles brosses,
Affaissé tristement sous un trop lourd fardeau?

L'appendice caudal, balançoire élégante,
Avec laquelle en haut des sveltes cocotiers
Se berce mollement la guenon indolente,
Cette cinquième main qui manque à nos gabiers,

Le panache onduleux, orgueil de tous ses frères,
Faisait presque défaut à son arrière-train!
— Non, jamais, songeait-il, nos pères ou nos grands-pères,
Ne se retrouveraient en moi, singe déteint!

Où donc est le vieux sang des ancêtres agiles?
Et ces pensers amers, où donc les ai-je pris?
Que suis-je? doute affreux! Tous les singes des îles
Vivent la tête en bas, ne poussent que des cris,

Tranquilles et joyeux se livrent aux gambades,
Aux folles culbutes, et par d'énormes bonds,
De branche en branche font de longues promenades!
Mes ridicules sauts égayent les guenons

Et je me fais du mal lorsque je tombe à terre!
Sensible et possédant plein d'idéal au cœur
Je faillis cependant rester célibataire;
Celle qui m'épousa ne fait pas mon bonheur.

Elle ne pense pas! Quand mon cerveau s'enflamme,
Quand par je ne sais quoi mon être est agité,
Elle ne comprend pas! Lui voyant si peu d'âme
Je dis avec douleur : Et ma postérité!!!

Ah! que seront mes fils? seront-ils de la race
De leurs oncles velus qui marchent sur les mains,
Ainsi que leurs mamans sans que rien les tracasse
Se balanceront-ils aux arbres des chemins?

Le besoin d'exprimer de toute autre manière
Que les cris gutturaux que poussent mes parents,
Chaque sensation et, chose singulière
Les soucis d'avenir que n'ont pas les orangs,

Le savant Poulet Gelart dans son cabinet de travail.

Mes fils les auront-ils ?... Ainsi songeait le père
Quand sa belle guenon accourut sur ses pas ;
Au grand étonnement de madame sa mère,
Le petit sur son dos, cria : BONJOUR, PAPA !

— Très émouvant ! fit M° Taparel à la dernière strophe, un superbe morceau d'introduction pour la *Légende des Siècles*, à votre place je l'offrirais à... mais non, il vaut mieux le porter à la Revue préhistorique... auparavant

La chambre à coucher du savant.

je vous en demanderais une copie pour l'album de Mme Taparel; les soucis de notre premier père lui tireront un pleur ; car elle a, au plus haut degré, le sentiment de la famille !

— Je vais immédiatement à la Revue préhistorique, s'écria Cabassol, avez-vous préparé ma lettre pour M. Poulet-Golard ?

— Voilà !

— Je pars, à bientôt de bonnes nouvelles, j'espère !

Cabassol, muni d'une chaude lettre de recommandation, partit en homme pressé d'en finir avec cet abominable Jocko qui lui faisait perdre un temps si précieux. M° Taparel et M. Miradoux, contre leur attente, ne le virent pas revenir et ne reçurent de lui aucune communication sur le résultat de l'entrevue avec le célèbre savant. Une semaine se passa ainsi, M° Taparel, commençant à se sentir gagner par l'inquiétude, envoya Miradoux chercher des nouvelles au domicile du vengeur testamentaire de feu Badinard.

Cabassol n'y avait pas paru depuis huit jours! M. Miradoux trouva le groom et le valet de chambre de notre héros, en train de donner une petite fête régence à des amis et amies. Leur maître était peu gênant pour eux, ils le voyaient si rarement; ils avouèrent à Miradoux qu'ils étaient obligés, pour conserver sa physionomie dans leur mémoire, de regarder de temps en temps sa photographie.

M. Poulet-Golard se taille la barbe avec le plus grand soin.

M° Taparel, au comble de l'inquiétude, attendit avec impatience le lendemain, jour de dîner au club des Billes de billard. Dès l'arrivée du savant Poulet-Golard, il l'aborda pour lui demander s'il avait vu un jeune poète qu'il s'était permis de lui envoyer.

— Comment donc, cher monsieur! répondit le bon Poulet-Golard, mais j'ai à vous remercier de m'avoir adressé ce jeune Cabassol! un charmant garçon et un sujet plein d'avenir! Il m'a apporté, pour la Revue, des vers profondément pensés! Jamais, je crois, la question de l'origine de l'homme, n'a été abordée en poésie avec cette netteté... Pas d'images nuageuses masquant le vide des idées, au contraire, quelque chose de simple, de puissant et de doux... Ce garçon ira loin!

— Comme je ne l'ai pas revu, dit M° Taparel, je ne savais si...

— C'est vrai, je ne vous dis pas tout... votre protégé m'a plu tout de suite, je l'ai fait causer, j'ai vu que le poète cachait un jeune savant plein de modestie, épris des idées nouvelles et tout prêt à entrer en lice pour leur défense. Je lui ai ouvert la Revue préhistorique, et je lui ai proposé d'être à la fois mon secrétaire et mon élève!

— Et?...

— Et il a accepté avec empressement, avec un empressement que je qualifierai de méritoire, car je ne lui ai pas caché à quels travaux ardus il allait prendre part, à quelle existence de bénédictin il allait se vouer... Noble jeune homme! Il a demandé à entrer immédiatement en fonctions, je l'ai installé le jour même dans une petite pièce annexe de mon cabinet de travail, et il y est encore enfoui sous des montagnes de livres et de manuscrits!...

Ah! la science, voyez-vous, la science, il n'y a encore que cela pour vous procurer des joies pures et intenses!...

— Oui, cela et le club des Billes de billard, et aussi les belles petites! fit M° Taparel en frappant sur le ventre de M. Poulet-Golard.

— Vous l'avez dit! répondit gravement le savant.

Le secrétaire du savant Poulet-Golard.

M° Taparel était rassuré.

Le lendemain, arriva la lettre suivante qui le mit au courant des affaires de Cabassol :

    Cher maître,

C'est lui!!!

Cette fois nous ne nous sommes pas trompés, l'abominable célibataire, le crâne astucieux et criminel, qui entra pour un soixante-dix-septième dans les chagrins conjugaux de feu M. Badinard, le véritable Jocko enfin, est découvert.....

C'est l'affreux Poulet-Golard!

Nous le tenons!

Je suis dans la place ; assis dans l'ombre, comme le tigre, je guette le Poulet-Golard pour en faire la proie de ma vengeance !

Comment j'ai acquis la conviction que nous tenions bien le Jocko tant cherché, vous allez le savoir. La pièce de vers darwinistes ayant charmé le directeur de la *Revue préhistorique* au plus haut degré, il m'a proposé à brûle-pourpoint d'être son secrétaire et son collaborateur, pour soutenir avec lui le poids des immenses travaux scientifiques sous lesquels il se sent accablé. Je n'ai pas besoin de vous dire si j'ai pris la balle au bond ! J'ai répondu que mes plus chers désirs seraient exaucés s'il m'était donné de devenir le disciple du flambeau de la science moderne, et j'ai demandé à commencer immédiatement mon labeur de secrétaire. Je vous passe les détails. Deux heures après j'étais installé dans la propre maison de M. Poulet-Golard, dans une petite bibliothèque attenante à son cabinet de travail.

O joie ! ô douce satisfaction qui fit tressaillir mon âme ! la première chose que je vis dans cette bibliothèque, ce fut une petite photographie de M. Poulet-Golard, absolument identique à la pièce à conviction de l'album Badinard. Il n'y avait pas à en douter, c'était bien le crâne et les mèches, c'était bien la pose de notre photographie ! Nous tenions le vrai coupable ! cette fois, plus de ménagements à garder, je pouvais sévir en toute tranquillité de conscience, sans avoir à craindre de faire tomber les foudres de ma justice sur un innocent !

A nous deux, Jocko !

Vous connaissez M. Poulet-Golard, l'homme du monde, l'homme du club des Billes, je vais vous présenter le savant directeur de la Revue préhistorique, dans son intérieur. M. Poulet-Golard est un bipède d'apparence singulière, enveloppé de six heures du matin à minuit dans une bibliothèque en cachemire des Indes, et couronné par une calotte de forme grecque, mais en cachemire également, derrière laquelle se balance une longue bouffette effilochée. Cette bibliothèque en cachemire des Indes est une robe de chambre, qu'entre nous je soupçonne fort d'avoir été taillée dans un cadeau resté pour compte, à l'époque lointaine où le cachemire de l'Inde servait à faire trébucher la vertu des lorettes. Il faut des mobiliers, maintenant, hélas ! que l'âge du cachemire est loin ! Je reprends mon esquisse de la bibliothèque Poulet-Golard, la robe de chambre de ce digne savant est à tiroirs, je n'ai pu encore, après huit jours d'études, parvenir à connaître le nombre exact des poches qui s'ouvrent entre ses ramages flamboyants. Il y en a plusieurs étages, par devant, par derrière et sur les côtés. Dans les petites poches du haut, par devant, M. Poulet-Golard loge les notes relatives à ses travaux en train, c'est-à-dire plusieurs centaines de petits papiers sur lesquels il a jeté ses idées, le fruit de ses méditations ou le suc de ses lectures. Les poches du bas sont bourrées de volumes couverts d'annotations ; dans les poches de côté s'accumulent les manuscrits, les travaux à l'état de projet, les esquisses des articles profonds que la *Revue préhistorique* imprime en tête de ses colonnes. Enfin dans les poches situées par derrière gisent les dictionnaires et vocabulaires portatifs des langues de l'âge de pierre, dont M. Poulet-Golard a fait une étude particulière.

Elle le trompe avec un clairon de pompiers.

Voilà l'homme. Son domicile est aménagé dans le goût de sa robe de chambre. Toutes les pièces de l'appartement sont garnies de tablettes superposées, pliant sous le poids de bouquins poudreux, de collections, de revues scientifiques françaises, anglaises, allemandes, russes ou chinoises, de paquets, de rapports de toutes les académies scientifiques du globe. Les tablettes aux bouquins commencent dans l'antichambre et se continuent jusque dans la chambre à coucher, où les livres s'élèvent par monceaux ; les tablettes de la salle à manger sont réservées aux collections de cailloux de l'âge de pierre, ramassés en Norvège, en Bretagne, ou dans les îles australiennes. Trop de silex ! Quand je dîne, car je suis nourri, je mords avec la plus grande précaution, car il me semble toujours que je vais tomber sur un bifteck de l'âge de pierre.

Le cabinet de travail de M. Poulet-Golard, possède naturellement plus de bouquins et plus de silex que toutes les autres pièces, mais son principal ornement est une série de photographies de grandeur naturelle, de têtes de gorilles, de face, de trois quarts et de profil alternant avec la tête de M. Poulet-Golard, également de face, de trois quarts et de profil. A côté sont des tableaux lithogra-

La cuisinière de M. Poulet-Golard.

phiés donnant des mesures de crânes et d'angles faciaux, toujours alternativement gorille et Poulet-Golard. Tout cela en vue d'établir par une claire démonstration, notre cousinage issu de germains avec les hôtes du Jardin des plantes. Je commence à y croire. M. Poulet-Golard travaille sur ce sujet, à un grand ouvrage qu'il a l'intention de dédier à un vieux chimpanzé mélancolique chez lequel il a cru découvrir quelques indices d'une race en voie de transformation. Ce que M. de la Fricottière vous a dit est vrai, M. Poulet-Golard se taille la barbe tous les trois jours avec le plus grand soin, dans le but d'accentuer sa ressemblance avec ce chimpanzé mélancolique.

La chambre à coucher de mon savant patron est ornée différemment ; il y a des montagnes de livres dans les coins et dans les armoires, mais les murailles sont uniquement tapissées de photographies féminines. Pas de singes du tout ni de silex, rien que des dames ou des demoiselles, jeunes et jolies, à l'air aimable et souriant. Quand je lui ai parlé de cette collection gracieuse, M. Poulet-Golard a murmuré les mots d'études anthropologiques et il a changé de conversation. Je n'ai pas insisté.

Pour achever de vous peindre la maison Poulet-Golard, je n'ai plus qu'à vous parler de notre bonne, une brave fille de l'Auvergne qui fait le ménage, époussette les tablettes, les livres et les silex, quand M. Poulet-Golard n'est pas là pour l'empêcher, et qui nous prépare une cuisine naïve, mais confortable. Elle n'a qu'un défaut : son cousin, un clairon de pompiers, qui vient la voir trop souvent, pour la sécurité de nos côtelettes.

Et maintenant j'attends l'occasion, prêt à la saisir par la chevelure, blonde, brune ou même rousse. Je suis dans la place, je suis prêt, j'attends le moment où la chrysalide Poulet-Golard se transformera en brillant et galant Jocko! Fasse le Ciel que ce moment arrive bientôt, car mes travaux de secrétaire et de collaborateur de la *Revue préhistorique*, commencent à me sembler durs.

Dans cet espoir doux à mon cœur, je vous serre affectueusement et énergiquement la main, ainsi qu'à M. Miradoux, notre vieux complice!

CABASSOL.

M° Taparel, tranquillisé par cette lettre qui lui montrait Cabassol à l'œuvre, put se remettre à ses affaires notariales. Il fut huit jours sans recevoir de communications, et ne s'en inquiéta pas. Le neuvième jour, une nouvelle lettre de notre héros arriva à l'étude.

« Cher maître,

Je n'y comprends rien! Le père de mon noble ami, le président de la Fricottière a calomnié M. Poulet-Golard! M. Poulet-Golard est vertueux!!!

Jocko a pris sa retraite, il a renoncé aux folâtreries de ce demi-monde et il a consacré toutes les ardeurs de son âme au culte des purs silex et à la vénération de nos ancêtres les chimpanzés!

Voilà quinze jours que je pâlis du matin au soir sur les livres et sur les manuscrits de cet homme vénérable, voilà quinze jours que je me lève à l'aurore en même temps que lui, et que je me mets au travail à ses côtés, pour ne relever la tête qu'aux heures où la grosse Auvergnate nous apporte notre repas! Ce travail me délabre, mais je fais bonne contenance; jusqu'à minuit, côte à côte avec M. Poulet-Golard, je compulse des papiers, je prends des notes, je fouille les autorités scientifiques, les rapports des académies. Et tout cela inutilement!

Déjà je connais les mots principaux de la langue parlée par la peuplade lacustre d'Enghien il y a vingt-cinq ou trente siècles, déjà j'ai pu étudier la vieille langue des Allobroges et constater ses rapports avec le patois de notre cuisinière, déjà j'ai appris à dire papa en sanscrit, en zend et en papou... Et sans résultat! Poulet-Golard est vertueux!!!

Il n'est sorti qu'une seule fois depuis ce temps-là, pour aller au dîner du club. Et il est revenu tranquillement à minuit trois quarts, et il s'est couché, et il s'est endormi d'un sommeil calme pour se réveiller comme à l'ordinaire à six heures du matin! Le volcan est éteint, Jocko a donné sa démission!

O rage! ô désespoir! Et notre vengeance?

Voulez-vous que je vous dise l'affreux soupçon qui dévore mon cœur? Eh bien... M. Poulet-Golard aime sa cuisinière allobroge! Ce fleuve débordant s'est canalisé : au lieu de se livrer comme autrefois à des débordements dévastateurs, il suit maintenant un cours paisible, à l'abri des tourmentes de la passion.

Il aime sa cuisinière, vous dis-je, et cette grosse Auvergnate le trompe avec le clairon de pompiers. Ce soupçon, que je nourrissais depuis quelques jours, est devenu presque une certitude!

Quelle catastrophe! Je ne demandais qu'à venger Badinard, mais flirter avec

M. Poulet-Golard menant l'existence de *Bille de billard*.

une Auvergnate de cent kilos et l'enlever par force ou par ruse à notre ennemi, est un exercice qui manque d'attraits pour moi...

Que faire? que faire?

Consolez-moi, éclairez-moi!

CABASSOL

A cette missive désolée, Me Taparel fit une courte et énergique réponse :
Le devoir est le devoir! on n'a pas le droit de tourner autour.
Discuter c'est désobéir.

TAPAREL   MIRADOUX
Exécuteurs testamentaires.

LIV. 37.

X

Comment le sage arrange sa vie. — Où Cabassol entrevoit la possibilité de venger Badinard de quelques-uns de ses ennemis. — La volage Tulipia. — Catastrophe.

Quand il reçut la réponse de M° Taparel, Cabassol eut une attaque de marasme qui dura toute la journée. Vainement la grosse bonne de M. Poulet-Golard, le dictionnaire allobroge du vieux savant, vint-elle causer en patois auvergnat, il ne put se décider à se montrer aimable avec elle.

Après une nuit passablement assombrie par des cauchemars où l'Auvergnate et le clairon de pompiers se joignaient à M. Poulet-Golard pour le tourmenter avec des haches de l'âge de pierre, Cabassol fit une heureuse découverte.

A l'heure du facteur, parmi des liasses de journaux scientifiques qui donnaient la migraine rien qu'à les regarder, M. Poulet-Golard reçut un petit billet élégant qu'il décacheta vite avec émotion.

Cabassol sentit un vague parfum d'héliotrope arriver jusqu'à lui; aussi ému que M. Poulet-Golard, il jeta des coups d'œil indiscrets vers la lettre qui dégageait ces douces émanations, mais il ne put distinguer que de fines pattes de mouche qu'il n'eut pas un instant l'idée d'attribuer à un académicien quelconque.

C'était une lettre de femme!

Cabassol se sentit renaître à la vie, il vit M. Poulet-Golard plier soigneusement sa lettre et la ranger dans une des poches de sa mystérieuse robe de chambre, une poche que Cabassol ne connaissait pas encore et qui lui sembla contenir d'autres billets couverts des mêmes pattes de mouches. Dans sa joie Cabassol pinça la taille robuste de l'auvergnate qui lui administra sur les mains une tape énergique. M. Poulet-Golard, perdu dans d'agréables réflexions ne parut pas s'apercevoir de cette sortie de son secrétaire hors des bornes des convenances.

Après le déjeuner, M. Poulet-Golard donna des instructions à son secrétaire et le chargea de préparer un important travail sur la langue parlée par les perroquets d'une île absolument déserte de l'océan Pacifique, d'après le vocabulaire rapporté par un officier de marine.

Cela fait, le savant endossa un ulster par-dessus sa robe de chambre et chercha un chapeau pour sortir. Cabassol était au comble de la joie, sans doute M. Poulet-Golard faisait explosion, Jocko allait se révéler; une seule chose le contrariait, le savant emportait sa robe de chambre et cette lettre qui aurait révélé sans doute bien des choses à l'indiscrétion du vengeur de Badinard.

— Comment, cher maître, dit-il à son patron, vous gardez votre robe de chambre ! les poches bourrées de livres font des bosses partout sous votre ulster...

— Oui... je... nous.. j'ai à travailler chez un de mes collègues de l'institut qui m'a écrit pour me demander le concours de mes lumières pour... des recherches...

En disant ces mots, M. Poulet-Golard ayant trouvé son chapeau, s'esquiva doucement.

— Oui, murmura Cabassol, je voudrais bien faire sa connaissance à ton collègue de l'institut, je suis bien sûr qu'il ne porte pas de lunettes !

— Tulipia m'aime !... ces factures l'attestent !

Ce jour-là, Cabassol ne s'occupa guère des perroquets de l'océan Pacifique et de leur langage ; abandonnant ses travaux en train, il bouleversa les papiers de M. Poulet-Golard, avec l'espérance d'y rencontrer quelque lettre oubliée du soi-disant membre de l'Institut.

Il était écrit que la journée devait être heureuse, car ces recherches eurent un résultat. Cabassol ne trouva aucune missive à fines pattes de mouches féminines, mais il fit une étrange découverte qui le plongea dans la stupeur.

Dans une liasse de papiers relatifs aux peuplades lacustres d'Enghien et environs, une photographie, égarée sans doute, lui tomba entre les mains. Cette photographie était celle d'une très jolie femme aux cheveux blonds dénoués, en toilette de bal très décolletée ; Cabassol n'eut besoin que d'un coup d'œil pour reconnaître en elle l'ange de Bezucheux de la Fricottière, fils, la mystérieuse femme du monde de Lacostade, Saint-Tropez et compagnie, en un mot, Tulipia Balagny, la belle volage, Tulipia elle-même, enlevée dernièrement par l'inspecteur de de la compagnie d'assurance l'*OEil!*

Étrange! étrange!

Et pour qu'il ne restât aucun doute à notre héros, sur l'identité de Tulipia et sur celle de M. Poulet-Golard, voici ce que Cabassol lut au dos de la photographie :

A mon petit Jocko chéri.
TULIPIA.

Cabassol resta rêveur. Il n'y avait pas de doute à avoir, le membre de l'Institut chez lequel M. Poulet-Golard avait porté sa robe de chambre et ses livres, c'était Tulipia Balagny : Cabassol reconnaissait les pattes de mouches de la dédicace... C'était donc Tulipia Balagny qu'il fallait enlever à Poulet-Golard ; quelle chance! voilà un enlèvement plus agréable à exécuter que celui de la grosse Allobroge!

Cabassol, en train de combiner un plan d'attaque, n'entendit pas le bruit des pas de M. Poulet-Golard, revenant de chez le faux membre de l'Institut ; il fut donc surpris par son patron dans la contemplation du portrait de la charmante Tulipia.

M. Poulet-Golard s'arrêta un instant pétrifié.

— Le portrait de..., s'écria-t-il, comment se fait-il..., est-ce que... auriez-vous des droits à soupirer devant le portrait de... mais, non, c'est le mien, voici la dédicace, vous l'avez donc retrouvé?

Cabassol prit son parti en brave.

— Oui, cher maître, oui, cher Jocko, pour les dames!

— Quoi! vous savez... vous connaissez le petit nom flatteur que l'on me donne dans le monde?...

— Je me doutais, mais je n'ai plus douté lorsque j'ai trouvé ce témoignage flatteur de l'affection que vous porte ce joli membre de l'Institut..., la charmante Tulipia...

M. Poulet-Golard ne répondit pas d'abord.

— Bah! bah! dit-il enfin d'un air guilleret, j'entre dans la voie des aveux, mon cher secrétaire, Tulipia, puisque vous connaissez son nom, m'adore, il est vrai, et c'est à ses pieds que de temps en temps je me repose de mes travaux scientifiques..., elle est tout simplement délirante, Tulipia, délirante! puisque vous l'avez deviné, je ne veux plus rien vous cacher; vous savez que je fais partie du club des *Billes de billard*?

— Je le sais.

— Eh bien, quand j'ai vécu pendant quelques mois en bénédictin, enfoui sous les livres et les collections, à creuser les problèmes scientifiques les plus ardus, je m'offre quelques semaines d'existence agréable, je vis en *Bille de billard*... Tulipia m'aime! Tenez, voyez toutes ces factures!

Et M. Poulet-Golard fouillant dans une nouvelle poche de sa robe de chambre, en tira un paquet de factures qu'il mit sous les yeux de Cabassol.

— Tulipia m'aime ! Toutes ces factures le prouvent, voyez tout le paquet, il y en a pas mal et elle n'aurait pas souffert qu'un autre que moi s'offrit à les payer !... Ah ! elle a été un peu vite, il y a quelques mois, j'ai été obligé de modérer un peu...

— Vraiment ?

La photographie de Tulipia Balagny.

— Oui, pendant dix mois de l'année, enfermé dans le silence de mon cabinet de travail, je fais des économies et je suis tout à la science, cette amie qui ne demande pas de petits mobiliers ni de huit-ressorts ! Ah ! la science, la science ! je lui sacrifie tout pendant dix mois, je fais marcher mes grands travaux, je me mets en avance pour la *Revue préhistorique*, et ensuite vacances complètes, je redeviens simple *Bille de billard !* Voilà mon jeune ami, comment le sage arrange sa vie...

— Bravo ! alors, cher maître, le temps des vacances est arrivé ?

— Oui, mon jeune ami, mais pour vous occuper pendant ce temps-là, je vais vous laisser un certain nombre de travaux à préparer, quelques notices à écrire pour la *Revue préhistorique* et des recherches à faire sur la grande question des populations lacustres d'Enghien. Cela vous va, n'est-ce pas ?

Soyez tranquille, le temps des vacances viendra aussi pour vous... Moi, j'ai commencé à quarante-cinq ans! A propos, je soupe demain soir avec Tulipia et quelques amis, vous serez des nôtres, n'est-ce pas? Ces messieurs sont des jeunes gens aimables, spirituels et travailleurs : l'un d'eux, le fils de notre président de la Fricottière, m'a promis des renseignements sur quelques vestiges de l'âge de pierre qu'il a découverts dans les environs de Nice...

— Pardon, Bezucheux de la Fricottière soupe avec vous et mademoiselle Tulipia?

— Oui, M. de la Fricottière et ses amis...

— Lacostade, Saint-Tropez, Bisséco et Pontbuzaud?

— Vous les connaissez donc?

— Parbleu!

— Tant mieux! ce sera plus gai.

Cabassol n'en demanda pas davantage, mais il sortit immédiatement sous un prétexte quelconque et courut chez Bezucheux.

— Eh bien! s'écria Bezucheux dès qu'il aperçut Cabassol, je te croyais trappiste, mon bon, ou parti pour l'Afrique centrale! on ne t'a pas vu depuis un grand siècle?

— Ah ça! répondit Cabassol, tu ne m'avais pas dit que tu étais raccommodé avec la belle Tulipia Balagny?

— Parbleu, mon cher, c'est un événement tout récent! Tulipia était allée enfouir sa douleur au fond d'une campagne solitaire, elle est revenue et je n'ai pu résister à ses larmes! d'ailleurs, nous avons eu une explication avec Lacostade, Bisséco, Pont-Buzaud et Saint-Tropez; pur malentendu, mon cher! Les apparences étaient contre elle, voilà tout, maintenant tous les nuages se sont dissipés!... Veux-tu venir avec moi, j'ai rendez-vous au *café Riche* avec nos amis, nous causerons de Tulipia.

— Allons, fit Cabassol, allons, nous causerons de ta volage Tulipia...

— Arrête, mon ami, ne l'insulte pas, je viens de te dire que les apparences seules étaient contre elle, le jour fatal où nous nous brouillâmes... les apparences seules, absolument! Pauvre Tulipia!

— Tu m'attendris!

— Oui, elle fut volage, la charmante, mais, il y a une nuance, volage... à mon profit!

— A ton profit?

— Exclusif!... mais, chut! motus là dessus!

— Soit, silence et mystère! Mais j'y pense, tu dis que nous allons rejoindre au *café Riche* Lacostade et les autres, vous n'êtes donc pas brouillés ensemble?

— Pourquoi?
— Tu disais exclusif?
— Mais oui, exclusif, les autres n'ont droit qu'au platonisme!... Nous nous sommes expliqués, je ne les trompe pas! Tu connais ma nature noble et franche, tromper un ami me répugnerait... et puis, tu comprends, un, passe encore, mais quatre!... ça m'embêterait! alors le jour où j'ai renoué avec Tulipia, j'ai prévenu mes amis... Tu me suis?
— Je suis suspendu à tes lèvres éloquentes.
— Donc j'ai prévenu mes amis, je les ai réunis tous les quatre, et je leur ai tenu ce discours : mes petits bons, ce n'est pas tout ça, mais, j'ai revu

— Voilà comme le sage mène sa vie!

Tulipia!... — Ah!!! firent-ils tous avec émotion. — Oui, mes enfants, ai-je repris, sans vouloir revenir sur un passé douloureux, je vous dirai que la chère petite m'a donné des explications satisfaisantes... — Pour toi! dit Bisséco avec amertume. — Pour moi! dis-je avec assurance. — Et que résulte-t-il de ces explications? demanda Lacostade. — Il résulte que nous nous sommes tous conduits avec elle avec cruauté, avec barbarie... comme des sauvages, enfin... il résulte que c'est un ange... une martyre... Il résulte que je la raime!!!

— Sensation prolongée! dit Cabassol.
— Tu l'as dit, sensation prolongée! Lacostade, Bisséco et Saint-Tropez se montraient légèrement abrutis par ma confidence. — Oui, messieurs, repris-je en frappant du poing sur la table, je la raime! j'aurais pu la raimer sans

vous en souffler mot, mais j'ai pensé que ma dignité m'interdisait ces cachotteries mesquines et vulgaires. Je la raime depuis hier... — soir? demanda Bisséco toujours avec amertume. — Oui, répondis-je nettement, depuis hier soir et je vous ai convoqués ce matin pour vous prévenir de cet événement. — Tu aurais pu t'en dispenser, dit Lacostade. — Non! la loyauté traditionnelle des la Fricottière me le commandait!... J'ai voulu vous prévenir, non pour vous torturer l'âme par des confidences peu agréables pour vous, je le reconnais, mais pour établir franchement la situation, et pour vous dire : mes enfants, je raime Tulipia, elle me raime, restons amis, je vous accorde le droit de l'adorer platoniquement, je vous permets l'amour platonique!

— Superbe, mon ami! s'écria Cabassol, je t'admire! Et qu'ont répondu Lacostade, Saint-Tropez et les autres?

— Il y a eu un moment d'hésitation, puis touchés de la grandeur de mon caractère, ils se sont levés comme un seul homme et m'ont tendu la main en s'écriant : — Soit! nous nous contenterons du platonisme, du plus pur platonisme!!!

— C'est un trait digne de la morale en action, ce que tu me racontes-là, dit Cabassol.

— Parbleu! Et Tulipia? est-ce qu'elle n'est pas aussi une héroïne de la morale en action?

— Tu sais, moi j'avais cru...

— Eh parbleu, je te l'ai dit, c'était une victime!...

— Et depuis quand la raimes-tu?

— Deux mois et demi, mon bon, deux mois et demi qui m'ont semblé passer comme un songe!

— Et depuis ce temps-là, Bisséco, Lacostade et les autres...

— Ils platonisent!... Tulipia leur donne de fraternelles poignées de main quand par hasard elle les rencontre... et elle ne leur fait pas de reproches!... C'est beau, ça!... à propos, t'ai-je dit ce qu'était devenue Tulipia après le jour fatal où...

— Où vous vous montrâtes tous si cruels pour l'infortunée... non, mais raconte, mon ami, raconte! tu m'as dit seulement qu'elle s'était réfugiée au désert...

— C'est cela, elle s'est réfugiée au désert, dans un trou... du côté de Trouville! Seule, désespérée, échevelée, elle errait sur la plage ou passait ses journées sur la jetée à verser ses larmes dans l'océan... elle m'a juré qu'elle avait maigri d'une livre trois quarts en trois mois!... Les baigneurs se demandaient avec intérêt quel pouvait être le chagrin qui minait ainsi cette femme, jeune et intéressante, un Anglais l'a même demandée en mariage et lui a pro-

Réconciliation avec Tulipia.

posé de se suicider avec elle le soir de ses noces, mais rien n'y a fait, elle ne pouvait se consoler, je lui manquais!

— Vous lui manquiez!

— Nous lui manquions! moi, sérieusement, les autres platoniquement, par habitude, pour ainsi dire... heureusement que maintenant tout est oublié!...

— *J'ai revu Bezucheux, mes maux sont oubliés!* chantonna Cabassol.

— Elle nous a revus tous, reprit Bézucheux, car dès le lendemain de ma confidence à mes amis, j'ai tenu à les conduire chez elle!...

— Pas possible!

— Mais oui, je les ai convoqués à mon domicile et de là nous sommes allés en corps nous jeter à ses pieds. Pour un spectacle attendrissant, c'était un spectacle attendrissant!... très émus tous les cinq, nous montâmes l'escalier lentement, nous sonnâmes, sa bonne vint nous ouvrir, nous l'embrassâmes... Brave fille, elle parut tout aussi émue que nous!... sa femme de chambre étonnée d'entendre nos embrassades dans l'antichambre, arrivant à son tour, nous nous jetâmes dans ses bras!... Enfin, pour couper court à toutes ces scènes d'attendrissement, j'ouvris la porte du boudoir de ma douce amie, je poussai mes amis devant moi, et tous les cinq nous nous roulâmes aux pieds de Tulipia surprise!... Ah! qu'elle était charmante, ô vertueux Cabassol, dans le délicieux costume d'intérieur qui moulait des perfections que je qualifierai d'idéales!...

— Tulipia, m'écriai-je, ô ma reine? Nous voici tous les cinq repentants

— Je vous permets le platonisme.

et contristés!... Tu m'as déjà pardonné, pardonne à Bisséco qui s'est conduit comme un animal, pardonne à Lacostade qui rougit d'avoir eu l'âme assez noire pour te causer des chagrins, pardonne à Pontbuzaud qui s'est emballé comme un imbécile et pardonne au petit Saint-Tropez qui a encore été plus bête que Pontbuzaud!

— Quelle éloquence! fit Cabassol.

— Tu sais que dans le temps j'ai failli me faire avocat!... Tulipia se montra très émue de mon petit speech, vrai, j'ai vu briller une larme furtive sous les fils d'or de ses paupières !... Elle nous tendit ses deux mains et dit avec le sourire enivrant que tu lui connais : — Mes enfants...

— Dans mes bras ! acheva Cabassol.

— Mais non, elle ne dit pas dans mes bras !... d'abord je ne l'eusse pas permis... elle prononça ces simples paroles : — Mes enfants, oublions ce petit malentendu, je vous pardonne !

— Vous entendez, repris-je, vous entendez, Bisseco, Lacostade et les autres, elle vous pardonne..., comme je ne veux pas être en reste de magnanimité, moi mes enfants, je vous permets de déposer un chaste baiser sur ses divines menottes ! allez, régalez-vous, profitez de l'occasion, c'est un maximum de platonisme que je vous permets pour aujourd'hui, en raison de la solennité de ce jour de réconciliation !

— Dis donc, mon petit Bezucheux, s'écria Cabassol, tu sais que j'ai aussi des torts envers elle, moi, tu sais que je l'ai soupçonnée aussi,.....

— Pourquoi me rappelles-tu cela, mon ami ?

— Mais parce que je désirerais aussi obtenir mon pardon, parce que j'espère bien que ta féroce jalousie ne s'effarouchera pas si, à la première occasion, je me jette aussi aux pieds de Tulipia pour proclamer mes torts..... et pour l'embrasser le moins platoniquement possible !

— Comment donc, mon ami, mais je plaiderai pour toi !... je me charge de ton affaire, tu auras ton pardon comme les autres !.....

— Alors en ce moment-ci, ton ciel est sans nuages, ton horizon est absolument dépourvu de points noirs ? reprit Cabassol qui avait ses raisons pour recueillir le plus d'éclaircissements possibles.

— Mon ami, je nage dans l'outremer le plus pur, dans le cobalt le plus intense, Tulipia me témoigne un attachement sans bornes,... un jour par semaine...

— Un jour par semaine ! s'écria Cabassol.

— Oui, mon ami, ce jour-là, elle me donne toutes ses heures, les autres appartiennent à sa famille et à ses professeurs... je ne t'ai pas dit qu'elle se destinait au théâtre ?

— Non.

— Oui, elle rêve d'illustrer la scène française... elle hésite encore entre le chant et la déclamation... je ne la vois donc régulièrement qu'une fois par semaine, les autres jours, je pense à elle, et elle pense à moi,... j'ai eu un instant la pensée de faire poser un téléphone entre nos deux domiciles, mais j'ai craint de la distraire de ses études !... Veux-tu voir son portrait ?...

— Comment donc !

— Tiens le voilà, il est là sur mon cœur.....

Bezucheux tira un carnet de sa poche, y prit une carte photographique et la mit sous les yeux de Cabassol. C'était un portrait semblable à celui que notre ami avait découvert dans les papiers de l'illustre Poulet-Golard.

— Hein... toujours charmante? demanda Bezucheux.
— Prends garde, je vais moi aussi en devenir amoureux...
— Platonique, tant que tu voudras, comme les autres! mais pas davantage, car la place est prise, lis cette dédicace :

A lui, lui, lui, LUI!!!

TULIPIA.

— Un Anglais l'a demandée en mariage...

— Tu vois, lui, c'est moi! il n'y a que moi!

Tout en causant, Cabassol et l'expansif Bézucheux étaient arrivés au *café Riche*, où Lacostade, Bisseco, Saint-Tropez et Pontbuzaud se trouvaient déjà.

Les quatre amoureux platoniques de Tulipia parurent agréablement supris de retrouver Cabassol, que les affaires de la succession Badinard avaient complètement absorbé depuis trois mois.

Après les premières effusions, chacun d'eux crut devoir dire en confidence à Cabassol quelques mots sur la brouille qui avait existé avec Tulipia.

— Vous savez, mon petit bon, cette pauvre Tulipia que j'avais accusée, sur des apparences trompeuses, d'être torrentueuse avec excès..... Eh bien, erreur, mon petit bon, erreur, lamentable erreur! nous nous sommes expliqués, tous les torts étaient de mon côté, tous!... mais elle m'a pardonné, la charmante...

— Enchanté ! répondit Cabassol.

En effet le vengeur de Badinard était enchanté, car il recommençait à entrevoir la possibilité d'exercer plusieurs vengeances à la fois. Non plus cinq seulement, cette fois, mais en comptant M. Poulet-Golard, six vengeances en une seule.

— Nous soupons tous ensemble demain, reprit Bézucheux, avec le papa Poulet-Golard, le célèbre savant, un vieux toqué, amoureux fou de Tulipia, comme nous tous, mais que la charmante Tulipia promène par le bout du nez pour notre plus grande délectation.

— Je le sais, répondit Cabassol, je suis le secrétaire de M. Poulet-Golard, — ce sont les travaux que je partage avec l'illustre savant qui m'ont fait vous négliger, ô mes amis ! — je le sais, et je soupe avec vous !

Cabassol passa le reste de la journée et toute la soirée avec ses amis, sans plus se préoccuper de M. Poulet-Golard qui l'attendait avec impatience pour préparer, avant de prendre ses vacances de *Bille de billard*, quelques numéros de la *Revue préhistorique*.

A un moment donné, chacun de ses amis le prit à part pour continuer les confidences commencées sur Tulipia ; le marseillais Bisseco ouvrit le feu.

— Mon petit Cabassol, tu sais, dit-il pour quelle raison nous avons failli nous égorger jadis, c'était bête, tout-à-fait bête ! encore un peu, de nos cachotteries ridicules, il résultait des malheurs !... Cette fois-ci, nous nous sommes expliqués très franchement, nous avons tous juré de nous contenter d'aimer platoniquement Tulipia.

— Bézucheux me l'a dit.

— Ah ! il te l'a dit... moi, j'ai un peu plus de chance que les autres, sans vouloir faire briller outre mesure à tes yeux, mes avantages personnels et ma savante tactique, je puis te montrer ceci :

Et Bisseco laissa mystérieusement entrevoir à Cabassol une photographie de Tulipia semblable à celles de Bézucheux et M. Poulet-Golard.

— Savoure ce petit autographe, fit Bisseco en retournant la photographie.

A lui, lui, lui, LUI ! ! !

TULIPIA.

Avant de dîner, Lacostade entraîna Cabassol sur le boulevard, et tout en flânant lui dit d'un air indifférent :

— Tu sais que j'ai toujours eu le souci de ma dignité... j'ai renoué, il est vrai, avec Tulipia qui m'a tout expliqué... Je lui ai pardonné ses légèretés imprudentes vis-à-vis de mes amis, elle m'a pardonné la brutalité que j'avais montrée en certaine circonstance où certains faits s'étaient présentés à mon esprit inquiet sous certain jour déplaisant... alors, tout s'est arrangé ! Pour preuve, contemple et lis !

Le digne Lacostade prit son portefeuille et il se mit en devoir d'extraire d'un fouillis de papiers plus ou moins timbrés, la photographie déjà connue de Tulipia.

— Non, non, dit Cabassol, je ne veux pas être assez indiscret pour...
— Contemple et lis, te dis-je !

A lui, à lui, à lui, LUI!!!
TULIPIA.

La femme préhistorique d'après des documents de l'âge de pierre !

— Heureux cuirassier! fit Cabassol.

Après Lacostade ce fut Pontbuzaud qui tint à glisser de nouvelles confidences dans l'oreille de Cabassol.

— Mon bon, je suis parfois bourrelé de remords, tel que tu me vois ! dit-il sans préambule.

— Mon Dieu, aurais-tu assassiné quelque tante antique et vénérable, et son spectre te hanterait-il par hasard ?

— Non, j'ai fait pire que cela !

— Bigre ! tu me fais frissonner...

— Chut ! chut ! chut !... J'ai soufflé Tulipia à Bezucheux... tu connais l'histoire de notre brouille... Bezucheux avait réellement des torts envers moi, ma foi je ne lui en veux plus car je lui ai rendu la pareille.

— Tu es un ami dangereux?

— Que veux-tu! l'amour est plus fort que l'amitié la plus solide et la plus résistante... Tu connais Tulipia, l'amitié ne pouvait pas tenir... Je vais te montrer son portrait à elle!... il est dans une poche que j'ai fait pratiquer à mon gilet sur mon cœur... j'avais eu d'abord l'intention de le porter en scapulaire, mais ce n'était pas aussi commode... Tiens, regarde mon adorée, et lis ce qu'elle a eu l'amabilité de m'écrire en un jour de transports :

A lui, lui, lui, LUI!!!

TULIPIA.

— Fortuné Ponthuzaud? toutes mes félicitations!

A son tour, Saint-Tropez trouva le moment d'épancher son cœur dans celui de Cabassol.

— Dis donc, tu sais, notre malentendu avec Tulipia, ça s'est arrangé admirablement... pour moi....

— Parbleu, je n'en ai jamais douté! fit Cabassol, tu es habitué à tous les succès!

— Oh! tu exagères...

— Tu crois que je ne sais pas!... Tiens, veux-tu que je te dise, Saint-Tropez, eh bien, tu dois avoir de la corde de pendu!... j'avais bien dit que c'était toi qu'elle aimait...

— Ah! tu avais vu?

— Je suis plein de perspicacité! je parie qu'elle t'a dit : Mon petit Saint-Tropez, c'est mal de m'avoir méconnue, je n'ai jamais aimé que toi!... et qu'elle t'a donné un gage... je ne sais quoi, moi, une... un portrait...

— C'est vrai! tu es donc sorcier?

— Parbleu! ce portrait, tu l'as là, sur ton cœur...

Cabassol appuya le doigt sur le gilet de Saint-Tropez.

— Tiens, il y est, je le sens! veux-tu faire un pari, Saint-Tropez?... je te parie qu'elle t'a écrit au bas de ce portrait quelque chose de délicieux, de tendre, d'adorable..., quelque chose comme : Il n'y a que lui, il n'y a que lui, lui, lui, lui!!! Est-ce vrai?

Saint-Tropez stupéfait, inclina la tête.

— Quelle perspicacité! c'est absolument exact, voici l'autographe :

A lui, lui, lui, LUI!!!

TULIPIA.

Cabassol était satisfait, la confiance lui revenait, bientôt, sans doute, le farouche Badinard allait avoir l'occasion d'enregistrer du haut du ciel, six bonnes vengeances!

Le lendemain, après une soirée entièrement consacrée à Bezucheux et compagnie et une nuit embellie par les plus doux rêves, Cabassol retourna chez le savant Poulet-Golard.

M. Poulet-Golard avait pioché comme un nègre pendant une partie de la nuit et, dès six heures du matin, il s'était replongé dans ses études sur l'âge de pierre. Il lui tardait de voir arriver son secrétaire pour lui indiquer les travaux qu'il aurait à poursuivre, pendant que lui-même mènerait, pour se reposer, la vie de *Bille de billard*.

— Mon jeune ami, fit M. Poulet-Golard, je croyais vous avoir dit que je n'avais commencé à me donner quelques vacances qu'à partir de quarante-cinq ans...
— En effet vous me l'avez dit.
— Et que jusque-là, mon existence tout entière avait été à la science pure et à ses joies sereines ! Vous n'avez pas reparu hier dans le sanctuaire du tra-

Tulipia était allée cacher sa douleur dans une solitude.

vail, vous n'avez pas quarante-cinq ans, vous êtes jeune, seriez-vous donc blasé sur les joies sereines de la science?

— Hélas, cher maître, excusez cet instant d'oubli... Je ne suis malheureusement pas un homme de marbre comme vous, je ne suis qu'un modeste disciple, moi, je ne puis donc avoir la prétention d'égaler jamais votre stoïcisme... j'ai des faiblesses!

— Déjà! fit M. Poulet-Golard, la jeunesse d'aujourd'hui me navre par son penchant précoce aux joies matérielles... moi, je ne me suis considéré comme libre de jeter ma gourme que lorsque, par un travail obstiné, j'ai réussi à doter mon pays et la science de lumières nouvelles, lorsque j'ai été membre de l'Institut!

— Serai-je jamais membre de l'Institut? fit Cabassol.

— N'ayez plus de faiblesses! j'avais quarante-cinq ans et demi lorsque je me permis ma première faiblesse... comme récompense d'un important travail mené à bien... et encore, monsieur, par une inspiration de génie, ai-je songé à faire servir mes faiblesses à l'intérêt de la science!

— Comment... vos faiblesses... servir à la science!

— Oui, mon jeune ami! apprenez qu'un véritable savant doit toujours songer à la science, qu'il dorme, qu'il veille, qu'il mange ou qu'il se promène, la science peut toujours y gagner quelque chose.

— Alors vos faiblesses?...

— Je les fis servir à des recherches scientifiques sur le résultat desquelles j'ai l'intention de publier quatre volumes de mémoires à l'Institut — recherches générales anthropologiques, recherches physiologiques, phrénologiques, psychologiques, et même paléontologiques!

— Et même paléontologiques! répéta Cabassol.

— Oui, mon jeune ami, paléontologiques, cela se rapprochait de mes autres études. De même que tous les mammifères actuels diffèrent plus ou moins des premières ébauches de leurs familles, des mammifères des âges disparus, le mammifère femme doit présenter les mêmes différences... J'étudie donc le mammifère femme encore si peu connu... Je possède une série de crânes trouvés dans les terrains diluviens, crétacés, liasiques, jurassiques, tertiaires, quaternaires et, dans leur comparaison avec les crânes de nos contemporaines, j'ai découvert des différences notables et parfois aussi des ressemblances étranges!... ainsi, j'ai pu étudier un mammifère du nom de Léontine, qui possédait un crâne dont la structure était absolument semblable dans ses angles, dans ses lignes et dans ses protubérances, à un autre crâne provenant des terrains primitifs de l'Asie centrale! J'ai même l'intention de faire de cela l'objet d'une de mes prochaines communications à l'Académie, et je publierai un travail dans la *Revue préhistorique* avec des planches représentant mon crâne primitif de l'Asie centrale et le crâne de Léontine... Il n'y a qu'une chose qui me gêne.

— Laquelle, cher maître ?

— C'est que Léontine est une femme du monde... on la reconnaîtra, cela fera du bruit... son mari...

— Qu'importe, cher maître, l'intérêt de la science avant l'intérêt du mammifère nommé Léontine...

Recherches scientifiques de M. Poulet-Golard.

— Ma foi, c'est ce que je me dis... et puis, si le mari me cherche noise et me demande comment j'ai pu étudier ainsi le crâne de Léontine, je lui répondrai que c'est dans un salon, pendant une lecture de tragédie... je trouverai quelque chose... En attendant, mon cher secrétaire, nous allons si vous le voulez bien, nous mettre sérieusement au travail... Je prends mes vacances dès ce soir, tout doit être préparé d'ici là pour les quelques semaines de repos que je vais m'offrir...

— Je suis à vos ordres.

— Nous allons préparer cinq numéros de la *Revue préhistorique*. Voici les premiers chapitres d'un travail, LA FEMME PALÉONTOLOGIQUE, CONSIDÉRÉE DANS SES RAPPORTS AVEC LES AUTRES MAMMIFÈRES PRÉHISTORIQUES, cela servira de préface à mon grand ouvrage. Je vous charge de mettre de l'ordre dans la longue série de croquis et de figures rassemblée dans le carton étiqueté *Mammifères préhistoriques (Femme)* (?) avec un point d'interrogation. Vous y trouverez quelques crânes simiesques qui vous serviront de point de départ à l'illustration de mon travail. Immédiatement après la femme paléontologique, vous ferez passer LE MAMMIFÈRE FEMME ACTUEL, observations et considérations. Je vais vous donner des photographies que j'ai recueillies.

— Des faiblesses?

— Oui... chacune a son numéro d'ordre se rapportant à un petit cahier d'observations... Vous comprenez : voici le n° 24... comment s'appelait-elle le n° 24... ah! Julie... Bon, voyez dans le carton vert, ces petits cahiers, donnez moi le n° 24... c'est cela...

Cabassol passa un petit carnet numéroté 24 dans la collection.

M. Poulet-Golard l'ouvrit et le parcourut rapidement.

— Ah, l'ordre, la méthode, il n'y a que cela, voyez vous, mon cher ami... je l'avais tout à fait oubliée, le n° 24, je la revois maintenant! *Julie, chevelure châtain clair, disposition à l'embonpoint, dents admirables, d'un émail limpide...* ah!... un renvoi ajouté après coup, voyons... *une canine fausse!...* c'est vrai, je me souviens, une canine à gauche... mais si bien imitée! il fallait mon coup d'œil d'observateur et de savant... *angle facial... protubérances... très sentimentale, trouvé la protubérance cranienne indiquant une propension active au sentiment...*

— Vous devriez bien me l'indiquer.

— Lisez Lavater, volume V, chapitres xxxxii et suivants, ce n'est pas bien difficile à trouver, tous les phrénologues sont d'accord... je reprends mes notes sur le n° 24... ah! cette fois une vraie découverte... Je me souviens de la joie ineffable qu'elle m'a causée... *découvert après bien des recherches la protubérance cranienne de la fidélité!*

— De la fidélité!... cette fois, cher maître, vous ne refuserez pas de me la faire connaître.

— La protubérance de la fidélité est une très faible éminence située juste au-dessus de l'oreille... elle avait échappé aux recherches de mes savants devanciers tant par sa petitesse que par sa rareté... car elle est rare, trop rare hélas!...

— Alors on peut être assuré, lorsqu'une tête féminine présente cette protubérance, que...

— Absolument assuré!

— Cher maître, c'est là une découverte merveilleuse...

— Je viens de vous dire que cette protubérance était malheureusement très rare... je ne l'ai trouvée que trois fois!... le plus souvent elle est peu appréciable et, dans mes recherches, j'ai parfois même rencontré tout le contraire d'une protubérance, un creux à la surface cranienne.

— Aïe !

— Hélas ! les découvertes de la science ne sont pas toujours consolantes... j'hésite même à faire connaître cette protubérance de la fidélité...

— A propos, cher maître, et la belle Tulipia, la possède-t-elle, cette protubérance ?

— Mon jeune ami, elle fait partie des trois... elle possède la protubérance de la fidélité et très prononcée encore !...

— Nous verrons bien dans quelques jours ! se dit Cabassol.

Cabassol travailla toute la journée avec le plus admirable zèle, pour préparer des loisirs à M. Poulet-Golard ; il mit en ordre des piles de manuscrits, il classa des séries de documents, algonquins, allobroges, lacustres, celtiques, galliques, scandinaves, wisigoths et autres, il couvrit de notes sous la dictée de son patron, près d'une main de papier.

Vers le soir M. Poulet-Golard se déclara satisfait... La *Revue préhistorique* pourrait marcher en son absence. Cabassol avait préparé huit numéros d'a-

Recherches phrénologiques : 1. Protubérance de la fidélité. — 2. Protubérance de la sentimentalité. 3. Protubérance de la frivolité. — 4. Protubérance de la légèreté, etc., etc.
(D'après M. Poulet-Golard.)

vance, huit excellents numéros bondés de travaux remarquables. Comme il était homme d'imagination, notre ami ne s'était pas borné à accomplir une besogne matérielle, il avait suggéré de plus quelques idées à M. Poulet-Golard et il avait notamment proposé, pour donner une extension plus rapide à la Revue, d'offrir en prime aux abonnés des haches de pierre préhistoriques.

M. Poulet-Golard s'était frappé le front. C'était une grande idée. Sans nul doute, le public allait se précipiter avec enthousiasme, sur ces haches de pierre, précieux souvenirs de nos rudes et braves ancêtres! Cabassol fut immédiatement promu au grade de secrétaire de la rédaction de la *Revue préhistorique* et son illustre patron promit de le faire recevoir membre correspondant des Académies des inscriptions et belles-lettres de St-Pétersbourg, Stockolm, Lisbonne, Calcutta, Christiania, Québec et autres.

En sa qualité de secrétaire de la rédaction, notre héros écrivit tout de suite en Norvège pour faire une commande de haches de pierre, de simples silex et d'os de rennes, car on était convenu de donner de haches de pierre aux abonnés d'un an, et des silex aux abonnés de six mois; les abonnés de trois mois n'avaient droit qu'à de petits os de rennes, ornements d'un goût délicieux qui se passent dans les narines et donnent à la physionomie le plus piquant caractère.

— Et maintenant que tout est expédié, s'écria M. Poulet Golard, vivent les vacances! Vous allez assister, mon cher secrétaire, à la transformation d'un savant austère en une joyeuse et batifolante *Bille de billard!* Je vais me couronner de roses! La sage Minerve va être délaissée, vivent les jeux et les ris, les coupes pleines, les...

— Et vive Tulipia! s'écria Cabassol.

M. Poulet-Golard se mit en devoir de dépouiller sa robe de chambre-bibliothèque pour procéder à sa toilette d'homme à bonnes fortunes.

— Ah, mon cher secrétaire, Tulipia est ravissante, vous en jugerez tout à l'heure... faut-il vous dire le doux espoir dont se berce mon cœur?... j'espère la décider à s'envoler avec moi vers le rivage fleuri de Monaco!... Elle me l'a presque promis...

— Je me sauve! à sept heures, je serai au rendez-vous!

En allant s'habiller, Cabassol adressa un télégramme à M⁰ Taparel pour l'avertir de la série de vengeances qui se préparait. Il ne doutait pas du succès et l'annonçait positivement...

Cabassol, aguerri par la série de luttes qu'il soutenait depuis son héritage, se proposait de souffler Tulipia, ce soir même, à ses six adorateurs, par un moyen que son imagination lui inspirerait au bon moment; à l'heure dite, il arrivait au cabaret du boulevard indiqué comme lieu de rendez-vous.

Bezucheux et ses amis l'attendaient en face d'apéritifs variés.

— Mon petit bon! s'écria Bezucheux en l'apercevant, ton illustre patron, M. Poulet-Golard, m'a volé sans doute le plaisir d'amener Tulipia à nos agapes!... Je viens de passer chez notre aimable amie, et son concierge m'a empêché de monter en me disant qu'elle était déjà partie...

— Et tu n'es pas jaloux? demanda tout bas Cabassol à son ami.

— Jaloux de ce vieux singe! Mon cher, tu nous fais, à Tulipia et à moi, une grave injure. N'étaient les sentiments d'amitié solide qui m'unissent à toi, je serais tenté de t'en demander raison!... Je m'amuse beaucoup... L'autre jour ils étaient brouillés et j'ai dû les raccommoder. Tulipia était furieuse, M. Poulet-Golard, dans la conversation, l'avait appelée mammifère!!!

— Mon ami, je vais te révéler une chose qui te fera plaisir, tu sais que M. Poulet-Golard s'occupe de phrénologie...

M. Poulet-Golard découvrant la bosse de la fidélité.

— Oui, répondit Bezucheux, il m'a même affirmé que je possédais la bosse de l'éloquence politique... il a vu tout de suite que j'avais été sous-préfet et que je serais député un jour !

— Eh bien, M. Poulet-Golard a découvert chez Tulipia la protubérance de la fidélité.

— Vraiment ?

— Oui, de la fidélité !... Dis donc, c'est une bosse qui lui sera poussée depuis...

— Tais-toi, misérable, n'outrage pas un ange... Tu sais bien que tout s'est expliqué et que les autres n'ont que du platonisme ! Ce que tu me révèles va me faire croire à la phrénologie.

L'arrivée de M. Poulet-Golard, pimpant et musqué comme un danseur de ministère, interrompit la conversation. Au grand étonnement de Bezucheux et des autres, il était seul.

— Comment ! s'écria Bezucheux, vous n'amenez pas Tulipia ?
— Comment ! s'écria M. Poulet-Golard, la galanterie française est donc expirante, pas un de vous n'a été lui offrir son bras...
— J'y suis allé ! répondit Bezucheux, on m'a dit qu'elle était déjà partie... j'ai pensé que vous étiez allé la prendre...
— C'est extraordinaire !... Je comptais sur vous, au contraire... Enfin, attendons... elle va venir sans doute...

Tulipia n'arrivait pas. L'impatience commençait à gagner les convives. Bezucheux, inquiet, sonna le garçon.

— Il n'est pas venu une dame blonde demandant le n° 12... Voyons, cherchez bien, vous ne l'auriez pas envoyée à une autre société ?

— Non, répondit le garçon, nous n'avons pas encore beaucoup de monde, il y a deux dames et deux messieurs au n° 7, un monsieur tout seul au n° 9, qui a aussi l'air de s'ennuyer...

— Étrange ! étrange ! murmura Bezucheux en se rasseyant.

Trois quarts d'heure se passèrent encore. Cette fois l'inquiétude avait gagné tout le monde...

Bezucheux sonna encore une fois le garçon.

— Eh bien, il n'est venu personne ?...
— Si monsieur, une dame pour le n° 9...
— Malheureux, il fallait nous l'envoyer... c'était pour nous...
— Vous m'avez dit une dame blonde, celle-ci est châtain...
— Je veux la voir !
— Monsieur sait bien que c'est impossible.
— Je veux la voir ! répéta Bezucheux, l'entrevoir seulement une minute... tenez garçon, voilà deux louis...
— Mais...
— Laissez le voir, glissa Cabassol à l'oreille du garçon, monsieur est le mari de la dame, vous ne voulez pas le forcer à recourir au commissaire de police.

Le garçon fit un geste d'acquiescement.

— Ma foi, je m'en lave les mains, je dirai que vous m'avez poussé.

Toute la bande s'engouffra dans le couloir en marchant sur la pointe des pieds. Le garçon parvenu devant le n° 9, mit un doigt sur ses lèvres pour recommander le silence et ouvrit brusquement la porte.

— Monsieur a sonné ?... dit-il.

Deux petits cris d'effroi lui répondirent, il referma vivement la porte. Mais Bezucheux et Cabassol avaient eu le temps de voir que la dame du n° 9 *n'était pas* Tulipia.

Elle était très gentille, la dame du n₀ 9, et très gracieuse dans son émotion, mais ce n'était pas Tulipia !

LA GRANDE MASCARADE PARISIENNE

Les faiblesses de M. Poulet-Golard.

— Ce n'est pas elle! fit tristement Bezucheux.

— Comment, dit le garçon à Cabassol, il n'est pas content que ce ne soit pas sa femme?

Tout le monde était rentré dans le cabinet où la table servie réclamait ses convives.

M⁰ Taparel abattu.

— Qu'est-ce que cela veut dire? Tulipia nous avait bien promis...

— Voyons! dit Cabassol, je vais prendre une voiture et voler à sa recherche, un peu de patience...

— Allons-y tous ensemble, s'écria Bezucheux.

Le retour du garçon l'interrompit.

— Monsieur, dit-il, cette fois, voilà quelqu'un pour vous!

— Ah! enfin! exclamèrent les amis de Tulipia, avec de grands soupirs de soulagement.

Chacun s'était levé, le garçon s'effaça pour laisser entrer la personne annoncée...

Et notre respectable ami, M⁰ Taparel parut sur le seuil.

— Ce n'est pas Tulipia! gémirent les infortunés convives en se laissant retomber sur leurs chaises.

Cabassol, qui avait conservé un peu plus de sang-froid que les autres, remarqua dans toute la personne de M° Taparel un air d'effarement qui le surprit.

— Non, ce n'est pas Tulipia! prononça M° Taparel avec effort, non, messieurs, ce n'est pas Tulipia, au contraire!... Et je viens vous annoncer...

— Quoi?...

— Tulipia est partie!...

— Partie! s'écrie Bezucheux plein d'émoi.

— Envolée! disparue! évanouie! enlevée! j'en ai bien peur... Et comme j'ai appris par un télégramme de M. Cabassol votre réunion ici, je suis accouru vous prévenir de cet événement, qui, je le crains, vous intéresse tous...

— Mais ce départ, comment avez vous su...

— J'arrive de chez elle, vous dis-je, j'ai passé l'après-midi à courir à sa recherche, je... enfin, elle est partie... elle m'a trahi, la perfide!...

M. Poulet-Golard, Bezucheux et les autres se levèrent à ce mot.

— Comment, elle vous a trahi!...

— Hélas! fit M° Taparel s'écroulant sur un siège, mais laissez-moi vous expliquer... Tenez, c'est bien simple... je... non... enfin, elle est partie... Voilà ce que son concierge m'a remis, des papiers timbrés, des commandements, — voyez, tout est saisi chez elle et elle est partie!

M° Taparel ouvrant son portefeuille, éparpilla un fort lot de papiers timbrés. Bezucheux, Lacostade et M. Poulet-Golard, se les arrachèrent pour les parcourir du regard...

— Ah! s'écria M. Poulet-Golard, commandement du tapissier... mais je croyais l'avoir payé ce tapissier...

— De quel droit? fit Bezucheux.

— Monsieur, je pourrais moi-même vous demander de quel droit vous vous en offusquez!

— Ah! exclama Lacostade, un portrait d'elle, M° Taparel possède un portrait d'elle!

— C'est inouï! s'écria Bezucheux.

M° Taparel baissa la tête.

— Voyons? dit Cabassol.

A lui, lui, lui, LUI!
TULIPIA.

— Lui aussi! gémirent Bézucheux et les autres.

— Ah! grand Dieu! s'écria M. Poulet-Golard, mais alors, la phrénologie serait donc une science vaine! Tulipia, sous la chevelure que j'ai tant aimée, possédait la protubérance de la fidélité... je l'ai constaté... et elle m'a trahi avec ce notaire...

— Elle nous a trahis !

Et d'un geste fier, chacun des infortunés jeta sur la table une photographie portant les mêmes mots :

A lui, lui, lui, LUI !
TULIPIA.

— Il n'y a toujours que moi qui n'en puis montrer autant, s'écria Cabassol furieux, c'est humiliant à la fin !

Ce n'était pas Tulipia.

— Ainsi donc, le voilà votre platonisme ! s'écria Bezucheux en se croisant les bras.

Lacostade et les autres baissèrent la tête.

— Je ne répandrai pas la plus petite goutte de votre sang, je ne vous demanderai pas la moindre réparation, reprit Bezucheux avec noblesse, la beauté de Tulipia, la voilà votre excuse, la voilà votre circonstance atténuante. Tulipia seule est coupable, moi j'ai à me reprocher d'avoir été imprudent, vous connaissant comme je vous connais, vous sachant inflammables et de complexion tendre, je n'aurais pas dû vous permettre le platonisme !

— Oui, voilà l'imprudence ! dit Pontbuzaud.

— Oublions-la, messieurs ! s'écria Lacostade ; il me semble que nous couper la gorge pour une perfide telle que Tulipia, serait absurde et ridicule ! Oublions-la, ce sera son châtiment !...

Cabassol avait entraîné M° Taparel dans un coin.

— Ainsi donc, lui dit-il à voix basse, vous vengiez Badinard vous-même ! Vous, simple exécuteur testamentaire, vous avez empiété sur mes attributions... mais, j'y pense, M. Miradoux, le second exécuteur testamentaire ne... lui aussi...

— Non, Miradoux est pur ! balbutia le notaire.

— J'en suis bien aise ! mais, dites-moi, est-ce par défaut de confiance dans mes facultés personnelles que vous vous occupiez de... mes..

— Non, je vengeais Badinard sans le savoir... J'ignorais... la situation de Tulipia... je...

— Alors c'est comme homme privé et non comme fonctionnaire public que vous avez roucoulé aux pieds de la perfide Tulipia. C'est inouï !... Quand on dit que le niveau de la moralité descend tous les jours, on a parfaitement raison...

— Hélas ! ce sont les opérations scabreuses de la liquidation Badinard qui m'ont perdu !... moi, jadis notaire candide et mari plein de tranquillité, j'ai été emmené peu à peu hors du sentier étroit de la vertu, par mon dangereux mandat d'exécuteur testamentaire... C'est la faute à Badinard, tout le poids de mes erreurs retombe sur lui, car c'est à cause de lui que j'ai connu Tulipia !... Vous vous souvenez que le jour où...

— Ah ! ne me donnez pas de détails !

— Soit, j'ai été amené à connaître Tulipia par le désir de faciliter vos recherches et votre tâche, et...

— Hélas ! et maintenant la voilà partie, cette volage Tulipia, la voilà partie sans que j'aie pu accomplir les six vengeances que je croyais si faciles... ce Jocko du club des *Billes de billard* qui nous a donné tant de mal, qui m'a tant fait courir, je le tenais enfin, j'allais sévir et... Vraiment, c'était bien la peine de pâlir depuis des semaines sur les manuscrits de M. Poulet-Golard, de devenir à force de travail, secrétaire de la *Revue préhistorique*, d'apprendre des langues parlées par des populations de l'âge de pierre et d'acquérir des titres à celui de membre correspondant de l'institut de Québec, pour perdre en une heure le fruit de tous ces travaux peu récréatifs !... Je suis démoralisé !

— Tout cela ne serait rien ! gémit M° Taparel en courbant de plus en plus la tête. Cela ne serait rien, si...

— Grand Dieu ! vous m'épouvantez !... qu'y a-t-il encore ?... Quel nouveau malheur ?...
— Il y a...
— Dites vite !
— Il y a que je suis un notaire indigne ! Il y a que mes panonceaux sont à jamais déshonorés !... Écrasez-moi, j'ai manqué à tous mes devoirs, j'ai failli aux obligations les plus sacrées, j'ai...

— Tulipia l'a emporté.

— Qu'avez-vous fait ?
— J'ai perdu l'album de Mme Badinard !
— L'album !... mais alors... impossibilité d'exécuter les vengeances imposées par feu Badinard... alors, la succession...
— Serait perdue pour vous si nous ne retrouvions cet album !... Mais nous le retrouverons, nous retrouverons Tulipia, car c'est elle qui l'a emporté !...
— Toujours Tulipia ! ! !... Comment, vous avez laissé l'album de la succession Badinard entre les mains de Tulipia ! mais c'est un indigne abus de confiance !... c'est inouï, on ne retrouverait pas deux faits semblables dans les fastes du notariat !...
— Accablez-moi ! J'ai été amené à... cette erreur... par la pensée que Mlle Tulipia serait peut-être à même de me donner sur les personnages qui ont attenté à l'honneur conjugal de M. Badinard, des indications de nature à aider considérablement votre tâche de vengeur !... et, j'ai eu la faiblesse de laisser l'album chez Tulipia...
— J'y pense, si vous lui avez révélé notre but... tout est perdu !
— Non, je n'ai rien dit ! Tulipia a paru extraordinairement intéressée par les photographies, j'en ai conclu qu'elle connaissait certains des ennemis de Badinard... et cela m'a confirmé dans l'espoir de recueillir quelques rensei-

gnements de plus sur eux... Aujourd'hui, — agité par je ne sais quels pressentiments — je retourne chez elle, et j'apprends tout... ses embarras d'argent, les poursuites de ses créanciers, la saisie et sa fugue ! un enlèvement sans doute !

— C'est bien probable !

Cabassol accablé par tant de disgrâces, laissa tomber les bras comme un homme découragé.

— Nous la retrouverons, s'écria M° Taparel ému, il le faut! Une femme comme Tulipia ne disparaît pas comme cela... nous retrouverons l'album.

— Mais s'il est saisi ?

— Il n'est pas saisi, Tulipia l'a emporté, j'ai interrogé sa femme de chambre, laquelle, furieuse de ne pas avoir été emmenée, m'a tout avoué... Bezucheux, Lacostade, Poulet-Golard, etc... je sais que Tulipia a emporté ses bijoux et l'album !

Cabassol désespéré s'abîma dans de sombres réflexions.

Il en fut tiré par Bezucheux de la Fricottière, qui venait lui serrer la main.

— Noble cœur ! dit Bezucheux, toi seul étais pur, Tulipia ne t'a pas aimé, toi, et c'est toi qui te montres le plus affligé de nous tous !

Comme le festin, depuis longtemps servi, refroidissait, Bezucheux donnant l'exemple de la fermeté d'âme, proposa de se mettre à table.

— Nous la retrouverons ! dit tout bas Cabassol à M° Taparel en lui serrant vigoureusement la main.

TROISIÈME PARTIE

L'ENLÈVEMENT DE TULIPIA

I

A la recherche de Tulipia. — Les habitantes de la villa Girouette. — Comment Cabassol et deux clercs de notaire se virent obligés de signer des promesses de mariage.

Le *Courrier de Monaco*, dans le *Figaro* du 17 février 18**, fut particulièrement intéressant, car notre ami Cabassol, qui lisait ses journaux d'un air navré en brûlant quelques

Au tir aux pigeons de Monte-Carlo.

cigarettes après déjeuner, bondit en l'air à la lecture de cet article et faillit renverser sa table couverte encore du service à café.

Après le parallèle obligé entre les arbres parisiens, squelettes chargés de neige, et les verts palmiers de la corniche, éternellement chauffés par le soleil, citoyen monégasque à perpétuité, le *Courrier de Monaco* signalait la présence, à la dernière fête de Monte-Carlo, d'une foule de notabilités aristocratiques internationales : *le duc et la duchesse de Canisy; la comtesse Léonore des Machicoulis, épanouie dans tout le charme de sa beauté blonde; le général Staraïsoff, qui eut la jambe et le nez emportés au premier assaut de Plewna; la princesse Pataroff, qui venait de faire sauter la banque; la ravissante contessina Barberini, encore tout émotionnée par son procès en séparation; le prince de la finance Grobfield and C°, de New-York; l'empereur du pétrole, John Fliberman, de Chicago,* etc., etc.

Il n'y avait pas là de quoi faire bondir notre ami Cabassol; le paragraphe suivant, dans lequel le chroniqueur annonçait l'arrivée du prince héréditaire de Bosnie, le jeune et sympathique Michel, voyageant incognito, n'était pas davantage émotionnant. L'avant-dernière ligne seule avait pu produire cet effet excessif sur le vengeur de feu Badinard, l'avant-dernière ligne où notre héros et ami avait lu tout à coup, sans s'y attendre, le nom de Tulipia imprimé presque en toutes lettres.

Voici quelle était la teneur exacte de cette ligne révélatrice :

« ..... La palme de l'élégance décernée à une autre de nos demi-mondaines, la ravissante Tul.... Bal.....

Ainsi la trompeuse amie de Bezucheux, disparue depuis plus de trois semaines, était retrouvée ! Il n'y avait pas de doute à avoir, c'était bien de Tulipia Balagny que parlait le *Courrier de Monaco.*

Depuis trois semaines, M° Taparel et M. Miradoux vivaient dans un état d'inquiétude impossible à décrire, et Miradoux maigrissait encore, — ce dont il ne se croyait plus capable, — depuis que, par suite des coupables imprudences de M° Taparel, la ravissante Tulipia avait pris la clef des champs en emportant l'album de M°ᵐᵉ Badinard, la pièce principale du dossier de la succession Badinard, sans laquelle le légataire universel et les exécuteurs testamentaires ne pouvaient rien faire, et dont l'absence prolongée devait mettre à néant les espérances de Cabassol, en l'empêchant d'exécuter les conditions imposées par le testateur.

La ravissante Tulipia, depuis ces trois semaines, était demeurée introuvable; toutes les recherches des intéressés avaient été inutiles, nul n'avait pu dire dans quelle direction la volage enfant avait porté ses pas et le précieux album aux soixante-dix-sept photographies.

Il fallait au plus vite faire connaître la bonne nouvelle à M° Taparel pour aviser avec lui aux moyens de recouvrer, dans le plus bref délai possible, l'album envolé. Lorsque Cabassol, le numéro du *Figaro* à la main, entra dans le cabinet du notaire, M° Taparel comprit qu'il y avait quelque chose de nouveau.

— Eh bien? demanda-t-il d'une voix inquiète.

— Elle est à Monaco! s'écria Cabassol en agitant triomphalement le *Figaro*.

— Mon chapeau! s'écria le notaire, je pars...

— Un instant! tenons conseil d'abord...

— Ah! c'est que, voyez-vous, j'ai hâte de relever la tête, je veux confondre Tulipia et retrouver l'album Badinard, perdu par ma faute... Le remords me ronge... Si je tardais plus longtemps à réparer le tort grave causé par un instant d'oubli de mes devoirs professionnels, je serais capable de me pendre à mes panonceaux déshonorés!

Miradoux, entré sur ces entrefaites, aida Cabassol à consoler la douleur de M° Taparel, et tous trois, redevenus calmes, discutèrent sérieusement les moyens à employer pour obtenir de Tulipia la restitution des soixante-dix-sept photographies.

Il fut convenu que Cabassol, muni de capitaux importants, partirait immédiatement pour Monaco avec Miradoux et deux clercs de l'étude pour l'aider dans ses opérations; à Monaco il agirait suivant ses inspirations et s'arrangerait pour rentrer en possession de l'album, soit en l'achetant à Tulipia, soit en enlevant de haute lutte le cœur de la cruelle et volage enfant.

Les membres de l'expédition partant à la conquête de l'album de Tulipia n'eurent pas beaucoup de temps à consacrer à leurs préparatifs; leur chef Cabassol leur donna

Grobfield and C°.

La comtesse Léonore des Machicoulis.

John Fliberman and C°.

La princesse Pataroff.

Le duc et la duchesse de Canisy.

La contessina Barberini.

rendez-vous à la gare de Lyon pour le rapide du soir. Miradoux emmenait son troisième et son quatrième clercs, jeunes gens aimables et intelligents, qui, dans certaines circonstances, pouvaient rendre de grands services.

A la gare, Cabassol rencontra quelques figures de connaissance ; ce fut d'abord Bezucheux de la Fricottière fils, qui eut un soubresaut d'étonnement à sa vue, puis Lacostade arrivant en costume de voyage, puis Saint-Tropez, enfermé dans un ulster imperméable, puis Pontbuzaud, et enfin Bisseco le ticket au chapeau et le sac en bandoulière. Tous tenaient à la main le *Figaro*, plié du côté de l'article : *Courrier de Monaco*.

— Eh, mes petits bons ! proféra Cabassol, vous y voilà ! vous vous lancez sur la piste !

— Sur quelle piste? fit Bezucheux en témoignant une surprise bien jouée, je vais tout simplement surveiller papa...

— A Monaco?

— Oui, à Monaco où il mène une vie par trop torrentueuse ! Il m'écrit pour m'emprunter cinq cents louis jusqu'en avril prochain...

— Et tu les lui portes?

— Non, je vais lui dire que je ne veux pas les lui prêter ; je ne pouvais pas lui dire ça par lettre, tu comprends, les convenances !... j'aime mieux lui faire de la morale verbalement !

— Allons donc ! Vous avez appris que Tulipia était à Monaco, et vous courez tous vous rouler à ses pieds...

— Au contraire ! s'écria fièrement Bezucheux, j'ai l'intention, si je la rencontre, de l'accabler de ma froideur !...

— Moi, dit Lacostade, de mon indignation !

— Moi, dit Saint-Tropez, je broierai son âme par un simple regard chargé de mépris !

— Moi, fit Bisseco, je la pulvériserai d'un coup d'œil fulgurant !... un de ces coups d'œil dont on ne se relève pas !...

— Quant à moi, dit Pontbuzaud, mon intention bien arrêtée est de faire sauter la banque sous ses yeux, sans daigner jeter un regard de son côté... D'abord, comme elle m'a trompé, j'ai dans l'idée que si je joue en sa présence, cela me portera bonheur... Tulipia sera mon fétiche, sans s'en douter !

— Eh bien ! et toi, mon petit Cabassol, reprit Bezucheux, que vas-tu faire dans le pays où fleurit Tulipia ?

Cabassol et Tulipia s'en allèrent sous les palmiers.

— Moi, fit Cabassol embarrassé, moi, oh! moi, c'est différent; je vais pour un mariage. Vous voyez ces messieurs là-bas?...

Et il montra d'un mouvement de tête Miradoux et les deux clercs.

— Tous notaires, mes enfants! Ils m'ont déniché une héritière sérieuse devant qui je vais poser ma candidature.

— Très bien, mon ami, très bien! Nous te laissons avec tes notaires. Tu leur parleras de nous, pour le cas où ton héritière te blackboulerait...

En montant en wagon, Cabassol trouva installé dans son compartiment un monsieur enveloppé dans un ulster à collet relevé qu'il crut reconnaître. Le monsieur avait la figure plongée dans le *Figaro;* tant que le train fut en gare, le monsieur ne bougea pas. Comme il ne pouvait aller ainsi jusqu'à Nice, Cabassol prit patience. A Fontainebleau, le monsieur se décida à baisser son masque, et Cabassol put saluer son ex-patron, M. Poulet-Golard.

— Eh bonjour, cher maître! dit Cabassol, vous allez à Monaco? je parie que je sais ce qui vous y attire!

— Mon cher secrétaire, on vient de découvrir dans les terrains de Menton une femme pétrifiée...

— Ne serait-ce pas Tulipia?

— Non, il s'agit d'une femme de quatre mille ans.

— Un bel âge! Son mari peut être tranquille... Plus jeune, la *dona è trop mobile!*

Cabassol descendit à l'hôtel de *Rouge et Noire,* à Monte-Carlo, en face de la petite principauté, qu'il voyait tout entière par une seule de ses fenêtres. Sur le livre de l'hôtel il écrivit simplement et illisiblement son nom, « Cabassol », au-dessous duquel le modeste Miradoux inscrivit les mots *et sa suite,* ce qui fit que les voyageurs furent aussitôt pris pour des notabilités diplomatiques.

— Que dit-on ici? demanda Cabassol au majordome de l'hôtel, personnage à tournure de chambellan; de qui parle-t-on?

— Du prince de Bosnie. Son Altesse est ici, elle occupe l'appartement au-dessous de celui-ci, avec son précepteur le baron de Blikendorf.

— Vraiment! fit Cabassol. Et en fait de dames?

— Nous avons, à Monte-Carlo, la grande duchesse douairière de Lipfeld, la grand'mère du roi de...

— Je ne vous parle pas des grandes duchesses douairières, dit sévèrement Cabassol, je vous parle de grandes duchesses plus folâtres! Connaissez-vous Tulipia?...

— Madame Tulipia de Balagny? Parfaitement, monsieur, elle occupe la villa Girouette, que vous pouvez voir de vos fenêtres.

— La petite villa ici, dans le jardin aux quatre palmiers?
— Oui, monsieur.
— C'est bien, je vous remercie,
Le chambellan s'inclina et disparut.
Cabassol se mit à la fenêtre et put examiner à loisir la villa honorée de la présence de Mme de Balagny. — C'était une petite villa italienne toute en

La villa Girouette.

terrasses et en balcons garnis de plantes grimpantes, au centre d'un petit jardin plein de cactus et d'agaves poussant en liberté. En face de l'hôtel de Rouge et Noire, de l'autre côté de la villa, s'élevait un autre hôtel, l'hôtel de Gênes, plongeant aussi sur les jardins des Girouettes. Aux fenêtres de cet hôtel, Cabassol aperçut ses amis Bezucheux, Lacostade, Bisséco, Pontbuzaud, et Saint-Tropez, éparpillés à des étages différents, mais tous penchés sur la villa et interrogeant chacun un garçon.

— Bon! pensa Cabassol, ils savent déjà qu'elle est là.

Le jour même, esclaves de leur devoir, Cabassol, Miradoux et les deux clercs se mirent à l'œuvre. A vrai dire, Miradoux et les deux clercs avaient une besogne facile : ils devaient se contenter d'admirer le ciel bleu et les palmiers, en attendant les indications du chef de l'expédition. Après une petite séance au tir aux pigeons et une heure donnée au concert, le moment vint d'aborder la véritable reine de la principauté, Son Altesse la roulette.

Cabassol avait à plusieurs reprises aperçu Tulipia, soit assise sous les palmiers des jardins de M. Blanc, soit au tir aux pigeons ; mais il l'avait vue trop entourée pour qu'il lui fût possible de l'aborder. Il ne lui avait jamais été présenté régulièrement, mais Tulipia devait le connaître de vue ; il espéra que, devant la roulette, il lui serait facile de se présenter lui-même.

Quand il entra dans le salon de jeu, la première personne qu'il aperçut fut Tulipia en train de mettre une poignée de louis sur un numéro. Cabassol s'assit immédiatement à côté d'elle, en attendant une occasion d'engager la conversation.

Non loin de Tulipia, le sieur de Pontbuzaud pontait avec ardeur, les yeux fixés, pour se porter chance, sur celle qui l'avait trompé ; en face, M. de la Fricottière, le père, luttait contre la banque tout en disant des choses agréables à une jolie blonde assise à ses côtés. Derrière lui Bezucheux fils, s'appuyait sur sa chaise, souriant déjà de la tête que ferait M. son père quand il allait se retourner. Dans la foule Lacostade, Pontbuzaud et les autres promenaient leur mélancolie.

L'occasion espérée par Cabassol tardant à se présenter, notre héros la fit naître brusquement ; par une feinte maladresse, il laissa tomber son portefeuille du côté de Tulipia et se mit à genoux pour le ramasser.

— Mille pardons, madame ! je suis confus...

— Comment donc, monsieur !

— Madame, je bénis la maladresse qui m'a permis de me mettre à vos pieds... je suis superstitieux, madame, je vois dans ce hasard une indication céleste...

— Vraiment !

— Oui, madame, et n'était l'endroit, je solliciterais l'autorisation de rester ainsi, avec une guitare, pour chanter votre beauté à son aise.

Une heure après, Cabassol, qui avait insisté pour tenir le jeu de la charmante belle, perdait une quinzaine de mille francs ; mais son but était atteint, il avait entamé la conquête de ce cœur éminemment léger, que M. de la Fricottière le fils — et il avait ses raisons pour cela — comparait, pour la stabilité, à un petit ballon du Louvre.

En quittant la roulette, Cabassol offrit son bras à Tulipia et s'en alla sous les palmiers admirer les vagues bleues de la Méditerranée. Bezucheux et les autres, qui le virent passer, cuirassèrent leurs cœurs et foudroyèrent le groupe du feu de leurs regards indignés.

LA GRANDE MASCARADE PARISIENNE

Pour se remettre, Bezucheux s'en alla faire une scène à son père qui ne l'avait pas encore aperçu.

— Bonjour, papa! dit-il en lui frappant sur l'épaule.

— Tiens! fit M. de la Fricottière en se retournant, c'est toi! tu m'apportes les cinq cents louis, c'est d'un bon fils!

— Je n'apporte rien du tout, papa, que des remontrances serrées!... Voyons, est-ce que vous croyez que ça peut durer comme ça? Je sais tout, je sais que, non content d'hypothéquer votre ferme de la Barbotte, la dernière,

Tulipia à la roulette.

vous cherchez à la vendre... et après? vous entamerez votre terre de la Fricottière, n'est-ce pas? Non! non! non! je ne peux pas vous laisser entamer la Fricottière, fief patrimonial, maison de mes ancêtres! C'est assez fricotter comme ça, je...

— Du tout! je ne toucherai pas à la Fricottière, c'est sacré! j'ai autant que toi souci du berceau de la famille... mais si je suis embarrassé pour une échéance, je peux bien donner une petite hypothèque...

— Vous ne pensez donc pas qu'il serait temps d'offrir à la France le concours de votre expérience et de vos facultés?... au lieu de gaspiller votre vie à travers tous les boudoirs...

— Oh! tous les boudoirs, tu exagères!...

— Pourquoi ne vous faites-vous pas nommer député? Je ne vous parle pas d'entrer dans la diplomatie, il est un peu tard, mais dans la politique active, à la chambre... au ministère, peut-être, vous trouveriez l'emploi de vos ardeurs!... Les élections se préparent, l'arrondissement de la Fricottière est excellent, adoptez un parti... ou plutôt adoptez-les tous, soyez candidat composite et vous battrez vos adversaires!...

— Prête-moi cinquante louis, la banque est en déveine, je vais me rattraper.

Bezucheux de la Fricottière fils se leva furieux et sortit pour se mettre à la recherche de ses amis. — Il les retrouva sur la terrasse dominant la mer, éparpillés et suivant l'un derrière l'autre la promenade de Tulipia au bras de l'heureux Cabassol.

Ce fut seulement après trois jours de flirtage presque ininterrompu, que Cabassol put se croire assez près d'un résulat important. Une déveine constante avec la rouge comme avec la noire, déveine supportée noblement, l'avait posé dans l'esprit de Tulipia, la charmante belle s'attendrissait et lui donnait moins de coups d'éventail sur les mains quand il serrait un peu trop fortement son bras sous le sien en contemplant la Méditerranée.

La superbe assurance de Cabassol, jetant sans compter les billets à la roulette insatiable, lui avait déjà valu une certaine notoriété dans la colonie. —

Quelques personnes se disant bien informées avaient fait courir le bruit que ce joueur aventureux n'était autre que le président de la république de Honduras en train de manger un emprunt. — Miradoux et les deux clercs de notaire, avec qui on le voyait en fréquentes conférences, passaient pour ses ministres et recevaient en cette qualité des propositions de martingales infaillibles pour faire sauter la banque dans les prix les plus doux.

Miradoux et l'un des clercs de notaire, tentés par le démon du jeu, avaient eu des chances diverses, le jeune clerc était en gain d'une dizaine de mille francs, mais le pauvre Miradoux perdait vingt-quatre francs, ce qui bourrelait ses nuits de remords cuisants.

— Misérable! se disait l'infortuné, tu te croyais au-dessus des passions humaines, tu te disais des douceurs, tu t'appelais vieux philosophe, homme sage, et voilà!... Désormais tu n'as plus le droit de te draper dans ta superbe... tu n'es qu'un joueur! Tu as pourtant vu Frédérick dans *Trente ans ou la Vie d'un joueur*...

Un jour, en revenant de faire avec Tulipia, une promenade sentimentale sur la côte, Cabassol apparut radieux à ses complices.

— Mes enfants! dit-il, tout va bien, c'est pour ce soir!

— Bien vrai? s'écria Miradoux.

— Tulipia cède à ma flamme! j'ai obtenu l'entrée de la villa Girouette, et comme première preuve d'affection, d'abord la permission de lui embrasser les mains tant que je voudrais, et ensuite celle d'arranger ses affaires avec son propriétaire!... Ce soir, messieurs, j'aurai reconquis l'album de la succession Badinard!

— Alors, demain, nous partons! exclama Miradoux, demain nous dirons adieu aux rivages fleuris, mais perfides de Monaco ! Il était temps car je sentais ma force d'âme et ma philosophie sombrer dans le gouffre, car, je l'avoue la rougeur au front, j'étudiais une martingale!

— J'ai quitté Tulipia pour vous prévenir, il est entendu que je la retrouverai tantôt au Casino.

Miradoux et les deux clercs se voyant à la veille de quitter Monaco, résolurent d'employer convenablement leur dernier jour; tous trois se précipitèrent vers la roulette où Cabassol vint les retrouver en attendant Tulipia.

La déveine s'acharna sur Miradoux, qui perdit encore trente francs! Honteux et

Une table de roulette à Monte-Carlo.

furieux à la fois, il usa de son autorité pour arracher violemment de la table fatale ses deux jeunes collègues, et pour les emmener devant la mer retremper leur âme dans un bain calmant d'azur et d'idéal. Cabassol resta seul à attendre Tulipia qui ne se pressait point d'arriver. Notre ami était assez inquiet, mais la vue de Bezucheux et de ses amis rôdant comme des âmes en peine, le rassura; aucun d'eux n'avait détourné Tulipia.

A la fin Cabassol se fatigua d'attendre et quitta le Casino pour aller délibérément sonner à la porte de la villa Girouette. Le chambellan de l'hôtel de Rouge et Noire l'arrêta au passage.

— Madame de Balagny est sortie, dit-il, elle a pris une voiture à l'hôtel pour aller avec une amie faire une promenade à Roquebrune...

— Bon! donnez-moi aussi une voiture, je vais prendre un peu l'air de ce côté...

Il faisait nuit noire lorsque Cabassol revint de sa petite excursion à Roquebrune, sans avoir rencontré Tulipia. L'hôtel était en remue ménage, le chambellan présidait au départ d'une quantité de grandes caisses que l'on chargeait sur et dans un omnibus; il trouva cependant le temps de dire à notre héros que Mme de Balagny avait changé d'avis et avait dirigé sa promenade du côté d'Eza, au lieu d'aller à Roquebrune.

— Excusez-moi, je vous prie, ajouta le chambellan, je m'occupe du départ des bagages de S. A. le prince de Bosnie...

— Bien! bien! fit Cabassol.

Tout s'expliquait. Il avait cherché d'un côté pendant que la capricieuse Tulipia se promenait de l'autre; en se retournant, il aperçut la villa Girouette brillamment éclairée; Tulipia était chez elle, elle l'attendait, il allait pouvoir se présenter.

Et bien vite, Cabassol expédia son dîner, dans la grande salle à manger de l'hôtel, sans prendre garde aux bavardages des dîneurs attardés qui ne causaient que du départ du prince de Bosnie.

Miradoux et les deux clercs l'attendaient en fumant dans le jardin de l'hôtel. Dès qu'il parut, ils se levèrent et lui portèrent leurs félicitations anticipées.

— Mon bon ami, dit Miradoux, vous êtes un heureux coquin, elle vous attend! Tout à l'heure nous l'avons vue s'accouder à la fenêtre du petit salon donnant sur le jardin et rester pensive, les yeux élevés vers l'astre des nuits!... Allons, vous allez réparer les imprudences de Me Taparel et retrouver l'album sans lequel vous risquez de perdre l'héritage de feu Badinard. Quand vous aurez obtenu sa restitution, je l'enfermerai dans ma caisse... moi seul en aurai la garde, et la sévérité de mes principes vous est un sûr garant de mon incorruptibilité! En avant, nous allons vous conduire jusqu'à la porte...

Cabassol, suivi de ses complices, sortit de l'hôtel en même temps que

— Ravissante Tulipia, pourquoi parlez-vous anglais?

l'omnibus chargé des bagages du prince de Bosnie. La villa Girouette s'était replongée dans l'obscurité, mais Miradoux, pressant le bras de Cabassol, lui fit remarquer une blanche figure de femme accoudée à une fenêtre.

— C'est elle! fit Cabassol, ah! si j'avais une guitare ou simplement un cornet à piston pour lui donner une sérénade!

— La porte du jardin est ouverte, dit tout bas Miradoux.

— Très bien, on m'attend! Donnez-moi les roses que vous avez à vos boutonnières pour que je signale ma venue...

Cabassol fit rapidement un bouquet et le jeta à la dame de la fenêtre.

— Elle l'a ramassé, fit Miradoux.

— Elle disparaît, dit un des clercs.

— Oui, mais elle laisse la fenêtre ouverte! Le balcon est à hauteur d'homme, je vais l'escalader et tomber à ses pieds... ce sera très galant!...

Cabassol serra la main de Miradoux et se dirigea vers le balcon pendant que Miradoux et les deux clercs le suivaient en se dissimulant sous les rameaux des grenadiers et des orangers... Un des clercs arriva à point pour faire la courte échelle à Cabassol, qui d'un bond rapide et silencieux sauta sur le balcon.

Une forme blanche se dressa dans l'ombre en poussant un de ces délicieux petit cris d'effroi féminins qui font battre le cœur d'un doux émoi. Le cœur de Cabassol battit naturellement et pour étouffer ce cri d'effroi charmant, il enveloppa dans ses bras la forme blanche et couvrit de baisers un visage que l'on fit mine de défendre avec les ongles.

Cabassol, à défaut de la figure, embrassa très amoureusement des tresses abondantes et parfumées dans lesquelles il enfouit ses moustaches, puis la forme blanche s'étant laissée tomber dans un fauteuil, il se mit à ses genoux et déposa de longs baisers sur des mains qui se défendaient encore.

Cette petite scène dans l'obscurité, à peine combattue par les rayons de la lune, était charmante. M. Miradoux et les deux clercs qui s'étaient légèrement hissés jusqu'à la hauteur du balcon, se le dirent à eux-mêmes.

— Oh! dit enfin la forme blanche, oh! *it is very inconvenant! indeed!*...

— Ravissante Tulipia!... quel rêve! me voici à vos pieds... mais vous parlez anglais? quelle fantaisie!

— *You are not gentleman... you... are very...*

— Si c'est une fantaisie, je la respecte... alors dans les moments... d'effusion, vous préférez l'anglais à votre langue maternelle... soit *i speak* aussi *little, very little, my lovely angel*, mais je vous aimerais en français, capricieuse Tulipia!

— Palamède! Cléopatra! Lavinia!... s'écria la forme blanche en élevant la voix...

— Ce n'est pas Tulipia! s'écria Cabassol pétrifié par l'étonnement, mais...

Un bruit de voix et de pas retentit dans la maison et un filet de lumière glissa sous la porte. En même temps une voix d'homme cria en anglais dans le jardin :

— Est-ce vous, Lucrezia? vous appelez?

— *Yes, my dear* Palamède! Venez, je vous prie!

Miradoux et les deux clercs entendant marcher derrière eux et voyant la retraite coupée, sautèrent à leur tour sur le balcon et cherchèrent à se dissimuler dans l'obscurité d'un grand salon.

— Un gentleman aux pieds de Lucrezia!

— Palamède, Lavinia, Cleopatra! reprit la forme blanche.

La porte s'ouvrit et trois personnes parurent, chacune avec une lampe à la main.

Cabassol était resté à genoux comme cloué au sol et regardait, frappé de stupeur, celle qu'il avait prise pour Tulipia. C'était une femme grande et mince, vêtue d'un très élégant peignoir, sur lequel flottaient d'épaisses tresses blondes. Cleopatra et Lavinia semblaient deux autres exemplaires de la fausse Tulipia, c'étaient la même carnation blonde, la même sveltesse et les mêmes opulentes crinières blondes. Palamède était, lui, un gaillard à barbe américaine, grand, sec, vêtu d'un complet à carreaux immenses.

— Oh! Lucrezia, s'écria-t-il, un gentleman à vos pieds!

— Cher Palamède, je le connais, c'est le monsieur qui était à côté de nous à la roulette! Il m'aime, sans doute, car il m'appelle son *lovely angel!*...

— Ces Français sont inflammables comme des allumettes! fit Palamède en s'avançant tranquillement et en poussant un siège vers Cabassol. Asseyez-vous. Vous ne pouviez donc pas venir demander la main de miss Lucrezia à une heure moins indue?

— Mais, fit Cabassol...

— Ah! fit tout à coup Lavinia, en poussant un paravent derrière lequel les deux clercs de notaire se dissimulaient, il y en a encore d'autres...

— Je les avais vus! dit tranquillement Palamède en allant, une lampe à la main, examiner la figure des deux jeunes gens... Lavinia, Cleopatra, les reconnaissez-vous?

— Nous les reconnaissons! Ce sont ces messieurs du salon des jeux...

— Je les reconnais aussi, fit Palamède. En vérité, je me croyais au courant des usages français, et je ne pensais pas qu'il fût admis de venir chercher des fiancées avec escalade!... Ces messieurs auraient pu se faire présenter par quelqu'un, un ami commun, un correspondant, cela eût été plus correct!...

La fausse Tulipia prit la parole.

— Ne les grondez pas trop, Palamède, les Français sont impatients, ils n'auront pas pu attendre! Monsieur vient de m'envoyer un bouquet de roses pendant que j'étais à rêver à la fenêtre, et il a escaladé ensuite le balcon pour se jeter à mes pieds!

— Voyons! s'écria Cabassol, il y a malentendu, c'est bien ici la villa Girouette?

— Oui, monsieur.

— Mais vous ne l'habitiez pas hier?

— Non, nous sommes arrivés ce matin seulement. Nous étions à l'hôtel, mais ayant appris que par suite du départ subit des anciens locataires, cette villa était libre, nous l'avons louée cet après-midi, et nous nous sommes immédiatement installés.

— Ceci doit vous expliquer mon erreur, madame, et...

— Permettez! s'écria Palamède, ces dames voyagent sous mon égide, je dois intervenir, même dans les affaires de sentiment. Déjà au casino, elles ont remarqué vos assiduités...

— Nos assiduités?

— Oui, vos regards perpétuellement dirigés de leur côté. Elles se sont très bien aperçues de votre trouble... puis, le soir venu, vous venez sous les fenêtres de leur habitation, vous leur envoyez des roses, vous escaladez les balcons et vous vous jetez à leurs genoux !... Et lorsque j'arrive, moi, leur parent, moi qui réponds d'elles à leurs familles, vous parlez d'erreur, de malentendu !...

— Mais... s'écria Cabassol.

— Halte-là ! pas un mot de plus, ce ne serait pas gentleman ! Asseyez-vous...

Et Palamède tira de sa poche un revolver qu'il mit froidement sur la

— A première réquisition, je m'engage à épouser...

table. A son exemple, Cleopatra, Lavinia et Lucrezia fouillèrent dans la poche de leur peignoir et tirèrent chacune un mignon bijou de revolver.

— Diable ! pensa Cabassol, voilà un petit rendez-vous qui tourne mal...

— Le moment me semble mal choisi pour une discussion de choses matrimoniales, reprit Palamède.

— A moi aussi, dit Cabassol.

— Nous reprendrons cette conversation demain, quand vous me ferez l'honneur de venir demander officiellement les mains de misses Lucrezia, Lavinia et Cleopatra Bloomsbig, mes charmantes cousines...

— Pardon, s'écria Cabassol, loin de moi la pensée de nier la puissance des charmes de misses Lucrezia, Lavinia et Cleopatra Bloomsbig ; au contraire ! je suis prêt à m'incliner et à leur baiser respectueusement la main avec l'assurance de mon admiration pour l'éclat de leurs yeux et pour le charme de leurs traits, mais je vous assure qu'il y a ici un simple quiproquo...

— Seriez-vous de ces jeunes gens, comme il n'en est que trop, qui ne se plaisent qu'à compromettre les jeunes personnes...

— Permettez !... nous ne...

— Vous appelez miss Lucrezia votre ange aimé, vous la serrez dans vos bras et ensuite vous... Allons donc ! Cela ne se passe pas ainsi en Amérique !

Et Palamède frappa du poing sur son revolver. Miss Lucrezia fondit en larmes à ce bruit.

— Remettez-vous, pauvre enfant, de cette secousse ! Monsieur réfléchira demain... en attendant régularisons la situation, voici des plumes et de l'encre, écrivez !...

Les trois jeunes filles griffonnèrent rapidement quelques lignes et remirent les trois feuilles de papier à Palamède...

Le prince de Bosnie et son précepteur.

Cabassol profita de cet instant de silence pour s'abîmer en de profondes réflexions. Que signifiait ce départ subit de Tulipia ? Où était-elle allée encore, avec les importantes pièces de la succession Badinard ?

— Savez-vous, dit-il enfin à Palamède, savez-vous ce qu'est devenue la précédente locataire de cette villa ?

— Je l'ignore, répondit Palamède en fronçant les sourcils et en frappant sur son revolver, tenez, miss Lucrezia vous prie de signer ceci :

Montecarlo, 23 février.

Je soussigné, je reconnais avoir sollicité le cœur et la main de miss Lucrezia Bloomsbig ;

A première réquisition, je m'engage à épouser miss Lucrezia Bloomsbig sous peine de tous dommages et intérêts.

— C'est une promesse de mariage ! s'écria Cabassol.

— Sans doute ! fit Palamède, et je compte que vous viendrez demain faire votre demande officielle.

— O Tulipia! Tulipia!
— Eh bien! Signez-vous?
— Voyons, qu'est devenue la précédente locataire?...
— Elle est partie avec le prince de Bosnie; tenez, écoutez ce bruit de voiture, c'est un deuxième omnibus chargé des bagages du prince... Voyons, signez!
— O Tulipia! abominable traîtresse!...

Le prince soupira pendant trois jours.

— Baste! fit tout bas un des clercs, signez, Montecarlo n'est pas sur le territoire français, la promesse n'aura nulle valeur en France!

Cabassol traça vivement son nom au bas de la promesse de mariage et sauta sur le balcon pendant que les deux clercs signaient des promesses semblables au nom de misses Cléopatra et Lavinia.

Tous trois sautèrent dans le jardin sans que Palamède parût s'offusquer de ce départ contraire aux convenances.

— A demain! leur cria-t-il.

Cabassol et ses deux compagnons étaient déjà à l'hôtel.

— Ouf! nous voilà dans une jolie situation! fit Cabassol en se laissant tomber sur les banquettes du vestibule, mais nous serons loin demain... occupons-nous d'abord de Tulipia !... Monsieur, dit-il au patron de l'hôtel, vous connaissiez Mme de Balagny ? Est-il vrai qu'elle ait quitté Montecarlo ?

— Oui, monsieur, elle est partie pour Nice à huit heures.

— Et, pardon si je suis indiscret, le prince de Bosnie, suivant les *on dit*, serait pour quelque chose dans ce départ subit ?

— Hum, je ne sais si... on m'a recommandé le plus complet silence, M. de Blikendorf, le précepteur du prince, me le répétait encore en partant : Pas un mot surtout ! pas un mot surtout ! ne scandalisons point l'Europe !

— Alors tout est...

— Tout est vrai ! Son Altesse le prince Michel et son précepteur M. de Blikendorf, ont enlevé Mme de Balagny !

Cabassol accablé par ce désastre, laissa choir sa tête dans ses mains ; puis rapidement :

— Une voiture pour Nice, demain à quatre heures du matin ! dit-il, et de bons chevaux !

Le patron de l'hôtel s'inclina.

— Rentrons et dormons ! dit Cabassol aux deux clercs, demain à quatre heures, nous nous précipitons à la poursuite de Tulipia !

Il était au lit et sommeillait depuis une heure, lorsqu'une pensée lui vint tout à coup, qui le fit se redresser :

— Et Miradoux que nous avons oublié à la villa Girouette ! Sacrebleu ! ! !

II

Comment le prince de Bosnie et son précepteur se dérangèrent de leurs devoirs et abandonnèrent cruellement la pauvre grande duchesse de Klakfeld pour la séduisante Tulipia.

Michel, prince héréditaire de Bosnie, faisait l'orgueil et la joie de son auguste père : il était grand, solide et rompu à l'obéissance passive qu'il pratiquait religieusement en attendant qu'il eût lui-même à la demander aux autres.

Il avait trente-cinq ans sonnés. Les fonctions de prince héréditaire consistaient surtout à dormir dans les fauteuils du Konak royal, à faire de temps en temps manœuvrer les régiments et à danser aux bals de la cour avec quelques princesses ou trop jeunes ou trop respectables.

La dernière guerre russo-turque avait été pour lui une occasion de vacances inespérées ; à l'armée du czar, il avait bu beaucoup de champagne à travers la fumée des batailles. Mais ensuite il avait fallu rentrer au palais et reprendre la vie monotone de la capitale, perdue au milieu d'une contrée encore assez peu ouverte aux bienfaits de la civilisation. Toujours le sempiternel conseil des ministres, les manœuvres fastidieuses et les mortels bals de la cour. Pas d'autre distraction. On parlait depuis dix ans de bâtir un théâtre et d'engager une troupe à Vienne ou à Paris; mais ce théâtre devait rester longtemps encore à l'état de très vague projet.

Un jour une cocotte française était arrivée à Bosnagrad. Par suite de quelles aventures, Dieu seul le sait! Toute la jeunesse bosniaque s'était sentie élec-

— J'emploierai la violence au besoin!

trisée, les vieux sénateurs rétrogrades eux-mêmes avaient frémi et le prince avait espéré; mais enchaîné au rivage par sa grandeur, il s'était laissé distancer, et l'unique échantillon de cocotte que le pays eût jamais vu depuis le commencement du monde, l'être idéal dont toutes les imaginations s'occupaient et qui apparaissait la nuit en des rêves d'or à toute la ville, avait disparu enlevé par un banquier juif.

Un beau jour le prince, mandé par son auguste père, apprit une étonnante nouvelle. On avait résolu de le marier; il allait faire ses malles au plus vite et partir pour la cour de Klakfeld, une petite principauté allemande dont il n'avait jamais entendu parler, pour se préparer à épouser, dans un délai assez rapproché, une jeune grande duchesse assez convenablement dotée.

L'affaire entamée dans le plus grand secret, par le conseil des ministres, était presque faite. La jeune grande-duchesse attendait le fiancé annoncé avec une impatience fébrile. Une somme importante, économisée dans ce but spécial par son auguste père sur sa liste civile, allait être confiée au docteur Blikendorf, le précepteur du prince, qui devait l'accompagner à Klakfeld ; cette somme devait servir à éblouir la cour de Klakfeld par un train si galant et par tant de magnificences, qu'elle en serait forcée d'arriver à une augmentation de la dot, négociation délicate dont le docteur Blikendorf était aussi chargé.

Le docteur Blikendorf était un vieux savant, un vertueux philosophe à lunettes, précepteur du prince depuis vingt-cinq ans. Arrivé maigre à Bosnagrad, le culte de la philosophie et la vie grasse et tranquille avaient arrondi le ventre majestueux au-dessus duquel se balançait une grosse tête apoplectique à barbe blanche.

Le prince et son précepteur eurent bientôt fait leurs malles. Le lendemain dès l'aube, une voiture les emportait, munis de la forte somme et des dernières instructions de Son Altesse. Le prince fut silencieux pendant les premières journées du voyage, le précepteur dormit sur la cassette. Quand on eut passé la frontière, le prince éveilla brusquement Blikendorf.

— Blikendorf ?

— Mon prince ?

— Quelle est la somme ?

— Deux cent mille florins !

— Donnez-la moi, je vais vous faire un reçu régulier pour mettre votre responsabilité à couvert.

— Mais...

— Il n'y a pas de mais... je me charge de tout.

— Pardon, mon prince, mais il est dit dans mes instructions que je ne dois vous donner la somme qu'à Klakfeld.

— Nous n'allons plus à Klakfeld.

— Nous n'allons plus à Klakfeld !!!... mais votre auguste père... et là-bas, la grande-duchesse qui vous attend !...

— Elle est trop jeune.

— Trop jeune, elle a vingt-cinq ans !... et encore je crois que S. A. Sérénissime le grand-duc triche un peu...

— J'irai plus tard ! Mon cher ami, aux princes il faut des épouses mûres, laissons-la mûrir !

— Dieux immortels ! quelle aventure ! Et où allons-nous ?

— Partout, à Vienne, à Paris ! nous allons nous amuser tant que les florins dureront !

Le mal de mer

— Je suis déshonoré ! gémit Blikendorf, que va t'on penser à la cour, d'un précepteur qui laisse son élève se livrer à de tels débordements d'un vieux philosophe comme moi qui... Je vais me pendre !

— Blikendorf ! vous rougissez à vue d'œil, vous êtes rouge comme une énorme tomate, prenez garde à l'apoplexie !... Allons donc ! Blikendorf, pas de faiblesse ! d'abord vous n'avez rien à dire, vous aurez un reçu très régulier. Pour qui était la somme ? pour moi. Je ne la détourne pas de sa destination, c'est moi seulement qui me détourne de la mienne, mais c'est mon affaire. Je ne vais pas directement à Klakfeld, mais j'ai l'intention d'y aller un jour. Vous êtes attaché à ma personne en qualité de précepteur, vous devez me suivre !

Quelques avaries à la voiture et aux voyageurs.

Vous n'avez aucune objection à faire, aucune ! Allons, vive le plaisir ! nous allons nous en donner. Blikendorf, de la gaîté je te l'ordonne ! Tiens, tu es mon ami, tu auras le droit de puiser dans les florins...

— Soit, je me livrerai aux vains plaisirs, mais qu'il soit bien entendu que c'est contraint et forcé ! Outre le reçu, vous me donnerez une réquisition écrite pour prouver que je n'ai livré la somme que sur des ordres exprès... Je ferai appel à toute ma philosophie... à propos, outre les deux cent mille florins en or, j'ai un supplément de cent mille florins en traites que nous ne devons entamer qu'en cas de nécessité absolue, si la première somme ne suffisait pas...

— Elle ne suffira pas ! Et maintenant Blikendorf, tu vas écrire à la cour de Klakfeld pour annoncer que des complications diplomatiques en Orient, exigeant ma présence à Bosnagrad, mon départ a été retardé. Puis tu prépareras une série de lettres sur la cour de Klakfeld pour faire prendre patience à mon auguste père.

Quelques heures après, le prince qui consultait une collection de cartes et de guides, changea d'avis, au lieu de prendre le train pour Vienne où sa présence aurait été signalée, il prit celui de Trieste avec Monaco, pour destination définitive.

Le prince était un cœur brûlant. En route il eut le temps de s'enflammer et de s'éteindre plusieurs fois; aucune de ces passions ne dura longtemps! le prince n'avait pas rencontré la femme de ses rêves. A Monaco, le prince

Chez l'épicier.

avec une sagesse digne de Blikendorf, n'aventura pas son argent à la roulette, il roucoula pendant quelques jours un peu à droite et un peu à gauche sans parvenir à se fixer. Il soupa régulièrement tous les soirs et but d'invraisemblables quantités de champagne en aimable compagnie. Blikendorf en était, car le précepteur n'abandonnait pas son élève; quand il avait trop mal à la tête, il se rafraîchissait en causant philosophie avec un convive hors de combat.

La rencontre de Tulipia Balagny, au casino de Montecarlo, fit sauter le cœur du prince. Ce fut un coup de foudre.

— C'est elle, dit-il à son précepteur.

— Qui ça, la grande-duchesse?

Le précepteur assura ses lunettes sur son nez et contempla longuement Tulipia.

— Non, ce n'est pas elle.

— Si, c'est elle que j'aime, décidément. Allez lui présenter mes hommages.

La route de Nice.

— Non, ce ne serait pas convenable. Je vais me tenir à distance respectueuse et vous présenterez vos hommages vous-même.
— Non, décidément je préfère lui écrire... venez, vous me ferez ma lettre, je veux une lettre poétique et fleurie.

Tulipia reçut, le soir même, un énorme bouquet et une longue épître de Blikendorf, mais elle resta sur une prudente réserve et se montra très froide avec le prince quand celui-ci se décida à lui parler à brûle-pourpoint de son amour, pendant un des concerts du Casino.

Le prince dut ce soir-là se contenter au souper obligatoire, de la compagnie de Blikendorf; le précepteur brava le mal de tête pour offrir les consolations de la philosophie à son élève désolé. Le prince soupira pendant trois jours dans les rochers et sur les grèves, mais après trois jours de soupers en tête à tête avec Blikendorf, il résolut de brusquer les choses. Il se présenta chez Tulipia avec son précepteur.

— C'est moi! dit-il, je vous aime, il faut que vous m'aimiez! Demandez à mon précepteur, le docteur Blikendorf, si je ne vous aime pas... voilà trois jours et trois nuits que nous ne parlons que de vous en noyant nos chagrins dans le champagne! Est-ce vrai, Blikendorf?

— C'est vrai, monseigneur!

— J'allais en Allemagne sous la conduite de mon précepteur pour épouser la grande-duchesse de Klakfeld, j'ai enlevé mon précepteur et la forte somme destinée à pourvoir à mes magnificences, et me voilà! Je renonce à ma grande-duchesse et je me jette à vos pieds! Blikendorf, fais comme moi et attendris la cruelle!

Blikendorf et le prince s'agenouillèrent.

— Voyons, Blikendorf, attendris-la! sois éloquent, si tu n'es pas éloquent, à quoi sers-tu?

— Je vais être éloquent, dit Blikendorf.

— Dépêche-toi!

— Vrai! s'écria Tulipia, vous plantez-là une grande-duchesse de Klakfeld pour moi?

— Je la plante là!

— C'est beau!

— Oui, je vous aime, je vous enlève! je vous donne dix minutes pour préparer vos bagages — j'ai une voiture commandée... nous partons tout de suite!

Tulipia éclata de rire.

— Et si je faisais des objections?

— Je ne les écouterais pas! j'emploierai la violence au besoin! Blikendorf est un hercule et moi aussi, à nous deux nous vous enlevons de vive force! Blikendorf, montrons que nous sommes forts?

Devant cette belle résolution, Tulipia s'attendrit sans doute, car une heure après, elle roulait avec le prince de Blikendorf sur la route de Nice, sans plus penser à Cabassol qui se berçait pendant ce temps de la plus douce espérance.

L'infortuné Cabassol fut réveillé à quatre heures du matin, comme il en avait donné l'ordre à l'hôtel de la Rouge et la Noire. Le sentiment de ses malheurs lui revint aussitôt. — Tulipia enlevée par le prince de Bosnie, Miradoux aux mains des Américains, et la promesse de mariage signée par lui, trois graves sujets d'inquiétude !

Par bonheur l'un de ses points noirs s'évanouit bientôt, car le pauvre Miradoux parut tout à coup.

— Eh bien ! d'où diable sortez-vous ? s'écria Cabassol

Débarquement à Gênes.

— Ouf ! fit Miradoux en se laissant tomber dans un fauteuil, ouf ! quelle nuit ! quelle aventure !

— Eh bien ?

— Je sais tout, mon ami, j'ai assisté à tout ! je sais que vous avez été contraint, par les habitantes de la villa Girouette, à signer des promesses de mariage...

— Et vous ? vous avez donc pu vous échapper ?

— Non, mon ami ! je n'ai pas pu m'échapper... mais je n'ai rien signé du tout, je suis tombé sur une femme de chambre mulâtresse...

— Sans revolver ?

— Sans aucun revolver, heureusement ! Elle m'a sauvé des griffes de Palamède et me voilà !

— J'ai peur que la dignité de vos fonctions n'ait été légèrement compromise dans votre sauvetage... enfin, je ne le dirai pas à M⁰ Taparel qui vous croit au-dessus de toutes les faiblesses.

— Mon ami, tenez compte de la malheureuse situation où je me suis trouvé... Enfin, moi je suis sauf, je n'ai pas signé de promesses de mariage, tandis que vous, vous voilà avec une mauvaise affaire sur les bras... Savez-vous ce que c'est que les locataires de la villa Girouette?

— Oui, j'ai questionné notre hôte; c'est lui qui les a envoyés à la villa laissée libre par le départ de Tulipia! Ce sont mesdemoiselles Cléopâtra, Lavinia et Lucrezia Bloomsbig, de Chigago, voyageant sous la conduite de M. Palamède Hurstley, leur cousin.

— Ce n'est pas leur cousin, j'ai fait causer l'aimable mulâtresse. M. Palamède est tout simplement un employé de la grande agence américaine de mariages européens...

— Qu'est-ce que cette agence?

— Une agence qui se charge de piloter les demoiselles américaines qu'on veut bien lui confier et de leur trouver des maris sur le vieux continent. M. Palamède arrive tous les ans avec deux ou trois demoiselles, qui parviennent toujours à se caser par ses soins. C'est un commis-voyageur en Américaines; l'année dernière, il en a placé quatre, une à Luchon, une à Paris, une à Vienne et l'autre en bateau à vapeur; il est très fort. J'oubliais de vous dire qu'il est pasteur et, qu'en cette qualité, il peut enlever un mariage pressé.

— Pasteur!

— Oui, mon ami, et je dois même ajouter qu'après votre départ, Mlle Lucrezia, celle que vous aviez prise pour Tulipia, a fait de vifs reproches à Palamède pour ne pas vous avoir unis tout de suite! Voilà qui est flatteur pour vous!...

— Elle est charmante. Mais ma mission... ma noble mission!... j'ai terriblement de choses à faire.

— Oui, et je vous conseille de partir au plus vite. Palamède a l'intention d'agir vigoureusement pour vous amener à tenir vos engagements.

— Partons tout de suite. Nous passerons derrière l'hôtel pour n'être pas vus, et la voiture nous rattrapera sur la route. Quant à nos bagages, on nous les enverra plus tard.

En se glissant derrière les jardins, les fugitifs purent apercevoir le sieur Palamède à une fenêtre, les yeux fixés sur l'hôtel de la Rouge et la Noire.

— Déjà levé! murmura Cabassol. Ce pasteur est terrible!... il nous attend pour les demandes officielles!...

La voiture les rattrapa une demi-heure après sur la Corniche. La splendeur du paysage, baigné dans les fraîcheurs du matin, leur fit oublier bientôt les périls auxquels ils venaient d'échapper. Ils arrivèrent à Nice plus tranquilles.

Le premier soin de Cabassol, après un déjeuner réconfortant, fut de s'informer du prince de Bosnie.

Personne ne l'avait vu en ville, il parcourut successivement toutes les promenades, s'informa dans tous les hôtels sans découvrir aucun indice. Les bagages du prince étaient au chemin de fer, à la consigne.

À Naples. — Cuisines en plein vent. — Consommation de couleur locale et de macaroni.

— Il garde le plus strict incognito, sans doute! dit amèrement Cabassol, mais je le trouverai et il faudra bien que je lui enlève Tulipia, ou au moins l'album de la succession. — Retournons vers Monaco et demandons des renseignements en route, il s'est peut-être arrêté à Villefranche ou ailleurs.

Aucun hôtel, à Villefranche, n'avait eu l'honneur d'abriter Son Altesse, il fallut pousser plus loin. Cabassol désespérait et il en était arrivé à penser que ceux qu'il cherchait avaient dépassé Nice et se dirigeaient vers Cannes, lorsque, dans un petit village, à quelques kilomètres de Villefranche, il aperçut un rassemblement devant la petite maison d'un modeste épicier.

Deux ouvriers peintres, grimpés sur une échelle, étaient en train d'orner la façade de l'épicier d'une inscription en gros caractères; au-dessous de ÉPICERIE, *denrées coloniales, vins et huiles*, les artistes avaient tracé les mots : FOURNISSEUR DE S. A. LE PRINCE DE BOSNIE.

— Arrêtez! cria Cabassol à son cocher, en sautant vivement sur la route. L'épicier était sur le pas de sa porte, examinant l'œuvre des peintres.

— Monsieur, lui dit Cabassol, je vois que le prince de Bosnie est un de vos clients, pourriez-vous me dire si Son Altesse a passé par ici hier soir?

— Vous ne pouvez mieux vous adresser, Son Altesse sort d'ici...

— Comment?

— Oui, elle est partie il y a environ deux heures. Le prince a daigné accepter l'hospitalité chez moi cette nuit, et ce matin, il est parti avec la princesse et monsieur de Blikendorf, son précepteur.

— Alors le prince...

— Oui, monsieur, hier soir il passait en voiture au grand galop de quatre chevaux, lorsqu'au tournant de la route, une roue de devant s'est détachée, les chevaux ont roulé par terre, le timon de la voiture s'est brisé, sans parler d'autres avaries. Le charron qu'on était allé chercher demanda quatre heures pour remettre la voiture en état de rouler; c'était devant ma porte, j'offris mes services au prince... La princesse avait faim, le prince demanda tout à coup à me louer ma maison. Je m'inclinai, Leurs Altesses entrèrent et ma femme se mit en devoir de leur confectionner un bon petit dîner.

Le prince commençait à rire de l'aventure, il dit à ma femme de mettre beaucoup d'oignon et d'huile dans la soupe, en appelant cette soupe un potage couleur locale. J'envoyai un exprès à Villefranche chercher quelques bouteilles de vin de Champagne...

— Et?

— Et la princesse m'a dit en excellent français que j'avais une bonne tête, — je leur avais cédé ma chambre, malheureusement encombrée par un arrivage de marchandises. Son Altesse se cognait la tête aux chandelles et aux jambons pendus au plafond, les jambes dans les boîtes à sardines, mais elle daigna rire de cet encombrement... M. de Blikendorf, qui avait un violent mal de ête, occasionné sans doute par l'accident, s'étant endormi à table, nous l'avons porté chez un voisin qui nous prêta obligeamment un lit... Ce matin, la voiture étant raccommodée, Leurs Altesses sont reparties. Quand M. de Blikendorf a voulu me payer, j'ai énergiquement refusé. Alors il m'a dit : *Qu'est-ce que vous voulez? Une décoration, peut-être? Non, quoi donc alors? — Je désire,* ai-je répondu, *l'autorisation de faire peindre sur ma boutique les*

Manière de lester un corricolo.

armes de Bosnie avec cette inscription : fournisseur de S. A. le prince, etc. M. de Blikendorf me dit qu'il allait en référer au prince. Le prince arriva lui-même bientôt et me dit en fouillant dans les tiroirs et en découvrant les tonneaux : — *Qu'est-ce que vous vendez? Des chandelles, du chocolat, du macaroni, des pruneaux... Bon, donnez-moi deux livres de pruneaux !* Je servis avec respect à Son Altesse deux livres de pruneaux bon poids. Le prince me donna douze sous, prit les pruneaux et me frappa sur l'épaule en me disant : *Je vous sacre fournisseur, Blikendorf vous enverra le brevet, allez!*

— Et savez-vous où sont allés le prince et la princesse? reprit Cabassol.

— En Italie. J'ai entendu la princesse dire à Son Altesse : mon petit Mich...

— Mich?...

— C'est un petit nom d'amitié, le prince s'appelle Michel... mon petit Mich... si nous allions faire un tour en Italie? Alors ils sont convenus de prendre à Nice le bateau pour Gênes.

Cabassol remercia l'heureux épicier et fit tourner bride à la voiture.

— Qu'allons-nous faire? demanda Miradoux.

— C'est bien simple, nous allons à Gênes aussi, nous descendrons dans le même hôtel que le prince, j'attendrai une occasion et je tâcherai d'attendrir Tulipia.

En rentrant dans Nice, les renseignements abondèrent. Le prince était descendu à l'hôtel des Cinq Parties du Monde, dans le plus strict incognito.

Le bon padre donnait une incommensurable quantité de bénédictions.

Des places étaient retenues pour Gênes et les bagages du prince étaient déjà à bord du bateau des messageries.

Le premier soin de Cabassol fut de retenir aussi des places pour lui et ses amis, le bateau levait l'ancre à onze heures du soir et l'on devait arriver à Gênes le lendemain à huit heures du matin.

Deux heures avant le départ, Cabassol et ses amis arrivaient à bord. Ils assistèrent à l'embarquement du prince et de Tulipia, mais se gardèrent bien de se montrer pour ne pas donner l'éveil.

La nuit fut loin d'être tranquille, la mer était un peu houleuse, dès que le bateau eut levé l'ancre, Cabassol et ses amis commencèrent à sentir les premières atteintes du mal de mer. Miradoux fut le plus malade; il regretta beaucoup l'étude de de la rue du Bac et maudit les imprudences de M⁰ Taparel.

Ce qui consola un peu Cabassol, ce fut que le prince et Tulipia furent malades aussi ; ils essayèrent bien de combattre le mal par les moyens violents, par une ingurgitation forcée de champagne ; mais ce remède ne leur réussit que médiocrement. Cabassol les aperçut plusieurs fois par la porte ouverte de leur cabine, en proie au plus profond marasme.

Le matin, lorsque par un splendide soleil, les magnificences de la cité de marbre, étagée avec ses palais, ses jardins et ses forts sur les hautes collines,

Le cabinet de toilette d'une Napolitaine.

se déroulèrent à l'avant du navire, le mal cessa comme par enchantement. Les passagers réparèrent le désordre de leur toilette et se préparèrent à débarquer ; les uns restaient à Gênes, les autres, après une promenade en ville, devaient rentrer à bord et continuer leur voyage ; la plupart allaient à Naples où le Vésuve en éruption attirait des milliers de curieux.

Tulipia et le prince se rendaient à Naples, eux aussi, Cabassol leur entendit donner des ordres pour que leurs bagages restassent à bord pour aller les attendre à Naples. Ils préféraient pour eux le chemin de fer. — Le navire passa devant la Lanterne, le superbe phare bâti sur le roc, et s'en fut s'embosser au môle.

Le débarquement commença; le prince et Tulipia, suivis du fidèle Blikendorf, débarquèrent les premiers. Cabassol se préparait à les suivre, lorsque tout à coup il recula frappé d'étonnement. Au premier rang, parmi les curieux, se distinguaient la haute taille et l'ulster à carreaux de Palamède, le limier américain lancé à la chasse aux maris. Derrière lui, trois sveltes jeunes personnes en ulsters, le sac en bandoulière et le parapluie à la main, regardaient avec attention les figures des passagers. Cabassol reconnut Lavinia, Cleopatra et enfin Lucrezia Bloomsbig, celle dont il avait embrassé si malencontreusement les boucles blondes.

— Descendons dans le salon, ou nous sommes pincés! dit-il à Miradoux.

Les quatre fugitifs rentrèrent sans être aperçus dans le salon des premières.

— Les Américains sont à Gênes; ils auront pris le chemin de fer pour nous attendre. Ne bougeons pas d'ici et allons jusqu'à Livourne. Tulipia et le prince vont à Naples, nous les retrouverons.

— Et le mal de mer! grommela Miradoux.

— Que voulez-vous! Il le faut. — Par ce courageux sacrifice, nous dépistons Palamède. Nous serons tranquilles après. Couchons-nous dans nos cadres et dormons!

— O Thétis! sois clémente pour un navigateur malgré lui! murmura Miradoux.

Tristes mais résignés, Cabassol et ses amis restèrent à bord. Ils payèrent un supplément pour Livourne, et reprirent un supplément du mal de mer aussitôt que le bateau se mit en mouvement. Ils croyaient en avoir jusqu'à Livourne seulement; vain espoir, à Livourne, Cabassol reconnut de loin l'ulster de Palamède se promenant de long en large sur le quai. Il fallut encore rester à bord et reprendre le mal de mer jusqu'à Civita Vecchia. A Civita nouvel arrêt. Palamède est encore là, il attend sur le môle les petites barques qui portent les voyageurs à terre.

— Nous en avons jusqu'à Naples! Encore vingt heures de marasme, résignons-nous!

— Et s'ils sont encore là? Nous n'allons pas faire le tour du monde pour les éviter, je suppose!

— Je me plais à l'espérer! et puis le devoir nous appelle à Naples, s'ils sont encore là, nous nous déguisons en Lazzarônes et advienne que pourra.

O bonheur! dans le tumulte et le mouvement de l'arrivée à Naples, au milieu des cris et des querelles des bateliers qui se disputaient, comme s'ils avaient l'intention d'en faire leur nourriture, les bagages et les voyageurs,

Cabassol et ses amis parvinrent à descendre dans une barque et à se glisser inaperçus parmi les navires à l'ancre.

Moyennant vingt francs, les bateliers au lieu de les débarquer au quai consentirent à les conduire vers Chiaja, derrière le château de l'Œuf où ils

Leçon de tarentelle.

purent enfin mettre le pied sur un plancher solide, sans apercevoir l'ulster de Palamède ni les blondes chevelures de Lucrezia, Lavinia et Cléopatra.

Un hôtel quelconque les reçut. Tout entiers au bonheur de se remettre des épreuves douloureuses du mal de mer, ils remirent aux jours suivants le soin de chercher à quel hôtel le prince et Tulipia étaient descendus, pour aller s'y loger.

III

Consommation prodigieuse de couleur locale. — Trop de macaroni. — Manière de lester un corricolo. — Souscription forcée au profit des indigents calabrais. — **Dons en argent et en nature.**

O Naples! revoir Naples et y vivre de mes rentes, avec du macaroni et des raisins à discrétion, avec un parasol blanc, une villa au Pausilippe ou bien un balcon, un simple balcon donnant sur la mer, pour y passer les journées et les soirées dans la contemplation du ciel bleu, de l'immense golfe bleu, de Capri le gros diamant bleu, d'Ischia teintée plus légèrement, du Vésuve, et de la longue côte qui va de Portici à Castellamare et aux falaises embaumées de Sorrente!

Quel tapage et quel mouvement partout, sur la longue ligne des quais et dans les rues grouillantes qui descendent à Chiaia; à Santa Lucia et dans la rue de Tolède, des hauteurs du fort Saint-Elme.

Le peintre Lenoir, dans une lettre intime, compare avec autant de vérité que de naturalisme, les quartiers maritimes de Naples à une boîte d'asticots en révolution. Lamartine n'aurait pas osé le dire, mais comme c'est exact!

Quelles cohues criardes de pêcheurs, de contadins et de contadines, de moines, de marchands, d'ânes, de filles échevelées, de gamins tout nus, d'ex-lazzaroni devenus citoyens et électeurs napolitains sans être pour cela beaucoup plus vêtus qu'autrefois.

Tout ce monde, grisé à ce qu'il semble par le soleil et par l'air particulièrement capiteux de la blanche Parthénope, cette ville folle, — tout ce monde va, vient, se bouscule, s'époumone, roule dans les jambes des étrangers, quelquefois jusque dans ses poches; les marchands d'eau, de fruits ou de poissons crient leur marchandise à tue-tête; les gamins tout nus s'accrochent aux touristes pour en tirer de quoi vivre; les ânes chargés de larges paniers de légumes trottent; marchands et promeneurs s'interpellent et gesticulent, les uns criant pour vendre, les autres pour crier; les voitures passent au grand galop avec un grand bruit de ferraille et le carillon de leurs sonnettes.

Le prince et Tulipia vivaient dans ce tourbillon depuis huit jours. Dans l'hôtel qui a l'honneur de les abriter, Cabassol et ses amis sont venus s'installer pour guetter un moment d'absence du prince qui permettrait à Cabassol de se présenter devant Tulipia.

Mais le prince ne se pressait guère de fournir cette occasion, il ne quittait pas Tulipia une minute. Du matin au soir ils étaient dans la rue ou en excursion. — Il faut bien le dire, Tulipia était une victime! Le prince avait dans le

Le corricolo. — Ce n'est pas une voiture, c'est une balançoire!

cœur le fanatisme de la couleur locale poussé au paroxysme; il lui en fallait toute la journée, à toute heure et de la plus intense, même aux heures sacrées des repas et pendant la nuit. Au besoin il serait descendu au fond du Vésuve pour en chercher. Heureusement qu'à Naples on en trouve avec la plus grande facilité et souvent plus que les simples mortels qui ne sont ni artistes ni princes, peuvent en demander.

En route pour le Vésuve.

Tout d'abord au lieu de se promener dans une voiture, sinon excellente, du moins passable, le prince avait réclamé le corricolo classique; il avait fallu coûte que coûte en découvrir un, oublié depuis 1830 dans une écurie du faubourg. Le prince avait été ravi; c'était bien le corricolo des vieilles lithographies, une antique guimbarde haute sur roues et très mal commode que l'on attela de trois chevaux tintinnabulants, celui du milieu portant et agitant très fièrement une réduction de clocher d'église, avec double girouette et garniture de sonnettes de tous les calibres.

A la première promenade, Tulipia faillit s'évanouir; ce n'était pas une voiture, c'était une balançoire ou plutôt une immense et violente raquette dont elle était le volant ; on sautait, on dansait là-dedans comme goujons dans la poêle à frire et, comme on le pense bien, vu l'anti-confortabilité du véhicule, ce n'était pas sans dommages plus ou moins graves.

Tulipia se plaignit amèrement.

— Couleur locale! répondit le prince avec énergie, couleur locale!!!

Mais soudain il se rappela que dans les dessins et dans les descriptions, le corricolo, voiture faite pour deux personnes en contenait toujours sept ou

La montée du Vésuve.

huit, parmi lesquelles au moins un moine. Ce ne devait pas être sans raison. Les peintres ne sont pas bêtes. Peut-être qu'ainsi chargé, le corricolo secouait moins ses voyageurs.

Il prit donc à chaque sortie un moine pour lest dans son corricolo. Il choisissait le plus gros padre qu'il pouvait rencontrer, bavardant avec les commères ou remontant à son couvent avec des provisions provenant de la piété des fidèles, il l'installait avec son panier à côté de Tulipia et le conservait pendant toute la promenade; au retour il le mettait à la porte du couvent avec deux pièces de cinq francs dans les mains.

Le bon padre en échange donnait une incommensurable quantité de bénédictions pour le généreux signor et pour la bellissima signora.

Tulipia se plaignait toujours avec la même amertume, car la voiture ne sautait guère moins avec un seul moine, si gros qu'il fût.

Le prince le comprit et résolut d'augmenter son lest.

— Eh! révérendissimo padre! dit le prince au premier moine qu'il installa, faites donc monter tous les capucins que nous rencontrerons, nous nous serrerons un petit peu.

— Nous ne serons plus aussi bien, répondit le moine.

— Fi, bon padre, l'égoïsme est un vilain péché! il y a place encore pour deux ou trois personnes.

Les employés de la souscription au profit des indigents de la Calabre.

Avec deux moines, Tulipia put constater une certaine amélioration, les coups de raquette étaient moins durs. Quand on en eut trois, le corricolo parut tout à fait amélioré. — Un lazzarone s'assit sur le marchepied d'un côté, un pêcheur en caleçon se mit sur l'autre, une grappe de gamins qui ne possédaient en fait de vêtements qu'une chemise et trois casquettes pour six, s'accrocha par derrière au véhicule qui fut définitivement dompté.

— La couleur locale! il n'y a que cela de vrai! s'écria le prince. On ne voyage pas en corricolo comme en victoria.

— Et les puces! gémit Tulipia.

— Nous viendrions à Naples et nous n'aurions pas de puces? fit le prince, vous ne le voudriez pas, ô ma reine! ce serait une grave atteinte à la couleur locale.

De temps en temps le prince et Tulipia se livraient à des excursions à pied à travers les petites rues napolitaines où grouille la plus étonnante des populations, vivant, dormant, cuisinant ou même travaillant pêle-mêle sur le pas des portes, sur les balcons ou sur les terrasses.

Dans ces promenades, le prince et Tulipia avaient toujours pour escorte d'honneur une légion de gamins de tous les âges, depuis deux ans jusqu'à douze, les uns, les mieux mis, absolument nus, les autres vêtus d'une affreuse casquette ou d'une chemise plus ou moins en lambeaux, tous courant derrière les promeneurs, se bousculant, cabriolant ou faisant la roue, et criant à qui mieux mieux, sur tous les tons pour obtenir des largesses.

Le prince jouissait parmi eux d'une popularité sans égale; il emportait à chaque promenade une provision de sous pour les jeter par volées à son escorte, qu'il entraînait hurlant d'enthousiasme jusque dans la belle rue de Tolède ou sur la promenade aristocratique de Villa Réale parmi les carrosses où les marchesas et les contessinas au nez patricien, au teint ambré, à l'épaisse chevelure brune, jouaient indolemment de l'éventail et voilaient sous leurs immenses cils des yeux profonds et noirs.

Au retour, quand le prince rentrait à l'hôtel, il avait pour coutume de distribuer à ses faméliques gardes du corps toutes ses cigarettes et tous ses cigares. Au bout de huit jours, le prince aurait eu sous ses fenêtres et à ses trousses toute la jeunesse peu ou point vêtue des rues de Naples, si les premiers gardes du corps, considérant le généreux voyageur comme leur propriété, ne l'avaient défendu à coups de pied et à coups de poing contre les survenants des autres quartiers.

Le corricolo et l'escorte bruyante ne formaient pas encore au gré du prince une dose de couleur locale suffisante. En débarquant à Naples, il avait inscrit sur son carnet les mots : Naples, productions ou attraits : Lazzaroni, corricolo, macaroni, tarentelle, grotte du chien, Vésuve et Pompéi. — Cela constituait un programme qu'il entendait suivre jusqu'au bout.

Tulipia aimait le macaroni et c'était heureux, car le prince avait entendu se nourrir presque exclusivement de macaroni pendant toute la durée de son séjour. Du macaroni, des pastèques et du raisin, tel était le menu invariable. Cependant le prince, au bout de huit jours, fut pris d'un scrupule; il lui semble que le macaroni des premiers restaurants, n'était pas suffisamment assaisonné de couleur locale. Le vrai macaroni c'était celui de la rue, celui qui se cuisinait en plein vent sur les quais ou dans la strada di Porto, pour la nombreuse partie de la population qui ne possédait pas de cuisine ou même quelquefois de domicile.

Où la couleur locale culinaire pouvait-elle se trouver, sinon là? Aussi, le soir même du jour où cette idée triomphante lui vint, le prince, au lieu de dîner à l'hôtel, emmena Tulipia au milieu de la cohue populaire, parmi les innombrables lazzaroni des deux sexes en train de manger, de chanter ou de danser autour des fourneaux établis en plein air au beau milieu de la Strada.

Le prince, avec Tulipia à son bras, passa devant chaque cuisine humant les fortes senteurs de friture et de rissolage qui s'en échappaient, cherchant l'installation la plus pittoresque; quand il crut l'avoir trouvée, il prit gravement deux assiettes et fit servir deux portions de macaroni au safran. Le cuisinier, un instant interloqué par la demande imprévue du seigneur étranger, prit la peine d'essuyer les assiettes avec sa manche avant de servir, ce qu'il ne faisait pas pour tout le monde, puis profita du fait pour vanter à tue-tête l'excellence de son macaroni et la supériorité de sa cuisine sur celle de ses voisins.

— Voyez, voyez, le seigneur étranger, hurla-t-il, en servant à la douzaine

— Vous ne devez pas tenir beaucoup au pantalon !

d'autres assiettes de macaroni, par saint Janvier, c'est à moi seul qu'il s'est adressé, la fraîcheur de mon macaroni l'a tenté, il n'a pu résister à l'envie d'y goûter ! Voyez comme il mange, voyez !... Mes confrères sont des empoisonneurs, moi je suis un artiste !...

Tulipia, surprise, avait été obligée de faire comme le prince; l'assiette à la main, au milieu d'un cercle de dîneurs, elle se hâtait d'expédier sa part de macaroni au safran, en se servant, à la mode napolitaine, de ses jolis doigts en guise de fourchette.

— Une autre assiette, signor? demanda le cuisinier.
— Non, merci, demain, répondit le prince.

Et sans prendre souci des reproches de Tulipia, il l'emmena achever de dîner à l'hôtel où le bon Blikendorf les attendait devant une bouteille de lacryma-christi. L'estimable précepteur employait ses loisirs à Naples à préparer un rapport à la cour de Bosnie sur les faits et gestes du prince à la cour de Klakfeld, sur la réception du grand-duc père et de la grande-duchesse mère, sur le charmant caractère de la grande-duchesse fille, sur son candide émoi à la vue du prince, sur le tendre empressement des deux fiancés l'un pour l'autre, etc., etc. rapport qu'il panachait de phrases profondément sentimentales, qui lui tiraient les larmes des yeux.

Blikendorf ne consacrait pas tout son temps à son rapport à l'auguste père de son élève, il avait encore d'autres occupations. Homme jusqu'alors vertueux, précepteur sans tache et sans reproche, il était en train de ternir cinquante-cinq années de vie honorable et pure ! L'exemple et les mauvais conseils de son élève l'entraînaient sur une pente fatale, et le moment était venu où, faisant un faisceau de tout ce qu'il avait de sacré, il allait fouler aux pieds tous ses devoirs, depuis sa responsabilité morale de précepteur jusqu'à ses devoirs envers Mme Blikendorf, son honorable épouse, restée à la cour de Bosnie.

Le cœur de Blikendorf, Vésuve latent sans doute, était passé à l'état de volcan en éruption pour les beaux yeux d'une voisine, une adorable napolitaine, brune comme la nuit, mais moins farouche qu'elle, qu'il apercevait chaque jour, sur un balcon de la maison d'en face, en train de se coiffer, de se débarbouiller ou même de mettre ses bas sans façon.

Outre le macaroni, nous avons dit que le prince avait inscrit sur son programme, tarentelle et grotte du chien. Un intelligent garçon d'hôtel avait pu fournir au prince deux jeunes sorrentines légèrement débraillées de toilette et d'allures, mais capables de danser pendant un quart d'heure sans arrêt, en s'accompagnant de cris et de tambours de basque, une danse très peu gracieuse et très vertigineuse que les connaisseurs affirmaient être une tarentelle des plus pures.

Pour obéir à la fantaisie du prince, Tulipia prit chaque jour une leçon de tarentelle, ce qui ne laissait pas d'être assez fatigant sans être extraordinairement récréatif pour elle. Et les premières chaleurs du printemps commençaient à se faire sentir !

Quand vint le moment d'aller faire une petite excursion à la solfatare de Pouzzoles et à la grotte asphyxiante du chien, le prince voulut absolument emmener Blikendorf pour faire des expériences sur lui. Sur le refus de Blikendorf, que sa passion retenait à Naples, il dut se contenter d'expérimenter sur lui-même et sur sa compagne la puissance des vapeurs délétères dégagées par le sol de la célèbre grotte. Tulipia y gagna une migraine abominable que le prince soigna à sa façon en revenant à Naples à bride abattue dans le corricolo, dépourvu de son lest habituel de bons moines, manière énergique de faire descendre le sang.

Le lendemain, le prince décida que l'on irait au Vésuve. L'éruption était dans son plein ; un fleuve de laves descendait sur la ville de Torre del Greco, habituée à ces sortes d'inondations, et brûlait tout un morceau des faubourgs. Sur les côtés opposés à l'éruption, on pouvait encore escalader la montagne et arriver très près du cratère.

Cabassol, habitant avec Miradoux et les deux clercs le même hôtel que le prince et la volage Tulipia, suivait discrètement tous les faits et gestes de son rival, épiant, sans réussir à la trouver, une occasion de tête-à-tête avec Tulipia. Quand il apprit que le prince avait manifesté l'intention de monter au Vésuve, il espéra que les hasards d'une excursion accidentée lui fourniraient cette occasion tant cherchée. Il connut à l'avance tout le programme de l'excursion; il sut que le prince avait retenu deux guides qui étaient venus se proposer à l'hôtel, et que l'ascension devait être faite par Resina, l'antique Herculanum, en côtoyant à peu de distance le torrent de laves lancé sur Torre del Greco.

Livraison des dons en nature à la souscription au profit des malheureux Calabrais.

Liv. 47.

Sans tarder, Cabassol prit ses dispositions. Il partit par le chemin de fer avec ses compagnons une heure avant le prince, et s'arrêta à Resina pour l'attendre.

Il n'est rien d'animé comme une arrivée dans une de ces petites villes des environs de Naples, points de départ de nombreuses excursions. C'est une véritable bataille à livrer avec une armée d'individus hospitaliers qui se disputent le voyageur à coups de pied et à coups de poing, pour le brosser, le cirer, le promener, le porter, le nourrir, lui donner des conseils et des puces, lui fournir des ânes, des chevaux ou des voitures, ou même ne lui rien fournir du tout, et, si faire se peut, le débarrasser de son bagage lourd et gênant, ainsi que de son portefeuille.

Cabassol et ses amis se tirèrent à merveille de ce combat, en y laissant un parapluie et un petit sac que Miradoux portait en bandoulière et qui était destiné à contenir des échantillons de lave et des petits morceaux de Pompéï, promis par lettre à des amis.

Nos amis échurent à quatre lazzaroni résiniens et à quatre ânes de mine patibulaire, les uns comme les autres. Sous un prétexte quelconque, Cabassol fit attendre la caravane jusqu'à l'arrivée du prince et de Tulipia.

Lorsque ceux-ci descendirent de chemin de fer, ils n'eurent pas à subir l'assaut des obligeants malandrins de la gare, leurs guides retenus les attendaient avec des montures.

Ce fut alors que Cabassol se présenta devant Tulipia en feignant la plus grande surprise.

— Comment, chère madame, vous ici! Quel heureux hasard! Vous embellissez le ciel de Naples!

— Monsieur! fit Tulipia en s'inclinant un peu gênée.

— Vous allez admirer les sublimes horreurs de l'éruption? Nous allons être compagnons de route; mes amis et moi, nous marchons droit au Vésuve aussi, reprit Cabassol, qui ajouta tout bas, de manière à être entendu seulement de Tulipia : Perfide, j'ai voulu vous revoir !

Tulipia fit faire un brusque écart à son mulet.

— Quel est ce monsieur? demanda le prince.

— C'est... c'est un créancier ! répondit tout bas Tulipia.

— Un créancier ! A-t-il sa note?... je vais le solder !

— Non, non, je me charge de ce soin.

Le prince, après un salut très sec, mit son mulet au trot et partit en avant. Tulipia et les guides le suivirent, et après eux la caravane Cabassol s'ébranla en laissant une petite avance au prince.

La montée du Vésuve jusqu'à l'ermitage San Salvador demande à peu près une heure et demie. A l'ermitage il faut déguster le lacryma-christi traditionnel; le prince n'y manqua pas. Quand la caravane Cabassol, qui s'était laissé distancer, atteignit l'ermitage, elle trouva le prince, Tulipia et leurs guides en train de boire le vin célèbre.

Le prince posait à ses guides des questions suggérées par sa passion pour la couleur locale.

— Avez-vous encore des brigands au Vésuve? Je voudrais en voir..., je paierai ce qu'il faudra.

— Oh! Excellenza, des brigands! la vostra Excellenza veut rire, il n'y en a plus depuis longtemps!

— Je veux qu'on me dépouille!

— Quoi, pas de brigands du tout?
— Non, Excellenza!
— Même pas de tout petits voleurs?
— Du tout, Excellenza! Tous braves et honnêtes gens dans ce pays! de pauvres travailleurs, pas voleurs du tout!
— Tant pis!
— Oh! la vostra Excellenza pourrait se promener avec tout son argent dans tous les sentiers du Vésuve, la plus entière sécourita! la vostra Excellenza a-t-elle tout son argent? ce serait plus prudent que de le laisser à Naples où il y a des pickpockets qui viennent d'Angleterre pour faire du tort aux pauvres napolitains! C'est ce que l'on dit toujours aux seigneurs voyageurs... mais ils ne veulent pas le croire; et quand il arrive des accidents de portefeuille, ils mettent cela sur le dos des pauvres napolitains!

Le prince parut contrarié de ne pouvoir au moins espérer la rencontre d'un simple voleur; il se leva et donna le signal du départ.

— A la lave! dit-il.

Miradoux ou pêcheur napolitain.

Cabassol et ses amis firent les libations d'usage et laissèrent leurs ânes à l'ermitage pour se diriger à pied vers la coulée de laves. Le soleil avait disparu caché sous un épais nuage de cendres qui tourbillonnaient mêlées à des étincelles et à des scories lancées en l'air par le volcan. Vers le cratère, au centre de la nuée sombre, un énorme feu étincelait, et la lave, comme une fontaine, coulait les longs jets sur la pente.

A quelque distance, le petit groupe formé par le prince et par les guides était arrêté; le prince voulait aller plus avant, mais les guides refusaient et, proposaient de conduire par un détour à un escarpement qui permettrait de dominer l'éruption. L'insistance des guides eut raison de l'entêtement du prince, Michel et Tulipia s'engageaient sur les pas de leurs guides dans un ravin pierreux, lorsque la caravane Cabassol les rejoignit.

Tulipia revêtue du costume pisan.

— Mais nous descendons ! dit Cabassol.
— C'est pour mieux remonter, signons, allez toujours. Tenez là-bas, où vous voyez une casa, nous nous arrêterons !

Au bout d'un grand quart d'heure de marche, dans le ravin tourmenté et encombré de pierres, on arriva à la casa. C'était une masure à l'apparence abandonnée, sans toit et presque sans fenêtres.

Le prince et Tulipia s'étaient arrêtés, la caravane Cabassol en fit autant.
— Entrez donc, signori ! dirent les guides.
— Qu'est-ce encore ? demanda le prince, du lacryma-christi ?

Le signor Rodolfo Reccanera.

— Oh ! fit tout à coup Cabassol qui venait de regarder par une des ouvertures de la casa.
— Allons ! entrez donc ! firent les guides en poussant assez peu respectueusement leurs voyageurs dans la maison.

Cabassol obéit comme les autres, mais il eut le temps de laisser tomber derrière une pierre, un objet qu'il tira précipitamment de sa poche.

Les voyageurs poussèrent des exclamations diverses. Dans l'unique pièce de la casa démantelée, six hommes armés jusqu'aux dents les attendaient.

— Des brigands ! s'écria le prince, ah ! je savais bien qu'il devait encore y en avoir.

— Des brigands ! gémit Tulipia en se préparant à s'évanouir.

La caravane Cabassol se serra autour de son chef. Les têtes bronzées des brigands, leurs barbes noires et les dents blanches qu'ils découvraient dans un féroce rictus, les ceintures rouges et leur garniture de gros pistolets et de poignards, uniforme complété pour chacun par une petite carabine à pierre, dont ils s'amusaient à faire jouer la batterie, tout cela fit cruellement tressaillir les fibres des voyageurs.

— Superbes! s'écria le prince, en voilà de la couleur locale! quelles têtes de chenapans, ces brigands!

Six crosses de carabines s'abattirent violemment sur le sol, les brigands roulèrent des yeux furieux et montrèrent leurs dents blanches.

— Plus bas! plus bas! Excellenza, s'écria l'un des guides, vous allez les mettre en colère.

Un homme auquel les voyageurs n'avaient pas fait attention, parce qu'il n'avait pas de barbe noire, pas de ceinture rouge garnie et pas de carabine, s'avança vers eux.

C'était un petit homme tout rond, tout guilleret et tout sautillant, habillé tout en coutil blanc, comme un petit bourgeois aisé. Il calma d'un geste les brigands à barbe noire et s'adressa le chapeau de paille à la main, aux voyageurs.

— Ah! quelle errore est cela! dit-il en français panaché d'italien, quelle errore! Des brigands! avez-vous dit, Excellenza? Mais il n'y en a plus depuis longtemps! Ils ont foui devant le progrès et la civilisazione... Ma, scuzate mi, je vous tiens debout, vous devez être fatigués... C'est un oubli, une simple négligence! Je sais trop l'honneur que vous me faites en venant me rendre une petite visite... Jacopo! des sièges...

Un des six gaillards barbus remit sa carabine à son voisin et se précipita perrière la cabane par une brèche; il revint une minute après chargé de chaises de paille en bon état, qu'il poussa devant les voyageurs.

— Jacopo! dit sévèrement le gros homme, il y a ouna signora! Corpodi baccho! où avez-vous l'esprit, mio caro, apportez le fauteuil pour la signora!...

Jacopo murmura sourdement des excuses dans sa barbe et se précipita. Le gros homme saisit le fauteuil qu'il rapporta et l'offrit avec grâce à l'infortunée Tulipia.

— Plus de brigands! reprit le prince, et Jacopo? N'a-t-il pas tout à fait la mine d'un parfait sacripant? je ne pourrais imaginer un type de brigand plus réussi...

— Ah! Excellenza! que vous êtes dour pour ce povero Jacopo! heureusement il ne comprend pas le français! ça lui ferait trop de la peine! Oun si brave homme!

— Eh bien, alors, si Jacopo et ses camarades ne sont pas des brigands, pourquoi ont-ils des carabines, des pistolets et tant de poignards

— Excellenza, je vais vous le dire! Ce sont de pauvres gens, ils viennent de loin, des montagnes de la Calabre, et pour se nourrir en route, quand ils rencontrent un lapin, ils tirent dessus. Ils sont très adroits

— Vraiment! Et de temps en temps, n'est-ce pas, ils confondent les voyageurs avec les lapins?

— C'est arrivé bien rarement, bien rarement! Et ce n'était pas leur faute, ils sont un peu myopes... Mais je vois que vous les prenez encore pour des voleurs, ça me fait de la peine, je vais tout vous dire! Tel que vous me voyez je suis un bon bourgeois de Naples, un petit rentier, un tout petit rentier... Je m'occupe de bonnes œuvres, che volete! j'aime l'humanité, je suis un philanthrope! Je me suis dit il y a beaucoup de pauvres gens dans la Calabre, je

En témoignage de ses égards et de ses bontés, nous lui délivrons le présent certificat.

vais ouvrir une souscripzione à leur profit... Il vient beaucoup d'étrangers à Naples, oun si beau pays, les seigneurs voyageurs sont riches, je vais les implorer pour ma souscripzione!...

— Une souscription! s'écria Miradoux, je mets trois francs!... je désirerais m'en aller, je vous demande pardon, mais je suis pressé!...

— Tout à l'heure, signor, et j'espère que vous serez plus généreux... tenez, c'est bien triste, il y a deux jours que Jacopo n'a pas mangé! Montre tes dents, Jacopo!

Jacopo montra ses longues dents et frappa sur son ventre de façon à faire retentir toute la ferraille de sa ceinture.

— Je suis très content! fit le prince, mais, mon Dieu, ne faites pas tant de façons, avouez donc tout bonnement que vous êtes des voleurs!...

— La Vostra Excellenza est cruelle... elle se trompe sur les apparences...

Jacopo et ses amis ont mauvaise mine, mais c'est parce qu'ils sont mal nourris ; ils ne volent pas, ils implorent les voyageurs et recueillent les souscriptziones. Je vous l'ai dit, j'ai ouvert une souscriptzione au profit des indigents de la Calabre... tenez, je vais vous faire voir les listes... Jacopo, le registre !

Jacopo sortit encore et revint avec un gros volume à reliure verte et à coins de cuivre comme tous les registres commerciaux.

— Tenez ! fit le gros homme. Voyez, SOUSCRIPTION AU PROFIT DES INDIGENTS CALABRAIS, jetez un coup d'œil sur les listes... tous les seigneurs étrangers qui viennent au Vésuve tiennent à figurer sur nos registres... j'habite une petite villa sur le bord de la mer, une modeste villa avec des fleurs et la vue de la mer Tyrrhenienne aux flots bleus... mais j'ai des employés à Naples qui vont chaque jour dans tous les hôtels, s'informer des seigneurs voyageurs ; quand il doit y avoir des excursions au Vésuve ou dans la montagne, je quitte ma maison de campagne, je viens présenter mes respects aux voyageurs et solliciter leur souscriptzione..., jamais personne ne me refuse, j'implore si bien !... ah ! la philanthropie est une belle passion elle donne de l'éloquence.

Cabassol et le prince s'approchèrent seuls et feuilletèrent le registre.

— Voyez..., 1er mars. M. le baron de Saint-Falot et Mme la baronne, 725 fr. 35, plus un billet de 40 lires douteux... un paletot, un pardessus, un gilet et un pantalon, une robe, un manteau et différents effets de lingerie, une montre et divers bijoux... 2 mars, lord Scarborough, lady Scarborough et leurs deux filles 2,345 fr. 70, une longue vue, deux lorgnettes, trois sacs, six bouteilles de lacryma-christi, deux boîtes de homard, deux poulets rôtis, une bouteille de café concentré, un complet pour homme, trois robes, trois plaids, quelques divers objets de toilette et trois chignons blonds... On a offert jusqu'aux chignons ! 3 mars, mauvaise journée. M. Achille Dublocq artiste peintre 18 fr. 25, pantalon, paletot et gilet de toile, un album neuf...Vous ai-je dit que nous recevions aussi les dons en nature ?

— Non, mais je le vois, fit le prince.

— Dons en argent et en nature, tout cela ira à mes protégés, les indigents de la Calabre ! j'espère que vous serez aussi généreux que les autres voyageurs... c'est que nous avons des frais, voyez-vous ! à tous nos souscripteurs,

L'ulster de Palamède.

LA GRANDE MASCARADE PARISIENNE

Voyageurs descendant du Vésuve après avoir souscrit en faveur des indigents de la Calabre

Liv. 48.

nous remettons en souvenir un costume de pêcheur napolitain... Voyons, messieurs, qui est-ce qui commence, la caisse est ouverte ! Tenez, Jacopo, à monsieur là-bas qui nous a déjà offert trois francs...

Jacopo mit la main sur l'épaule de Miradoux.

— Messieurs, résistons-nous ? demanda tout bas Cabassol à ses amis.

— Par exemple ! s'écria Tulipia.

— Ce n'est pas mon avis non plus, souscrivons, alors !

— Moi, dit le prince, je veux qu'on me vole avec des violences légères. Je ne donnerai rien, il faudra qu'on me dépouille.

Arrivée poétique à Venise.

— A tout à l'heure, Excellenza, répondit le gros homme, on fera comme vous voudrez, nous avons souvent des voyageurs anglais qui tiennent aussi aux actes de violence.

Miradoux, très ému, était disposé à s'exécuter de bonne grâce. Il tendit à Jacopo son porte-monnaie.

— Cent trente-huit francs vingt-cinq, inscrivit le gros homme, voyons maintenant, dons en nature, vous avez de bien belles bottes...

— Si elles vous font plaisir ! balbutia Miradoux, elles sont toutes neuves... elles me gênent, même.

— J'accepte, elles feront le bonheur d'un pauvre diable qui vous bénira. Vous avez un paletot qui vous va très très bien...

— Si vous y tenez ! fit Miradoux gêné par l'œil terrible que Jacopo faisait peser sur lui.

— Je suis confus, mais j'accepte encore... Ah, le beau gilet ! permettez que j'admire... bonne étoffe, bonne coupe...

— Je... j'allais vous l'offrir, dit encore Miradoux...

— Je vous remercie, je connais au fond de la Calabre, un brave et digne garçon qui le portera toute sa vie en souvenir de vous... je l'inscris... laissez la montre, ça doublera son plaisir. Mais j'y pense, vous ne devez plus tenir

Chez les capucins.

beaucoup au pantalon, vous avez offert le reste, c'est un costume déparcillé... vous nous l'offrez n'est-ce pas ?

— Oh ! fit Miradoux scandalisé.

Tulipia, le prince, Cabassol et les autres ne purent s'empêcher de sourire malgré la gravité de la situation.

— Bah ! nous allons vous donner un charmant costume napolitain... Et songez que des familles entières vous béniront, là-bas dans la montagne ! ah, vous avez un bon tailleur... vous voulez passer dans une autre pièce ? mais certainement ! Jacopo, emmenez monsieur de l'autre côté pour recevoir les dons en nature.

Miradoux accablé, suivit le farouche Jacopo, pendant que le gros homme passait à un autre voyageur.

Un éclat de rire général signala la rentrée de Miradoux après cinq minutes d'absence. Comme l'avait dit le gros homme, Jacopo, après l'avoir dépouillé de tous ses effets, lui avait fait cadeau du souvenir annoncé, un costume

Le palais Trombolino et ses poétiques souvenirs.

complet de pêcheur napolitain, c'est-à-dire une chemise de grosse toile, un caleçon et des espadrilles.

Tulipia et le prince se tordirent de joie sur leurs chaises.

— Ah! que je m'amuse! s'écria le prince, la voilà, la vraie couleur locale!

je suis enchanté, je promets une gratification aux guides qui nous ont amenés ici !

— Laissez, excellenza, fit le chef des voleurs, ce soin nous regarde, nous récompenserons ces braves garçons...

Les deux clercs de notaire venaient de passer au bureau, ils ne souscrivirent à eux deux que pour trente-huit francs, ce qui fit faire la grimace au teneur de livres.

— Donnez-leur le costume n° 2, dit-il à Jacopo.

C'était le tour de Cabassol.

— Voilà, fit notre ami en tirant de son gilet quelques pièces d'or mêlées à du billon, et à des petits billets de banque napolitains.

— 225 fr. 35, inscrivit le gros homme, et pour les dons en nature, que dois-je inscrire ? Comme ces messieurs n'est-ce pas, vous offrez tout pour les pauvres indigents de la montagne ?

— J'offre tout ! répondit Cabassol, et en outre j'ai une petite proposition à vous faire...

— A vos ordres, Excellenza, répondit le gros homme en suivant Cabassol dans un coin.

— Écoutez, dit tout bas Cabassol, voulez-vous me laisser partir avec la dame que voilà en retenant tous les autres ici jusqu'à demain ? je vous offre dix mille francs !...

— C'est une jolie somme, fit le gros homme, il y a de quoi soulager bien des misères; mais une fois à Naples vous oublierez de nous les payer...

— Et si je vous les payais comptant?

— Ce serait une belle journée pour notre souscription...

— Suivez-moi, je vais vous les remettre !

Cabassol entraîna le gros homme derrière la cabane et se baissant, ramassa derrière une pierre son portefeuille qu'il y avait jeté avant d'entrer dans l'antre.

— Vous nous faisiez des cachotteries ! fit le gros homme en palpant le portefeuille, quelle indélicatesse, fi ! Les voyageurs sont quelquefois peu scrupuleux., je vais inscrire vos dix mille francs...

— Et vous ferez ce que je vous ai demandé?

— Monsieur, pour qui nous prenez-vous ! Et la morale ? Je suis pour la morale, moi, monsieur, et mes employés aussi, nous recevons les souscriptions, et c'est tout, nous remercions les voyageurs ensuite et nous les remettons sur la route de Naples.

— Vieux filou ! grommela Cabassol.

— La vostra Excellenza a souscrit pour une si jolie somme qu'elle peut se permettre quelques invectives à l'égard de mon humble personnalité... Je souffrirai en silence!... Votre Excellence veut-elle suivre Jacopo, qui attend les dons en nature?

— C'est mon tour? demanda le prince, je donne tout, mais je demande à être dépouillé, qu'ils se mettent à quatre... ai-je le droit de donner quelques coups de poing?

— Si Votre Excellence y tient, je vais les prévenir... mais pas trop fort, ce sont des pères de famille!

Jacopo, et trois de ses camarades se jetèrent sur le prince qui en envoya deux à terre d'un coup de pied et d'un coup de poing bien dirigés; les deux autres se cramponnèrent à lui.

L'escalier du palais.

— Encore, fit le prince, ce n'est pas assez!

Mais les brigands s'étaient relevés, chacun d'eux saisit vigoureusement une jambe du prince, les deux autres lui empoignèrent les bras après avoir reçu et rendu encore quelques bourrades.

— Passez le portefeuille, fit le gros brigand, passez la montre et les bagues... Excellenza, vous en avez une en cheveux, à notre grand regret nous ne pouvons pas la recevoir.

Tulipia sourit.

— C'est de mes cheveux, et j'en ai encore, dit-elle.

— Je l'accepte alors, à titre de souvenir, fit galamment le gros homme, en posant la main sur son cœur.

— Et maintenant, si son Excellenza veut passer aux dons en nature?

— Je demande qu'on me porte! s'écria le prince, je veux qu'on me dépouille avec violence!

— Nous n'avons rien à vous refuser, Excellenza... Jacopo! enlevez Son Excellence.

Les quatre bandits soulevèrent le prince et le portèrent derrière la masure.

La livraison des dons en nature dura un bon quart d'heure, le prince était exigeant, il voulait une somme de violence suffisante pour lui donner l'illusion d'une vraie bataille

— Dépêchons-nous! fit le chef, l'après-midi se passe...

Le prince rentra enfin complètement dépouillé de ses habits et revêtu à la place d'un caleçon de pêcheur et d'un bonnet rouge.

— Superbe! fit Tulipia, mon petit Mich, vous êtes splendide!

— Il ne reste plus que Madame, dit le gros homme, si Madame veut passer à la caisse... nous disons?

— Je n'ai que cinq cents francs, dit Tulipia, en jetant son porte-monnaie.

— Madame, il y a de quoi nourrir une famille tout un hiver! la Calabre vous remercie par ma voix... Et les bijoux, bagues, médaillons, porte-bonheur?...

— Voilà!

— Il y en a quelques-uns en toc... vous les avez achetés à Naples? C'est honteux pour mes compatriotes... je suis confus... enfin, je les accepte tout de même, madame, soyez bénie!... Pour les effets de toilette, je suis sûr que je ne ferai pas en vain appel à votre bon cœur...

— Sans doute! sans doute! fit Tulipia, mais dites-moi?... est-ce que vous allez me mettre dans le même état que ces messieurs...

— Oh! signora! pouvez-vous penser des choses pareilles... Hélas! nous n'avons que des costumes de pêcheur, les ressources de la souscription sont si bornées!... Mais, pour vous être agréable, je me permettrai de vous offrir en plus un superbe fichu jaune?

— Est-ce que c'est Jacopo qui va recevoir les dons en nature?

— Signora, c'est un garçon charmant et discret, il va vous conduire dans le magasin aux dons en nature, et pendant que vous vous débarrasserez des objets de toilette que vous voulez bien nous offrir, il regardera le sommet du Vésuve...

— Allons! Jacopo, je te suis... Vous me jurez, n'est-ce pas, qu'il n'est pas méchant?... s'il ne mord pas, je le prierai de m'aider à retirer mes bottines, il regardera le paysage après!

— Excellent! splendide! charmant! répétait le prince, je ne me suis jamais autant amusé! que je suis donc content, ces voleurs napolitains sont exquis! Et dire que je ne comptais plus en rencontrer!...

Cabassol ne disait mot, furieux d'avoir vu sa proposition repoussée par

— Tulipia, je t'aime avec toute l'ardeur d'un Trombolino du seizième siècle!

le formaliste chef des voleurs, et d'avoir ainsi sacrifié dix mille francs en pure perte. — Miradoux et les autres clercs, transformés aussi en pêcheurs napolitains, avaient hâte, quoique revenus de leur frayeur, d'être rentrés à Naples.

Liv. 49.

On entendait Tulipia discuter derrière la cabane avec Jacopo sur les effets à livrer et sur le costume napolitain à recevoir en retour, elle était difficile et cherchait ce qui lui allait le mieux. Enfin elle reparut suivie de Jacopo. Campée sur la porte, les mains dans les poches et le torse en arrière, elle rit aux éclats et fut quelques minutes avant de pouvoir reprendre son sérieux.

C'était bien le plus joli et le plus coquet de tous les pêcheurs napolitains présents, passés et futurs, avec ses larges calezones, retroussés aux genoux, sa ceinture rouge et son bonnet...

— Bravo! s'écria le prince.

— Tous mes compliments, madame! fit tristement Cabassol, vous portez le travesti à merveille.

— Masaniello jeune! dit Miradoux en s'inclinant.

— Et maintenant que nous avons terminé, reprit l'obèse chef des voleurs, plairait-il à Leurs Excellences de me signer un petit certificat?

— Un certificat? pourquoi faire?

— Pour la régularité, Excellence, et pour ma satisfaction personnelle... Chacun ici-bas est exposé à la calomnie, le monde est si méchant, moi je tiens à me mettre à couvert... supposez qu'un jour on cherche à me faire de la peine, mes certificats témoigneront de la pureté de mon cœur!... Tenez, Excellenza, voici le registre aux certificats, lisez... voici un des derniers :

Nous soussignés, Jean Théodule du Tilleul et Louise Anna Berthier, rentiers à Paris, en ce moment en voyage de noce en Italie, certifions n'avoir eu qu'à nous louer et féliciter des rapports que nous avons eus, dans le cours de notre excursion au Vésuve, avec le signor Rodolfo Roccanera — notamment à l'occasion de notre participation à la souscription en faveur des indigents de la Calabre, ouverte par ce généreux signor.

En témoignage de ses égards et de ses bontés, nous lui délivrons le présent certificat.

DU TILLEUL, ANNA BERTHIER.

NOTA. *Les costumes de pêcheur napolitain que le signor Roccanera nous a offerts en souvenir sont d'une fraîcheur délicieuse en cette saison.*

DU T. A. B.

— C'est très bien, dit le prince après avoir parcouru quelques certificats à peu près identiques dans la forme, nous allons vous délivrer une attestation collective.

Miradoux prit la plume et formula le plus élogieux des certificats que toute la société parafa sans protestation.

— Maintenant, messieurs, il ne nous reste plus qu'à vous remercier, dit le signor Rodolfo avec le plus gracieux des sourires, je baise la main de la très charmante signora et je dis : au bonheur de la revoir! Jacopo, reconduisez les Excellences jusqu'au bon chemin.

Jacopo prit sa carabine et fit signe qu'il était prêt.

Tous les voyageurs, à l'exception du prince, poussèrent un soupir de satisfaction en sortant de la cabane où ils avaient été si poliment et si complètement dévalisés. Les voleurs, debout sur le seuil, agitèrent leurs chapeaux en signe d'adieu.

Jacopo marchait en avant.

— Attendez, fit le prince, quand il vit que les voleurs étaient rentrés dans la cabane.

L'arrivée du dîner.

Et il revint un peu en arrière en paraissant chercher quelque chose dans les tas de pierres qui encombraient le ravin.

— Voilà, fit-il en revenant avec un paquet, pendant que Jacopo avait le dos tourné, quand je livrais les dons en nature, j'ai aperçu ce vêtement dans un coin et je l'ai jeté au loin pour le retrouver en partant. C'est un ulster presque neuf, je vais l'offrir à ma charmante Tulipia, si son costume de pêcheur napolitain lui semble un peu léger.

— Merci, mon petit Mich, dit Tulipia en endossant l'ulster

Il parut à Gabassol, qui la contemplait avec la tristesse d'une âme navrée, que cet ulster ne lui était pas complètement inconnu.

— Tiens, fit Tulipia, il y a des papiers dedans... une carte de visite :

PALAMÈDE HURSTLEY.

— Allons bon! s'écria Gabassol, encore les Américains! Ils sont à Naples puisque voici l'ulster de Palamède! Il n'y a pas autre chose dans les poches?

— Non, répondit Tulipia en dissimulant un petit papier qu'elle venait de lire et qui n'était rien moins que la promesse d'épouser miss Lucrezia Bloomsbig, signée par Cabassol!

Jacopo parut assez surpris, en se retournant, de voir Tulipia revêtue de l'ulster de Palamède; il balbutia quelques réclamations, en baragouinant dans un patois cosmopolite, que ce vêtement avait été offert, la veille, à la souscription par un généreux voyageur et que le *signor padrone* ne serait pas content...

Mais le prince tint bon et refusa de rendre l'objet volé aux voleurs; le bon Jacopo se résigna; il indiqua aux voyageurs un sentier qui devait les conduire en une petite heure à Portici, et prit congé d'eux.

Le prince ne se hâtait pas de prendre la route de Portici; retourné vers la montagne, il suivait Jacopo de l'œil d'un air d'hésitation.

— Eh bien, qu'attendons-nous? demanda Tulipia, vous ne pouvez plus vous séparer de Jacopo, maintenant.

— Non, répondit le prince, ce n'est pas cela, je regardais ce sacripant de Jacopo parce que...

— Parce que?

— Parce que j'avais envie de lui voler sa carabine... pour avoir un souvenir de nos voleurs.

Le soir venait et la fraîcheur en même temps, sous leurs légers vêtements les voyageurs commençaient à sentir le froid se glisser. Heureusement, les premières maisons de Portici apparurent bientôt.

— Mais, fit tout à coup Cabassol, comment allons-nous regagner Naples?

— Le chemin de fer, dit Miradoux.

— Et de l'argent? nous n'avons plus un sou...

Le prince éclata de rire, pris d'un accès de joie folle.

— Une aventure complète! s'écria-t-il, nous allons mendier sur la route.

— Allons demander l'hospitalité à un couvent de capucins quelconque, proposa Tulipia, il y aura bien des puces, mais enfin...

— Non! reprit le prince, cherchons un *corricolo*, nous payerons à l'hôtel. Quelle chance que Blikendorf ne soit pas venu avec nous, lui qui tient la caisse!

Un *corricolo*, découvert à Portici, reconduisit tous les voyageurs à leur hôtel, le prince toujours plein de joie, Cabassol et ses compagnons très ennuyés. Leur arrivée en costume de pêcheurs napolitains fit quelque bruit; l'aventure mit en gaieté tout le monde, hôtelier, garçons, voyageurs et gendarmes. Le prince, Tulipia et Blikendorf dînèrent comme d'habitude dans leur appartement; Cabassol et ses amis, après un léger repas, allèrent se coucher en proie à une contrariété violente et à des rhumes de première force contractés sous le costume pittoresque, mais beaucoup trop léger, de pêcheurs napolitains.

Quand il s'éveilla, le lendemain vers dix heures, Cabassol sonna pour demander de la tisane pour tout le monde.

Le portrait de la douce et mélancolique Bianca

— Eh bien, signor, dit le garçon qui apporta la tisane, vous savez, vos compagnons de malheur au Vésuve...

— Eh bien?

— Eh bien, ils viennent de partir. Son Exellence, dans son contentement, nous a donné une belle gratification, mais elle n'a pas voulu rester à Naples, parce que, après l'aventure d'hier, rien ne lui semblait plus intéressant...

— Vite, fermons les malles et partons! s'écria Cabassol.

— Impossible! dit Miradoux survenant, nous n'avons plus un sou, il faut que nous restions en attendant les fonds que je vais demander par télégramme à Mᵉ Taparel... Je vais emprunter trois francs au garçon pour aller au télégraphe!

IV

**Les agréments du palais Trombolino-Trombolini.
Trop de gondoles. — Touchante histoire de la tendre Bianca Trombolino.
Rats, hiboux, spectres et courants d'air.**

Nous sommes à Venise, la fille étincelante de l'Adriatique, la ville des amours, des gondoles, des palais à arcades mauresques, la terre classique de la poésie et des patriciennes rousses et passionnées...

Premier repas dans le palais Trombolino.

Il pleut. A Paris nous dirions il pleut à verse, mais à Venise nous n'oserions employer cette expression qui manque de couleur poétique. Il pleut d'une façon désastreuse qui met la mort dans l'âme à tous les étrangers, il pleut sur les palais du grand canal comme si le Seigneur leur vidait le canal Orfano sur la tête; le pont triangulaire du Rialto voit couler sur chacun de ses versants des torrents qui lui donnent un petit air alpestre; Venise est lamentable, les flots de madame sa mère, l'Adriatique, battent mélancoliquement les dalles du quai des Esclavons; sur sa colonne, le lion de Saint-Marc fait de l'hydrothérapie et saint Théodore, son voisin de l'autre colonne, grelotte tristement avec son crocodile...

Les coupoles de Saint-Marc brillent sous un ruissellement d'eau qui les lave à grandes cascades; plus de pigeons voltigeant en haut du campanile ou picotant le grain devant la loggietta; plus de jolies bouquetières fleurissant les seigneurs étrangers, plus de cicérones empressés, de gondoliers flânant à travers les arcades, et même plus d'étrangers prenant des glaces devant le café Florian...

Il pleut!

Un navire du Lloyd autrichien mouillé — oh! oui, mouillé! — entre la piazzetta et l'isola San-Giorgio disparaît dans la buée de l'averse, les bateaux

Les rats se familiarisaient.

pêcheurs rangés au quai des Esclavons, avec leurs voiles — multicolores et flamboyantes les jours de soleil — ressemblent en ce jour humide à de vieux parapluies hors de service.

Cependant, sur la surface troublée du grand canal, quelques noires embarcations circulent sous la pluie, ce sont les gondoles qui reviennent de la station du chemin de fer où le train vient d'arriver. Ces gondoles sont chargées de malles, de caisses recouvertes de toiles, des têtes de voyageurs curieux et attristés se distinguent vaguement par les petites fenêtres; à l'avant et à l'arrière, les gondoliers jouent de l'aviron.

Ils sont lugubres, ces gondoliers, avec leurs cabans à capuchon et leurs chapeaux de toile cirée; non! vraiment, il n'est pas possible que ces gens-là sachent pincer de la guitare et qu'ils soient quelquefois amoureux.

Dans une de ces gondoles, trois personnes sont installées tant bien que mal, le prince de Bosnie et la charmante Tulipia Balagny dans le fond, M. de

Blikendorf à l'entrée, se défendant contre la pluie qui fouette, avec un parapluie tenu de côté.

Personne ne dit mot. Le prince est furieux contre cette pluie qui lui gâte Venise, Blikendorf songe qu'il est en retard dans la correspondance qu'il entretient avec la cour de Klakfeld et avec la cour de Bosnie pour faire prendre patience à toutes les deux ; Tulipia est mélancolique.

Voilà trois semaines qu'ils ont quitté Naples après avoir été si délicieusement dévalisés par la bande du signor Rodolfo Roccanera. — Dès le lendemain de cette aventure ils ont faussé compagnie à Cabassol, avec lequel il ne pouvait convenir au prince ni à Tulipia, de continuer des relations commencées chez les brigands dans la montagne, par suite d'un grave manquement à l'étiquette.

Pendant ces trois semaines, le prince a poursuivi la couleur locale partout où il a eu l'espoir de la rencontrer. Il est resté deux jours dans un couvent de capucins entre Rome et Naples, mais tout à fait incognito, avec le fidèle Blikendorf et Tulipia habillée en homme. Mais le troisième jour, le prince s'est fait mettre à la porte et il est allé à Rome, où il a fatigué Tulipia dans les musées. D'une nuit passée dans les ruines du Colysée, il est résulté pour Tulipia une attaque de grippe qui l'a tenue deux jours au lit. Après huit jours d'excursions à toutes les ruines du dedans et du dehors ou dans les catacombes, le prince a consenti au départ et toute la caravane est partie pour Venise à petites journées.

— Blikendorf, mon ami, dit enfin le prince, je ne suis pas content ! que signifie cette pluie ? Est-ce convenable pour une entrée à Venise ?

— Monseigneur, ce n'est pas ma faute...

— Vous pouviez organiser autrement notre arrivée...

— Monseigneur, il faisait beau à Vérone à notre départ, et vraiment je ne pouvais me douter...

— Allons, allons, il y a de la négligence ! Vous auriez dû partir en avant vérifier l'état de l'atmosphère, et nous organiser une arrivée plus couleur locale. J'aurais voulu de la musique... Enfin, il faut tout faire par soi-même. Blikendorf, je vous retire ma confiance, je me charge d'organiser notre séjour moi-même... Voyons, où nous conduit cette gondole ?

— A l'hôtel, parbleu ! fit Tulipia.

— A l'hôtel ! mais vous n'avez donc nulle poésie dans l'âme ? A l'hôtel à Venise, à Venezia !

— Monseigneur, fit Blikendorf, nous allons à un très bon hôtel, *l'Albergo du Conseil des dix*, cuisine française, appartements confortables...

— Je me moque du confortable, vous le savez bien ! Être prosaïque, vous

LA GRANDE MASCARADE PARISIENNE

êtes à Venise et vous voulez de banales chambres d'hôtel, de la cuisine française, du confortable anglais... Allons donc! nous sommes à Venise, la ville des doges, la cité féerique, poétique et fantastique... Je veux que notre séjour soit un poème en action, je veux nager dans le romantisme le plus effréné !

— Mon petit Mich, veux-tu en guitare? interrompit Tulipia.

— Non, idole de mon âme, mais j'en achèterai une pour Blikendorf — c'est dans mon programme, je tiens à ce qu'il en joue la nuit sous mes fenêtres.

— Donc, reprit le prince, nous n'allons pas à l'hôtel. Blikendorf, appelez le gondolier!

Blikendorf obéit. La gondole s'arrêta; le gondolier vint à l'entrée de la cabine couverte, ou, suivant l'expression vénitienne, du carrosse de la gondole.

Le prince considéra longuement le gondolier.

— Retire ton capuchon, dit-il.

— Mais, Excellence, il pleut, répondit le gondolier surpris.

— Ça ne fait rien, il y aura un bon pourboire... Bien, tu as une bonne tête. Comment t'appelles-tu?

— Eduardo, répondit le gondolier.

— Un gondolier qui s'appelle Édouard... profanation! s'écria le prince; voyons, je te prends à mon service, mais tu t'appelleras Ascanio... Et ton camarade, je parie qu'il s'appelle Baptiste?

— Non, monseigneur, il s'appelle Théodore.

— Horrible! désormais il s'appellera Ruffio! Nous n'allons pas à l'hôtel, Ascanio, connais-tu un palais à louer?

— J'en connais plusieurs, Excellence, il y a d'abord le palais Barbarigo, restauré il y a deux ans par un riche Anglais.....

— Un palais restauré, je n'en veux pas. Écoute-moi bien, Ascanio, je veux sur le grand canal un palais antique, pas trop grand, mais très poétique, avec arcades, balcons, créneaux arabes, etc..... qu'il soit légèrement ruiné, cela m'est égal...

Une alerte.

— Excellence, je ne vois que le palais Trombolino qui puisse vous convenir...
— Il n'est pas restauré?
— Oh non ! il y a cinquante ans qu'il est à louer...
— Attendez, il me conviendrait encore mieux s'il y avait sur ce vieux palais quelque sombre légende, bien poétique, bien sanglante...
— Ah ! Excellence, vous ne pouvez mieux tomber, il y a six Trombolino qui ont eu la tête tranchée, deux qui ont disparu, probablement sous le pont des Soupirs... Voyez dans le *Guide*, toutes ces histoires sont racontées, il y a surtout celle de la tendre Bianca Trombolino, qui a poignardé deux des plus belles femmes de ce temps-là, deux patriciennes, maîtresses de son mari... Son mari, pour se venger, a poignardé l'amant de sa femme, le jeune Paolo Contarini qu'il surprit sur un balcon ; quinze jours après sa femme, l'empoisonnait dans un grand dîner avec toute sa famille, et le Conseil des Dix intervenant, la faisait jeter dans un cachot, la mettait à la torture, et enfin l'envoyait noyer par une belle nuit dans le canal Orfano.
— Bravo ! s'écria le prince, je loue le palais à n'importe quel prix ! Je savais bien que Venise était toujours poétique !
— Ah ! monseigneur, vous ne le payerez pas cher, personne n'en veut, parce que Bianca Trombolino revient à certaines nuits, aux anniversaires de ses malheurs..... et puis il y a encore d'autres souvenirs, je ne sais plus lesquels, une autre Trombolino qui a étranglé son mari ou un Trombolino qui a étranglé sa femme, puis une Trombolina assassinée un soir de fête, par une femme masquée...
— Quelle chance ! s'écria le prince, je ne pouvais pas mieux tomber... conduisez-nous vite chez le propriétaire de ce ravissant palais...
— Excellence, le dernier propriétaire a eu la tête tranchée il y a 150 ans, mais vous pourrez voir l'intendant de la famille, il habite à côté du palais.
— Allons, presto ! fit le prince.
En cinq minutes et vingt coups de rame, la gondole arriva au palais Trombolino. Il pleuvait toujours ; le prince, oubliant la pluie, contempla dans le plus grand ravissement, son futur domicile. Le vieux palais noir et délabré, étalait sur le grand canal une façade très ornementée mais très abîmée, ouverte au rez-de-chaussée par une petite colonnade aux arcatures gothiques. Le premier étage possédait une grande loggia ogivale très finement découpée de rosaces et de trèfles écornés. Une plus petite loggia au second étage, des fenêtres en ogive, des balcons à minces colonnettes, des armoiries sculptées, et sur le tout une ligne de créneaux branlants complétaient un parfait échantillon des vieux palais vénitiens d'avant la Renaissance.
La gondole débarqua les voyageurs sous le péristyle, puis un des gon

doliers alla frapper à la porte de l'intendant de la famille Trombolino, qui habitait une petite maison basse à côté du palais, sur un des petits canaux transversaux. — L'intendant, tout ému de cette occasion, qui ne s'était pas présentée depuis cinquante ans, sauta vivement dans la gondole avec un trousseau de clefs.

— Excellence ! balbutia-t-il en saluant les étrangers, vous désirez louer le palais Trombolino, je vais vous le faire visiter...

— C'est inutile, dit le prince, il me plaît, je le prends. Combien en voulez-vous ?

— Tu monteras par la fragile échelle pour te jeter dans mes bras.

— Cent francs pour trois mois, serait-ce trop vous demander? dit l'intendant.

— Je vous le loue cent francs par mois, dit le prince, donnez-moi les clefs.

— Je vais vous montrer le chemin, reprit l'intendant en cherchant dans son trousseau la clef de la porte. Excusez-moi, je n'y suis entré qu'une seule fois depuis 1833, quand mon père me remit les clefs et la charge d'intendant. Ah, voici la clef, elle est un peu rouillée, mais il faudra bien qu'elle ouvre !

Il fallut le secours des gondoliers pour faire rouler la porte sur ses gonds, enfin elle tourna et les voyageurs se trouvèrent dans le palais.

— Il est un peu abandonné, dit l'intendant tremblant de voir reculer ses locataires, mais ce n'est rien, avec quelques soins, il retrouvera bien vite sa splendeur... montons aux appartements du premier étage, ce sont les mieux conservés... Prenez garde, il manque une marche ou deux...

Tulipia fit un faux pas et faillit passer à travers l'escalier. Le prince la retint.

— Ce n'est rien, dit-il, nous ferons mettre des planches pour remplacer les dalles qui manquent.

Il fallut encore parlementer avec la porte des appartements du premier étage.

— La clef manque, c'est étonnant, dit enfin l'intendant après avoir essayé tout son trousseau, mais attendez, il y a par ici une fenêtre cassée, nous pourrons enjamber...

— Allons ! fit le prince en passant par la fenêtre.

— Il n'y a pas de danger? demanda Tulipia.

— Non, rien de plus facile.

Après quelques pas dans un couloir obscur, l'intendant poussa une porte non fermée et l'on se trouva dans une grande salle éclairée par la loggia.

— Splendide ! fit le prince, nous en ferons la salle à manger ! J'aurai la vue du grand canal pour me donner de l'appétit !

— Des murs crevassés, des fenêtres qui ne tiennent pas, des toiles d'araignée, un pied de poussière, fit Tulipia avec une moue gracieuse.

— Signora, dit l'intendant, ceci n'est rien, on n'a pas balayé depuis 1833.. avec un petit coup de balai, il n'y paraîtra plus !

— Il pleut par les carreaux cassés.

— Ce n'est rien, il y a de très belles tapisseries dans une pièce à côté, il n'y aura qu'à les accrocher pour supprimer les courants d'air !

Dans une pièce plus petite éclairée sur un étroit canal, étaient empilés de vieux meubles couverts d'une noble poussière, vieilles chaises au dossier de cuir de Cordoue à demi rongé, tables massives avec un ou deux pieds de moins, lit Renaissance à colonnes torses et à sculptures plus ou moins écorchées.

— Ceci est le lit de la signora Bianca Trombolino, célèbre par sa beauté et par ses malheurs, dit l'intendant d'une voix lugubre.

— Vous êtes sûr? demanda le prince, et l'on dit qu'elle revient?

— C'est une tradition populaire, mais dans notre siècle éclairé il ne se passe plus de ces choses... moi, je suis voltairien, je n'y crois pas...

— Tant pis! s'écria le prince, je veux coucher dans cette chambre et dans ce lit, je serais charmé de voir l'ombre sanglante de la tendre Bianca!

— Alors, si ça ne vous effraye pas, je puis vous dire que la tradition pourrait bien avoir raison.

— Et ce portrait? demanda le prince en découvrant le portrait

sa tête lui rappelait le parent éloigné qu'il pleurait!

d'une jeune dame à l'œil doux et langoureux, en costume du XVIe siècle.

— C'est le portrait de la tendre et malheureuse signora Bianca Trombolino... Voyez la date, 1549, c'est l'année de ses malheurs : en mars 1549 elle poignarda les deux maîtresses de son mari. — Paolo Contarini, de la famille du doge, son amant, fut tué sur ce petit balcon que vous voyez à côté du lit en avril; en mai, Bianca empoisonna son mari et en juin le conseil des Dix le fit arrêter et noyer! Ce fut la plus triste année de sa vie...

— Infortunée! s'écria le prince, je placerai ce portrait en face de mon lit, pour avoir son angélique sourire à mon réveil.

— Il y a encore quelques meubles au deuxième étage dans la chambre correspondante. Car je dois vous dire que les Trombolini abandonnèrent la chambre de Bianca et habitèrent depuis les appartements du second étage.

— Bon! dit Blikendorf, j'habiterai le second étage, je ne tiens pas à être troublé dans mes rêves par la tendre Bianca.

Et sur les pas de l'intendant, les voyageurs montèrent au second étage.

— C'est plus gai, dit Blikendorf, c'est délabré encore, mais c'est plus gai. J'en ferai mon appartement, la grande salle sera mon cabinet de travail, j'aurai la vue du grand canal, avec le dôme de Santa-Maria et vingt campaniles d'églises... Ma chambre à coucher n'est pas mal, le lit est simple mais convenable... et pas de fantômes !...

— Non, fit l'intendant, pas de fantômes ! On a toujours été tranquille dans cette chambre, c'est même assez étonnant, car c'est dans ce lit que Lorenzo Trombolino étrangla sa femme Annunziata Palmafico, en 1599, et qu'en 1668, Marco Trombolino fut poignardé par sa femme Taddéa Zampieri... En 1692...

Soirée poétique sur le grand canal.

— Assez ! assez ! Êtes-vous sûr qu'ils ne reviennent pas?

— J'en serais fort surpris, répondit l'intendant.

— Tout cela est parfait ! dit le prince, maintenant installons-nous; monsieur l'intendant, voulez-vous vous charger de nous trouver quelques serviteurs, et les objets mobiliers nécessaires pour notre installation c'est-à-dire pour deux chambres à coucher, une salle à manger et des chambres de domestiques. J'ai retenu les gondoliers, vous vous arrangerez avec eux. Je vous ouvre un crédit illimité. Allez, et que tout soit prêt pour ce soir !

— Et dîner? demanda Tulipia.

— Nous dînerons dans la grande salle, devant la Loggia. Il y a une table passable, Blikendorf va s'en aller commander le repas à l'hôtel le plus proche.

— Excellence, je demande deux heures pour tout préparer ! dit l'intendant en se précipitant.

L'intendant parti, Blikendorf prit la gondole pour aller organiser le service des vivres. Le prince et Tulipia restèrent seuls dans le palais. Le prince traîna deux sièges devant la loggia, fit asseoir Tulipia et s'assit à côté d'elle un bras passé autour de sa taille et soutenant de l'autre un parapluie ouvert, car il pleuvait toujours et l'averse passait à travers les rosaces des fenêtres.

La petite Vicomtesse.

— Tulipia! ravissante Tulipia! je suis satisfait, nous nageons en pleine poésie, au sein de la plus intense couleur locale! Tulipia! dans ce cadre si parfaitement vénitien, je t'aime avec toute l'ardeur d'un Trombolino du XVI° siècle!
— Et moi, mon petit Mich, avec la tendresse d'une véritable Bianca!
— Tulipia! les rages de la jalousie me mordent au cœur, jure que tu n'as jamais aimé que moi!

— Sur la tête de Bianca Trombolino, je te le jure, ô mon prince !
— Répète-le-moi ! j'ai besoin que tu me le dises le plus souvent possible ! Si tu en aimes jamais un autre, serait-ce Blikendorf, mon respectable précepteur lui-même, je tuerais cet autre !
— Mich ! Si jamais tu penses encore à ta grande duchesse de Klakfeld qui t'attend là-bas, je te poignarde !
— C'est bien ! c'est ainsi que je veux être aimé, ô ma reine !

Ce poétique duo fut interrompu par l'arrivée de l'intendant qui ramenait les serviteurs réclamés par le prince.

— Voici, Excellence, un brave et honnête garçon qui fera un excellent majordome ; ces deux petites sont les épouses de vos gondoliers, j'ai pensé qu'elles pourraient servir de femmes de chambre à la signora...
— Parfait, dit le prince, voilà notre maison montée. Et les meubles ?
— Dans une heure ils seront ici.
— Et le dîner ? demanda encore Tulipia.
— Il me suit, dit Blikendorf paraissant à son tour.
— Allons ! dit l'intendant, Maria, Catarina, mettez la table, presto !

Par le balcon de la loggia, le prince put voir deux hommes en costume blanc de marmitons apporter en gondole le repas commandé à l'hôtel.

— Avez-vous pensé au vin de Chypre, Blikendorf ? demanda le prince.
— Monseigneur, il n'y en avait pas, j'ai rapporté à la place un panier de champagne.
— C'est une atteinte à la couleur locale, mais enfin, s'il est bon...

Le repas fut très gai. Le prince trouva les mets un peu cosmopolites, mais excellents. A défaut de vin de Chypre, le champagne fut largement fêté. — La nuit était venue ; malgré les lampes apportées par l'intendant, les grandes salles vides avaient encore des obscurités inquiétantes. Les meubles arrivaient un à un ; pendant que Blikendorf s'occupait de leur installation, le prince commanda sa gondole pour une promenade avec Tulipia.

Il pleuvait toujours, le ciel était sans lune et sans étoiles ; sur le grand canal sombre et morne, quelques lumières clignotaient çà et là, reflets des rares fenêtres éclairées et des chandelles allumées devant les images de madone posées sur des poteaux aux stations de gondoles. Les petits canaux semblaient des abîmes noirs bordés de spectres de maisons, de temps en temps quelque gondole en sortait, ou s'y engloutissait brusquement.

Le prince choisissait les canaux les plus sombres pour s'y enfoncer à la recherche de sensations féroces et délicieuses ; il se fit conduire au pont des Soupirs pour montrer à Tulipia l'endroit où les condamnés à mort s'embarquaient sur la gondole fatale qui les portait, une pierre au cou, aux poissons du canal Orfano.

Tulipia s'endormit et le prince donna le signal du retour au palais Trômbolino. — Un changement s'était opéré pendant leur absence, le palais était balayé, les meubles placés et les chambres faites. — Blikendorf assis dans un bon fauteuil fumait sa pipe en rêvant philosophie, devant une bouteille de Champagne, dans la grande salle du premier étage.

— Enfin! dit le prince, nous voici chez nous! j'en avais assez des caravansérails à la mode, des vulgaires chambres d'hôtel... Ce palais m'enchante!... ces nobles murailles, ces fenêtres gothiques, ces couloirs mystérieux... tout cela réjouit mon âme au plus haut point. Quelle poésie! quelle...

— Je tombe de sommeil!... fit Tulipia, un peu moins de poésie, mon petit Mich!

— J'ai oublié de faire acheter une mandoline! s'écria le prince, ce sera pour demain, charmante Tulipia... Ce soir, nous allons dormir sans sérénade... Voyons la chambre.

Le prince prit une bougie et se dirigea vers la chambre de Bianca Trombolino. Ses ordres avaient été exécutés, le lit de la malheureuse Bianca, débarrassé de sa poussière et des toiles d'araignée, avait été garni de matelas modernes et d'oreillers. Des chaises et des fauteuils avaient été apportés, des rideaux et des tapisseries accrochés aux fenêtres; dans un coin les malles de Tulipia étaient déposées attendant leur maîtresse.

Layos Zambor.

— Parfait! dit le prince, ah! et le portrait de Bianca? Il y est, très bien, j'aurai donc perpétuellement sous les yeux cette douce et mélancolique figure!

— Dans le jour, cela m'est égal, fit Tulipia, mais je n'aime pas à la voir la nuit, cette douce et mélancolique Bianca... pourvu qu'elle ne revienne pas!

— Ah! Tulipia, ange de ma vie, il ne faut pas m'en vouloir, mais il me semble que je l'aurais aimée, elle aussi!

Les gondoliers étaient allés se coucher dans les chambres donnant sur une petite cour intérieure, au bout de longs couloirs que les nouveaux locataires n'avaient pas encore explorés à fond. Blikendorf mit sa bouteille sous son bras, prit sa lampe et gagna sa chambre située juste au-dessus de celle du prince. Au bout d'un quart d'heure tous les bruits s'éteignirent, les habitants du palais Trombolino, fatigués par le voyage, avaient pour ainsi dire sombré dans le sommeil.

Minuit sonnait à une horloge inconnue, lorsque soudain Tulipia se réveilla. Des bruits étranges avaient troublé son sommeil dans le lit de Bianca; elle avait entendu de longs gémissements ou plutôt des souffles rauques et prolongés, ainsi que des craquements stridents dans différentes directions. Tout d'abord elle n'osa bouger et resta glacée d'effroi, les yeux seuls, et tout grands ouverts, hors des couvertures. Cela dura un quart d'heure. Tout à coup un souffle puissant éteignit la lampe qui brûlait encore dans un coin de la pièce et Tulipia poussa un cri de terreur.

— Qu'est-ce ? s'écria le prince réveillé en sursaut.

— Elle ! Bianca Trombolino ! gémit Tulipia en montrant au prince des points ronds et fixes qui brillaient en face du lit dans les noirceurs de la vaste chambre, c'est elle, ce sont ses yeux !

— Mais non, il y en a quatre... ou bien il y aurait donc deux Bianca !... je vais interroger les spectres... Bianca, femme sensible et infortunée, est-ce toi ?

Rien ne répondit, si ce n'est un concert de rauques gémissements dans la pièce voisine.

— Pas de réponse et j'ai été poli, attends un peu ! murmura le prince en se baissant pour prendre une de ses bottes sur le pavé, allons ! à vous, spectres des Trombolini !

Le prince lança vivement sa botte dans la direction des points lumineux. Un bruissement d'ailes et un grand fracas suivirent cet acte audacieux. Tulipia poussa des cris affreux et fit son possible pour s'évanouir.

Vivement le prince ralluma la bougie pour explorer la chambre hantée.

— Ce n'est pas Bianca ! s'écria-t-il avec une nuance de désappointement, Tulipia, ange adoré, ne crains rien, ces faux spectres sont deux hiboux, troublés par nous dans la possession du palais Trombolino !...

— Des hiboux ! fit Tulipia en relevant sa tête enfouie sous les oreillers.

— Oui, tiens, notre bougie les effarouche... ah ! les voilà partis, nos deux fenêtres manquent de vitrage en haut... et ma botte est partie dans le grand canal, en pratiquant une autre ouverture...

— C'est donc cela qu'il y a tant de courants d'air... je suis gelée... Mon petit Mich, je t'en supplie, regarde ce qu'il y a derrière cette tapisserie, j'entends des bruits et des gémissements lamentables !...

— C'est le vent qui souffle à travers les trèfles de nos fenêtres à ogives... je m'explique parfaitement tous ces bruits, il n'y a pas de Trombolini dans les murailles... Regarde, fit le prince en soulevant les tapisseries.

— Des rats ! gémit Tulipia, des rats qui mangent mes bottines !

Il y eut une débandade. Les rats troublés dans leur repas, s'éparpillèrent dans toutes les directions avec des galops précipités.

— Maintenant que tout est expliqué, nous allons dormir d'un sommeil plus tranquille, dit le prince en fermant aussitôt les yeux.

Tulipia, gémissante et troublée, ne répondit pas. La tranquillité ne dura pas longtemps, au bout de dix minutes les bruits inquiétants reprirent; le vent souleva les tapisseries et gémit dans les arceaux gothiques de la loggia, des portes battirent au fond des appartements, puis les rats revinrent à la charge et recommencèrent leurs courses à travers la chambre, fu-

Lucrezia, Lavinia et Cléopatra Blomsbig.

retant çà et là, grignotant ce qui leur semblait susceptible de posséder quelques qualités nutritives, ou traînant et bousculant les bottines de Tulipia. Quelques-uns même s'aventurèrent sur le lit, mais des mouvements brusques de Tulipia les firent détaler à toute vitesse.

— Quel sabbat! gémit Tulipia enviant la tranquillité du prince.

Le fracas des portes et des vitrages redoublait, les tapisseries se soulevaient de plus belle sous le souffle du vent, lorsque tout à coup Tulipia sentit de larges gouttes lui tomber sur la figure. Elle allongea timidement la main hors des couvertures et la retira toute mouillée.

— Ah! çà, mais c'est de l'eau! s'écria-t-elle.

Le prince venait aussi de se réveiller. Il passa sa main sur sa figure et regarda ensuite en l'air.

— Tiens, il pleut! dit-il gravement.

— Mon petit Mich! s'écria Tulipia. Voilà le résultat de votre fantaisie, elle est jolie, votre vieille cassine des Trombolini, avec sa garnison de rats et de hiboux, avec ses spectres et ses courants d'air! Et voilà la pluie, maintenant! je veux aller à l'hôtel!

— Abandonner la plus poétique demeure de Venise, pour si peu de chose? jamais! Les rats et les hiboux ont peur de nous, n'y pensons pas, quant à la pluie, elle vient de ces jolis vitrages gothiques, des rosaces si pittoresques de nos fenêtres... mais ce n'est rien, je vais y mettre bon ordre!

Le prince se releva encore et s'en alla dans la grande salle avec la lampe.

— Mon petit Mich! ne t'en vas pas si loin! lui cria Tulipia, ne me laisse pas seule avec le portrait de Bianca!

— Voilà! dit le prince, revenant avec un parapluie tout grand ouvert à la main; avec cela nous allons défier l'inondation.

Et il se recoucha en plantant son parapluie entre les oreillers.

Cette fois Tulipia put dormir tranquille.

La pluie continuait au dehors, et si les rafales de vent qui exécutaient une remarquable symphonie à travers le vieux palais, envoyaient par moments de petites réductions d'ondées dans les trèfles pittoresques des croisées, du moins tout cela tombait sur le parapluie et Tulipia n'en recevait qu'une goutte filtrée par-ci par-là.

Les rats tentaient bien de temps à autre l'escalade du lit, mais le prince veillait. Attentif à tout ce qui pouvait troubler le sommeil de Tulipia, il ne les laissait pas devenir gênants; dès que les courses de ces petits Trombolini menaçaient d'ennuyer la charmante locataire du lit de Bianca, le prince allongeait la main, il saisissait son revolver de la campagne de Turquie et faisait feu sur les perturbateurs.

— Qu'est-ce? demandait Tulipia dans son sommeil.

— Un rat! répondait le prince, comme dans Hamlet.

Au jour, de larges taches de sang rougissaient le parquet de la chambre de Bianca Trombolino, comme jadis au temps des tragiques aventures de la belle patricienne. Onze rats sacrifiés au sommeil de Tulipia, jonchaient le sol de leurs cadavres!

Mais Tulipia avait dormi.

V

Dame de compagnie pour voyageurs poétiques. — Nuits romantiques. — Trop de mandoline. — Annonces sentimentales viennoises.

Il pleut, il pleut toujours! Depuis quinze jours que le prince et Tulipia sont à Venise, la pluie n'a pour ainsi dire pas cessé de tomber; de temps en temps dans une fugitive éclaircie, un rayon de soleil est venu dorer les galeries fantastiques du palais Ducal, mais bien vite une averse s'est empressée d'éteindre ce commencement de renaissance de la féerique cité.

Le prince et Tulipia sont toujours au palais Trombolino. Mich a catégoriquement refusé d'aller habiter un hôtel plus moderne et plus confortable. Il continue à pleuvoir dans le palais, le vent souffle toujours à travers les arceaux gothiques de la loggia, soulevant les tapisseries, faisant battre les portes et claquer les vitrages; les nuits sont toujours aussi agitées, les lugubres gémissements de la brise dans les longs couloirs mystérieux, les courses des rats, les battements d'ailes des hiboux qui s'obstinent à ne pas changer de domicile, tout cela continue à troubler le sommeil de la pauvre Tulipia.

Sous le pont des Soupirs.

Pour comble de malheur, les rats commencent à se familiariser avec les locataires des Trombolini, ils ne détalent plus maintenant à la première alerte; bien au contraire, quelques-uns, les plus frileux sans doute, recherchent la douce moiteur des couvertures et viennent dormir presque dans les bras de Tulipia, sous le parapluie placé à demeure entre les oreillers, — car il pleut toujours dans la chambre à coucher de Bianca, malgré les rideaux et les tapisseries qui tamponnent les brèches des vitrages dans les rosaces des fenêtres.

Cependant, à part la pluie, les courants d'air, les rats et les hiboux, le palais Trombolino est tranquille... la tendre et malheureuse Bianca ne revient pas pleurer ses malheurs, les Trombolini assassinés par leurs femmes, et les malheureuses Trombolinas étranglées par leurs maris, dans les diverses chambres du palais, les amants et les maîtresses poignardés par-ci par-là, ne viennent pas non plus traîner leurs suaires à minuit, ainsi que le prince pouvait à juste titre l'espérer, d'après les légendes et les traditions populaires.

Le prince en est désolé. — A qui se fier maintenant, si l'on ne peut plus croire aux traditions populaires?

Chaque soir, à l'heure solennelle de minuit, le prince a beau évoquer le spectre de l'infortunée Bianca dans les termes les plus pressants, Bianca reste sourde à son appel. Une nuit cependant, il crut Blikendorf plus heureux que lui, il était une heure du matin et tout dormait dans le palais lorsque tout à coup un bruit infernal avait retenti à l'étage supérieur, dans la chambre du précepteur, et ce tapage, ce fracas de meubles renversés avait été suivi de gémissements très perceptibles.

A la grande terreur de Tulipia, le prince s'était précipité à demi-habillé, un flambeau d'une main, son revolver de l'autre, dans l'escalier conduisant aux appartements de Blikendorf. Tulipia pour ne pas rester seule, avait saisi le parapluie et l'avait suivi.

Les gémissements redoublaient, un coup de vent éteignit la lampe, mais il faisait clair de lune, le prince traversa rapidement la grande salle et plein d'espoir enfonça d'un coup de pied la porte de Blikendorf.

Au premier abord il ne vit qu'un amas de meubles brisés et de literie sous lesquels le précepteur se débattait en poussant des cris de détresse de plus en plus accentués, mais quand Tulipia eut repris la force nécessaire pour frotter une allumette et rallumer la lampe, l'innocence des Trombolinos assassinés dans cette chambre éclata.

Blikendorf n'était aucunement la victime de leurs fantômes, la malveillance des anciens propriétaires du palais n'était pour rien dans son accident. Le précepteur avait son lit, un grand lit d'apparat, majestueusement posé sur une estrade au milieu de la pièce; soit que Blikendorf fut trop lourd, soit que les planches fussent pourries par l'âge, l'estrade s'était écroulée et le lit avait passé au travers. Le bon précepteur avait sans doute un peu trop occupé sa soirée à philosopher en tête à tête avec les vins français de la Champagne, chargés de tenir lieu du vin de Chypre introuvable, car il n'avait pu se tirer lui-même des débris de son estrade ni se rendre compte des causes de sa

Promenades poétiques à Venise.

chute. Lorsque le prince l'eut remis dans son lit étayé par quelques chaises, il persista quand même à attribuer son aventure à quelque vindicatif Trombolino furieux de le trouver dans le lit de la famille et déclara qu'il se considérait comme très heureux, vu les habitudes désagréables des Trombolini d'en être quitte à si bon marché.

Malgré la pluie, le prince et Tulipia passaient leurs journées en gondole,

Excursions à pied dans la montagne.

à errer de canal en canal, à faire le tour des îlots, ou à rêver paresseusement sur la lagune. — Le prince avait un programme : le matin, explorations dans les inextricables ramifications des petits canaux de la ville, l'après-midi excursions au Lido, ou bien aux îles de la lagune, à Saint-Lazare-des-Arméniens, à Murano ou à Torcello ; tous les soirs, promenades dans le noir, aux coins perdus, aux quartiers déserts, dans les endroits aux allures féroces et pour terminer, rêveries sous le pont des Soupirs.

A minuit, lorsque, bien saturés d'impressions sinistres, le prince et Tulipia rentraient au Palais, on soupait! Le prince adorait son faux vin de Chypre et le fêtait largement.

— Rions! chantons! s'écriait le prince, c'est peut-être le moyen de faire sortir les Trombolini de leur tombe... à ta santé, langoureuse Bianca! Je bois à vous, Trombolini dont le poignard, le poison ou le Conseil des Dix ont abrégé les jours! me ferez-vous raison, ombres lugubres et récalcitrantes?... Bianca, je compatis à tes malheurs, tu le sais, et tu refuses de paraître! c'est bien mal!

Une telle consommation de couleur locale fatiguait Tulipia, les courses en gondole du matin au soir, les rêveries sous la pluie, en tête à tête au fond de la gondole, les nuits agitées par la brise, les hiboux et les rats, et surtout les courants d'air de la chambre à coucher l'avaient rendue malade. Une grippe féroce la tourmentait sans que le prince daignât s'en apercevoir et barcaroller un peu moins au clair de la lune. Bien au contraire, il avait acheté une mandoline pour l'infortunée Tulipia et lui avait trouvé un professeur qui, chaque jour pendant une heure ou deux, venait au palais Trombolino lui apprendre à faire vibrer cet instrument poétique et démodé.

— O âme de ma vie! disait le prince, Tulipia adorée, j'espère que chaque soir, à la pâle clarté des étoiles, sous les rayons de l'astre de l'amour ou même perdue dans le noir sombre des nuits sans lune, tu viendras belle, souriante et masquée, cachée aux regards jaloux dans une mystérieuse gondole, réveiller par une douce sérénade, les échos du vieux palais... alors je me mettrai à la fenêtre, j'attacherai une échelle de corde au balcon gothique et je descendrai plein d'émoi, me jeter à tes genoux dans ta gondole... ou bien ce sera toi, — ô ma Juliette, amante énergique et passionnée, qui monteras par la fragile échelle, pour te jeter dans mes bras!

Enfin Tulipia put avoir une confidente pour ses chagrins. Un soir qu'elle errait avec le prince dans le canal San-Marco entre le jardin public et l'isola di San-Giorgio-Maggiore, Mich. entendit de vagues accents de mandoline percer le vaste silence de la nuit.

C'était la première fois depuis leur arrivée à Venise; jusque là, le son du piano — horror! — ou le bruit de l'orchestre d'un café concert établi, — abominazione! — près de la Zecca, à deux pas du palais Ducal, avaient été les seules manifestations musicales des nuits vénitiennes si vantées. On comprend donc la joie du prince; il donna aux gondoliers l'ordre d'arrêter, et malgré la pluie, il sortit de l'abri pour écouter.

Ces accords de mandoline venaient de l'avant. A quelque distance une masse noire filait légèrement sur les ondes; il n'y avait pas de lune, il faisait froid, les larges gouttes de l'averse clapotaient sur la gondole, néanmoins, un couple poétique se donnait la joie d'une promenade en musique.

— Ascanio! Ruffio! dit le prince à ses gondoliers, rattrapez cette gondole. Tenez-vous à côté d'elle, où elle ira, allez!

La gondole du prince prit son élan, en deux minutes, elle fut à côté de l'autre gondole au moment où s'éteignaient les derniers accords de la mandoline. — Le prince, Tulipia et leurs gondoliers éclatèrent en applaudissements.

Tulipia apprenant à jouer de la trompe des Alpes.

Les deux gondoles voguèrent de conserve pendant trois heures. — Enfin le prince adressa la parole aux passagers de la gondole à musique.

— Signor et signora, dit-il, mes yeux ne peuvent vous voir, mais mon cœur vous entend, vous êtes jeunes, vous êtes beaux, vous êtes poètes et vous aimez, nous sommes jeunes, nous sommes beaux, nous sommes poètes et nous aimons, nous pouvons nous comprendre... vous nous avez donné un concert sur la lagune, voulez-vous nous permettre de vous offrir un souper à terre? J'habite le palais Trombolino tout près d'ici, la table est mise...

Un éclat de fou rire avait succédé aux bruits de mandoline à cette proposition de gondole à gondole.

— Vous riez, c'est que vous acceptez ! Nous rirons mieux à table...

— Parbleu! dit une voix, nous ne demandons qu'à rire et à souper... Mais, arrivés d'aujourd'hui, nous sommes en costume de voyage, peu convenable pour une réception dans un palais. Venez donc plutôt souper avec nous à notre hôtel?

— Est-ce le titre de palais qui vous effraye et pensez-vous qu'il s'agisse d'une soirée en habit noir?... Le palais Trombolino est le plus sombre et le plus dévasté de tous les palais vénitiens, nous souperons en tête à tête avec des rats et au dessert nous évoquerons les spectres d'une quantité de Trombolini décédés de mâle mort...

— Allons, vous nous tentez! au palais Trombolino!

Ces voyageurs si poétiques étaient un jeune Hongrois et une petite Viennoise blonde et potelée; arrivés le matin même de Trieste, ils avaient en touristes intelligents, acheté une mandoline et employé leur première journée à barcaroller de canal en canal.

Le bon précepteur Blikendorf était déjà à table; il avait occupé sa soirée à correspondre avec les deux cours de Klakfeld et de Bosnie. Comme cela devenait de plus en plus difficile, la grande duchesse de Klakfeld montrant de charmantes impatiences et l'auguste père du prince pressant les négociations, Blikendorf avait cherché dans le vin de Chypre des inspirations diplomatiques de la plus haute finesse pour faire prendre patience aux deux cours. — Il fut un peu surpris à la vue des invités du prince et légèrement effarouché de cette infraction à l'étiquette. Pendant que Tulipia faisait les honneurs du palais, il put glisser quelques mots au prince.

— Surtout... incognito! strict incognito! que penserait l'Europe si elle savait... et votre auguste père... et ma responsabilité morale...

— Bon, bon, dit le prince, strict incognito!

Le précepteur tranquillisé considéra la jeune Viennoise avec un intérêt presque tendre.

— Blonde, blanche, grassouillette, murmura-t-il, le rêve de ma jeunesse, l'idéal de mon âme au printemps de mes jours... avant mon mariage avec Mme Blikendorf!... à moi toute ma philosophie, mon cœur se réveille!

Et il s'endormit sur la table.

Malgré la défection de Blikendorf, le souper fut très gai. Le Hongrois mangeait l'héritage d'un parent très éloigné, il avait donc l'esprit porté à la plus générale bienveillance, il trouva ses hôtes charmants, le palais enchanteur, la pluie douce, les rats amusants et l'histoire de Bianca Trombolino très touchante. Il but, chanta, joua de la mandoline; prodigua les déclarations d'amitié au prince, offrit de lui prêter de l'argent et embrassa Blikendorf endormi, sous prétexte que sa tête lui rappelait celle du parent éloigné qu'il pleurait.

Tulipia retrouvait sa gaieté, le palais Trombolino lui semblait renaître. Elle rit beaucoup avec la jeune Viennoise et chanta avec elle des duos franco-allemands sur la musique d'Offenbach.

Cette gaieté déplut au prince qui n'aimait que la musique triste; pour revenir aux impressions sinistres, il proposa d'organiser une promenade aux flambeaux dans les chambres, corridors, greniers et caves du palais. Devant le portrait de Bianca, le prince exigea une sérénade; le jeune Hongrois saisit sa mandoline et joua quelque chose de lamentable, en rapport

A l'hôtel, Tulipia poursuit ses études musicales.

avec ce que devait être la situation d'âme de Bianca au temps de ses malheurs. Puis la procession s'enfonça dans les appartements compliqués du palais, parcourut les deux étages, monta dans le grenier, dérangea des multitudes de rats et se perdit dans un dédale de couloirs inconnus.

A deux heures du matin, lorsque les étrangers parlèrent de s'en aller, le prince refusa absolument de les laisser partir et leur imposa son hospitalité: Blikendorf dormait toujours sur la table, donc son appartement était libre. Le Hongrois, pris à la justesse de ce raisonnement, accepta et se laissa installer dans les lares du pauvre précepteur.

— Bonne nuit! dit le prince après avoir serré dans ses bras ses nouveaux amis, bonne nuit et à demain la poésie, les promenades en gondole et les sérénades!

Nuit excellente, nuit d'un calme délicieux. Ce fut la première fois que Tulipia n'eut pas besoin de parapluie sur son oreiller, la pluie n'était plus qu'une simple bruine peu gênante. Quelques coups de pistolet à l'étage supérieur, interrompirent pendant quelques minutes les rêves de Tulipia ; elle crut d'abord à quelque explication conjugale entre Trombolino du bon vieux temps, mais se souvenant enfin qu'aucun Trombolino n'avait encore troublé leurs nuits, elle envoya le prince voir dans la chambre de Blikendorf si leurs nouveaux amis n'étaient pas malades.

Les rats étaient cause de ce tapage. La jeune Viennoise avait été réveillée par leurs courses ; d'abord le Hongrois s'était borné à les chasser à coups de canne, puis avisant un revolver appartenant à Blikendorf, il avait organisé une grande chasse aux rats.

Le reste de la nuit fut excellent, à cela près que Blikendorf réveillé par l'air frais du matin, voulut regagner sa chambre et que, mal accueilli par les jurons du Hongrois, il courut réveiller son élève pour lui apprendre que des Trombolini inhospitaliers, l'avaient indignement dépossédé de son lit.

O bonheur ! ce matin-là, le soleil se leva radieux sur Venise. La pluie avait cessé : dômes, campaniles, frontons de palais émergeaient de toutes parts, jaunes, blancs, roses ou dorés, étincelants et rajeunis.

Le prince envoya Blikendorf réveiller ses hôtes, il voulait au plus vite profiter de cette allégresse du ciel, de la terre et de l'Adriatique.

Tulipia était enchantée de sa nouvelle amie, la jeune Viennoise ; dans le cours des promenades en gondole découverte, on se fit des confidences ; elle s'appelait Carolina Laufner, la blonde fille du Danube, et elle avait quelque peu joué l'opérette au Carl-Théater de Vienne. Dans la joyeuse capitale autrichienne, Carolina avait mené une existence assez gaie, elle avait chanté, dansé, soupé et aimé, elle avait fait des dettes, elle avait failli se marier, elle avait passé quelques saisons au Baden des environs de Vienne, ses blonds cheveux s'étaient reflétés dans le miroir vert des lacs autrichiens, en compagnie de jeunes et brillantes moustaches qui servaient dans la cavalerie impériale..... un beau jour, juste une semaine avant sa première promenade en gondole, un beau jour que le banquier juif dont elle embellissait les opérations financières, avait déposé son bilan, elle avait jeté par hasard les yeux sur l'*Extra Blatt*, un petit journal viennois, voué surtout à l'annonce commerciale et à la correspondance sentimentale et elle avait lu la petite note suivante :

Un jeune homme venant de recueillir un héritage important et sur le point d'entreprendre un *voyage de consolation en* ITALIE, désirerait voyager de compagnie avec une JEUNE ET CHARMANTE DAME, blonde ou brune, douée autant que possible d'un caractère enjoué.

Envoyer photographie sous les lettres L. Z. R. et se promener demain à quatre heures avec le présent numéro de l'*Extra Blatt* à la main, devant le temple de Thésée au Volksgarten.

Carolina n'avait pas hésité, son banquier l'ennuyait considérablement et ce petit voyage avec un aimable héritier la tentait. Elle envoya sa photographie à L. Z. R.

Huit jours après elle était à Venise, avec Layos Zambor de Zambor, le jeune et aimable Hongrois de l'annonce, un charmant garçon qui était devenu amoureux fou de sa dame de compagnie. Sur les cinquante ou soixante jeunes dames qui s'étaient promenées au jour dit au Volksgarten avec le numéro de l'*Extra Blatt* à la main, Layos Zambor avait distingué Carolina!

— Et puis, ma chère, vous savez, ajouta Carolina qui parlait admirablement le français vous savez, Layos

Dans la montagne. Trop de pittoresque!

m'a promis de m'épouser, si nos cœurs continuaient à sympathiser à la fin du voyage.

Et elle tira d'un petit sac de voyage le fameux numéro de l'*Extra Blatt* où l'annonce de Layos Zambor était encadrée dans un cœur au crayon rouge ; sur la demande de Tulipia, Carolina traduisit les correspondances voisines de la demande de Layos ; quelques-unes étaient des plus intéressantes comme on va en juger :

Je m'ennuie énormément à Vienne, ne serait-il pas possible de trouver un homme distingué, riche et libre, capable de me distraire.   CAMILLA.

Une jeune dame française, d'un tempérament très gai, donne des leçons de français et de conversation chez elle et ailleurs.
MARIE.

Hélène-Volksgarten-Gasse. — A quelle heure te trouvera-t-on jeudi ? Bien des choses affectueuses.
Ton THÉODORE.

Un jeune étranger désire passer l'été à la campagne, en compagnie d'une dame seule.
Lettre sous ce chiffre : P. V. H.

Un jeune homme désire entrer en correspondance avec une jolie dame. — Adresser les réponses à Henry, 200, au Journal.

Proposition de mariage. — Une jeune fille âgée de vingt ans, de bonne maison, avec toute sa liberté, désire faire la connaissance d'un homme joli, vieux, riche. Ne pas adresser de réponse anonyme, mais une lettre avec la photographie, le nom et le caractère, sous ce chiffre : *Antonine*, 300, au Journal.
DISCRÉTION (*bien entendu*).

Proposition. — Une jeune Allemande du Nord, d'extérieur agréable, avec une fortune de 10,000 thalers désire entrer en relations sérieuses avec un jeune Viennois. Elle désire que ce jeune homme soit de bon caractère. Envoyer réponse et photographie au journal sous ce chiffre :
HÉLÉNA.

Trois jeunes dames. — Une *brunette* d'un tempérament cascadeur, désire entrer en correspondance avec un jeune homme affectueux, d'un caractère grave et sérieux — pendant qu'une *blondine*, possédant un cœur capable d'éprouver un amour de feu, voudrait trouver un être répondant à cet amour, — et une *mélancolique blondine*, un idéal pour le monde de ses rêves.

Envoyer réponse et photographie sous les chiffres :
GAIETÉ, AMOUR ET MÉLANCOLIE.

Poste restante, Mariahilfstrasse.
Jusqu'au 24 de ce mois.

Stadt-Park. — Cher M. P.. êtes-vous fâché contre EMMA? C'est mal! Je vous prie de me donner la possibilité de vous revoir.
                                    Ton EMMA!

La dame aimable habillée en gris et noir, qui passait mardi après-midi sur le *Pont Ferdinand*, est priée par le monsieur qui la suivait de vouloir bien faire connaître par un signe si un rapprochement est possible.
Réponse au Journal à CŒUR ENFLAMMÉ.

Un jeune homme.

O ma Caroline! tu connais l'ardeur de mon amour, tu connais la pureté de mon cœur, et tu doutes de moi!!!
    Pourrai-je te voir bientôt?
    Écris-moi longuement au Journal.

— Charmant! admirable! fit Tulipia en rendant le journal viennois à sa compagne, ce Moniteur des cœurs sensibles est bien intéressant.....

— Oui! sans l'*Extra Blatt*, je ne connaîtrais pas Layos, et Layos ne connaîtrait pas Carolina! Je le vois maintenant, mon cœur n'avait véritablement pas battu jusqu'à présent, c'étaient de simples palpitations.....

A partir de la rencontre du prince avec Layos Zambor et sa dame de compagnie, le palais Trombolino fut comme transfiguré. Tout avait changé, il faisait un temps superbe et la monotonie née du tête-à-tête éternel de Mich et de Tulipia avait disparu. D'abord le prince n'avait pas voulu permettre à ses nouveaux amis de retourner à leur hôtel, il avait envoyé chercher leurs bagages et les avait installés dans l'appartement de Blikendorf pour qui l'on avait découvert une autre chambre suffisamment meublée et dans laquelle, par extraordinaire, aucun Trombolino, n'avait occis aucune signora du même nom.

Les journées se passaient en interminables promenades en gondole et les soirées en petits soupers, à la fin desquels il était rare que l'un des convives soit Mich, soit Blikendorf, soit Layos Zambor, ne roulât sous la table, quand ils n'y roulaient pas tous les trois ensemble. Quand cet accident n'arrivait qu'à Blikendorf, Mich et Layos sautaient en gondole avec les dames et s'en allaient parfois jusqu'au Lido donner des sérénades aux étoiles.

Blikendorf devenait de plus en plus mélancolique. Le sentiment de sa haute responsabilité vis-à-vis de la cour de Bosnie l'effrayait; les correspondances devenaient bien délicates. Puis son cœur battait si fort en présence de Carolina, l'idéal de sa jeunesse! il avait beau appeler à lui toute sa philosophie, il sentait aux bouillonnements de son âme qu'il lui faudrait bientôt choisir entre deux partis, ou disputer les armes à la main son idéal blond à Layos Zam-

Emma.

Camilla.

Une jeune dame française.

Ton Théodore.

O ma Caroline.

Un jeune étranger.

bor, ou envoyer à Vienne une petite annonce semblable à celle du Hongrois pour demander une deuxième Carolina.

Pendant que Tulipia et le prince Michel de Bosnie coulaient ainsi des journées délicieuses dans le romantique palais Trombolino, que devenaient Cabassol, Miradoux et les deux clercs que nous avons laissés à Naples, dévalisés et ruinés par le signor Rodolfo, le philanthrope de la Calabre?

Nous avons dit que lorsque le départ de Tulipia lui fut connu, Cabassol n'avait pu s'élancer sur ses traces, retenu qu'il était par le manque absolu d'argent. Un télégramme avait été envoyé à M° Taparel, mais les fonds n'étaient arrivés qu'au bout de quatre jours. Alors Tulipia était loin. Pendant six semaines Cabassol l'avait cherchée partout, à Rome, à Pise, à Gênes, à Milan, à Côme, à Lugano sans découvrir la moindre trace. De toute l'Italie, Venise seule lui restait à explorer, et il y arriva enfin aux derniers jours d'avril, sans grand espoir et avec l'intention de n'y faire que quelques recherches rapides avant de retourner à Paris où il pensait que peut-être ceux qu'il cherchait étaient arrivés déjà.

Ce fut ainsi que par une belle après-midi, suivant le grand canal avec ses amis, dans une gondole chargée de malles, Cabassol eut la joie d'apercevoir tout à coup dans une gondole découverte, la charmante Tulipia, une mandoline à la main, assise à côté du prince.

Cabassol eut beau se dissimuler derrière son Joanne pour ne pas se laisser voir, il fut aperçu et reconnu. Tulipia pâlit et le prince eut un soubresaut d'inquiétude. Quand l'apparition se fut éloignée, Cabassol donna l'ordre à ses gondoliers de la suivre de loin.

— Signor, dit un de ces hommes, nous pourrions la suivre bien longtemps, la signora va au Lido...

— Vous la connaissez?

— Je suis le cousin de sa femme de chambre. La signora habite le palazzo Trombolino que vous voyez d'ici.....

— Bien ! gondolier, je vous garde pour tout le temps de notre séjour.

Cabassol et ses amis descendirent dans un hôtel donnant sur le grand canal, juste en face du palais Trombolino. Ils dînèrent tranquillement et attendirent la tombée de la nuit. Quand la lune parut à l'horizon, Cabassol

Soixante jeunes dames s'étaient promenées au jour dit avec le journal à la main.

reprit sa gondole et alla s'embusquer sous les murs du palais Trombolino dans le petit canal sombre.

Vers minuit, il vit rentrer la gondole du prince. Après avoir erré pendant une heure ou deux sous les fenêtres du palais, en ruminant un plan pour obtenir une entrevue de Tulipia, Cabassol pensa que le mieux était de corrompre les gondoliers, d'acheter la femme de chambre, et, avec leur concours, d'enlever tout simplement Tulipia en gondole.

VI

Nouvelles souffrances occasionnées par la couleur locale. — Trop de mulet. — Tulipia apprend à jouer de la trompe des Alpes. — Un voyage de noces contrarié par l'Angleterre.

Deux heures après avoir rencontré Cabassol, le prince et Tulipia rêvaient sur la plage du Lido, en compagnie de Layos Zambor et de Carolina, lorsque tout à coup d'une gondole arrivant à toute vitesse, un homme sauta effaré sur le sable.

Cet homme était le précepteur du prince, le bon Blikendorf.

Il tenait à la main une grande lettre carrée revêtue de cachets où le prince reconnut à première vue l'aigle de Bosnie.

— Eh bien ! qu'est-ce ? demanda le prince.

— Lisez, monseigneur, une lettre de votre auguste père ! Il sait tout ! il sait que vous n'êtes pas allé à la cour de Klakfeld, il sait que vous n'épousez pas la grande duchesse, il sait que vous avez été à Monaco, enfin il sait que vous êtes à Venise !...

— Diable ! fit le prince.

— Et il annonce l'intention de me faire pendre, moi, votre précepteur, si nous ne partons pas immédiatement pour Klakfeld... pour épouser la grande duchesse dans les quinze jours !

— Par exemple ! s'écria Tulipia. Je m'y oppose absolument !

— Ne crains rien, âme de ma vie ! par le sabre du grand Scanderberg, c'est toi que j'épouserai ou je n'épouserai personne !... Nous allons quitter Venise..... Changer ma Tulipia pour une Klakfeld maigre ! allons donc !... Les étrangers rencontrés tout à l'heure doivent être des agents de mon auguste père, pour les dépister, ne rentrons pas au palais, partons tout de suite !...

— Et nos bagages ? demanda Tulipia.

— Blikendorf va rester, nous lui ferons dire où il doit nous les amener. Addio, Venezia la bella, addio, infelice Bianca !

Cinq minutes suffirent au prince pour donner ses dernières instructions à son précepteur et pour recevoir les adieux respectueux de Layos Zambor et de Carolina ; la gondole les conduisit au jardin public, où ils prirent une autre gondole pour le chemin de fer.

Après avoir voyagé toute la nuit, les fugitifs arrivèrent au point du jour à Bergame ; le prince, qui voulait éviter autant que possible les grandes villes où sa présence eût pu être signalée aux agents de son auguste père, prit à Bergame un voiturin pour Lecco sur les bords du lac de Côme. A Lecco ils louèrent une barque et passèrent à Menaggio sur l'autre rive. A Menaggio seulement, où ils arrivèrent à la nuit tombée, ils purent se reposer de leurs fatigues et de leurs alarmes.

Charmante nuit! pas de parapluie, pas de rats, pas de spectres et pas de coups de revolver!

Aux premiers chants des coqs de Menaggio, le prince se réveilla très guilleret.

— Hourrah! hourrah! cria-t-il, viva la liberta! je n'épouserai pas la grande duchesse de Klakfeld, mon auguste père ne me tient pas encore.....

— Où allons-nous? demanda Tulipia.

Un mariage dans le cachot du pont des Soupirs.

— Retremper notre âme et notre corps aux fortes effluves des sapinières alpestres, au souffle pur des glaciers! boire l'eau claire des torrents, nous rouler dans les neiges éternelles des hautes cimes, élever notre cœur par la contemplation des sommets âpres et solennels où le ciel accroche ses nuages, étudier les mœurs des patriarcales populations de la libre Helvétie!

— Si je ne me trompe, ça veut dire que nous allons en Suisse?

— Précisément, ô ma charmante! après l'Italie où toutes nos journées étaient vouées à l'art et à la poésie, il est sain de retourner aux fraîches impressions de la nature. En conséquence, nous allons déjeuner largement et louer deux mulets ensuite pour nous enfoncer dans la montagne.

— Que ne suis-je peintre! s'écria le prince, lorsqu'après un excellent déjeuner Tulipia et lui se mirent en selle à la porte de l'auberge, sur les mulets qu'on avait amenés, que ne suis-je seulement un grand peintre, ô ma reine, pour dessiner ta taille svelte et ton air de fière amazone, sur ce vulgaire mulet ! Quel malheur que tu n'aies pu faire avec moi la campagne de la Turquie, tu aurais été charmante en officier de Cosaques !

Le fait est que Tulipia était charmante, dans son costume de voyage légèrement fripé et audacieusement relevé sur le côté. Elle était charmante, alerte et gaie ; la fraîcheur du matin, l'atmosphère des montagnes, la détente des nerfs, heureux de se mettre en mouvement, d'agir enfin après tant de semaines de gondole, tout cela lui montait à la tête, et lui donnait de violentes tentations de courir et de bondir comme les cabris des Alpes.

— En avant ! dit le prince en fouettant son mulet.

Si Tulipia, fatiguée de repos, demandait à grands cris du mouvement, elle fut servie à souhait par le prince et par son mulet. Le prince dédaignant la route facile qui unit Menaggio à Porlezza sur le lac de Lugano, s'engagea par des chemins plus pittoresques et plus longs sur les flancs du mont Galbigga, et le mulet prit prétexte des inégalités du terrain pour secouer et faire sauter outrageusement son délicat chargement.

Au premier abord cette gymnastique de balle élastique fit sourire Tulipia ; cela lui rappelait le corricolo de Naples. Mais à Naples on avait la ressource de lester ledit corricolo avec de bons et gros moines, tandis que dans la montagne, il n'y avait aucun moyen de diminuer l'intensité des secousses du mulet. Au bout de quelques heures Tulipia regretta le corricolo.

Après une nuit passée à Lugano, il fallut remonter à mulet pour gagner Bellinzona et la route du Saint-Gothard. Il y avait bien une route de voitures, mais le prince ne voulut pas même en entendre parler.

— Prendre une voiture ! s'écria-t-il, pourquoi pas un tramway ou des vélocipèdes ? Et la couleur locale ? sachez que dans les montagnes la couleur locale interdit tout autre mode de transport que le mulet !... Pour ne pas apercevoir les odieuses diligences, nous allons laisser la grande route et prendre des sentiers de montagne ! nous ne serions pas des voyageurs intelligents si nous perdions un seul détail de cette contrée pittoresque !

La fantaisie du prince eut pour résultat de faire faire à Tulipia quatorze heures de mulet. Ils arrivèrent à Bellinzona à l'entrée du Saint-Gothard à une heure du matin, affamés et exténués, mais la couleur locale était sauve.

Tulipia eut à peine la force de dîner tant bien que mal avant de se mettre au lit. Le prince mis en appétit soupa pour deux, but comme quatre et écrivit ensuite à Blikendorf, pour lui indiquer son itinéraire et le prier de faire diligence pour les rattraper avec les bagages. Puis il alluma un cigare, rêva un peu à la fenêtre et daigna enfin songer au repos.

— Encore le mulet ! s'écria Tulipia en voyant le lendemain matin, deux mulets venir se ranger à la porte de l'hôtel.

LA GRANDE MASCARADE PARISIENNE

Dans la montagne (Les chagrins de Tulipia à mulet.

— Étoile de mes rêves! répondit le prince, j'ai demandé les plus doux, et puis aujourd'hui nous ne ferons que sept petites heures de chemin ! voilà qui améliore la situation ?

Tulipia poussa un soupir de résignation.

Le mulet était plus doux, mais le chemin était plus escarpé; le prince dominé par son amour pour les sentiers extravagants avait donné ses instructions au guide. La caravane fut servie à souhait, elle eut du pittoresque à donner le vertige à des chèvres.

— Sublime ! ravissant ! écrasant ! s'écriait le prince en s'arrêtant pour admirer le paysage, après l'escalade de chaque bloc de rocher.

Suite des études musicales. Solo de cor des Alpes au réveil.

— Éreintant ! balbutiait Tulipia.

La première étape après Bellinzona fut Biasca; le lendemain au lieu de sept heures de mulet, on en fit dix ; Tulipia souffrait cruellement. Trop de mulet, décidément. Le prince qui a servi dans la cavalerie, n'admet pas les plaintes, il faut souffrir et se taire !

A Andermatt, le prince résolut de séjourner pour faire de là quelques jolies petites excursions. La saison n'était pas avancée; malgré le soleil, les neiges de l'hiver couvraient encore la montagne et rendaient les excursions difficiles, mais le prince ne connaissant pas d'obstacles, il fallait bien que Tulipia ne les connût pas davantage. Pour la reposer des courses à mulet, il lui fit faire des ascensions à pied, et pour la reposer des excursions à pied, il entreprit d'autres courses à mulet. Quelquefois même, assis dans une auberge ou dans un chalet devant un flacon précieux de reconfort, il lui fit escalader quelques cimes en se contentant de la suivre avec une lorgnette. C'était ce qu'il appelait faire des ascensions contemplatives, ou jouir de la poésie de la lutte de l'homme avec la nature.

Dans une de ces excursions, le prince fit l'emplette d'un charmant souvenir de voyage, un cor des Alpes qu'un berger faisait retentir pour taquiner l'écho des montagnes et arracher un pourboire admiratif aux touristes. Le cor des Alpes est un instrument primitif en bois, long de un mètre et demi et affectant la forme d'un immense cornet acoustique; dût Guillaume Tell nous en vouloir, nous déclarerons avec énergie que ce monumental instrument n'est pas beaucoup plus harmonieux qu'un trombone.

Moyennant un supplément de gratification, le berger dut apprendre à Tulipia l'air national des bœufs de ces montagnes, le *Ranz des Vaches*, mélodie mélancolique qui rappelle au bercail les troupeaux errant dans les pâturages alpestres. Cette petite leçon de musique dura deux heures et fatigua énormément les poumons de Tulipia.

Encore du mulet!

— Quelle poésie! dit le prince à demi pâmé d'admiration, cela produit sur l'âme je ne sais quelles sensations de...

— De bœuf mis au vert! C'est très joli, le Ranz des Vaches, le cor des Alpes est un instrument élégant, mais tu ne penses pas, mon petit Mich, que ça remplacera jamais le piano?

— Qui sait? si quelques femmes charmantes voulaient prendre l'initiative de l'introduire dans les salons... Dans tous les cas, ma blanche idole, comme le cor des Alpes est tout ce que l'on peut imaginer de plus couleur locale, je compte sur ta complaisance pour me jouer le Ranz des Vaches tous les matins à mon réveil...

Et à partir de ce jour, Tulipia dut employer ses soirées d'hôtel à cultiver le cor des Alpes, ce qui gêna un peu les autres voyageurs; les fenêtres ouvertes, quand la lune commençait à se montrer au-dessus des glaciers resplendissants, gigantesques blocs d'argent, et des rocs bleuâtres aux fantastiques silhouettes, Tulipia joua d'innombrables Ranz des Vaches que les échos de la montagne répercutaient à l'infini, sans se douter que ces notes poétiques leur étaient envoyées par des lèvres beaucoup plus séduisantes que celles des bergers des hauts châlets, leurs musiciens habituels.

Le matin aux premières lueurs de l'aube, Mich exigeait encore un Ranz des Vaches qui réveillait tout l'hôtel et mettait pour toute une journée la mélancolie dans l'âme des voyageurs.

L'hôtel des deux Chamois, à Amsteg où le prince fit un séjour, y perdit tous ses habitants de passage. Le prince, hâtons-nous de le dire, indemnisa largement l'hôtelier. Il ne resta dans l'hôtel qu'un couple français en voyage de noces. Leur entêtement à rester étonna fortement le prince, qui daigna leur en demander la cause, pendant que Tulipia commençait son concert.

— Comment, monsieur, quitter l'hôtel à cause du cor des Alpes !... Oh non ! nous avons trop besoin de nous refaire ! n'est-ce pas, Émilie ?

— Oh ! oui, Edouard !

Lever de soleil au Righi-Kulm.

— Je ne comprends pas... Je ne vois pas ce que le Ranz des Vaches peut avoir de réconfortant ?

— Ah ! monsieur, ce n'est pas la musique par elle-même, ce sont ses résultats... L'hôtel était plein, tout le monde est parti, il ne reste que nous, avec de la nourriture à discrétion ! c'est pour la nourriture que nous restons...

— Pour la nourriture ! s'écria le prince étonné.

— Oui monsieur ! Mais ne nous attribuez pas pour cela, reprit Édouard, des sentiments par trop grossiers ; nous restons pour la nourriture, mais nous apprécions aussi la poésie du site, n'est-ce pas, Émilie ? La nourriture nous ferait braver tous les cors des Alpes de ces montagnes... nous en avions perdu l'habitude...

— De la nourriture ? dit le prince.

— Oui monsieur, n'est-ce pas, Émilie ? Nous sommes arrivés ici affamés, littéralement affamés, figurez-vous... ça vous intéresse ?

— Ça m'intéresse.

— C'est toute une histoire ! un vrai drame ! figurez-vous que, mariés il y a trois semaines, n'est-ce pas Émilie ? nous sommes partis pour le petit voyage traditionnel en Suisse, joyeux, bien portants, et émus !... Oh ! émus !

— Oh ! oui, Édouard !

— Tout alla bien jusqu'à Bâle, jusqu'à Interlaken même, mais dès que nous nous lançâmes dans la montagne, les choses changèrent ! En arrivant à Lauterbrunnen, nous désirions déjeuner, c'était bien naturel... à l'auberge le patron prit un air agréable et nous dit : Désolés, mais les voyageurs de l'agence Crogg viennent de passer, ils étaient 342, ils ont tout mangé ! — Il n'y a pas d'autre auberge dans le pays ? — Si, mais elle est également à sec, vous pensez, 342 Anglais !... Diable ! nous avions très faim... Nous trouvâmes après bien des recherches un morceau de fromage de gruyère et nous déjeunâmes avec ça ! C'était notre premier repas au fromage de gruyère... Hélas ! combien devions-nous en faire de pareils !... Nous voyageâmes toute l'après-midi dans la montagne ; au premier hôtel, sur un plateau du passage de la Vengernalp, nous frappâmes pleins d'espoir et d'appétit. — Désolé, dit l'hôte, mais les voyageurs de l'agence Crogg viennent de passer, ils ont lunché ici, et il ne me reste rien... mais vous trouverez un autre hôtel à deux lieues d'ici, à la petite Scheidegg. — Allons, du courage ! nous faisons les deux lieues, nous arrivons à la nuit. On nous reçoit très bien, on nous conduit à une belle chambre avec vue sur le massif de la Yungfrau... Nous avions de l'espoir, mais lorsque nous parlâmes de dîner, on nous répondit qu'il n'y avait que du fromage de gruyère, parce que 342 voyageurs de l'agence Crogg venaient de passer et que toutes les provisions de l'hôtel avaient à peine suffi à leur fournir à goûter ! — Et demain ? dis-je à l'hôtelier. — Oh ! demain, répondit-il, on ira aux provisions. Nous nous endormîmes toujours avec notre appétit, mais avec l'espoir de manger le lendemain... Au déjeuner du matin voilà qu'on nous apporte encore du fromage de gruyère... — Eh bien ! et les provisions ? m'écriai-je. — On est parti, monsieur, elles seront ici dans trois jours au plus tard ! Émilie s'évanouit, la pauvre enfant ! j'eus beaucoup de peine à la faire revenir à la vie, je soldai la note et nous partîmes. Nous arrivâmes mourants à Grindelwald. De loin sur les rochers, nous aperçûmes une longue file d'hommes et de femmes aux vêtements à carreaux écossais, je saisis la main d'Émilie et je dis : les voyageurs de l'agence Crogg, nous sommes perdus ! Ils quittaient Grindelwald en voiture, à pied ou à mulet. Nous nous traînâmes jusqu'à l'auberge. — Désolé ! nous dit un garçon en habit noir, mais les voyageurs de l'agence Crogg ont lunché et dîné ici, il ne

nous reste pas même un os! — Garçon, monsieur, mon bienfaiteur, au nom du ciel, avez-vous un tout petit morceau de gruyère?... Dieu vous le rendra là-haut! Le garçon se laissa attendrir et nous apporta un crouton de pain dur; alors, entre Émilie et moi s'éleva un combat de générosité... — Pour toi, mon ami, dit-elle. — Non, cher ange, mange-le toi-même... Nous partageâmes...
— C'est horrible! fit Tulipia.

Arrivée à l'hôtel de la *Lune de miel*.

— Et ce fut partout la même chose, sauf à Altorf... Là, quand après la réponse ordinaire, je me rejetai sur le gruyère, on me dit que les voyageurs de l'agence Crogg l'avaient emporté pour charmer les ennuis de la route! C'est ainsi que nous arrivâmes ici. Les Anglais y étaient déjà, mais pendant qu'on leur préparait à dîner, ils étaient partis visiter une cascade à trois lieues d'ici. — Désolé, nous dit l'hôte, mais nous n'avons plus rien, tout est retenu par les Anglais! Nous implorâmes du gruyère et nous dévorâmes nos souffrances. Mon Dieu, qu'Émilie était maigre!... Tout à coup, un berger accourut dire que la Reuss venait d'emporter un pont à une lieue d'ici, et que les Anglais ne pouvant plus repasser, s'en allaient dîner à Andermatt. Cette nouvelle fit sur nous l'effet d'une pile électrique, nous retrouvâmes nos forces pour sauter de joie. C'était l'abondance succédant à la plus atroce famine. Comprenez-vous, 342 dîners pour nous tout seuls!... Monsieur, vous me croirez si vous voulez, mais Émilie et moi nous en fûmes malades!... Et depuis, plus de fromage de gruyère, plus d'agence Crogg, Émilie revient à la vie, nous engraissons. Et voilà pourquoi nous ne fuirons pas devant un simple coup des Alpes. Nous ne quitterons cet hôtel que lorsque nous serons refaits, lorsque je pourrai me présenter devant la mère d'Émilie, avec une Émilie engraissée!...

VII

A la recherche de Tulipia. — Route du Righi. — Un mariage dans l'intérieur du pont des Soupirs. — L'infortuné Cabassol marie encore un clerc de notaire.

Nous avons laissé notre ami Cabassol à Venise, très résolu à enlever Tulipia coûte que coûte, et, plein de confiance dans l'adresse de son gondolier. Le secret du départ du prince et de Tulipia fut bien gardé ; Blikendorf, Layos-Zambor et sa dame de compagnie continuèrent à occuper le palazzo Trombolino et soupèrent le soir comme si le prince était toujours là. De loin voyant la jeune Viennoise au balcon de la loggia, Cabassol la prit pour Tulipia et se hasarda à lui envoyer un baiser. Seul le gondolier de Cabassol fut informé du départ par sa cousine, la femme de chambre, mais le désir de gagner tout de même la récompense promise lui suggéra une idée machiavélique.

Ce fut ainsi, qu'après bien des peines et des dépenses, un beau soir, dans une gondole mystérieuse, Cabassol croyant enlever Tulipia, opéra, sans violences heureusement, le rapt de Carolina Laufner, la blonde dame de compagnie de Layos-Zambor ! Il fut atterré par la surprise, mais la jeune et tendre Viennoise fut encore plus surprise que lui, lorsque, son erreur reconnue à la faveur d'un rayon de la lune, elle se vit reconduire au palais Trombolino avec d'humbles excuses. Heureusement Layos-Zambor et Blikendorf attablés et occupés ne s'étaient aperçus de rien.

Le prince et Tulipia avaient quitté le palais depuis 5 jours ! Le lendemain Cabassol, suivi de Miradoux et des deux clercs, arpentait soucieusement les dalles de la place Saint-Marc, sans même songer à admirer les dômes de Saint-Marc ou les Vénitiennes à la peau ambrée, lorsque tout à coup Miradoux poussa un cri.

Il venait d'apercevoir à la fenêtre d'une maison de la place, la femme de chambre mulâtresse de la villa Girouette qui lui faisait d'amoureux signaux. En même temps sous les arcades, Palamède et les trois demoiselles américaines apparurent manœuvrant pour cerner nos malheureux amis.

— Fuyons ! dit Cabassol.

Et tous trois s'engouffrèrent dans Saint-Marc, avec l'intention de traverser l'église et de pénétrer par une porte intérieure dans le palais ducal. Arrivés au balcon de la galerie dans le palais des doges, Cabassol jeta un coup d'œil avec précaution sur la place. Palamède avait deviné la manœuvre, Lucrezia Bloomsbig seule était entrée à Saint-Marc, Palamède avec le reste de ses troupes pénétrait dans le palais ducal.

Que faire? que devenir? Ils approchaient. On entendait déjà le froufrou des robes des trois Bloomsbig.

De salle en salle, Cabassol battait en retraite, sur les pas d'un guide qui l'assommait avec ses explications intempestives, ses nomenclatures de doges assassinés ou décapités, ses récits de conspirations, ses descriptions de tableaux du Tintoret, de plafonds de Véronèse et son conseil des Dix.

Les américaines approchaient. Et pas d'issue. Comme le guide allumait un grand flambeau pour leur faire admirer les deux

Lune de miel allemande, lune de miel anglaise et lune de miel parisienne.

cachots des condamnés à mort du pont des Soupirs, Cabassol vit poindre au bout du couloir le chapeau de Palamède. Une inspiration lui vint, il laissa le guide entrer dans le cachot, il laissa les américaines le suivre, et bondissant en arrière, il ferma la porte à clef.

En se retournant, il vit qu'un de ses compagnons, le troisième clerc, était resté dans le cachot entre les mains de Palamède.

— Epousez! lui cria-t-il, cela nous fera gagner du temps...

Et il entraîna ses amis après avoir jeté les clefs du cachot dans le canal. Personne n'ayant inquiété leur fuite, ils purent regagner leur hôtel et faire leurs malles pour quitter Venise.

Quant aux malheureux enfermés dans le cachot du pont des Soupirs, on ne les délivra que le lendemain. Des gondoliers éperdus de terreur, avaient entendu leurs cris, pendant la nuit, mais ils avaient pris ces appels pour des lamentations d'outre-tombe, des victimes du conseil des Dix, et s'étaient hâtés de faire filer leurs gondoles au plus vite, loin du lugubre canal.

En sortant du cachot des condamnés à mort, le troisième clerc était l'époux de Lavinia Bloomsbig; Palamède leur avait donné la bénédiction nuptiale dans l'obscurité et toute la noce avait tant bien que mal dormi sur la pierre qui remplaçait la traditionnelle paille humide dans le vieux cachot.

Sortis de Venise, échappés aux griffes matrimoniales de Palamède, notre ami Cabassol se remit encore une fois à la recherche de Tulipia. Où le prince pouvait-il l'avoir entraînée? Sous quels cieux errait-elle, avec l'album de la succession Badinard dans ses malles?

Pendant huit jours, Cabassol fouilla toutes les stations de chemin de fer, Padoue, Vicence, Vérone, Brescia, etc., sans résultat aucun. Il était arrivé à Milan, et poursuivait son enquête auprès des employés des chemins de fer, lorsque le hasard le mit enfin sur la bonne piste. Il vit charger sur un fourgon une douzaine de caisses sur lesquelles il lut ces mots :

VON BLIKENDORF

ARONA.

Son cœur battit, c'étaient évidemment les bagages du prince que Blikendorf emmenait. Quelques malles de fabrication parisienne devaient appartenir à Tulipia, il put lire dessus des étiquettes de chemin de fer : Trouville, Monaco, Gênes, Naples, Venise, etc. O joie! il tenait enfin le fil conducteur, il n'y avait qu'à suivre Blikendorf pour arriver jusqu'à Tulipia.

Et il prit immédiatement ses billets pour Arona. Avant de monter en wagon, il eut soin de bien constater la présence de Blikendorf. Le précepteur du prince occupait un coupé de première classe; à la vue de Cabassol il tressaillit et baissa les stores pour se dissimuler. Mais il était trop tard, Cabassol monta dans un compartiment voisin pour le surveiller de façon à ne pas le laisser échapper.

Le bon Blikendorf fit un triste voyage. Il prenait Cabassol et ses compagnons pour des agents de la cour de Bosnie, envoyés par l'auguste père de son élève pour les forcer à rentrer dans le devoir. Il frémit et se vit déjà suspendu entre ciel et terre par une cravate de chanvre attachée à une belle potence neuve, sur la grande place de Bosnagrad.

Des remords amers lui serrèrent la gorge, et pourtant après tout, ce n'était pas complètement sa faute, il n'avait été que faible, il s'était laissé entraîner par son élève et n'avait quitté le sentier de la vertu que contraint et forcé. Et même son élève lui avait donné un certificat pour bien constater son innocence.

Mais la cour de Bosnie aurait-elle égard à ces circonstances atténuantes, la brutalité du pouvoir absolu se laisserait-elle fléchir ?

A Arona la terreur de Blikendorf fut portée à son comble quand il vit ses trois persécuteurs s'embarquer avec lui pour Locarno sur le lac Majeur.

— Arrière, vil célibataire !

Quatre passagers sur le bateau à vapeur dédaignèrent les beautés du paysage et ne donnèrent même pas un regard à l'Isola Bella et aux autres îles Borromées, pas plus qu'aux villages éparpillés dans la verdure des côtes, sur le flanc des montagnes ; ces passagers étaient, d'abord l'infortuné Blikendorf, toujours en proie à des visions où jouaient un grand rôle le chanvre bosniaque et la menuiserie considérée dans ses rapports avec la construction des potences, puis Cabassol et ses amis, qui firent le voyage assis, pour plus de sûreté, sur les malles du précepteur.

De cette façon, celui-ci ne put songer à s'échapper. Au bout du lac, les malles de Blikendorf furent déchargées et rechargées sur l'impériale de la diligence de Bellinzona ; Cabassol et ses amis étaient déjà dans l'intérieur. Blikendorf monta dans le coupé où il se trouva seul avec ses pensées.

Pendant les trois jours qu'il resta à Bellinzona sans oser continuer sa route, Cabassol ne quitta pas l'hôtel où les malles et le précepteur étaient descendus.

Cependant, le quatrième jour, le précepteur réussit à se dérober et à partir dans une voiture particulière pour une direction inconnue. Mais les malles étaient restées. Cabassol sut bientôt que l'on devait les diriger le lendemain par le Saint-Gothard à l'adresse de l'hôtel du Righi-Kulm.

Cabassol et ses amis réglèrent leurs comptes et prirent la même diligence que les malles, ils traversèrent ensemble le Saint-Gothard et s'embarquèrent en même temps à Fluelen sur le bateau du lac des Quatre-Cantons. A Witznau les bagages furent transportés dans le petit train qui monte au Righi-Kulm par une si audacieuse route.

— Le prince et Tulipia sont là-haut à l'hôtel du Righi-Kulm, assurément, dit Cabassol en montant dans le train, nous touchons au but! Il faut que demain, par un moyen quelconque, j'obtienne une entrevue de Tulipia !...

Décoration des chambres à l'hôtel de la *Lune de miel*.

Au Kulm, en interrogeant adroitement les garçons de l'hôtel, Cabassol acquit la certitude que deux voyageurs répondant au signalement des fugitifs, habitaient l'hôtel depuis trois jours. Moyennant un remarquable pourboire, un garçon fit avoir à Cabassol l'appartement voisin de celui du prince et réuni au premier par un même balcon. Cabassol aux aguets vit revenir ceux qu'il cherchait d'une petite excursion dans la montagne; le soir, il eut l'agrément d'un solo de cor des Alpes exécuté par sa voisine la charmante Tulipia.

Le matin un autre solo de cor des Alpes annonça aux touristes de l'hôtel le lever du soleil. Cabassol bondit, le cor avait résonné tout près de son lit à travers une simple cloison de sapin.

— Tulipia, ma reine! dit une voix que Cabassol reconnut pour être celle du prince, allons encore admirer le lever du soleil avant notre départ...

— Allons, bon, déjà partir ! se dit Cabassol, vite, habillons-nous pour être prêt à tout événement...

— Monseigneur, c'est peut-être imprudent, dit une autre voix, songez que les agents de votre auguste père que j'ai à mes trousses, depuis Venise, ont arrivés ici hier soir.. Mieux vaudrait tacher de fuir sans leur donner l'éveil...

— Faisons mieux, dit le prince, si je les achetais, si je les attachais à ma personne ?...

Duo de fauteuils à musique.

— C'est un moyen, fit Blikendorf...

— Les attacher à votre personne ! s'écria Tulipia. Y pensez-vous, prince !... D'abord, je ne veux pas !

— Cependant...

Cabassol n'en entendit pas davantage. Quelqu'un venait de frapper à la porte-fenêtre sur le balcon ; Cabassol courut ouvrir en se demandan si ce n'était pas déjà Blikendorf qui venait l'attacher à la personne du prince, mais il recula effaré à la vue de l'Américain Palamède en veston et en pantoufles.

— Comment vous portez-vous? demanda Palamède en lui tendant la main, je ne vous dérange pas, on peut entrer?...

Et comme Cabassol ne répondait pas.

— Nous sommes voisins, dit-il, j'ai l'appartement de gauche sur le même balcon... je viens donc vous voir en voisin... Lucrézia et Cléopatra sont là, je vais les appeler, elles seront enchantées de vous dire bonjour... A propos, vous savez, votre ami que vous avez laissé à Venise, il est maintenant le mari de Lavinia, charmant garçon... bonne famille... j'avais pris des renseignements... Lavinia aime la vie tranquille, elle est enchantée d'être l'épouse d'un homme de loi... Ils seront heureux, monsieur! Je leur ai dit dans le cachot des condamnés à mort, en leur donnant la bénédiction nuptiale, car en ma qualité de ministre je leur donnai moi-même la bénédiction nuptiale...

Sur ce mot Cabassol recula.

— Je leur ai dit : mes enfants, en ce jour solennel...

— Pardon, à quelle heure part le premier train qui descend au lac?

— Comment! songeriez-vous encore à fuir le bonheur que je vous apporte... le premier train part à 10 heures, mais...

— Bon, pensa Cabassol, le prince ne peut partir avant 10 heures, subissons Palamède jusque-là; à 10 heures, nous suivons le prince, quand même il faudrait passer sur le corps de cet Américain crampon!

Miradoux et son clerc avaient, pendant ce dialogue, quitté la chambre à deux lits qu'ils occupaient et se tenaient dans l'antichambre, prêts à se sauver.

— Inutile! dit tranquillement Palamède, la porte est fermée à clef, j'ai pris mes précautions pour causer tranquillement avec vous... Voulez-vous me permettre de faire venir Cléopatra et Lucrézia?

Cléopatra et Lucrézia, n'attendant même pas la permission, parurent à leur tour sur le balcon.

— Eh bien, ingrats, dirent-elles en tendant la main à Cabassol et au jeune clerc, vous nous fuyez donc?

— Non, répondit Cabassol, nous avons l'air de fuir, mais c'est une épreuve, c'est pour éprouver la force du tendre sentiment qui nous...

— Unit! fit Cléopatra en mettant sa douce main dans celle de Cabassol.

— Pardon, pardon, ma chère, dit vivement Lucrézia Bloomsbig à sa cousine, tu fais erreur.

— Comment, je fais erreur? un tendre sentiment ne nous unit pas, monsieur et moi? mais tu calomnies nos cœurs, tu...

— Non, ma chère, ce n'est pas cela, je dis que tu fais erreur, en ce sens que tu te trompes de fiancé...

— Vraiment? Es-tu bien sûre?

— Certainement, demande à Palamède, c'est moi que M. Cabassol aime, c'est à moi qu'il a dit : *My lovely angel !*

— C'est vrai, dit Palamède.

— Il me semble aussi, dit Cabassol, cependant je ne voudrais pas contrarier mademoiselle...

— Voyons, Cléopatra, regarde attentivement ta promesse de mariage, elle n'est pas signée de M. Cabassol.

— C'est vrai, dit Cléopatra, la signature est assez peu lisible. Je n'ai pu encore déchiffrer le nom de mon fiancé, et je vous assure que cela m'a été bien pénible... oh! oui, bien pénible! Jules Pa... Po...

— Jules Poulinet, dit le clerc de notaire en s'avançant, de Montbrison, mais je dois vous dire que je suis déjà fiancé à Montbrison et que...

— N'est-ce que cela? dit Cléopatra, mais dans mon pays on admet très bien la polygamie, vous vous ferez mormon...

— Ça me ferait du tort dans le notariat... je compte acheter un jour ou l'autre une étude à Paris, et, je vous assure, le mormonisme me nuirait sérieusement auprès de mes clients futurs...

— Soit, vous n'épouserez pas votre fiancée de Montbrison...

Garçon de l'hôtel de la *Lune de miel*.

— Pardon, fit Miradoux en s'avançant, moi qui n'ai signé aucune promesse de mariage, je vous demanderais de m'ouvrir la porte, j'ai besoin de prendre quelques renseignements au chemin de fer.

— C'est trop juste, répondit Palamède, je vous demande pardon de vous avoir retenu...

Miradoux descendit rapidement l'escalier de l'hôtel en même temps que les bagages du prince que l'on portait au chemin de fer; il s'assura de l'heure du train, et revint à l'appartement où la discussion commençait à s'envenimer.

— Nous plaiderons! disait Palamède.

— Nous plaiderons! répondit Cabassol.

— C'est indigne! gémissaient Cléopâtra et Lucrézia.

— Et je demanderai 500,000 francs de dommages et intérêts pour chacune de mes pupilles.

— Le train est pour 9 heures 45, et les bagages du prince sont enregistrés pour Lucerne, glissa Miradoux à l'oreille de son ami.

— Parfait, dit Cabassol, allez donc prendre des billets.

— J'y cours, répondit Miradoux.

— C'est inutile, vous ne partirez pas, s'écria Palamède, c'est assez de retards, épousez ou plaidons.

— C'est ce que nous verrons ! nous n'avons pas fixé de date dans les promesses de mariage, nous épouserons mais plus tard.

— Pardon, il n'y a pas à chercher de chicane, vous avez écrit : *à première réquisition, j'épouserai...* vous êtes requis, épousez !

Des pas précipités interrompirent les protestations de Cabassol. C'était Miradoux qui revenait une seconde fois.

— Alerte ! s'écria-t-il, le prince et Tulipia viennent de partir il y a une demi-heure...

— Mais le train n'est que pour 10 heures...

— Hélas ! je sais tout maintenant, le train n'emportera que les bagages, les voyageurs sont partis à mulet...

— Sacrebleu ! partons vite...

— Un instant ! s'écria Palamède. Allons, Cléopâtra, Lucrézia, jetez-vous aux pieds de ces fiancés perfides...

— Voyons, le temps presse, je capitule ! dit rapidement Cabassol.

— Vous épousez ?

— Pas moi... je vous propose ce qu'on appelle une cote mal taillée, un fiancé sur deux... acceptez-vous ?

— 50 pour cent ! fit Palamède.

— 50 pour cent ou rien, décidez-vous ! je vous laisse le fiancé de miss Cléopâtra, M. Jules Poulinet.

— Nous acceptons ! dit Palamède.

— Mais, fit Jules Poulinet, et ma fiancée de Montbrison ?

— Nous verrons plus tard, je lui expliquerai... Allons, cher ami, résignez-vous ! je pars avec Miradoux...

— A bientôt ! fit Palamède, et j'espère que la prochaine fois, vous vous laisserez toucher par les larmes de miss Lucrézia.

A l'hôtel de la Lune de miel.

VIII

Un séjour à l'hôtel de la Lune de Miel, près Lucerne (Suisse). — Amour et poésie. — Lunes de miel et divorces. — Appartement à musique. — L'avoué de l'hôtel.

Blikendorf n'avait pas appris pour rien la diplomatie à la cour de Bosnie. Pour tromper les agents de l'auguste père de son élève, il avait ostensiblement fait prendre des billets au chemin de fer, et pendant ce temps il préparait secrètement une fuite à travers les sentiers de la montagne.

Sort cruel! Les épreuves équestres recommençaient pour Tulipia. Le mulet lui était décidément contraire, puisque depuis si longtemps qu'elle

Les balcons de l'hôtel.

errait dans la montagne sur le dos de ces respectables quadrupèdes, elle n'avait pas encore pu s'habituer à leur trot sec et à leur dur contact.

— Où allons-nous? demanda le prince quand les fugitifs furent à quelque distance de l'hôtel de Righi-Kulm.

— Monseigneur, les agents de votre auguste père seront à nos trousses dans quelques minutes, mais j'ai eu soin de leur préparer quelques fausses pistes, j'ai fait partir des mulets par tous les sentiers qui descendent du Kulm, cela nous donne un peu d'avance. Mon avis est que nous en profitions pour gagner Arth au pied du Righi, sur le lac de Zug. De là, nous allons à Zug et nous prenons le chemin de fer pour Lucerne. Il y a dans les environs de Lucerne de délicieuses pensions où nous nous tiendrons tranquilles quelque temps, pendant que l'on nous cherchera plus loin.

— Oh oui! plus de mulet surtout, dit Tulipia, j'ai soif de tranquillité après tant de mulets.

— C'est entendu! dit le prince, moi j'ai soif d'une vie paisible et calme, dans un chalet sous les arbres, au bord d'un lac pur où je prendrai plaisir à voir refléter l'azur du ciel et celui des yeux de ma bergère... Je serai Nemorin, elle sera Estelle, nous pêcherons à la ligne loin du bruit du monde, des intrigues des cours, bien loin surtout de ma grande duchesse de Klakfeld...

— Doit-elle être furieuse ! s'écria Tulipia.

— Et mon auguste père, donc !

— Monseigneur ! s'écria Blikendorf, ne parlez pas de votre auguste père, jamais plus je n'oserai reparaître devant ses yeux, moi précepteur indigne, qui n'ai pu vous maintenir dans le sentier de la vertu ! Heureusement que, avant que tout soit découvert, j'ai pu nous faire envoyer un supplément de deux cent mille florins en traites...

— Un supplément de florins ! Tout va bien alors ! Blikendorf, tu es un homme précieux, tu seras mon premier ministre un jour ! Et maintenant, en avant, cherchons un chalet poétique pour y cacher à tous les yeux nos personnes proscrites et notre amour. Pendant ce temps-là, mon auguste père s'apaisera et peut-être la grande duchesse trouvera-t-elle à se caser...

Le chalet poétique ne fut pas difficile à découvrir. En déjeunant à Arth comme de simples mortels dans une auberge écartée, le prince feuilletant son guide y trouva cette mention :

A LA LUNE DE MIEL

LINDENBERG près LUCERNE

Hôtel et pension de 1re classe. Cures de petit lait. Cet établissement ouvert depuis peu est un des plus remarquables et les plus poétiques de la Suisse. Situation ravissante sur le lac des quatre cantons, au pied de la colline de Lindenberg. Châlet pittoresque. Ombrage merveilleux, bâteaux de plaisance sur le lac, confortable exquis. Cuisine délicate ou forte suivant les désirs des voyageurs. Cascade. Prix modérés.

— Voilà notre affaire, dit le prince, ô ma Tulipia, pouvons-nous trouver mieux pour cacher notre bonheur ?

— Ah ! mon petit Mich, cela va être charmant !

Les fugitifs après trois jours de détours dans la montagne pour achever de dépister leurs ennemis, arrivèrent sans mauvaise rencontre au Lindenberg par un superbe clair de lune. Le prince en découvrant l'hôtel fut dans le ravissement, l'annonce n'avait pas exagéré les charmes du paysage au milieu duquel un poétique aubergiste s'était fixé. Le lac, la colline, les ombrages tout y était, la lune se reflétait dans un lac encadré de hautes montagnes, des ruisseaux chantaient et cascadaient sous les arbres et sur tout le paysage planait une douce et succulente senteur de cuisine.

— O Tulipia, ma reine, si tu consens à vivre ici avec moi, je fais mettre en adjudication mes droits au trône de Bosnie...

— De la prudence, monseigneur, voici le maître de l'hôtel.

Partie de pêche sur le lac.

Un gros homme en habit noir et en cravate blanche, une rose à la boutonnière et le teint fleuri, accourait au-devant des voyageurs.

— Monsieur et madame, agréez toutes mes civilités, prenez la peine d'entrer, je vous prie... Vous êtes les bienvenus à l'hôtel de la Lune de miel... Est-ce pour lune de miel ou pour divorce que je dois vous inscrire?

— Comment?

— Oui, je veux dire : voyageant pour lune de miel ou pour divorce? Vous savez, c'est la spécialité de mon hôtel, nous ne logeons pas les voyageurs ordinaires, nous ne recevons que les personnes qui viennent, chez nous, abriter les doux rayons d'une lune de miel à son aurore, ou les voyageurs venant en Suisse pour divorcer... En ce moment le divorce donne beaucoup... Mais je vois aux yeux de madame qu'il n'est pas encore question de divorce entre elle et monsieur, je vais donc faire préparer un appartement à l'aile gauche... L'aile gauche est pour les lunes de miel et l'aile droite pour les divorces.

— Côté des lunes de miel! s'écria le prince, lune de miel dans son premier quartier! Hôtelier?

— Monsieur?

— Inscrivez : *Premier quartier*, j'y tiens! vous pouvez dire aussi que jamais depuis la fondation de l'hôtel, ces murailles n'ont abrité lune de miel plus poétique et plus pure!

— J'en suis enchanté, monsieur. Nous avons à l'aile gauche des lunes de miel tout à fait remarquables, je vous recommande la lune de miel du nº 27, voilà trois mois et demi qu'elle dure... et jamais un nuage! Je vais vous donner l'appartement nº 28, vous serez voisin avec mon phénomène la lune de miel de trois mois et demi. Je ne vous parle pas du nº 29, une lune de miel de quinze jours qui en est à ses derniers rayons déjà!... Je regrette de l'avoir reçue, mais je vais la faire passer à l'aile droite, côté des divorces... Maintenant, si vous voulez me suivre, je vais vous installer...

L'hôtelier prit un flambeau et se dirigea vers les couloirs de l'aile gauche. Le prince et Tulipia le suivirent, serrés l'un contre l'autre, la main dans la main et les yeux dans les yeux. Derrière eux venait Blikendorf portant la trompe des Alpes dont le prince n'avait pas voulu se séparer.

En entendant le pas lourd de Blikendorf, l'hôtelier se retourna.

— Mais, s'écria-t-il, monsieur nous suit, que désire monsieur?

— Parbleu! je désire une chambre pour abriter ma tête, répondit Blikendorf.

— Y pensez-vous, monsieur! Comment, vous vous introduisez dans l'aile gauche, côté des lunes de miel! vous, un célibataire!...

— Je ne suis pas célibataire, je suis marié à trois cents lieues d'ici... et de plus je suis un vieux philosophe.

— Pour moi, vous êtes un célibataire, une espèce absolument proscrite ici... j'ai une responsabilité, monsieur, j'ai le devoir de veiller sur la tranquillité de mes lunes de miel qu'un célibataire pourrait troubler... Un célibataire ici, et voilà peut-être une lune de miel compromise...

— Mais je vous assure que je n'ai aucunement l'intention...

— N'importe, à mon grand regret je ne puis vous loger... cependant, attendez, je vais vous donner une chambre à l'aile droite, côté des divorces...

— Vous avez raison, dit Tulipia; c'est moins dangereux.

— Oui, je prends cela sur moi, du côté des divorces, les époux ont généralement le cœur pris l'un à droite, l'autre à gauche... votre présence ne peut occasionner aucun trouble grave... Attendez-moi ici, je vous conduirai ensuite à l'aile des divorces.

Blikendorf tendit sa trompe des Alpes à l'hôtelier et s'assit en attendant son retour, sur une des banquettes du couloir.

En entrant dans la partie réservée aux lunes de miel, les arrivants remarquèrent tout de suite un certain changement, les murailles des couloirs étaient peintes en rose tendre, avec des ornements bleus dans les plinthes.

Des lampes douces et voilées, presque des veilleuses brûlaient de distance en distance, et des bruits de musique vague s'échappaient des chambres.

—Voici le n° 28, dit l'hôtelier en ouvrant la porte.

Lune de miel parisienne. Phase des gifles.

— Tiens, c'est gentil ici ! s'écria Tulipia.

— Nous avons cherché à créer de véritables nids pour nos voyageurs, une lune de miel, c'est délicat... Voyez, une chambre, un cabinet de toilette, cela doit suffire !... Un appartement plus compliqué eût été nuisible...

— C'est très gentil cette chambre tapissée de bleu céleste semé de lunes d'argent... et cette pendule en bois, avec un petit Amour...

— L'Amour allumant le flambeau de l'hymen !, dit l'hôtelier. Vous verrez, aux heures et aux demies, il remue la tête et sonne un air triomphal dans une petite trompette...

— Et ces tableaux...

— Très poétiques aussi, voyez, madame !... Je les ai commandés moi-même à l'artiste, n'ayant pu trouver de sujets suffisamment riants, calmes et poétiques parmi les cadres vulgaires des marchands de gravures. J'ai donné pour thème à l'artiste l'histoire un peu arrangée de Roméo et Juliette.. Voyez : N° 1, *Roméo et Juliette ressentant le premier choc de l'amour*. N° 2, *Premier rendez-vous de Roméo et Juliette au clair de la lune*. N° 3, *Voyage de noces de Roméo et Juliette*, en Suisse naturellement dans le coupé d'une diligence du temps... J'avais d'abord eu l'intention de les faire promener en gondole à Venise, mais il est inutile, n'est-ce pas, de faire des réclames à la concurrence. N° 4, *Lune de miel de Roméo et Juliette*, ils sont assis sur le bord d'un lac en train de lire à deux un volume de vers. N° 5, *L'échelle de cordes* : Pour bien indiquer la profondeur et la durée de leur amour, je suppose que Roméo, marié, continue à se servir de l'échelle de cordes pour escalader le balcon de sa femme. N° 6 et dernier, *Soirée d'été*. Roméo joue de la mandoline aux pieds de Juliette.

— C'est charmant, charmant! fit Tulipia en se laissant tomber dans un fauteuil.

Au même instant une harmonie suave et douce emplit la chambre.

— Tiens, l'air de Guillaume Tell : *O Mathilde, idole de mon âme!...* D'où cela vient-il?

Tulipia se leva, la musique s'arrêta brusquement.

— C'est dans le fauteuil, dit l'hôtelier en souriant. Si madame veut se rasseoir...

Tulipia obéit, la musique reprit : *O Mathilde idole de mon âme!*

— C'est une idée à moi, reprit l'hôtelier, tout est à musique, j'ai voulu mettre de la poésie partout. Et maintenant que monsieur et madame sont installés, je vais conduire leur ami dans l'aile des divorces.

Dès que l'hôtelier fut parti, le prince et Tulipia se mirent à essayer les fauteuils et les chaises de la chambre qui retentit aussitôt des harmonies les plus variées. — *O bel ange, o ma Lucie!...* jouait une chaise. — *Non, ce n'est pas l'alouette, o Roméo reste encore!* modulait un fauteuil. — *Par quel charme, dis-moi, m'as-tu donc enivré?* reprenait le fauteuil. — *Je voudrais bien savoir quel était ce jeune homme...* répondait la chaise. — *Connais-tu le pays où fleurit l'oranger?...* Jouait avec mélancolie une chaise longue placée devant la fenêtre. — *L'amour est enfant de bohême!... Toréador, l'amour t'attend!* etc., etc.

— Et dîner! s'écria tout à coup le prince en sautant sur une sonnette, qui, au lieu de sonner, exécuta l'air :

J'entends le tambour qui bat et l'amour qui m'appelle!

Une Suissesse rebondie, portant le corsage de velours noir et les chaînes d'argent de l'ancien costume lucernois, se présenta aussitôt.

Chez l'avoué, côté des divorceurs, hôtel de la Lune de miel.

— Monsieur et madame dîneront-ils en tête-à-tête dans leur chambre ou à la table d'hôte?
— En tête-à-tête! dit le prince.

La Suissesse posa la main sur son cœur et se mit en devoir de mettre la table. Quand tout fut prêt, les plats apportés et les dîneurs servis, elle se dirigea vers un petit poêle-calorifère placé au fond de la pièce.

— Mais qu'est-ce que vous faites? dit le prince, il ne fait pas froid...
— Je ne fais pas de feu, monsieur, je mets le calorifère en communication avec les tuyaux distributeurs de musique...
— Comment cela, les tuyaux distributeurs?
— Monsieur, nous avons un pianiste attaché à l'hôtel; tous les soirs il joue dans un caveau du sous-sol, et les tuyaux du calorifère vont porter la musique dans toutes les pièces de l'hôtel...

Liv. 57.

— Mademoiselle, vous ferez mes compliments au maître de l'hôtel, c'est un vrai poète !

Après dîner, la musique continuant à jouer, le prince et Tulipia s'endormirent, délicieusement bercés dans leurs fauteuils, en contemplant de la fenêtre la course capricieuse de petits nuages blancs, folâtrant autour du disque de la lune.

La Suissesse les réveilla. Elle apportait un livre sur un plateau et une veilleuse.

— Qu'est-ce que cela ? demanda le prince.

— Monsieur, c'est un volume de vers; tous les soirs nous apportons un poëte nouveau... c'est compris dans le service comme la bougie !

— Quelle ravissante soirée, dit le prince en reprenant sa contemplation, et quel délicieux hôtel ! on a tout prévu...

Le calorifère continuait à jouer une musique de plus en plus douce, semblable au murmure mélodieux d'une harpe éolienne. Mich et Tulipia se balançant mollement dans leurs fauteuils exécutaient un duo plein de langueur.

— Ange si pur, que dans un songe.....

jouait le fauteuil du prince.

O patronne des demoiselles,
Notre-Dame de Bon Secours
Daigne protéger nos amours !

modulait le fauteuil de Tulipia.

Il n'y eut qu'une ombre au tableau ; la lune de miel du n° 29 subissait probablement une éclipse, car, de onze heures à minuit, le prince et Tulipia entendirent leurs voisins se disputer assez violemment.

— Vous êtes insupportable ! disait une voix d'homme.

— Vous m'ennuyez !... je vais l'écrire à ma mère ! répondait une voix de femme.

— Taisez-vous !

— Non, je ne me tairai pas ! je ne me laisserai pas tyranniser sans protester !..... Vous m'avez appelé petite sotte, c'est odieux !

— Je ne veux pas que vous dansiez avec cet escogriffe du n° 19.....

— Et si cela me plaît ! croyez-vous que je ne vous vois pas faire les yeux doux, à table d'hôte, à cette sainte nitouche du n° 31 ?

— Par exemple !..... c'est vous qui devriez la regarder et vous modeler sur elle, son mari m'a dit qu'elle était la douceur même.....

— Vous êtes un imbécile.

On entendit le bruit d'une gifle, la dame poussa un cri et tomba sur un siège qui joua aussitôt :

> Espoir charmant, Sylvain m'a dit : je t'aime !
> Et depuis lors tout me semble plus beau !

— Diable ! fit le prince, voici une lune de miel à son cinquième quartier.

Tout se tut bientôt dans l'hôtel, la lune de miel n° 29 ne souffla plus mot, — on ne vit plus que de loin en loin, sur quelque balcon, un groupe muet perdu dans une contemplation extatique du lac mystérieusement éclairé par la lune, puis ces groupes disparurent peu à peu et les derniers bruits de musique s'éteignirent dans un calme immense et profond.

Le piano des divorceurs.

Les belles et pures journées ! Après tant de semaines accidentées, après tant d'allées et venues fatigantes depuis son enlèvement, Tulipia savourait enfin à l'hôtel de la *Lune de miel*, un repos bien gagné. Elle cessait enfin d'être victime de la couleur locale, non pas que le prince eût rien perdu de son fanatisme pour cette denrée, mais parce que la couleur locale au Lindenberg consistait en douces promenades sur le lac, en rêveries dans les grandes herbes, en longues séances de farniente, bercées par une musique que l'on n'avait pas besoin de faire soi-même.

A tout autre moment cette existence lui eût semblé bien monotone et même un peu trop fadasse, mais les dernières courses à mulet lui avaient donné une véritable soif de repos.

Le prince exultait; à chaque instant, il éprouvait le besoin de complimenter l'hôtelier pour les attentions dont il accablait ses pensionnaires, ou pour ses ingénieuses inventions.

Toute la journée il était sur le lac, dans une charmante barque meublée de moelleux coussins qui jouaient gaiement :

> Viens dans mon léger bateau.....

ou qui berçaient les promeneurs par la musique mélancolique du Lac de Lamartine :

Un soir t'en souvient-il, nous voguions en silence.....

Le prince et Tulipia pêchaient à la ligne, distraction éminemment calmante, dissolvant rapide de tous les chagrins, plaisir pur, dont la vertu rassérène en peu d'instants les âmes ravagées par la passion et par toutes les cruelles déceptions de la vie.

On prenait les repas en tête-à-tête, ou bien à la table d'hôte de l'aile gauche; le prince avait fait la connaissance de la lune de miel du n° 27, si remarquable par sa longévité, celle que le patron citait avec un légitime orgueil aux lunes de miel survenantes. Rien ne faisait présager encore l'approche du dernier quartier, au contraire à l'œil langoureux de la dame, l'hôtelier, passé astronome de première classe, lui donnait encore trois mois de durée au minimum. Chose intéressante à noter, la dame qui donnait ces proportions extraordinaires aux quartiers de la lune de miel, en était à ses troisièmes noces. L'hôtelier intrigué aurait voulu savoir pendant combien de temps les deux premières avaient occupé l'horizon !

La lune de miel du n° 29, au contraire, donnait chaque jour des signes de décroissance marquée. Un jour elle se montrait timidement dans l'azur du ciel, et le lendemain, de sombres nuages la voilaient à tous les yeux. Deux jours de suite Tulipia entendit un bruit de gifles et de vaisselle cassée. Le prince en fut indigné et porta le fait à la connaissance de l'hôtelier, qui promit d'intervenir et de faire passer le couple dans l'aile des divorces.

Ce scandale était, paraît-il, un fait unique dans son genre; l'hôtelier constatait bien souvent de la froideur entre les époux à la fin de leur séjour, mais jamais, au grand jamais, on ne s'était giflé à l'hôtel de la *Lune de miel!* c'était à faire écrouler d'horreur les murailles elles-mêmes. — Passe encore du côté des divorces qui en avait vu bien d'autres, mais du côté des lunes de miel !

— Voyez-vous, monsieur, disait l'hôtelier au prince, la lune de miel du n° 29 est parisienne, tout est là ! Mes plus mauvaises lunes de miel viennent de Paris; elles ne dépassent jamais trois semaines; les premiers jours, elles sont dans les transports, elles nagent dans le bleu, puis tout à coup, dégringolade complète, monsieur et madame bâillent comme des carpes en face l'un de l'autre, ou se jettent des mots désagréables à la tête,... et l'on demande la note. Ne me parlez pas des lunes de miel parisiennes. Voyez au contraire cette lune de miel anglaise, là-bas, elle a deux mois et pas encore un nuage... toute la journée, ils font des grogs en se disant des douceurs !... Et plus loin cette lune de miel allemande .. cette dame qui bourre une pipe à ce gros monsieur à barbe rousse... vous y êtes... eh bien, une lune de miel de deux mois ! Pas un nuage non plus ! De la poésie toute la journée, monsieur rêve et fume, les yeux dans les yeux de sa femme, qui confectionne des petites pâtisseries dont elle va surveiller elle-même la cuisson à la cuisine... jamais une lune de miel parisienne ne m'a donné ces satisfactions..... Je me rattrape avec elles sur les divorces.

— Comment cela? fit le prince.

— La moitié de mes divorceurs me viennent de Paris... j'ai même cette année des clients de l'année dernière, venus l'année dernière en qualité de lunes de miel, et revenus ce printemps comme divorceurs... Vous savez que le divorce n'existe pas en France?

— Oui, je le sais, perpétuité!

— Vous l'avez dit, condamnés à perpétuité là-bas! J'ai basé ma spéculation là-dessus; comme c'est très long la perpétuité, j'offre aux époux qui gémissent dans les fers le moyen de les briser...

— Cela prouve en faveur de la bonté de votre âme, mais quel est ce moyen?

Tulipia prenant un bain à la lame.

— Ayez l'obligeance de venir jusqu'à mon bureau... Là! vous voyez par cette fenêtre le jardin de l'aile droite de l'hôtel, réservé uniquement aux divorceurs... Il est divisé en petites cases séparées chacune par une haie...

— Parfaitement, je vois, mais je ne comprends pas.

— Vous allez comprendre. Le divorce est permis en Suisse, mais pour l'obtenir il faut être citoyen suisse... Des gens accablés sous le poids des chaînes du mariage qui m'arrivent pour divorcer, je fais d'abord des citoyens suisses; je leur vends par acte notarié un morceau de jardin de 4 mètres carrés, et je m'occupe de faire régler leur affaire... Quand le divorce est prononcé, ils me revendent leur carré de jardin et ils partent en me bénissant.

— C'est parfait, vous êtes tout simplement un bienfaiteur de l'humanité!

— Quand mes lunes de miel s'en vont, j'ai coutume de leur adresser un petit discours et de leur remettre, avec mes souhaits sincères pour leur bonheur, un prospectus dans lequel j'explique le mécanisme de mes divorées... Allez, soyez heureux, aimez-vous, l'amour il n'y a que ça, et si ça ne vous réussit pas, si vous cessez de vous plaire, revenez me trouver, je me charge de vous débarrasser l'un de l'autre, au plus juste prix!

— A propos! fit le prince, et mon ami que j'oubliais... vous savez, le célibataire que vous avez refusé de recevoir il y a quinze jours dans l'aile des lunes de miel?

— Il est là, répondit l'hôtelier, je l'ai mis aux divorces...

— Je serais bien aise de le voir, je puis aller le trouver aux divorces?

— Certainement, monsieur, je vais ouvrir, la porte de communication. Il occupe la chambre n° 19 au deuxième étage.

La différence était grande entre l'aile des lunes de miel et l'aile des divorces. C'était le même confortable, la même entente du bien-être, mais passé la porte de communication, la poésie avait les ailes coupées et tout, murailles et accessoires, présentait un caractère froid et désenchanteur.

Le prince en fut surpris, quoiqu'il ne s'attendît pas à trouver de ce côté les riantes surprises de l'aile gauche. Les couloirs étaient mornes. Au premier étage, à la place de l'aimable salon de conversation des lunes de miel, le prince lut ces mots sur une porte : CABINET DE L'AVOUÉ. Sonnette de nuit.

— Comment? Qu'est ce que c'est que ça? demanda-t-il à un garçon.

— C'est l'avoué de l'hôtel, répondit le garçon.

— Mais pourquoi sonnette de nuit, comme chez les pharmaciens?

— Monsieur, répondit sentencieusement le garçon, un avoué, c'est un pharmacien moral! A l'hôtel il arrive souvent qu'il s'élève quelque difficulté, entre les divorceurs, une vieille querelle mal éteinte, il faut donc qu'à n'importe quelle heure on puisse consulter l'avoué de l'hôtel. Il est toujours très occupé, si monsieur veut entrer dans l'étude, il verra par lui-même.

Le prince ouvrit la porte. Le cabinet de l'avoué était une vaste pièce divisée en deux parties; d'un côté l'avoué et de l'autre ses deux clercs, assis chacun devant un bureau encombré de paperasses. Des cartons garnissaient les murs comme dans toutes les études du monde.

L'avoué était occupé, un monsieur et une dame le questionnaient, nerveux et agités.

— Voyons, monsieur, disait la dame, mon mari et moi nous nous étonnons fort de voir que notre divorce tarde autant à se prononcer...

— Certes, fit le monsieur, on nous avait parlé de six semaines... le terme est dépassé de quinze jours...

— Un peu de patience, cela ne peut plus tarder, répondait l'avoué.

— C'est que l'on s'ennuie fort à Paris, reprit la dame, Edgard m'a encore écrit hier, il ne comprend pas que cela dure si longtemps... il est jaloux, enfin! je lui ai écrit de me retenir un appartement pour mon retour...

— Je vous en supplie, ajouta le monsieur, terminez promptement, madame m'assomme avec son Edgard!

— Et vous qui passez vos journées à me parler de cette chanteuse de café-concert !

Le prince sortait ayant suffisamment contemplé l'étude, lorsqu'un des clercs l'arrêta :

— Monsieur vient pour une instance de divorce?

— Non, répondit le prince, je suis ici en amateur.

Et il se remit à la recherche de Blikendorf. Le précepteur n'était pas chez

Blikendorf consolateur.

lui; le prince, après avoir frappé inutilement au 19, héla un garçon pour lui demander des renseignements.

— Le monsieur du 19? fit le garçon, attendez, il est toujours fourré au 27, je crois qu'il fait la cour à la dame... je vais l'aller chercher...

— Non, inutile, j'y vais moi-même.

Ce fut la voix de Blikendorf qui répondit : Entrez! quand le prince frappa à la porte du n° 27. Grand fut son étonnement en voyant le prince, il balbutia quelques excuses à une dame qui faisait de la tapisserie près de la fenêtre et accourut au devant de son élève.

— Madame, excusez-moi, dit le prince, je me suis permis de venir jusqu'ici relancer mon ami...

— Monsieur, vous êtes le bienvenu! monsieur Blikendorf a la bonté de venir m'aider à porter le poids de mes chagrins... Il m'apporte les sublimes consolations de la philosophie... Ah ! monsieur, quelle triste chose que la vie ! mariée à dix-huit ans à un être grossier...

— Hein ? fit dans un coin un monsieur que le prince n'avait pas aperçu.

— Sacrifiée par mes parents à un être grossier, reprit la dame, je passai mes plus belles années dans les larmes, sans que ce brutal...

— Hein ? refit le monsieur.

— Oui, sans que ce brutal daignât forcer un peu sa nature pour essayer de comprendre les aspirations de mon âme vers l'idéal... Ah ! monsieur, quelles souffrances !

— J'y compatis ! fit le prince en s'asseyant — Tiens ! reprit-il, pas de musique ! ce fauteuil ne fait pas de musique ?

— Je ne crois pas ; du moins, je ne m'en suis pas encore aperçue ! fit la dame en considérant le fauteuil avec étonnement. Monsieur aime la musique, cette consolatrice des cœurs éprouvés ? Nous avons dans la grande salle à manger, un piano à manivelle, mais il ne joue que des airs en rapport avec la situation de nos âmes, le *Miserere* du Trouvère, — *O mon Edgard, tous les biens de la terre !* de Lucie, — ou bien : *On dit que tu te maries, tu sais que je vais en mourir*... d'Ay Chiquita ! C'est navrant !

— C'est navrant ! répétèrent le prince et Blikendorf en prenant congé de la malheureuse dame.

— Eh bien, Blikendorf ? dit le prince, il me semble que vous flirtez !

— Non, monseigneur, je console !

— C'est une noble mission. Je venais prendre de vos nouvelles et savoir comment vous preniez votre séjour à l'aile des divorces. Je suis rassuré.

— Et vous, monseigneur, à l'aile des lunes de miel ?

— Mon ami, c'est un rêve... une existence céleste ! Nous menons une vie d'archanges !

Pendant que Blikendorf faisait au prince les honneurs de l'aile des divorces et lui montrait les petits jardins, la salle à manger où tout le monde prend ses repas en commun, le salon de lecture où l'on trouve une belle collection de codes de tous les pays, de recueils des lois et arrêts et des manuels de jurisprudence, un nuage sombre montait à l'horizon du prince, la sécurité de son existence céleste était menacée !

L'ennemi était dans la place : Cabassol, que l'on croyait avoir tout à fait dépisté, causait avec Tulipia dans la chambre du prince.

Comment avait-il retrouvé la trace des fugitifs et comment lui, simple célibataire, avait-il pu tromper la vigilance du maître de l'hôtel, cela serait trop long à raconter. Une Suissesse de l'hôtel de la Lune de miel, achetée presqu'au poids de l'or, lui avait livré les renseignements et l'avait fait passer en le donnant pour un avoué réclamé par une divorceuse.

LA GRANDE MASCARADE PARISIENNE

Les costumes de Tulipia

— Encore vous! s'était écriée Tulipia, encore vous!
— Divine Tulipia, vous voyez combien je vous aime!
— Est-ce que vous croyez être le seul?... Tenez, il faut en finir, j'en ai assez de vos persécutions... Voulez-vous savoir combien je suis aimée? asseyez-vous dans ce fauteuil, c'est le fauteuil du prince, il va vous le dire...

Cabassol obéit. Le fauteuil joua *con fuoco* l'air de la Favorite :

Ah viens, viens! je cède éperdu!...

— Et non seulement, il m'aime, mais encore, il m'a juré de m'épouser.

Tulipia fit la planche pour les éviter.

— Lui, le prince de Bosnie, le fiancé de la grande duchesse de Klakfeld?
— Il lâche sa grande duchesse de Klakfeld... Dites donc, il me semble que je vaux bien une Klakfeld, un manche à balai allemand!...
— O Tulipia! cent mille Klakfeld!!! je lâcherais cent mille Klakfeld!
— Et il épouse morganatiquement sa Tulipia! Voilà, mon cher, l'avenir qui m'attend : épouse morganatique du prince Michel de Bosnie!

Cabassol saisit la main de Tulipia et la pressa sur ses lèvres.

— Monsieur, s'écria Tulipia, sortez! Tromper Michel, jamais! D'abord nous ne sommes pas encore mariés... et apprenez qu'alors, je ne pourrai le tromper sans mésalliance qu'avec des archiducs!

Cabassol ne sortit pas. Il changeait ses batteries ; puisque décidément il ne pouvait point enlever Tulipia, il voulait au moins obtenir d'elle la restitution de l'album de la succession Badinard, après lequel il courait depuis près de cinq mois. Il cherchait donc un moyen d'ouvrir les négociations dans ce sens, lorsque tout à coup des pas précipités retentirent dans le couloir.

Le prince Michel accourait, prévenu par un garçon de l'aile des Lunes de Miel, de l'audacieuse intrusion de Cabassol. Le patron de l'hôtel le suivait pour le maintenir et modérer au besoin sa juste colère.

— Encore lui ! s'écria le prince.

— Arrêtez ! fit l'aubergiste en se jetant entre eux, arrêtez ! je comprends, monsieur, votre indignation, mais songez que nous avons le remède auprès du mal... Passez dans l'aile des divorceurs, notre avoué s'occupera de votre affaire avec la plus grande diligence et je vous promets de faire prononcer le divorce en six semaines !...

— Il ne s'agit pas de cela ! allez me chercher mon ami M. de Blikendorf, à l'aile des divorces, et amenez-le moi, je pense que maintenant cela ne présente plus un grand inconvénient.

— J'y cours, monsieur, répondit l'hôtelier.

— Je sais tout, monsieur ! reprit le prince en s'adressant à Cabassol, vous êtes diplomate, mais il est aujourd'hui inutile de faire de la diplomatie, je sais tout, prenez un siège et causons ! Que diriez-vous si je vous faisais donner la croix de Bosnie de 1re classe ?

— Une décoration ! pensa Cabassol, que veut-il dire ?

— Cela ne suffit pas ? bien ! vous aurez le brevet de chevalier du Lion de Bosnie, cela ne se donne pas à tout le monde, il faut les plus grands mérites... Vous restez muet ?... Eh bien, je vous promets la noblesse héréditaire !

Cabassol et Tulipia se regardaient sans rien comprendre à cette distribution de récompenses.

— Eh bien ? reprit le prince, la croix, le Lion de Bosnie et la noblesse ! De plus, je vous attache à ma personne... mais vous abandonnez le service de mon auguste père, vous renoncez à essayer de me séparer de madame pour me forcer à aller à Klakfeld, car tel était votre plan, je suppose. Est-ce dit ? je vous attache à ma personne, vous me suivrez partout !

— C'est dit, monseigneur ! fit Cabassol en s'inclinant.

— Ah ! voici Blikendorf !

— Monseigneur, dit Blikendorf effaré, c'est encore...

— Monseigneur ! répéta l'hôtelier ouvrant de grands yeux.

— Mon bon Blikendorf ! reprit le prince, nous avons fait la paix. Monsieur abandonne le service de la cour de Bosnie, je l'ai attaché à ma personne, il nous suit partout !

— Combien je suis enchanté, balbutia Blikendorf, monseigneur !...

— Monseigneur ! s'écria l'aubergiste en s'inclinant devant tout le monde, monseigneur ! si j'avais pu me douter de l'honneur que votre altesse faisait à l'hôtel de la Lune de Miel!... si j'avais su... si... croyez, monseigneur, à tout mon respect, à tout mon dévouement!...

— J'y crois, mon ami, mais nous allons partir, faites la note.

— Plus de note, monseigneur! l'hôtel de la Lune de Miel sera trop payé si vous me permettez de faire placer dans cette chambre une plaque de mar-

Départ pour la pêche.

bre avec une inscription commémorative du séjour de Votre Altesse... une inscription à peu près conçue en ces termes :

Ici, dans cette chambre de l'hôtel de la Lune de miel
S. A. Monseigneur le prince de Bosnie
A passé un mois de lune de miel avec.....

— Ah! monseigneur! s'écria Blikendorf, que penserait l'Europe! ne scandalisons pas l'Europe, mettez au moins :

Avec M. de Blikendorf, son très respectable précepteur!

IX

A Dieppe. — Tulipia, reine de la plage. — Les sept costumes de bain de Tulipia. — Tulipia austère.

Son altesse monseigneur le prince de Bosnie était parti pour Paris avec toute sa suite et Cabassol, dont il avait fait son secrétaire intime.

A Paris, Cabassol se crut enfin sur le point de réussir, mais le premier soin de Tulipia, dès l'arrivée, fut de se débarrasser de lui, en l'envoyant porter à l'auguste père du prince une de ses photographies et une lettre émue, dans laquelle Mich sollicitait son pardon d'une façon éloquente et sentimentale.

Le moyen était excellent, Cabassol dut s'éloigner, mais il mit simplement la lettre à la poste et attendit une occasion de se représenter.

Comme la moitié de Paris était partie et que l'autre moitié se préparait à partir pour les plages égrenées sur les sables des côtes normandes, le prince et Tulipia s'envolèrent un beau jour dans cette direction.

Cabassol n'eut pas beaucoup de peine à savoir où la perfide était allée. L'article *Déplacements et villégiatures* des journaux de *Highlife* le lui révéla bientôt. Elle était à Dieppe et déjà on la sacrait Reine de la plage!

Une lettre de Bezucheux de la Fricottière lui donna des détails sur le séjour du prince et de la *simili*-princesse.

Mon petit bon,

Affreux Castor qui fuis depuis si longtemps ses Pollux, sache que nous sommes ici tous les cinq, Pont-Buzaud, Lacostade, Bisseco, Saint-Tropez et moi! Nous gémissons tous les cinq depuis l'aube jusqu'à la nuit, sur cette plage moins semée de cailloux que le jardin de notre existence lamentable et quelquefois, depuis la nuit jusqu'à l'aube, nous continuons notre concert de gémissements sans trouver la moindre saveur au petit bac, que machinalement nous taillons par ci par là!

Tu connais la cause du noir chagrin qui nous mine tous les cinq et qui nous conduira sous peu au tombeau; dès à présent nous te chargeons de faire graver sur chacune des cinq urnes où seront nos cendres, ces mots : *Trop fidèle à l'amitié et à l'amour, il mourut!*

La cause c'est toi et elle! Toi, ami volage et intermittent, et Elle, maîtresse perfide et encore plus volage!

Elle, c'est Tulipia, tu le sais, mon ami! Tu as connu nos chagrins et tu y as compati dans la mesure de tes moyens, ce qui ne t'a pas empêché de chercher à nous la souffler à Monaco, quand chacun séparément nous cherchâmes à renouer avec la trop séduisante scélérate! Mais ne revenons plus sur ces jours pleins d'horreur où nous faillîmes nous rencontrer rivaux, le fer à la main!

Elle est à Dieppe! Près de nous, mais loin de nous!

Tulipia n'est plus Tulipia, c'est presque la princesse Michel de Bosnie, la perle de la plage, la reine incontestée de Dieppe. Le précepteur du prince, le baron de Blikendorf, une grosse tomate à lunettes, venu d'avance à Dieppe, a loué pour ses élèves, le prince et la princesse, une ravissante villa à un quart de lieue de la mer, un vrai bijou gothico-anglo-chino-helvético-mauresque, dont les machicoulis, les balcons de bois découpé, les arceaux alhambresques et les pignons à girouettes surgissent du sein d'une plantureuse verdure.

Deux jours après, le prince et Tulipia sont arrivés toutes voiles dehors, j'étais là, j'ai compté soixante-dix-huit colis! Le prince amenait une suite, une maison montée, qui se compose de deux secrétaires, de quatre femmes de chambre, d'un lecteur, d'une lectrice, de deux dames de compagnie et de quatre cuisiniers.

Rencontre!

En sortant de son premier bain, Tulipia dont nous avions suivi les prouesses aquatiques avec des yeux émus et un cœur palpitant, Tulipia nous trouva tous les cinq en costume, rangés en ligne auprès de la planche. O mon ami! Nous nous attendions au moins à un regard, mais elle eut la cruauté de nous le refuser, elle passa froide et digne au milieu de nous; le prince qui la suivait en maillot rayé, prit pour lui notre politesse, et daigna nous faire un petit signe de la main comme un monarque qui salue son peuple. Oh! ce prince! quand je pense à lui, j'ai envie de partir pour la Bosnie, pour soulever son peuple et lui abîmer son trône!

Damnation! Était-elle jolie, la cruelle, dans son petit costume de flanelle rose... collant et indiscret... était-elle suave! J'éprouve quelque orgueil à dire que c'est nous qui l'avons mise en lumière, cette charmante Tulipia, ce diamant que la Bosnie nous a enlevé... je suis quelque peu son inventeur, avant d'orner la couronne de Bosnie, Tulipia brilla tout un hiver au blason des la Fricotlière et certes, la fière devise de notre maison : ie fricoterai, ie fricote, ie fricotais! ne fut jamais plus mise en pratique que de son temps.

Ce qui me console, c'est qu'elle n'a pas daigné regarder plus que moi Lacostade, Pont-Buzaud, Saint-Tropez et Bisseco, ses sous-inventeurs.

Depuis ce premier bain elle est la reine de la plage, on ne parle que d'elle, on ne pense qu'à elle et l'on ne rêve que d'elle! Le matin tous les baigneurs aussitôt en bas du lit se précipitent sur la grève pour voir si la voiture qui l'amène est arrivée; les plus nerveux s'en vont sur la route soupirer sous les balcons de la villa Tulipia, les plus calmes vont prendre des madères. Quand les grelots de la voiture se font entendre tout le monde se précipite. Le prince ne la quitte pas, le misérable! Baigne-t-elle! il baigne en même temps. Ne baigne-t-elle pas? il ne baigne pas! Parfois à marée basse, ils arrivent équipés pour une partie de pêche, avec un filet aux crevettes sur l'épaule, et un petit panier.

Toute la population balnéaire les suit à vingt pas. Je suis au premier rang avec Lacostade, Pont-Buzaud, Saint-Tropez et Bisseco. Comme nos cinq cœurs battent, ô mon ami, quand nous la voyons s'asseoir sur une roche moins dure que son cœur, et retirer ses bas avant de s'engager dans les flaques d'eau.

O douleur! ô transports! ô regrets!

Dernièrement elle perdit une jarretière dans une flaque, il y eut presque un combat naval entre baigneurs pour la conquérir. Je pris un fort bain de pieds, mais j'eus la jarretière; j'eus la lâcheté de mettre sur mon cœur ce souvenir de la perfide et il y est encore!

Souvent ces promenades ont lieu en costume de bain, Tulipia et le prince jettent sur leurs épaules un léger peignoir et s'en vont ainsi dans les roches. A ce spectacle, si je ne craignais de mécontenter la Bosnie, qui ne m'a rien fait, je tuerais son prince!

En l'honneur de la divine princesse, les jours de la semaine ont été débaptisés. Tulipia possède sept costumes de bain, un costume bleu marine, orné d'ancres au collet, à la ceinture et sur les côtés, un costume bleu clair, semé d'étoiles blanches, un costume rose, un costume jaune serin, un costume violet à barettes, un costume soleil couchant, un costume chamois. Elle les porte tous successivement et dans le même ordre, ce qui fait que l'on ne dit plus, c'est aujourd'hui lundi, on dit : c'est aujourdhui bleu marine et c'est demain bleu clair, etc., etc.

Et voilà, mon ami! tu sais tout, tu es au courant de mes douleurs. Si tu as du cœur viens gémir avec moi; Bisseco, Lacostade et les autres gémissent, mais c'est pour leur propre compte, les infâmes traîtres, précurseurs de la Bosnie! mais toi, qui n'a pas réussi à m'enlever Tulipia, tu pousseras des gémissements désintéressés pour ton malheureux ami,

Bezucheux de la Fricottière.

Cabassol, à la lecture de cette lettre, s'en fut trouver M⁰ Taparel à son étude. Le brave notaire avait quelques cheveux de moins, depuis le commencement de cette campagne entreprise pour retrouver l'album de la succession Badinard, si inconsidérément confié par lui à Tulipia. M⁰ Taparel, après cet instant d'oubli, était redevenu vertueux, il avait abandonné le club des Billes de billard et s'était imposé une réclusion forcée entre Mme Taparel et ses cartons, tout pour ses devoirs conjugaux et professionnels!

— Je viens vous chercher! dit Cabassol, nous allons à Dieppe!

M⁰ Taparel baissa la tête. Il était le coupable, l'auteur de tout le mal, il n'avait pas le droit d'élever des objections.

Triste et résigné il termina quelques affaires, dîna en compagnie de Cabassol et prit avec lui le train de Dieppe.

Avant de descendre à la plage, le lendemain, Cabassol rogna un peu de sa barbe et, pour achever de se rendre méconnaissable, se mit sur le nez une paire de grosses lunettes bleues.

Promenade sur la plage.

Tulipia prit ce matin-là un bain à la lame; Bezucheux de la Fricottière avait dit vrai; elle avait un costume jaune serin qui la faisait ressembler au plus délicieux des canaris. — Le prince était avec elle. Les spectateurs le virent, non sans un transport jaloux, prendre un petit baquet sur les galets et verser des douches sur la tête de l'opulente baigneuse.

— Ah! mon ami! dit une voix derrière Cabassol, en même temps qu'une main se glissait sous son bras, ah! mon ami! j'approuve ta précaution, tu as mis des lunettes bleues pour contempler ce spectacle!

C'était Bezucheux de la Fricottière suivi de toute la bande.

— Bonjour, mes enfants! leur dit Cabassol en leur distribuant des poignées de main, vous l'aimez donc toujours?

— Plus que jamais, mon ami, au point qu'hier au soir nous avons pris ensemble la résolution d'en finir avec la vie... Nous allons nous marier!

— Et nous le lui ferons savoir, dit Bissecco d'une voix sourde; puisse notre souvenir hanter son chevet! puisse le remords de nous avoir poussé à cette extrémité sur nous-mêmes, altérer son bonheur!

— Ah! reprit Bezucheux, finir ainsi sans vengeance!... c'est bien dur... moi j'en suis altéré, de vengeance... le prince nous l'enlève, eh bien! si nous allions épouser sa grande duchesse de Klakfeld!...

— ous vous avouez vaincus! Il est donc impossible de...

— Ah! mon ami, je te l'ai dit, Tulipia n'est plus Tulipia... elle mène maintenant une existence austère! Elle ne voit que le prince et son précepteur le baron de Blikendorf, ses secrétaires, ses lectrices; j'ai pris des renseignements, pour comble d'austérité, elle a augmenté sa maison d'une dame d'honneur que Blikendorf a fait venir d'une cour allemande...

— Comment? pourquoi?

— Mais pour lui donner des leçons d'étiquette et de maintien. Ne sais-tu pas que le prince va l'épouser morganatiquement?

Cinq minutes après, sur un conseil de Cabassol, Bezucheux et compagnie, ainsi que M° Taparel, descendaient en costume de bain vers la mer. Tulipia et le prince y étaient encore. En voyant arriver toute la bande, Tulipia fronça les sourcils et se mit à faire la planche pour les éviter.

— Bonjour, chère madame, dit galamment M° Taparel après quelques brasses, toujours jolie! toujours charmante!

— Monsieur! fit sèchement Tulipia en se retournant de l'autre côté avec un petit bond de carpe.

— Bonjour, chère belle! murmura Bezucheux de la Fricottière, je vous offre mes hommages et ceux de mes amis... si vous saviez comme je vous aime.

— Hein! fit le prince intervenant.

Tulipia furieuse entraîna le prince vers les galets.

— Quel est ce monsieur? demanda le prince.

— Le gros? c'est mon notaire.

— Non, l'autre, celui qui vous disait qu'il vous...

— Mon petit Mich, c'est un monsieur qui... m'a demandé... ma main autrefois et que j'ai envoyé promener...

Le prince fronça les sourcils et ne dit plus un mot. Tulipia, toute boudeuse,

Leçon de natation.

rentra dans sa cabine pour s'habiller. Un papier que l'on avait sans doute jeté par la petite fenêtre de la porte frappa ses regards.

Elle le ramassa et lut en frémissant ces simples mots :

La paix ou la guerre! Accordez-moi une dernière entrevue pour *affaire* ou je dis tout au prince! Ce soir neuf heures derrière le Casino.   CABASSOL.

X

Horrible découverte !

Dans le jardin de sa villa, pendant que le prince savourait une petite sieste après déjeuner, Tulipia prenait une leçon d'étiquette, avec la baronne Lippskoffel, ancienne dame d'honneur de cette même grande duchesse de Klakfeld que le prince avait abandonnée pour elle.

— Quelle attitude, demandait Tulipia, l'épouse morganatique d'un prince doit-elle tenir à la cour vis-à-vis de son mari?...

— Distinguons! répondait la baronne, il y a d'abord l'attitude grande froideur et raideur suprême, pour les grandes réceptions, les soirées officielles et toutes les cérémonies d'apparat; puis l'attitude froideur digne et simple raideur pour les réceptions d'été, les soirées semi-officielles; puis l'attitude simple froideur et demi-raideur pour les soirées ordinaires, les bals de ministères : puis pour les soirées intimes...

— Pour les soirées intimes, ça me regarde, je n'ai pas besoin de renseignements, je l'appelle mon petit Mich...

— Ciel ! y pensez-vous, devant l'auguste père... Non, madame, pour les soirées intimes, nous avons la froideur enjouée.

— Ma chère baronne, auriez-vous l'obligeance de m'écrire tout cela : grande froideur, froideur digne, etc... Puis, si vous voulez, nous répéterons les attitudes pour que je ne me trompe pas...

La leçon fut alors interrompue par le prince. La sieste ne lui réussissait pas, car il arrivait avec le front sombre et la moustache hérissée.

— Si je le tuais ? dit-il brusquement à Tulipia.

— Tuer ? qui ça ? demanda Tulipia stupéfaite.

— Ce jeune homme qui a eu l'audace de vous demander en mariage !

— Tuer Bezucheux de la Fricottière, par exemple ! mais, mon petit Mich, c'est l'année dernière qu'il sollicitait ma main !

— N'importe ! il me gêne. Vous le préviendrez de ma part que si jamais il ose mettre les pieds en Bosnie, je le fais condamner aux travaux forcés à perpétuité !... Je vous ai dit que j'étais d'une jalousie féroce !... allons ! continuez votre leçon d'étiquette avec madame la baronne !

— Zut ! répondit Tulipia.

Et la pauvre enfant courut s'enfermer dans un délicieux boudoir oriental, pour y fulminer à son aise contre l'outrecuidance des princes et les mauvais procédés des Bezucheux et des Cabassol. — On ne fit pas ce jour-là de promenade dans les cailloux à marée basse. Toute la population flottante de la ville bâilla sur les routes ou sur la plage, en proie à une noire mélancolie. — Le dîner fut lugubre. La maîtresse d'étiquette parla toute seule, sans que Tulipia parût écouter ses savantes leçons.

Le prince ne quitta pas la table, il fit apporter six bouteilles de champagne et demanda à Blikendorf de lui apporter un livre en rapport avec la situation de son âme.

— Je ne vois guère que les grands philosophes qui puissent apporter quelques soulagements à l'âme...

— A l'âme malade et meurtrie ! acheva le prince. Mais ils endorment le malade en même temps que la douleur... Je ne veux pas dormir, je veux souffrir... Ah ! voilà ce qu'il me faut : Othello, le farouche Othello !

Tulipia s'était retirée dans sa chambre à la fois furieuse contre le prince et enchantée d'avoir un instant de liberté. Elle connaissait Mich, son accès de jalousie allait durer aussi longtemps que les bouteilles de champagne, ensuite il dormirait et se réveillerait rasséréné.

Il fallait profiter de ce moment de tranquillité pour en finir avec Cabassol ; l'heure approchait, cet obstiné persécuteur devait se trouver au rendez-vous derrière le Casino. Tulipia jeta sur ses épaules un manteau sombre, prit un de ces larges chapeaux à l'abri desquels on peut braver la pluie et le regard des gens de connaissance, et s'enveloppa encore la tête d'un voile épais et flottant — Cela fait, à peu près sûre de l'incognito, elle descendit sans bruit dans le jardin et marcha vers la plage.

Promenades sur le sable à marée basse.

A peine Tulipia eut-elle fait quelques pas, qu'un homme mystérieux la rejoignit. Cet homme était Cabassol.

— Eh bien, monsieur, dit Tulipia, je suis venue, qu'avez-vous à me dire ?

— Charmante et trop cruelle Tulipia, si de Monaco je vous ai suivie à Naples, à Venise, à Lucerne, c'est que...

— Ne parlons pas de cela, je ne suis plus libre ! Vous êtes au courant de la situation, vous savez que Mich m'adore, sachez de plus qu'il vient d'écrire à la grande duchesse de Klakfeld pour lui présenter ses respects et ses excuses... Donc, si c'est pour m'offrir votre cœur et me demander le mien, inutile de continuer !

— Mille fois hélas ! je vais donc être obligé de garder mon cœur ! je suis à la fois navré et enchanté, l'amoureux est navré, mais l'ami, si vous voulez me permettre de me dire votre ami, mais l'ami est enchanté de voir la belle des belles sur le point d'escalader le vieux trône de Bosnie!

— Alors c'est fini?

— Non, ce n'est pas fini! Vous me refusez votre cœur, soit, je suis désespéré, mon âme est dévorée par le chagrin, cependant je m'incline et je vous demande autre chose!

— Quoi donc? fit Tulipia étonnée.

— Vous allez le savoir!... vous connaissez M° Taparel?

— M° Taparel! fit Tulipia, oui... c'est mon notaire...

— C'est aussi le mien — Or il avait entre les mains certain album de photographies, très précieux pour moi, très curieux peut-être... Il vous l'a montré et sans doute par mégarde, vous l'avez emporté... Voilà tout simplement ce que je viens vous demander, non pas hélas, votre cœur, je le vois bien, la Bosnie le possède tout entier, mais notre album!

— Votre album, permettez!... J'ai emporté un album qui m'appartenait...

— Pardon, qui m'appartenait à moi en qualité de légataire universel, vous voyez que je précise, de M. Timoléon Badinard, un cousin millionnaire qui m'a légué toute sa fortune sous certaines conditions, pour l'exécution desquelles cet album m'était nécessaire...

— Je ne sais ce que vous voulez me dire, cet album m'appartenait...

— Comment, l'album vous appartenait! l'album de Mme Badinard, l'album qui renferme les portraits des soixante-dix-sept personnes qui ont causé les chagrins conjugaux de mon respectable cousin...

Pour le coup, Tulipia rougit.

— Qu'est-ce que vous me racontez-là... mon album...

— Oui, madame! les soixante-dix-sept portraits que renferme cet album sont ceux de vils séducteurs qui, tous, ont plus ou moins fortement compromis Mme Badinard, l'épouse volage de mon infortuné cousin... Oui, oui, oui, cela doit vous pénétrer d'horreur, vous si fidèle à la Bosnie, mais c'est la vérité... je puis bien vous le dire, puisque vous ne connaissez pas Badinard...

— Mais si... je l'ai connu... Timoléon Badinard, un vieux rat...

— Comment! vous avez connu Badinard?...

— Pas si haut! si quelqu'un vous entendait... Tenez, j'aime mieux tout vous avouer, il y a erreur, Mme Badinard n'a jamais trompé M. Badinard... parce que... l'album m'appartient!...

— Comment! Comment! Comment! Voulez-vous dire que...

— Oui, mon ami, dit Tulipia en baissant les yeux, ces soixante-dix-sept portraits... Vous êtes sûrs qu'il y en a soixante-dix-sept?

— Oui, soixante-dix-sept; allez toujours, je suis suspendu à vos lèvres!

— Ces soixante-dix-sept portraits sont des souvenirs d'amis à moi.

— Que dites-vous là! et les dédicaces?
— De petites galanteries mises par mes amis au bas de leur portrait...
— Je tombe de mon haut! alors, ils n'ont jamais offensé M. Badinard...
— Non... si... c'est-à-dire pas dans le sens que vous supposez, ils n'ont pas attenté à la tranquillité conjugale de M. Badinard, voilà tout. C'était mon album aux souvenirs, une faiblesse... j'ai toujours été faible.

— Quelle révélation! s'écria Cabassol, quoi cet album de Mme Badinard pour lequel j'avais soixante-dix-sept vengeances à exercer... mais, permettez, comment se trouvait-il en la possession de Mme Badinard...?

Séchage sur la plage.

M. Badinard l'a trouvé dans le secrétaire de sa femme... à la vue de ces soixante-dix-sept portraits, si compromettants, j'ose le dire, il a cru...

— Mon ami, ne me perdez pas! ne m'accablez pas!... j'avoue tout... attendez, je crois comprendre comment cet album s'est trouvé en la possession de Mme Badinard, j'ai eu des soupçons quand je me suis aperçue de la disparition de mon album, mais maintenant, j'ai une certitude! Mme Badinard était jalouse, elle soupçonnait... ou plutôt elle savait... bref, elle corrompit ma femme de chambre et, pour avoir une arme contre moi, pour prouver à son mari que... j'avais des faiblesses... elle fit enlever mon album aux souvenirs!

— Je commence à comprendre, murmura Cabassol.

— Elle comptait donc se servir de mon album, si compromettant, vous venez de le dire, pour détacher de moi M. Badinard, mais les choses ont tourné contre elle, M. Badinard ayant découvert l'album dans la chambre de sa femme, en a conclu que les soixante-dix-sept personnages photographiés avaient attenté à son honneur conjugal!...

— Je suis confondu! Quelle catastrophe! Vous ne pouvez pas vous douter de la quantité d'événements et de malheurs qui ont découlé de cette erreur de M. Badinard! Non, vous ne pouvez vous en douter! Il faut absolument que vous fassiez ces aveux par-devant notaire...

— Par-devant notaire! s'écria Tulipia terrifiée.

— Il le faut... c'est indispensable, allons bien vite trouver M° Taparel, le notaire de la succession Badinard.

— Ah! mon Dieu, il faudra répéter tout cela devant Taparel?

— Il faudra dire tout! et même signer vos déclarations!

— Hélas! fit Tulipia, je suis cruellement punie d'avoir poussé le culte des souvenirs, jusqu'à collectionner les photographies de mes erreurs!...

— Croyez bien, madame, que je regrette amèrement de ne pas figurer dans la collection... je le regretterai toute ma vie... mais il nous faut l'album... ce malencontreux album... Ne craignez rien, il vous sera fidèlement restitué, dès que les affaires de la succession Badinard seront arrangées... Je vous demande, je vous supplie de nous le donner dès ce soir!...

— Je vais aller le chercher, car j'ai hâte d'être tranquille...

— Je vais vous accompagner jusqu'à votre villa, et quand vous aurez l'album, nous irons tout dire à M° Taparel!

Tulipia cacha soigneusement sa figure sous les plis d'une mantille épaisse et prit le bras que lui offrait Cabassol. Le trajet se fit en silence. Cabassol, encore sous le coup de la révélation inattendue qu'il venait d'arracher à Tulipia, trouva à peine quelques médiocres galanteries à dire à celle dont il tenait enfin le bras sous le sien.

Tulipia le laissa sous un arbre et revint cinq minutes après, tenant enfin sous son manteau l'album, cause de tant d'événements.

— Enfin, nous le tenons! fit notre ami avec un soupir de soulagement, courons vite trouver M° Taparel!

A l'hôtel, M° Taparel était couché et dormait d'un sommeil hanté par le souvenir de Tulipia et bourrelé par le remords. Cabassol entra sans façon dans la chambre du notaire et lui frappa sur l'épaule.

M° Taparel ouvrit brusquement les yeux.

— Elle! balbutia le notaire en regardant Tulipia avec une stupéfaction voisine du complet ahurissement, elle!...

— Inutile de vous frotter les yeux, dit Cabassol, vous ne rêvez pas... quand vous saurez ce qui me fait introduire, au mépris des vulgaires convenances, Mme Tulipia dans votre chambre, vous bondirez d'étonnement...

— Grand Dieu!... je ne me permettrai pas de bondir, les convenances me l'interdiraient... mais dites vite!...

— C'est de la bouche de Mme Balagny, que vous allez entendre les étonnantes révélations qui m'ont, tout à l'heure, sur la plage, pétrifié de surprise!...

Explication orageuse sur la plage, au clair de la lune.

— Prenez un siège, et parlez! prononça Mᵉ Taparel avec solennité.
— Je n'oserai jamais... dit Tulipia.
— Mᵉ Taparel, reprit Cabassol, faites appel d'avance à tout votre sang-froid, revêtissez votre cœur d'un triple airain! Mᵉ Taparel, en ce moment, vous êtes plus qu'un notaire, vous êtes un confesseur!
— C'est cela, dit Tulipia, vous êtes un confesseur!...
— Vous m'épouvantez! fit Mᵉ Taparel.
— Mᵉ Taparel, reprit Cabassol, êtes-vous prêt?... avez-vous dépouillé l'homme privé et vous sentez-vous bien maintenant notaire et rien que notaire?
— Je m'accuse, dit Tulipia, d'avoir été faible...
— Je le sais, dit le notaire.
— Pardon, fit Cabassol, comme homme privé vous pouvez le savoir, mais comme notaire vous devriez l'ignorer... d'ailleurs, vous ne savez pas jusqu'à quel point madame a poussé la faiblesse! vous allez voir...
— J'ai été faible, très faible, trop faible!... je...
— Je vois que je dois venir à votre secours, dit Cabassol — madame a été faible, c'est entendu, entre autres faiblesses, elle avait

Mᵉ Taparel ouvrit les yeux.

celle de la photographie, mon Dieu! je ne saurais l'en blâmer ; poussant au plus haut degré le culte de l'amitié, elle aimait à conserver pour les revoir de temps en temps, les petits cartons sur lesquels les collaborateurs du soleil avaient fixé, avec ou sans retouches, les traits aimables des personnes chères à son cœur. Vous me comprenez?
— Non.
Vous comprendrez tout à l'heure... Ces photographies de ses amis Mᵐᵉ Tulipia les avait réunies dans un album coquet de...
— Je comprends de moins en moins... laissons l'album aux souvenirs de Mᵐᵉ de Balagny et parlons de l'album de la succession Badinard
— O perspicacité notariale! tu n'es qu'un mot!... Vous ne devinez pas? Non?... Eh bien, sachez donc que l'album Badinard et celui de Mᵐᵉ de Balagny, ne sont qu'un seul et même album!... Mᵐᵉ Tulipia vient de m'en faire l'aveu, ces portraits ne compromettent d'autre personne qu'elle et M. Badinard n'avait aucune vengeance à tirer des originaux!
Mᵉ Taparel poussa des exclamations entrecoupées et se livra pour exprimer

sa stupéfaction, à une pantomime des plus animées — Cabassol continuant la confession de Tulipia, mit le digne notaire au courant des événements, pendant que Tulipia cherchait à prendre l'attitude éplorée et touchante d'une Madeleine en proie à un repentir qui n'exclut pas la coquetterie.

— Mme Tulipia touchée par la grâce, nous rapporte l'album, acheva Cabassol, et j'ai promis en votre nom une absolution complète.

— Ouf! fit le notaire, l'émotion me suffoque!... une pareille erreur!... c'est un fait inouï dans les annales du notariat... Savez-vous, madame, savez-vous bien quelles conséquences terribles a fatalement amenées l'erreur de M. Badinard, erreur dont toute la faute retombe sur vous?... Savez-vous que nous avons poursuivi de notre vengeance de simples innocents, de braves gens qui jamais n'avaient causé la moindre petite brèche à l'honneur conjugal de feu Badinard?... Savez-vous...

— N'en parlons plus, j'ai promis l'absolution, dit Cabassol, remercions madame au contraire, de nous avoir arrêtés dans l'œuvre de vengeance que nous poursuivions!... et félicitons aussi M° Taparel, notaire fragile, d'avoir été en quelque sorte l'instrument providentiel de la découverte! sans vous, sans votre bonne pensée de... communiquer notre album à madame, je... faisais de nouveaux malheurs!

— Madame, dit enfin M° Taparel, soyez tranquille, cet album vous sera restitué! laissez-le entre nos mains, je vous prie, jusqu'à la fin de la liquidation de la succession Badinard...

— Ma foi, gardez-le, je n'y tiens plus guère, répondit Tulipia... vous comprenez, dans ma nouvelle situation, il pourrait devenir gênant!... j'aime autant qu'il soit en dépôt chez vous.

— Ah! fit Cabassol, qui feuilletait l'album après lequel il avait tant couru depuis six mois, heureusement, grand Dieu, que nous savons à quoi nous en tenir... Voyez donc, cher monsieur Taparel!

Et il indiqua du doigt au notaire une des dernières photographies de l'album.

— Mon portrait! s'écria M° Taparel en prenant subitement la rougeur du homard après la cuisson.

— Et maintenant, chère madame, reprit Cabassol, voulez-vous avoir l'obligeance d'écrire les quelques lignes que je vais vous dicter...

Je soussignée,

Ayant appris qu'un album dans lequel j'avais réuni les photographies de quelques amis, était tombé par suite d'une erreur déplorable, entre les mains de M. Timoléon Badinard et avait causé dans le ménage dudit sieur, un trouble sérieux, revendique solennellement par ces présentes la propriété dudit album et *proclame la parfaite innocence de M*^{me} *Badinard mise, bien à tort, en doute, par feu Timoléon Badinard.*

Fait à Dieppe, le... en présence de Me *Taparel, notaire à Paris, qui atteste l'authenticité de ma signature.*

Tulipia achevait de parapher lorsqu'un coup violent frappé à la porte la fit tressaillir.

— Aïe! c'est le prince! s'écria Tulipia...

Séance de philosophie.

— N'entrez pas! cria Me Taparel.

La porte venait de s'ouvrir et un homme était debout sur le seuil.

— L'Américain! s'écria Cabassol.

— Je vous retrouve enfin, dit gravement Palamède en s'adressant à Cabassol. Eh bien, et Lucrezia, la pauvre Lucrezia qui gémit en attendant que vous fassiez honneur à votre signature?...

— Hélas, répondit Cabassol, je crains d'être obligé de la laisser gémir encore longtemps...

— Et votre promesse de mariage? vous rappelez-vous : à première réquisition, je m'engage à épouser Mlle Lucrezia Bloomsbig...

— Faites-la protester.
— C'est votre dernier mot?
— Oui, cher monsieur Palamède!
— C'est bien, dit Palamède, nous avons des tribunaux, nous plaiderons, et nous obtiendrons des dommages et intérêts... songez-y!
— Un instant, dit Tulipia à Cabassol, vous souvenez-vous de notre excursion au Vésuve et de la souscription au profit des indigents de la Calabre?
— Si je m'en souviens! ô Tulipia! vous portiez en descendant un costume de pêcheur napolitain, qui m'a révélé des lignes et des contours qui sont restés gravés dans mon cœur...
— Eh bien, vous vous souvenez que pour obvier à la légèreté de ce cosume napolitain, mon prince avait volé à nos voleurs un ulster volé la veille à d'autres voyageurs?
— Je m'en souviens!
— Eh bien, cet ulster était probablement celui de ce monsieur, car j'ai trouvé dans une poche un petit écrit ainsi conçu : je soussigné, etc., à première réquisition, je m'engage à épouser miss Lucrezia, etc.
— Aïe! fit Palamède avec une forte grimace.
— Et ce billet, demanda Cabassol, qu'en avez-vous fait?
— Le voici! dit Tulipia en tirant de sa poche un papier qu'elle alluma à la bougie.
— Allons, dit Palamède avec le plus grand flegme, négociations inutiles, je vois que miss Lucrezia va encore me rester cette fois-ci... *By god!* que va penser de moi la grande agence de mariages transatlantiques! depuis dix ans que je voyage pour elle, c'est la première fois que j'opère si difficilement le placement de nos clientes... Je suis déshonoré!
— Je regrette infiniment, cher monsieur Palamède, de vous causer cette petite déconvenue, mais tranquillisez-vous, je ne doute pas que vous ne trouviez bientôt à placer Mlle Lucrezia avantageusement!
— Affaire manquée! je suis deshonoré, vous dis-je! et ce ne serait rien si je ne perdais pas ma prime... du moment où je n'ai pas opéré le placement de miss Lucrezia dans le temps voulu, l'agence paye une indemnité et naturellement, je ne touche aucune prime... Une idée!... Si j'épousais moi même? je sauverais la prime..... C'est cela, j'épouse miss Lucrezia! *all right!*
— *All right!* fit Cabassol, et tous mes compliments! Hurrah!
— Bonsoir et sans rancune! dit Palamède, je vais avertir tout de suite miss Lucrezia, vous savez, si vous changiez d'avis d'ici demain, nous habitons aussi cet hôtel, au même étage n° 31...

— Présentez tous mes compliments à miss Lucrezia et agréez tous les souhaits que je forme pour votre bonheur à tous deux !

Palamède salua et sortit.

— Je me sauve aussi, dit Tulipia, enchantée de vous avoir rendu ce petit service... je compte sur votre discrétion !

Le prince ne s'était pas même aperçu du départ de Tulipia. — Tout entier à sa lutte contre les soupçons jaloux, le jeune et séduisant Michel de Bosnic entamait sa troisième bouteille de champagne, en tête à tête avec Blikendorf.

Et la pauvre Lucrezia qui gémit en attendant que vous fassiez honneur à votre signature !

Le bon précepteur aidait son élève dans sa lutte, il lui prodiguait les consolations de la pure philosophie et altéré par ses discours, terminait, lui, sa troisième bouteille.

— Eh bien, mon petit Mich, dit Tulipia, êtes-vous encore jaloux, méchant ?

— Non, ô Tulipia, j'avais tort, vous êtes délicieuse ! je ne suis plus jaloux de ce M. de la Fricottière qui a osé aspirer à votre main...

— Soyez tranquille, je le rembarrerais solidement s'il se permettait de se représenter sous mes yeux...

— C'est bien, je lui pardonne, oublions-le !... Voyons, Tulipia, faites venir votre maîtresse d'étiquette pour que je l'interroge sur vos progrès ?

L'ancienne dame d'honneur de la grande duchesse de Klakfeld exécuta en entrant dans le grand salon la plus noble révérence sans s'offusquer des bouteilles de champagne rangées en bataille sur un guéridon.

— Madame la baronne, dit le prince, je vous ai priée de venir pour vous demander si vous êtes satisfaite des progrès de madame ?

— Très satisfaite ! répondit la dame d'honneur, madame avait des dispositions évidentes que mes leçons ont bien vite développées... madame était née pour faire l'ornement des cours... elle avait l'intuition !

— Très bien !... Et les quatorze manières de faire les révérences de petite cérémonie ?

— Madame les a répétées ce matin encore, elle tient les révérences de petite cérémonie.

— Et les dix-huit révérences de grande cérémonie ? les révérences de gala ?

— Elles vont admirablement... Il n'y a qu'une seule chose que je me permettrai de reprocher à madame... une chose capitale !

— Quoi donc ?

— Madame a conservé, dans la conversation, certains tours, certaines expressions dont le purisme de la cour s'effaroucherait peut-être, madame dit souvent *flûte* ou même *zut* !

— En effet, dit le prince, mais c'est moins important que vous ne pensez, le parti rétrograde de la vieille cour s'en offusquerait peut-être, mais la jeune cour admettra parfaitement ces interjections...

— Et puis, en Bosnie, fit Tulipia, ils ne comprendront pas exactement, vous pourrez dire que ça signifie : Juste ciel !

— Très bien ! s'écria le prince, madame la baronne, continuez vos leçons, dans huit jours nous partons pour la Bosnie, il est temps que j'essaye de fléchir mon auguste père...

— Et en passant par Paris, dit Blikendorf, nous traiterons d'un léger emprunt — grâce à mon habileté, j'ai obtenu de bonnes conditions... dix-huit pour cent et des renouvellements possibles !...

— Ne nous laissons pas abattre par les coups de l'adversité ! disait pendant ce temps Cabassol, allons à Paris, et liquidons !... j'ai hâte de réparer nos torts envers Mme Badinard si cruellement outragée !

LA GRANDE MASCARADE PARISIENNE

Grand émoi au Palais de justice.

QUATRIÈME PARTIE

UN PROCÈS HORRIBLEMENT SCANDALEUX

I

Affaire Badinard contre Cabassol. — Où l'on fait connaissance avec Mᵉ Mitaino, avoué de Mᵐᵉ Badinard.

Le train du lundi soir ramenant de Dieppe à Paris deux ou trois cents maris enchantés de leur excursion dominicale à la plage embellie par mesdames leurs épouses, contenait dans les flancs d'un de ses compartiments de première portant l'étiquette *caisse louée*, deux hommes littéralement accablés sous le poids des chagrins les plus amers.

Enfoncés chacun dans un des coins du susdit compartiment — qu'ils avaient retenu pour cacher leur douleur à tous les yeux — ils regardaient d'un œil morne et fixe les valises et les parapluies déposés dans le filet, comme pour prendre ces objets insensibles à témoin de l'effroyable férocité du sort à l'égard de leurs propriétaires.

Tandis que tous les maris, dans le train, paraissaient se réjouir, les uns pour le jour passé près de leur femme, et les autres pour les six journées de la semaine à passer encore loin d'elle, les deux voyageurs du compartiment retenu songeaient, en proie aux plus noires préoccupations.

Ces deux voyageurs, on les a reconnus sans doute, étaient notre héros Antony Cabassol et M° Taparel, à la fois son ami, son notaire et son complice.

La découverte de la véritable propriétaire de l'album aux soixante-dix-sept photographies les avait atterrés! Sans une minute de retard ils avaient quitté la ville, où cette révélation les avait foudroyés, pour revenir en toute hâte aviser à Paris à la conduite à tenir.

Ils arrivèrent à la gare Saint-Lazare, sans avoir prononcé une parole. Les deux ou trois cents maris, leurs compagnons de route, se dispersèrent, les uns pour courir à leurs affaires, les autres pour aller déjeuner avec des dames répondant aux noms les moins sérieux du calendrier, et disposées à faire le possible pour adoucir l'amertume des séparations conjugales momentanées.

Cabassol et M° Taparel prirent silencieusement un fiacre et descendirent silencieusement à la porte de l'étude. Tous deux gagnèrent le cabinet notarial et se laissèrent tomber chacun dans un fauteuil.

— C'en est donc fait! murmura Cabassol.

— C'en est donc fait! répéta M° Taparel.

— Qu'est-ce qui est fait? s'écria, terrifié, M. Miradoux qui les avait suivis.

— C'est fini! fit M° Taparel.

— C'est fini! répéta tragiquement Cabassol.

— Qu'est-ce qui est fini? redemanda Miradoux.

— L'affaire Badinard! répondirent à la fois les deux hommes.

— Comment cela? fit Miradoux; en si peu de temps, auriez-vous achevé de venger feu Badinard de ses soixante-dix-sept ennemis de l'album?

— Non! répondirent Cabassol et Taparel, il n'est plus question d'album ni de vengeances; les soixante-dix-sept individus de l'album peuvent dormir tranquilles, personne ne songera plus à troubler leur félicité conjugale ou extra-conjugale! Qu'ils vivent en paix!

— Alors vous renoncez à accomplir les volontés de M. Badinard?

— Si j'y renonce! s'écria Cabassol.

— S'il y renonce! s'écria M° Taparel.

— Sachez donc, reprit Cabassol, que je n'ai plus de vengeances à exercer parce qu'une révélation extraordinaire nous a été faite, parce que nous avons acquis la preuve que la pauvre Mme Badinard avait été affreusement calomniée par son mari, parce que cette dame infortunée n'a jamais été coupable; en un mot parce que l'album aux-soixante-dix-sept photographies compromettantes ne lui a jamais appartenu !

Qu'elle reste seule avec son prince !

— Est-il possible ! exclama Miradoux.
— Oui, mon ami, oui ! voilà quinze mois que nous errons ! quinze mois que nous persécutons des innocents, que nous nous efforçons de faire de la peine à des gens qui n'ont jamais compromis Mme Badinard ! Au lieu d'être les exécuteurs fidèles de légitimes vengeances, nous sommes presque des criminels !
— Quel abîme ! gémit l'honnête Me Taparel.

— Oui, Mme Badinard était innocente; oui, le cruel Badinard l'a calomniée. L'album était tout simplement le musée des souvenirs d'une cocotte perfide, l'album et les soixante-dix-sept photographies appartenaient à Tulipia Balagny !

Miradoux courut chercher un troisième fauteuil, l'amena devant la table et se laissa tomber, accablé lui aussi par cette révélation.

— Enfin, dit-il après avoir pendant quelques minutes serré sa tête entre ses mains ; enfin, que reste-t-il à faire ?

— Liquidation ! gémit Me Taparel.

— Liquidation rapide et complète ! acheva Cabassol. Je suis un homme d'honneur, messieurs, et puisqu'il nous est maintenant prouvé que Mme Badinard n'était pas coupable, je considère le testament par lequel M. Badinard me léguait ses millions et ses soixante-dix-sept vengeances, comme absolument nul, et je suis prêt à renoncer à la succession !

— Bravo, jeune homme, je n'en attendais pas moins de vous, fit Me Taparel en secouant la main de Cabassol.

— Donc, nous allons liquider, dit Miradoux, il nous faut d'abord avertir Mme Badinard.

— Où est-elle, cette pauvre et innocente dame ? demanda Cabassol.

— Après la mort de son mari, elle est allée habiter une jolie propriété qu'elle possède aux environs de Fontainebleau ; elle vit fort retirée, dit-on, et assez tristement malgré la fortune rondelette qu'elle possédait en propre...

— Pauvre dame ! l'avoir crue coupable... soixante-dix-sept photographies !... Quelle horreur ! Jamais je n'oserai me présenter devant elle !...

— Elle a laissé à Paris un chargé de pouvoirs, Me Mitaine, avoué près le tribunal civil.

— Écrivez à Me Mitaine, reprit Cabassol, dites-lui la vérité, toute la vérité. Chargez-le de présenter à Mme Badinard l'expression de mes remords et informez-le que je renonce au bénéfice du testament de feu Badinard...

— C'est entendu, fit Me Taparel, je vais demander une entrevue à Me Mitaine.

Cabassol donna encore quelques instructions au digne notaire et quitta ensuite l'étude, soulagé d'un grand poids. En se promenant sur le boulevard pour achever de dissiper l'affreuse migraine que ses tracas d'héritier lui avaient suscitée, il eut la bonne fortune de se jeter à travers Bezucheux de la Fricottière fils, qui errait, le nez baissé, avec une mélancolie visible, en compagnie de ses quatre inséparables, Lacostade, Bisseco, Pontbuzaud et Saint-Tropez.

— Comment, revenus aussi ! s'écria Cabassol.

— Oui, mon ami, revenus aussi, répondit Bezucheux, le train des maris a ramené cinq célibataires bien éprouvés... Tulipia va partir pour la Bosnie ; Tu comprends que nous ne pouvions rester sans elle sur les galets de Dieppe, ces galets qui ont été foulés par elle moins cruellement que nos pauvres cœurs !

Amende honorable à Mme Badinard.

— Nous sommes revenus pour nous étourdir, qu'elle reste seule avec son prince ! dirent en chœur Lacostade, Pontbuzaud, Saint-Tropez et Bisseco.
— Étourdissons-nous ! murmura mélancoliquement Cabassol.
Pendant que Cabassol et ses amis ouvraient une discussion sur les moyens à employer pour dissiper les soucis moroses, Me Taparel prévenait le mandataire de Mme Badinard du changement apporté dans l'affaire de la succession, par la révélation de Tulipia.

Mon cher maître Mitaine,

Une grande nouvelle ! L'album aux soixante-dix-sept portraits compromettants n'appartenait pas à Mme Badinard, mais bien à une hétaïre du demi-monde, dont je ne saurais stigmatiser trop cruellement la légèreté coupable. Mme Badinard n'a jamais été compromise, du haut du ciel sa demeure actuelle, feu Badinard doit regretter ses injurieux soupçons !

M. Cabassol, le légataire universel de feu Badinard, après avoir exécuté déjà quelques-unes des 77 vengeances imposées par le testament de mon client, s'est arrêté brusquement dans sa tâche. Il n'hésite pas, il renonce au bénéfice de ce testament basé sur une erreur du testateur.

Informez-en, je vous prie, madame Badinard, et dites-lui combien nous sommes heureux de voir son innocence éclater au grand jour.

Muni de tous les pouvoirs de M. Cabassol, je viens vous demander une entrevue, à l'heure que vous jugerez convenable, dans mon étude ou dans la vôtre, pour que nous arrêtions ensemble les bases d'une transaction amiable et discrète, qui permettrait à M. Cabassol de réparer dans une certaine mesure ses torts envers les personnes injustement soupçonnées par feu Badinard, et qui en même temps remettrait tous ayant droits en possession du reste de l'héritage.

Je ne doute pas, mon cher maître, qu'en présence du beau trait de désintéressement de M. Cabassol, vous ne partagiez mon admiration pour ce jeune homme, et j'attends votre réponse.

Agréez, je vous prie, l'assurance de ma haute considération,

TAPAREL.

La réponse ne se fit pas attendre, le liquidateur de la succession Badinard reçut le lendemain, à la première poste, la lettre suivante :

Mon cher maître,

Personne, n'en doutez pas, ne professe plus d'admiration que moi pour l'héroïque désintéressement de M. Cabassol, votre client ; personne n'est plus disposé que votre serviteur à s'incliner devant un trait digne de la morale en actions !

Mais les affaires sont les affaires !

Vous vous souvenez que, par un premier testament, feu Badinard avait légué toute sa fortune à la dame Badinard son épouse ; ce testament a été annulé par celui qui instituait M. Cabassol légataire universel de la fortune et des vengeances de M. Badinard. Or, si comme vous le reconnaissez, ma cliente Mme Badinard a été victime d'une erreur, le second testament qui l'injurie si gravement doit être déclaré caduc et toute la succession doit revenir à ma cliente suivant les termes et dispositions du premier testament.

Cela est parfaitement limpide. En conséquence, j'ai l'honneur de vous prévenir que je rejette au nom de ma cliente toute proposition de transaction et que j'intente dès ce jour, à M. Antony Cabassol, un procès en nullité de testament et en captation d'héritage, devant le tribunal civil de la Seine.

Daignez agréer, mon cher maître, l'hommage de ma considération la plus distinguée.

MITAINE.

A la lecture de cette déclaration de guerre, Me Taparel tomba foudroyé dans son fauteuil. Il s'attendait à des démonstrations d'un étonnement admiratif, à des exclamations, à de chauds remerciements et voilà que le mandataire de Mme Badinard répondait à des propositions de restitution bénévole par la menace d'un procès rigoureux !

— C'est abominable ! s'écria-t-il enfin en retrouvant assez de forces pour donner un grand coup de poing sur son bureau, allons trouver cet implacable Mitaine !

Et saisissant son chapeau, il traversa son étude comme un ouragan pour se rendre rue Dauphine, à l'étude de l'avoué.

L'étude de Me Mitaine répondait bien à l'idée que l'on peut se faire d'un antre de la chicane ; elle était située au deuxième étage, au fond de la deuxième cour d'une vieille et sombre maison. Après un escalier sale et sombre, on rencontrait une porte sombre et sale portant sur une plaque de cuivre les mots :

JULES MITAINE
AVOUÉ
Près le tribunal civil de la Seine.
Tournez le bouton S. V. P.

Les cœurs de Bozucheux, Lacostade et autres foulés par Tulipia.

Me Taparel tourna le bouton. Une demi-douzaine de clercs, courbés devant les fenêtres d'une grande pièce sombre, paperassaient avec fureur ; l'un d'eux leva la tête, mit sa plume entre ses dents et daigna recevoir le visiteur.

— Maître Mitaine est chez lui ? demanda Me Taparel.
— Il est au Palais ! répondit le clerc.
— Au Palais, déjà ! s'écria le notaire.
— Affaire urgente !
— Affaire urgente ! j'ai besoin de le voir pour une affaire urgente aussi… je suis Me Taparel.
— Ah ! monsieur, justement Me Mitaine est allé au Palais pour entamer sans retard l'affaire Badinard contre Cabassol.
— Déjà ! s'écria Me Taparel.
— Oui, monsieur, et vous voyez, nous sommes tous occupés pour Badi-

nard contre Cabassol : mémoire aux juges pour Mme Badinard, requêtes, significations, assignations et autres menues pièces de procédure.

— M° Mitaine ne perd pas de temps! dit amèrement M° Taparel, mais j'espère encore arrêter tout cela ; envoyez, s'il vous plait, quelqu'un au Palais pour avertir M° Mitaine de ma présence ici, et pour le prier de venir conférer un instant avec moi, avant de passer outre.

Un clerc s'empressa de courir chercher M° Mitaine au greffe du tribunal civil. Ce fut l'affaire d'une demi-heure, M° Mitaine arriva bientôt sur les pas de son clerc.

C'était un homme d'une cinquantaine d'années, au profil anguleux et chafouin, aux yeux très mobiles clignotant derrière un lorgnon à verres bleus, à cheval sur un nez presque malicieux ; sa bouche pincée et ses pommettes saillantes étaient encadrées de longs favoris beurre frais reliés à une chevelure de la même couleur, disposée avec des prétentions à l'élégance.

Il aborda M° Taparel avec de chaleureuses poignées de main et l'entraîna dans son cabinet.

— Enchanté, cher maître, de l'honneur de votre visite! dit-il, comme je vous l'avais annoncé, je m'occupais de notre affaire, j'étais allé au Palais pour...

— C'est aller un peu vite en besogne, et vous auriez pu me voir avant de commencer le feu. Voyons! est-il possible que vous songiez sérieusement à nous attaquer devant le tribunal civil, quand mon client, de lui-même, vient renoncer à la succession de M. Badinard...

— Comme homme, j'admire ce beau trait, mais comme avoué je ne dois pas me laisser arrêter par des raisons sentimentales! Mandataire de Mme Badinard, je ne vois qu'une chose : feu Badinard, obsédé par d'injurieux soupçons contre la dame son épouse, lègue par un testament que je qualifierai seulement d'étrange et de bizarre, sa fortune à un parent éloigné, à la condition expresse que ce jeune homme le vengera de 77 personnes qu'il accuse d'avoir compromis la dame son épouse. Le legs était subordonné à l'exécution de ces vengeances, puisque, dans un dernier paragraphe, feu Badinard dit qu'en cas de non-exécution dans un certain délai, toute sa fortune servira à l'édification « dans un endroit sain et désert, d'un Refuge pour les maris maltraités par le sort. »

— C'est vrai, dit le notaire.

— Donc puisque, par suite de la découverte de l'innocence absolue de Mme Badinard, le légataire de feu Badinard reconnaît n'avoir aucune vengeance à exercer, le legs fait par M. Badinard tombe de lui-même. — Il en est de même de la disposition de feu Badinard pour le cas où les vengeances imposées ne pourraient être exercées, — feu Badinard n'ayant pas eu de

Mᵉ Jules Mitaine, avoué de Mᵐᵉ Badinard.

déboires conjugaux, n'a pas à faire élever de « Refuge pour les maris maltraités par le sort. » C'est limpide! trouvez-vous mon raisonnement limpide?

— Parfaitement, mais...

— Je n'ai pas fini. Ce testament étrange et injurieux annulé, le précédent testament, par lequel feu Badinard léguait tous ses biens à son épouse, reprend toute sa force...

— Parfaitement, mais...

— Attendez! or, pendant quinze mois M. Cabassol a été en possession de la succession, il a usé, dépensé...

— Beaucoup! fit le notaire, je pourrais dire énormément! mais ce sont des dépenses pieuses, faites uniquement dans le but d'exécuter promptement les volontés du testateur. En ma qualité d'exécuteur testamentaire, j'avais pour instruction de feu Badinard de fournir toutes les sommes nécessaires à la prompte réalisation des soixante-dix-sept vengeances...

— Comme mandataire de ma cliente je proteste contre ces dépenses. Mme Badinard reconnue innocente, doit être remise en possession de tous les capitaux provenant de la succession, c'est limpide!

— Non! s'écria Me Taparel.

Bezuchoux accablé par le chagrin.

— Pardon, la limpidité de mon raisonnement n'est pas discutable! Je reprends... Mme Badinard reconnue innocente, doit être remise en possession, etc..., plus les intérêts depuis quinze mois...

— Par exemple!

— Rien de plus juste! je suis sûr que le tribunal abondera dans mon sens... plus...

— Encore!

— Naturellement! plus les dommages et intérêts qu'il plaira au tribunal de nous accorder et que moi, avoué, mandataire de Mme Badinard, j'évalue très modestement à la somme de trois cent cinquante mille francs, et ce, sous les plus expresses réserves de tous nos droits à indemnités non prévues encore.

— Trois cent cinquante mille francs de dommages et intérêts! s'écria Me Taparel, mais c'est odieux!... Mon client a montré la plus entière bonne foi; s'il a accepté le legs de feu Badinard, c'était avec l'intention de remplir convenablement les conditions à lui imposées. Il reconnaît l'erreur du testament, mais il ne doit pas en être rendu responsable puisqu'elle est du fait du testateur, M. Badinard? Cela aussi est limpide!

— Le tribunal appréciera. Mon cher maître, l'affaire est entamée, nous allons avoir un joli petit procès Badinard contre Cabassol. Captation d'héritage, nullité de testament, etc., etc...

— Voyons! ne pourrait-on pas transiger? il n'est pas possible que vous soyez assez...

— Oh! aucune transaction n'est possible. Nos droits sont limpides, le tribunal ne peut manquer de faire droit à de si légitimes revendications!

M⁰ Taparel partit furieux. Cabassol prévenu déjà par ministère d'huissier, l'attendait chez lui, accablé par ces nouveaux soucis.

— Plaidons, puisqu'ils le veulent! s'écria M⁰ Taparel, vous allez constituer avoué et réclamer six cent mille francs de dommages et intérêts pour les dérangements et tracas occasionnés par les obligations à vous imposées inutilement par feu Badinard!

Ouverture des hostilités.

II

Comment Cabassol devint le lion du jour et occupa violemment toutes les âmes tendres et sentimentales de l'Europe civilisée. — Inquiétudes masculines. — La vendetta modèle.

Dans son étude de la rue Dauphine, Me Jules Mitaine, avoué près le tribunal civil de la Seine, se frottait joyeusement les mains. Il arpentait son cabinet, regardait ses cartons avec amour, contemplait d'un air attendri sa bibliothèque bondée de ses chers auteurs, du poétique *Recueil des lois et arrêts*, et des suaves *Annales des tribunaux civils*; de temps à autre, sans interrompre sa promenade, il se serrait d'un geste sec dans sa redingote étroitement boutonnée, et passait sa main dans ses longs favoris jaunes.

Ames tendres inquiètes pour Cabassol.

Me Mitaine, depuis la veille, se trouvait le plus heureux des avoués! Enfin, voilà qui allait le reposer des broutilles qu'il plaidait depuis vingt ans, pour sa très grande mortification, pour le très grand ennui des juges et pour le bien plus considérable ennui et la beaucoup plus colossale mortification des malheureux plaideurs; voilà qui allait le reposer délicieusement de la répugnante vulgarité des menues affaires contentieuses, son lot depuis tant d'années!

En pensant à ces menues affaires contentieuses, si platement vulgaires, Me Mitaine contractait ses lèvres et faisait une moue qui exprimait clairement un énorme et suprême dégoût. Songez donc, de malheureuses affaires où il s'agissait de cinq ou six mille francs en moyenne, qui rapportaient à peine cette petite somme à partager entre l'État, deux avoués et deux huissiers, et ce, après des mois de

Ame tendre inquiète pour Cabassol.

chicanes et de plaidoiries assommantes pour tout le monde! Pouah!

Parlez-lui, à ce bon Me Jules Mitaine, avoué près le tribunal civil de la Seine, parlez-lui de l'affaire Badinard contre Cabassol! A la bonne heure!

Elle avait tout pour elle, cette affaire Badinard contre Cabassol, toutes les séductions, elle les avait! C'était à faire battre le cœur de tous les avoués de France, de Navarre et des pays circonvoisins! Quelle belle et opulente affaire! Un litige de quatre millions tout simplement, quatre millions de principal, plus les intérêts depuis quinze mois, plus les dommages et intérêts, etc., etc.....

Elle était belle et opulente et elle était intéressante, car au lieu d'une simple question de mur mitoyen ou de créances impayées, il s'agissait de testaments annulés, de captation d'héritage, avec une brouille de ménage très compliquée pour point de départ. Et l'histoire de l'album, les soixante-dix-sept personnages compromettants, et le vengeur testamentaire, et la découverte de l'innocence de sa cliente! Décidément, c'était plus qu'une affaire intéressante, c'était une affaire amusante et délectable, une vraie *Cause célèbre* enfin, destinée à remuer Paris et à révolutionner le Palais!

Enfin, cette grande cause qu'il attendait depuis si longtemps pour animer son existence monotone, pour faire éclater ses talents, elle était donc arrivée! Il la tenait; ces jolis feuillets de papier épars sur son bureau, étaient les premiers papiers timbrés lancés dans la première escarmouche contre Cabassol. Hurrah! En avant! Montjoie et Saint-Denis! Badinard contre Cabassol!

Me Mitaine s'arrêta dans sa promenade, se serra encore dans sa redingote et s'assit devant son bureau. Il prit une grande feuille de papier jaune, la plia méthodiquement, et sur la surface immaculée il écrivit en grosse ronde :

Badinard contre Cabassol.

Cela fait, il réunit les feuilles de papier timbré, les glissa sous la couverture jaune, mit le tout dans sa serviette et repartit pour le Palais, afin de presser énergiquement la mise en train de l'affaire.

Les hostilités étaient commencées. Grâce à la vigueur déployée dès le commencement par Me Mitaine, à ses incessantes courses au Palais, l'affaire Badinard contre Cabassol avait pris tout de suite une belle allure. — Déjà Paris s'en occupait; les journaux judiciaires, bombardés de notes et de renseignements par l'actif Me Mitaine, avaient annoncé l'affaire, en termes destinés à piquer la curiosité.

« Une affaire du plus haut intérêt à tous les points de vue vient d'être
« inscrite au rôle de la 13e chambre civile. Nous n'avons pas l'habitude de
« nous répandre en indiscrétions prématurées sur les procès civils, mais
« nous devons cette fois sortir de notre réserve pour signaler une cause d'une

« importance considérable, qui passionne à l'avance tout le Palais. Il s'agit
« du grand procès Bad... contre Cab... Les moralistes trouveront dans les
« débats matière à d'amples et philosophiques observations, et nous pouvons
« dire dès à présent que ce curieux procès est destiné à produire une émo-

Les reporters au greffe.

« tion profonde dans le monde, dans le demi-monde, dans les régions offi-
« cielles comme dans le monde de la bourgeoisie, dans le monde des clubs
« ainsi que dans le monde savant!

« Attendons-nous donc à un scandale énorme. Ce procès en captation
« d'héritage et en nullité de testament recèle dans ses flancs la foudre et les
« éclairs. »

(Gazette des Tribunaux.)

Les chroniqueurs judiciaires des grands journaux ne se contentèrent pas de ces simples racontars; ils assiégèrent les greffes pour obtenir de plus amples indiscrétions; M⁰ Milaine, très madré, fit semblant de se laisser arracher les renseignements un à un, et bourra les journalistes de tous les détails susceptibles de surexciter la curiosité.

Cabassol, désespéré, put lire dans les journaux des notes qui lui donnèrent un avant-goût de ce que lui réservaient les audiences.

« Le très curieux procès qui se déroulera prochainement devant la
« 13e chambre va révéler au monde l'existence d'une profession inconnue et
« toute nouvelle. Privat d'Anglemont dans ses *Métiers inconnus*, n'a pu la
« signaler à côté du *Fabricant d'escargots de Bourgogne* en mou de veau ou
« du *Tourneur de bâtons de maréchal*, car cette profession extraordinaire
« n'existait pas de son temps. Nous voulons parler aujourd'hui du *Vengeur*
« *testamentaire*, profession nouvelle non encore cataloguée au grand livre
« des patentes.

« Cette carrière exige de celui qui désire l'embrasser de hautes qualités
« physiques et morales, de l'esprit, de l'ardeur, une figure agréable et quel-
« ques autres avantages. Cette étonnante profession était exercée, dernière-
« ment encore, par M. Cab..., une personnalité parisienne assez répandue
« dans tous les mondes.

« Il y a quinze ou seize mois, M. Cab... eut la bonne fortune de recueillir
« un modeste héritage de quatre millions, que lui léguait un de ses parents
« éloignés, M. Bad...

« M. Bad..., croyant avoir à se plaindre de cent soixante-dix-sept per-
« sonnes, qu'il accusait d'avoir transpercé son contrat de mariage d'innom-
« brables coups de canif, chargeait M. Cab... d'appliquer à ces cent soixante-
« dix-sept personnes la peine du talion ou approchant !

« Il paraîtrait que M. Cab... s'est mis consciencieusement à la besogne et
« qu'il a, depuis seize mois, sinon complètement, du moins en grande partie
« vengé M. Bad...

« Or, voilà où l'affaire se complique : on vient de recueillir la preuve
« que M. Bad... s'était plaint de torts absolument imaginaires; l'épouse
« calomniée revendique ses droits, réclame l'annulation du testament de
« M. Bad..... et poursuit M. Cabassol avec toute l'énergie d'une épouse
« outragée et spoliée.

« Le procès promet des révélations inattendues, des émotions nombreu-
« ses, de véritables coups de théâtre.

« Dès à présent, une grande inquiétude règne parmi les personnes qui,
« de près ou de loin, ont plus ou moins connu M. Cab...; la révélation
« de sa situation de *Vengeur testamentaire* a mis en émoi nombre de mé-
« nages ! Nous n'insistons pas, on comprend les angoisses des maris....
« Étaient-ils compris dans la liste du Vengeur? n'y étaient-ils pas? Le Ven-
« geur a-t-il exercé son mandat ou ne l'a-t-il pas exercé ? *That is the question*.

« Les prochaines audiences le leur diront sans doute. »

(*Le Figaro*.)

LA GRANDE MASCARADE PARISIENNE

La Vendetta parisienne.

« Paris est profondément émotionné : ce n'est pas la question d'Orient, « ce n'est pas la fièvre électorale, ce ne sont pas les brûlantes complications

Agnès s'était fait faire un costume trop séducteur.

« de la politique intérieure « qui causent son émoi. La « chose est bien plus grave « que tout cela ! Ce qui pas- « sionne Paris, c'est un « procès, un simple procès « civil devant la 13e cham- « bre, l'affaire B... contre « Cab... Le procès en lui-« même, une demande en « nullité de testament, se-« rait simplement intéres-« sant, mais les étranges ré-« vélations qu'il promet sur » la société parisienne, en font déjà une cause célèbre. — Le défendeur, « M. Cab..., jeune homme bien connu, avait hérité d'un M. B... d'une cer-« taine quantité de millions, à la seule condition de le venger, dans un « délai déterminé, de trois cent soixante-dix-sept personnes dont il avait » trouvé les portraits extra-compromettants dans le guéridon de sa femme.

Liv. 63.

« Le féroce M. B... ordonnait à son vengeur d'appliquer sans pitié la
« peine du talion. — M. Cab... se mit courageusement à l'œuvre; en quinze
« mois il réussit à mener à bien les trois quarts des vendettes commandées.
« On raconte même tout bas que, manquant de renseignements sur certaines
« personnalités, il sévit un peu au hasard, et que, pour arriver à un coupable,
« il sacrifia parfois une douzaine d'innocents.

« On cite, parmi les plus maltraités, un maestro célèbre, un diplomate
« étranger, quelques députés, — siégeant heureusement loin de nos amis
« politiques, — et même un membre de l'Institut.

« Toutes les personnes qui ont été en rapport dans ces derniers temps
« avec M. Cab... attendent avec anxiété les révélations de l'audience.

« Le plus amusant de l'affaire, c'est que Mme B... était innocente et par
« conséquent les trois cent soixante-dix-sept ou quatre cent soixante-dix-sept
« aussi! Vengeance! vengeance! Plaignons M. Cab... Le tribunal va être
« obligé de le condamner par faveur aux travaux forcés à perpétuité, pour
« le sauver des quatre cent soixante-dix-sept ou cinq cent soixante-dix-sept
« maris chagrinés par lui! »

(*Le Gaulois.*)

Cabassol, le principal inculpé, Me Taparel et M. Miradoux, considérés presque comme ses complices, étaient dans la désolation.— Les indiscrétions des journaux ne se bornaient pas là ; les reporters, dans la crainte de se laisser distancer dans la course aux renseignements, en racontaient bien d'autres et ne se gênaient nullement pour inventer une quantité de détails et pour enjoliver les faits connus des broderies les plus ingénieuses.

Toutes les pièces du dossier Badinard, l'album aux soixante-dix-sept photographies, les comptes, les lettres et notes de Cabassol, tout avait été déposé au greffe du tribunal civil pour l'édification des juges et pour la délectation particulière de M. Arsène Gratteloup, greffier en chef de la 13e chambre, qui ne s'était jamais vu à pareille fête.

M. Arsène Gratteloup était un philosophe ; il avait vu bien des choses, les unes extrêmement drôles, les autres extrêmement tristes, depuis quinze années qu'il servait de régisseur général à la 13e chambre, presque exclusivement vouée aux affaires de séparation, mais jamais il n'avait rencontré une cause aussi amusante. Les greffiers de la Cour d'assises ont quelquefois leurs bons moments, mais certes, de mémoire de greffier, aucun d'eux ne pouvait prétendre avoir jamais eu un procès aussi délicieux à étudier, dans ses détails et dans sa charpente.

Me Mitaine passa plusieurs jours à examiner les pièces du procès en tête à tête avec le jovial greffier. Ce furent des journées pleines d'agrément;

les lettres de Cabassol instruisant M⁰ Taparel de la marche de ses différentes campagnes contre les ennemis de feu Badinard, les observations inscrites en marge par la main de M⁰ Tapareil, faillirent donner une maladie à M. Arsène Gratteloup pour les efforts désespérés qu'il dut faire afin de refouler des éclats de rire attentatoires à la dignité professionnelle. M⁰ Mitaine travaillait ; il prenait des notes, tant sur les lettres de Cabassol que sur le registre de copies de lettres de l'étude Taparel, dans lequel il retrouva toute la correspondance de Miradoux avec Mᵐᵉ Colbuche, ainsi que la trace des recherches longtemps infructueuses faites par M⁰ Taparel, pour mettre la main sur l'insaisissable Jocko du club des Billes de billard.

L'examen des soixante-dix-sept photographies compromettantes et la lecture des dédicaces si flatteuses qui les accompagnaient, leur procurèrent de doux instants. M⁰ Mitaine ayant l'intention de citer comme témoins les soixante-dix-sept infortunés, n'eut qu'à copier la liste des noms et adresses, préparée par Miradoux après tant de peines et de démarches. A cette liste il ajouta quelques noms des membres du club des Billes de billard, retrouvés dans la correspondance Taparel, ce qui porta le chiffre des témoins à quatre-vingt-quinze.

M. le greffier Arsène Gratteloup.

Ces quatre-vingt-quinze personnes reçurent dès le lendemain assignation de comparoir devant la treizième chambre civile, pour dire ce qu'ils savaient de l'affaire Badinard. Les journaux publièrent la liste complète des témoins avec leurs professions et adresses, et jetèrent ainsi les premiers germes de trouble dans bien des ménages, car si beaucoup de témoins avaient réussi à cacher l'assignation reçue à leurs épouses, l'indiscrétion coupable des journaux rendit cette précaution inutile.

Le lendemain de la publication de la fameuse liste, les clercs de M⁰ Mitaine furent révolutionnés par l'irruption tout à fait anormale d'une douzaine de dames élégantes dans leur antre moisi. Les clercs se hâtèrent de donner tous les sièges de l'étude à ces dames et leur demandèrent ce qu'elles désiraient.

— Parler à M⁰ Mitaine ! soupira la première des dames en soulevant sa voilette.

— Moi aussi, dit une autre d'une voix gémissante, pour l'affaire Badinard.

— Et moi aussi, s'écrièrent toutes les autres dames.

Mᵉ Mitaine étonné du remue-ménage de l'étude, entre-bâilla la porte de son cabinet et passa la tête.

— Pour l'affaire Badinard, dit-il, je suis à vous, mesdames, tout à vous... donnez-vous la peine d'entrer.

Les douze dames se jetant mutuellement des regards furtifs et défiants, prirent place comme elles purent devant le bureau de Mᵉ Mitaine; après avoir secoué leurs jupes et rebaissé leurs voilettes pour cacher leurs yeux légèrement rougis, elles se mirent toutes à regarder le plancher sans prendre la parole.

— Eh bien, mesdames, demanda Mᵉ Mitaine, vous venez pour l'affaire Badinard?

— Mon mari a reçu une assignation, gémit une petite dame blonde.

Inquiétudes féminines.

— Le mien aussi! répéta chacune des autres dames.
— Et je voudrais avoir des éclaircissements...
— C'est cela, des éclaircissements, dirent toutes les dames.
— Des éclaircissements sur sa participation à l'affaire Badinard!... A quelle époque a-t-il causé des chagrins conjugaux à M. Badinard, était-ce avant notre mariage ou depuis?
— Oui, dirent les autres dames, à quelle époque, tout est là?
— Mesdames, répondit Mᵉ Mitaine, je voudrais pouvoir vous donner les éclaircissements que vous demandez, et je souhaiterais n'avoir que des choses agréables à vous révéler, malheureusement, je ne puis rien dire, il y a dans cette lamentable et scandaleuse affaire des points encore bien vagues! Les débats feront la lumière sur tout cela, prenez patience jusque-là...
— C'est que, reprit une petite dame brune, mon mari depuis hier est d'une humeur exécrable et qu'il me parle constamment de M. Cabassol... et je n'ai jamais vu ce M. Cabassol, comment est-il?
— Mesdames, tout cela s'arrangera devant le tribunal. Patientez une quinzaine de jours et souvenez-vous que je me ferai un vrai plaisir de vous faire placer convenablement à l'audience!

A peine les dames étaient-elles sorties qu'un monsieur se précipita dans le cabinet de M° Mitaine.

— Monsieur, dit-il, j'ai reçu votre assignation, je suis témoin dans l'affaire Badinard ; je me nomme Eugène de Monistrol.

Criquetta était connue pour ses idées fantaisistes sur la fidélité et la constance.

M° Mitaine salua.

— En effet, monsieur.

— J'étais donc sur cette liste de M. Badinard. Ce qui est extraordinaire, c'est que je n'ai jamais connu de Badinard... enfin ! j'étais sur la liste des personnes vouées à la plus cruelle vendetta... Un seul mot, monsieur, le vengeur, M. Cabassol, a-t-il sévi contre moi...

— Mais, monsieur...

— Oui ou non, a-t-il sévi ? J'arrive de Dieppe, monsieur, avec Mme de Monistrol. M. Cabassol y était aussi il y a quinze jours... j'ai vu son nom sur la liste des étrangers... fatalité ! nous habitions le même hôtel... je frémis, monsieur !... vous comprenez mes craintes... ma femme est jolie... a-t-il sévi ?

— Monsieur, je suis persuadé au contraire...

— Comment, monsieur, au contraire, pensez-vous que Mme de Monistrol soit un laideron ?

— Je ne dis pas cela, je dis que je suis persuadé que si M. Cabassol a eu l'audace, l'outrecuidance, la folie de...

— Ce ne serait pas une folie...

— Non... mais enfin, je suppose que...

— Ah ! vous supposez, maintenant... je sais ce que cela veut dire ! D'ailleurs, Agnès s'était fait faire un costume de bain par trop séducteur... il y avait du louche... mon sort n'est que trop certain.

— Mais, monsieur, je vous jure que je ne sais rien. Les débats éclairciront votre situation dans un sens favorable, je n'en doute pas ! Attendez l'audience.

— C'est bien, je traînerai M. Cabassol sur le terrain s'il a sévi... et si... si là-bas, à Dieppe, il a reculé, c'est une injure à mon Agnès, et je le traînerai aussi sur le terrain !

Après le départ de M. de Monistrol, Me Mitaine se frotta les mains. Sans nul doute, l'affaire qui mettait tant de monde en émoi dès les premiers jours, était destinée à fournir des audiences intéressantes.

Sans doute, tous les témoins allaient se trouver très contrariés de ce démêlé public avec Cabassol, le vengeur imaginaire de feu Badinard, et avec Me Mitaine, le vengeur très réel de la très calomniée Mme Cabassol, mais cela importait peu, l'essentiel était d'obtenir l'annulation du testament Badinard avec toutes ses conséquences. — Tant pis pour ceux que gêneraient les révélations de l'audience.

Un nom manquait à Me Mitaine, un nom d'une importance capitale. Me Taparel avait absolument refusé de livrer le nom de la véritable propriétaire de l'album aux soixante-dix-sept photographies ; il était le premier à reconnaître l'innocence de Mme Badinard, il consentait au nom de son client à rendre à cette dame ce qui restait de la succession, mais il refusait, par discrétion, de dire à qui appartenaient réellement les photographies incriminées par la jalousie de feu Badinard.

Me Mitaine s'était juré de trouver ce nom, de traîner à l'audience celle qui avait suscité tant d'ennuis à sa cliente, Mme Badinard. — Me Taparel aurait beau s'obstiner dans sa discrétion, il découvrirait la coupable. — A défaut de certitude, la correspondance de Cabassol lui avait fourni quelques indices ; il y était souvent question de Mlle Criquetta, une actrice éminemment légère, qui avait été en rapports, Cabassol l'écrivait lui-même, avec plusieurs des témoins faisant partie du club des billes de billard.

Criquetta était suffisamment connue pour ses idées fantaisistes sur la constance et sur la fidélité, pour qu'il y eût quelque vraisemblance à lui attribuer la propriété de cette collection imposante de souvenirs photographiques; le fameux album devait être à elle.

Mᵉ Mitaine résolut d'ouvrir, sans tarder, une enquête personnelle. Il n'était pas difficile d'aller trouver Criquetta; les chroniques théâtrales la représentaient comme une femme charmante aux allures de bon garçon; en lui racontant spirituellement les choses, en lui demandant franchement la vérité, elle répondrait sans doute.

Mᵉ Mitaine s'arrêta donc à ce projet. La date de la première audience était fixée; il avait encore quinze jours devant lui pour trouver la propriétaire de l'album; sans nul doute, un homme de sa valeur n'avait pas besoin d'un aussi long

Inquiétudes masculines. Vengeance ! Vengeance !

délai et tout portait à croire qu'en vingt-quatre heures il aurait réussi.

Le procès continuait à occuper violemment la presse et le public; il n'était pas de jour que les gazettes ne revinssent sur ce sujet pour entretenir leurs lecteurs des bruits du palais ou pour donner quelques nouveaux détails sur les faits et gestes de M. Cabassol, le héros de l'affaire. Notre pauvre ami était devenu la proie de la curiosité publique, tous les jours, des reporters le tournaient et le retournaient sur le gril de l'indiscrétion, sans nulle pitié; on avait fait sa biographie par bribes et morceaux; on avait démoli de fond en comble le mur de sa vie privée et raconté de suppositions en suppositions, son histoire depuis sa sortie des bras de sa nourrice jusqu'à ses dernières tentatives de vengeance contre les infortunés ennemis de feu Badinard.

Il en était résulté des polémiques violentes, chroniqueur contre chroniqueur, et des avalanches de lettres avaient plu dans tous les bureaux de rédaction, lettres provenant pour la plupart des personnes inscrites sur la liste fatale.

Cabassol avait, dès le commencement des indiscrétions, pris le sage parti de déménager; Mᵉ Taparel seul connaissait son adresse et lui faisait parvenir les nouvelles. De cette façon, notre ami put attendre patiemment le grand jour de l'audience sans avoir à répondre de quart d'heure en quart d'heure tant aux provocations qui pleuvaient à son ancien domicile, qu'aux billets plus doux et plus parfumés que des dames nombreuses et passionnées, françaises, anglaises et américaines, adressaient au séduisant héros de cette aventure sentimentale et extraordinaire.

Un journal judiciaire, *le Crime illustré*, avait porté au comble la popularité de notre ami dans les cœurs féminins en publiant son portrait considérablement revu et embelli. Ce portrait, placé entre un petit assassinat où le sang coulait à flots sur la page et un guet-apens avec vitriol, eut un succès immense parmi les fleuristes et les brunisseuses, et causa, dit-on, plusieurs tentatives de suicide par le charbon chez les jeunes personnes inflammables.

Venge-toi comme Badinard.

Un grand écrivain qui est aussi un moraliste, M. Alexandre Dumas, quitta ses travaux d'auteur dramatique et d'académicien, pour écrire, à propos du procès Badinard, une de ces brochures passionnantes dans lesquelles il formule vaillamment et sans détour sa pensée sur les questions morales.

Sous ce titre : *Ceux qui se vengent bien et ceux qui se vengent mal*, M. Alexandre Dumas entreprit la réfutation de son fameux : *Tue-la!* Revenant sur ses anciennes opinions et faisant amende honorable, il combattit énergiquement les prétentions odieuses de ces époux ou amants trompés qui croient avoir le droit de se venger par le revolver et le vitriol, et il approuva hautement le choix fait par Badinard de la simple peine du talion pour venger les sévices matrimoniaux. Sa conclusion énergique et claire fut :

« Lecteur, mon ami, écoute mon conseil (cette fois c'est le bon!) : si ta femme te trompe, ne la tue pas, ne la vitriolise pas, ne la revolv-rise pas, ne lui fais pas de mal avec les petits couteaux qui coupent l'amitié, tais-toi et pardonne! — Je te livre L'AUTRE. Pas de pitié pour ce misérable, mais pas de petit couteau, pas de revolver et pas de vitriol non plus! la peine du talion, ami lecteur : VENGE-TOI COMME BADINARD! »

Régates à Beaumeaud.

III

La fête de Criquetta. — Bezucheux couronne une rosière et prononce un éloquent discours sur les charmes de la vertu. — La rosière approximative

Mlle Criquetta, l'étoile des Folies-Musicales, donnait une fête champêtre dans sa petite villa de Beaumesnil, près Croissy, pour célébrer la Sainte-Suzanne, sa patronne. Le programme des divertissements était très varié et très chargé. Dès la première heure, c'est-à-dire au lever du soleil, vingt et une

Candidates à la dignité de rosière approximative.

bombes avaient été tirées sur la terrasse de la villa pour réveiller les habitants, puis une distribution de bons de flans, brioches et galettes avait été faite aux indigents de la commune.

Les vraies réjouissances commencèrent à deux heures, après le déjeuner, par le couronnement solennel d'une rosière.

Sur la pelouse, devant la villa, se dressait une vaste tente décorée des drapeaux de toutes les puissances amies ou ennemies — (la vertu n'a pas de nationalité! avait dit Criquetta aux autorités) — au milieu desquels flottait une grande oriflamme aux initiales de Criquetta.

L'organisateur de cette partie de la cérémonie, était notre ami Bezucheux de la Fricottière fils. — Présenté jadis par Cabassol à Criquetta, il était resté l'ami de la charmante actrice et, pour le moment, il essayait d'étourdir près d'elle l'immense chagrin laissé par les trahisons répétées de Tulipia. En sa qualité d'ancien sous-préfet, Bezucheux de la Fricottière s'entendait aux cérémonies officielles; ce fut lui qui salua les autorités de Beaumesnil et qui les installa à la tribune d'honneur; sous sa haute direction, quatre commissaires, décorés d'un brassard blanc, avec les initiales S. C., reçurent les invités, le conseil municipal, la fanfare et l'orphéon, ainsi qu'une députation de jeunes filles en blanc, en tête de laquelle marchait, les rougeurs de l'innocence au front, la jeune Virginie Moussard, désignée par vingt-huit années de vertu sans interruption aucune, pour la couronne de roses blanches et le titre de rosière municipale.

Les deux sociétés rivales, la fanfare beauménisloise et l'orphéon, se disputaient l'honneur d'ouvrir la séance par un morceau de leur répertoire. Bezucheux les mit d'accord en proposant de s'en remettre pour cela à la décision du sort. L'épreuve du doigt mouillé réunit après une courte délibération les suffrages de M. le maire et de ses adjoints; aussitôt Criquetta, présidente de la fête, fit venir les directeurs des deux sociétés musicales, et après s'être retournée une minute pour qu'il n'y eût pas de tricherie, leur tendit deux doigts, en les priant de choisir.

M. le maire de Beaumesnil.

Le directeur de la fanfare poussa un hurrah éclatant, il avait pris le *doigt mouillé !*

Pendant que le chef de l'orphéon descendait penaud de l'estrade, la fanfare, avec toute la vigueur de ses bras et de ses poumons, entama la *Marseillaise.*

Quand les derniers accords des cuivres se furent éteints au milieu des applaudissements, l'orphéon tout entier se redressa, et entonna d'une voix furieuse :

Allons, enfants de la patrie...

Après le dernier couplet triomphalement enlevé par l'orphéon, Bezucheux se leva, déploya un papier, et après avoir, d'un geste, réclamé le silence de l'assemblée, commença la lecture d'un éloquent discours sur :

LES CHARMES DE LA VERTU

Mesdemoiselles, mesdames, messieurs !

A toutes les époques, aussi bien dans l'antiquité, cette grand' mère des temps présents, qu'au moyen âge, dans les siècles d'hier et d'avant-hier, dans

Popularité de Cabassol.

es temps barbares, dans les temps héroïques, dans les temps chevaleresques, — à Rome, à Sparte, à Carthage, en Grèce, en Egypte, en Perse, — sur le Nil, sur l'Euphrate, sur le Tigre ou sur le Tibre, chez les hommes de l'âge de pierre, chez les tribus de l'âge de fer, chez les peuplades de l'âge de bronze, — au sein des populations lacustres, parmi les sauvages peu vêtus des déserts préhistoriques, — sous la tente en poil de dromadaire des Arabes pasteurs, sous les portiques d'Athènes, dans les palais de marbre des augustes sénateurs de Rome, dans les gothiques manoirs de la féodalité, — en même temps que l'on récompensait le courage, la force, l'adresse, le talent, toujours on a honoré, glorifié, récompensé la vertu, cette simple et candide petite violette!

Dans les jeux olympiques où toute la jeunesse grecque était conviée, des exercices étaient réservés aux jeunes filles, on ne leur apprenait pas à lancer d'une main sûre le dard cruel ou le javelot meurtrier, on ne leur apprenait pas à manier le glaive, mais on les faisait lutter à la course, on organisait des concours de travaux de couture et des prix étaient réservés aux plus habiles et aux plus sages.

A Rome, au Colysée, dans ces arènes où le sang des gladiateurs coulait avec celui des bêtes féroces ou simplement sauvages, certains jours étaient réservés pour des distributions de prix et d'accessits de vertu. C'est là, sans doute que les Romains venaient choisir celle qui devait être la gardienne du foyer domestique, car un poète de cette époque féconde en poètes, fait dire à une jeune Romaine dans une de ses fraîches églogues :

C'est au Colysée que je fis sa conquête,
Ce jour pour moi, etc...

A Rome encore, les amis de la vertu doivent l'institution du collège des Rosières, en latin du temps, *Vestales!*

Au moyen âge nous trouvons les jeux Floraux, ces aimables tournois poétiques qui se sont perpétués d'âge en âge jusqu'à notre époque, que des censeurs austères se plaisent pourtant à nous représenter comme entièrement dépourvue d'idéal. Des églantines, des roses et des soucis d'or étaient et sont encore distribués chaque année aux vainqueurs de ces joutes pacifiques, aux poètes qui ont le mieux chanté la vertu.

Les tournois eux-mêmes n'étaient pas exclusivement les fêtes de la vaillance et de la force, outre les prix pour les combats à la lance émoulue ou non émoulue, à l'épée, ou à la hache, dans la lice armoriée et pavoisée nos aïeux avaient coutume de distribuer aussi de blanches couronnes aux jeunes élèves des pensionnats de la noblesse, de la bourgeoisie et du peuple, qui s'étaient particulièrement distingués pendant le cours de l'année, dans la pratique de la vertu et des travaux à l'aiguille.

Mais je m'arrête, il me serait facile de trouver dans nos annales, mille faits pour prouver que jamais l'aimable vertu n'a cessé d'être pratiquée par les jeunes personnes, chantée par les poètes, les sociétés musicales, vocales et instrumentales, hautement protégée et glorifiée par les hommes les plus distingués de toutes les époques.

Notre temps si calomnié a non seulement suivi la tradition, mais encore il l'a développée et il a tout fait pour répandre et propager le culte de la vertu, pour faire goûter ses charmes dans les cantons les plus éloignés : comices agricoles, concours régionaux, fêtes, institutions particulières, etc., il a tout multiplié ! Gouvernement, académies, autorités municipales, sapeurs-pompiers et simples particuliers, tout le monde dans notre patrie, dans les pays circonvoisins et même en Amérique, rivalise maintenant d'ardeur pour rechercher la vertu partout où elle se cache et pour l'encourager à la persévérance par des distinctions aussi flatteuses que méritées.

C'est ainsi, mesdemoiselles, mesdames, messieurs et honorables sapeurs-pompiers, que madame Suzanne Criquetta, devenue l'enfant adoptive de la commune de Beaumesnil, a songé à instituer dans ce vertueux village, un

Les invitées de Criquetta.

couronnement annuel et solennel de rosière municipale ! Noble exemple que l'on s'empressera d'imiter, nous l'espérons, dans les communes environnantes.

La modestie et les occupations de votre charmante concitoyenne l'ont empêchée de prendre part, au premier concours, mais je crois être l'interprète de toute l'assemblée, en rendant ici un public et solennel hommage à la limpidité cristalline de son âme, à la pureté de son cœur, à la fois asile et autel pour les plus austères vertus — et en demandant pour elle le beau titre de *rosière honoraire*.

Chaque année la jeune personne dont les vertus auront réuni les suffrages éclairés du conseil municipal, recevra des mains de Mme Suzanne Criquetta la couronne blanche de rosière et un livret de caisse d'épargne de cinq cents francs.

Des applaudissements unanimes couvrirent la fin de cette phrase. Bezucheux s'inclina et retourna s'asseoir auprès de Criquetta. M. le maire se leva, salua l'assemblée, parut avoir l'envie de prononcer un discours, mais ne pouvant maîtriser l'émotion de l'orateur à son premier début; il se contenta de prononcer d'une voix étranglée :

Commune de Beaumesnil... Conseil municipal... Délibération...

Rosière : Mlle VIRGINIE MOUSSARD

Mentions honorables : Mlles CLARA BOMBLED, ERNESTINE DUPIGNON.
Accessit de consolation : Mlle JEANNE BUCHOT.

Un commissaire s'était déjà précipité vers Mlle Virginie Moussard et lui avait offert son bras pour gravir l'estrade. La rosière fortement émotionnée, salua M. le maire et s'inclina devant Criquetta, qui lui mit sur la tête une superbe couronne de roses blanches. Bezucheux se leva et tendit à la jeune fille son livret de caisse d'épargne.

— Quel âge avez-vous, mon enfant? demanda-t-il avec intérêt.

— Vingt-huit ans à la Saint-Fiacre, répondit la rosière.

— Tiens, moi aussi, fit Bezucheux, c'est très bien, mon enfant, continuez et dans vingt-huit ans encore, vous aurez droit à un autre livret.

Sur ce, il fit un signe et les deux sociétés musicales entamèrent ensemble la *Marseillaise*, le plus brillant morceau de leur répertoire.

A ces accents entraînants, les autorités descendirent de l'estrade et quittèrent la villa à la tête d'un brillant cortège, pour reconduire la rosière à son domicile.

Il ne restait plus que les invités de Criquetta, la fête intime allait commencer.

— Mes enfants, dit Criquetta, en recevant les félicitations de ses amis, pour la façon gracieuse et digne avec laquelle elle avait présidé cette touchante cérémonie, mes enfants, les jeux sont ouverts, voyez ce mât de cocagne élevé de trois mètres quatre-vingts au-dessus du niveau de la mer, des prix offerts par des dames généreuses sont à la disposition des plus hardis et des plus agiles! Les concurrents devront se faire inscrire par M. Bezucheux de la Fricottière, ancien sous-préfet, ancien homme politique, qui nous a offert gracieusement le concours de sa vieille expérience. Allez!

Les dames s'étendirent sans façon sur la pelouse, au centre de laquelle se dressait le mât de cocagne.

Bezucheux de la Fricottière tira son calepin et se déclara prêt à inscrire les jeunes athlètes.

— Voyez! cria-t-il en désignant les objets qui se balançaient au sommet du mât de cocagne, voyez, hommes courageux, les splendides prix donnés par les dames et brodés de leurs blanches mains : une montre en argent remontée tout à l'heure par mes soins avant qu'elle le fût au sommet du mât; une paire de bretelles brodées et damasquinées, avec une place pour les initiales que la donatrice s'engage à remplir; un parapluie, une cravate, une paire de pantoufles en tapisserie des Gobelins, et enfin un chapelet de cervelas authentiques de l'école de Bologne, rapportés de cette terre classique des beaux-arts et de la charcuterie fine, par un navigateur qui désire garder l'anonyme !...

Une douzaine d'invités de Criquetta se firent inscrire et reçurent des numéros d'ordre. L'amphytrionne donna elle-même le signal de la lutte en frappant dans ses mains. Les concurrents s'élancèrent et grimpèrent courageusement les uns par-dessus les autres.

Les divers lots furent enlevés en dix minutes;

La fête de Criquetta. — Petits jeux et mât de cocagne.

la paire de bretelles fut décrochée la première et le vainqueur, après être descendu sur les têtes des autres, eut la permission d'embrasser Criquetta.

— Maintenant, messieurs et amis, reprit Bezucheux après avoir félicité les gagnants, nous allons faire succéder, aux luttes vulgaires du mât de cocagne, des exercices pour la partie intelligente de la société. — Nous avons des balançoires, des jeux de tonneau, un jeu de boules pour gagner des macarons! Après une heure donnée à ces joies pures, des plaisirs non moins purs, mais nautiques, vous seront offerts. Je veux parler des grandes régates à la voile et à l'aviron, des courses de skiffs et de périssoires sur la Seine. Les escadres de Bougival et de Croissy sont convoquées; la lutte promet d'être belle! Deux bombes annonceront l'ouverture et deux autres bombes la clôture des régates. Ce n'est pas tout, gagné par le touchant exemple donné par notre gracieuse amphytrionne, je veux à mon tour faire quelque chose pour la moralisation des populations maritimes de la Grenouillère. Mme Criquetta a fondé un prix de vertu, j'en fonde un autre et je déclare solennellement instituer pour tous les ans, à pareille date, le couronnement d'une *Rosière approximative*, choisie parmi les canotières les plus vertueuses! Donc, après les régates, l'élection au scrutin public de la Rosière approximative et son couronnement!

Quelques invitées, habitantes des villas de Beaumesnil, de Croissy ou de Bougival étaient, après le couronnement de la rosière, parties accompagnées de leurs cavaliers pour aller revêtir leur costume de canotage; une bombe annonça leur retour, et les invités ayant épuisé les félicités des jeux de boule et de tonneau, se groupèrent sur la terrasse pour saluer de bruyantes acclamations l'arrivée de l'escadre.

Trois canots, montés chacun par une dame et quatre rameurs, et cinq périssoires de différents modèles, formaient toute la flotte; les équipages étaient superbes de tenue, les dames des périssoires avaient endossé des costumes de bains d'une coupe aussi gracieuse qu'indiscrète et de couleurs éclatantes.

— Bravo! Coralie! Bravo! Emma!... Louisa!... Amy!... hurrah!... Bravo! Bibi! crièrent les spectateurs de la terrasse à chaque périssoire.

Coralie avait un costume maillot blanc, bordé et étoilé de bleu foncé; Emma, une petite blonde, était en jaune des pieds à la tête et semblait, sous les rayons du soleil, transparente comme un sucre de pomme de Rouen; Amy remplissait crânement un costume à carreaux écossais; Louisa portait un costume de bain ultra-fantaisiste, rouge à fleurs bleues; quant à la dernière, celle que deux ou trois messieurs avaient saluée du doux nom de Bibi, que cette dame portait dans l'intimité, c'était une extrêmement plantureuse brune qui, par modestie sans doute, cherchait à diminuer l'opulence de ses charmes dans un maillot extrêmement serré d'un bleu marine presque noir.

Bezucheux, descendu sur la berge, reçut l'escadrille avec toute la solennité possible ; il remercia les équipages de leur précieux concours et annonça que l'aimable amphytrionne, Mme Criquetta, désireuse d'encourager les progrès de la navigation, offrait gracieusement trois prix pour les régates.

1er *Prix*, destiné à l'embarcation qui arriverait avec le n° 1 dans la lutte de vitesse. — Deux lapins de chou parfaitement élevés.

2e *Prix*, pour l'embarcation n° 2. — Un lapin idem.

3e *Prix*, pour l'équipage possédant le mieux l'allure vieux loup de mer. — Une boîte de sardines et un lapin jouant du tambour.

Les régates.

Quand toutes les embarcations, canots, skiffs ou périssoires, se furent rangées sur une seule ligne perpendiculaire au rivage, Bezucheux annonça le départ par une bombe.

Le canot *la Torpille*, mené par deux boursiers et par une barreuse et Jersey collant, remporta le premier prix avec une avance de quelques mètres seulement sur Louisa, qui obtint le second. Au bruit des hourras, les gagnants vinrent recevoir leurs prix des mains de Criquetta ; par malheur les lapins offerts, effrayés par une bombe et n'étant attachés que par de faibles rubans roses, prirent la clef des champs et détalèrent sur la berge, à la grande joie des jeunes habitants de Beaumesnil, qui se donnèrent le plaisir d'une chasse à courre et coururent après les évadés jusque sur le territoire de Marly, de l'autre côté du pont de Bougival.

Restait le troisième prix à décerner ; d'une commune voix il fut accordé à la plantureuse Bibi.

— Et maintenant, s'écria Bezucheux, des rafraîchissements sont préparés ; que tout le monde se rafraîchisse et se recueille, car nous allons avoir à procéder à l'élection et au couronnement d'une Rosière approximative (fondation Bezucheux de la Fricottière fils, rival de feu Monthyon et de Mᵐᵉ Criquetta!).

Tous les invités, spectateurs et canotiers, rentrèrent dans la villa. Sous la tente, précédemment occupée par les autorités municipales, des rafraîchissements abondants les attendaient.

— Mesdames, messieurs! prononça Bezucheux sur l'estrade, pendant que madères, vermouths et absinthes gommées se préparaient avec une musique de petites cuillers tintant dans les verres; mesdames, messieurs!

Une barreuse.

cette journée commencée par un éclatant hommage rendu aux charmes de la vertu, finira de la même façon; après avoir couronné l'innocence villageoise dans la personne de la Rosière deBeaumesnil, nous couronnerons la vertu parisienne, dans la personne d'une Rosière approximative, choisie parmi les jolies femmes qui nous entourent. Non, il ne faut pas laisser croire plus longtemps au monde, lorsque Nanterre, Beaumesnil et bien d'autres simples villages se signalent chaque année par une production régulière d'innocentes rosières, que le sol parisien reste improductif! Non, la vertu parisienne ne restera pas plus longtemps sans récompense, nous saurons la découvrir où elle se cache et la montrer à l'univers ébloui! Donnons l'exemple aujourd'hui, couronnons une Rosière relative, la Rosière de la Grenouillère, et demain, grâce à notre noble initiative, l'institution se propagera, demain chaque quartier de Paris se montrera jaloux de prouver qu'il n'est pas inférieur à Nanterre, demain nous aurons la Rosière du boulevard Haussmann, la Rosière de l'Opéra, la Rosière de la rue de Suresnes, etc., etc. Vous comprenez, je l'espère, la haute importance du choix que nous allons faire. Je ne dirai plus qu'un mot, pour vous recommander, messieurs les électeurs, la plus grande impartialité! Ne vous laissez pas émouvoir par les souvenirs personnels ou par n'importe quelle considération; pas d'intrigue, pas de fraude. J'avertis charitablement ces dames que toutes les tentatives de corruption électorale, par clignements d'yeux, promesses ou autrement, seront réprimées avec sévérité.

J'ai l'œil sur elles et je mettrai hors de concours toutes celles qui chercheraient à influencer la décision des électeurs. J'ai dit, que l'élection commence!

— Je demande la parole, dit une voix; le mode d'élection n'a pas été, ce me semble, suffisamment étudié... le fondateur de ce prix de vertu croit sans doute qu'à son exemple, tous les hommes sont vertueux et forts. Il n'en

Les dames des périssoires.

est rien, j'ai le regret de le dire! Il n'en est rien, je le répéterai jusqu'à demain, sans me laisser intimider par les protestations. L'honorable Bezucheux de la Fricottière ne connaît donc pas la fragilité masculine? Mais, au lieu de voter librement, nous allons tous voter ici pour la déesse de nos rêves... Plaît-il? Oui, nous allons tous... ainsi moi, si l'on vote comme cela au scrutin public et par acclamation, je vais voter pour Louisa... et pourtant, messieurs et amis, elle ne mérite aucunement cette distinction!

— Insolent!

— Non, vous ne la méritez pas ! sans faire juge l'honorable société de nos querelles, je puis dire vous ne la méritez pas, surtout depuis deux jours !
— Discutons un à un les mérites des candidates ! dit une autre voix.
— C'est cela, ouvrons une enquête sévère sur chacune d'elles !
— Que chacun dise ce qu'il sait !
— Oh !
— Non ! non !
— Messieurs ! vous m'effrayez ! s'écria Bezucheux, cela nous mènerait trop loin ; nous serions encore là dans quinze jours ! mon premier interrupteur a raison, le mode d'élection au scrutin public est impraticable, le scrutin secret prendrait aussi trop de temps, mais il est une autre manière de procéder plus prompte et qui garantira dans une certaine mesure la liberté de chacun.
— Les qualités requises pour mériter la couronne et le titre de Rosière approximative sont : l'amabilité, la sociabilité, la discrétion, la douceur, la candeur, la constance et la fidélité. Toutes ces qualités, qui ont l'air de n'en faire qu'une, sont cependant très distinctes l'une de l'autre ; ainsi, on peut être candide sans être constant et constant sans être fidèle, je pourrais en citer maintes preuves.
— Dites-moi maintenant, messieurs et électeurs, quelle est parmi les candidates, c'est-à-dire parmi les dames qui nous entourent — Mme Criquetta, notre amphytrionne, hors concours, bien entendu — quelle est, dis-je, celle qui réunit à plus haute dose, la candeur, la douceur, l'amabilité, la constance dans les affections et la plus forte quantité de fidélité ?
— C'est la charmante Bibi, dirent quelques voix...
— Elle a déjà eu un prix aux Régates, objecta quelqu'un.
— Ce n'est pas la même chose.
— C'est Bibi ! Bibi ! Bibi !
— Levez la main pour Bibi, cria Bezucheux.
— Il y a unanimité ! je déclare donc Mlle Bibi, Rosière approximative de la Grenouillère, et je la prie de venir recevoir sa couronne.

La plantureuse Bibi se leva enveloppée dans un blanc peignoir et monta en minaudant vers l'estrade, au bruit des applaudissements, — Bezucheux posa délicatement une couronne de roses sur sa tête et l'embrassa avec componction.

— Quel âge avez-vous, mon enfant ? lui demanda-t-il ainsi qu'il avait fait pour la rosière de Beaumesnil.
— Vingt-neuf ans, monstre ! répondit Bibi.
— Aux prunes ? fit Bezucheux, tiens, vous les aviez déjà il y a trois ans, lorsque...
— C'est vrai, je me suis trompée c'est vingt-neuf ans et demi que je voulais dire.

— La séance est levée? prononça Bezucheux en descendant de l'estrade.

Les invités après une dernière salve d'applaudissements prirent congé de Mme Criquetta, et formés en escorte d'honneur reconduisirent la Rosière approximative jusqu'à sa périssoire. Il ne resta plus à la villa que les intimes, une quinzaine de messieurs et quelques dames.

— Ouf! fit Bezucheux de la Fricottière, mes enfants, ces glorifications successives de la vertu m'ont terriblement creusé! Va-t-on bientôt dîner?

— Tout de suite, répondit Criquetta, mais nous sommes plus nombreux

— Non, vous ne méritez pas ce prix de vertu.....

que je ne l'espérais, et j'ai dû envoyer à Croissy chercher quelques vivres supplémentaires pour ne pas exposer mes convives à se dévorer les uns les autres.

— J'ai toujours eu du goût pour le cannibalisme, dit Bezucheux en baisant longuement la main de Criquetta, un la Fricottière assiégé dans son castel au moyen âge, brava pendant trois ans sans trop s'embêter, les fureurs des assiégeants, grâce à la précaution qu'il avait sagement prise de faire entrer dans les murs toutes ses jolies vassales...

— Comment! et il les a mangées?

— Non, mais avec cette suprême ressource sur la planche, les hommes d'armes patientèrent, et à la fin du siège les assiégés étaient plus nombreux qu'au commencement...

Un coup de sonnette à la grille de la villa interrompit Bezucheux dans le récit tiré des annales de sa famille.

Un domestique alla ouvrir et revint avec une carte.

— Ce n'est pas le supplément de vivres, ce n'est pas un supplément de convives par hasard? demanda un affamé.

— C'est un avoué! s'écria Bezucheux en tendant la carte à Criquetta, ah ça! ma chère Criquetta, vous plaidez donc en séparation avec quelqu'un?

Criquetta lut tout haut :

JULES MITAINE

Avoué près le tribunal de la Seine.

« *Désolé d'être indiscret, mais une affaire délicate extrêmement urgente, l'oblige à demander un entretien particulier à Mme Criquetta.* »

— Mais, reprit Bezucheux, c'est l'avoué de la fameuse affaire Badinard contre Cabassol! Vous savez bien notre pauvre ami Cabassol si cruellement poursuivi... j'ai reçu une assignation de cet avoué-là...

— Moi aussi, fit Bissecco, qui était de la fête.

— Et nous aussi, dirent à la fois Lacostade, Pont-Buzaud et Saint-Tropez ainsi qu'un gentilhomme portugais ou brésilien, répondant au nom très euphonique de don Ramon de las Carabellas.

— Ah ça, chère Criquetta, seriez-vous aussi impliquée dans l'affaire Badinard?

— Je ne crois pas. D'ailleurs je vais le savoir, je vais recevoir cet avoué.

Me Mitaine parut un peu effrayé à la vue de la nombreuse compagnie.

— Madame, je vous ai dit que l'affaire qui m'amenait était extrêmement délicate...

— Extrêmement délicate! répéta l'assemblée en chœur.

— Mme Criquetta n'a pas de secrets pour nous qui n'en avons pas pour elle, dit Bezucheux.

— Extraordinairement... délicate! reprit l'avoué en appuyant sur le mot et en clignant de l'œil vers Criquetta.

— Bah, dites tout de même, continua Bezucheux.

— Le devoir professionnel me l'interdit, répondit Me Mitaine, très extraordinairement délicate!

— Nous allons passer dans mon boudoir, dit Criquetta en montrant le chemin à l'avoué, et vous savez, mes enfants, défense d'écouter aux portes!

— Madame, dit Me Mitaine, vous comprendrez tout à l'heure que je qualifiais avec raison d'extrêmement délicate, l'affaire qui m'amène ici. Permettez-moi d'abord, chère madame, de me féliciter de l'occasion qui me permet d'offrir mes respectueux hommages comme homme, comme dilettante

LA GRANDE MASCARADE PARISIENNE

Couronnement de la rosière approximative de la Grenouil 1ère.

et comme avoué, à la brillante étoile du théâtre des Folies musicales, à la femme charmante qui éblouit tous les yeux, et, dois-je le dire, qui ravit tous les cœurs!

— Monsieur, fit Criquetta...

— Qui ravit tous les cœurs! reprit M⁰ Mitaine, c'est un de vos humbles admirateurs qui vous le dit... je vous ai admirée dans toutes vos créations, sans me douter qu'un jour j'aurais l'honneur... Ah! étiez-vous délicieuse dans la *petite Favorite*, dans Cunégonde, dans la Caméléonne! ravissante, la musique de Colbuche! vous l'avouerai-je? eh bien! j'ai rêvé de vous, dans votre petit costume de pêcheuse de moules, si... révélateur de Cunégonde!

— Mais dites donc, il me semble que pour un avoué...

— Je n'en suis pas moins homme, et comme tel, je me range au premier rang des admirateurs de votre immense talent et de votre capiteuse beauté! comme avoué, c'est autre chose, et je viens, hélas, vous... tourmenter!...

— Me tourmenter! et pour quelle raison?. Je n'ai pas que je sache de procès avec mon directeur ou avec mes créanciers...

— S'il ne s'agissait que de cela! mais c'est bien autre chose...

— Vous m'effrayez! Voyons, de quoi s'agit-il?

— J'ai rêvé de vous dans votre costume de pêcheuse de moules...

— Je vais sans doute réveiller des souvenirs cruels, il s'agit de Badinard!

— Quel Badinard?

— Timoléon Badinard, vous savez bien! Tous les journaux sont pleins de Badinard, l'affaire Badinard contre Cabassol, M⁰ Mitaine avoué poursuivant. Vous le savez par les journaux, feu Badinard a déshérité sa femme et légué ses millions à M. Cabassol, à la condition qu'il le vengerait de soixante-dix-sept personnes dont il avait trouvé le portrait dans le guéridon de sa femme. Là, franchement, vous n'avez pas de remords?

— Des remords? pourquoi çà?
— Eh, mon Dieu, je ne veux pas vous en faire un crime, mais vous avez fait de la peine à cette pauvre Mme Badinard.
— Moi?
— Là, franchement, en bon garçon, avouez-moi la vérité! vous savez, un avoué, c'est presque un confesseur, et l'on peut tout nous dire!... Vous ne vous en doutiez pas, mais je suis un trésor d'indulgences!... Voyons, un peu de confiance, nous en rirons ensemble après... c'était à vous, l'album?
— Quel album?
— L'album de Mme Badinard, l'album aux soixante-dix-sept photographies compromettantes qui ont si fort chagriné ce pauvre Timoléon Badinard!
Criquetta éclata de rire.
— Ah! c'est trop drôle! s'écria-t-elle en se renversant sur ses coussins, c'est trop drôle, l'album, les soixante-dix-sept photographies compromettantes, tant que cela...
— Voyons, fit l'avoué en tapotant dans une main de Criquetta, vous comprenez maintenant que c'était extrêmement délicat ce que j'avais à vous demander... je ne pouvais pas parler devant ces messieurs! Je ne voulais pas pour d'anciennes affaires de cœur... de l'histoire ancienne, risquer d'endommager des sentiments plus actuels.....
— Alors, c'est soixante-dix-sept photographies...
— Soixante-dix-sept souvenirs! je comprends ça, moi, j'ai le culte des souvenirs... ainsi, vous me permettriez de vous embrasser la main, que je conserverais précieusement ce souvenir jusqu'à mon dernier souffle!... Voulez-vous me donner cette récompense pour la délicatesse que j'ai mise à remplir ma brutale mission d'avoué? Voulez-vous me permettre.....
— Savez-vous, fit Criquetta, que je devrais bien me fâcher! Comment, vous venez de but en blanc m'accabler d'accusations abominables.....
— Comment, abominables?... je vous accuse, mais je ne vous condamne pas..... Est-ce votre faute, si votre cœur a battu sous la soie de votre corset, — faible cuirasse — plus souvent que vous ne vouliez... Vous n'avez pas pu comprimer ces battements coupables mais délicieux, soit, je ne vous en fais pas un crime!... je comprends la faiblesse... toutes les faiblesses... étant moi-même d'une faiblesse que j'oserais qualifier de désastreuse!...
— Soit, je ne me fâche pas, reprit Criquetta, mais il est six heures, vous allez dîner avec nous, nous causerons de l'album au dessert!
— Comment, vous voulez que... vos soixante-dix-sept...
— Un instant, je n'avoue pas! nous en recauserons...
Me Mitaine, enchanté, se risqua jusqu'à baiser la main que Criquetta lui abandonnait.

Les amis de Criquetta au feu d'artifice.

IV

M⁰ Mitaine poursuit son enquête. — Pénibles réflexions dans un bahut. — Où Bezucheux de la Fricottière menace de perforer Mitaine.

Quelle délicieuse soirée passa M⁰ Mitaine assis à table à la gauche de Criquetta, comme Bezucheux l'était à sa droite ! Quels instants véritablement enchanteurs ! Des convives charmants et surtout charmantes, une voisine d'une amabilité extraordinaire, qui lui permit deux ou trois fois d'embrasser sa main gauche en même temps que Bezucheux embrassait sa main droite.

Un champagne parfait et la gaieté la plus folle alimentaient la causerie, une dame tutoya Mᵉ Mitaine dès le second service et une autre dame, une blonde idéale, attendrie sans doute par quelque souvenir, fit le tour de la table et embrassa tous les convives, sans oublier l'heureux Mᵉ Mitaine.

La conversation roula surtout sur l'affaire Badinard, l'avoué interrogé dut raconter la cause par le menu et fit rire aux larmes toute l'assemblée avec les soixante-dix-sept portraits. Bezucheux jura qu'il n'avait jamais ouï parler du moindre Badinard et que sa conscience ne lui reprochait rien.

Au dessert tout le monde chanta en chœur une complainte improvisée par un journaliste qui était de la fête. Cette complainte devait avoir soixante-dix-sept couplets, mais le journaliste s'arrêta au trente-troisième, fourbu par ce grand effort poétique. Le poème commençait ainsi :

> Écoutez, femmes vertueuses,
> D'Afrique ainsi que d'Bougival,
> Le récit des peines affreuses
> Que parfois un' femme aval',
> Pour avoir dans son album
> Les portraits de trop d'beaux homm's.

Une seule chose inquiétait Mᵉ Mitaine ; il avait en partant annoncé son retour à sa femme pour huit heures et la soirée s'avançait et il n'avait pas encore pu obtenir de Criquetta un aveu complet. Enfin il avait jusqu'au dernier train, à 11 h. 25. D'ici là, s'il pouvait obtenir un instant de tête à tête avec la séduisante amphytrionne, il pourrait terminer son enquête. Les heures passaient cependant. Mᵉ Mitaine chercha plusieurs fois à causer tout bas avec sa voisine, mais toujours il rencontra la tête de Bezucheux curieusement avancée entre elle et lui.

Une dame s'étant mise au piano, on dansa. Mᵉ Mitaine voulut valser avec Criquetta.

— Eh bien, avouez-vous, méchante? dit-il en la faisant tournoyer de la plus galante façon.

— Jamais ! répondit Criquetta.

— Bah ! voilà-t-il pas ! Soyez bon garçon et dites la vérité à un bon garçon !

— Mon petit Mitaine, je vous jure que les soixante-dix-sept portraits ne sont pas à moi, je vous l'avouerais si cela était !

— Diable, cela me contrarie ; je voudrais connaître le nom de la dame, cela n'a pas d'importance pour elle et cela en a une grande pour moi...

— Bah ! cela ne doit pas être bien difficile... je vous aiderai, j'y ai déjà pensé, je dois connaître la personne... ce doit être... non... enfin, je vais y repenser !

Onze heures et demie sonnèrent, le dernier train était passé. M° Mitaine frémit un instant au souvenir de Mme Mitaine, puis le champagne aidant, il se rasséréna.

Après trois quarts d'heure consacrés à une sauterie intime et sans prétention, quelques convives parlèrent du départ. Quelques-uns habitaient les villas de Beaumesnil, mais d'autres avaient leurs nids un peu plus loin sous les ombrages de Bougival ou de Croissy. Ceux-là devaient s'en retourner en bateau, ils avaient leur embarcation amarrée sous la terrasse.

— Et le feu d'artifice ! s'écria Bezucheux quand les départs furent annoncés, nous avons oublié le feu d'artifice ! Il n'y a pas de bonne fête sans feu d'artifice, nous ne nous séparerons pas avant de l'avoir tiré !

— Mais il est minuit !

— Tant mieux, il n'en fera que plus d'effet ; les Beaumesnilois vont sauter dans leurs lits !

Les dames applaudirent et se lancèrent dans le jardin avec des cris de joie. Les engins d'un petit feu d'artifice de famille étaient préparés sur la terrasse, Bezucheux fit coup sur coup partir une demi-douzaine de bombes pour réveiller les habitants du village.

Ecoutez, femmes vertueuses

— La belle nuit, dit M° Mitaine en caressant doucement la main de Criquetta passée sous son bras

— Voulez-vous finir, avoué trop inflammable ! Voyons, soyez moins poétique et causons !

— C'est cela, causons !

Une formidable détonation se produisit ; Bezucheux venait de mettre le feu à la pièce principale où figuraient les initiales de Criquetta en traits de feu. Les fusées, les soleils décrivaient dans les airs leurs rapides paraboles et s'éparpillaient en pluies de petites étoiles de toutes les couleurs ; en bas, dans les eaux calmes de la Seine, les spectateurs de la terrasse voyaient se refléter un deuxième feu d'artifice qui semblait se tirer dans les profondeurs aquatiques ; toute fusée qui descendait du ciel se doublait dans la Seine d'une seconde fusée montant vers la terrasse

Une rumeur sourde venait de Beaumesnil, les habitants étaient réveillés; quelques villas, perdues dans l'épaisseur des arbres, se piquaient aussi de points lumineux.

— Écoutez donc! fit une voix entre deux détonations.

— Le rappel! on bat le rappel; les pompiers vont venir.

— C'est fini, dit Bezucheux à regret; la bombe d'adieu et tout s'éteint.

La bombe d'adieu, tirée au milieu des hourrahs et des applaudissements, les convives de Criquetta s'éclipsèrent vivement; les uns rentrèrent dans Beaumesnil et apprirent à M. le garde-champêtre stupéfait que le feu d'artifice était parti par suite d'un accident que l'on attribuait à la malveillance; les autres remontèrent la Seine dans la direction de Croissy.

Me Mitaine ne songeait guère à partir; rentré dans le salon avec Criquetta, il avait repris ses questions au sujet de l'album, oubliant déjà, dans les fumées du champagne, que Criquetta lui avait affirmé n'être aucunement la propriétaire de cette collection de souvenirs.

— Mon cher Mitaine, disait Criquetta en riant comme une folle, ces soixante-dix-sept portraits ne m'ont jamais appartenu, je vous l'ai déjà juré. Mais par suite de certains indices, je crois être certaine qu'ils viennent d'une de mes amies, Mme Blanche de Nevers, rue de Messine, à moins, ce qui est encore possible, qu'ils ne soient à Lucie... Carramba, vous savez bien, Lucie Carramba, une femme charmante et très connue, ou bien à Anna Grog...

— Vous dites? Blanche de Nevers... répéta Me Mitaine en tirant son portefeuille pour inscrire ces noms.

— Blanche de Nevers, Lucie Carramba ou Anna Grog, ce doit être une des trois; à vous de la découvrir!

— J'irai les trouver.

Criquetta rit intérieurement de la petite farce qu'elle faisait à ces dames en leur envoyant l'avoué.

— Elles nieront d'abord, mais ne vous laissez pas prendre à leurs dénégations, insistez... Tâchez de les intimider... mais surtout ne dites pas que c'est moi qui vous ai renseigné.

— Soyez tranquille, aimable Criquetta, ange...

— Finissez, finissez, savez-vous que vous devenez terrible pour un avoué!

— Ah! mais... ne vous en prenez pas à moi, c'est votre faute... Soyez moins charmante et je retrouverai ma raison qui me quitte... Ah! si vous vouliez...

— Si je voulais?

— Si vous vouliez... je plaiderais tous vos procès! je serais... je...

— Silence, malheureux! Voilà M. de la Fricottière qui revient de reconduire mes invités... C'est un homme féroce; s'il vous a entendu, vous êtes

Départ des invités de Criquetta.

perdu ! Tenez le voilà, il me croit seule, il vous croit parti, restez là et soyez sage !

M⁰ Mitaine ahuri, se glissa derrière le piano surchargé de fleurs et ne souffla plus. Criquetta s'était levée, et dans la pièce à côté avertissait Bezucheux de la présence du pauvre Mitaine. Elle revint au bout de quelques minutes et dit d'un ton très ému à Mitaine :

— Si, comme vous le dites, vous m'aimez, prouvez-le-moi ! M. de la Fricottière a des soupçons ; il vient de me reprocher mon amabilité avec vous, il montre une fureur concentrée qui m'inquiète ; je vous en supplie, ne me perdez pas !

Liv. 67.

— Je vais m'en aller ! s'écria M° Mitaine en serrant la main de Criquetta.

— Impossible maintenant, il a fermé la grille lui-même et détaché le chien !... il faut rester !...

— Comment faire ?...

— Mon Dieu ! je ne sais, j'ai la tête perdue !... Ah ! pourquoi n'êtes-vous pas parti en même temps que les autres personnes !...

— Vous savez bien, je voulais savoir !...

— Ah ! tenez, ce bahut, il est large, très large, et vous n'êtes pas gros...

— Ce bahut ?

— Oui, il n'y a rien dans le bas ! glissez-vous et ne bougez pas... il va venir sans doute.

— Aïe ! gémit M° Mitaine en se fourrant dans le bahut, il y a bien peu de place...

— Dépêchez-vous !... je l'entends... là, vous y êtes. Silence, maintenant ! et nous sommes sauvés !

Criquetta après avoir calé la porte du buffet avec un fauteuil, s'assit tranquillement dans ce fauteuil.

Bezucheux entra et fermant la porte avec violence, il se promena de long en large en frappant du pied.

— Qu'avez-vous, mon ami, demanda Criquetta d'une voix flûtée.

— Vous le savez bien, votre infernale coquetterie avec ce monsieur de ce soir me torture le cœur... Quel est, en réalité, ce monsieur, et comment s'est-il introduit ici ?...

— Mon ami...

— Vous le connaissiez déjà !

— Mon ami...

— Taisez-vous !

— Vous me brisez le cœur ! sanglota Criquetta.

— Et vous, vous piétinez sur le mien... Ah ! Criquetta, comme je t'aimais !

— Je t'aime encore, moi ! gémit Criquetta.

— Dis-tu vrai ! Ah ! puissances de l'enfer, si je pouvais te croire encore pure, si tu n'avais été qu'inconséquente, si tu m'aimais encore !... Ah ! Criquetta, dis-moi, répète-moi que tu m'aimes encore !... Je tuerai cet homme pour qu'il ne se dresse plus entre nous !... Mais quel est ce bruit ?...

M° Mitaine, gêné sans doute dans le buffet, venait de remuer un peu.

— Ce n'est rien ! ce doit être une souris, dit Criquetta.

— M'aimes-tu toujours ? reprit Bezucheux en élevant la voix.

— Mon bien-aimé...

— Répète ce mot ! ah, c'est le ciel qui s'entr'ouvre ! Criquetta, nous fuirons Paris, nous irons vivre loin de ces faux amis, de ces femmes trompeuses, de ces maîtresses perfides, loin de tout, sous le ciel bleu de la côte napolitaine, sous les orangers de Sorrente... Là, toute la journée devant l'azur de la mer, au grand soleil comme à la clarté des étoiles, tu me répèteras ce que tu m'as dit pour la première fois il y a quinze jours : Gontran, je t'aime!... mais quel est ce chapeau, madame?

Et Bezucheux renversa bruyamment quelques chaises, en brandissant le chapeau de M⁰ Mitaine laissé en évidence sur la table.

— Quel est ce chapeau, madame? Répondez! ce n'est pas le mien, je l'ai sur la tête... et ces initiales J. M., ne cherchez pas à vous évanouir pour éviter de répondre!...

— Je ne sais, je... ce doit être un chapeau oublié...

— Ne cherchez pas de mensonge inutile... vous refusez de répondre! vous vous évanouissez! c'est bien, je chercherai le misérable moi-même! vous l'avez caché, mais je le trouverai...

— Grâce! sanglota Criquetta.

— Retirez-vous ou je ne réponds plus de moi!... inutile de vous traîner à mes pieds, le misérable que vous cachez paiera pour deux...

Ce n'est rien, ce doit être une souris!

retirez-vous!,.. votre persistance à vous tenir devant ce bahut doit avoir une raison, est-ce que...

Ah! gémit Criquetta.

Bezucheux renversant encore quelques chaises, ouvrit brusquement le bahut.

— Ah! ah! ah! s'écria Bezucheux, le voilà donc, ce traître, ce lâche, voilà votre complice, madame! à nous deux, monsieur!

M⁰ Mitaine ne se pressait pas de sortir, Bezucheux dut le tirer du meuble lui-même.

— Monsieur! dit Bezucheux d'un air froid et sévère, vous comprenez qu'entre nous deux toute explication est superflue, c'est une affaire à régler par l'épée ou le pistolet... Ces injures-là se lavent dans le sang... justement il fait un clair de lune superbe!... Vous me comprenez?

— Permettez, balbutia M° Mitaine, je ne vois pas en quoi je puis vous avoir offensé, je venais pour...

— Vous veniez pour... ne me le dites pas ; je ne le sais que trop, monsieur. Comme offensé, j'ai le choix des armes !

— Attendez ! mes intentions étaient pures, je suis prêt à...

— Vos intentions étaient pures, soit, vous êtes célibataire ?

— Non, je suis marié.

— Vous voyez bien, vous n'aviez pas l'intention d'épouser madame, à moins que vous ne reculiez pas devant la bigamie... Donc, vos intentions ne pouvaient être pures !... finissons-en ! que faisiez-vous dans ce bahut?

— Le dernier train était parti à onze heures vingt-cinq, j'attendais celui du matin !

— Allons donc ! n'ajoutez pas la raillerie à l'insulte ! L'épée ou le pistolet, décidez, je vous laisse le choix !... je puis être généreux, je suis de première force aux deux !

— Permettez, je suis un homme de principes et mes principes s'opposent absolument...

— A ce duel nocturne et sans témoins?... soit, nous attendrons le jour, ce sera plus régulier, à l'aube je fais prévenir deux de mes amis... si vous n'avez personne sous la main, nous avons le garde-champêtre de Beaumesnil qui est un vieux soldat, il vous servira de témoin et vous en trouvera un second. Restez ici dans ce salon, je me tiendrai dans la pièce à côté, au petit jour, nous nous reverrons l'épée à la main.

M° Mitaine tomba accablé dans un fauteuil et Bezucheux partit en l'enfermant à double tour.

Des réflexions peu agréables assaillirent l'esprit de M° Mitaine. Comment sortirait-il de cette vilaine affaire ? La rapidité des événements et un peu aussi le champagne du dîner, lui troublaient la tête ; comment, cette soirée si gaie et si bien remplie allait se terminer lugubrement par un duel? Et là-bas, à Paris, que devait penser madame Mitaine de l'absence prolongée de son mari? gare les reproches de demain ! Demain? insensé! le verrait-il ce lendemain, puisque ce la Fricottière, ce spadassin, tenait à se baigner dans son sang dès l'aube naissante !... Ce malheureux procès Badinard était cause de tout ! Ah ! grand Dieu ! qu'allait-il faire dans cette galère !... chercher des renseignements et recueillir des coups d'épée, ouvrir une enquête et se faire ouvrir l'abdomen ! ah, ce duel !... M. de la Fricottière avait parlé du garde-champêtre, il n'était pas possible que ce fonctionnaire du gouvernement consentit à donner par sa présence au combat un caractère de légalité auxquelles ces sortes d'affaires ne peuvent prétendre ! non, il l'empêcherait certainement...

Il en était là de ses réflexions et se raccrochait à cet espoir quand Bezucheux revint.

— Monsieur, dit-il, j'ai réfléchi, vous prétendez être venu ici pour affaires et non pour...

Mᵉ Mitaine se dérange

— Oui, monsieur, je le prétends! je suis avoué près...

— Prouvez-moi que vous êtes véritablement avoué! Je l'ai dit à Criquetta qui se traîne à mes genoux, s'il me prouve sa qualité d'avoué, l'affaire perd de sa gravité!... S'il n'est pas avoué, j'ai soif de son sang; s'il l'est, je consens à ne pas le perforer.

— Je suis avoué!

— Vous allez donc me donner une consultation de procédure... je verrai bien!... Je suis M. de la Fricottière, connaissez-vous la devise de notre maison?

— Non.

— *Je fricotterai, je fricotte, je fricottais*! Papa a fricoté, il a passé l'âge; mais il prétend fricoter encore et fricoter toujours, en un mot, il dilapide! Je désirerais lui faire donner un conseil judiciaire.

— C'est facile, répondit l'avoué, ses facultés intellectuelles sont-elles affaiblies?

— Considérablement! commencement de ramollissement!... hélas, les la Fricottière n'ont jamais dépassé soixante ans sans être ramollis!

— Très bien!

— Papa est arrivé à cette douloureuse période! Et il prétend dilapider encore... Il parle d'aliéner la terre patrimoniale de la Fricottière et le château historique, berceau de notre famille! Vous voyez qu'il est temps de faire prononcer son interdiction!

— Très bien, monsieur votre père est ramolli et prodigue. C'est parfait, l'interdiction sera obtenue facilement...

— D'autant plus que, là-bas, chacun sait que c'est l'habitude dans la famille, tous les la Fricottière ont eu leur petit conseil judiciaire pour leurs folies de jeunesse et il y en a peu qui l'aient attendu jusqu'à soixante ans.

— Très bien, monsieur votre père interdit, il lui est défendu de plaider, transiger, emprunter, d'aliéner ou grever ses biens d'aucune hypothèque...

— Parfait! il ne peut pas se marier non plus, n'est-ce pas?

— Pardon, la loi le dit, l'interdit peut se marier sans l'assistance de son conseil.

— Diable! je connais papa, il a mauvaise tête, il est capable de convoler pour me faire une niche... Écoutez, nous devrions être ennemis, mais si vous voulez vous occuper d'obtenir cette interdiction, je renonce à me baigner dans votre sang et j'oublie tout!

— Monsieur, je saisis avec empressement cette occasion de vous prouver que je suis véritablement avoué, je me charge d'obtenir cette interdiction!

M\ Mitaine, réconcilié avec Bezucheux, passa le reste de la nuit dans une chambre généreusement mise à sa disposition. Au matin, il partit, un peu ennuyé de l'accueil qui l'attendait chez lui.

Cependant, M\ Mitaine n'avait pas renoncé à l'enquête relative au procès Badinard; cette soirée qui avait failli se terminer si cruellement pour lui fut le point de départ d'une série d'excursions dans un certain monde. Criquetta s'était amusée à lui donner de faux renseignements sur l'album aux photographies de Mme Badinard; elle lui avait, on s'en souvient, donné à penser que d'après certains indices, d'après certains noms figurant dans l'album, la véritable propriétaire devait être, soit Mlle Blanche de Nevers, demi-mondaine fort répandue dans le monde où l'on soupe, soit Mlle Lucy Carramba, soit Anna Grog, non moins répandues que la première.

Me Mitaine se présenta chez ces dames; la discrétion nous fait un devoir de passer légèrement sur ces entrevues un peu scabreuses. Tout ce que nous pouvons dire, c'est que l'insidieux avoué déploya, en pure perte, des talents diplomatiques qu'il eut pu mieux employer au service de son pays. Tour à

— A nous deux, monsieur!

tour aimable, sec, galant et fallacieux, il tenta vainement d'amener chacune de ces dames à s'avouer propriétaire du fameux album.

Lucy Carramba le flanqua sans façon à la porte, Anna Grog accepta un bracelet, et Blanche de Nevers consentit à souper avec lui, mais toutes trois persistèrent à nier leur culpabilité.

Me Mitaine poursuivit donc son enquête. Ses recherches le conduisirent dans des boudoirs bleus et roses, dans les coulisses de quelques théâtres, car il se hasarda plusieurs fois à se présenter à la loge de Criquetta aux *Folies musicales* pour obtenir des suppléments de renseignements; et les petits cabinets particuliers bleu de ciel ou satin feuille-morte des restaurants des boulevards le virent aussi plusieurs fois, amené par les exigences toujours croissantes du procès Badinard.

Ainsi, donc, la fatale influence de l'affaire Badinard s'exerçait sur M⁰ Mitaine comme elle s'était exercée sur M⁰ Taparel et sur les clercs de l'infortuné notaire; M⁰ Mitaine se dérangeait! Chez lui il opprimait Mᵐᵉ Mitaine sa vertueuse épouse, et réduisait son train de maison particulier; au dehors il donnait des consultations gratuites pour des affaires litigieuses avec des directeurs de théâtre ou des créanciers récalcitrants, il offrait des petits soupers et des porte-bonheur à droite et à gauche, et le tout, hélas! sans apprendre rien de nouveau sur l'album.

Le jour du procès arrivait. M. Arsène Gratteloup, greffier de la treizième chambre civile, était assiégé de demandes de places à l'audience. Et comment résister aux grandes et petites dames toutes jeunes et jolies, qui dépensaient pour lui, greffier au cœur simple, toutes les grâces de leur coquetterie, tous les enivrements de leurs sourires! Aussi, toutes les solliciteuses recevaient des places, depuis l'ambassadrice jusqu'à la plus petite figurante des *Folies musicales;* tant pis, la salle ne contenait pas le quart de la place nécessaire; à l'audience, elles s'arrangeraient comme elles pourraient.

Les hommes étaient impitoyablement repoussés, il fallait être au moins académicien pour obtenir un strapontin. On ne pouvait pourtant pas agrandir le Palais de justice rien que pour l'affaire Badinard contre Cabassol.

M⁰ Mitaine poursuivant son enquête.

LA GRANDE MASCARADE PARISIENNE

Mme Billy se transformant en avocat.

V

Le grand jour du procès Badinard. — Les émotions de l'audience. — Audition des témoins. — Révélations !

Le grand jour est arrivé. Une animation extraordinaire règne au Palais de justice, les postes de municipaux ont été doublés comme pour un grand procès politique ; dans la grande cour ouvrant sur le boulevard Saint-Michel, des avocats en robe pérorent avec animation, des nuées de reporters circulent affairés, pendant que les nombreux témoins cités dans l'affaire arrivent et se regardent les uns les autres avec défiance.

Les curieux se pressent ; à chaque minute, une voiture amène dans la cour quelques dames en toilettes tapageuses de cause célèbre. Les artistes du théâtre des Folies musicales arrivent par bandes, les hommes le nez en l'air et le menton bleu tout guilleret, faisant par avance des calembours sur le procès, les dames riant de tout le monde, de la pauvre Mᵐᵉ Badinard, de feu Badinard, de Cabassol et des soixante-dix-sept témoins importants ! Chacun discute et épluche par avance les points délicats et mystérieux du procès, les dames cherchent des yeux et réclament le héros de l'affaire, le pauvre Cabassol, disparu depuis l'ouverture des hostilités. Soixante-dix-sept vengeances ! quel gaillard ! et les yeux se baissent un instant, les joues rougissent derrière les éventails agités avec frénésie.

— J'demande la remise... j'ai la migraine !

Où peut être Cabassol ? Sa présence est indispensable ! Il faut qu'il comparaisse, qu'il fasse des révélations, qu'il se défende !

Une voiture cellulaire s'arrêtant au pied du grand escalier, un mouvement de vive curiosité porte la foule de ce côté ; des municipaux se rangent, la voiture s'ouvre, un homme à mine patibulaire, à la face hérissée, en descend les menottes aux mains et la chaîne aux pieds.

— Mince de public ! un succès hurf ! dit-il dans son ignoble argot.

Ce n'est pas Cabassol, c'est un vulgaire malfaiteur que l'on amène pour la cour d'assises et qui n'a pas pu passer par l'entrée ordinaire à cause de la foule.

— Ce n'est pas pour vous, dit un municipal, c'est pour l'affaire Cabassol. L'homme, un horrible gredin traîné devant la justice pour avoir coupé une dame en morceaux, pâlit et demande à remonter en voiture.

Robes louées.

— J'demande la remise alors!... j'veux pas qu'on me vole mon public... d'abord, j'ai la migraine!

Dans l'intérieur du Palais de justice, la foule était encore plus pressée, la salle des Pas-Perdus débordait de monde; les personnes munies de cartes traversaient cette foule avec une peine inouïe, mais au moment où, arrivées à la porte de la treizième chambre, elles se croyaient au port, elles voyaient la salle absolument pleine et se trouvaient avoir seulement des cartes de premier rang à la porte. De là des gémissements et des réclamations sans nombre. C'était bien la peine d'acheter un nouveau chapeau rien que pour ce grand jour!

M. Arsène Gratteloup était débordé de petits billets auxquels il ne pouvait même songer à répondre. Ce n'était pas sa faute, il fallait venir de bonne heure, tant pis pour les retardataires. Une petite figurante des *Folies musicales*, Mlle Billy, réussit à le pincer comme il faisait une apparition au greffe.

— Ah! monsieur Gratteloup, c'est affreux, vous m'avez donné une place et on ne veut pas me laisser passer, je vous en supplie, soyez gentil; faites-moi entrer!

Une animation extraordinaire règne au Palais de justice.

— Mais je ne peux pas!... impossible...
— Voyons, monsieur Gratteloup, je vous aimerai bien, na!
— Écoutez, vous êtes charmante, pour vous seule je vais me risquer... Vous n'en direz rien à personne surtout!
— Je vous le jure.

— Vous allez mettre cette robe d'avocat et cacher vos cheveux... ils sont d'un joli blond, vos cheveux... et cacher vos cheveux sous cette toque... j'ai toujours eu des faiblesses pour les blondes!...

— Allons vite, aidez-moi à endosser cette robe! La manche, là, merci... l'autre maintenant, aïe! faites attention, je suis chatouilleuse! merci, vous n'avez pas un miroir?

A L'AUDIENCE. — Les dames se préparant à rougir.

— Nous n'avons pas ça au greffe. Mettez votre toque... vous êtes superbe! prenez ces papiers et baissez la tête dessus... Vous y êtes, maintenant je vais vous montrer l'entrée des avocats.

Mlle Billy, le nez baissé sur ses papiers, traversa rapidement les couloirs et gagna la porte des avocats. Elle passa sans encombre et se trouva bientôt dans la salle au milieu d'un groupe de petits gommeux, qui avaient usé de son subterfuge et s'étaient, comme elle, glissés dans des robes d'avocats louées au vestiaire.

A son banc, dans la salle, Me Mitaine trônait devant un monceau de papiers, de notes et de documents ; il était triomphant ; son enquête pour retrouver la véritable propriétaire de l'album Badinard n'avait pas abouti, mais la cause n'en était pas moins bonne, et il comptait sur les incidents d'audience pour amener la révélation du nom de la dame tant cherchée. A côté de lui, se tenait le célèbre avocat qu'il avait chargé de prendre la parole pour Mme Badinard.

En face de Me Mitaine était assis le défendeur, Cabassol lui-même, le pauvre Cabassol sorti de sa retraite et entré le matin, à la première heure, au Palais de justice. Il était assisté des deux exécuteurs testamentaires de feu Badinard, Me Taparel et M. Miradoux, d'un avoué et d'un avocat. Le pauvre Cabassol aurait pu se dispenser d'assister aux débats, et charger son avocat de toute l'affaire, mais pour bien prouver sa loyauté, il avait tenu à montrer qu'il ne reculait devant aucune explication publique.

Déjà l'avocat de Me Mitaine avait fait un exposé rapide de l'affaire. Il avait commencé par une peinture attendrissante de Mme Badinard, jeune femme douce et tranquille, vouée, par suite de son mariage avec feu Badinard, à tous les coups du malheur ; feu Badinard était un époux incorrect, qui se livrait dans l'ombre à des débordements que l'on aurait pu croire incompatibles avec son âge et sa goutte. Longtemps Mme Badinard avait eu des soupçons, ou plutôt des certitudes, sans pouvoir arriver à connaître la complice de ces débordements, lorsqu'un beau jour elle reçut, avec une lettre anonyme, un album contenant soixante-dix-sept photographies masculines. La lettre anonyme disait à peu près ceci : — Votre mari vous trompe, mais celle qu'il adore le trompe encore bien plus. Montrez-lui cet album, c'est l'album aux souvenirs amoureux de cette dame, il verra le cas qu'il doit faire de sa fidélité !

Mme Badinard rangea précieusement cet album dans un meuble de sa chambre à coucher, mais par malheur il arriva que le jour même, feu Badinard cherchant une cravate, mit la main sur l'album.

Il prit les soixante-dix-sept portraits pour des souvenirs personnels à Mme Badinard, et dans sa fureur il annula un testament par lequel il instituait Mme Badinard sa légataire universelle, et légua toute sa fortune à M. Antony Cabassol, à la charge pour ce dernier de le venger aussi cruellement que possible, par la peine du talion, des soixante-dix-sept personnes qui avaient à ses yeux si fortement compromis l'infortunée Mme Badinard !

Le récit de l'avocat fit éclater à plusieurs reprises dans l'auditoire un rire fou que le tribunal fut impuissant à réprimer ; après une courte suspension d'audience, les dames des tribunes ayant consenti à se calmer, l'avocat de Me Mitaine posa des conclusions :

— Quand le tribunal, reprit l'avocat, aura décidé après avoir entendu les importantes dépositions que nous allons produire aux débats, si dans les circonstances encore obscures qui ont amené feu Badinard à déshériter sa femme pour donner tous ses biens à M. Cabassol, il ne se rencontre pas ce qui caractérise la capitation, nous lui demanderons l'annulation de ce testament extraordinaire et gravement injurieux. Si nous avions trompé feu Badinard, si les soixante-dix-sept portraits nous appartenaient à titre de souvenirs amoureux, nous baisserions la tête, mais tout au contraire, c'est nous que feu Badinard a trompée, c'est nous qui avons été lésée dans nos droits d'épouse et outragée dans nos sentiments, dans notre honneur et dans notre cœur innocent et pur !

« Cet album aux soixante-dix-sept portraits, nous en répudions avec indignation la propriété ! jamais nous n'avons trompé feu Badinard ! jamais nous ne lui avons donné la moindre raison

Ces messieurs se regardaient avec défiance.

de constituer par testament un vengeur d'outrages conjugaux. Donc notre innocence prouvée et archiprouvée comme elle va l'être tout à l'heure, — nos adversaires eux-mêmes ne nous la contestent plus — nous nous dressons devant la justice et nous lui demandons de nous donner la consécration de cette innocence, — avec ses conséquences, et toutes ses conséquences !

« Feu Badinard nous a soupçonnée à tort, et par son testament si gravement injurieux, il s'est constitué un vengeur dont il n'avait que faire ! Si feu Badinard n'avait pas besoin de vengeur, son testament et son legs universel à M. Cabassol n'avaient pas de raison d'être, nous en demandons l'annulation rigoureuse ! Nous demandons au tribunal de la prononcer et de décider que le testament précédent, par lequel Mme Badinard était instituée légataire universelle, reprenne toute sa valeur ! Qu'aurait fait le testateur s'il lui avait été donné de reconnaître son erreur ? il eût tout simplement déchiré le testament Cabassol et c'est ce qu'à défaut de lui le tribunal fera !

« Nous demandons à rentrer en possession de toute la fortune de feu Badinard, et, en réparation de l'outrage à nous fait par M. Cabassol en entamant les vengeances imposées par notre mari, nous demandons qu'il plaise au tribunal de nous attribuer trois cent cinquante mille francs à titre de dommages et intérêts ! »

L'avocat de Cabassol se leva à son tour et répondit en quelques mots :

— S'il n'avait tenu qu'à mon client, ce triste procès n'aurait pas eu lieu. Mon client est la loyauté même, dès qu'il eut acquis la conviction de l'innocence de Mme Badinard, il avertit le mandataire de cette dame et se déclara prêt à restituer ce qui n'avait pas été dépensé pour accomplir les conditions imposées par feu Badinard. Me Mitaine refusa toute transaction et nous attaqua. Que les conséquences de ce procès et les complications qu'il peut amener retombent sur lui. Au nom de mon client, je demande six cent mille francs de dommages et intérêts à prendre sur la succession pour les peines et démarches inutilement imposées par le testament Badinard !

Après quelques observations de Me Mitaine et une longue et inutile discussion entre les avocats, le tribunal passa à l'audition des témoins. Nous ne pouvons songer à reproduire *in extenso* les dépositions de plus de quatre-vingt-dix témoins, elles tiennent tout au long vingt numéros de la *Gazette des Tribunaux*, les lecteurs désireux de les connaître toutes peuvent consulter la collection de cette feuille ; nous nous contenterons ici de donner les plus importantes et de relater les nombreux incidents d'audience qui se produisirent au cours de ces débats tumultueux.

Douze audiences successives furent employées à l'audition des témoins.

— Ces messieurs, réunis dans une grande salle attenant à la salle d'audience, se regardaient avec défiance, en proie à toutes les inquiétudes et à tous les ahurissements.

— Comment, vous en étiez aussi !

— Mon cher, je suis absolument innocent, il y a erreur, jamais je n'ai vu Mme Badinard !

— Oui, faites le discret ! moi, je n'avais jamais entendu prononcer ce nom... je n'avais aucun droit à figurer dans l'album !

— Hélas ! Et ce vengeur ? Savez-vous quelque chose ?... je suis épouvanté, a-t-il, sur moi, innocent, vengé M. Badinard ?

— Si vous saviez mon anxiété ! Je connaissais M. Cabassol, nous étions aux bains de mer ensemble... et dans le même hôtel...

— Ah ! mon pauvre ami !

Ceci est un échantillon des conversations de la salle des témoins. Dans certains groupes, on se regardait avec colère, sans se parler, mais avec des froncements de sourcils et des airs farouches. On ne savait rien encore, mais on s'attendait à des révélations terribles !

Coupons maintenant dans la *Gazette des Tribunaux* les dépositions les plus importantes.

« M. Paul Matassin, vingt-neuf ans, étudiant en médecine. Je suis très surpris de figurer dans ce procès, je n'ai jamais vu M. Badinard...

— M. Badinard, soit, mais Mme Badinard?

— ... Ni Mme Badinard non plus! Je connais très bien M. Cabassol ; ce que je sais, c'est qu'un jour, nous sommes allés à Bullier ensemble avec Me Taparel, que nous avons soupé ensemble et que le lendemain Me Taparel m'a

Évanouissement de Mme Cabuzac à l'audience.

dit avec sévérité : Souvenez-vous de Badinard! je n'y ai rien compris et voilà tout ce que je sais!

— Vous connaissez les conditions imposées par le testament de feu Badinard à M. Cabassol. Votre portrait figure dans l'album avec cette dédicace : « A elle! l'amour a mordu mon cœur comme un bocal de sangsues! » Vous prétendez n'avoir jamais vu Mme Badinard, dites-nous alors à qui vous avez donné cette photographie!

— Je ne me souviens pas! j'ai beau chercher... vous savez, monsieur le président, cette photographie date d'au moins six ans et dame! en six années... mettez-vous à ma place !

— Épargnez-nous ces réflexions inutiles. Savez-vous si M. Cabassol a exécuté sur vous son mandat de vengeur?

— Hélas! monsieur le président... Cornélie m'a tout avoué!...

S. E. M. ZEMBO (*ambassadeur du Zanguebar*). — Je ne sais rien, monsieur le président, c'est mon prédécesseur qui figure dans l'album de Mme Badinard. Il est retourné au Zanguebar et il a été dernièrement pris et dévoré par des ennemis de notre nation. Cependant, M. Cabassol est venu à l'ambassade pour me voir au sujet d'un emprunt que le Zanguebar désirait négocier sur la place de Paris. Ignorant ses intentions cruelles, je le décorai de l'ordre du crocodile d'argent... Permettez-moi, monsieur le président, de me féliciter d'avoir fait la connaissance d'un éminent magistrat, et de profiter de l'occasion pour attacher à votre poitrine les insignes du crocodile d'or de première classe...

Vicomte EXUPÈRE DE CHAMPBADOUR, 36 *ans, propriétaire*. — J'ignore à quel titre je figure dans l'album de Mme Badinard. Jamais je n'ai entendu prononcer ce nom... Mais je sais que M. Cabassol a tenté d'exercer son mandat de vengeur à mes dépens, et qu'il en a été pour ses frais.

— Ah! vous le savez? Donnez les détails au tribunal?

— M. Cabassol pour exercer une vengeance qu'il croyait légitime, je me plais à le reconnaître, a fait la cour à Mme de Champbadour; il a été brûlant, poétique, je le sais, car j'ai été averti heure par heure de ses tentatives. Mais j'étais tranquille car j'étais couvert par une assurance de 800,000 francs à l'OEIL, *compagnie d'assurance contre les risques du mariage*. Pour ne pas laisser M. Cabassol perdre son temps, je l'avertis de l'inutilité de ses tentatives, et depuis je ne l'ai plus revu.

— Le tribunal ne peut que vous féliciter d'avoir, en cette circonstance, su garder une attitude aussi correcte.

M. BÉZUCHEUX DE LA FRICOTTIÈRE *fils, 28 ans, ancien sous-préfet*. — *Le témoin s'avance vers le banc du défendeur M. Cabassol, et lui serre énergiquement la main à la grande surprise de l'auditoire.*

M. LE PRÉSIDENT. — Dites ce que vous savez?

M. DE LA FRICOTTIÈRE. — Je ne sais rien du tout. Je suis pur de tout reproche: jamais, au grand jamais, je n'eus la joie d'entrevoir Mme Badinard, je ne sais même pas si elle est jolie. Est-elle jolie, monsieur le président?

— Témoin, pas de questions intempestives. Voici, dans l'album de Mme Badinard votre portrait avec cette dédicace: Ange! à toi mon cœur!!!

— Je ne nie pas ! mais j'ai beau chercher, je ne sais pas quel était cet ange à qui j'ai donné mon cœur!... ce n'est pas Jeanne... ce n'est pas Angèle...

ce n'est pas... je les ai appelées ange aussi, parbleu, mais... quant à Cabassol, c'est mon ami, et je ne lui fais pas de reproches. Sans doute, il a essayé de m'enlever certaine dame inconstante et volage... mais tous les amis en font autant ! O amitié ! tu n'es qu'un mot, quand il s'agit de ces anges à qui l'on donne son cœur et sa photographie... Néanmoins, je ne lui en veux pas, pas plus qu'aux autres amis qui se trouvent avec moi dans l'album de l'ange inconnu.

Après sa déposition, le témoin va s'asseoir à côté de M. Cabassol.

Le banc des accusés.

M. Lacostade, 35 ans, ancien officier de cuirassiers. — Le diable m'emporte, monsieur le président, si j'ai jamais entendu parler de Mme Badinard. Voilà tout ce que je sais.

— Cependant, voici, dans l'album provenant de la succession Badinard, votre portrait avec cette dédicace :

A ma petite fleurette chérie,

Capitaine Lacostade !

— Pas possible ! j'aurais appelé ma petite fleurette une dame que je n'ai jamais vue ? il doit y avoir erreur ! Comment s'appelle-t-elle de son petit nom, Mme Badinard ?

Me Mitaine consulta ses papiers et répondit :

— Quoique ceci soit bien inutile, puisque l'innocence de ma cliente est reconnue, je répondrai au témoin... Mme Badinard s'appelle de son petit nom Léonie.

— Léonie ? je n'ai aucun souvenir, le diable m'emporte ! et pourtant je me plais à déclarer que j'ai le culte des souvenirs !

— Que savez-vous sur M. Cabassol ?

— Brave garçon ! un peu intermittent, pendant des mois on le voyait tous les jours, puis il disparaissait... je dois dire que j'ai compris quand j'ai su la mission qu'il avait acceptée ; je sais aussi qu'il a cherché à sévir contre moi et à m'enlever le cœur de celle que j'aimais, Mlle Tul..., mais le nom ne fait rien à l'affaire. Je lui pardonne, car elle était déjà volage avant qu'il la connût !... volage et perfide !

Le témoin va serrer la main de M. Cabassol, et s'asseoit à côté de M. de la Fricottière.

M. JULES DE SAINT-TROPEZ, 30 ans, *rentier*. — Je jure devant Dieu et devant les hommes que je n'ai jamais vu Mme Badinard. Quant à Cabassol, il fut mon ami, j'ai appris sans en comprendre la raison que j'avais été une des victimes désignées à la vengeance de Cabassol par un mari féroce à qui je n'ai jamais fait de peine. Qu'il porte le poids des chagrins qu'il a causés ! Cabassol dut, je le crains, se montrer sans pitié pour moi, tous les amis sont comme ça.

— Précisez !

— C'est difficile, je n'oserai jamais. Une dame du meilleur monde qui... que je... bref, qui m'avait donné maintes preuves d'une tendresse que je qualifierai de passionnée, me... fut... bref, il y eut un cataclysme auquel je n'ai jamais rien compris. Comment concilier, je vous le demande, les preuves de tendresse passionnée dont je viens de parler avec la plus cruelle et la plus étrange des trahisons ? Après cette affreuse découverte, Cabassol est demeuré mon ami et il l'est encore.

Le témoin salue le tribunal et va s'asseoir à côté de M. Cabassol.

MM. Pont-Buzaud et Bisseco font des dépositions presque identiques et se rangent ensuite derrière M. Cabassol.

M. FÉLICIEN CABUZAC, 33 ans, *négociant*. — Je suis innocent, monsieur le président, je suis innocent !... Jamais je n'ai entrevu Mme Badinard !

— Très bien ! voici, dans l'album de la succession, votre portrait avec ces mots : à Elle ! son Félicien Cabuzac.

M. Félicien Cabuzac se trouble fortement et regarde dans la salle où une jeune dame vient de s'évanouir. Il dit quelques mots tout bas à M. le président qui donne l'ordre à un municipal de conduire la dame dans une autre salle. On se raconte dans l'assemblée que cette dame est la femme du témoin, Mme Cabuzac elle-même.

— Voilà, dit sévèrement le président, le déplorable résultat des erreurs de jeunesse ; que ceci vous serve de leçon ! Dites ce que vous savez ?

— Ce que je sais, c'est que M. Cabassol que voilà, a voulu venger M. Badinard, sur moi qui suis innocent? Le jour même de mon mariage (*hilarité dans l'auditoire*) à l'arrivée de la noce au restaurant à Vincennes, nous avons trouvé M. Cabassol, déjà installé à table avec monsieur que voilà à côté de lui, (*le témoin désigne M° Taparel*) et un Chinois (*hilarité*). Je n'essayerai pas de vous peindre le désarroi jeté dans la noce par ces messieurs... M. Taparel a cherché à insinuer que j'avais, avant mon mariage, mené une existence

Incidents d'audience.

échevelée, il a dit que j'arrivais usé; que ma femme devait être inévitablement malheureuse, etc., etc. Pendant ce temps, M. Cabassol profitant du trouble causé par ces insinuations, prodiguait des consolations à ma femme, il lui offrait son cœur et lui embrassait la main... (*hilarité*). Puis M° Taparel parla de divorce et nous engagea réciproquement à plaider en séparation! Le résultat de tout cela fut que la première année de mon mariage se trouva tout à fait gâtée... Nous devions partir, ma femme et moi, pour notre voyage de noces en Italie... Ma femme n'en voulut pas entendre parler et prétendit rester chez sa mère... Nous fûmes sur le point de plaider!... Pas de lune de miel, (*hilarité prolongée, des dames se tordent sur les bancs. M. le président parle de faire évacuer la salle*). Non, pas de lune de miel!... Nous sommes à peine réconciliés depuis trois mois, et voilà que cette malheureuse photographie vient encore de troubler mon ménage!... je suis las d'être la victime de M. Cabassol, je vais lui intenter un procès!

M. COLBUCHE, *compositeur de musique*. (*Mouvement de curiosité dans l'auditoire.*) — J'ai appris il y a trois semaines par les articles des journaux, l'odieuse mission acceptée par M. Cabassol; j'ai su que l'on me rangeait au nombre des victimes du vengeur de M. Badinard! Pouvais-je m'attendre à une pareille révélation? Je n'ai jamais vu Mme Badinard et mon portrait ne figure pas dans l'album de cette dame... Donc, quel motif peut avoir poussé M. Cabassol à sévir contre moi? Ses tentatives sont sans excuses...

Me BICHEL, *avocat de M. Cabassol*. — Pardon! il y avait contre le témoin des probabilités qui justifient les tentatives de M. Cabassol. Il y a dans l'album au n° 23, une photographie presque effacée qui ne laisse voir qu'un crâne ravagé par la calvitie. La dédicace accompagnant cette photographie est ainsi conçue : « A elle! le plus bouillant des Billes de billard. Jocko! (*pour les dames*). » Le témoin fait partie du club des Billes de billard, son crâne, on peut le constater, présente plus d'un rapport avec celui de la photographie. De là, l'erreur. Mon client croyait exercer une vengeance légitime... N'oubliez pas qu'il avait accepté un devoir sacré!

M. COLBUCHE, *rouge de colère*. — Et c'est sur d'aussi faibles indices que M. Cabassol s'est lancé sur moi!... Il s'est fait passer pour dentiste, il m'a abîmé la mâchoire... S'il n'avait abîmé que cela! mais enfin il y a toute une correspondance que j'ai saisie dans le secrétaire de Mme Colbuche, une correspondance tour à tour brûlante et mélancolique... Hélas! Madame Colbuche répondait en cachette, et elle était brûlante aussi !

Et il paraît que l'on a retrouvé la copie de ces lettres sur les registres de l'étude de Me Taparel notaire à Paris, qui n'a pas craint de prêter son ministère à des actes aussi étrangers à sa mission sociale! Les journaux en ont publié quelques extraits qui me couvrent de ridicule et je vais plaider en séparation, tout cela par la faute de M. Cabassol... et ma pièce, la *Petite Favorite*, que le misérable a fait crouler, en me suggérant l'idée ridicule du ballet du mal de dents!... Et grâce à la dent, à la dent jadis excellente qu'il m'a déracinée, je souffre et j'ai d'horribles fluxions à tous les changements de temps!

M. ROQUEBAL, *auteur dramatique*. (*Mouvement de curiosité et rires sur les bancs occupés par le personnel des Folies Musicales*). — Feu Lesurques n'était pas plus innocent du meurtre du courrier de Lyon que je ne le suis des chagrins conjugaux de feu Badinard. Je ne peux pas prouver d'alibi, mais je jure que jamais je n'ai seulement entrevu le bout du nez que je suppose joli, de M™° Badinard! Quant à l'auteur de tous les maux de tant de braves gens, quant au féroce Cabassol, je l'ai vu un peu aux Folies Musicales, quand mon pauvre collaborateur et ami Colbuche faisait répéter la *Petite Favorite*; cet exécuteur des hautes œuvres m'a toujours déplu. Je n'ai aucun grief particulier contre lui, car je suis heureusement célibataire et s'il est vrai qu'il a essayé de me nuire dans l'esprit d'une jeune et aimable personne, il est aussi prouvé qu'il n'a pas réussi à ébranler la fidélité alors solide, de cette jeune et aimable personne. C'est donc à tort que l'on m'a mis au nombre des victimes du féroce vengeur de feu Badinard.

— M. BIZOUARD, 42 ans, *artiste peintre*. (*Le chef de l'école naturaliste et impressionniste est très ému.*) — Je jure par tout ce que j'ai de plus sacré, c'est-à-dire sur la tête d'Estelle, ma femme chérie, que je n'ai jamais vu M™° Badinard, que je n'ai jamais fait son portrait, et que c'est absolument sans motif que M. Cabassol a voulu venger sur moi, l'infortuné Badinard. Je fais partie du club des Billes de billard, mais jamais personne ne m'a appelé Jocko, comme les journaux l'ont insinué. M. Taparel m'a présenté M. Cabassol comme un riche amateur naturaliste... Grâce à M. Cabassol je plaide en séparation avec Estelle depuis l'année

M™° Colbuche répondait en cachette.

dernière; il y a eu des réconciliations, pour donner satisfaction à Estelle, j'avais renoncé aux modèles féminins, je ne peignais plus que des chaudrons, mais le procès Badinard a tout remis en question et nous replaidons! Voilà l'œuvre de M. Cabassol!

M. MALBOUSQUET, 52 *ans, docteur en médecine*. — J'étais le médecin de M. Badinard (*ah! ah! ah! dans l'auditoire, rires étouffés*) et je suis encore celui de M™° Badinard (*oh! oh! oh! sur un grand nombre de bancs, les éventails s'agitent avec fureur.*)

M. LE PRÉSIDENT. — Alors vous avouez que cette photographie signée Jocko...

M. MALBOUSQUET. — Je n'avoue rien du tout. Je dis que je suis le médecin de M™° Badinard, mais ce n'est pas moi qui figure dans l'album sous un pseudonyme qui ne sied aucunement à mon caractère! M. Cabassol ne doit pas s'y tromper; il est venu me demander mes soins contre un certain nombre d'affections dont je ne lui ai pas dissimulé la gravité... Il était très bas; un beau jour il n'est pas revenu. Je suis à la fois surpris et charmé de le voir rétabli.

M. THÉODULE PLOQUIN, *colonel en retraite*. — Le diable m'emporte, sacrr...

pardon... si j'ai jamais entendu parler d'un Badinard quelconque! je ne connais pas davantage M. Cabassol et je ne sais pas du tout ce qu'est venu me chanter un papier timbré d'un huissier parlant à la personne de mon ordonnance!

M. LE PRÉSIDENT. — Monsieur le colonel se souvient-il d'une photographie donnée à une dame avec une dédicace signée Jocko?

LE COLONEL PLOQUIN. — Jocko!... Comment, encore! j'ai à dire que j'ai reçu un jour une lettre signée « *une personne anxieuse* », dans laquelle au nom d'un intérêt sacré, on me demandait si jamais une dame ne m'avait appelé Jocko!... Alors c'est sérieux, je suis impliqué dans une affaire... J'aimerais mieux une rencontre au sabre qu'un procès, mais n'importe, je répondrai franchement, et le mari m'enverra ses témoins s'il le veut... Ah! ah! ah! je vais parler, mais faites sortir les dames!

Émotion profonde dans la salle. Tout le monde attend avec anxiété les révélations du colonel.

LE COLONEL PLOQUIN. — Oui, je l'ai déjà dit et je le répète, il y avait Cachucha qui m'appelait Théodoule, puis Rosette qui me nomma toujours Bibi, parce qu'elle n'aimait pas Théodoule,... elle était de Marseille, Rosette, et sacrebleu, c'était une riche nature...

M. LE PRÉSIDENT. — Pardon, colonel, il ne s'agit pas de...

LE COLONEL PLOQUIN, *d'un air furieux*. — C'était une riche nature! Pardon, monsieur le président, je suis retraité, j'ai ma sacrée goutte, mais je suis encore en état de répondre à un mari, et j'aimerais mieux, je vous l'ai dit, une conversation au sabre de cavalerie! sacrrebleu!... ce ne doit pas être le mari d'Azuline, elle n'était pas mariée, qu'on me donne le nom du mari qui me traîne devant les tribunaux et j'en fais mon affaire!.... je ne dérangerai pas d'huissier pour lui, mais...

M. LE PRÉSIDENT. — Il ne s'agit pas de cela, colonel, dites-nous seulement...

LE COLONEL PLOQUIN. — Faites sortir les dames, je dirai tout!... ou bien qu'elles restent tout de même, moi je m'en moque... si ça ne les gêne pas! En 59, en revenant d'Italie, nous allâmes tenir garnison à Bordeaux. Enthousiasme indescriptible à l'arrivée! je reçus une lettre : Vaillant capitaine, je suis italienne! j'ai fait un vœu à la madone, au commencement de la campagne: Sainte Vierge, ai-je dit, si l'Italie est délivrée, je vous promets d'adorer pendant deux jours au moins un des guerriers de la Francia! je vous ai vu ce matin à cheval à la tête de vos hussards, vous êtes ce guerrier que j'ai promis à la madone d'adorer pendant deux jours.

Les deux jours sont commencés.

LUCRÉZIA.

LE GRAND PROCÈS BADINARD. — Distribution de gifles à l'audience.

LA GRANDE MASCARADE PARISIENNE

Un quart d'heure après j'étais aux pieds de Lucrzia... Faites sortir les dames! quelle patriote que cette Lucrézia! et comme elle aimait les Français... son mari était français, mais il était son mari, ce n'était plus la même chose! Sacrrrebleu... Enfin, si c'est lui, comme je commence à le soupçonner, qui me fait ce procès... Je reprends, Lucrézia pâlit à ma vue, tomba dans mes bras, m'inonda de sa brune chevelure,...

— M. LE PRÉSIDENT. — Arrêtez-vous, témoin! il n'est pas question de Lucrézia, du moment où vous n'êtes pas le Jocko de la photographie, nous n'avons plus rien à vous demander.

LE COLONEL PLOQUIN *en se retirant*. — Sacrrr...m'appeler Jocko, Lucrézia, une femme qui avait fait à la madone le vœu de m'adorer deux jours... et qui a tenu son vœu pendant trois ans!

M. POULET GOLARD, 60 ans. *Mouvement de curiosité.* (*L'illustre savant est vêtu d'une grande lévite marron, il a ses poches bourrées de papiers et tient sous le bras un numéro de la Revue Préhistorique.*) — Tous mes instants sont consacrés à l'étude des populations préhistoriques, c'est vous dire, monsieur le président, que je n'ai nullement l'honneur de connaître Mme Badinard qui ne doit certainement pas dater de l'âge de fer, sans quoi elle aurait difficilement réuni la collection de souvenirs aimables dont parlent les feuilles légères que

— Faites sortir les dames.

je ne lis jamais! je vous prie de le croire, monsieur le président — une idée m'est venue que je qualifierai de lumineuse : cette dame ne s'occuperait-elle pas d'études anthropologiques? dans ce cas cette réunion de portraits pourrait être une collection scientifique...

M. LE PRÉSIDENT. — Voudriez-vous éclairer le tribunal sur un point délicat? soit en raison de vos travaux sur l'origine de la race humaine, soit pour tout autre cause, ne vous appelle-t-on pas quelquefois Jocko?

M. POULET GOLARD. — Je le reconnais. (*Sensation profonde.*) Le point de départ de la race humaine, le...

M. LE PRÉSIDENT. — Alors cette photographie effacée est la vôtre et voilà bien votre écriture?

M. POULET GOLARD. (*Rajustant ses lunettes.*) — Oui...

M. LE PRÉSIDENT (*avec sévérité*). — Je suis profondément surpris de voir un homme de votre mérite et de votre situation, perdre ainsi le sentiment de la dignité, descendre jusqu'à mettre au bas d'une photographie cet autographe peu scientifique :

A elle, le plus bouillant des Billes de billard.

Et ajouter entre parenthèses ces mots :

(Pour les dames! Jocko.)

Un monsieur lui avait appris à nager.

M. Poulet Golard. — J'ignore comment cet autographe dont je déplore aujourd'hui le manque de tenue, a pu tomber entre les mains de Mme Badinard. Ce n'est pas à elle que j'ai fait hommage de mon portrait.

M. le Président. — Dites-nous alors à qui?

M. Poulet Golard. — Je suis confus, monsieur le président, mais je ne puis préciser, il faudrait me dire le nom et je fouillerais dans mes souvenirs... Je comprends maintenant pour quelle raison, M. Cabassol s'est fait présenter à moi; sous prétexte de science et de littérature, il venait pour venger feu Badinard... Alors, c'est donc lui qui m'a enlevé Tul... je veux dire une de mes élèves...

M. Eugène de Monistrol, 36 ans, propriétaire. — J'avoue tout, excepté Mme Badinard que je n'ai pas la joie de connaître. J'ai donné jadis bien des photographies à des dames en échange de leurs précieux portraits, mais c'était avant mon mariage, aux heures de ma fougueuse jeunesse. J'étais libre, depuis j'ai tout brûlé! j'ai tout dit, maintenant je demande si.... monsieur le président est marié sans doute, il comprendra mon inquiétude,... je devrais dire ma cruelle anxiété! je connais la mission de M. Cabassol, eh bien! je demande s'il a vengé Badinard sur moi-même?

M. LE PRÉSIDENT. — Témoin, ne questionnez pas le tribunal...

M. DE MONISTROL. — Pardon, mais nous étions à Dieppe, ma femme et moi, dans le même hôtel que M. Cabassol... dans le même couloir... (*hilarité*) cette coïncidence m'a frappé... M. Cabassol n'est pas venu sans intention se loger dans le même couloir qu'une personne signalée à sa vengeance, voici la photographie de Mme de Monistrol, vous pouvez voir qu'Agnès est jolie... et... (*hilarité*).

— Lucrézia m'inonda de sa brune chevelure.

M. LE PRÉSIDENT. — Témoin, il est inutile de...

M. DE MONISTROL. — Pardon... mais je regrette de ne pas l'avoir fait photographier dans son costume de bains de mer, comme pièce à conviction... je me suis absenté pendant quinze jours (*hilarité prolongée*), et j'ai appris qu'Agnès avait beaucoup valsé au Casino pendant mon absence, qu'elle s'était commandé six toilettes et quatre costumes collants pour le bain.... et enfin qu'un monsieur lui avait appris à nager et à faire la planche.... Ce monsieur ne serait-il pas l'audacieux Cabassol ?... et s'est-il borné à la natation ?...

Je veux savoir la vérité. Monsieur le président... je voudrais une certitude... vous ne voulez rien me dire, soit, **j'irai consulter une somnambule !**

M. RAMON DE LAS CARABELLAS, 40 *ans, rentier.* — Je ne connais qu'une chose je ne suis pas coupable de la moindre peccadille vis-à-vis de M. Badinard, mais si M. Cabassol a tenté de me faire des chagrins conjugaux, nous nous mettrons dans une chambre, dans l'obscurité, avec un revolver et un couteau et nous tirerons l'un sur l'autre, sans aucune pitié!... mais il n'y aura que le mien de chargé !

M. ACHILLE VAUBERNÉ, 37 *ans, propriétaire.* — Je n'ai rien à me reprocher, je n'ai jamais connu M. ou Mme Badinard. Maintenant, ai-je été victime de M. Cabassol, le vengeur de Badinard? je l'ignore, mais j'ai de fortes présomptions de le croire, depuis un an ma femme m'inquiète ; elle qui, dès le commencement de notre mariage, un mariage d'inclination pourtant, se montrait acariâtre, jalouse et querelleuse, elle est maintenant la douceur même ! ça n'est pas naturel, monsieur le président, j'en appelle à tous les maris ! Je vous conjure, monsieur le président, d'avoir pitié de mes angoisses et de me dire si je suis victime?... Mon cœur est brisé, se peut-il que l'ange de mon foyer, l'idole de mon âme, celle que dans ma candeur, j'avais placée sur un piédestal...

M. LE PRÉSIDENT. — Arrêtez-vous, témoin, comment accordez-vous ces beaux sentiments sur l'ange de votre foyer, avec ces mots de votre main sous votre photographie : « *Le diable emporte ma femme, à toi mon cœur !*

« VAUBERNÉ. »

Explosion de rires. Le témoin rougit et balbutie, il parle d'erreurs de jeunesse et dit que s'il a papillonné jadis il est aujourd'hui dévoré par les remords.

M. LE PRÉSIDENT (*avec sévérité*). — Allez, et tachez, par votre conduite, de faire oublier ces erreurs à l'ange de votre foyer !

Le témoin, confus, se dirige vers la sortie; en passant devant la barre du public, il reçoit brusquement une paire de gifles que lui administre une dame du premier rang.

— Voilà ! dit la dame, voilà pour ton vœu : le diable emporte ma femme ! et voilà pour tes soupçons !

Une scène de confusion indescriptible se produit dans l'auditoire, des applaudissements éclatent sur quelques bancs, on se pâme de rire sur les autres. Quelques dames voisines de Mme Vauberné allongent des coups d'ombrelles au témoin en l'appelant vieux monstre ! Les municipaux tentent de se frayer un passage jusqu'à Mme Vauberné pour l'expulser, mais dans la bagarre ils reçoivent aussi de nombreux horions.

L'audience est suspendue pendant un quart d'heure. M. Vauberné en profite pour prendre quelques témoins qui attesteront devant les tribunaux que Mme Vauberné s'est portée sur lui à des voies de fait. De son côté, Mme Vauberné choisit immédiatement un avocat et un avoué et les charge d'entamer sur l'heure un procès en séparation.

VI

Suite de l'audition des témoins. — Révélations nouvelles. — Les faiblesses de Miradoux. — Réparations proposées par Cabassol. — Coup de théâtre.

Les audiences du grand procès Badinard contre Cabassol se succédaient plus mouvementées les unes que les autres. Le grand mouvement de curiosité excité par la première audience, loin de s'être apaisé, n'avait fait

Mme Vauberné choisit immédiatement un avocat.

que s'accentuer, chaque jour le Palais de justice était assiégé par la foule. Ceux qui n'entraient pas attendaient dans les couloirs ou dans la salle des Pas-Perdus les nouvelles de l'audience et les transmettaient aux curieux du dehors. Des notabilités de tous les mondes garnissaient la salle et ne manquaient aucune audience : on voyait des hommes politiques soucieux de s'éclairer sur les grandes questions mises en jeu par le procès, et notamment sur la question du divorce, à laquelle le procès apportait un grand nombre d'arguments pour ou contre, des auteurs dramatiques attirés par les curieuses révélations qui soulevaient par bien des coins, le voile de la vie privée du monde du XIXe siècle — des grandes dames en quête de détails piquants, des artistes dramatiques, des diplomates, des petites dames, etc., etc.

Cabassol est vivement pris à partie par les témoins qui continuent à défiler devant le tribunal. La lumière ne se fait pas, Mme Badinard, tout le monde s'accorde à le dire, est innocente, mais aucun des témoins, soit oubli, soit mauvaise volonté, n'a révélé le nom de la véritable propriétaire de l'album aux 77 photographies, de la collectionneuse de souvenirs amoureux, cause de tout le mal.

Les chroniqueurs et les mauvaises langues se font un malin plaisir de donner des noms purement imaginaires, et de mettre cette collection malencontreuse sur le dos de personnes bien innocentes. Dès la seconde audience on a parlé de Criquetta qui a répondu spirituellement par un certificat de Bézucheux de la Fricottière, l'un des 77, attestant sa parfaite innocence. Ensuite on a prononcé le nom de Cora Pearl, mais, vu le nombre relativement peu important des portraits, les soupçons se sont portés bien vite sur d'autres jeunes personnes. Une grande dame du noble faubourg fut un instant indiquée comme

Le public à l'audience.

la véritable collectionneuse, puis une écuyère endossa la responsabilité du procès.

Si les témoins protestent à l'unanimité de l'innocence de Mme Badinard et déclarent que jamais ils n'ont offert le moindre portrait à cette dame, en revanche, ils ne se gênent pas pour fulminer contre la férocité aveugle de feu Badinard et contre le pauvre Cabassol. Me Taparel et Miradoux sont aussi fortement maltraités par les témoins furieux du rôle joué par eux en cette affaire.

Cinq maris se sont réunis pour se porter partie civile et intenter à l'infortuné Cabassol un second procès; le maestro Colbuche est à la tête de cette ligue; ils réclament à MM. Cabassol, Taparel et Miradoux cinq cent mille francs de dommages et intérêts pour le préjudice conjugal à eux causé.

La treizième audience fut marquée par un incident qui donna un nouveau tour au procès. Un témoin trop rageur ayant parlé de son désir d'obtenir une réparation immédiate, Cabassol se leva et demanda la parole.

M. CABASSOL. — Le témoin M. Koppmann parle de réparation en termes que je me réserve de relever plus tard, hors de cette enceinte. Je dois lui dire aujourd'hui qu'il ne peut être question de réparation quand il n'y a pas eu de sévices! Monsieur portait dans la liste des vengeances à exercer, le n° 38; je n'ai pas eu le temps d'aller jusque-là, je n'ai donc rien à réparer...

M. Koppmann. — Allons donc!...

M. Cabassol. — Il n'y a pas d'allons donc! j'ai de l'ordre et de la mémoire, je n'ai pas eu le temps d'aller jusqu'à votre numéro, je vous l'affirme.

Projet de fontaine expiatoire à élever en l'honneur des victimes de l'affaire Badinard.

M. Koppmann. — J'ai des preuves!
M. Cabassol. — Par exemple!...
M. Koppmann. — J'ai des lettres!.. Hélas, Mme Koppmann fut...
M. Cabassol. — Si vous avez des lettres, montrez-les!... D'avance je vous dis, elles ne sont pas de moi... N'allez pas me mettre sur le dos les
Liv. 71.

fantaisies que Mme Koppmann peut s'être permises sans que j'y sois pour rien...

M. Koppmann. — Tenez, monsieur le président, voilà deux lettres que j'ai saisies dans un corset de Mme Koppmann, lors des recherches que je fis quand les journaux m'apprirent que je me trouvais sur la liste des victimes de M. Cabassol !

(*Le témoin, visiblement ému, passe deux petites lettres à M. le président, qui en donne lecture.*)

Mardi. Vous voir, c'est vous aimer ! vous aimer, c'est habiter le 7e ciel ou plonger au plus profond de l'enfer, à votre choix, selon ce que vous déciderez pour le cœur profondément ému qui écrit ces lignes avec la tête perdue !

Vous êtes belle, soyez bonne ! ne me précipitez pas dans les affres du désespoir je vous l'ai dit hier, je vous l'avais dit avant hier, je vous le crie aujourd'hui, je vous aime ! enfer ou paradis, décidez !

Ou bien, au moins ne me faites pas faire trop de purgatoire.

Jeudi matin. Ma petite bichette chérie.

Si ma petite bichette chérie était bien gentille, mais là, bien gentille, je sais bien ce qu'elle ferait ! elle viendrait avec moi écouter les Horaces à l'Odéon, j'ai une loge de faveur ! comme ça la reposerait du naturalisme, et comme il serait doux de causer du grand Corneille à deux ! Ma petite bichette chérie m'expliquerait Gœthe, et elle prendrait l'engagement de ne pas être méchante comme hier et de ne plus me parler de son affreux mari qui est en voyage depuis 6 mois et qui ferait bien d'y rester !

M. Cabassol (*accent indigné et sincère*). — Jamais je n'ai écrit cela ! je proteste !

M. le Président. — En effet, cela ne ressemble pas aux différents spécimens d'écriture que le tribunal a devant les yeux... et c'est signé *Mir.* !

Me Taparel, *bondissant derrière Cabassol.* — Et c'est signé Mir. ?

(*M. Miradoux, placé à côté de Me Taparel, paraît visiblement gêné.*)

Me Taparel. — Mir., c'est Miradoux... Je prie M. le président de me laisser jeter un coup d'œil sur ces autographes...

M. Koppmann. — Mais vous me les rendrez, ils me sont indispensables pour obtenir le divorce...

M. Miradoux. — Je n'essaierai pas de feindre ; ces deux lettres sont de moi. (*Stupeur dans l'auditoire.*) Affaire personnelle dans laquelle M. Cabassol n'a rien à se reprocher !... Je sollicite toute l'indulgence du tribunal pour un instant d'erreur... Oui, un instant d'erreur non partagé ! Mme Koppmann est pure, elle n'est pas venue à l'Odéon, je le jure... (*M. Koppmann ricane et se croise les bras.*) Mon Dieu, messieurs, c'est l'affaire Badinard qui est cause de ma chute... permettez-moi de m'expliquer. Nommé exécuteur testamentaire par la confiance de M. Badinard, quel était mon devoir? Tous les juristes s'accorderont à le dire : Mon devoir, mon devoir strict, était de veiller à l'exécution des volontés du testateur et d'aider de tout mon pouvoir à cette exécution.

Mᵉ BICHEL, *avocat de M. Cabassol*. — En droit, M. Miradoux a raison. L'exécuteur testamentaire doit exécuter ou veiller à ce que le légataire exécute! Sirey, Dalloz, Dupin, Troplong sont d'accord là-dessus, et je pourrais citer maints jugements qui affirment ce devoir de l'exécuteur testamentaire.

Mᵉ MITAINE. — Certainement, la question de droit ainsi posée doit être résolue dans ce sens, mais la question de fait! Je défie l'éminent avocat de la partie adverse de trouver dans Sirey, Dalloz ou Dupin, rien qui autorise M. Miradoux à appeler la femme du témoin ma petite bichette chérie!

Mᵉ BICHEL. — Sans nul doute! mais il n'en est pas moins vrai que M. Miradoux, exécuteur testamentaire, devait tout faire pour aider à l'exécution du testament de feu Badinard? Je profite de l'occasion pour bien établir son rôle... Ce rôle fut à la fois modeste et actif; M. Miradoux se chargea de recueillir sur les soixante-dix-sept personnes, vouées à la vengeance de M. Cabassol, tous les renseignements nécessaires à l'exécution rapide et discrète des volontés du testateur. Je n'ai pas à discuter la légitimité des griefs de M. Badinard, il est maintenant prouvé que l'infortuné fut jeté dans l'erreur par un concours de circonstances encore inexpliqué. Je reviens à M. Miradoux. Pour être modeste, le rôle accepté par lui n'en était pas moins rempli de périls cachés, de fossés dissimulés sous les fleurs! Pensez-y, messieurs, dans le cours de ses recherches, M. Miradoux dut être exposé bien des fois à des émotions aussi délicates que dangereuses, à des troubles particuliers... il est homme et par conséquent fragile... Vingt fois il triompha de son cœur, la vingt-unième fois il succomba!... Il a droit, en

— M. Miradoux dut être exposé à des émotions délicates et dangereuses.

raison de sa situation particulière, à toutes nos indulgences; il était exécuteur testamentaire, il a exécuté, un peu trop et voilà tout !

M. Miradoux (*timidement*). — Excès de zèle !...

M. le Président. — Cette affaire, messieurs, est profondément triste, elle nous montre à quelles faiblesses des hommes, d'un caractère sérieux pourtant, peuvent se laisser entraîner par suite d'une mauvaise interprétation du *devoir*.

M. Koppmann. — Il n'en est pas moins vrai que j'ai été victime. Je redemanderai au tribunal les lettres de M. Miradoux pour les poursuites ultérieures.

M. Cabassol. — Je déclare solennellement ici que dès l'instant où j'ai connu à quelles déplorables erreurs, l'erreur première de M. Badinard m'avait conduit, j'ai cessé toutes hostilités, et que j'ai immédiatement songé à offrir une réparation discrète aux personnes lésées .. (*Mouvement dans l'auditoire.*)

M. le Président. — Ce sentiment est louable; mais de quel genre de réparation voulez-vous parler ?

Une voix dans la salle. — Le revolver ! (*Émotion profonde.*)

Une autre voix. — Le sabre ! Mille cartouches !...

Une autre voix. — Pas de réparations possibles !

Une autre voix. — C'est sa vie qu'il me faut d'abord !

Une autre voix. — Cinq cent mille francs de dommages et intérêts ensuite !

M. le Président. — Si ces manifestations peu respectueuses pour la justice continuent, je ferai évacuer la salle.

Une voix féminine au banc des avocats. — Je ne veux pas qu'on le tue, moi !

(*M. le président regarde du côté des avocats et dit quelques mots à un huissier. Un avocat est saisi par le garde municipal, il veut protester, mais sa toque tombe et de longues tresses blondes se montrent indiscrètement. Quelques personnes croient reconnaître sous la robe de l'avocat une actrice des Folies-Musicales. Quelques jeunes avocats prennent son parti et sont expulsés avec elle.*)

Les vociférations continuent dans la salle. — Non, pas de réparation possible ! — Le revolver ! le sabre ! etc., etc.

M. le Président. — Qui a parlé ?

M. Ramon de las Carabellas *dans la foule.* — Moi !

Le colonel Ploquin, *idem.* — Moi ! j'ai été traité de vieux singe, je veux laver cette injure dans le sang de M. Cabassol !

M. le Président. — M. Cabassol a dit que dès le premier jour il avait songé qu'il vous devait une réparation. Laissez-le s'expliquer.

M. Cabassol. — Feu Badinard avait dit : la peine du talion ! Sa femme était très compromise, à ses yeux, par les soixante-dix-sept portraits de l'album, je devais donc compromettre les épouses de ces soixante-dix-sept portraits !... j'ai à me reprocher d'avoir compromis quelques personnes... bien à tort, je le reconnais, mais enfin... j'ai compromis ! Que devais-je faire pour

— Je ne veux pas qu'on le tue, moi !

réparer autant qu'il était possible mes torts envers les personnes lésées ? Après avoir bien réfléchi, après avoir bien pesé les avantages et les inconvénients, je me suis arrêté à un projet que je demande à dévoiler à monsieur le Président...

M. le Président. — Dévoilez tout haut.

M. Cabassol. — La ville de Paris manque de bornes-fontaines ; grâce à la haute générosité d'un homme qui allie la philanthropie au goût épuré des beaux-arts, elle a les fontaines Wallace, mais elles ne sont pas en nombre suffisant... j'ai donc pensé...

(*Don Ramon Carabellas se démène furieusement dans l'auditoire et parle encore de revolver.*)

M. Cabassol. — Je me suis donc arrêté au projet de doter la Ville de nouvelles bornes-fontaines artistiques, presque monumentales, dont le principal ornement serait, pour chacune, le buste d'une personne lésée...

Don Ramon Carabellas, *vociférant*. — Je ne suis pas de Paris! je préfère le revolver!

M. Cabassol. — D'abord vous n'êtes pas lésé, vous, vous n'auriez pas droit à ma borne-fontaine!

Le colonel Ploquin. — Le sabre! pas de fontaine!... le qualificatif borne est encore une injure!

M. le Président. — Ces interruptions sont déplacées. — Je ne vois rien que de fort louable dans l'idée de M. Cabassol. — M. Cabassol entraîné par les circonstances est tombé dans des erreurs regrettables, mais il me paraît entré dans la voie des remords sincères. Son projet à quelque point de vue qu'on l'envisage, me paraît digne d'être discuté.

Me Mitaine. — Ce n'est qu'un projet en l'air!

M. Cabassol (*Sortant une liasse de papiers, de sa poche.*) — Voici les devis de l'architecte que j'ai consulté, voici le devis du plombier et enfin voici le croquis du sculpteur! vous voyez que ce projet était sérieux. Sans le procès, les bustes seraient en cours d'exécution! On peut citer le plombier, l'architecte et le sculpteur...

Me Mitaine. — Si c'est sur l'actif de la succession Badinard que M. Cabassol prétendait élever des bustes aux personnes lésées, je proteste au nom de Mme Badinard... Le testament injurieux de feu Badinard portait que, dans le cas où M. Cabassol renoncerait aux vengeances ordonnées, ou bien ne réussirait pas dans ses tentatives, la fortune personnelle de M. Badinard servirait à élever une maison de retraite douce et confortable pour les maris maltraités par le sort. Il ne peut plus être question de cet asile maintenant que l'on sait que feu Badinard fut un maltraité imaginaire. Donc pas de vengeance, pas d'asile, mais l'annulation du testament!...

M. le Président. — Le tribunal, avant de rien décider sur cette question, doit faire la lumière sur toutes les autres. — Le point capital du procès c'est l'innocence ou la culpabilité de Mme Badinard, le défenseur ne met pas en doute cette innocence, soit, mais alors, à qui appartenait l'album sur lequel le testament est basé? tout est là! Quelle est donc la personne qui possède à un si haut degré le culte des souvenirs photographiés? Les témoins qui lui offraient tant et de si tendres hommages n'ont pas seulement pu se rappeler son nom... Inconstance désastreuse! légèreté inouïe! oubli lamentable!... Il est temps cependant de faire sortir de son incognito cette aimable collectionneuse; j'adjure M. Cabassol de sortir de sa réserve et de nous dire ce nom qu'il cache sans doute par un excès de discrétion blâmable. Je l'adjure de nous le dire, au nom d'une femme outragée et calomniée, au nom même de son adversaire, au nom de Mme Badinard !

(*Sensation profonde; on attend avec anxiété la réponse de M. Cabassol.*)

M. CABASSOL (*d'une voix grave*). — Monsieur le président ne fait pas en vain appel à ma délicatesse — Je reconnais n'avoir pas le droit de laisser peser plus longtemps sur une tête innocente l'erreur de feu Badinard... La per-

Hier a été célébré le mariage morganatique de...

sonne qui avait collectionné les soixante-dix-sept photographies... c'est Mme Tulipia Balagny !

Émotion indescriptible, l'auditoire pousse des exclamations où percent la surprise, la colère, la gaieté, l'ironie ou l'indignation; on rit beaucoup au banc occupé par les artistes des Folies-Musicales. — Des reporters s'échappent rapidement pour aller porter la nouvelle à leurs journaux.

(*Tous les témoins dispersés dans la salle font des efforts surhumains pour descendre à la barre à travers l'auditoire tumultueux. Bezucheux de la Fricottière, Lacostade, Bisseco, Saint-Tropez et Pontbuzaud assis à côté de Cabassol, se lèvent et l'interpellent...*)

— Mon petit bon, tu en es sûr? s'écrie Bezucheux, mais alors, messieurs, c'est une affreuse trahison, vous me trompâtes plus que je ne pensais...

— Et vous! indigne ami, vous nous...

— Je me disais... ils me trahissent un petit peu... légèrement... mais... Les amis, moi je trouve ça dégoûtant, décidément!... c'était avant ma première brouille avec Tulipia, il y a deux ans et demi, trois ans!...

— Il y a trois ans? alors, dit Lacostade, c'est moi le premier en date... d'ailleurs, j'avais le n° 37, dans l'album... vous pouvez vérifier... eh bien! je date d'il y a quatre ans, moi, messieurs, je sortais du régiment... je me suis brouillé cinq fois avec Tulipia, et cinq fois nous nous raimâmes!... donc c'était moi le plus trompé!

— Moi s'écria Bisséco, je vis la perfide Tulipia il y a deux ans et demi pour la première fois;... mon portrait porte le n° 58 dans l'album aux souvenirs... du diable si je me doutais...

— C'est moi le dernier, mes enfants, j'ai le n° 62! déclara Saint-Tropez, Tulipia date de mon conseil judiciaire, il y a deux ans et deux mois... j'obtins mon conseil judiciaire un vendredi, le samedi je soupais avec la perfide et elle me consolait...

— Alors, misérable, c'est toi qui nous trompas tous!...

— Allons, messieurs, dit Cabassol, un peu de philosophie!

— Horreur, fit Bezucheux, nous apprenons ça aujourd'hui, quand ce matin les gazettes nous ont déjà porté un si rude coup au cœur... Tiens, lis cet entrefilet du *Figaro*.

TÉLÉGRAMMES ET CORRESPONDANCES

« VIENNE. — Hier a été célébré à l'église grecque le mariage morgana-
« tique de Son Altesse le prince Michel de Bosnie, avec la baronne de Bala-
« gny, une charmante Parisienne qui va éblouir de son sourire et de ses ver-
« tus l'antique et solennelle cour de Bosnie. L'auguste père du prince Michel
« avait négocié naguère une union avec la maison de Klakfeld, mais le cœur
« ayant parlé, la raison politique a dû s'incliner.

— Diable! fit Cabassol, pauvre Tulipia, ma révélation va peut-être la gêner!... je ne voulais rien dire, mais vous avez vu, vous êtes témoins, j'ai été forcé de parler...

Un bruit de gifles données et rendues précipitamment l'interrompit. C'était le bouillant don Ramon Carabellas qui s'expliquait avec M. de Monistrol.

— Monistrol, vous êtes un polisson! s'écriait don Ramon, c'est moi qui vous ai présenté à Tulipia...

— Vous m'en rendrez raison! répondait M. de Monistrol.

LA GRANDE MASCARADE PARISIENNE

M. Arsène Grattleloup, greffier, jadis vertueux, en partie fine.

— Allons donc! allons donc! messieurs, disait M. Poulet-Golard, il n'y a que la science qui ne trompe pas!... je suis trompé comme vous, moi, et je ne me fâche pas!... voyez-vous, on ne peut demander à une parisienne de notre époque, la fermeté de principes des femmes de l'âge de pierre...

M. le président ne pouvant venir à bout du tumulte, leva l'audience et fit évacuer la salle par un peloton de municipaux.

Il y eut quatre duels le lendemain matin, un à Sceaux, un à Vincennes, un à Boulogne, et un à Sèvres. Don Ramon de Carabellas reçut un coup d'épée de M. Monistrol et lui rendit une petite piqûre.

M. Félicien Cabuzac, provoqué par un de ses compagnons de l'album, s'en

Les suites de l'affaire Badinard.

tira d'une façon très adroite, il profita de sa myopie bien caractérisée, pour pratiquer une large estafilade au nez d'un de ses témoins ; cette blessure arrêta le combat, le duel étant au premier sang. — De cette façon, M. Cabuzac garantit sa tranquillité pour l'avenir, il avait fait ses preuves et dans tous les cas, il était maintenant certain de ne plus trouver de témoins.

Précieuse recette que nous livrons aux personnes qui n'aiment pas plus que nous les promenades sentimentales à l'épée ou autres instruments piquants et contondants.

Les autres duels se terminèrent sans autre malheur que l'effusion du sang des canards traditionnels.

Trois nouvelles demandes en séparation de corps furent déposées dans la matinée au Palais de justice et deux dans l'après-midi, ce qui porta les procès en séparation suscités par l'affaire Badinard au chiffre de quatorze.

Effrayant résultat de l'erreur de feu Badinard! Le Palais était en révolution, juges, avoués et avocats étaient littéralement sur les dents. M. Arsène

Gratteloup, greffier, jadis simple et vertueux, affectait maintenant des allures gommeuses qu'on ne lui avait pas vues jusque-là ; il avait de longues conversations dans le greffe même avec sa protégée Mlle Billy et le bruit courait qu'un dimanche, on l'avait rencontré à Asnières, en train de faire une partie d'escarpolette dans le jardin d'un restaurant de canotiers.

Une foule encore plus compacte se pressa le lendemain de la révélation de Cabassol dans les couloirs et dans les salles du Palais de justice. On s'attendait à de nouveaux scandales, les journaux du matin ayant annoncé que le héros de l'affaire allait faire de nouveaux aveux et donner la liste, complète cette fois, des femmes du monde qu'il avait compromises — avec force détails à l'appui.

Ce fut au milieu du plus religieux silence que le tribunal entra en séance. — Un coup de théâtre inattendu vint décevoir les espérances des curieux : le greffier, aussitôt l'audience ouverte, donna lecture d'une ordonnance par laquelle l'affaire Badinard était renvoyée après les vacances.

« *Le tribunal,*

« *Vu la nouvelle phase dans laquelle est entré le procès,*

« *Vu la nécessité d'une enquête sur les nouveaux faits introduits à la cause,*

« *Attendu l'état de confusion dans lequel se trouvent les renseignements contradictoires,*

« *Ordonne :*

« *L'affaire Badinard contre Cabassol est remise à trois mois.*

Le sentiment unanime de la foule, surprise par cette remise d'une affaire à peu près élucidée, fut qu'une haute influence diplomatique avait dû agir sur le Palais de justice. Sans nul doute Tulipia, épouse morganatique du prince de Bosnie, troublée dans sa lune de miel par les révélations scandaleuses du procès Badinard, cherchait à étouffer l'affaire, ou tout au moins à la faire trainer en longueur pour avoir le temps de colorer d'une façon toute différente sa participation aux chagrins de feu Badinard. On raconta dans les cercles bien informés, que le précepteur du prince de Bosnie, le baron de Blikendorf, s'occupait spécialement de l'affaire, et cherchait partout une jeune personne qui consentît moyennant une petite somme, à endosser la responsabilité de l'album au lieu et place de Tulipia, princesse de Bosnie.

On demande une jeune personne...

Départ pour le château de la Fricottière.

VII

La gouvernante de M. de la Fricottière le père. — **M. de la Fricottière candidat.** — **Profession de foi.** — **Réunion publique.**

La remise de l'affaire Badinard avait considérablement chagriné Me Mitaine, l'avoué poursuivant. Sa proie pouvait lui échapper, cette remise arrivait juste au moment où il se flattait d'obtenir haut la main la condamnation de Cabassol; qui sait ce qui pouvait se passer pendant ce délai! Gagner du temps pour un plaideur c'est presque gagner sa cause.

Pour se consoler, il s'était attelé le soir même aux petites affaires de séparation que le grand procès lui avait amenées, il les étudiait avec amour et se promettait d'en profiter pour entretenir la curiosité publique avec ces bribes de l'affaire Badinard, jusqu'à la reprise des hostilités.

Bezucheux de la Fricottière fils, se présentant dans son cabinet le lendemain de la remise, le trouva donc au travail; les dossiers de quatre maris tirés de l'album, et de cinq ou six femmes compromises par Cabassol, étaient déjà préparés, M° Mitaine les houspillait et les mettait en pièces avec beaucoup de verve dans des esquisses préparatoires de plaidoiries et il souriait à la pensée de faire retomber sur ses adversaires du grand procès le scandale de ces affaires incidentes.

— Bonjour, cher maître! dit Bezucheux en prenant un siège, vous souvient-il de notre affaire de Beaumesnil? Vous rappelez-vous que nous devions nous couper la gorge?

— Mille pardons! nous nous sommes expliqués... s'écria M° Mitaine en reculant son fauteuil.

— Sans doute! sans doute! sans cela ce serait déjà fait! je veux dire : vous rappelez-vous que nous faillîmes nous entregorger? je vous prenais pour mon rival et dame! en pareil cas... mais vous m'avez juré de ne plus penser à Criquetta, ma blanche colombe, et j'ai consenti à oublier votre présence à une heure indue, à une condition!... vous souvenez-vous de la condition?

— Non!

— Comment non! Vous avez oublié que vous m'aviez promis de vous occuper, en avoué et en ami, de l'interdiction de M. Bezucheux de la Fricottière, mon père?

— Ah! c'est vrai! Eh bien?

— Eh bien! il est temps d'agir. Papa dépasse toutes les bornes, il devient hyperboliquement torrentueux!

— Vous dites? demanda l'avoué en se préparant à prendre des notes.

— Je dis qu'il cascade de façon à faire dresser les cheveux au blason de notre famille, s'il en avait. Notre blason n'est pas bégueule, vous savez : je fricotte, etc. Mais, il est des choses auxquelles il n'a pas été habitué!... Passe pour fricotter, mais... Quelle conduite, cher maître, pour un descendant des croisés!

— Diable! que fait donc monsieur de la Fricottière?

— Mon cher maître Mitaine, je n'oserai jamais vous l'avouer!... et cependant il le faut... tous les la Fricottière, ces fiers barons couverts de fer dont les nobles figures ornent les panneaux de la grande salle de notre manoir; tous ces vieux et rudes chevaliers doivent en tressaillir de fureur dans leurs tombes...

— Mais enfin, monsieur votre père...

— Il veut... il prétend,..

— Quoi?

— Enfin, mon bon, il veut épouser sa gouvernante!

— Bigre!...

—Quand je vous le disais... complètement ramolli, papa, complètement !.. fricotté trop longtemps ! v'lan, un bon conseil judiciaire, il n'est que temps !
— Mais c'est qu'un conseil judiciaire ne peut l'empêcher d'épouser...
— Turlututu ! ça le maintiendra toujours, et ça fera reculer la gouvernante... Vite, en route pour la Fricottière !...
— Comment, en route ! engageons l'affaire de Paris...
— Oubliez-vous ce que vous m'aviez promis ! je vous enlève ! vous êtes libre, la remise de l'affaire Badinard vous donne quelques loisirs, profitons-en. Vous savez que vous avez pris un engagement d'honneur, là-bas à Beaumesnil...
— C'est que j'ai là quelques affaires en séparation de corps à...
— Vos clercs sont là.
— Mes clercs... mes clercs !... ils n'ont pas ma longue expérience... S'ils allaient laisser faire des réconciliations !

— Complètement ramolli, papa !

— Bah !... pour quelques jours, vos clients porteront leurs chaînes quelques jours de plus ! Vous savez, ça sera une petite partie... Vous serez en pays de connaissance, Bisséco, Pontbuzaud, Lacostade et Saint-Tropez, les témoins de l'affaire Badinard viennent avec moi voir interdire papa !... entre nous, je crois que ce sera drôle !

L'avoué réfléchissait.

— Allons donc ! mon bon, fit Bezucheux en frappant sur le ventre de Mᵉ Mitaine, vous voulez donc faire de la peine à Criquetta ? Si vous ne venez pas, je croirai que vous ne voulez pas vous rencontrer avec elle...

— Comment, Mᵐᵉ Criquetta est du voyage ?
— Parbleu !
— Mon cher client ! je boucle ma malle et je vous accompagne... où allons-nous ?
— Très bien ! j'aime cette belle ardeur ! nous allons à la Fricottière, arrondissement de Chinon, ligne du Midi ! Départ demain matin à huit heures, arrivée à Chinon à midi, déjeuner, départ en voiture à deux heures pour la Fricottière.

— Entendu !

Me Mitaine se remit au travail. Ce fut une rude journée, il avait à organiser la besogne de ses clercs pour le temps de son absence, à terminer quelques affaires et enfin, besogne plus rude, à préparer la tendre Mme Mitaine à une cruelle séparation de quelques jours.

Le lendemain, à l'heure dite, Me Mitaine se trouvait à la gare muni d'une petite valise et d'une serviette bourrée de dossiers. Son client n'était pas encore là. Juste au moment où le train allait partir, Bezucheux arriva en tête d'une véritable caravane. On n'eut que le temps de prendre les billets et de courir au train, on s'empila dans deux compartiments, à la hâte, en jetant pêle-mêle les cartons, valises et sacs de nuit ; la cloche sonna, le train siffla et l'on partit.

Me Mitaine, un instant ahuri par la course au clocher qu'il avait fallu exécuter pour ne pas manquer le départ, se remit alors, il rajusta son lorgnon et s'aperçut qu'il avait comme vis-à-vis de compartiment l'homme qui depuis un mois lui servait de tête de turc, son adversaire du procès Badinard, M. Antony Cabassol lui-même !

Me Mitaine jeté par un coup de tampon dans les bras de Cabassol se recula vivement et resta pétrifié dans son coin.

— Eh bien ! mon cher avoué, dit Bezucheux, je n'ai pas besoin de vous présenter monsieur, vous vous connaissez,... j'avais oublié de vous le dire, M. Cabassol nous accompagne... ce brave garçon, vous savez, on l'a un peu turlupiné dans ces derniers temps, il a besoin de distractions, d'émotions douces, alors je lui ai dit : viens voir interdire papa !

— Allons, dit Cabassol, terrain neutre ici, mon cher persécuteur,... nous avons trêve pour trois mois, nous reprendrons la lutte ensuite.

— Sans rancune, dit Me Mitaine, vous savez, comme avoué je cherche à vous faire de la peine, mais comme homme, je vous admire !... Quelle vaillante entreprise ! soixante-dix-sept vengeances !...

Les compagnons de l'avoué étaient Bezucheux et Criquetta, Lacostade et une jeune personne répondant au doux nom de Renée Trompette, Saint-Tropez et une étoile de café-concert. L'infortuné Cabassol était seul avec ses chagrins ; Bisséco et Pontbuzaud avaient pris place dans le compartiment voisin en compagnie de deux jeunes et élégantes dames dont on percevait les éclats de rire à travers la cloison.

Laissons Bezucheux peindre à ses compagnons les splendeurs du manoir paternel et transportons-nous à la Fricottière. Le fief de la famille des Bezucheux est situé en pleine Touraine, dans un pays charmant aux douces ondulations couvertes de bois et de vignes, parsemées de villages et de châteaux. Le manoir, une haute construction de style Henri IV, est perché sur une éminence au-dessus du village de la Fricottière dont les maisons descendent dans un déboulis pittoresque jusqu'aux bords de la Loire.

Une large avenue conduit entre les deux rangées d'ormes séculaires à la grille du parc des Bezucheux. Remarquons en passant, si nous ne les avons

La dernière conquête du père La Fricottière.

pas déjà vues dans le village, les affiches roses posées sur les deux piliers de la grille. La première porte ces simples mots en capitales de vingt centimètres de hauteur :

CANTON DE LA FRICOTTIÈRE
CANDIDAT AU CONSEIL GÉNÉRAL DE L'INDRE-ET-LOIRE
BEZUCHEUX DE LA FRICOTTIÈRE

La seconde est une profession de foi du candidat, ainsi conçue :

ÉLECTEURS DU CANTON DE LA FRICOTTIÈRE

Messieurs et citoyens,

Revenu définitivement parmi vous après de longues années employées à l'étude approfondie des grandes questions politiques, agricoles, internationales et sociales, à l'élucidation réfléchie des problèmes qui s'imposent à l'attention de l'homme politique, je viens mettre au service de mon pays et de mes chers concitoyens, l'expérience et les connaissances acquises par de sérieux travaux !

Sans passé politique et sans attaches d'aucune sorte, je suis réellement l'homme de la situation, le candidat mixte appelé à recueillir tous les suffrages des électeurs véritablement éclairés. A la fois progressif et conservateur, que veux-je ? messieurs et citoyens, je veux avant tout le bien-être et la prospérité du canton de la Fricottière, je veux voir régner la satisfaction sur le visage de tous les habitants de ce beau canton, non pas une satisfaction apparente et de surface, mais une satisfaction complète et absolue, en un mot une satisfaction générale, locale et particulière pour toutes leurs préférences politiques, pour les chemins de fer, pour les chemins vicinaux, pour le rendement des céréales, pour la beauté de la vigne et pour la qualité des betteraves ! Voilà mon programme ! Pour le réaliser, je mets au service du canton les lumières de mon expérience et l'énergie de mon dévouement ! aux urnes, messieurs et citoyens, et votez pour le candidat du progrès et de la liberté !

Je méprise trop les calomnies de mes adversaires pour daigner leur répondre. Mon concurrent représente un parti, un seul parti, moi qui n'ai pas ces étroitesses d'esprit d'un autre âge, je demande à les représenter tous ! Électeurs intelligents et éclairés, vous voterez pour le candidat MIXTE.

Bezucheux de la Fricottière.

L'auteur de cette belle proclamation prenait l'air dans son parc ; étendu dans un fauteuil roulant poussé par une dame en costume à la fois simple et coquet, il méditait sur les grands problèmes sociaux dont il avait promis l'élucidation réfléchie à ses électeurs. Bezucheux fils avait dit vrai, le président du club des *Billes de billard* était bien changé ; épaissis, alourdis par la graisse, ses nobles traits avaient subi une altération visible, et l'affaissement de sa lèvre inférieure, l'alourdissement de ses paupières dénotaient l'arrivée prochaine de ce ramollissement, subi par tous les la Fricottière aux approches de la soixantaine.

M. de la Fricottière était, de plus, tourmenté par les attaques d'une goutte violente et obstinée ; il ne marchait plus, il passait ses journées étendu sur une chaise longue ou traîné dans un fauteuil roulant par sa gouvernante. Hélas ! M. de la Fricottière l'avouait maintenant, il avait trop fricotté ; sa goutte et son avachissement prématuré, ses embarras gastriques et financiers, tout cela était le résultat de longues années de fricottages trop accentués !

M. de la Fricottière avait résolu de changer d'existence. Une vie sage et paisible à la campagne, une conduite régulière, embellie par le dévouement aimable de sa gouvernante et par les pures distractions de la politique, devaient, il l'espérait du moins, réparer à la longue le délabrement de sa santé et celui de son budget.

Promenade dans le parc de la Fricottière.

La gouvernante de l'ex-bille de billard n'était pas une gouvernante ordinaire, et M. de la Fricottière ne s'était pas adressé à un bureau de placement pour la trouver. Ce n'était rien moins qu'une chanteuse de café-concert, oubliée par son directeur, après faillite, dans un hôtel de Bordeaux; Bezucheux l'avait vue, l'avait dégagée en payant une formidable note, l'avait rhabillée, et à défaut d'engagement ailleurs, l'avait amenée à la Fricottière où elle était restée avec le titre de gouvernante. C'était la dernière conquête du vieux viveur, sa dernière folie! ce dernier nom devait clore la longue liste des victoires et conquêtes de Bezucheux, don Juan définitivement mis à la retraite. L'ex-chanteuse de café-concert l'avait transformé en un amoureux craintif et plein d'égards comme un jouvenceau, elle avait en peu de mois établi son empire sur des bases solides, et elle comptait avant peu amener le châtelain de la Fricottière à lui offrir sa main en plus des débris de son cœur et de sa fortune.

— Lucie! disait Bezucheux de la Fricottière en se retournant vers sa gouvernante, je vous l'ai déjà dit, mais je le répète, vous êtes un ange!

— Taisez-vous, vilain! répondit la gouvernante en donnant une légère pichenette sur le nez de son maître, vous savez bien que vous avez un discours à prononcer devant vos électeurs... restez tranquille, pensez aux interpellations que vos adversaires vous susciteront dans la réunion d'aujourd'hui...

— Lucie, vous êtes un ange! je vous le répète... je n'ai plus besoin de méditer, je n'ai jamais été aussi sûr de moi... c'est le jour de la bataille que je retrouve toute ma lucidité d'esprit... mes adversaires, je les pulvériserai, leurs objections, leurs observations, leurs interpellations, je les... D'ailleurs vous savez bien, petite scélérate, que nous avons cinq ou six hommes intelligents et sûrs qui sont chargés de crier *à la porte, les provocateurs!* à toute interpellation de nos ennemis politiques...

La gouvernante, après une seconde pichenette sur le nez de Bezucheux, tourna la petite voiture du côté du château; un domestique vint au-devant de son maître et l'aida à descendre de voiture et à gravir le perron. M. de la Fricottière se traîna péniblement jusque dans la salle à manger où sa chaise longue l'attendait; la gouvernante, après avoir amoncelé les oreillers sous sa tête, amena une petite table devant lui, et s'en fut chercher au buffet un plateau chargé d'un flacon de kummel et de deux petits verres.

— Aïe! fit M. de la Fricottière en allongeant sa jambe sur la chaise longue, aïe!... ah! Lucie, quelle cruelle expiation pour mes erreurs de jeunesse!... Allons, le bezigue consolateur!

La gouvernante remplissait avec componction les deux petits verres.

— Vous ne voulez pas relire votre discours pour la réunion de tout à l'heure? demanda-t-elle.

— C'est inutile, il est parfait!... la réunion est pour trois heures; j'ai donné des ordres au jardinier. Quand les électeurs arriveront, ce maraud me préviendra... Donc, tranquillité absolue jusque-là.

Lucie se mit en devoir de battre les cartes.

Pendant quelques minutes la conversation se borna à des quarante de dames, cent d'as, etc.

M. de la Fricottière, ayant savouré la moitié de son kummel, posa les cartes sur la table, puis regarda sa gouvernante d'un œil attendri et dit:

— Lucie, mon enfant, j'ai pris un parti... je veux définitivement me ranger! C'en est fait, je commence à n'être plus jeune, peut-être vous en êtes-vous déjà aperçue...

— La jeunesse ne fait pas le bonheur, dit mélancoliquement la gouvernante, moi-même je vais sur mes vingt-huit ans!

— Oui, Lucie, oui, oui! je veux me ranger!... j'ai envoyé ma démission de président du club des *Billes de billard*, j'ai soif de repos, de tranquillité, de verdure, d'émotions douces; après avoir vécu de longues années en joyeux célibataire — j'ai été si peu marié! — je commence à reconnaître le vide de cette existence de cascades perpétuelles; vanité des vanités, tout n'est que vanité! Éclairé par l'expérience, je reviens à des sentiments plus nobles, je veux être utile à mon pays, je veux consacrer mon âge mûr à...

Le bezigue consolateur.

— Quarante de dames! marqua la blonde gouvernante.
— Non, Lucie, plus de dames!... Les orages de la passion ont ravagé ma jeunesse et dépouillé mon cuir chevelu des toisons de la jeunesse... plus de dames, mais une affection sérieuse...
— Oh! oui, fit Lucie.
— Sérieuse et durable! appuya M. de la Fricottière en reprenant ses cartes... quatre-vingts de rois!... Lucie, l'affection que vous me portez est-elle sérieuse et durable? Oui! Eh bien... je vous ai dit que j'avais pris la résolution de me ranger, non seulement je veux me ranger, mais encore je veux me marier! Cent d'as!... Je marque!... En un mot, Lucie, voulez-vous être Mme de la Fricottière?
— Fi, méchant qui me tourmentez! vous savez bien que j'ai accepté une position subalterne dans votre maison...

— Pas subalterne dans mon cœur, charmante Lucie !

— Une position subalterne par pur dévouement !... Je ne veux pas que l'on me prête un but intéressé... et peut-être vous-même...

— Moi, Lucie, je tombe à vos pieds !... ou plutôt je n'y tombe pas à cause de ma goutte... Allons, acceptez ma main !

— Non, monsieur... nous verrons plus tard... et l'art ? si je voulais goûter encore les vives émotions de l'art ?

— Méchante !... je vous suivrais malgré ma goutte !... Écoutez, Lucie, acceptez ! Je vous ai dit que je me rangeais, que je voulais consacrer mon expérience à mon pays, je serai conseiller général, député aux élections prochaines, vous serez mon Égérie !

— Nous verrons...

— Tenez, j'entends les voix de mes électeurs dans le parc... Commencez votre rôle aujourd'hui. Allez les recevoir et faites-les entrer dans la grande remise. Montez à la tribune, faites constituer le bureau et je vous suis avec oum discours.

En effet des groupes nombreux d'électeurs de la Fricottière se montraient sur la pelouse devant le château, causant avec animation et cherchant la salle de la réunion. La gouvernante descendit rapidement au-devant d'eux et les conduisit à la remise où une tribune improvisée attendait les orateurs.

Quand la salle fut suffisamment bondée, M. de la Fricottière apparut, soutenu par deux domestiques.

La gouvernante avait fait constituer le bureau ; l'adjoint du village avait la présidence et la sonnette, insigne de ses fonctions. A l'arrivée de M. de la Fricottière il la secoua énergiquement, et le silence se fit comme par enchantement.

M. de la Fricottière, assis sur l'estrade et la jambe allongée, prit la parole.

— Messieurs et citoyens, dit-il, frappé par une longue et cruelle affection..... pardon, je voulais dire maladie, j'ai dû faire appel à toute mon énergie et surmonter les souffrances de la goutte, pour venir devant vous solliciter de votre patriotisme et de votre intelligence éclairée, l'honneur de représenter au conseil général, le canton de la Fricottière. Vous me connaissez tous, vous savez que si les circonstances et d'austères devoirs m'ont longtemps retenu loin de vous et de ce pays, berceau de ma famille, je n'en suis pas moins resté, de loin comme de près, l'enfant dévoué du canton de la Fricottière !... Heureux travailleurs des champs, vous ignorez les pénibles labeurs du travailleur des villes ! Vous ignorez les nuits et les journées âprement consacrées aux arides mais indispensables études qui font pâlir les visages, qui sillonnent les tempes de rides précoces et donnent aux fronts des penseurs cette sublime auréole de la calvitie! Travailleurs des champs, c'est comme travailleur que je me présente devant vous, comme travailleur théorique! Pionnier acharné de toutes les sciences politiques et sociales, homme d'initiative, habitué aux grandes entreprises, économiste distingué, au mieux avec les sommités de tous les partis, je suis prêt à vouer mes talents, mon énergie et mon temps à ce beau canton de la Fricottière, l'un des plus éclairés, j'ose le dire, de notre chère France! Il me reste à vous faire connaître mon pro-

Lecture du programme politique de monsieur de la Fricottière.

gramme, la ligne de conduite que je tiendrai si j'ai l'honneur d'obtenir vos suffrages; mon état de maladie ne me permet pas de vous le dire moi-même, mais madame qui possède une des plus belles voix de France, va vous en donner lecture!

La gouvernante tira un manuscrit de sa poche, but un verre d'eau sucrée préparée par le galant président du bureau et commença sa lecture après quelques tintements de sonnette préparatoires.

Un seul des assistants se permit d'interrompre le programme de M. de la Fricottière. La lectrice en était à l'exposé des vues particulières du candidat sur le chapitre de l'impôt et de l'emploi des finances départementales, lorsqu'un électeur mal inspiré osa élever une objection :

— On dit que le candidat va avoir un conseil judiciaire! Si l'on juge imprudent de le laisser gérer ses finances personnelles, à plus forte raison...

— A la porte, l'agent provocateur ! hurlèrent quelques voix dévouées à M. de la Fricottière.

— A la porte ! à la porte !

— Permettez ! s'écria M. de la Fricottière, je comprends votre indignation, mais le propagateur de cette infâme calomnie n'est pas digne de votre colère !... Il n'est nullement question de conseil judiciaire... cependant je dois dire qu'un conseil judiciaire ne peut pas être une raison d'indignité.

Un homme par pure philanthropie, peut se laisser aller à de généreux entraînements.. qui éveillent certaines craintes chez ses héritiers... on peut traiter cela de prodigalité et parler de conseil judiciaire... (on fait courir ce bruit parce que j'ai offert une pompe à la commune...) Mais cet homme, messieurs, n'est point pour cela incapable de bien gérer les intérêts de son pays !..

— Bravo ! bravo ! A la porte l'agent provocateur.

La gouvernante reprenait sa lecture lorsque M. de la Fricottière parut tout à coup inquiet et agité ; il venait d'apercevoir au fond de la salle quelques nouveaux arrivants. C'était M. Bezucheux de la Fricottière fils qui envahissait le manoir paternel à la tête de ses amis Cabassol, Pontbuzaud, Bisseco et Saint-Tropez, flanqués de Me Mitaine, avoué près le tribunal de la Seine.

Ces messieurs avaient déjeuné à Chinon, en descendant de chemin de fer, puis ils avaient frêté deux voitures et s'étaient dirigés avec les dames sur la Fricottière. Lacostade, natif de la Fricottière, camarade d'enfance de Bezucheux, possédait une petite villa gaiement perchée sur la colline, à deux cents mètres du village. Ce fut là que les voitures s'arrêtèrent. Les dames descendirent et procédèrent à l'installation d'un campement dans la villa ; Lacostade resta pour les aider pendant que Bezucheux s'en allait avec ses autres amis, prévenir monsieur son père que l'heure du conseil judiciaire était arrivée.

Ils tombaient en pleine réunion électorale ; ils durent entendre la fin du programme lu par la gouvernante, et avaler ensuite un speech du président de la réunion et quelques menus discours de conseillers municipaux de la commune. Puis, sur un vote d'acclamation enlevé par le président, l'assemblée se sépara.

Bezucheux et ses amis se frayèrent un chemin jusqu'à la tribune et portèrent leurs félicitations au candidat.

— Dis donc, papa, dit Bezucheux après les premières effusions, tu connais tous mes amis, Pontbuzaud, Bisseco, Saint-Tropez et le pauvre Cabassol dont tu dois savoir les malheurs, mais j'ai une autre personne à te présenter.

Et démasquant Me Mitaine, il l'annonça cérémonieusement.

La galerie d'ancêtres du château de la Fricotlière.

LA GRANDE MASCARADE PARISIENNE

— Mᵉ Jules Mitaine, mon avoué !

— Ah ! ah ! fit M. de la Fricottière, en faisant la grimace, je comprends ! C'est pour la demande en interdiction...

— Qu'est-ce que tu veux, papa ! c'est la destinée de tous les la Fricottière !... Le moment fatal est arrivé, il faut y passer... je t'ai prévenu il y a déjà longtemps, mais tu ne veux pas enrayer, tu veux dilapider toujours !

Le moment fatal est arrivé !

— C'est bon, nous discuterons cela... ces messieurs me feront bien l'honneur de dîner à la Fricottière ?

— Certainement... tu sais, nous sommes descendus chez Lacostade... nous ne pouvions pas, vu l'état de guerre où nous allons entrer, descendre ici.

La gouvernante avait disparu, abandonnant sur la tribune le programme du futur conseiller général. M. de la Fricottière le ramassa soigneusement et rentra au château soutenu par son fils.

VIII

La galerie d'ancêtres de M. de La Fricottière. — Le procès en interdiction. — M⁰ Mitaine se dérange!

— Alors, monsieur, dit solennellement M. de la Fricottière, quand il fut seul avec son fils, pendant que ses amis se promenaient dans le parc, vous venez annoncer à l'auteur de vos jours que vous croyez nécessaire de lui faire donner un conseil judiciaire ?

— Oui, papa ! C'est ce que je viens vous annoncer... M⁰ Mitaine, mon avoué, est là pour ça !

— J'ai horreur des grands mots et des scènes mélodramatiques... je suis calme... vous voyez, j'ai toujours été pour la tranquillité... donc je ne me laisserai pas aller à de violentes récriminations, mais si, dure extrémité, je me vois dans la nécessité de vous donner ma malédiction paternelle, je prendrai la poste pour intermédiaire... tu la recevras par lettre chargée !...

Le farouche Robin de la Fricottière.

— Papa, inutile de te mettre en frais de malédiction paternelle ! Voyons, franchement, tu dilapides encore comme un jeune homme... à ton âge !

— Je te conseille de parler de dilapidation... qu'as-tu fait de ce qui t'es revenu de ta mère ?

— Je l'ai écorné tout d'abord ! fougue de jeune homme, je le reconnais, mais depuis, je me suis arrangé pour le faire durer le plus longtemps possible...

— Tu fricottes aussi, te dis-je !

— Légèrement !... tandis que toi, papa, tu y vas carrément ! ainsi les fermes, bois, vignes, prés, etc., etc., formant le domaine de la Fricottière, tu as tout aliéné ou hypothéqué...

— Qu'est-ce que tu veux, avec ma goutte je ne pouvais plus surveiller les fermiers.

— Et le château de nos ancêtres ? hypothéqué comme le reste ! Ah ! mais

je ne voudrais pas que vous fricottassiez le berceau de notre maison !

— Que veux-tu, mes ancêtres m'ont légué leurs faiblesses en même temps que leurs domaines !... il y a la satanée devise de la famille, j'ai été obligé de m'y conformer !...

— Soit !... mais il y a autre chose... Savez-vous ce que la rumeur publique a porté dernièrement à mes oreilles frémissantes?

— Non... quoi donc de si terrible?

— La rumeur publique, papa, a porté jusqu'à mes oreilles frémissantes un bruit sinistre !... On a dit... — hélas, j'ai vu tout à l'heure par moi-même que ces rumeurs n'étaient que trop fondées !
— on a dit que vous, un la Fricottière, descendant d'une noble et antique lignée de preux, vous...

— Je?

—Que vous... horreur ! que vous songiez à ternir notre vieux blason par une mésal-

Annales de la Fricottière.   Les victimes de Yolande.

liance!... et quelle mésalliance!!!... On a dit, enfin, que vous songiez à épouser votre gouvernante! je rougis de le répéter... a-t-on dit vrai?

— Pourquoi pas?... elle est très gentille!

— Une gouvernante!...

— Gouvernante par dévouement!...

Bezucheux de la Fricottière roula le fauteuil de son père jusque devant les portraits de famille qui garnissaient du haut en bas les lambris du grand salon.

— Papa, s'écria Bezucheux en étendant une main tremblante vers les portraits, voilà nos ancêtres! ils vont vous juger!... Voici le premier en date, Geoffroy Bezucheux, sire de la Fricottière, qui partit pour la 7ᵉ croisade à la tête de cent chevaliers, et qui ne revint que 17 ans après, en ramenant quatorze esclaves Sarrazines, que sa femme, Yolande de Greluchoup, fit par jalousie coudre dans des sacs et jeter à la Loire! Que doit penser ce noble héros de votre projet de mésalliance?

Enguerrand de la Fricottière.

— Il doit dire que je suis bien modeste, à côté de lui qui s'est mésallié avec quatorze Sarrazines!

— Celui-ci est Robin de la Fricottière, qui faillit prendre part au combat des Trente avec Beaumanoir-bois-ton-sang! Ce fut encore un rude chevalier qui, d'après les chroniques, occit un nombre incalculable d'Anglais, et mit à mal quantité de vilaines sur ses terres et sur celles de ses voisins! que dirait le farouche Robin de votre mésalliance? Celui-ci qui porte une si noble barbe étalée sur sa cuirasse, c'est Enguerrand de la Fricottière! il se révolta contre son roi et mit à sac force villes, villages, bourgs, couvents et châtels! faut-il vous raconter sa conduite, au sac du couvent des bernardines de Plougastel, en Bretagne? Il mit ses routiers en garnison dans le couvent, et soutint pendant onze mois les efforts de six mille hommes! Ce vaillant chevalier armé de toutes pièces, c'est Hugues de la Fricottière qui se maria six fois et mourut au moment de convoler avec une septième femme! Il ne les tuait pas, c'est un bruit qu'on a fait courir pour lui faire du tort dans les familles! Il ne se mésallia jamais, ses six femmes sont Valentine du Bec, Enguerrande de

Hennebon, Jeanne de la Huchardière, Iseult la Gaillarde de Biville, Yvonne de Karbadec et Olivière de Latour Bichard! Il eût rougi de penser à sagounante!

— Mon petit, trouve-moi une Olivière de Latour Bichard, si tu peux!

Bezucheux roula son père sous un autre portrait.

— Celui-ci fut Tristan de la Fricottière, noble seigneur qui guerroya trente-cinq ans, tantôt contre les huguenots, tantôt contre les catholiques, suivant ses convictions du moment. Il affectionnait, quand il était huguenot, de surprendre les couvents de nonnes, et quand il était catholique d'enlever les manoirs des calvinistes dont les femmes étaient jolies!

Les sept femmes d'Hugues de la Fricottière.

C'était un pur la Fricottière; quand il fut dégoûté du célibat, il épousa une Laguiche dont il demanda la main dans la bagarre au sac du château de Laguiche en Poitou. S'il était encore de ce monde, il ferait écarteler celui qui lui apprendrait votre projet de mésalliance!

— Je t'arrête! assez de...

— Non! celui-ci, bon gentilhomme et vaillant soldat encore, fut Guy de la Fricottière, lieutenant aux gardes de S. M. Henry quatrième, décapité sous Richelieu pour son quarante-huitième duel. Et celui-ci, Robert de la Fricottière, mousquetaire du roi Louis XIV... Ah! que diront entre eux ces vaillants et loyaux chevaliers, ces nobles ancêtres des la Fricottière, dont les ombres vénérables et vénérées, planent sur l'antique castel, à la vue de la lamentable mésalliance que médite un la Fricottière dégénéré!

— Ils ne diront rien du tout! dit froidement M. de la Fricottière.

— Comment cela?

— Ils ne diront rien du tout, je le répète, par la bonne raison qu'ils n'ont jamais existé?

— Jamais existé! Geoffroy, Enguerrand, Robin, Hugues aux six

Les hauts faits de Tristan de la Fricottière.

femmes, Tristan, etc., ils n'ont jamais existé!

— Jamais, te dis-je! c'est moi qui les ai fait faire.

— Cessez d'outrager leurs ombres!

— C'est moi qui les ai fait faire! nous manquions d'ancêtres, cela me gênait, tous nos voisins en possédaient de superbes; alors, profitant d'un moment de crise pour les beaux-arts, en 48, je m'en suis commandé une galerie pour orner les lambris de cette salle où il n'y avait que des cornes de cerf et des tableaux de salle à manger, représentant des fruits, des potirons, du gibier et des poissons. Enguerrand et les autres sont bien mieux. J'ai occupé quatre peintres pendant six mois et j'ai eu ces magnifiques ancêtres! Tu sais que je suis un homme de goût et d'imagination, c'est moi qui ai donné aux peintres toutes les indications pour les armoiries et les détails...

— Quoi, vous osez dire que vous avez inventé Geoffroy, Enguerrand et les autres?

— Oui, je te dis que ça nous manquait... les ancêtres étaient et sont encore à la mode... Je ne regrette pas les quelques milliers de francs que nos pères m'ont coûté! J'ai le sentiment de la famille, moi! Oui, mon fils... j'ai encore la facture et si tu en doutais, je...

— Inutile, je le savais!

— Eh bien, alors, pourquoi me fais-tu poser avec Enguerrand, Geoffroy et les autres?

— Je m'en doutais, mais enfin, vous n'aviez pas besoin de me le dire, je les vénérais comme s'ils étaient vrais ! Pour moi, comme ce n'est pas moi qui les ai fait faire, j'ai le droit de les considérer comme authentiques ! Nos ancêtres seront authentiques, je serai plus sage que vous, je les léguerai comme authentiques à mes fils !... Tout cela ne fait rien... je vous dis, en supposant qu'ils aient existé, — il y a de tels hasards, — que diraient Enguerrand et compagnie de votre mésalliance?

Plaisirs champêtres.

— Je n'en sais rien et je m'en moque. Mon grand-père, Denis Bezucheux, gros épicier, rue Saint-Denis, à l'enseigne des Trois-Chandelles, me verrait épouser sans chagrin Mlle Lucie Friol, née de parents pauvres mais honnêtes, et cantatrice distinguée.

Liv. 75.

— Soit! je vous ai présenté M. Mitaine, mon avoué, il va dès demain commencer la procédure pour votre interdiction!

— Fils dénaturé! tu veux donc faire manquer mon élection?

— Votre élection ne manquera pas pour cela, vous avez prévenu vos électeurs.

— Oui, moi malin, j'ai donné une pompe à la commune et promis une cloche à l'église, des ophicléides à la fanfare... on croira que c'est pour ça que tu me fais interdire. Écoute, fils ingrat, nous pouvons encore nous arranger, veux-tu que je te repasse mon élection en échange de l'interdiction?

— J'y perdrais!

— Tu as tort, mes électeurs voteraient pour toi avec ensemble, je te ferais cadeau de mon programme et de quelques projets de discours...

— Je ne suis pas encore mûr pour la politique... Allons, la guerre est déclarée, demain Mitaine demande l'interdiction... Voyons, papa, m'invites-tu encore à dîner?

— Oui, fils dénaturé, je t'invite encore, je t'ai dit que je n'aime pas les scènes mélodramatiques...

Bezucheux fils et ses amis dînèrent au manoir. M. de la Fricottière, stoïque comme un Romain de l'antiquité, fit bonne figure à tout le monde et en particulier à M° Mitaine, son futur bourreau; il soupira bien en secret de l'absence à table de Mlle Lucie Friol, son aimable gouvernante, mais il refoula son chagrin dans son cœur.

On parla beaucoup de son élection, M. de la Fricottière comptait sur une forte majorité; en se posant comme *candidat composite*, il ralliait à lui les trois quarts du corps électoral; en donnant une pompe à la commune il s'était acquis les suffrages des électeurs du juste milieu, des gens établis, des modérés; par la promesse d'une cloche à l'église il tenait les conservateurs, enfin les ophicléides promises à la fanfare lui avaient livré les cœurs des radicaux de la Fricottière.

Bezucheux fils et ses amis quittèrent le château à dix heures et retournèrent à la villa de Lacostade, où Criquetta et les dames bâillaient avec fureur en déclarant le séjour de la Fricottière tout à fait crevant.

— Nous retournons à Chinon demain, s'écria Bezucheux, demain commence le procès en interdiction de papa, ça sera plus drôle...

— Mon petit Bezucheux, tu nous avais promis de nous faire voir papa la Fricottière, ce doit être un bon type...

— Mes enfants, les convenances m'interdisent de vous emmener au manoir de mes nobles ancêtres, je le regrette, car, outre papa, vous auriez pu voir en peinture tous les la Fricottière qui ont fricotté depuis les croisades... je vous aurais recommandé Geoffroy, sire de la Fricottière, qui ramena de la 7° croisade quatorze Sarrazines! Un fier lapin que mon aïeul Geoffroy ! vous verriez comme il ressemble à papa... le type s'est conservé d'une manière surprenante! tous mes aïeux, Enguerrand I, Enguerrand II, Gontran, Guy, Olivier et les autres ont tous le même nez que papa! Race pure, pas de croisements! c'est phénoménal!

— Je voudrais bien les voir tout de même, tes phénomènes d'ancêtres! s'écria Criquetta; mon petit Bezucheux, ma curiosité est surexcitée...

— Mais que je suis bête! reprit Bezucheux, je n'y pensais pas, mais il est très facile de vous les faire voir ; notre galerie d'ancêtres est la plus grande

Le nez des Bezucheux.

curiosité du pays, tous les étrangers la visitent... il suffit de se présenter au château, papa se fait un plaisir de les laisser admirer...

— Nous irons demain !

— Mesdames! s'écria M⁰ Mitaine, je me mets à votre disposition pour vous conduire au château !...

— C'est entendu, vous tâcherez d'entrevoir papa pour comparer sa tête avec celles de nos ancêtres... Notez aussi que presque tous les portraits sont dus au pinceau des plus grands maîtres, papa a la facture... je veux dire qu'il a retrouvé dans les archives de la famille les reçus des artistes... Rubens, Porbus, Mignard, etc. Je vous signale particulièrement Olivier, c'est un Van-Dick !

— Alors, à demain matin, dit M⁰ Mitaine, et après déjeuner, départ pour Chinon.

Réveillés par les coricocos de la volaille, par les hihans des ânes, par les bruits de charrette, enfin par le concert ordinaire des matinées campagnardes, les hôtes du chalet Lacostade se levèrent de bonne heure. Les dames voulurent se livrer à toutes sortes de travaux extraordinaires, Criquetta s'en alla embrasser les moutons d'une ferme voisine et demanda à traire elle-même les vaches, une des dames descendit ratisser les allées du jardin, les autres organisèrent une petite promenade à baudet.

A dix heures, Mᵉ Mitaine réunit les cinq compagnes de nos amis et s'en alla sonner à la grille du château. Il fit passer sa carte à M. de la Fricottière pour demander la faveur de contempler la célèbre galerie d'ancêtres, recommandée par tous les itinéraires en Touraine, à l'admiration des voyageurs amis de l'art et des grands souvenirs.

Le sire de la Fricottière, retenu dans sa chambre par la maladie, ne put recevoir lui-même ses visiteurs, ce fut un valet de chambre qui pilota les étrangers et qui leur donna, sur la galerie des aïeux, les détails et les explications qu'il savait depuis longtemps par cœur. Il attira aussi leur attention sur la ressemblance de tous ces vieux chevaliers entre eux, ressemblance phénoménale dans les nez surtout, tous identiques de forme et de caractère. Ce nez légué d'âge en âge était le trait distinctif des la Fricottière, comme la lèvre pour la maison d'Autriche; et comme preuve à l'appui, il fit admirer le portrait du chef actuel de la maison, de Bezucheux père, où le nez du premier Geoffroy se retrouvait avec sa fière courbure.

— Eh bien? demanda Bezucheux quand les visiteuses revinrent, avez-vous vu mes aïeux?

— Admirables, mon cher!

— Hein! quelle pureté de race!... tous taillés sur le même modèle, mes nobles ancêtres! quand vous entendrez plaisanter la pureté de race, envoyez voir les la Fricottière!... Ainsi, voyez comme ça se perpétue, papa a leur nez à tous et moi j'ai le nez de papa!

Après un joyeux déjeuner, toute la bande repartit pour Chinon dans les voitures qui l'avaient amenée. Sans désemparer, Mᵉ Mitaine s'en fut chez un de ses collègues de la ville pour commencer la procédure de la demande en interdiction — Bezucheux fils fit élection de domicile à l'hôtel du *Lion-Rouge*, pendant que Lacostade, enfant du pays, on se le rappelle, allait chez son notaire négocier un emprunt en troisième hypothèque sur sa villa. — Il est probable qu'il réussit dans sa négociation, car il reparut très gai pour le dîner.

Ce dernier fut des plus joyeux; l'hôtel du *Lion-Rouge* déjà fortement ému par l'arrivée des Parisiens et surtout des Parisiennes, en fut presque mis en révolution. — Ce fut à qui dirait ou ferait le plus de folies; Lacostade terrorisa les garçons en commandant les plats avec sa voix du régiment, en menaçant, le revolver à la main, de brûler la cervelle à tout le monde à chaque plat manqué.

Les paisibles habitués de la table d'hôte, clercs de notaire, employés ou petits rentiers célibataires, en perdirent l'appétit et passèrent leur temps à regarder par les carreaux, dans la salle ordinairement vouée aux noces bourgeoises, les ébats tumultueux des Parisiens.

M⁰ Mitaine, seul, montrait quelque mélancolie. Criquetta s'en aperçut.
— Notre cher ami Mitaine, dit-elle, a des chagrins...

Mitaine, mitaine, miton!

chantonna Mlle Renée Trompette, la consolatrice de Lacostade.
— Non, Mitaine n'a pas de chagrins! s'écria Bezucheux, Mitaine est un homme de bronze, insensible à la peine comme au plaisir. Notre ami Mitaine méprise nos faiblesses, alors que je pense à Criquetta, alors que Lacostade songe à Renée Trompette, alors que Bisseco rêve à sa charmante voisine, alors que...
— Abrège!
— Eh bien, notre ami Mitaine songe au code civil! car notre ami Mitaine est vertueux, car notre ami Mitaine est pur, car il a donné

Fabrication de la famille Bezucheux.

son cœur au code civil et ne songe nullement à le lui reprendre ! Il n'y a sur cette terre que Cabassol qui soit aussi vertueux que lui, mais Cabassol vient d'être cruellement éprouvé, Cabassol a connu les orages du cœur, les ouragans, les trombes, les cyclones de la passion, Cabassol vient d'avoir soixante-dix-sept blessures au cœur.

— Vive le vertueux Mitaine ! vive le code civil !

Juste au moment où Me Mitaine se voyait ainsi l'objet d'une ovation si flatteuse, un garçon vint lui parler tout bas et l'on vit l'avoué rougir considérablement.

— Eh bien ! eh bien ! s'écria Criquetta, vous avez donc des secrets pour nous... c'est mal ! Parlez tout haut, garçon, je vous y autorise...

— Madame, c'est une dame qui...

— Une dame qui? quelle est cette dame? dit sévèrement Bezucheux. Expliquez-vous sans détour !

— N'essayez pas de feindre ou je me plains au patron de cet hôtel ! cria Bisseco du bout de la table.

— La vérité, toute la vérité, rien que la vérité ! clama Lacostade.

— Une dame que... reprit le garçon ahuri, qui... demande à monsieur Mitaine, sauf votre respect, s'il a bientôt fini de la faire poser !

— Horreur !

— Fi !

— Mitaine, je vous retire mon estime ! vous faites poser une dame.

— Si ce n'est pas Mme Mitaine elle-même, vous êtes impardonnable ! Est-ce Mme Mitaine ? Garçon, comment est-elle, cette dame?

— Et vous savez, garçon, pas de détours, dépeignez cette dame...

— Non ! qu'il ne la dépeigne pas, ce ne serait pas convenable, cria Pont-Buzaud, mais qu'il nous fasse d'elle un portrait fidèle... Comment est-elle ! grande ou petite? brune ou blonde?

— Brune ! répondit le garçon.

— Plantureuse ou diaphane?

— Plaît-il?

— Je dis : douée d'une élégante sveltesse ou bien imposante de charmes opulents?

— Entre les deux, répondit le garçon.

— Pas de signes particuliers? reprit Bezucheux.

— Je n'ai pas remarqué.

— Et le petit nom?

— Elle ne me l'a pas dit.

— Maître Mitaine, dit solennellement Bezucheux, au nom de tous nos amis, je vous inflige un blâme sévère pour avoir fait poser une dame et je vous adjure de ne pas persévérer plus longtemps dans cette attitude! Garçon, allez dire à cette dame que nous l'attendons pour lui présenter nos respects.

Le garçon partit aussitôt.

— Et maintenant, ô Mitaine, nous attendons tes aveux!

— Messieurs, je... écoutez! vous... tenez... si... balbutia Me Mitaine embarrassé.

— Entrez franchement dans la voie des aveux, c'est le seul moyen de reconquérir notre estime! quelle est cette dame que vous faites outrageusement poser? son nom?

— Parlez tout haut, garçon!

— Je vais tout vous dire...
— Son nom?
— Billy!
— Sa situation dans le monde?
— Artiste dramatique.

Criquetta éclata de rire.

— C'est la petite Billy des Folies-Musicales! Elle est bien bonne...

— Je la connais, s'écria Cabassol, elle a été mêlée à l'affaire Badinard...

— C'est cela, dit l'avoué, c'est comme cela que je... que j'ai eu l'occasion de...

— Et à quel titre vous permettez-vous de faire poser Mlle Billy, artiste dramatique? reprit Bezucheux.

— Messieurs... quand il a été question de venir à Chinon pour l'affaire d'interdiction de M. la Fricottière, je... j'ai... pensé à faire de ce voyage...

d'affaires, un voyage... d'agrément! L'occasion, l'herbe tendre; il y a bien des circonstances atténuantes!... des petites vacances, enfin!

— Maître Mitaine! s'écria Cabassol, prenez garde! vous êtes sur une pente fatale!... C'est l'influence de l'affaire Badinard qui commence à se faire sentir... prenez garde!... Ignorez-vous donc les désordres produits par cette affaire dans nombre d'existences autrefois calmes? je ne parle pas de moi, victime principale, mais les autres!... M° Taparel, dérangé! Miradoux, dérangé! le second clerc, marié! le troisième clerc, marié! voilà pour l'étude Taparel. C'est maintenant le tour de la vôtre, et attendez-vous à tout, ce sera votre punition pour m'avoir suscité ce procès horriblement scandaleux!

Mlle Billy fit son entrée dans la salle. Elle attendait depuis la veille M° Mitaine au *Lion-Rouge* et commençait à s'ennuyer.

— Bonjour, monsieur Cabassol, dit-elle en tendant son front à notre héros, vous allez bien? Vous savez je vous ai vu au fameux procès... j'ai bien ri, c'est moi qui étais en avocat, le greffier m'avait prêté un costume... Dieu! ai-je ri!... je ne me doutais pas de ce que vous vouliez faire, quand, à cause de ce fameux Jocko, nous cherchions Lucie Friol...

— Lucie Friol! s'écria Bezucheux, mais je connais ce nom-là!

— Il me semble... fit l'avoué en consultant ses notes, mais oui, c'est le nom de la gouvernante de M. de la Fricottière! je l'ai aperçue ce matin, c'est une brune, très gentille, très gentille!

— Papa l'a rencontrée à Bordeaux... Elle sortait d'un café-concert...

— C'est bien cela, dit Billy.

IX

M° Taparel gémit sous le poids de noirs chagrins. — Une ex-étoile de la Grande-Chaumière. — Victime de sa concierge! — La délivrance.

L'affaire de l'interdiction Bezucheux était en bonne voie, tout portait à croire que M. de la Fricottière aurait son petit conseil judiciaire avant quinze jours. La procédure n'exigeant pas la présence de Bezucheux fils à Chinon, toute la bande avait résolu d'aller faire une excursion à Nantes et en Bretagne.

Avant de partir, Bezucheux et M° Mitaine retournèrent au château de la Fricottière. Ils trouvèrent le sire de la Fricottière dans son parc, roulé dans son fauteuil par un domestique et chassant avec sa gouvernante, les lapins de sa garenne.

LA GRANDE MASCARADE PARISIENNE

L'hôtel du *Lion-Rouge* en révolution.

— Tu vois, fils impie et dénaturé, dit M. de la Fricottière, je fais mon possible pour distraire mon esprit des chagrins que tu me causes!

— Tu vas voir, papa, comme je suis plein de prévenances!... L'affaire est dans le sac.

— Je le sais.

— Tu vas avoir ton petit conseil, eh bien, je vais te demander si tu veux que ce soit avant ou après ton élection. nous pousserons ou nous ralentirons la chose, à ton gré.

— Tu es bien aimable. Voyons... tout bien réfléchi, j'aime mieux avant

La chasse du sire de la Fricottière.

qu'après. Tu comprends, je suis sûr d'être nommé quand même, il vaut donc mieux que l'on ne puisse pas dire que les électeurs ont été surpris.

— Très bien, je préviendrai à Chinon.

La gouvernante s'était éloignée; par discrétion M⁰ Mitaine laissa les deux la Fricottière ensemble et offrit son bras à Mlle Lucie Friol pour faire un tour de parc. Elle était charmante, la gouvernante du vieux don Juan, elle portait un joli petit costume de chasse galamment relevé sur le côté, ce qui laissait voir un mollet de coupe élégante et des bas écossais très seyants. Un grand chapeau de paille formant abat-jour, encadrait sa figure de brune un peu grasse et épanouie.

Elle tira un dernier lapin et prit le bras de Me Mitaine.

— Vous ne sauriez croire, madame, dit l'avoué, combien je déplore la sévérité des devoirs professionnels...

— Pourquoi cela? dit la gouvernante.

— Mais parce que... parce que ma qualité d'avoué me force à agir contre une dame aimable et charmante... Croyez que je n'ai jamais regretté autant qu'aujourd'hui les rigueurs de ma profession!

Mlle Lucie Friol en chasse.

— Mais ce n'est pas contre moi, c'est contre M. de la Fricottière que vous agissez...

— C'est contre vous par ricochet. Je sais... vous allez dire que je suis indiscret, je sais quels sont les projets de M. de la Fricottière... les doux projets....

— Les doux projets? Bon, je sais ce que vous voulez dire, M. de la Fricottière me suppliait encore tout à l'heure de lui accorder ma main...

— Eh! le gaillard! fit Me Mitaine, il n'est pas si bête, savez-vous!

— Il paraît, reprit la gouvernante, qu'un conseil judiciaire ne peut pas l'empêcher de...

— Certainement, il a le droit de se marier, mais, dame, vous savez, avec son conseil judiciaire, le voilà réduit à la portion congrue! le voilà gêné, fort gêné!... Ce ne sera pas très agréable pour vous... si charmante et si digne d'une plus agréable situation que celle d'épouse d'un vieux barbon... Dieu, que ce papa de la Fricottière doit faire un mari désagréable!...

Le lendemain de la démarche que, par une attention pleine de respect filial, Bezucheux avait faite au château de la Fricottière, toute la bande quitta le *Lion-Rouge* et partit pour la Bretagne. Me Mitaine, que rien ne retenait plus aurait pu retourner à Paris, où Mme Mitaine dépérissait en son absence, mais il ne put se résoudre à quitter ses nouveaux amis. Cabassol l'avait dit, cet avoué était sur une pente fatale! L'affaire Badinard l'avait perdu!

Il se contenta d'envoyer de nouvelles instructions à ses clercs et d'écrire à Mme Mitaine pour l'avertir que des complications imprévues de l'affaire Bezucheux le retenaient encore en province. — Et il partit, toujours accompagné de la petite Billy.

Excursions en Bretagne.

Notre héros Cabassol, toujours mélancolique et solitaire, prit part à toutes les joyeuses parties qui signalèrent cette excursion en Bretagne — Il déjeuna sur l'herbe, en bateau ou dans les bons hôtels ; il soupa à côté de Criquetta, de Renée Trompette, de Billy et des autres aimables dames de compagnie des voyageurs ; il visita dans les landes bretonnes les collections de menhirs et de dolmens ; il pêcha la sardine de Nantes ; il assista au pardon de Saint-Plougadec, le tout sans parvenir à dissiper la mélancolie qui l'assombrissait.

En revenant d'une partie de pêche aux crevettes dans les sables de Karbadouc, où les dames, pieds nus et jupes relevées, avaient couru sur la grève et sauté dans la vague avec des cris de pensionnaires en vacances, Bezucheux et Cabassol trouvèrent des lettres à l'auberge. L'avoué de Chinon apprenait à

Bezucheux que l'interdiction de monsieur son père allait être prononcée le lendemain ou le surlendemain au plus tard et lui demandait ses dernières instructions.

La lettre reçue par Cabassol venait de M. Miradoux. Elle était laconique et inquiétante. Qu'on en juge!

Cher monsieur et ami,

Me Taparel m'attriste et m'inquiète. — Il a quelque chose! Il maigrit, il blêmit, il gémit sans cause apparente, même aux yeux clairvoyants de l'amitié. J'attribuais d'abord ces phénomènes à la délétère influence de l'affaire Badinard, mais l'autre jour Me Taparel, interrogé par moi sur les causes de sa tristesse morbide, m'a répondu quand j'ai mis en avant le procès Badinard : *Si ce n'était que cela!!!*

Qu'est-ce que cela peut-être, grand Dieu!

Je fais appel à votre amitié et je vous dis : Venez, peut-être à nous deux découvrirons-nous quelque chose!

Recevez mes bien sincères amitiés,

MIRADOUX.

— Fichtre! s'écria Cabassol à cette lecture, si ce n'était que cela! que diable le pauvre Me Taparel peut-il bien avoir? Est-ce une complication nouvelle de l'affaire Badinard qui nous menace et se tourmente-t-il pour moi?... ne serait-ce pas Tulipia?... je le saurai demain!

— Mes enfants! dit-il à ses amis; je regrette fort d'être obligé de m'arracher de vos bras, mais un devoir impérieux m'appelle, je pars ce soir!

— Moi aussi, un devoir impérieux! s'écria Bezucheux, on interdit papa demain, il faut que nous soyons tous là-bas...

— Moi, je vais à Paris!

— Comment, mon petit bon, tu nous lâches, tu vas manquer l'interdiction de papa! c'est bien mal... Voyons... veux-tu que je fasse traîner l'interdiction une huitaine pour que tu puisses voir ça? papa attendra bien jusque-là...

— Merci, mon ami, je suis touché de ton offre, mais je ne veux pas en profiter... d'ailleurs, tu sais, ça gênerait peut-être l'élection de M. de la Fricottière...

— Tu as raison, je n'ai pas le droit de faire poser papa... je t'écrirai, je te raconterai l'affaire.

Toute la société Bezucheux de la Fricottière prit le train le soir même — Bezucheux et compagnie bifurquèrent sur Chinon, pendant que Cabassol continuait sa route vers Paris. Le lendemain à onze heures, Cabassol se présentait à l'étude Taparel.

— A la bonne heure! fit Miradoux en lui tendant la main, je vous attendais...

— Eh bien? demanda Cabassol.
— Eh bien, cette inexplicable mélancolie le tient toujours! il paraît à peine à l'étude et reste enfermé chez lui...
— Enfin, que soupçonnez-vous?
— Rien!... tout va bien, le calme se fait sur l'affaire Badinard, cet horrible procès a cessé de passionner Paris, c'est à peine si de loin en loin quelque journal parle encore des soixante-dix-sept vengeances de feu Badinard, les « travaux de Cabassol », comme disent les chroniqueurs judiciaires. Entrez dans son cabinet et voyez vous-même.

Pêche aux crevettes.

Cabassol frappa discrètement à la porte de Mᵉ Taparel; ne recevant pas de réponse il attendit une minute, puis entra tout de même. — Mᵉ Taparel était là. Assis dans son grand fauteuil de cuir, le menton dans sa main, il regardait mélancoliquement le bois de son bureau ou le tapis de son cabinet. Miradoux n'avait pas exagéré, il avait pâli et maigri.
— Eh bien? fit Cabassol en déposant brusquement son chapeau sur le bureau, quoi donc, mon cher Mᵉ Taparel?
Mᵉ Taparel sursauta.
— Tiens, c'est vous, dit-il, c'est vous, malheureuse victime du procès Badinard.
— Et vous aussi, vous êtes une malheureuse victime du procès Badinard! J'accours, Miradoux m'a tout dit... humeur noire, tristesse, mélancolie... Voyons, que se passe-t-il? sommes-nous menacés de nouveaux procès, est-ce une complication de l'affaire...
— Il s'agit bien de cela!

— Vous m'effrayez !

— Mon cher ami, moi seul suis en cause, moi seul... tenez, je vous dirai tout...

— Qui est-ce qui vous tourmente ?

— Vous voulez le savoir ? Eh bien... eh bien, c'est ma nouvelle concierge !

— Votre nouvelle concierge ! s'écria Cabassol en éclatant de rire, et voilà pourquoi...

— Ne riez pas !... si vous saviez... je vais tout vous dire... ou plutôt non, je l'entends, la voilà... elle passe par mes appartements... elle abuse de la position, la misérable !... tenez, entrez dans ce petit cabinet, vous allez tout savoir... la voilà, silence !

— Il devient fou, se dit Cabassol en entrant dans le petit cabinet, il devient fou, c'est clair... mais voyons toujours...

La porte reliant le cabinet de Mᵉ Taparel à ses appartements venait de s'entrebâiller et une voix avait dit :

— Voilà le courrier de monsieur, monsieur veut-il me permettre d'entrer ?

— Si vous voulez, articula faiblement Mᵉ Taparel.

— Monsieur est seul ?

— Oui...

— Bon, voilà le courrier... Bonjour, Alfred !

— Bonjour... Flora !...

— Alfred ! pensa Cabassol, ô ciel ! elle l'appelle Alfred... et il l'appelle Flora !... sa concierge !... Quel affreux mystère...

— Comme vous dites cela, Alfred, reprit la concierge, ma petite visite vous contrarie donc ?

— Au contraire... je suis... charmé... mais c'est que...

— Ah ! je vois bien, ça vous contrarie !... je venais causer du bon vieux temps... hein ! notre vieux Prado, c'est bien loin... Vous n'étiez pas comme ça, en 47, quand nous faisions tous les deux l'ornement du Prado, quel gaillard vous étiez... voulez-vous mon opinion, Alfred ?

— Dites...

— Eh bien, vous avez perdu !... je suis sincère... vous leviez la jambe comme pas un des étudiants de la *Grande-Chaumière*... Vous n'en feriez plus autant ! Vous souvenez-vous du soir où le père La Hire vous a flanqué à la porte pour cause de cancan excessif...

— Je commence à comprendre, se dit Cabassol, c'est un vieux souvenir de la vie d'étudiant de Mᵉ Taparel... c'est drôle, mais il me semble que je reconnais la voix de cette ex-cascadeuse !...

— Et le Prado !... c'est en 46 ou en 47, je crois, que nous mazurkâmes avec tant de fureur, monstre ! Vous en faisiez des serments dans ce temps-là...

Souvenirs du Prado.

et naturellement vous ne les avez pas tenus.., Alfred! vous m'avez fait manquer ma vie; il y avait un négociant en gros qui m'a fait la cour tout un hiver, et inutilement, j'ose le dire... il m'aurait épousée! et moi, bête, je n'avais des yeux que pour mon petit Alfred... j'ai sacrifié le négociant en gros!... Monstre!

— Voyons, voyons... fit Mᵉ Taparel.

— Laissez-moi au moins mes souvenirs!... Hein, les montagnes russes, vous souvenez-vous? et les petits soupers chez Pinson, ou chez Dagneaux, au commencement des mois, quand mon Alfred recevait sa pension de son paternel!... Et cette petite promenade à Robinson, où ce monstre d'Alfred fut si...

Liv. 77.

— Chut! chut!

— Ah! que c'est vieux tout cela! mais je m'en souviens... Qu'est-ce qu'il m'a juré, le monstre, en revenant de Robinson?... Je le connaissais depuis huit jours seulement, le scélérat, et il était tout feu tout flammes!... Et maintenant, il ne se souvient guère de ce qu'il m'a juré en revenant de Robinson... Je parie, Alfred, que vous ne vous souvenez pas?...

— Je... ma foi... Il y a si longtemps...

— C'est bien mal, Alfred!... Quel changement depuis ce temps-là! cet Alfred qui m'a tant fait rire, qui m'a tant fait sauter à la *Grande-Chaumière*, cet Alfred avec qui j'ai fait tant de bonnes parties à Meudon, à Sceaux et ailleurs, et pour qui j'ai sacrifié des négociants en gros, il est notaire maintenant, c'est un bourgeois posé, ventru, et moi, sa Flora, son ange, car il m'a appelée son ange, son lapin bleu, son gros loup, au moins quinze cents fois, et moi, je suis sa concierge!... Quelle amère dégringolade!

— La fatalité, balbutia M⁰ Taparel.

— Et quand, moi, son ancienne Flora, je viens de temps en temps, bien amicalement, causer avec monsieur du temps passé, de la *Grande-Chaumière* et des cabinets de chez Dagneaux, — t'en souviens-tu des cabinets particuliers de chez Dagneaux?... — monsieur fait la mine, monsieur me fait comprendre que je l'embête... Ah! c'est comme ça! eh bien, je m'en vais, je redescends à ma loge, mais je reviendrai! je reviendrai quinze fois par jour, je reviendrai chaque fois que j'aurai envie de causer de la *Grande-Chaumière!...* Ça fait du bien à mon âme!... O ingratitude humaine! tenez, il n'y a que les lapins qui aient du cœur... Dans ma garenne là-haut, à Belleville, mes élèves me consolaient de mes malheurs!... tous les hommes sont des misérables... et vous m'arrachez mes dernières illusions... mais je reviendrai. Au revoir, Alfred, à tout à l'heure.

— J'y suis! pensa Cabassol aux derniers mots de la persécutrice de M⁰ Taparel. Je savais bien que je connaissais cette voix... C'est la mère Friol, de Belleville, celle à qui j'avais trouvé une place de tante d'actrice!... la mère de Lucie Friol, la gouvernante du bon M. de la Fricottière... Voilà une rencontre!

L'ex-Flora de la *Grande-Chaumière* était partie. Cabassol ouvrit la porte de sa cachette; M⁰ Taparel, consterné, regardait son tapis avec plus de désespoir encore qu'auparavant.

— Vous l'avez entendue, elle reviendra! dit-il; vous savez tout maintenant, vous savez tout! Je n'avais pas osé confier mes malheurs à Miradoux, mais vous, un jeune homme, vous aurez plus d'indulgence!

— Mon pauvre M⁰ Taparel, fit Cabassol en se laissant tomber dans un fauteuil et en éclatant de rire.

— Ne riez pas! je suis dans une jolie position!... et cela au moment où je me préparais à racheter par une conduite sévère les... irrégularités suscitées dans ma vie par la déplorable affaire Badinard!...

— Bah! vous vous désolez pour bien peu de chose!...

— Peu de chose! Mais me voilà compromis affreusement!... Cette Flora me tient!... depuis quinze jours elle me persécute avec ses souvenirs du Prado, avec... Songez qu'elle m'appelle tout bas Alfred devant madame Taparel! Quelle situation, grands dieux, quel drame!

— Mais enfin, que vous veut-elle?...

— Je ne sais pas encore... Je lui ai déjà parlé d'un petit souvenir pécu-

En revenant de Robinson.

niaire qui lui donnerait la tranquillité... et à moi aussi, mais elle a joué l'indignation...

— C'est que le souvenir n'était pas suffisant. Écoutez, M° Taparel, il me vient une idée... je vous sauverai, moi!

— Vous?

— Oui, moi! votre persécutrice s'appelle bien...

— Flora!

— Oui, Flora, pour vous, mais pour tout le monde, Mme Friol?

— En effet!

— Eh bien, je connaissais Mme Friol... Oh, ça ne date pas de la *Grande-Chaumière!*... Je la connais depuis mes fameuses recherches pour retrouver Jocko, vous savez, la *Bille de billard* Poulet-Golard!... J'ai vu Mme Friol au milieu de ses lapins à Belleville, et c'est même moi qui lui a trouvé une place de tante d'actrice chez Criquetta des Folies-Musicales.

— Tout cela ne me dit pas comment vous allez me débarrasser de ma persécutrice?

— Attendez! je connais la fille de votre ex-Flora, Mlle Lucie Friol...

— Ah! elle a une fille?

— Vous allez voir! Vous savez que je reviens de faire un petit voyage avec mon ami Bezucheux de la Fricottière; le fils nous étions partis toute une bande pour voir interdire le père de la Fricottière, votre ex-président des Billes de billard.

Or, savez-vous pour quel motif mon ami Bezucheux tenait à gratifier le plus vite possible monsieur son père d'un petit conseil judiciaire?

— Non... mais quel rapport tout cela peut-il avoir avec ma persécutrice?

— Quel rapport?... Vous aller voir... mon ami Bezucheux faisait interdire monsieur son père parce que le sire de la Fricottière, fourbu, ramolli, se préparait à conduire au pied des autels, sa gouvernante, mademoiselle...

— Mademoiselle?

— Mlle Lucie Friol, la propre fille de la dame qui cumule pour vous l'emploi de concierge et de persécutrice!

— Est-ce possible!... Êtes-vous certain...

— Absolument certain... Et je vais vous sauver! faites appeler madame votre concierge et laissez-moi faire...

— Je suis sa concierge... amère dégringolade!

— De la prudence, mon ami, songez que cette femme pourrait m'appeler Alfred devant mes clercs et leur raconter ces sauteries à la *Grande-Chaumière* que je déplore si amèrement pour la dignité de mes fonctions actuelles!...

— Je réponds de tout! faites appeler l'exquise Flora!

Me Taparel passa chez lui et fit avertir la concierge par une bonne. Cabassol s'était enfoncé dans son fauteuil et roulait une cigarette.

— La voilà, dit tout bas le notaire, reconnaissant comme autrefois les pas de la charmante Flora.

Mme Friol entr'ouvrit la porte.

— Eh bien, Alfred, vous avez eu un bon mouvement, vous avez regretté de m'avoir fait de la peine, dit-elle, est-ce que vous... Ah! pardon, je n'avais pas vu monsieur!...

— Bonjour, maman Friol, prononça Cabassol du fond de son fauteuil.

— Hein? fit la terrible concierge en reculant de deux pas.

— Vous ne reconnaissez pas un ami?...

— Ah! pardon, vous étiez à contre jour... bonjour, monsieur Cabassol, je vous salue!

— Vous ne vous doutez guère de ce que je viens vous dire, ma chère madame Friol... de la mission dont je suis... de la demande que j'ai... excusez mon costume peu cérémonieux, mais j'arrive de voyage... Madame Friol, je vais bien vous surprendre... préparez-vous !

— Je suis préparée...
— Vous avez une fille, Mlle Lucie, artiste lyrique...
— Oui.
— Eh bien, Mme Friol, je viens tout simplement vous la demander !... Excusez-moi, si je ne suis pas en habit, j'arrive de voyage !...
— Me demander ma fille ?...

— Alfred, je reviendrai !

— En mariage, Mme Friol ! en légitime mariage !
— En mariage, ma fille, vous, monsieur Cabassol...
— En mariage, et tout ce qu'il y a de plus légitime mariage... Je parle devant un notaire, je ne me permettrais pas d'attenter à son caractère auguste par quelque chose qui ne serait pas légitime !... en légitime mariage donc... mais pas pour moi...
— Pas pour vous ?
— Oui, madame Friol, je ne suis qu'un ambassadeur, ce n'est pas moi qui brigue l'honneur de devenir votre gendre...
— Monsieur Cabassol, vous voulez plaisanter...
— Jamais, madame !... j'accomplis ma mission et voilà tout. Madame

Friol, j'ai l'honneur de vous demander la main de M Lucie Friol, votre fille, pour M. Bezucheux de la Fricottière qui l'aime à en perdre le peu de cervelle qui lui reste !

— Bezucheux de la Fricottière, mais je le connais, je l'ai vu quand j'étais la tante de Mme Criquetta.

— Madame Friol, vous devez faire erreur, vous vous trompez de Bezucheux ! vous connaissez Bezucheux fils, moi je vous parle de M. de la Fricottière le père... Soixante-cinq ans, un château en Touraine et légèrement ramolli...

— Ah ! ah ! ah ! fit lentement madame Friol, légèrement ramolli, alors c'est sérieux.

— Tout ce qu'il y a de plus sérieux. Voulez-vous devenir châtelaine en Touraine ? dites oui et vous alliez le sang des Friol au noble sang des la Fricottière... Vous ne voulez pas risquer de faire le malheur de votre fille en refusant votre consentement... elle est majeure, nous vous ferions des sommations respectueuses !

— Laissez-moi me remettre... Voyons, vous ne plaisantez pas ?

— Madame Friol, vous me faites de la peine !

— C'est bon, je vous crois. D'ailleurs, je m'attendais à quelque chose, il y a trois semaines, comme je croyais encore ma fille en Amérique avec son cabotin...

— Oui, oui, je sais, vous m'avez raconté cela dans le temps.

— Il y a trois semaines donc, je reçus une lettre timbrée de Chinon (Indre-et-Loire) dans laquelle ma fille m'avertissait qu'elle aurait sous peu à me demander un consentement, sans me donner le moindre petit détail et sans me dire qui elle épousait. Je trouvais cette cachotterie dégoûtante de la part d'une fille... mais je comprends tout...

— En un mot, gouvernante depuis quelques six mois du sire de la Fricottière, elle va monter en grade et devenir madame Bezucheux de la Fricottière. Je vous l'ai dit, soixante-cinq ans, château en Touraine, belle collection d'ancêtres, et légèrement ramolli... Voilà le signalement de votre futur gendre. L'acceptez-vous ?

— Parbleu !

— Eh bien, la place de la belle-mère du sire de la Fricottière est au château dudit, à la Fricottière, arrondissement de Chinon (Indre-et-Loire). Exigez un appartement avec vue sur le parc et si madame votre fille fait des façons pour vous l'offrir, faites valoir vos droits.

— Et ma loge ?

— Allez-vous conserver une loge de concierge à Paris avec un château en Touraine ?... Allons donc ! je vous engage même à ne pas parler de cette loge à votre gendre, ces vieilles familles ont des préjugés... Tenez, madame Friol, pendant que mon ami M⁰ Taparel va s'en aller donner quelques instructions à ses clercs, nous allons causer franchement, en vieux amis...

— Causez tranquillement, dit M⁰ Taparel en se dirigeant vers l'étude.

— Mme Friol, que viens-je d'apprendre? vous faites de la peine à M⁰ Taparel? je viens ici, je lui parle de vous et de M. de la Fricottière, et il me raconte ses tourments...

— Qu'est-ce que vous voulez! Vous savez que j'ai perdu ma position de tante d'actrice, Mme Criquetta n'était pas raisonnable... sous prétexte d'indis-

Criquetta me donna mes huit jours.

crétions commises, elle m'a donné mon compte. Alors un monsieur de ses amis à qui j'avais rendu quelques petits services...

— Ah! bon, vous aviez été indiscrète... à son profit!

— Il était si aimable; toujours des cadeaux... et des attentions... et des parties de bézigue où il perdait toujours, ça me faisait de la peine de le tromper! vrai, je me le reprochais comme si c'était moi!... alors un jour qu'il arrivait sans être attendu, je lui glissai dans l'oreille : — Voyez dans le placard du cabinet de toilette! Voyez dans le placard!

— Et? demanda Cabassol.

— Et il y avait justement quelqu'un dans le placard! Mon protégé flanqua une paire de gifles, et le lendemain reçut un coup d'épée dans l'épaule. Il se montra pour moi plein de reconnaissance; comme Criquetta m'avait donné mes huit jours, il me fit offrir la place de concierge dans une de ses maisons. C'était au-dessous de moi, mais j'étais sur le pavé, j'acceptai! J'arrive, je m'installe et je fais ma petite visite de politesse à mes locataires... ils ne me l'ont pas tous rendu, les imbéciles! J'arrive chez M⁰ Taparel, le nom m'avait rendu toute chose, mais je ne me doutais pas encore... dans l'étude j'entends lire un acte : Par devant M⁰ Sébastien-Désiré-Alfred Taparel et son collègue, etc... je faillis pousser un cri, je me souvenais de mon Alfred du *Prado*, de la *Chaumière*, de *Robinson!*... ce monstre d'Alfred!... ma foi, j'entrai dans son cabinet... c'était bien lui, un peu changé, mais c'était lui! Le misérable ne me reconnut seulement pas! Je fus obligée de lui rappeler tout, de lui dire : Eh bien, oui, c'est moi, Flora, la reine de chez le père la Hire, la belle Flora de qui vous avez ravi le cœur, en 47, par la façon étourdissante avec laquelle vous pinciez un cavalier seul étincelant et pharamineux...

— Bon, je sais tout cela... mais pourquoi tourmenter ce pauvre Taparel?...

— Dame, écoutez donc... je voudrais faire arriver Alfred à améliorer sérieusement ma position!... Vous savez, maintenant, j'ai l'expérience de la vie... ah! si on pouvait recommencer son existence! je n'aimerais que des avocats, ils deviennent députés et quand ils sont ministres... ils peuvent offrir un bureau de tabac à l'ange de leur jeunesse...

— Bon! vous allez être châtelaine, ça vaut mieux qu'un bureau de tabac, vous allez partir pour la Fricottière...

— Mais ma loge!... mille francs et logée!...

— Je vous croyais plus intelligente... La belle-mère de M. de la Fricottière doit faire oublier qu'elle a tiré le cordon! je me charge d'obtenir de M⁰ Taparel à titre d'indemnité une bonne somme pour vous permettre de figurer avec honneur dans le grand salon de la Fricottière... Est-ce entendu?

— Allons c'est entendu! vous dites la Fricottière, par Chinon?

— Gare d'Orléans!...

— Je me sauve, arrangez l'affaire avec M⁰ Taparel. — Ma fille va donc enfin me récompenser de l'excellente éducation que je lui ai donnée. L'éducation! l'éducation! il n'y a que cela, monsieur Cabassol. Une jeune personne qui a de l'éducation est à la hauteur de toutes les situations... Je file chez mon gendre!

Mᵉ Mitaine dépeignant l'existence torrentueuse et les débordements de M. la Fricottière le père.

X

Vengeance féminine. — Comment le vitriol faillit détériorer le physique par trop séduisant de M° Mitaine. — La fin du procès. — Opérations extrêmement délicates de la liquidation Badinard.

Ouf! M° Taparel avait enfin retrouvé la tranquillité, sa persécutrice, Mme Friol, avait quitté sa loge, et brillamment requinquée, suivant son expression, grâce à une indemnité pécuniaire offerte par son ex-Alfred, elle était partie pour la Fricottière !

Bon voyage! la nouvelle concierge installée à sa place n'avait jamais

Enlèvement de Mlle Billy.

fréquenté la Grande-Chaumière, du moins, M° Taparel ne reconnut en elle aucune des brillantes étoiles du vieux quartier latin !

Le lendemain du départ de Mme Friol, notre héros reçut une première lettre de Bezucheux.

« Mon bien cher petit bon! écrivait le descendant de la Fricottière, j'ai l'honneur de te faire part de la sentence d'interdiction prononcée contre mon très honoré seigneur et père M. de la Fricottière, par le tribunal civil de Chinon, en sa séance de samedi dernier.

« Le patient n'a pas trop souffert; il avait tenu à être là pour montrer aux juges que malgré cinquante années de fricottages à toute vapeur — cinquante sur soixante-cinq ! oh ! du granit ! cette vieille race de la Fricottière ! — que malgré cinquante années de fricottages, dis-je, il pouvait encore fricottailler. En fait, il avait ce jour-là, une mine moins ramollie, et je me faisais presque des reproches d'interrompre le cours des débordements fantaisistes de cet auguste et fier Burgrave; mais l'honneur de notre vieille maison mis en péril par son projet de mésalliance, me commandait la rigueur.

« — Si papa dilapide tout, que me restera-t-il à dilapider? me dis-je pour suprême raison.

« Et je restai inflexible.

« Mᵉ Mitaine est un grand homme et un avoué digne de passer à la postérité. A larges traits, avec une éloquence émue, il fit à l'audience un tableau de l'existence torrentueuse de papa; ah! tu as bien perdu à n'être pas là pour jouir de ce sublime morceau oratoire... tu aurais été remué par ces accents d'indignation pour les débordements de papa, et par le touchant et poétique

Anges en retraite.

hommage rendu aux vertus domestiques méconnues, aux chastes divinités du foyer foulées aux pieds par papa.

« Papa protesta par la voix de son avoué à lui, et fit dire à Mᵉ Mitaine qu'il n'avait pas besoin de raconter tout ça!

« — Comment pas besoin! s'écria Mᵉ Mitaine en frappant sur la barre, mais je m'adresse à la sagesse du tribunal, je dis: écoutez ce que je vais vous raconter et jugez un peu avec vos lumières et votre expérience, si un homme, après tant de cascades, ne doit pas toucher au ramollissement! (impression profonde).

« Alors Mᵉ Mitaine a repris sa peinture de la vie de papa, d'après les indiscrétions de ses contemporains; ton procès à toi a été horriblement scandaleux par ses révélations, c'est le mot de tout le monde, mais le procès de papa l'a été presque autant. Mᵉ Mitaine, guidé par son amour austère de la vertu, s'y entend très bien. Tout l'auditoire rougissait et témoignait son émotion par de longs murmures! j'ai oublié de te dire que nous avions une très belle salle, toutes les dames de Chinon et des environs. Un vrai succès pour M° Mitaine.

« Il y avait dans l'auditoire quelques dames, maintenant sexagénaires, avec lesquelles papa jadis a fricotté... Comme le cœur de ces anges en retraite a dû battre!

« M° Mitaine a fait une profonde impression en détaillant ces vieilles chroniques; en arrivant aux fricottages d'à présent, il n'a parlé qu'en termes voilés et très mesurés du projet de mésalliance de papa, pour ménager la dame, m'a-t-il dit.

« A cinq heures le tribunal a rendu son jugement. Je te passe les attendus

Petite scène entre Mme et Mlle Friol.

et les considérants. Papa a été jugé digne d'être pourvu d'un bon conseil judiciaire et son interdiction a été prononcée.

« J'ai tenu à être le premier à lui en porter la nouvelle, pour adoucir autant que possible la violence du coup. J'ai dîné au château, papa est un vieux Romain, il a été stoïque!

« — Mon fils, m'a-t-il dit, je ne t'en veux pas, c'est dans l'ordre : majeurs à 21 ans, interdits à 50, c'est l'habitude des la Fricottière. J'ai tenu quinze ans de plus! Maintenant je vivrai avec mes souvenirs!

« Le lendemain, grand dîner offert à M° Mitaine au Lion-Rouge de Chinon. Papa invité devait venir, mais il avait sa goutte.

« M° Mitaine est l'homme du dévouement; il ne considère pas sa tâche comme terminée par l'interdiction, il prétend encore empêcher la mésalliance qui menace toujours le pur blason des la Fricottière, c'est par la persuasion qu'il entend agir, non pas la persuasion près de papa, mais la persuasion près de la jeune personne qui aspire à la main de papa.

« Ce Mitaine a du génie, il est capable de réussir! je te tiendrai au courant des événements.

« Les élections ont eu lieu. Papa est nommé conseiller général d'Eure-et-Loire pour le canton de la Fricottière. Le matin du scrutin il avait fait apposer de nouvelles affiches pour annoncer lui-même son interdiction aux électeurs.

ÉLECTEURS DU CANTON DE LA FRICOTTIÈRE

Le tribunal civil de Chinon m'a donné un conseil judiciaire! Je ne récriminerai pas contre cet arrêt, mais je tiens à être le premier à en donner avis à mes électeurs — c'est à leur sagesse et à leur haute raison que je m'adresse :

Électeurs!

Débarrassé du souci de mes affaires personnelles, je suis maintenant plus apte que jamais à surveiller les intérêts départementaux, à guider notre beau canton dans la voie du progrès et de la prospérité matérielle, morale, industrielle et agriculturale.

Je suis tout entier maintenant à la patrie! A elle ma vie, mon temps, mes peines, mon expérience et mes capacités!

Électeurs sages, prudents et éclairés, aux urnes et votez pour

BEZUCHEUX DE LA FRICOTIÈRE père,
candidat progressif et composite.

« Le résultat du scrutin a été connu lundi matin.

Électeurs inscrits, 5824; votants, 4652.

MARTIN, *candidat bonapartiste* 186
de CASTEL-MOUSSOU, *candidat royaliste* 212
BOULARD, *candidat radical* 18
BEZUCHEUX DE LA FRICOTTIÈRE, *candidat composite* 4236 ÉLU

« Un triomphe éclatant! Papa vient de m'écrire pour me taper de mille francs, afin de donner un grand dîner à la Fricottière — je me suis laissé attendrir.

« A bientôt, mon petit bon, je compte revenir dans une huitaine. Criquetta et Renée Trompette et les autres représentants du sexe gracieux et tyrannique, te donnent leurs pattes à baiser.

« Je te serre la tienne dans la mienne,

« GONTRAN B. DE LA FRICOTTIÈRE.

« *P. S.* La petite Billy, tu sais, la faiblesse de M° Mitaine, la petite Billy, nous a été enlevée avant-hier. Son ravisseur doit être un officier de Saumur.

« M° Mitaine a supporté ce coup mieux que je ne le supposais. »

Cabassol attendait avec impatience une autre lettre pour connaître l'effet produit par l'aimable Mme Friol mère, tombant comme un aérolithe chez son futur gendre à la Fricottière.

Les nouvelles vinrent enfin; quatre jours après la première missive de Bezucheux, la poste en apporta une seconde ainsi conçue :

Excellentissimo amico,

Ton cœur d'ami va bondir de joie. La mésalliance qui menaçait de ternir à jamais le blason des la Fricottière est écartée; papa ne se marie pas !

J'ai tant de choses étonnantes et nouvelles à te dire que je ne sais par laquelle commencer; au hasard donc !

D'abord sache que lundi dernier une bombe est tombée sur papa sous forme d'une respectable dame répondant au doux nom de Friol — c'était la belle-mère à papa ! cette respectable dame apportait le consentement au mariage de Mlle Lucie Friol, sa fille, avec papa. J'étais là, — c'était le jour du dîner triomphal de papa, — et

Dévouement de Me Mitaine.

je reconnus dans l'aspirante belle-mère du burgrave de la Fricottière l'ex-tante ou dame de compagnie de Criquetta ! Étrange ! étrange ! La bonne dame me reconnut aussi et elle me raconta je ne sais quelle histoire où tu es mêlé avec ton notaire. Il paraît que c'est toi, mon petit bon, qui as fait la demande officielle de la main de Mlle Lucie Friol pour papa. Je n'y ai pas compris grand chose, mais dans tous les cas, je reconnais là ton noble cœur et je te remercie de nous avoir envoyé cette belle-mère dont l'arrivée a mis le feu aux poudres.

C'est papa qui faisait un nez !

Néanmoins pour ne pas avoir d'ennuis devant ses convives, les autorités de la Fricottière, il a fait bonne mine à la dame et lui a donné l'appartement avec vue sur le parc qu'elle réclamait avec instance.

La chronique rapporte qu'une petite scène eut lieu entre Mme Friol mère et Mlle Friol, la future à papa. Celle-ci accusait sa maman de venir tout gâter par sa présence, et celle-là reprochait à sa fille de la renier dans sa prospérité.

Le lendemain les événements se succèdent — Me Mitaine part pour la Fricot-

tière sous prétexte d'une entrevue d'affaires avec Mlle Friol et il ne revient pas!
Mlle Friol disparaît dans l'après midi. Papa est dans l'inquiétude, Mme Friol mère est en alarmes — Mlle Friol ne revient pas! Papa et la mère Friol se chamaillent et se manquent de respect l'un à l'autre, aux dires de témoins oculaires! Néanmoins Mme Friol prétend garder l'appartement avec vue sur le parc.

Un jour se passe. Je reçois une lettre confidentielle de Me Mitaine, O mon ami! admire le dévouement de cet avoué antique : Pour empêcher la mésalliance de papa, il a pris un parti héroïque, il a enlevé Mlle Friol!

Le blason des la Fricottière est pur! Tout est sauvé, sauf Mitaine!

Mme Friol s'est barricadée dans son appartement et prétend n'en pas sortir, papa est furieux, elle continue à l'appeler son gendre!

Si tu rencontres Me Mitaine, dépose à ses pieds l'hommage de ma profonde reconnaissance. Il a promis à Mlle Friol un petit appartement non loin du Palais, nous irons tous y déjeuner avec lui un de ces jours. Je nous invite.

A bientôt, mon bon,

B. DE LA FRICOTTIÈRE

Nous n'essayerons pas de peindre la satisfaction manifestée par Cabassol à la lecture de cette lettre. Il se pâma de rire pendant un quart d'heure, à ce dénouement de l'idylle de la Fricottière, puis un autre sentiment et d'autres idées surgirent en lui.

— O fortune! s'écria-t-il, merci, tu me fournis enfin la plus belle des vengeances!

« Tu m'as traîné devant les tribunaux, ô Mitaine! avoué jadis pur et maintenant terni, tu m'as suscité le plus horriblement scandaleux des procès, mais je te tiens maintenant! Vengeance! vengeance! »

— C'est papa qui faisait un nez.

Et saisissant une plume il écrivit bien vite ce court billet :

Madame Friol, au château de la Fricottière (par Chinon)

Chère Madame,

J'apprends à l'instant l'enlèvement qui tranche toutes vos espérances dans leur fleur. Je sais tout.

Le ravisseur de votre fille est l'avoué Mitaine, de Paris. Il lui a meublé un petit appartement dans les environs du palais de justice; j'ignore l'adresse exacte, mais il vous sera facile de la connaître en la demandant à Me Mitaine lui-même, en son étude.

Agréez, je vous prie, l'assurance de ma haute considération,

CABASSOL.

— O vengeance! nectar céleste! ambroisie paradisiaque! se dit Cabassol en glissant lui-même la lettre dans la boîte de la poste, je te savoure avec volupté!

Des fenêtres du palais, M⁰ Mitaine pouvait apercevoir celles de sa Lucie.

Une troisième lettre de Bezucheux lui apprit bientôt qu'il avait pleinement réussi.

Noble ami!

Merci! merci! merci! au nom de papa et au mien, merci!
Le crampon de papa s'est dévissé, comme on dit dans le monde, la maman Friol a déguerpi.
En partant de son appartement avec vue sur le parc, la brave dame m'a montré ta lettre; sur ton conseil elle s'en va turlupiner le pauvre Mitaine! Elle te trouve le plus charmant jeune homme des temps modernes, tu aurais été digne, m'a-t-elle dit, de vivre du temps de la *Grande Chaumière*.

Liv. 79.

Nous revenons tous à Paris — Criquetta s'ennuie avec moi. Mauvais symptôme ! Est-ce que déjà je ne serais plus tout pour elle ! Renée Trompette a trahi ses serments et elle est partie avec un gentilhomme breton. Lacostade a dévoré le petit emprunt en 3º hypothèque sur sa villa ; Saint-Tropez a de sombres pressentiments amoureux ; le cœur de Pontbuzaud plaide en séparation avec le cœur de la jeune personne qui faisait il y a quinze jours le charme de sa vie ; Bissecco est à sec pour le moment et il voit la vie sous de si sombres couleurs qu'il parle de se faire trappiste ou chartreux ; l'aimable andalouse qui le rattache encore au monde, refuse d'aller fonder avec lui une communauté dans le désert, sans quoi, il serait déjà parti.

Nous revenons donc ! tu serreras dans tes bras demain ton

Bezucheux de la Fricottière.
fils du conseiller général d'Eure-et-Loire.

Mº Mitaine, revenu chez lui après la conclusion de l'affaire Bezucheux, avait été plus que froidement reçu par la sévère Mᵐᵉ Mitaine. Vainement il exposa qu'une malencontreuse succession d'incidents judiciaires l'avait retenu à Chinon, Mᵐᵉ Mitaine montra par une attitude pincée qu'elle n'était pas dupe de ces vains prétextes.

L'avoué, s'abandonnant totalement à la fatale influence de l'affaire Badinard, se consola de ses ennuis matrimoniaux en meublant un petit appartement coquet pour l'ex-gouvernante de M. de la Fricottière. Sur la rive droite en vue du palais de justice, une maison du quai abritait son petit bonheur de contrebande ; des fenêtres du palais, Mº Mitaine pouvait apercevoir celles de sa Lucie, et il n'avait qu'à passer l'eau pour se trouver à ses pieds.

Un jour qu'il s'en allait tranquillement, la serviette bourrée de papiers sous le bras, étudier auprès de sa Lucie quelques petites affaires embrouillées par ses clercs en son absence, il trouva Mᵐᵉ Friol installée chez sa fille. Grave désarroi ! La vengeance de Cabassol commençait.

Ce n'était pas fini. En rentrant chez lui très ennuyé, il trouva Mᵐᵉ Mitaine qui l'attendait dans l'étude même !

— Mon ami, dit Mᵐᵉ Mitaine, sans lui laisser le temps de manifester son étonnement, je voulais te consulter pour une de mes amies, très pressée de connaître ton opinion. Voici les faits, mon amie veut obtenir sa séparation : mari abominable, maîtresse en ville, dépenses formidables au dehors, réduction du budget au dedans, etc... Te chargerais-tu d'obtenir la séparation que désire ma pauvre amie ?

— Hum ! difficile, balbutia Mº Mitaine, il faudrait des preuves... il ne suffit pas d'articuler...

— Difficile d'avoir des preuves... il n'y a pas un autre moyen ? Des voies de fait suffiraient-elles ?

— Ah! des voies de fait! dit M⁰ Mitaine soulagé, certainement des voies de fait suffiraient, voies de fait devant témoins...

— Devant témoins! c'est parfait, s'écria Mᵐᵉ Mitaine, en voilà!

Et devant les clercs ahuris, Mᵐᵉ Mitaine allongea une robuste paire de gifles à son mari qui en tomba sur le dos de son premier clerc.

— Homme abominable! reprit Mᵐᵉ Mitaine, c'est moi qui suis l'épouse outragée dont je parlais! Voies de fait devant témoins, j'aurai ma séparation... vous pourrez aller roucouler à votre aise chez vos maîtresses... Mais en attendant, tenez, voilà du vitriol pour votre figure de séducteur!

Avant que personne eût pu l'en empêcher, Mᵐᵉ Mitaine tira un flacon de sa poche et en jeta le contenu à la tête de son mari. Un grand cri retentit, les

Bissceo voit la vie sous de si sombres couleurs, qu'il parle de se faire trappiste.

clercs avaient reçu quelques éclaboussures à la ronde et M⁰ Mitaine se tordait sur un bureau en s'épongeant la figure avec de l'encre à défaut d'eau.

Mᵐᵉ Mitaine s'était enfuie dans son appartement.

— Du vitriol! hurla M⁰ Mitaine, vite un seau d'eau!

Le bruit de ce crime parcourut Paris avec la rapidité de l'éclair; le soir même, les journaux publièrent la nouvelle sous ce titre à grand effet:

LE DRAME DE LA RUE DAUPHINE

« La jalousie vient encore de faire commettre un de ces crimes que le
« code punit parfois, mais que les cœurs sensibles sont souvent aussi dis-
« posés à amnistier. La victime est M⁰ Mitaine, l'avoué bien connu qui plai-
« dait dernièrement dans la célèbre affaire Badinard contre Cabassol.
« M⁰ Mitaine, après une existence paisible et pure, avait déraillé, paraît-il,
« hors du sentier de la vertu; il entretenait... des relations à l'extérieur.
« Influence du procès Badinard! Sa femme résolut de se venger. Aujourd'hui

« vers 3 heures, dans l'étude même et devant les clercs, elle lança au visage
« de son mari le contenu d'une énorme jatte de vitriol !
  « M⁰ Mitaine est dans un état horrible. Trois clercs éclaboussés par le li-
« quide corrosif ont été reconduits à leur domicile. Mme Mitaine est arrêtée.
« Demain nous exposerons dans notre salle des dépêches, le portrait de M⁰ Mi-
« taine avant et après le vitriol, le portrait de Mme Mitaine et enfin, document
« plein d'attraction, la photographie de la dame cause première du crime,
« Mlle Lucie F... artiste lyrique. »

M⁰ Mitaine
avait été froidement reçu.

— Diable ! se dit Cabassol en lisant dans les journaux le récit de l'attentat, voilà le pauvre M⁰ Mitaine bien sévèrement puni. C'est mon ennemi, mais je ne demandais pas à le passer au vitriol !

Et il courut causer de la nouvelle avec Bezucheux de la Fricottière, revenu depuis peu.

— Ce pauvre Mitaine ! fit Bezucheux en le voyant venir, je suis consterné ! C'est pour me rendre service qu'il a enlevé Lucie Friol et qu'il s'est exposé au vitriol de Mme Mitaine, tout ça, c'est la faute à papa !

— Non, non, mon ami, c'est la faute à Badinard ! du haut du ciel, s'il contemple les désastres occasionnés par son testament, il doit rougir devant les séraphins !

— Si nous allions prendre des nouvelles de cet infortuné Mitaine ! demanda Bezucheux.

— Je venais te chercher pour ça ! répondit Cabassol.

Bezucheux et Cabassol montèrent en voiture et se dirigèrent vers la rue Dauphine. Une douzaine de fiacres étaient échelonnés devant la porte de la victime de l'horrible attentat et l'on faisait queue dans l'allée.

Reporters, amis du palais, collègues de Mitaine, se pressaient dans l'escalier ; des centaines de cartes encombraient la table du concierge et l'on préparait un registre pour recueillir les noms des visiteurs. On parlait bas dans le couloir, les bruits les plus sinistres couraient de bouche en bouche et les reporters prenaient des notes au vol.

— Ça va mal, pensa Cabassol.

Pendant que la foule des visiteurs pénétrait dans l'étude, Cabassol et Bezucheux se glissèrent par un escalier de service et gagnèrent l'appartement de la victime.

La première personne qu'ils rencontrèrent fut la criminelle, Mme Mitaine elle-même. Instinctivement ils reculèrent.

— Elle n'est pas arrêtée ! dit tout bas Bezucheux.

— Voilà du vitriol pour votre figure de séducteur !

— Vraiment, c'est inouï, murmura Cabassol, à moins que la justice ne soit là pour les confrontations... soyons froids avec elle...

— Madame, dit Bezucheux, nous sommes des amis de l'infortuné Mitaine...

— De la pauvre victime ! appuya Cabassol.

— Comment va le malheureux ? reprit Bezucheux.

— Dans quel état l'avez-vous... laissé ? continua Cabassol.

— C'est fini ! balbutia Mme Mitaine en cherchant à s'esquiver.

— C'est fini ! répéta un reporter qui venait de se glisser dans l'antichambre, vite au journal, alors !

— Horrible ! fit Cabassol en se laissant tomber sur un siège.

— Épouvantable ! gémit Bezucheux en se jetant dans ses bras.

Mme Mitaine s'enfuit.

Tout à coup Bezucheux bondit :

— J'entends la voix de M° Mitaine, s'écria-t-il, ce n'est pas fini tout à fait.

— C'est vrai, fit Cabassol, que dit le malheureux, écoutons!

— Je te jure, ma chère amie, disait M° Mitaine, que je rentre dans le sentier du devoir, c'est fini, et je reconnais mes erreurs, j'en gémis et je jure de ne plus y retomber désormais...

— Le malheureux, dit tout bas Cabassol, il n'était pas beau, mais défiguré comme il est, il en aurait peu d'occasions!

— Jamais! jamais! répétait M° Mitaine.

— Jules, je te pardonne! gémit Mme Mitaine.

— Nous nous pardonnons!...

— Entrons! dit Cabassol, c'est très pathétique.

Les deux amis ouvrirent la porte et poussèrent un cri d'étonnement. Au lieu de la triste scène qu'ils s'attendaient à contempler, ils aperçurent M. et Mme Mitaine à table, en train de se jurer un pardon complet sur leur potage.

— Comment! vous n'êtes pas plus malade que ça? s'écria Bezucheux.

— J'ai une constitution robuste, balbutia M° Mitaine.

— Et il n'est pas défiguré! s'écria Cabassol.

— J'y suis! reprit Bezucheux, le vitriol sera tombé sur les clercs... les malheureux! quel drame! mon pauvre M° Mitaine, je suis heureux qu'un miracle vous ait sauvé...

— Ne parlons plus de ça! fit Mitaine, ça trouble Mme Mitaine...

— Je comprends cela, dit sèchement Bezucheux... je me permets d'usurper le rôle de la justice, mais je trouve ce drame horrible... la jalousie n'autorise personne à se porter à ces extrémités... s'il fallait vitrioler tous ceux qui... ou toutes celles que... l'industrie ne fournirait pas assez d'acide sulfurique!...

— N'accablez pas Mme Mitaine! s'écria le généreux avoué.

— J'y avais mis tant d'eau! gémit Mme Mitaine.

— Mais oui, fit M° Mitaine, Mme Mitaine, à quelques grammes de vitriol, avait ajouté d'abord un peu d'eau pour que ça ne fasse pas trop de mal, puis un demi-verre, puis un grand verre, si bien que de verres en verres, il y avait un litre d'eau pour quelques gouttes de vitriol...

— Tout s'explique! s'écria Cabassol. Alors M° Mitaine, permettez-moi de vous dire que vous n'êtes pas assez puni! C'est scandaleux... Vous ferez encore des victimes!

— J'ai juré, balbutia M° Mitaine, de ne jamais donner le moindre sujet de plainte à madame Mitaine... et je tiendrai mon serment!

— Allons donc!... renoncez-vous alors à continuer le procès Badinard?

— Non... l'affaire va revenir bientôt... mon devoir m'oblige à m'en occuper...

— Alors, madame Mitaine n'est pas au bout de ses chagrins! l'influence de l'affaire Badinard continuera à se faire sentir... vous ne lui échapperez pas! Adieu! avoué perfide!... nous nous reverrons au tribunal!... Infortunée madame Mitaine, vous avez lésiné sur le vitriol, je vous plains, vous serez obligée de recommencer dans un mois!

Et Cabassol après cette flèche de Parthe sortit en entraînant Bezucheux!

En attendant la fin du délai fixé par le tribunal pour la reprise de l'affaire, Cabassol employa philosophiquement son temps à s'offrir à l'avance tous les

— Jules, je te pardonne !

genres de consolation possibles, pour les ennuis considérables que le procès si extraordinairement scandaleux ne pouvait manquer de lui susciter encore.

La bande Bezucheux de la Fricottière, mise en réquisition au nom sacré de l'amitié, s'occupa avec la plus vive ardeur, d'accumuler les distractions sous ses pas et de semer quelques feuilles de rose sur les durs cailloux du sentier de la vie. Quelques dames, émues par les malheurs de ce jeune homme accablé sous les coups d'un destin cruel, se firent les auxiliaires actives de Bezucheux; grâce à elles le vengeur de Badinard, bientôt réconcilié avec l'existence, oublia en quelques semaines agréables, et les tourments passés et ceux que le féroce Mitaine lui réservait.

Le jour de la reprise vint enfin. Mitaine ayant retrouvé toute sa lucidité depuis son retour à la vertu, avait préparé tout un arsenal de jolis petits moyens de procédure destinés à enlacer le pauvre Cabassol et à l'étrangler proprement.

Il jubilait d'avance en voyant arriver la conclusion de l'affaire et en songéant avec une certaine ivresse à la part qui devait lui revenir sous forme d'honoraires, des dommages et intérêts auxquels le tribunal ne pouvait manquer de condamner le héros de l'affaire Badinard. Sans prétendre à lire clairement au fond du cœur des avoués, nous croyons pouvoir affirmer que dans le cœur de M° Mitaine, à la satisfaction d'avoir bientôt à additionner une longue note d'honoraires, se joignait la pensée encore vague et confuse, d'employer une certaine partie de ces honoraires à s'offrir quelques agréments discrets, hors de portée du vitriol de Mme Mitaine.

Inutile de dire que les affaires de séparation issues du grand procès Badinard, avaient été menées à bien. — Aucune réconciliation ne s'était effectuée, tous les plaideurs avaient été renvoyés séparés de corps, séparés de biens, toutes chaînes brisées, après s'être entendu dire par les avocats une foule de choses des plus désagréables.

Si la première phase du procès Bardinard avait occupé un nombre considérable d'audiences, la deuxième phase ne suivit pas la même marche. En trois jours tout fut terminé.

Les avoués et les avocats se plaignirent vivement de la hâte du tribunal, qui semblait vouloir étouffer tous les incidents et supprimer toutes les complications que l'on était en droit d'espérer d'une cause aussi nourrie.

A peine les avocats purent-ils, en trois journées de plaidoiries, réveiller tous les souvenirs des audiences passées, épousseter, pour leur redonner l'éclat primitif, tous les scandales du procès et assassiner leurs adversaires respectifs, les témoins et généralement toutes les personnes mêlées à la cause, sous une grêle de traits, d'épigrammes, de médisances et de calomnies.

Quand ils eurent terminé, répliqué, conclu, le tribunal entra de suite en délibération et formula son arrêt.

Comme on s'y attendait, le testament si injurieux de feu Badinard, basé sur une erreur absolue de testateur, fut annulé, et le testament précédent, par lequel feu Badinard instituait la dame Claire-Léonie Valfleury, son épouse, légataire universelle de tous ses biens meubles et immeubles, reprit toute sa valeur.

Mais, attendu que le légataire du deuxième testament, le sieur Antony Cabassol, n'était pour rien dans l'erreur du testateur, et n'avait pas fait autre chose que de chercher à exécuter avec bonne foi, les volontés nettement exprimées du testateur, la demande en dommages et intérêts formée par le mandataire de Mme Badinard était repoussée.

Le tribunal n'accordait pas davantage les dommages et intérêts réclamés par Cabassol, mais il décidait que tous les frais et dépens que le légataire Cabassol avait faits, resteraient à la charge de la succession de même que les frais du procès.

LA GRANDE MASCARADE PARISIENNE

Troubles apportés par les détails de la liquidation Badinard, dans l'imagination des clercs de l'étude Taparel.

Cette dernière clause soulagea énormément l'esprit de Cabassol, qui craignait d'être obligé de restituer la succession, sans qu'il lui fût tenu compte des sommes considérables dépensées dans l'exercice de son mandat de vengeur.

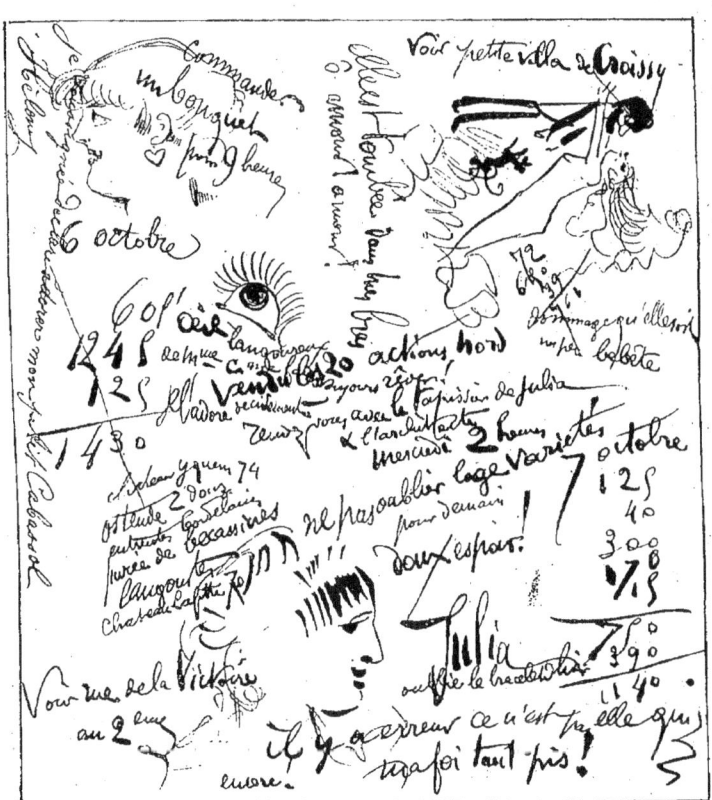

Une page du carnet de Cabassol.

Immédiatement après le prononcé du jugement, Cabassol courut chez M⁰ Taparel et le pria de procéder avec la plus grande rapidité à la liquidation de la succession, de concert avec le chargé de pouvoirs de M™⁰ Badinard.

Les opérations de cette liquidation étaient des plus compliquées. D'innombrables notes s'accumulaient dans le dossier de M⁰ Taparel, des monceaux de factures gigantesques s'élevaient sur tous les bureaux de l'étude. Comme on se le rappelle, Cabassol, n'ayant que trois années pour accomplir les vengeances imposées par feu Badinard, n'avait reculé devant aucune dépense pour mener à bien ou abréger les opérations, exécuteur délicat et fidèle, il avait taillé sans compter dans la succession, avec l'approbation complète de Me Taparel et de M. Miradoux.

— Dépense pieuse! avait dit Me Taparel à chaque occasion, nous exécutons les suprêmes volontés du défunt!

Dépense pieuse! tout avait été dépense pieuse depuis le commencement des opérations.

Loyers de Cabassol, dépenses pieuses; loyers payés à certaines personnes aimables mêlées à ces opérations, dépenses pieuses! voyages, dépenses pieuses! etc., etc.

Pour se reconnaître dans le monceau de notes et de factures, on les avait rangées par catégories et chaque clerc avait eu à s'occuper spécialement d'une catégorie de dépenses pieuses.

Quelle liquidation, grands Dieux! Jamais de mémoire de notaire ou de principal clerc, on n'avait eu à faire entrer dans un compte de liquidation de pareilles dépenses! Me Taparel à mesure qu'il s'enfonçait dans les détails de l'affaire sentait ses cheveux se hérisser sur son crâne.

Que diraient les notaires de l'avenir, les successeurs futurs de Me Taparel, lorsque la minute de la liquidation et les dossiers y annexés leur tomberaient sous les yeux! C'était inouï! Dans quel abîme feu Badinard, avec sa fureur de vengeance, les avait-il jetés!

Jamais une plume notariale avait-elle pu inscrire sur un honnête papier timbré, des relevés de notes pareils à ceux-ci :

9 juin,	Une loge, bouquet et souper avec Mlle Flora de B.	375 »»
10 juin,	Un bracelet à Mlle Berthe J.	450 10
id.	Souper avec Mlle Flora de B.	180 »»
id.	Gratification à la femme de chambre de Mlle Flora de B.	40 »»
11 id.	Deuxième gratification à ladite	100 »»

Ces gratifications faisaient considérablement rougir les jeunes clercs, occupés à les transcrire. Un clerc s'occupa uniquement des notes de restaurant en nombre très considérable; ce jeune homme qui se dérangea plus tard et donna bien du désagrément à sa famille par ses débordements avec une figurante du théâtre de Montparnasse, prit certainement dans cette occupation les germes de sa mauvaise conduite future.

Pouvait-on, sans être de fer, relever froidement une innombrable série de notes où les écrevisses, les homards, les perdreaux truffés, les soles nor-

La muse du notariat épouvantée par les détails de la liquidation Badinard.

mandes, les château Yquem, les Rœderer, les château Larose, les Tokay, évoquaient à l'esprit de petits cabinets particuliers de toutes les couleurs, galamment ornés, soigneusement capitonnés, avec toute une ribambelle de soupeuses aux tresses abondantes et parfumées, à la taille souple, au cœur sensible !... Il les apercevait clairement, le jeune clerc, défilant sur son papier timbré, au fur et à mesure du dépouillement des notes, il entendait le murmure des douces paroles, les éclats de rire, les chansons, les froufrous des jupes, et cela lui donnait des distractions et de coupables projets pour le jour des appointements à la fin du mois.

Et les factures du tapissier avec le détail des fournitures, ameublement de boudoir offert à Mlle A., ameublement d'une chambre à coucher à Mlle B., ameublement d'un petit appartement à Mlle C., etc., etc., cela n'en finissait plus. Ces détails, par les images galantes qu'ils évoquaient, étaient terriblement scabreux et la liquidation Badinard devenait de plus en plus une de ces œuvres littéraires dont la mère doit soigneusement interdire la lecture à sa fille, le mari à sa femme, et la femme à son mari.

M° Taparel rougissait d'avance à la pensée que toutes ces légèretés sur papier timbré devaient, de par la loi, passer sous les yeux des chastes employés de l'enregistrement. Mais on ne pouvait s'arrêter, il fallait, sans omettre un seul article, relever toutes les dépenses faites.

La note seule de la poursuite infligée à Tulipia, enlevée par le prince de Bosnie, monta à un total fabuleux. Les premières journées à Monaco se chiffraient par des sept ou huit mille francs chacune.

Sur bien des points, les documents manquaient. Cabassol était un homme d'ordre, mais on comprendra sans peine que, nonobstant les recommandations de M° Taparel, formaliste comme on sait, il lui avait été impossible de tirer des factures régulières pour toutes ses dépenses. Il lui eût fallu, pour expliquer ses demandes de factures, mettre tout le monde dans le secret de ses délicates fonctions de *légataire exécuteur*, et encore, il en était, de ces dépenses, et beaucoup, pour lesquelles une demande de note acquittée eût paru le comble de l'impertinence !

Pour un nombre considérable de dépenses, Cabassol s'était donc contenté d'inscrire sur son carnet une somme en bloc sans détailler, et ce carnet avait été remis par lui à l'étude.

Oh, ce carnet de Cabassol, quel document extraordinairement peu notarial ! Comme il était bien fait pour porter le désordre dans le cœur des clercs chargés de tirer au clair les renseignements qu'il pouvait contenir. Cabassol avait la mauvaise habitude d'expliquer certaines dépenses par des annotations ou de les accompagner de réflexions non destinées à la publicité, le tout aggravé encore par de petits bouts de croquis, des profils d'une indiscrétion désastreuse. Ce carnet, c'était toute l'histoire de Cabassol, depuis qu'il avait entrepris les fameuses soixante-dix-sept vengeances ! ses parties de campagne, ses petits soupers en tête à tête, ses voyages d'explorations à travers les boudoirs parisiens, sur la piste d'une vengeance, tout se trouvait là, rappelé par une note ou un simple croquis.

Pouvait-on vraiment, lorsqu'on voyait cette note : 8 *août*, *à Saint-Germain*, — *retour*, — *beau-temps*, — 550 *francs*, accompagné d'un profil non barbu, penser que M. Cabassol s'était borné à aller solitairement et vertueusement respirer l'air frais des bords de la Seine? C'était impossible ; pas plus qu'on ne pouvait expliquer convenablement l'effroyable consommation de bouquets, de bracelets et de bijoux quelconques.

Après de longues semaines de travaux acharnés, d'additions colossales, de relevés fantastiques, Me Taparel eut enfin le chiffre des sommes dépensées par Cabassol; ce chiffre le fit bondir d'épouvante. C'était fabuleux, énorme, colossal !... Et Me Taparel aidé de Miradoux aussi épouvanté que lui, aidé de Me Mitaine, plein de fureur, recommença toutes ses opérations, collationna tous ses chiffres, refit toutes ses additions. Le chiffre était exact !

En additionnant ce chiffre avec le total des frais de Me Mitaine et des frais

— La succession Badinard a été entièrement dévorée !

judiciaires de Cabassol pour le grand procès, Me Taparel s'aperçut avec horreur que le total général dépassait de quelques milliers de francs l'actif de la succession !

Miradoux, avec un dernier espoir, courut chez le banquier où les fonds étaient déposés. Les chiffres de M° Taparel étaient exacts, le compte se balançait avec celui du banquier !

Cabassol, appelé à l'étude, avait eu beau vérifier lui-même toutes les opérations de la liquidation, il lui fallut se rendre comme les autres à l'évidence.

— Vous le voyez, messieurs, prononça M° Taparel au milieu de la stupéfaction générale, la succession Badinard a été entièrement dévorée.

— C'est inouï, s'écria M° Mitaine, quatre millions en si peu de temps ! c'est inimaginable, stupéfiant... c'est honteux !

— Et les deux cent mille francs de frais pour le procès que vous m'avez intenté? Défalquez au moins ces deux cent mille francs d'éloquence et de papier timbré !

— Permettez-moi de vous dire que c'est honteux ! Ces deux cent mille francs de papier timbré sont des dépenses avouables et non susceptibles de scandaliser personne, mais le reste, monsieur, le reste ! les trois millions huit cent mille francs?

— Mᵉ Mitaine, s'écria Mᵉ Taparel, n'oubliez pas que nous avions soixante-dix-sept vengeances à exécuter...

— Sans vouloir revenir sur la chose jugée, et sans qualifier comme elles le méritent les volontés de feu Badinard, je me permettrai de vous demander si vous les avez exécutées, ces soixante-dix-sept vengeances !

— Pas toutes... fit Cabassol en baissant la tête.

— Et vous avez mangé toute la succession !

— Il faut tenir compte des difficultés vraiment inouïes que nous avons traversées... fit Mᵉ Taparel.

— Il faut faire la part des tâtonnements, dit Miradoux.

— Et le paiement de mes frais et honoraires? reprit Mᵉ Mitaine, il ne me paraît pas complètement assuré. Vous auriez dû exécuter une vengeance de moins, et réserver une somme pour les frais...

— Je fais abandon des miens, dit noblement Mᵉ Taparel.

— Moi je réserve mon recours contre M. Cabassol, s'écria Mᵉ Mitaine, en prenant rageusement son chapeau ; je vais remettre les huissiers en campagne et poursuivre jusqu'à parfait paiement !

— Votre recours, pour le moment, ne peut vous servir à grand chose, dit Cabassol, je suis complètement ruiné ; je vais avoir à me débattre contre les difficultés de l'existence.

Mᵉ Mitaine enfonça son chapeau sur la tête et partit en faisant violemment claquer la porte de l'étude.

— Du courage, mon ami, voulez-vous me permettre de vous offrir une place de troisième clerc? glissa Mᵉ Taparel à l'oreille de Cabassol.

— Merci ! je me relèverai ! j'ai de l'expérience... Mᵉ Taparel, apprêtez-vous à me voir me lancer dans le tourbillon des affaires !... J'ai été millionnaire, je veux le redevenir !

LA GRANDE MASCARADE PARISIENNE

CINQUIÈME PARTIE

LA CLEF DES CŒURS

AGENCE MATRIMONIALE MODÈLE

I

Messieurs les membres du cercle des débinards. — Comment Bezucheux de la Fricottière et ses amis, poursuivis par la malechance, furent forcés de cultiver la vertu avec acharnement. — Les trois moyens.

Laissez venir à moi les petits célibataires!

Antony Cabassol, l'heureux Cabassol d'autrefois et maintenant l'infortuné Cabassol, était navré ! Cette infernale succession Badinard, qui lui avait valu tant d'envieux, qui l'avait détourné de ses études pour le précipiter dans un tourbillon d'affaires ténébreuses et de plaisirs dangereux, la succession Badinard avait tout à fait changé sa vie... Il s'était cru riche, et tout en s'occupant avec honneur et conscience de sa délicate mission de vengeur testamentaire, il avait mené joyeusement l'existence du viveur, et maintenant tout était fini ! Ô tristesse ! le procès intenté par le mandataire de Mme Badinard, le laissait tout à fait désenchanté au moral et complètement ruiné au physique.

Sa déconfiture était connue ; son groom et son valet de chambre, craignant pour les appointements de leurs sinécures, avait démissionné en masse. Son concierge lui-même, qui, dans ses beaux jours, l'appelait M. le vicomte de Cabassol, son concierge le méprisait et lui avait fait signifier un congé par huissier pour défaut de payement d'un misérable terme de deux mille francs.

Que faire ? que devenir ? quel parti prendre ?

Cabassol, l'âme navrée, se posait ces questions, ainsi qu'il le faisait chaque matin depuis quinze jours que la liquidation Badinard était opérée, lorsqu'un coup de sonnette retentit à sa porte. Cabassol alla ouvrir et se trouva en présence de son ami Bezucheux de la Fricottière.

— Bonjour, Pylade ! s'écria-t-il, ô mon ami ! qu'es-tu devenu depuis deux semaines que je pleure ton absence ?

— J'ai eu des malheurs ! répondit Bezucheux en courbant la tête d'un air découragé.

— O ciel ! des malheurs, toi aussi !...

— Oui, mon petit bon, des malheurs fantastiques. Voyons, mon ami, regarde-moi bien... je n'ai rien de changé dans la physionomie ?

— En effet, tu n'as plus l'air fringant du Bezucheux d'autrefois... tu as l'œil abattu... tu...es malheureux... tu es marié ?...

— Non.

— Quoi alors ?...

— Tu ne devines pas ? dit Bezucheux d'un air sombre, eh bien, j'en ai un !

— Un quoi ?

— J'en suis à la troisième partie de la devise de notre maison, car j'en ai un !... j'en ai un, te dis-je !

— Explique-toi plus clairement !

— Tu sais... je fricoterai, je fricote, je fricotais ! j'en suis à je fricotais !... j'ai un conseil judiciaire !

— Toi aussi !... Comme ton père !

— Comme papa !
— Mais comment ce malheur t'est-il arrivé ?
— C'est bien simple, c'est moi qui l'ai demandé...
— Eh bien, alors ?
— Oui, mais je l'ai demandé parce que j'étais un peu gêné... j'avais des ennuis ; des créanciers d'une outrecuidance inouïe me tourmentaient au sujet d'une série de renouvellements un peu embrouillés dans mon esprit... Il fallait en finir. Je pensais obtenir, grâce à un petit conseil judiciaire, quelques années de répit... et même faire des économies... Tu sais, papa fait maintenant des économies, grâce au conseil judiciaire dont ma prévoyance filiale

— Quelle race mal élevée que la race des créanciers.

l'a pourvu au bon moment... Bref, je voulais me ranger, faire une fin... J'obtins un conseil judiciaire.
— Et le résultat ?
— Horrible, mon ami ! mon conseil judiciaire n'a pas compris sa mission, mon conseil judiciaire me ruine ; il applique les quelques revenus qui me restent à l'amortissement de mes dettes ! Je suis indigné, véritablement indigné !...
— Mon pauvre ami !
— Tout pour mes créanciers ! rien pour moi ! mon conseil me laisse 2,400 fr. de rente ! 200 francs par mois pour faire figure dans le monde, protéger des danseuses et me faire apprécier par les belles petites de mes amies ! sort affreux ! destin cruel !... La bonne petite existence torrentueuse est finie ! je suis flambé !!!

— Nous sommes flambés! dit Cabassol.

— Comment, toi aussi! J'ai appris vaguement certaines choses, mais je ne te croyais pas nettoyé. Aurais-tu aussi ton petit conseil?

— Non, mon ami, je n'ai même pas le moyen de me payer un conseil! ce serait encore du chic; je dois renoncer absolument au chic!

— Alors, tu es rincé, tout à fait rincé?

— Tout ce qu'il y a de plus rincé!

— O douleur!... mais nous allons couler des jours pleins d'amertume, des nuits remplies d'une sombre tristesse, avec les réclamations de nos créanciers pour toute distraction! quelle race mal élevée que la race des créanciers!...

— Hélas!

— Sans compter nos peines de cœur qui vont prendre une vilaine tournure sous le vent de la débine!... Ah! mon ami, j'ai déjà ressenti cruellement les effets désenchanteurs de la débine... Hélas! hélas! j'ai eu beau prêcher le mépris des richesses à une certaine dame qui m'honorait de son affection et de sa confiance pour le règlement de ses factures, je n'ai pas réussi à produire la moindre impression sur son esprit...

Son groom avait démissionné.

Son concierge le méprisait.

— Cette certaine dame, c'est Criquetta? demanda Cabassol.

— Je ne voulais plus prononcer ce nom... c'est Criquetta, l'ingrate Criquetta! Je ne lui ai pas caché ma désastreuse situation, je lui ai raconté l'horrible abus de confiance de mon conseil judiciaire, je lui ai tout dit : mes créanciers, mes deux mille quatre de rente, mon désespoir, etc... etc...

— Et elle n'a rien fait pour te consoler?

— Elle a pris un air d'indignation superbe et m'a dit :

« — Comment! vous avez un conseil judiciaire depuis huit jours et vous continuez à m'aimer... mais c'est de l'escroquerie, cela!!!... Et plusieurs points d'exclamation à la clef.

« — C'est bien, ai-je répondu tragiquement, je sais ce qu'il me reste à faire...

« — Tu vas te tuer! exclama Criquetta, ça c'est gentil, te suicider pour moi; c'est une dernière galanterie qui ne m'étonne pas de mon petit la Fricottière!

« — Je ne vais pas me tuer! ai-je repris, je vais me marier... je choisis un genre de suicide plus lent, mais plus sûr... je souffrirai plus longtemps. Chaque fois que mon épouse me chagrinera, je penserai à Criquetta et mon âme se fendra de désespoir!

— Et tu n'as pas attendri Criquetta? demanda Cabassol.

— Je ne l'ai pas attendrie tout à fait, je l'ai émue seulement...

« — Mon petit Bezucheux, m'a-t-elle dit, écoute, arrangeons-nous; je ne veux pas te désespérer tout à fait, tu vas voir comme je suis bonne, je te permets de m'aimer encore huit jours! ça te va-t-il?

— J'espère que tu t'es montré fier, dit Cabassol, et que tu as répondu par le dédain à cette proposition?...

— Parbleu! « Ça ne me va pas! ai-je nettement répliqué, ça ne me va pas du tout... Je voudrais au moins quinze jours! » Mais Criquetta resta inflexible et ne voulut pas m'accorder un seul jour de plus. J'ai donc fait mes huit jours..... Comme une bonne!

— Oh! les capitulations de l'amour!

— C'est horrible!... j'ai mangé trois mois de mes rentes dans mes huit jours, et maintenant l'ingrate Criquetta me préfère un horrible banquier, un misérable criblé de millions et dénué de toute poésie!...

Vous avez un conseil judiciaire, et vous continuez à m'aimer!

— Et les autres? Et nos amis Lacosdade, Pontbuzaud, Saint-Tropez et Bisseco, que deviennent-ils? T'ont-ils aussi abandonné dans le malheur?

— Non, mon petit bon, ils ne m'ont pas abandonné, l'amitié n'a pas suivi l'amour et la fortune dans la grande déroute; nos amis me consolent ou plutôt nous nous consolons mutuellement.

— Comment, vous vous consolez?

— Chacun de nous puise des consolations dans le cœur des autres, car chacun de nous en a besoin.

— Tous?

— Tous !

— Chagrins d'amour !

— Chagrins d'amour et tourments de créanciers !

— Bigre ! c'est grave !

— Des peines d'huissiers, même, car les huissiers s'y sont mis !

— Alors c'est une épidémie qui a sévi sur nous et qui a délabré nos finances ! alors Lacostade ?...

— Lacostade est à sec comme moi. Pontbuzaud est ratissé comme moi. Bisseco est rincé comme moi ! Saint-Tropez a subi une lessive complète comme moi !

— O désolation générale !

— Si tu veux en juger, de la désolation, et verser quelques larmes en chœur avec tes malheureux amis, viens avec moi jusqu'à mon cinquième étage et tu les trouveras tous réunis, en train de chercher un moyen quelconque de sortir de la triste situation d'hommes dans la débine !... Ils sont là chez moi, abîmés du matin au soir dans les plus sombres réflexions et jouant de temps en temps pour oublier leurs chagrins, un baccarat d'enfer, alimenté avec des douzaines de boutons ! Viens-tu partager leur douleur?

— Certes ! je te suis, mon pauvre ami, je te suis !

Cabassol prit son chapeau et, affrontant les regards dédaigneusement hostiles de monsieur son concierge, il partit avec Bezucheux de la Fricottière.

Le triste Bezucheux avait quitté les quartiers aristocratiques pour porter ses pénates sur les hauteurs de Montmartre, dans une haute maison de cinq ou six étages, à la façade de plâtre noircie et écorchée par endroits.

C'était tout en haut de cette haute maison qu'était situé l'appartement de Bezucheux, tout en haut sous le toit de zinc. On y arrivait par un escalier aux murs jadis peints à fresque, ornés à chaque palier d'un trompe-l'œil un peu dégradé, représentant tantôt la place Saint-Marc de Venise avec son campanile et ses gondoliers, tantôt le dôme de Saint-Pierre de Rome et tantôt un paysage groenlendais garni d'aiguilles de glaces et peuplé de phoques noirs.

Sur le palier de Bezucheux, le Mont-Blanc dressait sa haute cime au milieu d'un encadrement de sapins, de touristes et d'ours. — Bezucheux le fit en passant admirer à Cabassol.

— Tu vois, mon ami, quel logis poétique j'habite maintenant. — Maltraité par la fortune, j'ai dû abandonner les quartiers gommeux, mais j'ai eu la chance de découvrir un perchoir où le pittoresque, prodigué par un propriétaire en délire, masque un tant soit peu le défaut d'élégance.

— En effet, ton perchoir est assez pittoresque.

— Tu n'as pas tout vu, mon ami, je possède une terrasse embellie par un panorama de la baie de Naples qui fait presque illusion. — Comme je suis un peu myope, j'ai le droit, quand je suis sur ma terrasse, de me croire dans une villa du Pausilippe... C'est charmant, tu vas voir.

Avant d'entrer dans le logis de Bezucheux, il fallait passer par la terrasse. Bezucheux fit admirer à son ami la baie de Naples peinte sur ce mur avec un outremer farouche.

Bezucheux cultive la vertu dans une mansarde.

— Et tu vois, mon ami, je domine Paris, théâtre de mes exploits passés ; vois tout là-bas les collines du sud, les côteaux de Meudon, l'aqueduc de Marly... Et plus près sur la droite, les hautes cheminées d'usine de la plaine... ça fait très bien dans mon panorama, ça le complète... quand ça fume, j'ai le droit de me figurer que c'est le Vésuve.

— C'est délicieux !

— Et puis, c'est la campagne, vois de ce côté ces arbres et ces moulins... j'ai le droit de dire que je suis à la campagne aux personnes qui s'étonnent de ne plus me rencontrer au bois ou dans les salons... je sauve les apparences !... Entre maintenant dans l'appartement.

Et Bezucheux tourna le bouton et s'effaça pour laisser entrer son ami.

Dans une petite pièce encombrée par les débris de l'opulence passée de Bezucheux, quatre hommes dormaient, deux allongés sur un large divan et deux enfoncés dans des fauteuils, la tête basse et les pieds sur la tablette de la cheminée.

Au milieu de la pièce, sur une petite table couverte d'un tapis rouge, des cartes, des boutons de toutes les formes et des débris de cigarettes éparpillés autour d'un flacon de punch au rhum, témoignaient des efforts faits par les infortunés pour étourdir leurs chagrins d'amour et d'huissiers.

— Les égoïstes, dit Bezucheux, ils m'ont vidé mon flacon de punch au rhum !... ils ne nous ont rien laissé !... Tu vois, on a taillé le petit bac du désespoir avec des boutons... n'est-ce pas que ça fend le cœur?

— Cela me navre véritablement ! Réveillons-les...

— Nous ne dormons pas, dit un des dormeurs en ouvrant les yeux, nous méditons !

— Bonjour, mon pauvre Lacostade ; bonjour, Bisseco ; bonjour, mes petits bons ! dit Cabassol en frappant sur l'épaule de ses amis, eh bien ! est-ce ainsi que vous recevez un vieil ami ?

— Bonjour, vieux compagnon des jours de gloire, bonjour ! répondit Lacostade, excuse notre apparente froideur, ce n'est pas l'indifférence qui nous donne à tous cette mine morose et cet abord farouche, c'est le chagrin... Bezucheux t'a raconté nos chagrins?

— Qui n'a pas les siens ? répondit Cabassol, vous ne savez donc pas que je m'abreuve depuis quelque temps à une coupe d'amertumes ; vous ne savez donc pas que, moi aussi, je succombe sous le poids de malheurs accumulés par une injuste Providence !...

— Alors, c'était vrai ! ce que l'on disait... tu es...

— Rincé ! comme vous, mes bons amis, rincé, lessivé, séché !!!

— Alors, mon bon, s'écria Bisseco, tu as tous les titres nécessaires pour te faire recevoir, à l'unanimité des boules blanches, à notre cercle...

— Quel cercle ?

— Le cercle dont Bezucheux est le président et dont tu vois ici le local, le cercle des Débinards ! Allons, tu es accepté ; tu peux le mettre sur tes cartes de visite... Tailles-tu un bac ? si tu n'as pas de boutons, tu feras des billets... Je te préviens que j'ai la veine, j'ai ratissé tous les boutons de mes amis... Saint-Tropez en est réduit à jouer sur parole !

— Je ne taille pas de bac, répondit Cabassol, causons plutôt et cherchons un moyen de sortir de l'amer décavage dont nous nous plaignons. Je sais que vous êtes ruinés, dites-moi comment cela vous est arrivé ?

— La vie ! la grande vie ! fit Lacostade, voilà tout ce que je peux te dire, moi je n'y comprends rien... Certes, il ne m'avait pas échappé que depuis un certain temps mes finances souffraient... mais je faisais des billets, je renouvelais... je ne demandais qu'à renouveler... ça ne me gênait pas !... tout à

Chagrins d'amour et tourments d'huissier.

coup, pour de malheureux billets oubliés, — on ne peut pas penser à tout, — on est venu saisir un beau matin que j'étais tranquillement chez moi...

— C'est honteux !

— C'est honteux ! on est venu saisir, et devant une dame que la discrétion me défend de nommer, car il y avait une dame !... Comprends-tu cela ? on a osé saisir devant une dame !... ça m'a fait beaucoup de tort dans l'esprit de cette dame, que j'aimais beaucoup, et par la faute d'un huissier mal élevé j'ai connu les chagrins d'amour... hélas ! elle m'accable maintenant de ses dédains... J'ai eu beau lui dire qu'une saisie ne signifiait rien, que tout le monde avait été plus ou moins saisi, cet huissier, instrumentant sans gêne, m'a fait un tort immense dans l'esprit de cette dame.

— Je comprends cela !

— J'ai eu beau protester et faire remarquer à l'huissier ce que sa conduite avait de peu chevaleresque, il a continué à saisir... et la dame que la discrétion me défend de nommer, se forgeant de vaines alarmes, craignait d'être comprise

— On a osé saisir devant une dame !

dans la saisie... tu vois d'ici la situation... Enfin l'huissier jura ses grands dieux que la dame ne serait même pas mentionnée dans son procès-verbal, et elle laissa continuer la saisie... Depuis je n'ai plus revu la dame que la discrétion me défend de nommer. Voilà tous mes malheurs !

— Tout cela n'est rien à côté de ce qui m'arrive ! s'écria Pontbuzaud. Figure-toi, mon cher ami, que l'autre jour, comme j'allais plein de tranquillité, retirer quelques fonds à la Banque, j'ai appris que je m'étais trompé dans mes calculs...

— Comment cela ?

— C'est bien simple ! tu vas voir... tu sais que j'ai toujours brillé par l'ordre et la régularité... je tenais mes livres comme un caissier de maison de commerce !... par malheur, je me suis trompé de quelques zéros dans mes additions... — tout le monde peut se tromper, il n'y a pas de caissiers infaillibles... — une erreur de quelques zéros à peine...

— Diable !

— Oui, mon pauvre ami, j'allais donc à la Banque pour retirer une partie des 80,000 francs que je croyais y avoir, lorsque les caissiers de là-bas, qui avaient bien fait leurs additions, m'ont appris qu'il me restait juste 800 francs !... Tu conçois mon étonnement ?

— Fichtre !

— Huit cents francs pour tout pécule, à moi, Pontbuzaud, gentleman habitué à toutes les élégances, homme à bonnes fortunes... et tu sais si ça coûte cher, par le temps qui court, les bonnes fortunes !...

— A qui le dis-tu ? firent en chœur les amis de Bezucheux ?

— Il me restait 800 francs !

— Eh bien, six semaines se sont écoulées depuis la révélation foudroyante du caissier de la Banque ; et je vis depuis ce temps-là sur mes huit cents francs ; je cultive la vertu ; c'est un exercice très peu récréatif de cultiver la vertu, mais c'est très sain pour les finances...

— Mon ami, nous la cultivons tous la vertu, s'écria Saint-Tropez, et nous sommes édifiés sur son caractère éminemment fastidieux ! Ainsi, moi, mes petit bons, je la cultive depuis plus longtemps qu'aucun de vous ! Quand vous fricotiez encore, j'avais déjà un conseil judiciaire, un abominable conseil judiciaire, un gredin de conseil judiciaire qui me faisait tirer la langue d'une longueur... Quand vous rouliez sur l'or et que vous payiez de billets de banque les boudoirs des belles-petites, j'étais déjà digne de faire partie du *cercle des Débinards !*... c'est moi le fondateur du *Debinard's club* !

— Eh bien, ton conseil judiciaire se montre donc aujourd'hui plus récalcitrant qu'autrefois ?

— Mon gredin de conseil judiciaire ?... On me l'a retiré, mon ami, on m'en a privé, quand j'en avais le plus besoin... dans un moment où la fougue de mes passions tropicales m'avait jeté sans défense dans un océan de dangers !... mon gredin de conseil judiciaire m'a lâché... vlan !

— Redemande-le, si tu le regrettes !

— Trop tard, mon ami, trop tard !... Plus la peine, il n'aurait plus rien à me conserver... tout a sombré dans cet océan dont je te parlais...

— Tu ne nous as pas dit son petit nom... tous les océans ont un nom...

— J'ai dit un océan, mais il y en avait plusieurs!... Et voilà pourquoi je me remets à cultiver la vertu de plus belle; du temps de mon gredin de conseil, je ne la cultivais qu'à moitié, une demi-vertu, tandis que maintenant, c'est la vraie vertu, la grande vertu, la vertu sans éclipses et sans intermittences!... C'est horrible, mon ami!

— Je te plains! mais c'est aussi celle-là que nous cultivons tous! Et toi, mon pauvre Bisseco, es-tu vertueux comme nous?

Le club des Débinards.

— Si je suis vertueux, mon bon, si je suis vertueux! exclama Bisseco, c'est-à-dire que si la vertu était à jamais bannie du reste de la terre, c'est dans le cœur de Marius Bisseco, enfant de Marseille, qu'on la retrouverait!

— Et dans le nôtre aussi! s'écria Bezucheux, ton cœur n'en a pas le monopole!... Comme je voudrais être poète pour célébrer nos vertus en strophes académiques!...

Où sont-ils les gens vertueux?
Dans la mansarde à Bezucheux!
Dans la mansarde à Bezucheux!

O misère! et même pas de piano pour mettre mes vers en musique! sentir bouillonner l'inspiration dans ma tête et pas de piano!

— Hélas! on pourrait le vendre trois ou quatre cents francs! gémit Saint-Tropez, ce serait toujours ça!

— Alors, ô Bisseco, tu es vertueux, reprit Cabassol, mais par quel hasard? Cet oncle millionnaire et célibataire, dont tu nous parlais si souvent et dont tu faisais luire l'héritage avec adresse quand il s'agissait d'amadouer un créancier, cet oncle vénérable t'a donc déshérité?

— Du tout! D'ailleurs il le voudrait qu'il ne pourrait pas... Je réponds de lui...

— Il s'est donc marié, ton oncle célibataire et millionnaire?

— Non, il le voudrait qu'il ne le pourrait pas non plus!

— Mais alors...

— Mon oncle ne pourrait pas me déshériter... Je ne comprends pas les criailleries de mes créanciers, quand un homme possède un oncle millionnaire qui ne peut pas le déshériter, lors même qu'il le voudrait, les créanciers de cet homme devraient être bien plus coulants... Cet homme devrait posséder un crédit immense comme la fortune de son oncle... Mais voilà qu'au contraire, mes créanciers à moi, neveu d'un oncle millionnaire, me traitent avec la dernière rigueur sous le plus futile des prétextes...

— Quel prétexte?

— Sous le futile prétexte que mon oncle n'a que six ans en ce moment et qu'il pourra se marier dans une vingtaine d'années et qu'alors...

— Ton oncle, l'oncle vénérable dont tu nous parlais toujours, n'a que six ans!

— Est-ce ma faute, à moi, s'il n'est pas plus vieux; est-ce ma faute si mon grand père m'a donné un oncle à un âge ridicule? Je le vénérais, moi, malgré ses six ans! Ce n'en est pas moins un oncle millionnaire et célibataire! Et moi, le neveu, j'en suis réduit à cultiver la vertu avec acharnement à côté de Bezucheux! Quelle situation mélancolique!

— Pauvre Bisseco! infortuné Bisseco!

— Voyons, messieurs, s'écria Bezucheux, assez de gémissements! Nous sommes tous décavés, nous sommes tous des mortels infortunés, mais ne passons pas notre vie à pleurer sur nos malheurs! De l'énergie, messieurs, de l'énergie!... D'abord, moi, comme je vous le disais, j'en ai assez, de la vertu, ça me semble fade! j'ai hâte de changer un peu... Il nous faut sortir au plus vite de notre lamentable situation! Tenons conseil et cherchons ensemble un moyen de reconquérir notre place dans la société!

— Nous ne faisons que cela depuis je ne sais combien de semaines! répondit Lacostade, et nous ne trouvons rien...

— Et nous attrapons mal à la tête!

— Cherchons encore! Je vous amène notre ami Cabassol, dont vous connaissez tous les brillantes facultés! Faisons appel à ses lumières!... Dans son affaire de la succession Badinard, il s'est trouvé aux prises avec bien d'autres difficultés! Allons, Cabassol, tire-nous de peine!

— Mes enfants, je cherche de mon côté depuis quinze jours, et tout à fait inutilement!

— Cherche encore!

— Mes enfants, j'ai longuement médité depuis quinze jours et quinze nuits, et voici le fruit de mes méditations : Pour reconquérir la fortune... c'est bien ce que vous voulez, n'est-ce pas?

— Oui! oui! très rapidement!

— Pour reconquérir la fortune, il n'y a que trois voies rapides...

— Bravo! Voyez, mes petits bons, que j'avais raison de recourir à Cabassol, il a déjà trouvé trois moyens rapides!...

— Et nous qui depuis six semaines que nous cherchions n'en avons pas trouvé un seul! Cabassol, tu es un grand homme! Vite, dis-nous tes trois moyens...

— Il n'y a que trois voies rapides :

LES AFFAIRES, LA POLITIQUE,
LE MARIAGE!

L'oncle célibataire de Bisseco.

— Bravo! bravo!

— Choisissez, messieurs, la voie qui vous convient le mieux...

— Comment, la voie qui nous convient le mieux? s'écria Bezucheux, mais, nous allons les prendre toutes les trois... Si une seule doit nous conduire rapidement à la fortune, les trois nous y conduiront plus rapidement encore!

— Parle pour toi, fit Saint-Tropez, les affaires, la politique, le mariage, tout ça en même temps, c'est beaucoup de travail... Moi, qui n'ai pas ta dévorante activité, je me contenterais d'un bon mariage... et si notre ami Cabassol pouvait me trouver une héritière...

— Moi, fit Lacostade, j'en désirerais une demi-douzaine...

— Comment, serais-tu partisan de la polygamie?...

— Ce n'est pas pour les épouser toutes... quoique, dans notre cas, la polygamie aurait du bon, en nous permettant d'épouser une demi-douzaine d'héritières!... Mais c'est défendu, et je ne demande un assortiment que pour choisir...

— Mais, reprit Cabassol, rien ne nous empêche de chercher des héritières, de nous occuper de politique et d'entrer dans les affaires en même temps!

— Il a raison! De l'énergie, messieurs, de l'énergie!

— Voyons d'abord à trouver des héritières, reprit Saint-Tropez; ça ne se trouve pas si facilement que ça, des héritières... D'abord je n'en connais pas...

— Jeune innocent! dit Cabassol, naïf Saint-Tropez! moi non plus je n'en connais pas, d'héritières, et cependant je parie que ce soir je puis en mettre un fort lot à ta disposition...

— Les agences?

— Tu l'as dit! les agences de mariages!... Tiens, vois ce prospectus que l'on m'a donné hier sur le boulevard :

LA CLEF DES CŒURS

Agence des grands Mariages.

Seule maison digne du titre d'AGENCE MATRIMONIALE MODÈLE

Médaille d'or...................	PARIS, 1867
Grand diplôme de mérite..........	VIENNE, 1873
Médaille d'or....................	PHILADELPHIE, 1876
Médaille d'or	PARIS, 1878

Médailles diverses à MILAN, AMSTERDAM, ROME, MELBOURNE, etc., etc.

Directeur-fondateur :
M. Narcisse BOULANDAIS ✻

Fournisseur de plusieurs Cours étrangères, inventeur breveté de procédés entièrement nouveaux.
Bureaux et salons: 425, avenue de la Grande-Armée

— Belle idée! s'écria Bezucheux; et dire que nous n'y avions pas pensé! Voilà qui ne fait pas l'éloge de notre intelligence!... Mon bon Cabassol, je commence à croire que l'effroyable quantité de vertu que nous avons été forcés de déployer depuis deux mois, nous a fortement abrutis! J'aurais dû trouver ça moi-même!

— Alors, vous êtes tous d'avis de nous adresser à *la Clef des cœurs, agence des grands mariages*? Ma proposition est adoptée?

— Adoptée à l'unanimité!

— Eh bien, mes enfants, prenez vos chapeaux et allons-y tout de suite! nous n'avons pas une minute à perdre... Qui sait si, pendant que nous discutons, M. Narcisse Boulandais ne marie pas à d'autres des héritières qui feraient bien notre affaire!

— Hâtons-nous!...

Et les membres du cercle des Débinards descendirent quatre à quatre l'escalier de Bezucheux de la Fricottière.

La demoiselle dort depuis deux jours avec votre portrait sur le cœur !

II

La Clef des cœurs. — Guerre au célibat.— Le ministère des mariages. — Les essais de compatibilité. — Le catalogue de M. Narcisse Boulandais.

L'agence matrimoniale modèle, la Clef des cœurs, était somptueusement installée ; un hôtel tout flambant neuf, ouvrant sur l'avenue de la Grande-Armée par une superbe grille à lances dorées, dont les pointes affectaient vaguement la forme de cœurs enflammés, abritait les salons et les bureaux où, d'après le prospectus de M. Narcisse Boulandais, se forgeaient tant de douces chaînes et s'élaboraient tant d'unions bourgeoises, aristocratiques, diplomatiques et même princières !

Derrière la grille, un premier jardin étalait ses parterres garnis de roses et de lys, délicate allusion aux belles clientes, et bordés par deux lignes d'orangers également symboliques.

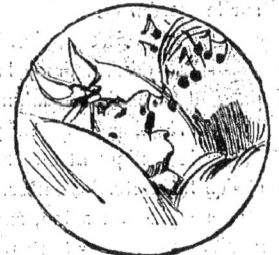

— Ronflez-vous ?

Au-dessus des cheminées de l'hôtel s'arrondissaient les hautes branches des arbres d'un second jardin où ne pénétraient que les clients favorisés, les

Liv. 83.

partis exceptionnels, les articles de premier choix, ceux que M. Narcisse Boulandais mettait en tête de ses catalogues et dont il aimait à jouer dans la conversation.

Cabassol, Bezucheux et les autres décavés franchirent la grille dorée avec respect; c'était là que demeurait l'homme providentiel qui allait se charger de leur découvrir les riches héritières après lesquelles ils soupiraient. En route, dans le tramway, ils avaient lu et relu le prospectus de M. Narcisse Boulandais, et ils arrivaient pleins d'espoir en la puissante agence aux 5,600 résultats certifiés.

Un concierge invisible fit retentir une sonnette électrique quand ils pas-

Le jardin symbolique de la Clef des cœurs.

sèrent la grille, et immédiatement un domestique à livrée rose tendre parut sur le perron.

— M. Narcisse Boulandais est-il visible? demanda Cabassol.

— M. le directeur de la Clef des cœurs est occupé, mais ces messieurs peuvent l'attendre au salon.

— Très bien, faites-lui passer nos cartes.

Le domestique fit entrer nos amis dans un salon rose coquettement meublé et s'en fut porter les cartes.

Au centre du salon, sur une table aux pieds tournés dans le style le plus rocaille et dorée sur toutes les moulures, des journaux verts et roses étaient éparpillés autour d'un gigantesque bouquet de roses planté dans un grand vase de Sèvres.

Cabassol s'installa devant la table et prit machinalement un journal imprimé sur papier vert, couleur de l'espérance.

— Tiens, fit-il, l'agence a un organe spécial.

LA CLEF DES COEURS
Gazette des célibataires,

Organe de l'Agence des grands mariages, la seule agence matrimoniale modèle.

— Quel malheur que nous ne nous y soyons pas abonnés plus tôt! s'écria Bezucheux, nous serions déjà mariés! Voyez, messieurs, cette note encadrée à gauche du titre:

> Guerre au célibat! aide aux célibataires!
>
> Telle est la devise de notre journal. On ne reçoit que des abonnements d'un an (Paris, 16 francs). Les abonnements ne sont pas renouvables; une demande de réabonnement ne serait pas admise, car ce cas ne pourrait se présenter que si l'abonné n'était réellement pas mariable. Jusqu'à présent, aucun abonné n'est resté plus d'une dizaine de mois sans voir ses vœux exaucés par nos soins.
>
> NARCISSE BOULANDAIS, *rédacteur en chef, directeur de l'agence.*

— Bravo! bravo! Comme nous sommes très mariables, excessivement mariables, ça ne demandera pas si longtemps, pour moi surtout, fit Lacostade avec fatuité, je pense que ça marchera rondement!

— Je suis plein d'espoir, dit Cabassol, je vois à la seconde page du journal une série de correspondances qui me font le meilleur effet... Écoutez donc:

Paris. Henri D... Bonnes nouvelles. Votre photographie a produit le meilleur effet. On compte vous voir à notre prochaine grande soirée. Recevrez invitation.

Angers. Édouard B... Voyez notre liste de partis et venez. Me charge de trouver ce que vous désirez.

Paris. Vicomte de R... La demoiselle voudrait un notaire. J'ai autre chose à vous proposer.

Paris. Jules B... Les parents sont bien disposés. Donnez exactement votre adresse et venez en mettant de côté toute timidité. Ferai présentation moi-même. Ne soyez plus enfant. Pour achever de vous donner du courage, sachez que la demoiselle est charmée et qu'elle m'a dit, en confidence, qu'elle dormait depuis deux jours avec votre portrait sur le cœur.

Amiens. Gontran de S... Vous n'avez plus qu'à vous jeter aux genoux de Mlle G..., tout est arrangé. Venez vite.

La livrée de la Clef des cœurs.

Stuttgard. Prince W... La démarche est délicate, extrêmement délicate. Néanmoins je la ferai. Je vous dirai par lettre chiffrée le résultat. Si la réponse est bonne, je prends immédiatement arrangements et je vous télégraphie en chiffres également.

Paris. Edgard F... Ronflez-vous? Pas de détours, répondez franchement. La demoiselle est bien impressionnée, mais elle désire savoir exactement.

Marseille. M. Léon B... Le père de la demoiselle a l'honneur de vous remercier. Impossible. Cependant ne vous livrez pas au désespoir. J'ai votre choix en vue, remettez-vous-en à mon goût et vous n'en serez pas fâché.

Varsovie. Ladislas W... Accourez vite! Vous êtes accepté, mais dépêchez-vous, il y a un autre prétendant sur les rangs.

Bordeaux. M. F. V..., notaire. Pas réussi cette fois, on voulait un vicomte; mais j'ai une autre demoiselle qui désire précisément un notaire; elle rentre assez bien dans les conditions que vous réclamiez.

Nice. Agénor D... Voyez Titien, Véronèse et les autres Vénitiens. Ils aimaient beaucoup les rousses.

— Moi, fit Bisseco, je ne suis pas comme ce M. Agénor, je ne déteste pas les rousses; je n'ai pas l'intention de poser aucune condition de couleur... je n'ai pas de préférence.

— Mon Dieu! mes goûts sont simples, dit Bezucheux; tout ce que je demande, moi, c'est une personne plantureuse, bien faite, agréable, ayant de l'esprit et une dot sérieuse. Je ne demande pas quarante quartiers de noblesse, ni même vingt... Dussent mes aïeux s'en formaliser, j'irai jusqu'à une petite mésalliance, pourvu que ma femme soit aimante!... Il faut qu'elle soit aimante, c'est une condition *sine qua non!*

Le retour du valet à livrée rose interrompit Bezucheux.

Les fers du mariage.

— Monsieur le directeur de la Clef des cœurs est libre. Ces messieurs veulent-ils passer ensemble ou séparément?

— Ensemble, mon ami, ensemble! nous n'avons pas de secrets les uns pour les autres.

— Si ces messieurs veulent me suivre...

Les futurs clients de la Clef des cœurs traversèrent, sur les pas du domestique, un second salon encore plus rose et plus doré que le premier et pénétrèrent dans un cabinet de travail élégamment meublé et largement éclairé par deux hautes fenêtres donnant sur le jardin aux caisses d'orangers.

M. Narcisse Boulandais, l'homme providentiel, comme disait Bezucheux, était devant eux, un sourire engageant sur les lèvres, les mains tendues avec une bonhomie que nous oserions presque qualifier de paternelle.

Il était majestueux seulement par sa belle mission, M. Narcisse Boulandais, malgré sa cravate blanche inamovible ; sanglé dans un veston bleu trop étroit pour la rondeur de son abdomen, une petite calotte grecque sur le crâne avec une bouffette sautillante, des pantoufles bleu clair à dessins rose tendre aux pieds, il manquait tout à fait de la majesté que l'on était en droit d'attendre d'un homme voué à des occupations aussi graves, à des négociations d'une aussi délicate diplomatie.

— Prenez des sièges, messieurs, dit M. Narcisse Boulandais, dont le ventre sautait à chaque mot, et dites-moi ce qui me procure l'honneur de votre visite.

— Monsieur, dit Cabassol, je parlerai au nom de tous ; ces messieurs et moi nous avons soudainement pris le célibat en horreur...

— Le célibat est immoral ; guerre au célibat ! telle est ma devise, dit M. Boulandais.

— Et nous nous sommes sentis pris du désir, que dis-je, de la soif, de consacrer nos forces vives, notre dévouement, notre cœur en feu, au bonheur de six douces et chastes fiancées ! Ces douces fiancées, nous ne les

Conseil de révision à la Clef des cœurs.

possédions malheureusement pas. Il fallait chercher. Cela demandait du temps. Par bonheur, nous avons pensé à la *Clef des cœurs !*

— Aide aux célibataires ! telle est la seconde partie de ma devise ! fit M. Boulandais.

— Merci ! je vous ai tout dit, nos aspirations et notre impatience, nous remettons nos cœurs entre vos mains !

— 5,600 résultats certifiés, dit M. Boulandais, cela fait 11,200 cœurs qui me sont passés par les mains ! Soyez tranquilles, messieurs, dès cet instant, vous êtes les clients de la *Clef des cœurs, agence des grands mariages*, la seule, l'unique, l'agence modèle! Vous pouvez déjà vous considérer comme mariés. Et maintenant procédons par ordre...

M. Narcisse Boulandais ouvrit un énorme registre aux coins de cuivre posé sur un haut pupitre, et prit la plume.

— Veuillez, messieurs, me donner vos noms, prénoms et qualités?

M. Boulandais inscrivit lentement et méthodiquement ses nouveaux clients; lorsque notre ami Cabassol se nomma, M. Boulandais releva la tête et le regarda. La célébrité de Cabassol était venue jusqu'à lui.

— Hem! Hem! fit M. Boulandais, vous êtes le héros de ce fameux procès, de ce procès scandaleux?

— Hélas! répondit Cabassol, est-ce que mon mariage présenterait des difficultés particulières!

— Non... ce sera plus délicat, voilà tout, c'est à la fois avantageux et désavantageux...

— Vous ferez pour le mieux!

— Maintenant, messieurs, permettez-moi de vous examiner... voudriez-vous avoir la bonté de vous lever?... Bien, marchez maintenant... Toussez, s'il vous plaît... Levez les bras... Là, merci, asseyez-vous. Monsieur Cabassol, je vous inscris dans la première classe, malgré votre procès; monsieur Lacostade, première classe; monsieur Bezucheux de la Fricottière, première classe; monsieur Pontbuzaud, seconde classe; monsieur Bisseco..., un peu maigre, monsieur Bisseco, seconde classe... enfin monsieur Saint-Tropez en troisième classe... légèrement décati, monsieur Saint-Tropez, légèrement décati...

— Comment... balbutia Saint-Tropez.

— Mais oui, légèrement décati! vous n'auriez pas dû attendre si longtemps, c'était il y a deux ans que vous deviez venir, je vous eusse probablement mis dans la seconde classe, mais aujourd'hui, ce n'est plus possible... à mon grand regret, croyez-le bien!

— Mais pourquoi ces divisions? demanda Cabassol.

— Pourquoi? mais, et ma responsabilité morale? Je remplis un sacerdoce, moi, monsieur, je suis un père de famille, mes clients sont mes enfants et mes clientes aussi! je suis un père pour mes clientes surtout, car il me semble qu'elles ont droit à plus de sollicitude encore que mes clients... Je ne veux pas d'erreur ni de tromperie, je veux que mes clientes puissent décider presque les yeux fermés, et vous comprenez, quand je catalogue un client dans la première classe c'est une garantie!

— Ah! très bien!

— Hélas! messieurs, poursuivit M. Narcisse Boulandais en secouant mélancoliquement la bouffette de sa calotte grecque, combien en vois-je arriver que je ne puis mettre que dans la seconde ou la troisième classe ! Ah ! jeunesse ! jeunesse ! tu vas, tu cours, tu voltiges, tu t'essouffles... et quand tu n'en peux plus, lorsque tu es fanée, usée, vidée, tu te dis: Tiens, je suis éreintée, si je me mariais?... Trop tard ! trop tard ! article désavantageux le jeune homme blet ! Article de mauvaise défaite, le célibataire décati !...

Saint-Tropez se laissa tomber sur une chaise.

— Il ne faut cependant pas désespérer, cher monsieur Saint-Tropez, reprit M. Boulandais, vous êtes mariable tout de même et je vous marierai... je voulais dire seulement que vous aviez trop attendu... si vous saviez comme mes clients non fatigués, mes prétendants de grande allure et de belle performance s'enlèvent rapidement !... vous verrez !... Pour vous, je serai obligé de me rabattre sur les qualités de l'âme, dans mes négociations, et vous savez, les qualités de l'âme ça n'est pas très couru par ce temps de matérialisme vulgaire !

— Mais lesquelles des qualités de l'âme ?...

— Soyez tranquille, je vous étudierai et je vous en trouverai ! j'ai

Le journal de M. Boulandais.

le coup d'œil d'un psychologue, je vous en découvrirai !... j'en ai marié bien d'autres ! Tenez ! la *Clef des cœurs* est une institution qui rend de tels services à la société que je m'étonne que le gouvernement ne s'en soit pas encore ému et que nos dignes législateurs n'aient pas mis à l'étude la question de savoir si cette institution ne devrait pas être officielle et gouvernementale, c'est-à-dire devenir une sorte de ministère, le ministère des mariages ! Quels larges horizons soudainement ouverts ! le ministère des mariages profitant de l'immense outillage gouvernemental, du personnel administratif de chaque commune, pour s'occuper de marier tous les jeunes Français à l'heure de leur majorité ou mieux à leur libération du service militaire !... Ce beau rêve séduirait un Colbert ou un Richelieu si nous en avions un ! Voilà ce que j'appellerais un gouvernement paternel !... mais ce n'est qu'un rêve ! La routine barrera longtemps encore la route... je le crains, je ne verrai peut-être pas le triomphe de mes idées... ce sera la gloire de l'avenir !

— C'est une grande idée, dit Cabassol, trop grande peut-être pour moi, car je me permettrai d'élever quelques critiques. Je préfère l'agence matrimoniale, institution privée, à l'agence matrimoniale officielle, au ministère des mariages! N'introduisons pas la politique dans ces questions éminemment privées! Voyez-vous, le ministère des mariages deviendrait vite un instrument politique entre les mains de tout gouvernement quel qu'il soit! je n'ai pas confiance! Supposons une crise ministérielle et voilà peut-être des quantités de fiançailles bouleversées ; le ministre arrivant défait tout ce qu'a fait son prédécesseur, il brouille les familles et désunit les fiancés... Supposons quelque chose de plus grave, une crise gouvernementale, une révolution, une guerre civile; après la crise, tous les mariages opérés pendant les événements sont déclarés nuls et non avenus!... Vous voyez d'ici les immenses perturbations sociales que chaque crise politique amènerait!... mais c'est la révolution en permanence, la guerre civile dans la rue et dans les ménages!...

— Permettez !...

— Mais si, je vous assure. Et tenez, je vois d'ici, aux élections, les candidats à la députation promettant à leurs commettants une révision générale des mariages...

— Vous êtes pessimiste! Je pense, moi, que mon idée n'amènerait pas d'aussi tristes bouleversements ; je pense que les avantages compenseraient largement les inconvénients...

— Je crains l'ingérence gouvernementale...

— Comment, vous ne voulez pas que le gouvernement s'occupe un peu du bonheur des citoyens? Qu'est-ce qui fait le bonheur ou le malheur des citoyens? c'est le mariage, un bon ou un mauvais mariage! tout est là!... L'ingérence gouvernementale? mais elle se fait sentir à tous les citoyens dès la plus tendre enfance! Est-ce que le gouvernement ne s'occupe pas de l'instruction des jeunes citoyens? est-ce que le gouvernement ne se préoccupe pas de les faire vacciner, les petits citoyens? plus tard, est-ce que l'ingérence gouvernementale ne se mêle pas de les faire tirer au sort, de faire vérifier par des conseils de révision s'ils ont le coffre solide, les bras et les jambes au complet, pour les leur faire trouer, casser et détériorer sans la moindre explication? Est-ce que le gouvernement ne s'informe pas de leurs revenus pour en tirer sa part? est-ce qu'il ne s'inquiète pas de leurs deuils pour mettre un impôt dessus ? Et vous ne voulez pas que ce gouvernement, dont l'action ne se révèle guère aux citoyens que par les désagréments sans nombre qu'il leur procure, par l'argent qu'il leur réclame, par le sang qu'il leur tire, vous ne voulez pas que ce gouvernement devienne un instant paternel et s'occupe un tant soit peu du mariage des gouvernés!... Cela viendra pourtant, monsieur, et peut-être plus tôt que vous ne pensez! Ce jour-là au lieu de se contenter, comme par le

LA GRANDE MASCARADE PARISIENNE

M. Narcisse Boulandais, directeur de la Clef des cœurs.

passé, de faire le bonheur d'un certaine quantité de ministres, préfets et sous-préfets, le gouvernement assurera le bonheur de tous les Français!

— Sauf les cas de divorce, fit observer Cabassol.

— Vous l'avez dit, sauf les cas de divorce. Le divorce entre dans mon plan, le divorce est indispensable! Chaque fois que le ministère des mariages aura commis une erreur et conclu une union malheureuse, crac, permission de divorcer et mariage à recommencer sans frais.

La guerre civile dans les ménages.

— Je me rends, dit Cabassol, vous m'avez terrassé et je retire mes objections...

— Bravo! s'écria Bezucheux; vive le ministère des mariages; je ne demande qu'une chose, c'est que monsieur prenne le portefeuille!...

M. Narcisse Boulandais s'inclina.

— J'ai l'intention, reprit-il, d'appeler sur le sujet l'attention de nos législateurs et de leur présenter dans une brochure tout un plan de réformes... j'attends une Chambre vraiment jeune, une Chambre tout à fait dégagée des vieilles idées routinières... Je ne veux pas exposer mon projet à un échec certain en le présentant prématurément... vous voyez comme le divorce, malgré ses innombrables partisans dans le pays, a du mal à triompher des timidités législatives!... Mon grand plan serait repoussé, surtout dans ses parties vraiment neuves et hardies...; car dans mes longues méditations sur un sujet qui fait depuis trente ans l'objet de mes études, j'ai trouvé mieux encore que le ministère des mariages!...

— Quoi donc ?

— Oh! quelque chose de vraiment neuf, quelque chose d'immense !... une réforme radicale du mariage...

— Oh! oh!

— C'est grave, je le sais, et je m'attends à une formidable opposition de la part des esprits rétrogrades, ennemis jurés de tous les progrès! mais devant les incalculables conséquences sociales, devant les bienfaits inouïs qui doivent découler de la réforme du mariage, je n'ai pas le droit de reculer et je lutterai jusqu'au bout de mes forces... j'attends seulement une heure favorable pour commencer... Et tenez, nous parlions de divorce, eh bien, avec ma réforme, j'en arrive à le supprimer en le rendant inutile! Nos législateurs ne veulent pas du divorce, qu'ils adoptent donc mon projet...

— Mais vous reconnaissiez tout à l'heure la nécessité du divorce...

— En l'état actuel, oui; mais avec ma réforme du mariage le divorce est inutile, car je supprime les mauvais ménages! Vous ne nierez pas que c'est là un résultat immense!

— Immense! mais comment supprimez-vous les mauvais ménages ?

— Parce que j'appelle les ESSAIS DE COMPATIBILITÉ! Commencez-vous à comprendre? Le mariage aura désormais trois actes : 1° *les fiançailles;* 2° *les essais de compatibilité;* 3° *le mariage définitif!*

— Superbe! s'écrièrent Cabassol, Bezucheux et les autres, superbe! profond! merveilleux!

— Immense, messieurs, je vous l'ai dit, modestie à part, immense! c'est la loi sur le mariage que je refonds entièrement. J'ai tout prévu, après les fiançailles, deux mois d'essai de compatibilité pour les fiancés du Midi, quatre mois pour les fiancés du Nord et six mois quand le mariage est mixte, c'est-à-dire, quand un des fiancés est du Nord et l'autre du Midi. Le délai écoulé, les jeunes époux se représentent devant l'état civil pour conclure le mariage définitif...

— Et si les essais de compatibilité n'ont pas réussi? demanda Bezucheux.

— Ils signent une déclaration à la mairie sur un registre *ad hoc* et tout est dit.. ils sont séparés d'office et peuvent convoler ailleurs. Cependant, pour les gens qui manquent de décision, ou qui ne sont arrivés qu'à une demi-compatibilité, je suis tout disposé à permettre un second délai...

— Vous avez parfaitement raison...

— Vous voyez que j'arrive à supprimer à peu près complètement les mauvais ménages, et que l'institution du divorce devient presque inutile. Cependant je la maintiens comme supplément de garantie... Et voilà comme, si j'avais le pouvoir, si j'avais l'honneur de tenir une minute en main les destinées de mon pays, voilà, messieurs, comme je rendrais la France heureuse !

LA GRANDE RÉFORME DU MARIAGE
(Projet Narcisse Boulandais.)

Les fiançailles.   Les essais de compatibilité.   Le mariage définitif.

— Posez votre candidature aux prochaines élections...
— Et le temps, messieurs, et le temps?... Mes immenses et délicates occupations ne m'en laisseraient pas le loisir... il faut que je continue à m'occuper du bonheur particulier de mes clients au lieu de faire celui de la France en général !... mes clients d'abord, je vous l'ai dit, mes clients sont mes enfants ! Revenons à votre affaire ; faut-il vous inscrire pour mariage assorti ou mariage non assorti ?
— Comment dites-vous ? demanda Cabassol.
— Je dis *mariage assorti* ou *mariage non assorti*? J'entends par mariage assorti le mariage avec une demoiselle ou veuve de 15 à 35 ans, avec avantages physiques...
— Ah ! très bien !

— Le mariage non assorti, c'est le contraire... Dites votre préférence ; pour les mariages non assortis j'ai un grand choix en ce moment...

— Mariage assorti ! dit Cabassol sans balancer.

— Et nous aussi ! s'écria Bezucheux.

— Même monsieur de Saint-Tropez ? demanda M. Boulandais la plume suspendue au-dessus de son registre.

— Certainement... balbutia Saint-Tropez.

— Très bien. Maintenant si vous voulez jeter les yeux sur mon répertoire... voyez, le catalogue de la saison présente est justement assez chargé, vous allez peut-être trouver tout de suite votre idéal...

M. Narcisse Boulandais traîna sur son bureau un énorme registre et l'ouvrit devant ses clients.

— Voici, dit-il, mon catalogue de saison, lisez, méditez et choisissez ; si faire se peut, je suis prêt à vous donner toutes les explications et tous les renseignements que vous pourrez désirer.

Cabassol et ses amis approchèrent leurs fauteuils et, penchés les uns sur les autres, se mirent en devoir d'étudier le répertoire de fiancées de M. Narcisse Boulandais.

— Voyons, procédons méthodiquement, dit Cabassol, je commence par le commencement :

Série G	Age	Couleur	Dot	Espérances	Signe partic.	Idéal
N° 418, demoiselle	19 ans.	blonde	500,000	2,500,000	néant.	beau cavalier brun.

— Je la retiens ! s'écria Bezucheux.

— Moi aussi, s'écria Lacostade.

— Un instant, vous ne pouvez pas l'épouser tous les deux, Bezucheux l'a retenue le premier, Lacostade ne viendra qu'après si Bezucheux est refusé, je continue :

	Age	Couleur	Dot	Espérances	Signe partic.	Idéal
N° 419, demoiselle	24 ans	blonde	60,000	100,000	aspirations poétiques	propriétaire
N° 420, veuve.	31 ans	brune	800,000	1,200,000	néant	officier supér. de cavalerie, ou diplomate

— Je retiens, dit Lacostade, je suis aussi officier de cuirassiers, capitaine dans la territoriale...

— Je prends note, fit M. Narcisse Boulandais.

Cabassol reprit sa lecture :

SÉRIE G	AGE	COULEUR	DOT	ESPÉRANCES	SIGNE PARTIC.	IDÉAL
N° 421, demoiselle	34 ans	blonde	300,000	néant	pianiste médaillée du Conservatoire.	néant
N° 422, demoiselle	18 ans	châtain clair	50,000	2 oncles asthmatiq.	néant	Ingénieur de l'école polytechnique.
N° 423) 2 sœurs	23 ans	blonde	3,000,000	néant	orphelines	propriétaire jeune blond et beau
N° 424) demoiselles	20 ans	blonde	3,000,000			

— Je les retiens! s'écria Bezucheux.

— Encore toi! tu as déjà retenu la demoiselle blonde de 19 ans, qui a pour idéal un beau cavalier brun.

— Ça ne fait rien, je me teindrai au besoin; je retiens les deux orphelines.

— Tu accapares, reprit Cabassol, mais enfin, je continue...

N° 418.

N° 425, demoiselle	31 ans	brune	1,500,000	néant	plantureuse orpheline	5 pieds 6 pouces et des moustaches noires.
N° 426, veuve	27 ans	blonde	300,000	300,000	néant	—
N° 427, demoiselle	22 ans	brune	4,000,000	16,000,000	négresse	jeune blond et poète.

— Je retiens! s'écrièrent à la fois Bisseco, Saint-Tropez et Pontbuzaud.
— Je prends note, dit M. Narcisse Boulandais.

N° 428, demoiselle	26 ans	blonde	200,000	néant	propriétaire à Paris	huissier à Paris
N° 429, demoiselle	28 ans	blonde	400,000	450,000	bachelière ès lettres ès-sciences	médecin ou homme de lettres
N° 430, demoiselle	26 ans	brune	350,000	350,000	néant	quelconque

— L'affaire de Saint-Tropez! fit Bezucheux.
— Je prends note, dit M. Narcisse Boulandais.

Cabassol reprit sa lecture. Le catalogue de la saison comptait 227 numéros, Cabassol retint 17 personnes, demoiselles ou veuves; Bezucheux, 43 ; La costade, 43 ; Bisseco, 28 ; Pontbuzaud, 14 ; et Saint-Tropez, 8. — M. Narcisse Boulandais prit note imperturbablement.

— Maintenant, messieurs, leur dit-il ensuite, je verrai ces jeunes personnes, je les interrogerai paternellement, je les étudierai... dans quelques jours je pourrai vous faire part de mes impressions, je vous dirai de quel côté vous avez le plus de chances, et à ma prochaine grande soirée vous les verrez !

— A votre prochaine grande soirée ?

N° 420.

N°s 423 et 424.

— Oui, j'ai l'habitude de réunir mes clients et clientes tous les quinze jours à des petites sauteries intimes... dans mes salons d'exposition ; vous verrez cela... on fait de la musique, on cause, on joue aux jeux innocents même... c'est charmant!. Je compte sur vous...

— Croyez bien, monsieur, que nous ne manquerons pas... Nous allons attendre ce grand jour avec une impatience fébrile!

III

La soirée de la Clef des cœurs. — Grande exposition de partis. — La poursuite de l'idéal. M. Narcisse Boulandais expose ses plans de rénovation de la profession matrimoniale.

L'hôtel de la Clef des cœurs, brillamment illuminé, resplendissait comme un phare dans l'avenue de la Grande-Armée. La lumière électrique coupait les jardins de larges rayons, dans la blancheur desquels se mouvaient des ombres noires, qui, par leur empressement, faisaient penser aux phalènes nocturnes voltigeant autour des lampes. Tous clients de la Clef des cœurs, tous papillons célibataires courant se brûler les ailes au lustre de l'agence matrimoniale.

Cabassol, Bezucheux et les autres ne furent pas des moins empressés à traverser les jardins pour pénétrer dans les salons de l'agence. Serrés en un groupe compacte, ils traversèrent une grande antichambre et donnèrent leurs noms à un superbe huissier en livrée rose et or.

— Nos 317, 318, 319, 320, 321, 322! cria l'huissier après avoir consulté une longue liste de noms et de numéros.

— Tiens! fit Bezucheux, nous ne sommes que des numéros ici.

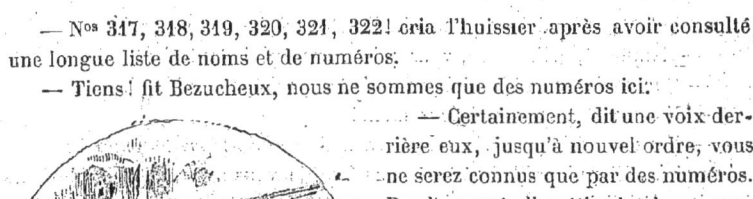

— Certainement, dit une voix derrière eux, jusqu'à nouvel ordre, vous ne serez connus que par des numéros. Prudence et discrétion! tel est mon principe.

Et M. Narcisse Boulandais tendit les mains à ses clients.

— Recevez nos hommages, dit Cabassol. Alors, ces dames et ces demoiselles charmantes qui remplissent vos salons, ne sont aussi que des numéros?

— Rien que des numéros pour le moment. Mais je compte bien qu'avant peu, une, au moins, sera pour vous mieux qu'un simple chiffre.

— Aurons-nous l'honneur d'être présentés à Mme Boulandais?

— Mais il n'y

Grande soirée à l'Agence matrimoniale.

a pas de Mme Boulandais, répondit le directeur de l'agence, je suis célibataire.

— Comment, célibataire, vous qui en avez marié tant d'autres!

— Que voulez-vous! je n'ai pas eu le temps de penser à moi...

— Vous m'étonnez prodigieusement!

— Vous savez le proverbe : *Les cordonniers ne sont pas toujours les mieux chaussés!*... Et puis, s'il faut tout vous dire, je vous avouerai qu'à plusieurs reprises déjà j'ai pensé au mariage pour mon propre compte... j'avais découvert quelque perle et mon cœur avait battu!... Mais chaque fois, cette perle s'est trouvée désirée par un client... et je me suis sacrifié, j'ai comprimé les battements de mon cœur et j'ai marié ma perle avec mon rival!... L'esprit de sacrifice!... le devoir professionnel!... Je suis tout simplement un martyr du devoir professionnel!...

— C'est sublime! c'est héroïque! c'est antique!

M. Narcisse Boulandais refoula un pleur qui venait de scintiller à sa paupière au souvenir de ses amours sacrifiées.

— Venez avec moi, dit-il en passant son bras sous celui de Cabassol, je vais vous montrer quelque chose...

M. Narcisse Boulandais traversa deux grands salons en saluant à droite et à gauche et en semant par-ci par-là des mots aimables, et fit entrer Cabassol dans une pièce moins somptueusement décorée, qui parut être à notre ami une sorte de musée.

— Vous voyez tous ces dessins encadrés, ces broderies, ces tapisseries et ces ouvrages au crochet... dit M. Boulandais, eh bien, voilà qui me récompense et au delà de mes sacrifices et de mon dévouement! Regardez en détail, examinez... la voilà, ma récompense!

— Mais ce sont des dessins d'enfants! s'écria Cabassol en s'approchant des cadres.

— Les enfants de la Clef des cœurs, les enfants de mes clients! Concevez-vous plus douce récompense à mes travaux et à mes peines?... Je suis le père de mes clients je suis donc leur grand-père à ces anges; ces dessins enfantins, ces paysages naïfs, ces fleurs, ces têtes de guerriers grecs ou romains me sont plus précieux que des Meissonnier à 10,000 francs le centimètre!... Voyez-vous ce petit moulin, là-bas?... Lisez la dédicace...

Cabassol se haussa sur la pointe des pieds.

— *A mon second père! Georges B...*, âgé de cinq ans et trois mois... lut triomphalement M. Boulandais; et cet autre grand cadre où vous voyez cinq dessins... *A notre parrain, M. Narcisse Boulandais : Narcisse F...*, âgé de huit ans et demi; *Jules F...*, âgé de sept ans; *Amélie F...*, âgée de six ans; *Jules F...*, âgé de cinq ans; *Louise F...*, âgée de quatre ans... Dans cette famille, je suis leur parrain à tous, la maman y tient absolument... Beaucoup de nos clients me veulent pour parrain à leur premier-né et je n'ai pas le courage de refuser... Vous voyez que mon musée des souvenirs est bien garni... Voyez cette petite broderie... *A M. Narcisse Boulandais : Berthe de G..., âgée de six ans!* Et cette tapisserie... C'est d'une dame ; elle n'a pas encore d'enfants et elle n'a pas voulu attendre pour m'offrir un petit témoignage de reconnaissance... Maintenant, voici la perle de mon musée, cette paire de pantoufles sous globe... Lisez la dédicace...

Présentations à la Clef des cœurs.

— Parfaitement... *A M. Narcisse Boulandais : Wilhelmine de W. S., reine de G...*

— Une de mes clientes ! Vous voyez que je lui ai découvert un bon parti !... Je n'ai pas voulu porter les pantoufles que Sa Majesté a brodées à mon intention, j'ai préféré en faire la pièce principale de mon musée.

Cabassol et M. Boulandais revinrent dans les grands salons, qui commençaient à devenir trop étroits. Tout en accueillant les nouveaux venus avec des compliments et des poignées de main, M. Narcisse Boulandais continuait sa causerie avec Cabassol et lui indiquait les invités les plus intéressants.

— Voyez, cher monsieur, cette dame blonde là-bas, qui cause avec un monsieur décoré... c'est une Anglaise, une dame qui a divorcé deux fois déjà... elle désire épouser un Français pour se fixer... Le plus drôle, c'est que j'ai un de ses anciens maris parmi mes clients... Comment trouvez-vous ma petite Anglaise? Charmante, n'est-ce pas? un bon parti! cela ne vous tente pas?... J'ai la meilleure des références, son ancien mari ; nous pourrions causer avec lui, il ne tarit pas en éloges... bon caractère, qualités de ménage, etc., etc.

— Pourquoi ne l'a-t-il pas gardée, alors?

— Vous savez, incompatibilité! ce n'est pas leur faute... elle aussi déclare son ancien mari parfait! Le mari est presque remarié, c'est une affaire faite; sa fiancée a voulu avoir une entrevue avec son ancienne femme, et elle en a obtenu les meilleurs renseignements....

— Ah! voici la négresse de votre catalogue! dit Cabassol, que de diamants, grands dieux!

— Oui, beaucoup de diamants, mais pas de tenue! elle est pourtant de sang royal, je n'y comprends rien! Ses aïeux régnaient sur je ne sais quelle peuplade d'Afrique!... Le père est un ancien ministre des finances de Haïti, mais il manque aussi de distinction... Heureusement il y a des compensations : quatre millions de dot!

La perle du musée de la Clef des cœurs.

— Et quel est ce vieux monsieur qui lui parle? Je ne suppose pas que ce soit un client?

— Je vous demande pardon! c'est un client, un sénateur! bon parti, quoique classé dans la 3ᵉ catégorie. Ce monsieur, voyez-vous, c'est un célibataire repentant! il a soixante-cinq ans, une perruque, un râtelier, il est asthmatique et rhumatisant, mais je ne désespère pas de le marier!... Il y tient absolument... il est si désolé d'avoir croupi dans le célibat si longtemps!... Mais, l'heure passe, je m'aperçois que le moment est venu d'organiser l'exposition...

— L'exposition? qu'entendez-vous par là?

— Vous voyez dans le fond de la salle ce cadre fermé par un rideau rose? Eh bien, asseyez-vous dans ce fauteuil et regardez.

Cabassol, intrigué, se laissa tomber dans un fauteuil moelleux et attendit. Lacostade, Bezucheux et les autres s'étaient massés derrière lui. Ils virent tous les messieurs s'installer dans tous les sièges en faisant face au cadre voilé, et toutes les dames se diriger vers un salon voisin.

— Qu'est-ce que nous allons avoir? demanda Lacostade, une séance de lanterne magique?

— Je ne pense pas. Attendons.

On n'attendit pas longtemps.

Tout à coup un piano invisible commença un morceau. Le rideau rose, glissant sur une tringle, laissa voir de profil et à mi-corps une charmante femme aux yeux languissamment baissés.

— De qui le tableau? de qui? demanda Pontbuzaud, qui était myope.
— Ce n'est pas un tableau, tu ne vois pas qu'elle remue, répondit Bézucheux, regarde, elle joue de l'éventail.
— Des tableaux vivants, alors?
— Une exposition de partis; regarde mieux.

De chaque côté du cadre venait d'apparaître une petite pancarte mobile,

Le musée de la Clef des cœurs,

contenant des indications d'offre et de demande extraites du répertoire de la Clef des cœurs :

Demoiselle, 22 ans. Dot, 250,000 fr., espérances, 300,000 fr.
Signe particulier: *Ame brûlante.*

Idéal
Un agent de change

— Très bien, très bien, je comprends! dit Pontbuzaud.

Au bout de deux minutes, le rideau rose retomba pour se relever sur une autre apparition.

— Prenons des notes, messieurs, prenons des notes! dit Cabassol.

Les dames se succédèrent de deux minutes en deux minutes dans le cadre, pendant près de deux heures. M. Narcisse Boulandais était revenu s'asseoir auprès de Cabassol ; quand le rideau du cadre fut retombé pour la dernière fois, il lui demanda s'il avait fixé définitivement son choix.

Pour toute réponse, Cabassol lui montra son carnet noir de notes.

— Tant que cela! fit M. Boulandais.

— Ah! mais voyez, je les ai effacées toutes au fur et à mesure, et je me suis arrêté définitivement à celle-ci :

— N° 475 ! Une veuve, vingt-sept ans, 250,000 francs; signe particulier : *a eu des malheurs ;* idéal : *un cœur sincère !*

— Hé hé! bon choix !... Je la connais très peu encore, elle m'a été amenée hier par un de mes anciens clients... La pauvrette ignorait absolument les bienfaits que la Clef des cœurs répand sur la société et elle ne voulait pas se laisser inscrire... J'ai eu besoin de toute mon éloquence pour la décider...

— Elle est charmante! Comment s'appelle-t-elle?

— Comme vous y allez! Vous ne saurez son nom que si vous réussissez à lui plaire... Jusqu'à conclusion des fiançailles, vous devez vous contenter de son numéro.

— Soit! Déjà ce n° 475 me semble doux à prononcer. Parlons encore d'elle, voulez-vous, et dites-moi...

— Attendez! A chacune de mes clientes je fais écrire, en l'inscrivant, des indications un peu détaillées sur le mari qu'elle recherche, sur l'idéal de ses rêves, — je vous ai déjà dit que j'étais idéaliste. — Nous allons prendre connaissance de la note indiquant les aspirations du n° 475...

Et M. Narcisse Boulandais tira de sa poche un vaste portefeuille bourré de papiers.

— J'ai toujours cela sur moi, dit-il, afin de pouvoir répondre immédiatement aux demandes de renseignements. J'ai de l'ordre; voici le n° 475 :

« Idéal : un cœur sincère.

« Que mon mari soit blond, châtain ou brun, peu importe, pourvu qu'il m'aime avec un cœur sincère.

« Trompée, outragée, — cruellement outragée, — j'ai connu toutes les « souffrances d'une jeunesse sacrifiée et d'une âme meurtrie; l'avenir me « doit un dédommagement. O mes rêves de jeune fille, où êtes-vous!

« Mon idéal, aujourd'hui, c'est une âme simple, un cœur aimant et sin-
« cère! »

— Pauvre 475! murmura Cabassol, présentez-moi, je vous prie...

— Tout de suite, repondit M. Boulandais, voici la première partie de la soirée terminée; la seconde partie va commencer, on va faire un peu de musique, puis nous organiserons une petite sauterie...

— Pardon, cher monsieur Boulandais, fit Bezucheux en s'approchant, pendant que vous y êtes, pourriez-vous me donner des détails sur un idéal ou deux...

— Volontiers.

— Le n° 427, alors... Délicieux, le n° 427!

— Voici, dit M. Boulandais :

« Idéal : homme du monde, jeune, blond, « noble et poète.

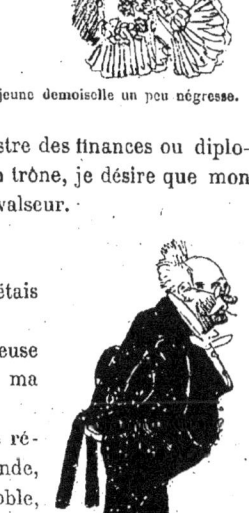

La jeune demoiselle un peu négresse.

« Élevée dans les salons les plus aristo-
« cratiques par un père qui fut quinze ans ministre des finances ou diplo-
« mate, et par une mère née sur les marches d'un trône, je désire que mon
« mari soit un homme du meilleur monde, beau valseur.

« Il doit être jeune, j'ai vingt-deux ans.

« Il doit être blond, je suis très brune.

« Il doit être noble, je viens de dire que j'étais
« de sang royal par ma mère.

« Enfin, dernière condition, je serais heureuse
« qu'il fût poète et qu'il célébrât dans ses vers ma
« chevelure et mes yeux. »

— Très bien! s'écria Bezucheux, je vois que je réponds à toutes les conditions : homme du monde, jeune, blond, le n° 427 n'a qu'à me regarder! Noble, les La Fricottière ont fait parler d'eux aux croisades, et poète, je le deviendrai!... Elle est un peu brune, mais enfin...

— Le n° 427? fit Cabassol, mais c'est la négresse!

— Oui, elle est un peu négresse, mais je ne déteste pas les brunes... et puis, tu sais, elle est de sang

Le célibataire repentant.

royal, c'est flatteur, et de plus fille d'un ancien ministre des finances de Haïti... ministre des finances pendant quinze ans, c'est beau!... Je vais aller flirter... Il y a aussi les n⁰ˢ 423 et 424, les deux sœurs, qui me conviendraient assez... Nous allons flirter et je verrai à me décider.

Les dames rentraient peu à peu dans les salons; des causeries s'ébauchaient dans les coins, favorisées par le roulement continu d'un grand morceau joué à quatre mains au piano. M. Narcisse Boulandais multipliait les présentations et faisait de son mieux pour rompre la glace entre clients et clientes.

— Mademoiselle, permettez-moi de vous présenter le n° 225, un jeune homme charmant, bonne famille, garanti, vous savez, garanti! classé dans les n⁰ˢ 1!

— Madame, j'ai l'honneur de vous présenter le n° 178... Un homme politique sérieux, influent; bon caractère, homme de foyer, posé, rangé, bien revenu des dangereuses illusions de la jeunesse... Ne se teint pas, je puis vous l'affirmer... un peu chauve, mais c'est de famille!... Rendra une femme heureuse, madame, rendra une femme heureuse!

— Mademoiselle, monsieur votre père m'a permis de vous présenter monsieur, le n° 232, un jeune sous-préfet du plus brillant avenir... belles espérances, sera ministre un jour, peut-être!...

Cabassol était déjà présenté au n° 475. Assis à côté d'elle dans un angle du salon, il s'était lancé dans une causerie où il essayait de faire briller son esprit et scintiller les qualités de son cœur.

Elle était charmante, la dame n° 475, malgré son air un peu sévère et sa toilette un peu sombre. Elle paraissait à peine les vingt-sept ans que le catalogue lui donnait; si elle avait eu des malheurs, ces malheurs n'avaient ravagé que son âme, sans laisser aucune trace visible sur son beau front.

A côté d'eux, M. Narcisse Boulandais avait réuni le futur de l'anglaise divorcée et son ancien mari.

— Mon cher monsieur, disait l'ancien mari, je vous assure que vous avez tort d'hésiter encore. Jenny a toutes les qualités! je ne la flatte pas, je lui rends justice!... C'est une excellente petite femme, vous pouvez bien me croire, nous avons été mariés pendant deux ans et demi; vous comprenez que j'ai eu le temps de l'apprécier!... un bon caractère... Entre nous, j'ai eu tous les torts... c'est ma malheureuse froideur qui a tout gâté...

— Vous seriez bien aimable de me renseigner sur son caractère.

— Excellent caractère! j'ai eu le temps de l'étudier... vive, enjouée, aimante... elle est très aimante, c'est même ce qui a donné naissance à l'incompatibilité.

— Comment cela, renseignez-moi?

— Je suis d'un naturel froid, c'est malgré moi, je ne puis pas me refaire... Je suis un homme du Nord! Jenny est aimante et démonstrative, nous ne

Exposition de partis à la Clef des cœurs.

LA GRANDE MASCARADE PARISIENNE

pouvions donc sympathiser! mais je lui rends bien justice!... Épousez-la...
— Alors, pas de défauts de caractère?
— Pas de défauts, je vous en donne ma parole d'honneur!

La petite sauterie annoncée par M. Narcisse Boulandais s'organisait. Bezucheux avait proposé d'une voix émue, à la fille du ministre de Haïti, d'esquisser une légère valse, et son exemple avait entraîné quelques couples. Lacostade avait offert son bras à la demoiselle qui désirait un officier de cavalerie; Bisseco dansait avec une orpheline de trente-quatre ans, plantu-

— Mon cher monsieur, Jenny a toutes les qualités.

reuse comme une sultane. Saint-Tropez et Pontbuzaud avaient disparu; ils flirtaient sans doute dans un coin du salon, ou sous les orangers du jardin.

M. Narcisse Boulandais, les mains derrière le dos, se promenait à travers les groupes, couvant avec un regard de père les clients dont les cœurs paraissaient sympathiser. On voyait la satisfaction éclater sur sa figure, lorsqu'il pouvait recueillir au passage quelques phrases permettant de fonder de douces espérances. Par un mot dit à propos il encourageait une cliente timide ou forçait à se déclarer les clients un peu froids.

Cette soirée de la Clef des cœurs ne ressemblait aucunement aux soirées banales du monde, où l'oreille n'a guère à entendre que des fadeurs débitées avec indifférence et accueillies de même, et où tous, invités et maîtres de la maison, semblent attendre, avec une impatience tempérée par la politesse, le moment d'être débarrassés les uns des autres.

Dans les salons de l'agence matrimoniale, au contraire, personne ne semblait s'ennuyer, personne ne baillait dans les coins, en cachant une figure lamentable derrière le claque ou l'éventail. La plus grande animation régnait dans les groupes; tous ceux qui ne dansaient pas causaient ou plutôt flirtaient avec entrain.

Encouragements aux célibataires timides.

Très intéressantes, les bribes de causerie qu'un observateur désintéressé aurait pu recueillir en circulant de groupe en groupe; très intéressantes et de nature à réjouir l'âme paternelle du directeur de la Clef des cœurs.

— Voulez-vous un bon conseil? disait le mari divorcé de l'Anglaise à son futur successeur, soyez brûlant! Elle est démonstrative, soyez aussi démonstratif qu'elle! appelez-la mon ange, mon adorée, mon âme!

— Je vous remercie, je suivrai le conseil...

— Vous me remercierez!... Elle tombera dans vos bras, je la connais, et elle vous appellera son chéri...

— Moi, monsieur, disait une demoiselle, j'ai des goûts simples: l'hiver à Paris, la campagne pendant trois mois dans nos terres, l'été à Trouville, Dieppe, Luchon, un tour à l'île de Wight et un mois à Monaco, voilà mon programme.

La présentation.

— C'est votre regard, mademoiselle, disait un gros monsieur un peu chauve, ce sont vos yeux si doux qui m'ont encouragé à...

— Monsieur, murmurait une jeune fille, je vous autorise à parler à papa...

— Vous êtes un ange!

— Alors, vous êtes agent de change? C'était charmant.

Douce causerie.

Tout à coup, comme Bezucheux conduisait sa danseuse un peu brune vers son fauteuil, Saint-Tropez, l'air un peu agité, reparut dans le salon, paraissant chercher quelqu'un

— As-tu vu M. le directeur? demanda-t-il en passant près de Bezucheux.

— Là bas... à côté de Cabassol.

— Merci.

Saint-Tropez joignit enfin M. Boulandais.

— Monsieur, lui dit-il, seriez-vous assez bon pour me donner quelques renseignements sur une jeune personne...

— Quel numéro?

— N° 452, une demoiselle de formes opulentes, robe blanche... blonde... et aimable... et naïve...

Sauterie dans les salons de la Clef des cœurs.

M. Boulandais chercha dans ses papiers.

— N° 452, dit-il, ah, très bien! comment la trouvez-vous?

— Délicieuse!

— Très bien! aimez-vous les douces joies de la famille? aimez-vous les folles turbulences et les joyeux babillages de bambins à la chevelure soyeuse, leurs...

— Certainement.

— Eh bien, épousez-là! c'est ce qu'il vous faut!... votre idéal se rencontre avec le sien... écoutez, voici mes notes :

N° 452, demoiselle, | 28 ans, | blonde, | 500,000 francs, | néant.

IDÉAL :

« Un homme ami de ces douces joies de la famille qui calment les ar-
« deurs de l'âme et doublent les charmes de l'existence. Les douces joies de
« la famille! le vrai bonheur n'est-il pas là, à côté d'une épouse aimante
« et de petits anges aux yeux bleus, qui rendent en tendresse les soins dont
« on entoure leur berceau. Mon idéal est un homme au cœur bon, accessible
« aux émotions tendres; mon rêve serait qu'il consentît à reconnaître deux
« petits chérubins, souvenirs innocents d'une erreur bien regrettée par leur
« pauvre mère (2 ans et demi et 4 ans, fille et garçon). »

— Vous voyez, acheva M. Boulandais, fille et garçon... et tout élevés...
une famille toute constituée, une véritable occasion que je vous conseille de
saisir aux cheveux!

M. Saint-Tropez s'enfuit

— Il a tort, il a tort! dit M. Boulandais à Cabassol en l'entraînant à l'écart,
vous êtes son ami, je vous conseille de lui représenter sérieusement que dans
sa situation un peu décatie, une famille toute faite, c'est une vraie occasion!
Enfin, j'espère qu'il reviendra sur son refus... Et vous, cher monsieur Cabassol; êtes-vous content?

— Mais oui, cher monsieur, le n° 475 est charmant... elle m'enchante...
et il me semble que de mon côté, je n'ai pas produit une trop mauvaise impression sur elle...

— Allons tant mieux... alors, si vous avez des espérances, il est inutile de
vous parler de ma petite combinaison de publicité...

— Votre combinaison.

— Oui, c'est une idée à moi... vous ai-je dit que je voulais révolutionner
la profession matrimoniale? je suis rénovateur de la profession matrimoniale, jusqu'à moi, elle s'est montrée timide et routinière, je veux lui faire
prendre un essor nouveau...

— Vraiment?

— Oui, je suis inventeur breveté — car j'ai pris un brevet — de plusieurs
procédés entièrement nouveaux! Il s'agit de la publicité à donner aux opérations de l'agence; je ne puis pas me contenter comme mes prédécesseurs
d'inscrire sur mes registres les noms des gens à marier... c'est l'enfance de
l'art ceci... j'ai fondé un journal matrimonial... j'annonce mes partis soit par
une désignation pure et simple, soit par des petites réclames détaillées...
ma combinaison, la voici : quand j'ai un joli lot de célibataires avantageux,
je fais encarter mon journal matrimonial dans les journaux de modes pour
incendier les cœurs des abonnées...

— Ah, très bien, bonne idée!...

— Et qui sera féconde en résultats, j'en suis sûr !

Cabassol et ses amis quittèrent l'hôtel de la Clef des cœurs les derniers, à deux heures du matin seulement, car vu leur caractère essentiellement familial, les soirées de la Clef des cœurs n'empiétaient pas trop sur la nuit.

Les six clients de M. Boulandais regagnèrent à pied leurs domiciles pour causer en route de leurs espérances.

— Eh bien ? demanda Cabassol, êtes-vous satisfaits ?

— Je balance toujours, répondit Bezucheux, entre la très séduisante fille du ministre des finances de Haïti et mes deux orphelines !...

— Une famille toute constituée !

— Moi, dit Lacostade, je suis plus avancé, j'ai obtenu de timides aveux... on m'a demandé seulement de venir à la prochaine soirée de l'agence dans mon uniforme d'officier de cuirassiers...

— Avec la cuirasse ?

— Avec la cuirasse !

— Moi, dit Pontbuzaud, ça marche assez bien aussi... le n° 430, brune, très intelligente, femme remarquable et pas romanesque du tout...

— Je vois ça d'ici... je me souviens. le n° 430, signes particuliers : néant ; idéal : quelconque !

— C'est cela... je suppose que *quelconque* voulait dire qu'elle n'était pas fixée... j'espère maintenant l'avoir fixée !

IV

Comment Saint-Tropez se lança dans les affaires. — La grande émission des tramways de Venise. — Pontbuzaud se fait l'éducateur de la jeunesse. — Un pensionnat de jeunes demoiselles. — Castel-Bignol.

Depuis quinze jours Saint-Tropez avait disparu. Ses amis éplorés n'avaient pu parvenir à le rencontrer, chez lui ou chez Bezucheux, au Débinard's club; ils commençaient à s'inquiéter et parlaient d'envoyer une note aux journaux pour signaler cette incompréhensible et inquiétante disparition, lorsque à la seconde soirée de la Clef des cœurs, ils le retrouvèrent frétillant et guilleret comme jadis, avant ses malheurs financiers.

— Si tu ne t'es pas fait enlever par une femme du monde, tu es impardonnable! s'écria Bezucheux en le retrouvant, on ne laisse pas ainsi de fidèles amis dans les transes...

— Comment? fit Saint-Tropez, est-ce que ce n'était pas convenu?

— Quoi convenu?

— Mais les trois moyens d'arriver rapidement à la fortune... le mariage, les affaires, la politique...

— Tu t'es lancé dans la politique... Malheureux, tu conspires!

— Mais non, je me lance dans les affaires!... et je crois être en bonne voie...

— Veinard! moi je n'ai pas encore commencé, fit Bezucheux, voyons, conte-nous ce que tu as trouvé?

— Voilà! Tu sais que j'ai quelque peu joué à la Bourse, dans le temps,... j'y ai même perdu 300,000 francs... je connais de nombreux coulissiers... je les avais en horreur et la Bourse aussi, mais maintenant que je n'ai plus rien, j'ai pensé que je pouvais bien retourner rue Vivienne, puisque je ne puis plus perdre!...

— Excellent raisonnement! mon ami, tu fais des progrès!

— C'est l'adversité, mon bon!... j'ai donc revu mes boursiers, entre autres Bignol, que tu dois connaître un petit peu...

— Mais vous étiez au plus mal ensemble...

— Oui, il m'avait raflé une partie de mes trois cent mille et en plus Floreska, tu as connu Floreska?

— Parbleu...

— Mais nous nous sommes réconciliés... c'est Bignol qui va faire de moi un financier... Vous savez qu'il a une belle affaire, Bignol?

— Non, nous ne savons pas... quelle belle affaire?

— Une affaire splendide, *les Tramways de Venise!* Émission de 10,000 actions de 500 francs... Superbe, mon ami, superbe!... une affaire de premier ordre, un succès d'émission certain!... Les premières réclames sont lancées, Bignol a commandé 100,000 affiches... Et je suis dans l'affaire!... Bignol m'a promis une situation... j'en ai déjà une mais honorifique seulement, je suis membre du Sous-Conseil... Voilà pourquoi vous ne m'avez pas vu, j'étais occupé au Sous-Conseil !

— Et qu'est-ce que tu y fais, au Sous-Conseil...

— Au Sous-Conseil? pour le moment, nous mettions sous bande les prospectus rédigés par le Conseil mais dès que l'affaire va fonctionner, Bignol m'a promis une situation sérieuse... avec des émoluments! L'émission est pour la semaine

A la Bourse.

prochaine et l'on fonctionnera tout de suite. Tu comprends que Bignol ne veut pas perdre une minute à cause des énormes bénéfices que la société est appelée à recueillir...

— Parfaitement.

— Mon ami, j'ai tout lieu d'espérer que, grâce à ce bon Bignol, je serai l'un des administrateurs de la Société... une belle situation !... et vous pouvez être certains que j'emploierai toute mon influence pour vous découvrir quelque poste dans la compagnie... sur ce, maintenant que vous êtes au courant, allons flirter avec les clientes de M. Boulandais... j'ai retrouvé la veine, je suis capable d'enlever, au premier assaut, le cœur d'une riche héritière !

Les membres du club des Débinards se dispersèrent dans les salons de l'agence matrimoniale. Cabassol s'en fut présenter ses hommages à la jeune veuve n° 475, Bezucheux de la Fricottière offrit son bras à la demoiselle un peu négresse, [mais pourvue d'un père qui avait de si belles économies ; Pontbuzaud réclama la faveur d'un tour de valse à la demoiselle à l'idéal accommodant ; Bisseco papillonna autour d'une riche héritière venue de la Pologne ; Saint-Tropez entreprit le siège des deux orphelines, retenues pourtant par Bezucheux, et Lacostade, qui était venu en uniforme, alla faire admirer son casque et sa cuirasse par la demoiselle qui lui avait fait de timides aveux quinze jours auparavant.

Ils se retrouvèrent tous à la sortie, et revinrent ensemble à pied jusqu'au boulevard.

— O sort cruel ! dit Bezucheux, si le vent de la débine n'avait pas soufflé sur nous, nous souperions à cette heure-ci... et en aimable compagnie encore !... ô tristesse !

— Veux-tu réfréner ces regrets intempestifs ! s'écria Cabassol, n'amollissons pas nos âmes, messieurs ! prenons un simple bock, c'est tout ce que nos moyens nous permettent... et luttons courageusement !

— Patience ! fit Saint-Tropez, attendez l'émission des Tramways de Venise ! dès que je serai administrateur, nous resouperons !...

— Facile à dire, patience ! soupira Lacostade.

— Tu as l'air triste, mon bon, te serait-il arrivé du chagrin à la Clef des cœurs ? ta cuirasse n'a pas fait d'effet sur la demoiselle aux timides aveux ?

— Elle est fiancée, mon ami, elle a donné sa main à un autre !... heureusement M. Boulandais a compati à ma peine et m'a promis de s'occuper tout spécialement de moi...

— Mes enfants, dit Saint-Tropez, je vous quitte, il y a séance au Sous-Conseil, au siège social, demain de bonne heure... je vous verrai après l'émission... Confiance ! confiance !

La Société générale des Tramways de Venise avait installé ses bureaux rue de la Victoire, au fond d'une cour. Tous les jours le Conseil composé de M. Bignol seul, tenait séance de dix heures à midi, dans un cabinet luxueusement meublé, orné pour la circonstance de beaucoup de photographies de Venise et de quelques Ziem et Canaletti inauthentiques.

A midi, M. Bignol déjeunait, puis il allait faire un tour à la Bourse pour chauffer son affaire et il s'en retournait ensuite sous les ombrages de sa villa de Chatou-sur-Seine, où il pouvait méditer à son aise sur les développements à donner à son affaire — sur les affiches — et rédiger d'une façon agréable les nombreux articles à sensation à semer dans les journaux.

Joyeuses espérances.

Quant au Sous-Conseil de la Société, il siégeait de neuf heures du matin à six heures du soir, et il avait fort à faire. — Le lendemain de la soirée de la Clef des cœurs, ainsi que l'avait dit Saint-Tropez à ses amis, l'ordre du jour était fort chargé, le Sous-Conseil devait timbrer et mettre sous bande un supplément de prospectus pour la province. M. Bignol pour encourager messieurs les membres du Sous-Conseil, daigna rester avec eux jusqu'au soir; lorsque la dernière bande eut été collée, libellée et affranchie, il manifesta son contentement en promettant cinq actions libérées par personne et en invitant tout le monde à passer à Chatou la journée du dimanche suivant l'émission.

Bezucheux entrevit Saint-Tropez quelques jours après, en passant place de la Bourse.

— Eh bien, demanda-t-il en arrêtant son ami, et la grande affaire?

— L'émission est pour demain... succès formidable assuré... tous les banquiers sur notre dos... veux-tu des actions? je t'en ferai avoir...

— Tu sais bien que je suis toujours décavé... et puis, entre nous, j'aimerais mieux de la Banque de France.

— Parle avec plus de respect de notre affaire... songe que tu as l'honneur de causer avec un futur administrateur... Lis ce prospectus !

Et il tendit à Bezucheux un paquet du prospectus suivant :

SOCIÉTÉ GÉNÉRALE DES TRAMWAYS DE VENISE

SOUSCRIPTION PUBLIQUE

à 2,000 actions de 500 francs

Conditions de la souscription

    250   francs en souscrivant
    250   francs à la répartition

TOTAL. . . . 500 francs

L'Administration ne garantit pas les unités. Une unité est assurée à toutes les souscriptions de 5 actions.

AVANTAGES :

Le matériel étant déjà commandé, la société fonctionnera au plus tard un mois après la clôture de la souscription.

Dès à présent, d'après les calculs les plus rigoureux, le conseil peut affirmer que le dividende à distribuer pour le premier exercice semestriel, sera au moins de 45 francs par action.

Une augmentation notable est assurée pour le second exercice, et dès le troisième les résultats prévus permettront de doubler d'abord, de tripler ensuite le chiffre du dividende primitif.

Les actionnaires, sur la présentation de leurs actions, auront droit de voyager dans les véhicules de la société en payant demi-place. Les porteurs de plus de 20 actions pourront le faire gratuitement ; les uns et les autres auront droit aux correspondances.

L'affaire pour laquelle nous réclamons le concours du public est une entreprise de premier ordre, destinée à rendre à l'antique Venise l'éclat et la prospérité des grands jours. Ce que n'ont pu faire avec les moyens restreints de la science d'alors, les doges et les grands hommes de la Renaissance, la Société des Tramways de Venise va le réaliser avec l'aide de l'industrie savante et si bien outillée d'aujourd'hui, par le concours des capitaux intelligents, toujours prêts à voler là où les appelle une grande pensée de progrès et de civilisation.

On peut le dire aujourd'hui, le tramway est le véhicule de la civilisation. Les *Tramways de Venise*, appelés à rendre de si grands services, sont à deux fins, ils vont sur terre et sur l'eau. Dans le Grand Canal, les roues se relèvent, le cocher et le conducteur se transforment en gondoliers.

Un modèle réduit de la gondole-tramway est exposé dans la cour de notre hôtel, rue de la Victoire.

— Si tu as encore des parents capitalistes, mon ami, dit Saint-Tropez, quand Bezucheux eut achevé sa lecture, recommande leur nos actions, il n'y en aura pas pour tout le monde. Sur ce, je suis horriblement pressé, on répand de mauvais bruits à la Bourse sur notre affaire, je suis chargé par Bignol de faire courir des bruits favorables... je t'écrirai après l'émission !

Et Bezucheux l'entendit qui commençait à faire courir dans les groupes les bruits favorables indiqués par Bignol : — Et les tramways de Venise? on dit que les actions font déjà 50 francs de prime... Paraît que l'émission est couverte... Rothschild veut acheter l'affaire... Tramways... actions... Banque... prime, etc.

Les occupations du Sous-Conseil.

Bezucheux de la Fricottière reçut le surlendemain des nouvelles, sur du papier à l'entête de la Société des Tramways de Venise, Saint-Tropez lui écrivait ceci :

Mon bon,

Succès, mais succès ordinaire, 1200 actions souscrites, les capitaux inintelligents se sont laissés refroidir par les menées d'une cabale. Gros banquiers jaloux ont mis bâtons dans les roues de nos gondoles, mais Bignol assure que ça ne nous empêchera pas de marcher.

Bignol a confiance ; le reste des actions s'enlèvera comme des petits pâtés dans quelques jours. Dimanche, petite fête à Castel-Bignol pour célébrer succès.

Je compte trouver nomination d'administrateur sous ma serviette.

Tu vois que je suis maintenant lancé ! Et toi ? et les autres ? que fais-tu ? que faites-vous ? jusqu'à quand allez-vous laisser croupir dans l'inaction vos belles facultés ? allez-vous bientôt vous relever par le travail et devenir des notabilités financières comme ton   SAINT-TROPEZ?

De nouvelles inquiétudes accablaient en ce moment nos amis. Pontbuzaud à son tour avait disparu.

Quelques jours auparavant, il avait avoué que les derniers fonds retirés à la Banque touchaient tristement à leur fin, et depuis on ne l'avait plus revu ! Sombre mystère ! dans le petit appartement de garçon, composé d'une chambre meublée, qu'il occupait depuis ses malheurs, son concierge ne l'avait pas vu revenir et ce fonctionnaire l'attendait avec anxiété une quittance à la main.

Les angoisses des amis de Pontbuzaud ne durèrent pas trop longtemps, car Bezucheux reçut à la fin de la semaine une lettre du décavé disparu.

My dear,

L'exemple de Saint-Tropez m'a électrisé. Comme lui, je me suis lancé dans les affaires. L'adversité a réveillé en moi le goût du travail que je portais à l'état latent depuis ma naissance, — sans m'en douter.

Fais comme moi, mon bon ami, travaille à te créer une position sociale pendant que M. Boulandais s'occupe de satisfaire les aspirations de ton cœur.

Vigourous shake hands
PONTBUZAUD,
351, *rue de la Pompe, à Passy.*

— Quelle position peut-il avoir trouvée? se dit Bezucheux en tournant et retournant la lettre, ce Pontbuzaud m'intrigue, il faudra que j'aille le voir à Passy.

La lettre communiquée le soir même à Cabassol, Lacostade et Bisseco, les intrigua pareillement et tous convinrent d'organiser pour le lendemain dimanche, une expédition à la recherche de Pontbuzaud.

Le lendemain les quatre amis escaladèrent à dix heures du matin le tramway de Passy et descendirent rue de la Pompe.

— Étrange! étrange! dit Bezucheux, que diable peut faire Pontbuzaud dans ce quartier de rentiers grands et petits? Aurait-il déjà fait fortune, le gaillard?

— N° 351, voilà! s'écria Cabassol en montrant une grande porte verte percée au milieu d'un immense mur surmonté d'une inscription ainsi conçue :

PENSIONNAT DE DEMOISELLES

Dirigé par Madame GABRIEL COLASSE

Air pur, grand jardin, immense potager, gymnase.

— Ce n'est pas possible, Pontbuzaud ne demeure pas là, il y a erreur de numéro...

— Du tout, dit Bezucheux après avoir vérifié sur la lettre, il dit bien n° 351... c'est ici, sonnons toujours!

— Attendez, fit Lacostade, pensionnat de demoiselles, vérifions notre tenue, voici un miroir de poche, soignons nos moustaches, mes enfants!

— Y sommes-nous, dit Cabassol, je sonne.

Une sonnette retentit dans le lointain, on entendit des voix jeunes et fraîches s'appeler derrière le mur et la porte s'ouvrit...

— Pas de concierge, reprit Cabassol, allons dans le fond...

Fascination.

Une dame d'une quarantaine d'années, un peu forte—ou, pour dire comme Bezucheux, — aux charmes expansifs flottant dans un peignoir bleu à larges broderies blanches, s'avançait d'un pas majestueux, un éventail à la main.

— Vous désirez, messieurs?... dit-elle d'une voix précieuse.

— Mon Dieu, madame, nous devons nous tromper... je vous prie d'avance d'en agréer nos excuses... Nous sommes bien ici au n° 351?... Nous croyions trouver un de nos amis et nous apercevons un pensionnat de jeunes demoiselles... Nous cherchions M. Pontbuzaud?...

— Mais c'est ici! donnez-vous donc la peine d'entrer... justement M. Pontbuzaud est là dans la cour...

Cabassol et les autres suivirent la grosse dame et débouchèrent dans une grande cour ombragée de marronniers et bordée par les bâtiments du pensionnat.

La dame avait dit vrai, Pontbuzaud était là, dans un coin de la vaste cour, en train de jouer au tonneau avec un petit homme barbu et trois demoiselles de dix-huit à vingt ans, en négligé du matin.

— Tiens! fit-il à la vue de ses amis, vous voilà? attendez une minute avant les épanchements... là... en plein dans la grenouille... Mademoiselle Jeanne, voulez-vous me marquer mille?... Eh bien, mes petits bons, comment vous portez-vous?

— C'est à toi que nous devons le demander... tu sais que ta disparition soudaine a fortement inquiété notre amitié...

— Vous êtes bien bons... je vais tout vous dire, mais d'abord permettez-moi de vous présenter à M. Gabriel Colasse, directeur de cette institution, un vieil ami de collège retrouvé il y a huit jours, et à Mme Gabriel Colasse. Mon cher Colasse, je te présente mes petits bons Bezucheux de la Fricottière, Cabassol, Lacostade et Bisseco, de qui je t'ai déjà parlé...

— J'espère que ces messieurs nous feront l'honneur de déjeuner avec nous? dit Mme Gabriel Colasse.

— Madame, nous vous remercions, mais...

— Oh! pas d'excuses, vous êtes nos prisonniers! M. Pontbuzaud va nous aider à vous retenir, n'est-ce pas, monsieur Pontbuzaud?

— Certainement, madame, répondit Pontbuzaud, certainement! Ils sont nos prisonniers... mademoiselle Jeanne, allez donc fermer la porte, je vous prie, nous reprendrons plus tard notre leçon de tonneau.

— Avant de déjeuner, fit M. Gabriel Colasse avec un fort accent bordelais, ces messieurs prendront bien un vermouth... y a-t-il encore du vermouth, mademoiselle Jeanne?

— Je crois qu'il n'en reste plus, répondit mademoiselle Jeanne.

— Ces messieurs prendront de l'absinthe avec de l'eau de seltz, dit Madame Gabriel Colasse.

— Je vais préparer les apéritifs, dit M. Colasse.

— Tu sais que nous sommes fortement intrigués, fit Bezucheux quand M. et Mme Colasse furent partis préparer les apéritifs, c'est ça ton travail? C'est ça ta position sociale? Tu es professeur de tonneau dans un pensionnat de demoiselles?

— Mais non! répondit Pontbuzaud, je suis en effet entré dans l'université, mais pas comme professeur de tonneau...

— Tu es pion?

— Pour demoiselles, ce ne serait déjà pas si désagréable! mais je suis mieux que ça... je suis professeur d'anglais...

— Ah! ah!

— De gymnastique...

LA GRANDE MASCARADE PARISIENNE

Le pensionnat Gabriel Colusse.

— Tiens! tiens!
— Et de dessin!
— C'est tout?
— Pour le moment, oui, mais je vais faire probablement le cours de littérature...
— C'est superbe! Et tu es bien payé pour tout ça!
— Je ne sais pas encore. Il y a huit jours, j'ai rencontré Colasse que je n'avais pas vu depuis le collège; il m'a parlé de son pensionnat et m'a confié qu'il cherchait un professeur d'anglais pour en remplacer un que les élèves trouvaient trop vieux... je me suis proposé...
— Tu sais donc l'anglais?
— Yes! bookmakers, stand, i love you, all right, etc., etc... le reste, je l'apprends en même temps que mes élèves. La prononciation me gênait d'abord, mais j'ai réfléchi et j'ai trouvé une règle bien simple pour l'enseigner à ma classe.
— Pontbuzaud, tu as plus d'ingéniosité que je ne le pensais, dit Bezucheux, et pourtant je suis physionomiste! Pontbuzaud, je te fais mes excuses! Quelle règle de prononciation as-tu inventée?
— Mesdemoiselles, ai-je dit à mes élèves, en anglais, chaque lettre se prononce de cinq ou six manières différentes, toute la difficulté de la langue anglaise est là, c'est très long à retenir... eh bien, prononcez les mots autrement qu'ils ne sont écrits et vous aurez au moins une chance de tomber juste! vous voyez comme c'est simple.

Mme Gabriel Colasse.

— Quel grammairien!
— Et ça réussit parfaitement. L'autre jour, un anglais qui est venu voir Colasse, a fait lire quelques élèves... il a trouvé à l'une un accent écossais, à une autre l'accent du pays de Galles, à une troisième l'accent Devonshire, etc., tous ces accents obtenus grâce à ma méthode! Ainsi j'ai réussi à enseigner des accents variés que je ne connaissais pas!... quelle belle méthode!
— Et le dessin? tu es donc artiste?...
— Oh! ça, c'est encore l'occasion! Colasse m'a demandé, le lendemain de mon entrée, si par hasard je ne connaîtrais pas le dessin... Certainement! ai-je répondu. Ça tombait bien, le maître de dessin, mon prédécesseur était chauve, il déplaisait à ces demoiselles, on m'a donné sa place...

— Et tu plais?

— Je m'en flatte, je ne suis pas chauve... de plus, j'ai bouleversé l'enseignement... je suis un novateur, j'ai supprimé tous les vieux modèles, les mains, les yeux, les bouquets de fleurs, les têtes d'étude, les Léonidas, les Bélisaire et les Vénus grecques... Au rancart les Léonidas et les Vénus grecques! au grenier les modèles classiques! je fais copier à mes élèves les dessins des journaux illustrés... Je suis moderne, moi... aussi je récolte des succès..

Le professeur de tonneau.

madame Colasse m'a encore félicité ce matin, mes élèves font des progrès marqués... les portraits d'actrices en vogue réussissent beaucoup, et aussi les types et uniformes de l'armée française... on raffole du zouave, on dessine le cuirassier avec rage, on s'arrache le hussard... Aux prix, à la place des prix de paysage et des prix de figure, je serai obligé de donner des prix d'actrices et des prix de hussard!

— Je ne désespère pas de te voir directeur de l'école des Beaux-Arts! Et la gymnastique?

— Oh! ça, tu sais que ç'a toujours été mon fort. Premier prix de gymnastique, tous les ans au collège! Et j'ai toujours pratiqué!... Encore un succès pour moi !... Figure-toi, mon cher, que le professeur de gymnastique, avant mon arrivée, était un pompier !... Il manquait de chic ! moi, j'enseigne la gymnastique élégante !... Mme Gabriel Colasse me faisait encore des com-

La leçon de gymnastique.

pliments hier, et parlait de faire creuser l'année prochaine un bassin dans le jardin...

— Pourquoi faire ?

— La natation, mon cher !... Je nage agréablement, tu le sais, et tu as été témoin de mes succès à Trouville et autres endroits balnéaires... je donnerai des leçons de natation élégante et pratique, aux grandes seulement.... ce serait le complément de l'éducation particulièrement soignée que l'on reçoit à l'institution Gabriel Colasse !

— Ah ! tu enseignes la gymnastique à des demoiselles, je serais curieux de voir ça, dit Cabassol.

— Mon ami, il y a leçon de gymnastique tous les deux jours, les lundis, mercredis, etc., et c'est assez gentil... parmi mes petites élèves, il en est qui ont du galbe... mais aujourd'hui, dimanche, on ne fait rien... une sous-maîtresse a conduit les pensionnaires à la petite messe de neuf heures, l'après-midi sera consacrée au repos.

— Messieurs, interrompit Mme Colasse du haut du perron, les apéritifs n'attendent plus que vous.

— Allons, messieurs, fit Pontbuzaud, je vous montre le chemin.

Pontbuzaud et ses amis montèrent le perron et pénétrèrent dans la salle à manger particulière de Mme Gabriel Colasse.

— Charmant, votre ami, messieurs, dit Mme Gabrielle Colasse, et modeste ! et rempli de hautes capacités ! ses élèves sont très contentes de lui... Tenez, écoutez, on se chamaille à côté dans le vestibule, je parie que c'est, comme tous les jours, les pensionnaires qui se disputent l'honneur de cirer ses bottines avec celles de M. Colasse... Gabriel, faites donc taire ces petites... elles arrachent les brosses aux filles de service pour cirer elles-mêmes !

— Quelle popularité ! fit Cabassol en remuant les absinthes.

— Messieurs, reprit Mme Gabriel Colasse, j'espère que vous nous ferez l'honneur de passer la journée ici... nous organiserons des petits jeux... nous avons le tonneau, les boules, etc., M. Colasse a dans son coin particulier un tir au pistolet...

En visitant, sous la direction de Pontbuzaud, le pensionnat de M. et Mme Colasse, Cabassol put voir qu'un sans-façon ultra fantaisiste formait pour ainsi dire la règle de l'établissement.

Des romans et des journaux traînaient dans les classes, des gravures de modes étaient épinglées aux murailles entre les cartes géographiques ; dans le salon, deux pensionnaires apprenaient au piano une romance du répertoire de Théo : *je suis chatouilleuse ! c'est pas ma faute...*

Mais où ce sans-façon apparut dans toute sa beauté, ce fut dans la grande cour où les amis de Pontbuzaud, à leur retour, aperçurent sous les marronniers, à côté du jeu de tonneau repris par les quatre pensionnaires, une jeune sous-maîtresse en train de se débarbouiller devant une cuvette posée sur une chaise.

A leur vue, la sous-maîtresse se drapa dans sa serviette comme dans un peignoir et pria en minaudant ces messieurs de l'excuser...

— Mais, mademoiselle, nous serions désolés de vous déranger, répondit Bezucheux, faites comme si nous n'étions pas là, je vous en prie...

— Ah ! mademoiselle, fit Cabassol... d'aussi charmantes épaules... nous sommes éblouis !... nous sommes aveugles ! ne vous gênez donc pas !

— Monsieur Pontbuzaud est un vilain, il l'a fait exprès, de vous ramener dans la cour... il sait que j'ai l'habitude... j'aime le grand air, moi...

— Ah ! monsieur Pontbuzaud le savait ! Pontbuzaud, tu es un traître, mais nous te bénissons !

— Là, je me sauve! fit la sous-maîtresse en s'épongeant le cou et les épaules...
— Vous reviendrez, mademoiselle? dit Pontbuzaud, vous savez que vous me devez ma revanche d'hier au tonneau...
— Jouez toujours en m'attendant avec Hermance... je vais redescendre.. mais où est donc Hermance? Vous ne descendez pas, Hermance? M. Pontbuzaud vous attend au tonneau...
— Je ne peux pourtant pas descendre comme je suis là, dit une voix venant du premier étage, je demande deux minutes... le temps de passer un peignoir, je suis en corset..,
— Qu'à cela ne tienne, mademoiselle Hermance! fit Pontbuzaud.

Une tête rieuse parut à une fenêtre du premier étage, Mlle Hermance menaça du doigt Pontbuzaud et rentra, mais on eut le temps de voir que Mlle Hermance ne mentait pas, qu'elle était bien en corset.

— Très chic, ton pensionnat! dit Bezucheux à Pontbuzaud.
— Oh! tu sais, tous bons garçons ici, depuis M. et Mme Gabriel Colasse, jusqu'aux sous-maîtresses... Pas guindée, Mme Gabriel Colasse, je n'y suis que depuis huit jours, mais j'ai pu voir qu'elle n'était pas guindée... tu sais ce que c'est qu'une pimbêche, eh bien, Mme Colasse c'est tout le contraire.

Premier prix de hussard.

Mme Gabriel Colasse survint, toujours dans son peignoir flottant et l'air excessivement peu cérémonieux, comme pour justifier les appréciations de Pontbuzaud. Elle venait avertir ces messieurs que le déjeuner était servi.
— Et notre partie de tonneau? cria Mlle Hermance en reparaissant à la fenêtre.
— Tant pis! dit Mme Colasse, vous la ferez après déjeuner.

Le déjeuner fut ce qu'il devait être, d'après les préliminaires, un repas des plus gais et des plus sans-façon... Suivant une expression de M. Gabriel Colasse lui-même, personne ne la faisait à la pose dans le pensionnat.

On causa beaucoup et tout le monde à la fois, on rit énormément, on fit honneur aux vins particuliers de M. Gabriel Colasse et l'on chanta même à la fin. Dans le salon, à côté de la salle à manger, les élèves s'étant remises à étudier au piano : *Je suis chatouilleuse*, Mlle Hermance reprit la chanson et la chanta d'un bout à l'autre sans manquer d'en souligner les beautés.

— L'inspecteur! fit au milieu d'un couplet M. Gabriel Colasse avec une grosse voix.

On rit beaucoup de la plaisanterie, et, sur l'observation de Mme Colasse que le déjeuner était presque un déjeuner de garçon, la conversation prit des allures encore plus dégagées. Cabassol, mis sur la sellette, dut raconter l'histoire de l'héritage Badinard et dire toutes les peines qu'il s'était données pour porter le trouble dans le ménage vrai ou faux des personnages figurant dans la collection faussement attribuée à l'infortunée Mme Badinard. Il raconta ses manœuvres contre Bezucheux de la Fricottière et ses autres amis et exhala sa rancune contre la volage Tulipia, présentement épouse morganatique du prince Michel de Bosnie.

Mlle Hermance fut charmante pour lui et délaissa Pontbuzaud ; au sortir de table, ce fut lui qui eut l'honneur d'être choisi pour adversaire dans une

Composition des apéritifs.

partie de tonneau, pendant que le pauvre Pontbuzaud s'en allait exercer la vigueur de ses biceps, en lançant à des hauteurs aussi vertigineuses que possible, Mme Gabriel Colasse, gracieusement installée dans une escarpolette.

— Où donc ai-je déjà vu cette demoiselle Hermance, se demandait Cabassol en visant la grenouille du tonneau ; je la connais certainement, mais où l'ai-je rencontrée ?

Ce fut M. Gabriel Colasse, qui lui rafraîchit la mémoire pendant le cours d'une grande partie de colin-maillard organisée par Mme Colasse dans le jardin.

— Jolie fille, Mlle Hermance, jolie fille ! je pense que notre ami Pontbuzaud lui a donné dans l'œil... j'ai reconnu des symptômes de toquade et je m'y connais ! Bon parti, Mlle Hermance : 24 ans depuis 18 mois !... sapristi ; elle ne serait pas fâchée de se marier...

Ce mot fut pour Cabassol un éclair. En effet il connaissait Mlle Hermance, il l'avait vue à la dernière soirée de la Clef des cœurs, et M. Narcisse Boulandais l'avait présentée à ses clients du sexe fort avec cette mention : Demoiselle,

24 ans, 500,000 francs; signe particulier : caractère enjoué; idéal : un écrivain naturaliste.

— Bon parti, reprit M. Gabriel Colasse, orpheline, pas de belle-mère, et cinq cent mille francs de dot... placés en fonds turcs, malheureusement...

— Ah! placés en fonds turcs?

— Oui... ça rapporte encore dans les quinze cents francs... tous les deux ou trois ans!

Après une après-midi entièrement consacrée aux jeux innocents avec les élèves et les sous-maîtresses du pensionnat et la dégustation des apéritifs préparés par M. Colasse, Cabassol et ses amis furent encore retenus pour le dîner, qui eut lieu sous une charmille éclairée par des lanternes vénitiennes.

Le dîner se prolongea un peu; le dernier tramway venait de passer, quand nos amis purent s'arracher aux étreintes de M. et Mme Colasse et aux invitations pour les dimanches suivants. Il fallut rentrer à pied, et, chose étrange, au

Liv. 89.

Castel-Bignol près Chatou.

sortir de cette soirée patriarchale, dans un pensionnat de demoiselles, ils se plaignirent d'avoir le pied un peu indécis et la tête lourde.

Ce même dimanche, si bien employé par Cabassol et les autres, Saint-Tropez, membre du Sous-Conseil de la Compagnie générale des tramways de Venise, l'avait passé à Castel-Bignol, commune de Chatou, département de Seine-et-Oise.

Castel-Bignol était et est encore un château non historique du goût moyen âge le pur, à créneaux, poivrières, machicoulis et pont-levis ; il ne lui manque guère pour être historique que d'avoir été assiégé par les Anglais, brûlé pendant les guerres de religion, démantelé par Richelieu, et rasé finalement par la Révolution comme tous les châteaux historiques qui se respectent, sans parler des garnisons égorgées et autres horreurs pittoresques si attrayantes pour le touriste et pour le penseur. Mais si tous ces agréments lui font défaut, ce n'est vraiment pas sa faute, mais bien celle des Anglais, des huguenots et de Richelieu, qui n'ont pas voulu l'attendre. Castel-Bignol date seulement de 1875, mais cela ne l'empêche pas de dresser des créneaux menaçants dans le ciel, et de refléter ses machicoulis dans la Seine ; cela ne l'empêche pas d'avoir une grosse tour intitulée donjon, une tour du Nord, une tour du Sud, et des tourelles confortables, dont les murailles abritent des chambres d'amis maigres ou de bonnes.

Popularité de Pontbuzaud.

Ce dimanche-là, nous l'avons dit, le seigneur châtelain de Castel-Bignol célébrait, en compagnie de nombreux amis, le succès des Tramways de Venise. Le monde était un peu mêlé, il y avait quelques coulissiers amis de Bignol, les membres du Sous-Conseil et quelques dames d'une situation vague, intitulées d'une façon bizarre, comme Mme *Jules* et Mlle *Emma Cassis*. Mais cela ne pouvait offusquer Saint-Tropez, simple célibataire libre de ses actions.

On avait déjeuné sur la plate-forme du donjon, au-dessus d'un pont-levis artistement imité ; après le déjeuner, deux amis qui avaient apporté des costumes de canotiers, passèrent leurs maillots et essayèrent sur la Seine le fameux modèle réduit de tramway-gondole, amené pour la circonstance dans le port de Chatou.

Les expériences marchèrent admirablement, et, sur le champ, d'autres convives de Bignol, quelque peu journalistes, écrivirent un compte rendu destiné à porter la joie dans le cœur des actionnaires de la Société.

Après un grand dîner sur l'herbe, l'embrasement du castel aux feux de bengale et un feu d'artifice sur la tour du Nord terminèrent la journée. Quelques personnes privilégiées furent invitées à coucher au château ; Saint-Tropez fut du nombre; il logea dans une tourelle à l'angle des remparts, et vu l'exiguïté du local, il fut obligé de dormir roulé en boule dans un lit rond, avec une meurtrière commandant le flanc Est du château, excellente pour la défense, mais assez gênante, au-dessus de son oreiller.

Saint-Tropez supporta sans se plaindre le vent coulis de la meurtrière, car dans le courant de la soirée, Bignol lui avait promis formellement de fixer dès le lendemain sa situation dans la fameuse affaire. En rêve, il se vit administrateur appointé au poids de l'or, et propriétaire d'un palais ducal de campagne bâti entre Bougival et Chatou.

Le lendemain, en fumant une cigarette sur le gazon du parc de Castel-Bignol, après le déjeuner, Bignol aborda enfin la question si intéressante pour Saint-Tropez, de la situation à lui trouver dans la Société.

— Mon très cher, dit Bignol, vous savez, entre nous, que notre émission a eu un succès faiblot... cela va nous mettre dans la nécessité de marcher avec une stricte économie dans les commencements... Vous savez, ce poste d'administrateur général, dont je vous ai parlé?

— Oui...

Partie de balançoire.

— Eh bien, je vais être obligé, par mesure d'économie, de le garder pour moi... je serai directeur et administrateur général... Il ne me faut plus qu'un sous-administrateur...

Soit, j'accepterai...

— Attendez... mais cette situation de sous-administrateur, elle est presque promise à une personne qui doit prendre une centaine d'actions... Vous en prendriez seulement cent cinquante que je ferais faux bond à cette personne...

— C'est que... diable... Tous mes capitaux sont engagés en ce moment, dit Saint-Tropez.

— C'est fâcheux, mon cher!... dans ce cas, je ne vois plus pour vous qu'une place de sous-caissier... — le caissier c'est moi... — c'est douze mille francs, la place de sous-caissier...

— Je la prendrai en attendant.

— C'est douze mille francs de cautionnement!... et 1,800 francs d'appointements...

Saint-Tropez, anéanti, se laissa presque tomber sur un massif de fleurs. Il allait repousser avec fierté l'offre outrageusement mesquine de M. Bi-

Arrivée des invités à Castel-Bignol.

gnol, lorsque le valet de chambre de Bignol vint apporter à son maître deux télégrammes et lui annoncer qu'un monsieur l'attendait au salon.

— Qu'est-ce que ce monsieur! il ne vous a pas remis sa carte? demanda Bignol.

— Ce monsieur m'a dit de dire à monsieur qu'il était huissier... Et il a parlé d'instrumenter...

— Huissier! instrumenter! qu'est-ce que cela? fit Bignol avec un froncement de sourcils olympien. Un huissier chez moi!... Venez donc, Saint-Tropez, vous allez voir comme je reçois ça!...

Saint-Tropez très intrigué, suivit le seigneur châtelain.

Le valet de chambre avait dit vrai, un monsieur à tournure d'huissier, accompagné d'un clerc, attendait dans le salon et commençait déjà à instrumenter.

— ..... *Parlant à la personne de Bignol sus-nommé*, dictait l'huissier, *j'ai, huissier, etc., etc...* Allons, maintenant, procédons... un piano en palissandre

Déjeuner sur la plate-forme du donjon.

et son tabouret, une table également en palissandre, un canapé, six fauteuils recouverts en tapisserie de Beauvais, un lustre...

— Halte-là! fit Bignol en entrant brusquement, vous allez un peu vite...

— Les délais de signification et d'appel du jugement du tribunal de commerce sont passés, dit l'huissier, il n'y a plus qu'à procéder à la saisie...

— Je ne vous dis pas le contraire! mais ce que vous saisissez là ne m'appartient pas, cet immeuble, monsieur, est la propriété personnelle de Mme Bignol, mon épouse, séparée judiciairement quant aux biens; de même tous les meubles sont à Mme Bignol... Mon cher monsieur, j'en suis bien fâché, mais je ne suis pas chez moi, je suis chez ma femme! Hélas! rien de ce qui est ici ne m'appartient... voici des actes authentiques qui le constatent... sur ce, j'ai bien l'honneur de vous saluer... vous pouvez décamper!

Et Bignol, entraînant toujours Saint-Tropez, passa dans sa salle de billard.

— Vous voyez, mon cher, il ne faut pas se laisser démonter; les huissiers n'avalent pas tout le monde! Pour une misérable créance de cent cinquante mille, un créancier ose menacer les meubles de Mme Bignol, c'est dégoûtant, parole d'honneur!... il abuse de sa situation de créancier! Est-ce qu'il croit être le seul? Il y a deux jours, j'en ai encore eu six à rembarrer!... Pour en revenir à notre affaire des tramways de Venise, ça marchera, mais nous avons un moment difficile à passer... une coalition de banques jalouses... Je viens précisément de recevoir un télégramme qui m'annonce que les actions sont en faiblesse marquée; elles sont à 12 fr. 25 au comptant; si j'ai un conseil à vous donner, c'est d'acheter... c'est le moment, tout fait prévoir une hausse formidable avant peu...

Saint-Tropez ahuri ne répondit pas.

— Et cette situation de sous-caissier avec cautionnement... acceptez-vous?

— Je réfléchirai! dit Saint-Tropez.

Et prenant rapidement congé de Bignol, il courut au chemin de fer pour s'en aller bien vite vendre les cinq actions des tramways qui formaient le reste de sa fortune.

V

Le dîner mensuel des Marseillais de Paris. — Où le romancier Cavagnous expose les principes de la littérature tempéramentiste. — Les saucisses du siège. — La poésie sur peau humaine. — Un homme politique.

Un beau jour Cabassol arriva joyeux au Debinard's club. Cette gaieté n'était plus dans ses habitudes; depuis quelque temps notre héros promenait avec lui une mélancolie fort lamentable née de ses revers de fortune, et cette mélancolie était partagée par Bezucheux de la Fricottière, par Lacostade, par Bisseco et par Saint-Tropez, tous en proie aux amertumes d'une cruelle et tenace débine.

— Grand Dieu! fit Bezucheux, après avoir un instant considéré son ami, tu ris, tu fredonnes des airs entendus jadis au temps de notre prospérité... aurais-tu recueilli un second héritage Badinard?

— Hélas! non! répondit Cabassol.

— Alors que signifie cette gaieté intempestive? est-ce pour insulter à nos chagrins?... ou bien, j'y pense, la Clef des cœurs t'aurait-elle enfin découvert une douce héritière?

— Hélas ! non !

— As-tu fait fortune à la Bourse, depuis hier soir ?

— Pas encore !

— T'aurait-on proposé un portefeuille ?

— Je l'attends toujours !... Ce n'est pas cela, je suis gai parce qu'il m'est né un...

— Grand Dieu ! un enfant?... le club des Débinards ne les reçoit pas !

— Non, un nouvel espoir. Une lueur rose apparaît à mon horizon... je dîne ce soir à l'*Huile !*

— Hein?...

— Je suis invité à dîner à l'*Huile*... tu ne connais pas l'Huile? vous ne connaissez pas l'Huile?

— Non !

— Le dîner mensuel des Marseillais de Paris ! Ce sont des agapes... de fraternelles agapes où se réunissent tous les mois les Marseillais... pas tous les Marseillais, il y en aurait trop ! mais la fleur des phocéens, la crème de Marseille ! Tous des gaillards, les dîneurs de l'Huile ! des hommes politiques, des peintres, des journalistes, des industriels, des ingénieurs, des chimistes, des boursiers réunis pour se soutenir, pour se serrer les coudes et s'aider à faire leur trouée dans le monde... La phalange macédonienne ! En avant, l'Huile ! en avant !

Logé dans la tourelle.

— Mais tu n'es pas Marseillais, toi ! fit Bisseco.

— Qu'est-ce que ça fait, je suis du Midi aussi, c'est la même chose ! je vais retrouver là un vieux camarade du quartier latin qui me présentera...

— Qu'est-ce qu'il fait ton ami? homme politique ou financier?

— Il est poète !

— Aïe !

— N'importe, je compte beaucoup sur l'*Huile* pour m'ouvrir une carrière... n'importe laquelle ! Voilà ce que je voulais vous dire, et maintenant je me sauve ! j'ai à peine le temps d'arriver !...

Le restaurant qui avait l'honneur de cuisiner une fois par mois pour les dineurs de l'Huile était en grande rumeur lorsque Cabassol y arriva. Un tel bruit sortait des fenêtres ouvertes du premier étage que, dès le bout de la rue, les passants inquiets levaient la tête. — C'est une noce, disaient les gens sans expérience, ou une réunion publique! Sur le trottoir, devant le restaurant, quelques badauds écoutaient vibrer les rrrr, rouler les syllabes à grand fracas et ronfler les terminaisons; Cabassol s'arrêta une minute pour écouter; c'était beau et c'était musical, les mots les plus pacifiques et les plus simples, des mots vulgaires et gnan gnan quand ils sont prononcés à la normande ou à la picarde, flambaient dans ces bouches méridionales et éclataient en consonnances héroïques.

Comment on reçoit les huissiers à Castel-Bignol.

On prenait le madère. Cabassol annoncé par son ami, fut admirablement reçu.

— Messieurs, cria le poète, écoutez-tous! je vous présente mon ami, le célèbre Cabassol, que vous connaissez pour ce fameux procès Badinard... Mon ami est un gaillard, il fait honneur au Midi... je propose de le recevoir immédiatement et sans le moindre stage membre de l'auguste société de l'Huile!

— Adopté!

— Très bien! Cabassol, tu es des nôtres! Allons, à la soupe, messieurs!

— Mon ami, dit Cabassol au poète, pendant l'éclaircie produite dans les conversations par le potage, tu m'as bien présenté à l'auguste assemblée, mais tu as négligé de me présenter un tant soit peu ces messieurs... Dis-moi au moins leurs noms...

— C'est vrai, j'avais oublié... je vais réparer, mon bon, je vais réparer! Voyons, calle-toi bien sur ta chaise si tu es sujet aux émotions,... tu as en ce moment l'honneur d'être assis entre deux muses, c'est-à-dire entre une muse et une demi-muse...

Le dîner de l'Huile.

— Bah !

— Entre la poésie aux ailes d'or et la prose aux... non, pas d'ailes ; la prose n'a pas d'ailes, elle a des pattes, c'est une muse qui est dans l'infanterie ! Les poètes, ce sont les escadrons volants et tourbillonnants de la cavalerie légère ; les prosateurs sont les fantassins de la littérature ! Veux-tu que je te lise quelque chose que j'ai fait là-dessus ! ce n'est pas bien long, 150 vers...

— Mais non, je te demandais...

— Ah ! c'est vrai. Je te disais donc que tu avais l'honneur d'être assis entre la poésie et la prose. La poésie, c'est moi ; la prose, c'est Cavagnous, le romancier Cavagnous, un animal qui a du talent !... un talent inférieur, naturellement, puisque c'est un prosateur, mais enfin un talent !

— Attends donc, il me semble que

Le chimiste Estrambillas méditant l'invention des saucisses de siège.

j'ai lu quelque chose de lui... une nouvelle !... mais je ne suis pas sûr...

— Ça t'avait-il embêté ?

— Oui...

— Alors, c'était de lui... c'est son genre. La vie est embêtante, la littérature doit être embêtante, c'est son principe... veux-tu que je lui fasse exposer ses principes !

— Non.

— Tu as raison ! reste idéaliste comme moi ! je vais te lire un sonnet que j'ai précisément sur moi !...

— Plus tard, mon ami ! tu oublies de continuer les présentations...

— C'est juste ! à côté de Cavagnous, tu vois cette sale tête ? Oui, eh bien, c'est mon ami Coriolan Bellouquès, l'illustre compositeur ! oh ! ces canailles de musiciens! Lui, c'est mon ami, je lui pardonne, mais les autres, quels misérables! tu n'es pas musicien, j'espère?

— Dieu m'en garde!

Lully.

— Hein! sont-ils assez encombrants! On leur bâtit des opéras qui coûtent soixante-quinze millions et ils ne sont pas encore contents, ils faut qu'ils nous prennent nos théâtres, ils faut qu'ils volent la littérature! Crois-tu qu'il ne serait pas infiniment plus beau et plus profitable de consacrer à la poésie un monument qui est comme un poème de marbre, un monument qui a un si bel escalier, avec des colonnes majestueuses comme des alexandrins?... je demande qu'on l'enlève aux musiciens et qu'on nous le donne, on n'y jouerait que des pièces en vers... j'en ai une toute prête, moi, cinq actes en vers! il faut que je te lise un fragment du troisième acte qui soulèvera la salle...

— Non, je la verrai jouer ta pièce... j'aime mieux ça... ne la déflore pas!

— Elle attend son tour aux Français... c'est long, il y a quelques vieux reçus avant moi... je ne peux pas pourtant les tuer, n'est-ce pas? On nous ficherait l'Opéra, que ça m'éviterait d'avoir de mauvaises pensées sur la vie de mes confrères! Mais les musiciens le tiennent et ce qu'ils tiennent ils ne le lâchent plus!...

Le troubadourisme.

Vois-tu, mon ami, le grand siècle n'a été le grand siècle que parce qu'il n'y avait pas de musiciens; s'il y en avait eu, Corneille, Racine, Molière eussent été étouffés! Mais il n'y avait qu'un musicien, Lully, et il était cuisinier!... On les maintenait à leur rang dans ce temps-là; aujourd'hui, c'est fini, ils tiennent tout! Ce doit être la faute à 89! Et les chanteurs, donc! quand un monsieur ou une dame se trouvent posséder un gosier dont la structure leur permet de pousser fort et longtemps des piaillements mélodiques, il leur semble que le gouvernement doit se jeter à leurs pieds et les supplier de fouiller dans le budget... Et je ne te parle pas des pianistes... il n'y a plus que de ça! je ne marie pas pour ne pas introduire de piano dans mon domicile!

— Je t'approuve!

— Ça ira mal, mon bon, ces insatiables musiciens finiront par tout absorber... tout, tout, tout, les théâtres, l'argent, les places... il suffira d'avoir

Le perruquisme.

Le folichonnisme.

composé une valse pour être décoré et l'on prendra les sous-préfets au Conservatoire dans la classe de piano! Je te le dis, nous serons gouvernés un jour par les musiciens!...

— Ah non! il y a les avocats, d'abord!

— Est-ce que ce n'est pas déjà une espèce de musiciens?... Laisse-moi exécrer les musiciens en masse!... Je n'excuse qu'une espèce de musique, je n'admets qu'une sorte d'instrument : la clarinette, avec accompagnement de caniche! Pour les autres, si j'avais le pouvoir une seule minute, je sais bien ce que je ferais!...

Le romantisme.

— Que ferais-tu?

— Je prendrais une bonne mesure de salut public.. Je déporterais tout ça en Océanie... dans une île quelconque, mais malsaine! Hélas, j'ai peur de ne voir jamais cela... les musiciens continueront à tout envahir, à tout absorber... attends, je vais faire parler Bellouquès, tu vas voir comme ils sont absorbants!

Le poète se pencha vers le compositeur et lui cria :

— Dites donc, Bellouquès, et votre opéra? ça marche-t-il?

— Mon cher, répondit le compositeur interpellé, c'est ce que j'étais en train de raconter à nos amis... Mon opéra est achevé, dernièrement au ministère des beaux arts, j'en ai joué quelques morceaux, et le ministre m'a dit, en confidence, que dans la prochaine fournée de croix... Vous comprenez?

— Comment, vous ne l'aviez pas encore?

— Mais non, c'est insensé! Négligence de ma part... pour en revenir à mon opéra, Chose, le directeur de l'opéra, me l'avait demandé plusieurs fois... hier encore, je le rencontrai dans le monde, et il me dit : — Eh bien? et votre grande machine, cette œuvre que toute l'Europe musicale attend? Et je dus lui répondre : mon cher, j'ai fait la bêtise de la promettre aux Folies-Bergère, je suis esclave de ma parole...

Le Réalisme.

— Tu vois, dit le poète à Cabassol, ils absorbent tout, même les Folies-Bergère!... à propos, j'ai un sonnet intitulé l'*Heure du berger* aux Folies-Bergère... il faut que je te le lise!...

— Non, dis-moi plutôt quel est le monsieur qui est à côté de Bellouquès?

— C'est Narcisse Estrambillas, l'illustre chimiste!

— Connais pas!

— Tu ne le connais pas? tu m'étonnes...

— Qu'est-ce qu'il a donc fait? Est-ce que ce serait lui qui aurait inventé l'oxygène et l'hydrogène?

— Non, ce n'est pas lui, mais c'est un malin... d'abord il a eu une idée...

— Ça, c'est beau!

— Et de cette idée il a su extraire une fortune! C'est une belle opération, ça. Quand je te dis que c'est un malin, je n'exagère pas! C'était pendant le siège de Paris, on avait faim... un hareng-saur par tête et pour trois jours, c'était sec!... alors Estrambillas s'est dit : Il n'y a que la science qui puisse nous tirer de là... puisqu'il n'y a plus moyen de faire de la cuisine, faisons de la chimie!... Il avait raison : qu'est-ce que la chimie, sinon de la cuisine supérieure!...

— Pardon, c'est la cuisine qui est de la chimie supérieure!...

— Soit. Alors Estrambillas s'est mis à chercher, pour la Patrie! C'est une nuit qu'il était de garde aux remparts que la grande idée lui est venue; le matin, il a reporté son fusil, et il est parti réquisitionner chez tous les marchands de jouets d'enfants toutes les balles élastiques et tous les ballons de caoutchouc; il a ajouté à cela tous les chapeaux cirés et tous les manteaux de caoutchouc qu'il a pu trouver...

— Pourquoi faire, grand Dieu?

— Tu ne devines pas ! tu n'es pas chimiste ! Pour faire une mixture !... il a fondé immédiatement une usine de produits alimentaires... Balles élastiques, ballons, manteaux de caoutchouc, tout cela a été fondu, il a ajouté un peu de glycérine, quelques ingrédients, du sel, du poivre et il a fabriqué des saucisses patriotiques, des saucissons nationaux et des andouilles de siège! C'é-

Estelle la jaunisse.

tait dur, mais très nourrissant ! Il fallait de la persévérance pour en venir à bout, mais cela faisait oublier, pendant ce temps-là, les horreurs du siège !... Estrambillas a été décoré et ses andouilles en balles élastiques, à 7 francs le kilo, lui ont donné en trois mois une jolie fortune... Après le siège, il s'est fait fabricant de râteliers... Pour réparer le dégât causé dans les mâchoires par ses saucisses patriotiques, il a fabriqué, avec une composition de son invention, des dents inaltérables et incassables, à l'épreuve des sièges?...

— Quel génie ! quel dentiste ! comme disait Dupuis dans les Trente millions de Gladiator, il n'y a que lui !

— Non, il n'y a pas que lui, nous sommes tous comme ça dans le Midi.

Le poète fut interrompu dans ses présentations, le romancier Cavagnous venait de susciter une discussion générale sur la littérature, et comme de juste, il écrasait par des arguments sans réplique les imprudents qui osaient n'être pas tout à fait de son avis.

— Vous direz tout ce que vous voudrez, mais si vous méconnaissez le caractère du mouvement littéraire actuel, vous êtes des rétrogrades, des académiciens dignes de porter perruque, de simples fossiles, des phénomènes à mettre en bocal... Le naturalisme est enterré ! c'était une forme du romantisme, ça n'avait rien de précis ni de positif; sous une étiquette d'un vague agréable et commode, les naturalistes faisaient de la pure fantaisie... Le temps est à la littérature positive et certaine comme une science exacte, c'est-à-dire au tempéramentisme !... C'est net, cela, le nom seul est une définition ! Nous avons eu le perruquisme, la littérature du grand siècle, solennelle et assommante, dont la manifestation suprême est la tragédie. Après le perruquisme est venu le folichonnisme qui a pris les trois quarts du dix-huitième siècle, puis l'embêtantisme ou le prêchi-prêchatisme avec Rousseau et les autres, — le troubadourisme de l'Empire, des beaux Dunois en prose et en vers bons tout au plus à envelopper des chandelles et à faire des cornets pour le tabac à priser, — le romantisme, une effroyable consommation de princesses, de ribaudes, de malandrins, de haches, de poignards, de hallebardes, une orgie fantastique et surhumaine de poisons variés où les héros après avoir ingurgité des flacons de liqueur des Borgia, se roulent sans peur et sans coliques aux pieds des nobles dames peu farouches !... Le réalisme, des adultères d'épicier racontés avec tranquillité et enfin le naturalisme qui n'était que du réalisme romantique, quelque chose de bâtard que nous avons remplacé par le tempéramentisme !... L'étude des tempéraments, voici la formule nouvelle ! c'est la littérature de l'avenir...

— Permets, mon bon... fit le poète.

— Toi, tu n'es qu'un vil idéaliste, gratte ta lyre...

— Oui, je veux gratter ma lyre, et c'est pour cela que je proteste !... S'il n'y a plus que l'étude des tempéraments, que devient la poésie ?... et que deviendront les poètes ?

— Qu'ils se fassent clercs d'huissier et qu'on n'en parle plus !

— Je ne nie pas l'importance de l'étude des tempéraments, mais je nie qu'il n'y ait que cela...

— Il n'y a que cela, te dis-je, le reste n'est que fadaises !... Il n'y a que cela de vrai, de net, de précis ! chacun de mes livres est consacré à l'étude d'un tempérament principal autour duquel gravitent d'autres tempéraments... Je fais ainsi un livre bilieux, nerveux, sanguin ou lymphatique, ou nervoso-bilieux, ou sanguino-nerveux, etc., etc. Je mets aux prises deux tempéraments différents et je montre comment, par la seule force des tempéraments, les choses doivent tourner...

— Et l'amour ? fit le poète.

— Idéaliste incorrigible, puisque je te dis qu'il n'y a que des tempéra-

Le volume du poète.

ments! Mon pauvre ami, tu ignores donc que pour avoir des succès dans le monde, il est inutile d'être un don Juan, un mousquetaire? Sache qu'il suffit d'être un tempéramentiste sérieux! J'écris en ce moment un roman chaste, mon héros est lymphatique et mon héroïne est bilieuse; il l'aime pendant quarante ans sans lui manquer de respect une minute, et elle, de son côté, l'adore sans marquer d'impatience.

Les tempéraments seuls expliquent ces gens si vertueux. Un héros ner-

Liv. 91.

veux aurait manqué de respect avant huit jours et un héros sanguin n'aurait pas attendu plus de deux heures !

— Très bien ! dit un monsieur à l'autre bout de la table, moi qui ai étudié la médecine avant de me jeter dans la littérature, j'approuve complètement les théories de notre ami Cavagnous !

— Quel est celui-ci? demanda Cabassol au poète.

— C'est Joséphin Bidachon, un romancier aussi... il est docteur en médecine, c'est ce qui explique que, dans ses romans, il s'est voué plus spécialement à l'étude des maladies...

— Je suis tempéramentiste aussi, reprit Bidachon, mais comme mes premières études ont porté surtout sur les malaises et maladies résultant de défauts d'équilibre et de proportion dans l'économie des tempéraments, je fais des romans médicaux...

— As-tu terminé *Estelle la Jaunisse*? demanda Cavagnous.

— A peu près ! j'en suis aux derniers chapitres...

— Pardon, cher maître, qu'est-ce que cette Estelle la Jaunisse? demanda Cabassol.

— C'est l'histoire d'une de mes maîtresses, une très belle femme minée par la bile !... Ça va paraître dans la *Revue tempéramentiste* d'abord et ensuite en volume. C'est un manuel des maladies du foie et de la rate, sous forme de roman, avec étude et description des symptômes, traitement, etc., etc. Car, je donne des ordonnances dans mon livre... c'est là mon originalité, je donne des ordonnances ! Pauvre Estelle ! je l'ai bien aimée !... Dieu ! qu'elle avait des moments désagréables !... C'était sa maladie... elle m'aimait, me trompait, m'exécrait, m'adorait suivant les diverses phases de cette maladie... Je crois pouvoir me permettre de qualifier mon œuvre d'étude magistrale... si la critique, encore infectée de vieilles idées rancies, ne ratifie pas, je me console, j'ai l'avenir pour moi !

— Nous avons l'avenir ! s'écria Cavagnous, l'avenir sera tempéramentiste ou il ne sera pas !

— Comment ! reprit Joséphin Bidachon, on me discute le droit d'avoir des héros malades !... C'est un peu fort ! on admet le héros poitrinaire, mais on ne va pas au delà ! je prétends, moi, qu'un héros diabétique ou fiévreux ou rhumatisant ou asthmatique ou n'importe quoi, enfin, est tout aussi intéressant... Et je le prouve !

— Elles avalent trop de médicaments, tes héroïnes, fit le poète ; trop de sinapismes sur tes héros... Pouah ! vive la poésie ! il en faut pour nous remettre le cœur...

— Avec ça que la foule a l'air de se jeter sur votre poésie...

— Parbleu, elle est tout à vos cataplasmes littéraires... mais nous avons un public choisi, écrémé, un petit groupe d'élus qui vaut plus que toute votre tourbe...

— Vos volumes de vers tirent à six exemplaires... quand ils paraissent !

— Tu dis cela pour mon volume à moi, n'est-ce pas? apprends que *Râles et Sourires*, mon volume de vers, n'a été retardé que par suite de certaine

Cette brute s'obstine à ne pas m'accorder la main de sa fille.

difficultés de tirage, difficultés que tu comprendras, quand tu sauras que mes *Râles et Sourires* doivent se tirer à mille exemplaires numérotés et parafés, qui se décomposent ainsi :

500 exemplaires sur papier de chine.
475 — sur satin.
10 — imprimés sur peau de guillotinés contemporains.
10 — imprimés sur peau féminine (marquises ou duchesses galantes du siècle dernier).
4 — imprimés sur peau de suicidées par amour.
1 — imprimé sur peau de courtisane Vénitienne de la Renaissance.
plus 1 tatoué sur peau féminine, réservé pour l'auteur.

Tu comprends que tout cela n'a pas été facile à trouver ! la peau de courtisane vénitienne, c'est une occasion, mais le reste, que de pas et de démarches pour le découvrir, que de soins pour faire préparer convenablement...

— Eh ! mon bon, cria un voisin du poète en frappant sur la table, j'ai envie de te léguer ma peau... tu ferais tirer un exemplaire de plus sur peau de suicidé par amour...

— Comment s'appelle celui-là ?... demanda Cabassol.

— Je ne sais plus... un de mes amis, nous nous tutoyons, mais je ne sais pas son nom...

— Oui, j'ai de violentes peines de cœur, reprit le monsieur, figure-toi, mon bon, que le père de ma douce fiancée élève des difficultés... je te l'ai déjà raconté, qu'il élève des difficultés?

— Non!

— Cet homme, cette brute, s'obstine à ne pas m'accorder la main de la jeune fille, sous des prétextes ridicules!... il dit que je n'ai pas le sou! hier encore, j'eus beau lui crier : j'apporte cinq cent mille francs! c'est une somme ça! le double de la dot de votre fille!... Voyons, le gouvernement a-t-il promis cinq cent mille francs à celui qui trouverait le remède contre le phylloxera! oui, n'est-ce pas? Eh bien, je suis sur la piste! Encore quelques petites choses à trouver et je tue le phylloxera, net, comme un lapin! Vous voyez bien que les cinq cent mille francs sont à moi!... L'imbécile s'obstine dans son refus!... C'est embêtant parce que ce souci me gêne dans mes recherches... mais je me vengerai, quand j'aurai touché mes cinq cent mille francs je n'en voudrai plus de sa fille, à ce millionnaire imbécile! Je ne suis pas millionnaire en ce moment, moi, mais c'est parce que mon père était un artiste... il a toujours préféré l'art aux gros sous!

— Mais tu nous avais dit que ton père était négociant?

— Vous croyez? c'est que je me serai trompé, j'aurai voulu dire architecte, puisque c'est lui qui aurait dû bâtir un monument qui fut projeté vert 1850... je ne sais plus ce que c'était, mais...

— Mais, je l'ai connu ton père, cria le romancier Cavagnous, il était boulanger!...

— Il était boulanger à ses moments perdus... mais il a toujours eu du goût pour l'architecture, même que notre bastide fut construite sur ses plans... même qu'elle s'est écroulée...

— Ah!

— Oui, mais c'était le mistral!

— Assez de littérature! dit un homme sec, noir et barbu, c'est beau la littérature, mais dans notre siècle éclairé, il n'y a plus que la politique pour remuer les masses! vous autres, romanciers et poètes, vous vous figurez que vous êtes quelque chose pour la foule? allons donc! il n'y a plus de lecteurs, il n'y a que des électeurs! Un conseiller municipal passionne les masses plus que vous!

— Ça, c'est Tibulle Montastruc, journaliste et homme politique! dit le poète à Cabassol, un malin!

— Oui, un malin! fit Tibulle Montastruc, qui avait entendu, l'homme politique, mes enfants, c'est le roi du jour! à nous les places, les honneurs, les portefeuilles, à nous tout! C'est une belle carrière quand on est né malin... mais il faut être né malin. Vous croyez que je vais m'éreinter le tempérament, me démolir la cervelle à des études longues et fastidieuses pour arriver à être médecin, ingénieur, artiste, ou n'importe quoi? allons donc! moi malin, dès le collège je me suis destiné à la politique!... papa, qui est un vieux roublard, a dirigé mon éducation de ce côté-là... dès ma plus tendre enfance, il m'a appris à parler au peuple, papa! Faites donc de la politique, mes enfants, il en est encore temps!

— C'est une idée! dit Cabassol.

— Papa m'a dit : pour point de départ, il faut être avocat ou journaliste...

Une révolution de collège.

de son temps, en 48, c'était déjà comme ça! Moi malin, je suis avocat, et journaliste... aussi je vais plus vite: je serai conseiller municipal à Paris avant trois mois!... Pour le moment je suis socialiste, c'est de mon âge!

— Comment de votre âge?

— Oui, je n'ai pas encore trente ans, quand on reste socialiste passé trente ans, on devient une vieille barbe, bon tout au plus à faire un conseiller municipal et rien que ça! je suis socialiste et révolutionnaire... parce que j'ai droit à ma révolution comme tout le monde! En 70 j'avais dix-sept ans, je n'ai pas pu me lancer dans la carrière... j'ai dû me contenter de proclamer la république au collège et d'arrêter les pions... j'ai sollicité une sous-préfecture qu'on ne m'a pas accordée, mais je me rattraperai! Il me faut ma révolution, chaque génération a la sienne... Est-ce qu'on a le droit de priver une génération de sa révolution?... Je le crie tous les jours dans le *Branlebas*, journal des revendications sociales... Voilà huit ans que je suis sur la brèche, que je parle au peuple en toute occasion: dans les réunions publiques, — je tonne superbement — aux enterrements des vétérans des barricades, — j'enterre admirablement... — aux banquets des Droits de l'homme, des Droits de la femme, des Amnistiés, des Amis de la paix, des Combattants, etc., etc. — je porte des toasts si remarquables! je plaide pour les démocrates persécutés, pour les journalistes poursuivis, je fais du bruit, je donne de l'éclat

J'écrase le ministère public.

à leurs malheurs, je fulmine contre le pouvoir et contre la réaction, je fais de brillantes professions de foi et pour quelques mois de prison de plus récoltés par mes clients, j'écrase le ministère public!... Quelle popularité, mes enfants, quelle popularité! A Belleville, à Javelle, à la Villette, on me vénère, on me tiraille, on se m'arrache pour présider des réunions, des banquets, des comités électoraux! il n'y a pas une conférence au profit de n'importe quoi, qui puisse se passer de ma présidence, même honoraire! L'année dernière encore, dans les clubs, on me nommait seulement assesseur, maintenant je suis monté en grade, je préside et comme je suis pour les droits de la femme, je fais régulièrement nommer des assesseurs féminins... c'est plus gai! La citoyenne Croulebarbe ou la citoyenne Constance Lecamus! La citoyenne Croulebarbe, ancienne cantinière de la garde nationale, m'adore; la citoyenne Constance Lecamus, présidente de la société des revendications féminines, a de la méfiance... elle est pour la prépondérance féminine en politique comme en tout et elle m'en veut de mon influence sur le peuple! mais la citoyenne Croulebarbe, une naïve barricadière, me trouve beaucoup de prestige... je suis sûr que je dois hanter ses rêves!... Elle ne manque pas une de mes réunions, m'apporte de gros bouquets ou des pièces de vers de treize pieds et, en fin de compte, serait heureuse de faire impression sur mon cœur... pour devenir un jour présidente de la République!

Je porte des toasts remarquables.

Brave citoyenne Croulebarbe!

— Bon, tu n'es pas encore président de la République!

— Je suis sur le chemin, mon bon! Trois quartiers de Paris se disputent l'honneur de m'envoyer au conseil municipal... C'est une affaire réglée, je le serai dans trois mois, j'ai choisi mon quartier, je n'ai pour concurrent qu'un grand industriel sans passé politique... je le battrai à plates coutures, je tra-

Je préside admirablement.

vaillerai consciencieusement mon arrondissement et aux premières élections législatives je serai député... Et allez donc !... Mes enfants, je serai forcé de vous quitter de bonne heure, je préside honorairement la réunion des socialistes de Ménilmontant... La citoyenne Croulebarbe m'attend à 10 heures pour me remettre une couronne civique et me lire une pièce de vers !...

— Hourra! vive la politique! vive le futur président Tibulle Montastruc !
— Vive la littérature tempéramentiste ! crièrent les romanciers.
— Vive la poésie ! cria l'ami de Cabassol.
— Vive la peinture ! vive la chimie ! vive l'huile ! hurlèrent les dîneurs.
— Tas de blagueurs ! cria un individu en passant la tête par une porte du fond de la salle.

Les dîneurs de l'huile se jetèrent sur une corbeille de petits pains et bombardèrent l'intrus qui rentra vivement la tête.

— Qu'est-ce que cela? demanda Cabassol.
— Ça, répondit l'homme politique, c'est un monsieur du dîner du *Cidre*, la société des Normands et Bas-Bretons de Paris... c'est dégoûtant, le Cidre a choisi le même jour que nous et le même restaurant pour ses dîners, et ils se permettent quelquefois d'interrompre nos discours par des observations déplacées! ils nous appellent souvent blagueurs!... Ces gens du Nord ont du coco dans les veines, il n'est pas étonnant qu'ils aient la tête plus froide que nous...

La conversation interrompue par le dîneur du Cidre reprit de plus belle ; les interpellations se croisèrent, des dialogues à tue-tête s'établirent d'un bout de la table à l'autre, par-dessus et à travers la discussion générale. Cabassol, présenté par son ami le poète à l'homme politique, se monta au diapason général et se découvrit tout à coup des idées politiques, sociales et humanitaires qu'il ne se connaissait pas la veille.

— Voulez-vous être du journal? lui demanda Tibulle Montastruc à brûle-pourpoint.

— Du *Branlebas?*

— Mais non! je quitte le *Branlebas* et je fonde l'*Éclair*, grand journal politique quotidien à dix centimes.

— J'en suis! fit Cabassol.

— Le patron politique du journal, celui qui a fait ou recueilli les fonds, c'est Ernest Savoureux, le député... il est en passe d'obtenir un portefeuille un de ces jours ; l'*Éclair* est fondé pour soutenir sa politique et éreinter celle des autres. Ça vous va?

— Parbleu!

— Bon! notre ami dit que vous avez du talent, nous le verrons bien. Pour débuter, vous ferez la Chambre!...

Cabassol était satisfait. Vive l'*huile!* Il avait enfin une position sociale, il était journaliste. Le cœur rempli d'une douce gaieté, il se lança à corps perdu dans la conversation, raconta ses aventures dans l'affaire de la succession Badinard, et se sentant autorisé par la réunion, il ne se gêna pas pour les enjoliver d'épisodes brodés avec verve.

Chaque fois que les dîneurs du Cidre entr'ouvrirent la porte pour jeter à la tête de la société le mot, « tas de blagueurs! » il riposta par des petits pains, des verres et des invectives énergiques. — A deux heures du matin, après avoir pris rendez-vous avec son nouvel ami l'homme politique, revenu de sa réunion des socialistes de Ménilmontant, il rentra chez lui, l'esprit tout entier tourné vers les revendications sociales, les droits de l'homme, ceux de la femme, et les agréments de la politique.

Tas de blagueurs.

LA GRANDE MASCARADE PARISIENNE

— Mon valet de chambre a fait des gracieusetés.

VI

La suprême ressource de Lacostade — Le corset est-il une cuirasse ou bien un simple objet de toilette. — Négociations délicates.

C'en était fait, depuis un mois Cabassol était journaliste. Il avait une position sérieuse, susceptible de devenir une situation considérable.

Ses infortunés amis étaient loin d'avoir la même chance : Bezucheux de la Fricottière, si brillant jadis, demeurait petit rentier et végétait tristement en haut de son perchoir, avec les deux cents francs versés mensuellement par son conseil judiciaire.

Saint-Tropez, échappé des tramways de Venise, n'était même plus petit rentier : ses actions de la société Bignol avaient été vendues au prix dérisoire de 7 fr. 25 l'une. — Ce désastre l'avait dégoûté des affaires financières et il s'accrochait désespérément à un parent député influent, pour attraper une place quelconque dans l'administration, sous-préfecture ou bureau de contributions.

Lacostade attendait aussi une occasion de mettre ses facultés au service de n'importe quoi. Le gouvernement, un jour ou l'autre, devait rougir de laisser en jachères ces puissantes facultés ; en attendant les fonds continuaient à baisser avec un acharnement déplorable.

Heureusement, Lacostade possédait une suprême ressource. Comme Bezucheux, dévoré par la mélancolie, s'étonnait et s'indignait, de voir son ami supporter son fardeau de chagrins avec une stupéfiante sérénité d'âme, Lacostade lui révéla l'existence de cette ressource jusque-là bien cachée, sans vouloir s'expliquer clairement sur sa nature.

— Tu verras toi-même, je ne te dirai rien, tu verras! disait Lacostade, tout est chez moi dans une pièce de mon petit appartement!...
— Courons! volons! s'écria Bezucheux.
— Courons! répéta Lacostade.

Lacostade avait déménagé aussi depuis ses malheurs, depuis le triste matin où un huissier sans entrailles avait saisi son opulent mobilier, au grand effroi d'une dame aimable et candide qui avait eu un instant peur d'être comprise dans la saisie. Tout avait été vendu, et la liquidation de la situation avait à peine laissé quelques billets de cent francs à la malheureuse victime.

Le nouvel appartement de Lacostade se composait de deux chambres dégarnies et d'une pièce meublée avec négligence d'un lit, d'une table, d'un secrétaire, de quelques sabres de différents modèles, d'une cuirasse et d'un casque, — le strict nécessaire enfin. Le groom et le valet de chambre étaient remplacés de temps en temps par le concierge qui montait donner des coups de plumeau aux meubles de notre ami, lorsque la poussière menaçait d'en ternir l'éclat.

M. Quillebart.

Inutile de dire que la dame candide épouvantée jadis par l'huissier, avait cessé d'embellir le domicile de Lacostade. L'huissier fait fuir ces oiseaux charmants; on devrait en planter de distance en distance dans les blés en guise d'épouvantail.

— Eh bien, où est-elle, cette ressource suprême? demanda Bezucheux en inspectant l'appartement de son ami.

— Suis-moi, dit Lacostade, et excuse la nudité de ces murailles, j'oublie tous les jours de passer chez mon tapissier... maintenant, regarde, voici la chose!...

Dans la dernière pièce de l'appartement, quatre immenses caisses en bois blanc remplaçaient le mobilier absent.

— Voilà! répéta Lacostade en frappant sur les caisses avec sa canne.
— Qu'est-ce qu'il y a dedans? demanda Bezucheux.
— Notre suprême ressource, te dis-je!
— De l'argenterie?
— Non.
— Des lingots?
— Non. Regarde!

Et Lacostade fit sauter le couvercle d'une des caisses.
— Des corsets! s'écria Bezucheux.

— Chaque fois que j'aimais, je faisais broder un cœur enflammé...

— Oui, mon ami, des corsets de tous les modèles, des corsets élégants, brodés, soutachés, garnis de dentelles, des corsets, enfin, dignes d'envelopper et de contenir les charmes des plus belles et des plus nobles dames.... admire, mon ami, admire !
— Un peu défraîchis, mon bon !
— Qui ça ? les nobles dames ?
— Non ! les corsets !
— Cela vient de ce qu'ils ont été portés...
— Portés ? Ce sont des corsets d'occasion ?...
— Non ! Ils ont été portés, en effet, mais au mont-de-piété seulement. Contemple ! admire ! Ce corset bleu irait délicieusement à une blonde... ah ! j'ai connu certaine blonde qui lui eût fait honneur ! Et ce noir et jaune !... admire ! n'éveille-t-il pas l'idée d'une brune à la peau ambrée, campée sur des hanches de déesse... Et celui-ci... je le vois, moi, encadrant superbement les

opulences d'une poitrine de neige... Et cet autre, je l'aperçois, essayant de comprimer...
— Tais-toi!
— ... de comprimer les battements d'un cœur éperdu! Mon ami, c'est ma seule distraction dans mes revers; quand je m'ennuie, je contemple mes corsets, et, par une sorte de seconde vue, il me semble les voir, avec tous leurs accessoires ordinaires, rendus à la destination à laquelle les coups du sort les ont pour un temps arrachés, et remplissant leurs devoirs de corsets...
— Et que vas-tu en faire?
— Parbleu, je vais les vendre! je les ai suffisamment contemplés, je vais m'en séparer!
— Tu vas t'établir marchand de corsets? Ce n'est pas un métier désagréable...
— Je le pourrais. J'ai tout un fond de magasin : sept cent quatre-vingt-trois corsets! Mais je préfère les vendre en bloc.
— Mais d'où tiens-tu tous ces corsets?
— Mon cher, c'est toute une histoire. Il y a huit ans que je les ai...
— Et tu nous les as toujours cachés!
— Je les conservais, te dis-je, comme une ressource en cas d'embarras financiers. Je les tiens d'un homme que tu as sans doute connu, car il a été et il est encore, sans doute, la Providence de la jeunesse en proie à des désastres de baccarat. Un jour que j'avais besoin de quelques centaines de louis, j'allai le trouver. Ce digne homme consentit à me prêter vingt-cinq mille francs sur billets à trois mois. Je reçus deux mille francs en argent et vingt-trois mille francs en corsets...
— Très bien, je comprends!
— Mon bienfaiteur m'expliqua que, faute d'argent comptant, il était obligé de me donner ces corsets, mais que, moyennant une petite commission, il allait s'occuper de me les placer...
— Et tu les as encore?
— Huit jours après cette petite négociation, mon usurier m'annonça un compère, qui m'offrit juste cinq mille francs de mes vingt-trois mille francs de corsets... et encore la Providence de la jeunesse réclamait cinq cents francs de commission, ce qui ne faisait plus que quatre mille cinq cents... J'allais accepter, lorsque le compère parla de faire des billets à quatre-vingt-dix jours... Savoures-tu leur petite opération?
— J'en ai savouré d'équivalentes, répondit Bezucheux.
— Je les flanquai tous deux à la porte et je gardai les corsets. Depuis, chaque fois que je fus quelque peu gêné, je les envoyai au clou, et l'on me prêta régulièrement, sur mon fonds de magasin, quinze cents ou deux mille

— Le corset est une cuirasse.

francs! J'avais huit cent vingt corsets, il m'en reste sept cent quatre-vingt-trois...

— Qu'as-tu fait des manquants?

— J'ai fait des gracieusetés avec... J'en ai distribué un peu à tort et à travers... Chaque fois que j'aimais, j'entamais mon fonds de magasin... je faisais broder un cœur enflammé — c'était ma marque — sur un de ces corsets, et je l'offrais à ma belle en la suppliant de le porter tant qu'elle m'aimerait...

— Ah! grands dieux! j'ai connu un de ces corsets! C'était...

— Misérable, ne me dis pas le nom de celle qui le portait... laisse-moi mes illusions, au moins!

— Alors, il manque trente-sept corsets à ton fonds de magasin... tu as aimé trente-sept fois depuis huit ans!

— Attends! j'ai renouvelé plusieurs corsets, cela diminue le chiffre, et j'ai toujours soupçonné mon valet de chambre d'avoir fait, de son côté, des gracieusetés aux dépens de mon fonds de magasin... Aujourd'hui, hélas! l'instant me semble venu de me séparer de mes corsets... Mon rêve eût été d'arriver à les placer tous avec des cœurs enflammés, comme les trente-sept premiers, mais je dois renoncer à cette idée... Au lieu de sept cent quatre-vingt-trois jolies clientes, c'est un vulgaire acheteur que je cherche! je les ai déjà proposés aux grands magasins de nouveautés, mais on les a trouvés trop défraîchis !

— Diable !

— J'ai envie d'aller retrouver ma Providence d'il y a huit ans... Mes corsets, quoique défraîchis, pourront encore servir à ses opérations... je tâcherai de l'attendrir.

— Hem !... Ah ! mon ami, il me vient une idée... laisse-moi faire... je vais aller ce matin trouver ton homme pour lui parler d'un petit emprunt... il me remettra à deux ou trois jours, pour les renseignements, mais, dans l'intervalle, tu te présenteras avec tes corsets. Dans l'espoir de recommencer à mes dépens l'opération qui lui a si bien réussi avec toi, il te les prendra...

— Bezucheux, tu finiras dans la haute diplomatie ! Cours vite chez mon usurier, j'attendrai ton retour dans les transes.

Lacostade, pour distraire son impatience, entreprit un grand rangement et un époussetage général des corsets ! Hélas ! en passant la revue de ses richesses, il s'aperçut avec terreur que ses corsets, outre leur manque de fraîcheur, étaient aussi bien passés de mode. Depuis huit ans, la mode avait eu le temps d'inventer bien des enjolivements nouveaux et bien des fioritures inédites.

Enfin Bezucheux revint.

— C'est fait ! cria-t-il en ouvrant la porte, tu vas pouvoir aller chez ton usurier proposer tes corsets... Mais, auparavant, apportons les caisses dans ton antichambre pour que l'homme, si tu le ramènes, ne puisse apercevoir les pièces que ton tapissier néglige de meubler. Tu comprends que s'il pouvait se douter de la profondeur de ta... gêne, il t'offrirait un prix dérisoire de ton fonds de magasin.

— Bezucheux, tu penses à tout !... quel ambassadeur tu ferais !

Lorsque, sur la recommandation de Bezucheux, les caisses furent amenées dans l'antichambre, Lacostade partit à son tour pour entamer la grande négociation. L'usurier refusa d'abord, se plaignit beaucoup de la dureté des temps et se déclara tout à fait dégoûté des affaires par la noire ingratitude des gens qu'il avait la manie d'obliger. Puis, sur les instances de Lacostade, il consentit à voir son solde de corsets et proposa un rendez-vous à une quinzaine de jours de là.

— Soyez gentil, cher monsieur Quillebart, dit Lacostade, et venez voir mes corsets tout de suite... Vous allez comprendre pourquoi je suis pressé d'en finir... ce n'est pas que j'aie besoin d'argent, c'est que je vais me marier, et vous comprenez que je ne puis garder chez moi des objets aussi compromettants...

— Allons ! je suis faible... pour vous rendre service, je vais vous accompagner...

Disseco s'était permis d'emprunter le modèle d'un peintre de ses amis.

Lacostade fit, en frémissant, la dépense d'un fiacre pour amener le digne M. Quillebart à son domicile, où Bezucheux les attendait, caché dans la dernière pièce.

Lacostade s'arrêta sur le palier et sonna. Personne, naturellement, ne vint ouvrir. Lacostade, sans sourciller, sonna plusieurs fois avec violence.

— Allons bon, mon valet de chambre est encore sorti... je serai obligé de le flanquer à la porte. Heureusement, j'ai mon passe-partout. Entrez donc, cher monsieur Quillebart... je vous prie d'excuser le désordre de mon appartement, c'est un petit logement de garçon, un simple pied-à-terre que j'ai conservé à Paris... je suis devenu très casanier, j'habite maintenant tout le long de l'année ma villa de Saint-Germain...

Le digne M. Quillebart était déjà devant les caisses.

— Voici ces fameux corsets, reprit Lacostade, il en manque quelques-uns, une trentaine que j'ai offert à des amies...

— A une trentaine d'amies! fit M. Quillebart en frappant sur le ventre de Lacostade.

— Vous l'avez dit, répondit Lacostade en se permettant de pourfendre d'un geste l'abdomen du digne M. Quillebart.

— Aïe! aïe! fit M. Quillebart en examinant un paquet de corsets, un peu bien fanés, vos corsets, et bien démodés...

— Démodés? s'écria Lacostade. Est-ce qu'il y a une mode pour les corsets? Il n'y a pas de mode pour les corsets!... Qu'est-ce qu'un corset?

— Dame... un objet de toilette...

— Non! ce n'est pas un objet de toilette, ce n'est pas une parure! Distinguons! ce n'est même pas un vêtement, les dames ne sortent pas en corset, elles ne mettent pas un corset pour se garantir contre les intempéries des saisons... Le corset n'est ni un vêtement indispensable ni une vaine parure, le corset, cher monsieur Quillebart, est quelque chose de mieux que cela, le corset est une cuirasse! Or, il n'y a pas de mode pour les cuirasses...

— Faible cuirasse...

— Vous êtes cruel, cher monsieur Quillebart, pour le sexe auquel nous devons nos épouses!

— Je le répète, vos corsets ne sont plus de mode, et ils sont horriblement fanés!

— Fanés! il y a à peine sept ans et demi que vous me les avez cédés!

— Ah ça, croyez-vous donc qu'ils étaient tout neufs alors? Je les avais depuis cinq ou six ans, c'est un fonds de magasin qui m'était resté d'un débiteur insolvable... Certains de ces corsets sont à la dernière mode de 1850...

— Ah, vous savez, les modes vont et viennent... cette mode de 1850, c'est peut-être la mode de demain! Enfin, combien me donnez-vous de mon fonds de magasin?

— Combien en voulez-vous?

— Il y a 783 corsets; je les mets, l'un dans l'autre, à 10 francs!... Parce que c'est vous!

— Allons donc.

— Voyons, à huit francs! c'est une véritable occasion! je vais me marier, et vous comprenez, je ne veux pas que ma femme trouve ces 783 corsets... elle pourrait faire des suppositions...

— Je vous prends le tout pour deux mille cinq cents... toujours ma vieille manie d'obliger qui me revient...
— Allons! je vous les donne...
— Sauf escompte de trois pour cent!
— Vous m'écorchez!
— Et trois pour cent de commission... J'aurais pu vous chercher un acheteur au lieu d'acheter moi-même, il est juste que je ne perde pas ma commission !

— Qu'on embrasse Cabassol, je l'ordonne!

VII

Cabassol journaliste. — Souper triomphatif. — Une réunion chez le citoyen Paradoux. — Le parti Duracuiriste. — Les droits de la femme. — Où Cabassol reçoit une pipe d'honneur.

Le jour trois fois heureux où Lacostade reçut le prix de ses corsets, moins l'escompte et la commission, des invitations furent lancées pour un souper au perchoir de Bezucheux. *Souper triomphatif!* avait écrit Bezucheux, en ajoutant :

« *Chez tous les peuples policés, les dames étant essentiellement le charme et l'ornement des réunions, chaque invité a le droit d'amener une ou deux personnes du sexe aimable. Des cataractes de champagne authentique couleront toute la soirée.* »

Bezucheux, aidé par une jeune personne répondant au doux nom d'Irma, fit à ses invités les honneurs de ses salons avec sa grâce accoutumée. Lacostade, Saint-Tropez et Bisseco, suspendant pour quelques jours la culture peu réjouissante de la vertu, arrivèrent accompagnés chacun d'une jeune personne du sexe chanté par Bezucheux. Lacostade avait retrouvé une ancienne passion de sa jeunesse, pour le moment étudiante au quartier latin ; Bisseco s'était permis d'emprunter à un peintre de ses connaissances une blonde à la fois modèle et douce amie de ce peintre, et Saint-Tropez, redevenu pour un instant le brillant Saint-Tropez, avait amené une danseuse du Châtelet, qu'il avait séduite on ne sait comment.

Une danseuse du Châtelet.

Seuls, Pontbuzaud et Cabassol arrivèrent sans l'accompagnement de froufrous et d'éclats de rire qui avait signalé l'entrée de leurs amis.

— Que signifient ces figures mélancoliques et ces nez douloureusement renfrognés? demanda sévèrement Bezucheux à ses deux invités. Est-ce qu'on vient dans le monde avec des nez pareils? Le code du cérémonial l'interdit expressément...

— J'ai pour excuse de nouveaux revers de fortune, répondit Cabassol.

— Et moi une nouvelle catastrophe financière! dit amèrement Pontbuzaud.

— Encore! s'écria Bezucheux.

— Quelques rayons de soleil égayaient de nouveau le jardin de mon existence, reprit Cabassol, mais de sombres nuages ont tout à coup voilé l'astre...

— Ta position sociale?... demanda Bezucheux.

— Écroulée !

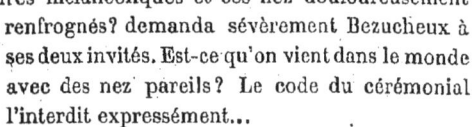

Une ancienne passion de sa jeunesse.

— Et la tienne, ô Pontbuzaud?

— Effondrée !

— Tu n'es plus professeur de dessin, d'anglais et de gymnastique au pensionnat de Mme Gabriel Colasse?

— Des cataractes de champagne couleront toute la soirée.

— J'ai quitté l'institution Colasse! répondit Pontbuzaud.
— Pourquoi cela? Tes jeunes élèves ne se disputaient donc plus l'honneur de cirer tes bottines... ou bien aurais-tu enlevé une sous-maîtresse?
— Ni l'un ni l'autre! Toute l'institution, directrice, sous-maîtresses et pensionnaires, est aussi enthousiaste qu'au premier jour... c'est moi qui en manque, d'enthousiasme...
— Pontbuzaud, tu m'inquiètes! tu n'as pas le goût du travail... C'est par le travail que les nations se régénèrent, mon ami!... Tu ne veux donc pas te régénérer?... tu en as pourtant extrêmement besoin!
— J'ai le goût du travail, mon bon, mais je n'ai pas celui des billets... Or, l'institution Colasse me paye en billets, et ça ne me va pas! Pendant mon

séjour, j'ai pu remarquer que l'institution Colasse avait l'habitude de souscrire des billets, mais qu'elle n'avait pas celle de les payer!... Alors j'ai donné ma démission!

— Et toi, Cabassol, publiciste éminent, esquisse-nous tes revers de fortune! Ton journal ne marche donc pas sur des roulettes?

— L'Éclair marche comme sur des béquilles! nous faisons de la grande politique, mais il y a tant de concurrence... Nous sommes certains du succès, mais pour dans 3 ou 4 ans! Dans 3 ou 4 ans nous serons tous ministres ou préfets... En attendant, on paie les rédacteurs en nature...

— En nature!

— Oui, mon ami, je viens de passer à la caisse, je pensais avoir au moins 7 ou 800 francs à toucher et voilà ce que j'ai reçu... Regarde ce vêtement...

— Il est peu somptueux...

— Un complet de 35 francs de chez le mauvais faiseur!... plus ces six paires de bretelles américaines pour dames... ça remplace les jarretières.

— Je te permets de les offrir à ces dames! et je leur permets de t'offrir en souvenir les jarretières inutiles.

— Plus ce bon pour douze photographies émaillées! tout cela vient des annonces du journal... c'est joli, la photographie et les bretelles, mais c'est peu nourrissant!

— Donne aussi le bon pour les photographies, nous ferons portraicturer ces dames... et maintenant, infortuné Cabassol, qu'un doux sourire revienne encore flotter sur tes lèvres, reprends courage, ô mon ami, renais à la vie! mesdames, entourez de soins émus ce noble jeune homme, tâchez de lui faire oublier ses malheurs et cherchez dans votre cœur tout ce que vous pouvez lui offrir de consolations!... tenez, je suis généreux, je ne veux pas faire les choses à demi... je vous autorise à l'embrasser!...

— Eh bien, et moi? demanda Pontbuzaud, je n'ai donc pas besoin de consolations?

— Tais-toi, vilain jaloux, ton tour viendra. Allons, je l'ordonne, qu'on embrasse Cabassol et qu'on le console!

— Arrêtez! s'écria Cabassol.

— Tu refuses les consolations, malheureux, tu veux donc te suicider?

— Non, mais je ne sais si mon nouveau caractère me permet...

— Tu as fait l'emplette d'un nouveau caractère?

— Je veux dire ma nouvelle position...

— Misérable, tu as une nouvelle position et tu te laissais plaindre... C'est de l'escroquerie, tu allais filouter des consolations...

— Mais non puisque je protestais contre la nature de ces consolations! je suis secrétaire d'un homme austère, je dois être austère!

— Alors ce nez renfrogné?...

— M'est imposé par mes fonctions nouvelles!... c'est de l'austérité. Voici comment ça m'est venu, je vous ai dit que l'Éclair, le journal de mon ami Tibulle Montastruc n'avait pas précisément obtenu un succès foudroyant... mais l'inspirateur politique du journal, le député Ernest Savoureux a daigné jeter les yeux sur moi, son humble collaborateur. Vous savez que je faisais le compte rendu pittoresque de la Chambre... mon Dieu, que c'est dur!... — on devrait pouvoir emporter son lit à la chambre... je sommeillais tout le temps et j'entendais comme dans un rêve les discours des orateurs... fichu rêve... Rentré au journal, je me réveillais et je baclais mon compte rendu,

— On devrait pouvoir emporter son lit à la Chambre.

sabrant à tort et à travers, refaisant les discours, improvisant des répliques et des incidents... mais restant toujours dans la ligne du journal et traitant mes adversaires de crétins, de jocrisses et de polichinelles. Or, Ernest Savoureux a trouvé que j'avais de la verve et, voulant chauffer ses électeurs en vue des futures élections, il m'a pris pour secrétaire... mes fonctions vont consister à courir les réunions et à préparer la réélection de mon patron en administrant aux électeurs des discours capiteux et irrésistibles...

— Mais je ne vois pas l'austérité, interrompit Bezucheux.

— Myope! Ernest Savoureux m'a dit ceci : Mon cher ami, ma manière à moi, c'est l'austérité! austérité de principes et austérité de vie!... Vous comprenez, n'est-ce pas, que vous devez refléter l'austérité de votre chef de file!
— Soyez tranquille, ai-je répondu, comme tous ces discours vont m'embêter considérablement, j'aurai l'air austère tout naturellement! Et voilà!... Savoureux m'a promis, dès qu'il serait ministre, de me prendre comme chef de cabinet; jusque-là je suis condamné à l'austérité!

— Je comprends ton chagrin! mais cette soirée, mon ami, est consacrée aux réjouissances... Par suite de rentrées inespérées, Lacostade est opulent ce soir, nous ses amis, nous avons pour devoir de partager sa joie! Tu seras austère demain, nous cessons bien, nous, de cultiver la vertu pour quelques jours !

— Mais moi, mes enfants, je n'ai pas le droit de faire comme vous... C'est bien ce qui m'a chagriné en recevant l'invitation... je prononce ce soir mon premier discours !

— Prononce le ici, dit Lacostade.

— Je m'y oppose formellement, fit Bezucheux, on boira, on chantera, on dansera, mais on ne prononcera pas de discours politiques... je n'ai pas envie d'inquiéter le gouvernement et d'ébranler les bases de la société... je suis essentiellement conservateur moi ! Donc, à table, mes enfants !

— Puisque je vous dis que je m'en vais, reprit Cabassol, allez vous avoir le courage de vous réjouir sans moi ?... Je prononce aujourd'hui mon premier discours à une réunion politique chez le citoyen Barnabé Paradoux.

— Nous nous réjouirons encore demain... tu viendras demain.

— Demain, je parle à la salle Baffard, au congrès des socialistes de la Villette... attendez après demain... mais non, j'oubliais, après demain, je dois exposer les idées de M. Ernest Savoureux sur les revendications féminines, à la réunion des droits de la femme...

— Ah, là, nous irons t'entendre et t'applaudir avec ces dames ! mais ce soir, tant pis, nous nous réjouissons avec ou sans toi... Voyons, te mets-tu à table, oui ou non !

— On m'attend à huit heures chez le citoyen Paradoux.

— Tu y seras à neuf !

— Allons, je serai austère à partir de huit heures et demie ! je me rends !... mais comme je n'ai qu'une heure à me réjouir, je demande à être placé à table entre deux dames...

— Cela me semble très juste... je te l'accorde... à table ! pendant ces préliminaires ridicules, les mets apportés par un restaurateur éminent ont eu le temps de refroidir...

Cabassol était déjà à table.

— Allons vite ! s'écria-t-il, qu'on m'entoure de soins ; je n'ai qu'une heure à moi...

Et il embrassa la danseuse séduite par Saint-Tropez.

— Et moi ? dit sa voisine de gauche, le modèle amené par Bisseco, vous allez parler pour les droits de la femme, je veux vous récompenser...

— Je vais parler *sur* les droits de la femme, fit Cabassol, mais je ne sais pas encore si je parlerai *pour* ou *contre*... ça dépend de vous, charmante voisine, inspirez-moi !

— Intrigant ! s'écria Bisseco.

— Monsieur Bisseco, ne mettez pas obstacle aux consolations que l'on va

La pipe d'honneur de la citoyenne Constance.

me prodiguer... ces dames ont l'autorisation de monsieur de la Fricottière, cela doit suffire! si vous interrompez encore, je raconte à ma charmante voisine que vous avez chargé une agence matrimoniale de vous dénicher une héritière et elle vous arrache les yeux !

— Buvons! s'écria Bezucheux, buvons pour noyer les chagrins de l'infortuné Cabassol.

Cabassol, nous croyons l'avoir montré, avait toujours brillé par une énergie peu commune; à huit heures et demie, après avoir admirablement et rapidement dîné, après avoir contribué à mettre à sec une notable quantité de bou-

Les nobles barbes de la réunion Paradoux.

teilles aux blasons aristocratiques, il se leva de table et déclara que l'heure était venue de redevenir austère.

Bisseco et Saint-Tropez appuyèrent Cabassol et déclarèrent qu'en effet l'heure de l'austérité avait sonné. — La perle du corps de ballet du Châtelet et la madone enlevée à la peinture se disputaient la gloire de consoler Cabassol et menaçaient d'abandonner pour lui le sentier du devoir: il était temps d'intervenir.

— Allons, noble ami! s'écria Bezucheux, vas où le devoir t'appelle, sois austère et éloquent...

— Et reviens vite après ton discours! dit la danseuse en tendant la joue à Cabassol.

Cabassol se frappa le front.

— C'est vrai! s'écria-t-il, je vais être austère pendant deux heures, mais rien ne m'empêche de revenir après...

— Non! non! ne reviens pas! s'empressa de dire Bisseco, tu seras fatigué...

— Tu as d'autres discours à préparer pour demain et après demain, dit Saint-Tropez, il ne faut pas te surmener, mon ami!

— Je reviendrai! s'écria Cabassol en se précipitant dans l'escalier.

Le citoyen Paradoux demeurait à une demi-lieue de Montmartre aux confins de la Chapelle; Cabassol eut le temps pendant le trajet en omnibus, de calmer les soubresauts de son âme troublée et de revêtir ses traits du caractère d'austérité formellement exigé par son patron politique.

Quand il parut à la porte du citoyen Paradoux, Bezucheux lui-même eut hésité à le reconnaître.

Deux citoyens barbus gardaient la porte de Paradoux. Cabassol tira de sa poche une lettre d'invitation et la leur tendit.

— Le secrétaire du citoyen Savoureux! dit l'un.

— Passez vite, citoyen! dit l'autre, on vous attendait.

— Je demande qu'on le boive, l'infâme capital.

Sous un grand hangar, au fond du jardin du citoyen Paradoux, cinquante personnes environ s'entassaient pêle-mêle devant une tribune formée d'un vieux comptoir hissé sur une grossière estrade. Si l'assemblée était peu nombreuse, elle avait l'avantage d'être très choisie. A part quelques simples électeurs du quartier venus en voisins, les assistants étaient tous membres de comités et de sous-comités électoraux, de comités de vigilance, de comités de surveillance et autres...

Un parterre de vieilles barbes de toutes les couleurs embellissait le pied de la tribune; ces végétations ornaient des têtes que le fouriérisme, le communisme, et toutes les variétés de socialisme avaient dénudées au sommet et ridées à la façon des pommes de reinette sur les côtés. Pourquoi le socialisme fait-il pousser la barbe et tomber les cheveux? qui peut le dire! Loi mystérieuse de la nature dont la science n'a pu encore découvrir les causes secrètes!

Le citoyen Paradoux.

Parmi tous ces hommes barbus, Cabassol découvrit du premier coup la barbe du citoyen Paradoux pour avoir eu déjà l'honneur de l'entrevoir dans les bureaux de l'Éclair; c'est que la barbe du citoyen Paradoux était une barbe remarquable, une barbe de penseur et de lutteur qui montrait par ses fières allures qu'elle avait dû lutter contre la coalition des partis réacs de 48 et contre la tyrannie césarienne sans s'incliner jamais! Gloire aux barbes et aux caractères fortement trempés!

Le citoyen Paradoux était un ancien pharmacien de la banlieue qui avait abandonné les préparations du codex pour se vouer tout entier à la politique militante; sa barbe était célèbre dans tout le quartier de la Chapelle, sa fermeté de principes était célèbre, son chapeau était célèbre ! Ce chapeau haut de forme, évasé par en haut comme un tromblon, possédait de larges ailes relevées suivant une mode grotesque datant d'un nombre respectable d'années. Le citoyen Paradoux, le jour où il était devenu socialiste, avait adopté ce couvre chef et depuis, avec la même fermeté de principes pour la chapellerie que pour la politique, il l'avait conservé.

La grève des locataires.

Sa barbe et son chapeau lui avaient valu d'abord une certaine célébrité dans son arrondissement, puis tous deux conjointement avaient fait nommer leur heureux possesseur délégué de toutes sortes de comités, et enfin conseiller municipal du quartier. Et il fallait voir comme, dans les réunions, le chapeau du citoyen Paradoux planait majestueusement en dessus de l'humanité et comment à la tribune du conseil municipal, dans les clubs ou devant la nappe des banquets socialistes et patriotiques, la barbe prononçait d'éloquents discours scandés avec un accent méridional à faire trembler la Cannebière elle-même! Ce n'est pas que le citoyen Paradoux fût originaire de Marseille ou même du Midi, non, il était Parisien, mais il avait compris de bonne heure quelle valeur la prononciation méridionale ajoute à l'éloquence politique et il s'était donné beaucoup de mal et il avait pris des professeurs, pour acquérir l'accent et les vibrations tonitruantes des hommes politiques du Midi.

C'est si creux l'éloquence politique sans accent! ce qui est trop bête pour être dit, on le chante, chacun sait ça; tel discours qui paraîtrait assommant avec l'accent des gens du centre ou du nord, prend de l'ampleur et devient presque intéressant, prononcé par une bouche provençale, gasconne ou bordelaise.

De là le succès des méridionaux dans la politique. Ce sont des virtuoses. C'est toujours la musique qui triomphe!

Des savants prétendent qu'avant notre grande révolution, on n'avait pas d'accent dans le midi; l'accent marseillais est une conquête de 89, il a été inventé par Mirabeau pour répondre à M. de Dreux-Brezé; à l'exemple du Maître, les méridionaux ont adopté ces vibrations accentuées, afin de pouvoir se vouer à l'éloquence politique.

Nous n'avons pas fait de recherches spéciales sur ce point, mais nous sommes intimement convaincu que si Robespierre avait possédé l'accent du midi, il eût gagné la partie au neuf Thermidor et n'eût pas été guillotiné. Tallien et Barras qui eurent tant de part à sa chute, étaient méridionaux. Enfin Bonaparte venait du midi et toutes ses harangues, depuis *du haut de ces Pyramides*, ont un fort accent marseillais.

Mais revenons au citoyen Paradoux. Dès qu'il aperçut Cabassol, il se lança au devant de lui pour lui frayer un passage et l'amena jusqu'à la tribune.

— Citoyen, s'écria-t-il, nous vous attendions avec une vive impatience...

— Je vous prie de m'excuser, citoyen, répondit Cabassol avec un grand sérieux, j'étais enfoncé chez le citoyen Savoureux dans une grande discussion sur l'économie sociale et j'avais oublié l'heure.

— Le citoyen Savoureux ne viendra pas?

— Non, le citoyen Savoureux est en ce moment absorbé par ses travaux législatifs... il prépare toute une série d'interpellations sur les sujets à l'ordre du jour... vous connaissez l'austérité de sa vie... le jour et la nuit sont voués à l'étude...

— Ce n'est pas vrai! cria un citoyen au bout de la salle.

— Qui a parlé? demanda Cabassol en se retournant.

— Moi, le citoyen Bardou, répondit l'interrupteur.

— Je demande au citoyen Bardou de formuler ses accusations, dit Cabassol d'une voix douce, je lui demande de répéter nettement et d'appuyer par des faits, s'il le peut, ses odieuses et ignobles accusations... pour les pulvériser! acheva-t-il en donnant un coup de poing sur le bureau.

— A la tribune! crièrent deux ou trois voix.
— Soit, je demande la parole, s'écria Cabassol.
— Tout à l'heure, répondit une barbe jaunâtre qui présidait assistée d'une barbe noire et d'une barbe rousse, la parole est au citoyen Pallasseau.
— Ah, malheur! dit un électeur du fond de la salle.

Mon concierge s'obstine à me présenter d'infâmes quittances.

— J'aimerais mieux la citoyenne Lecamus, dit un autre.
— Elle est inscrite la troisième, répondit le président, la citoyenne Lecamus ne parlera qu'à son tour.
— Il y a donc des femmes? demanda Cabassol à ses voisins.
— Parbleu, voyez à la gauche du bureau ce chapeau jaune et ce chapeau rouge; le rouge c'est la citoyenne Constance Lecamus de la société des droits de la femme et le jaune c'est la citoyenne Croulebarbe, qui a été à Nouméa...
— Merci, répondit Cabassol.

Le citoyen Pallasseau, une barbe blanche, venait de surgir à la tribune.
— Citoyens, s'écria-t-il d'une voix qui paraissait sortir de l'estrade elle-même, nous parlerons, si vous voulez, de la question sociale!... Le moment me semble venu d'aborder enfin de front cette terrible question et d'en finir avec elle... Je déclare tout d'abord, citoyens, que je ne suis pas pour les

moyens. termes et pour les fades adoucissements péniblement arrachés au monstre bourgeois... Je suis pour l'extinction radicale, absolue, de l'*infâme capital* et de ses satellites!... L'infâme capital et l'ignoble capitaliste, voilà le dernier obstacle qu'il faut renverser pour arriver à la civilisation parfaite et au bonheur général... Cet infâme capital qui nous divise, je veux son extinction...

— Je demande qu'on le boive! dit une voix au fond de la salle.

— La motion de l'honorable citoyen a peu de chance d'être adoptée... Je reprends... Pouvons-nous prétendre au beau titre d'hommes libres et civilisés, quand aujourd'hui encore, en plein XIXe siècle, dans ce siècle qui se prétend éclairé, nous voyons encore quatre fois par an, à des époques douloureuses, l'horrible propriétaire persécuter ses frères infortunés, les citoyens locataires, et leur extirper de fortes sommes avec l'aide de ses séides, le concierge et l'huissier. Ce spectacle honteux fait saigner mon cœur de socialiste sensible ; pour en finir avec lui je demande l'extinction de la question sociale par l'extinction des propriétaires et de leurs vils séides les concierges et les huissiers ! je pense que le principe de l'extinction doit être adopté et qu'il ne reste plus qu'à trouver les moyens pratiques de l'appliquer...

— Moi, je suis concierge, interrompit un citoyen, et je ne veux pas de l'extinction...

— Citoyen, je vous plains ! vous devez bien souffrir d'être forcé de persécuter vos frères...

— Je ne m'oppose pas à l'extinction des propriétaires et des huissiers mais je demande...

— Taisez-vous, vil stipendié de l'infâme capital ! vous serez entraîné dans la tourmente... dès aujoud'hui, je vous signale à la vindicte populaire et pendant que j'y suis, je signale aussi à l'indignation des honnêtes gens mon concierge à moi, qui s'obstine à me présenter d'infâmes quittances tous les trois mois, bien que je m'efforce sans cesse de lui faire comprendre les raisons pour lesquelles la coutume du terme doit être considérée comme abusive et rétrograde! Citoyens! ce sont les moyens à employer pour arriver rapidement à cette extinction que je veux étudier aujourd'hui... On a proposé la grève des locataires... Ce moyen n'est pas pratique...

— Comment cela?

— Quand la grève serait décidée, les locataires abandonnant les maisons s'en iraient au bois de Boulogne où chacun se construirait un gourbi... pas pratique, la grève des locataires! d'abord, ce ne serait possible qu'en été, à la première pluie, il faudrait repasser sous les fourches caudines des hideux propriétaires! Nous avons mieux que cela, je vous demande une petite heure d'attention pour vous exposer une série de mesures qui...

753

La citoyenne Croulcbarbe, 1871-1881.

— Pas ce soir !... pas trop à la fois ! s'écrièrent quelques auditeurs récalcitrants.

— Demain, alors...

— Et il n'aura pas la pipe ! s'écria le concierge signalé à la vindicte populaire comme séide de l'infâme capital.

— Que dit-il ? demanda Cabassol à un voisin.

— Il dit qu'il n'aura pas la pipe, répondit le voisin, il a de bonnes intentions, mais il ne la mérite pas.

Cabassol ne comprit pas davantage, mais un autre orateur étant monté à la tribune, il ne demanda pas d'explication. Le nouvel orateur était un jeune, il n'avait qu'un faible collier d'une barbe rouge à force d'être rousse; le trait

Liv. 95.

principal de sa physionomie était un nez d'une longueur exagérée qui semblait se balancer à chaque phrase et appuyer par une pantomime particulière les raisonnements de son possesseur.

Celui-ci était un rageur, on le voyait à son œil mobile, à sa barbiche et à son nez ; on le vit bien mieux encore au coup de poing dont il ébranla la tribune avant de commencer à parler.

— Que les citoyens aux opinions molles et inconsistantes ne m'interrompent pas ! s'écria-t-il, je les avertis que je mépriserai leurs interruptions autant que je méprise leurs personnes ! qu'on ne m'interrompe pas, que les politiques en pâte de guimauve ne cherchent pas à me...

— On ne vous a pas encore interrompu ! cria une voix.

— Vous voyez bien que si ! mais je ne me laisserai pas intimider par leurs hurlements, je parlerai et je les broierai tous ; il faut en finir avec les tièdes, avec les ramollis, avec les corrompus, pour faire place aux purs, aux farouches aux durs-à-cuire ! (coup de poing sur la tribune) à bas les autres et fondons le grand parti duracuiriste pour réchauffer les tièdes, secouer énergiquement les amollis et aplatir les corrompus ! aujourd'hui, tout ce qui n'est pas duracuiriste est réactionnaire (coup de poing sur la tribune).

— J'avertis l'orateur, dit le citoyen Paradoux, que la tribune manque un peu de solidité et je le prie...

— Alors, on n'a même plus la liberté de la tribune ? dit le citoyen orateur de plus en plus rageur, vous êtes un réactionnaire, vous aussi ! tous nos députés, tous nos conseillers municipaux sont entachés de réaction, ou tout au moins d'engourdissement ou de ramollissement politique ! (coup de poing.) C'est au parti pur, au parti duracuiriste de les maintenir dans la voie droite et inflexible ; il n'y a qu'un moyen pour cela, c'est de cesser de les abandonner à eux-mêmes !

— Comment ? dirent quelques voix.

— Ne m'interrompez pas ! je disais qu'abandonnés à eux-mêmes, nos élus flottent au gré des courants parlementaires et dérivent sans faire rien de bon... Voilà trop longtemps que cela dure, il faut en finir, il faut surveiller sérieusement nos élus, les maintenir et les diriger... Je propose pour cela dans chaque circonscription l'établissement de comités de surveillance formés de cinq citoyens nommés de trois mois en trois mois par les réunions publiques. Ces citoyens s'installeront chez le député et le surveilleront jour et nuit. Ils tiendront les électeurs au courant des moindres actes du député, de ses conversations, de ses démarches, et, quand le député sortira, il devra toujours être accompagné d'un membre du comité au moins...

— Ça sera peut-être gênant pour les députés, interrompit un citoyen.

— Ce sera plus sûr pour les électeurs ! Est-ce que nous avons besoin de donner de l'agrément à nos élus? C'est au contraire leur devoir à eux de tout faire pour nous être agréables !... Je reprends mon projet de comité de surveillance. Nous disons : les membres du comité se relayeront pour ne pas quitter le député ; celui-ci sera tenu de fournir, dans la pièce centrale de son appartement, deux lits pour les surveillants qui passeront la nuit ; le député ne pourra se déplacer sans l'autorisation de son comité de surveillance ; en voyage, il devra emmener deux surveillants. Un membre du comité accompagnera le député à la Chambre et lui dictera ses votes ; le député devra

Vous battez votre femme après avoir bu sa dot.

parler lorsque le comité le lui ordonnera ; ses discours seront préalablement fournis au comité et il devra les modifier ou les refondre dans le sens qu'on lui indiquera...

— Très bien ! grognèrent quelques belles barbes.

— Pas d'interruptions là-bas ! rugit l'orateur en scandant son apostrophe d'un formidable coup de poing.

— C'est la haute surveillance ! modula le citoyen Paradoux.

— Certainement ! répondit l'orateur, nous ne voulons plus de traitres ni de ramollis !... Le comité de surveillance empêchera les députés de se corrompre par des relations avec le high life ou la finance ; il les empêchera d'aller parader dans les salons de la réaction et de figurer aux soirées du pouvoir exécutif...

Les membres du comité de surveillance seront choisis parmi les citoyens les plus énergiques ; des indemnités modestes mais équitables, à prendre sur le traitement du député, leur seront allouées : 6 francs pour le service de jour, et 3 francs pour le service de nuit, avec suppléments pour les sorties. Je proposerai au comité de notre arrondissement de prendre l'initiative et d'imposer aux prochaines élections le comité de surveillance à notre député !

— Et si ça ennuie le député ?

— Eh bien ! rien ne le force à solliciter le glorieux mandat de représentant du peuple !

— Bravo ! bravo ! crièrent quelques citoyens, la pipe ! la pipe !

— Non, non, il n'aura pas la pipe, exclamèrent quelques groupes signalés par l'orateur comme en proie à la corruption.

Cabassol ne comprenait toujours pas, mais comme son devoir lui imposait de combattre le comité de surveillance dont son patron le citoyen Savoureux était menacé, il cria plus fort que les autres que l'orateur n'aurait pas la pipe.

— La parole est à la citoyenne Constance Lecamus ! dit le président quand le farouche Duracuiriste eut évacué la tribune.

— Je suis célibataire !

— Présente ! dit la dame au chapeau rouge en fendant la foule.

— Pas mal, la citoyenne Constance, se dit Cabassol en voyant se dresser de profil à la tribune une jeune femme de 26 ou 27 ans, grande, bien découplée, aux lignes de la figure et du corsage vigoureusement accentuées, sans empâtement, ce qui paraît être un signe d'énergie.

La citoyenne Constance, à la tribune, se versait un verre d'eau et le sucrait avec un geste plein d'autorité.

— Citoyens ! dit-elle quand elle eut lentement absorbé le breuvage des orateurs, vous êtes bien, n'est-ce pas, les ennemis déterminés de toutes les tyrannies, de tous les despotismes ? Vous êtes bien les amis et les soutiens de tous les opprimés ? oui ! je le vois à vos franches figures ! Eh bien ! c'est au nom d'esclaves opprimés depuis des siècles que je m'adresse à vous, c'est pour abattre un despotisme éhonté qui date déjà de quelques milliers d'années, que je viens réclamer votre aide puissante !... Citoyens, sous vos yeux, toute une classe d'êtres humains gémit dans une situation bien proche voisine de l'esclavage, sans droits politiques, sans droits civils et même sans état civil définitif ; — son code, citoyens, peut se formuler ainsi : *Rien ne lui est permis et tout lui est défendu !* Cet état de servitude absolue, inique, effrayante, s'est perpétué à travers les âges jusqu'à notre siècle qui se prétend si orgueilleusement le siècle des lumières et de la justice, et il a si bien accablé les âmes de son poids épouvantable, que la grande majorité des victimes, loin de songer à la révolte, porte ses chaînes sans même les apercevoir.

La grande opprimée, citoyens, c'est la femme, et c'est elle que je viens vous demander d'affranchir. Après tant de révolutions, après 89, après 48, après **71**, la femme continue à être barbarement privée de tous les droits sociaux accordés à l'homme, — à tous les hommes, au plus inepte aussi bien qu'au plus digne ! Cette odieuse tyrannie ne peut durer plus longtemps, il appartient au peuple qui a détruit tant de Bastilles, de briser les fers de la femme et de faire de cette malheureuse esclave de quatre-vingts siècles, de cette

Le comité de surveillance des députés.

lamentable ilote, victime d'antiques préjugés, — ce qu'elle est réellement : une citoyenne égale de l'homme !!!

— Allons donc ! interrompit une voix.

— Qui a dit allons donc ? s'écria la citoyenne Constance, en prenant son lorgnon pour foudroyer l'imprudent ; personne ne répond ? La lâcheté de l'interrupteur ne me surprend pas ! les partisans de l'esclavage n'oseront jamais se montrer à visage découvert devant les champions de la liberté... citoyens, je le répète, il appartient à vous qui formez la partie la plus avancée de la nation dans les voies du progrès, de porter les premiers coups au despotisme qui pèse encore sur une moitié de l'humanité...

— La plus belle ! cria un citoyen farceur.

— Je ne vous le fais pas dire ! continua froidement l'oratrice, voulez-vous détruire à jamais l'ancien monde, écraser le vieil ordre de choses, achever l'œuvre de rénovation ? cela vous est facile, aux prochaines élections, à la place d'un député masculin qui ne sera jamais qu'un chiffre de plus à la Chambre, — pour ne pas dire un zéro, — nommez hardiment un député féminin ! La vieille Europe en frémira sur ses bases, la réaction internationale en rugira d'épouvante et de colère, mais un tressaillement d'allégresse passera sur toutes les âmes libres, l'espérance renaîtra pour une moitié du monde...

— La plus belle ! répéta le citoyen farceur.

— N'attendez pas que la jeune Amérique vous donne l'exemple — si vous tardez, elle vous devancera définitivement, — fondez le suffrage vraiment universel ! Dès aujourd'hui je monte sur la brèche, pour y tenir haut et ferme contre toutes les attaques le drapeau des droits de la femme, dès aujourd'hui, je pose ma candidature ! Ce n'est pas mon humble personnalité qui est en jeu, je représente un principe invulnérable, je suis la candidate de la revendication !

— Citoyens ! cria une barbe farouche, la femme n'est pas mûre pour les droits politiques... ne votez pas pour la citoyenne !

— Non ! non !

— Si ! si !

— Je vous devine ! s'écria la citoyenne Constance, vous qui criez si fort contre la candidature féminine, je sais ce que vous valez ! Faux républicain, vous êtes le tyran du logis... vous battez votre femme après avoir bu sa dot !...

— Moi, s'écria le premier interrupteur, je suis célibataire !

— C'est encore pire ! vous vous êtes soustrait au plus sacré des devoirs sociaux, celui de prendre une compagne et de fonder une famille...

— Et après ? qui est-ce qui sera le chef du ménage ? dit un citoyen bourru du premier rang.

— Faux républicain ! faux égalitaire ! libéral de carton ! s'écria la citoyenne Constance, vous parlez de chef, c'est tyran que vous voulez dire ? Et vous vous dites républicain ?... Sachez donc que le ménage moderne doit être l'image du gouvernement républicain : pas de monarque, pas de chef !... mais je reprends, sans m'arrêter à des objections que je ne considère pas comme sérieuses. Pourquoi la femme ne serait-elle pas digne d'être avocate, docteur en médecine, notaire... ministre ?... Le don de l'éloquence a-t-il été refusé à la femme ? Parle-t-elle moins bien que l'homme ?...

— Non, elle parle même plus longtemps !...

— Pourquoi donc est-il interdit à la femme de cultiver l'éloquence et de se faire inscrire au tableau des avocats ? La femme ne semble-t-elle pas, par sa nature essentiellement délicate, par ses instincts, plus apte que l'homme à soigner les malades ? Croyez-vous qu'elle en enterrerait plus que les docteurs masculins !

— Je demande à me faire soigner par une dame ! reprit l'interrupteur obstiné.

— A la porte ! cria la masse des citoyens sympathiques à l'oratrice.

— L'étude des lois est-elle donc si ardue que le cerveau de la femme ne puisse l'entreprendre, reprit l'oratrice. Eh bien, tant mieux si cela est ! Pour les mettre à notre portée, on simplifiera les codes et tout le monde y gagnera...

La femme est un ange brun ou blond.

je pense que la femme peut, comme un homme, faire un excellent notaire, un huissier loyal, un juge intègre... c'est toute une suite de réformes à faire, mais il suffit de commencer... Nommez d'abord des députés féminins, et le reste viendra tout seul. Citoyens, montrez-vous dignes du grand acte de désintéressement que je réclame de vous et votez pour la *candidate des revendications féminines.*

Et la citoyenne Constance, après avoir frappé avec le plat de la main sur la tribune, descendit au milieu d'une bourrasque d'applaudissements et de murmures.

— Bravo ! bravo ! à elle la pipe ! cria une partie de l'assemblée.

— Non! non!
— A bas la cabale! vivent les dames!
— La parole est au citoyen Cabassol! dit le président.

Cabassol escalada lestement la tribune et en attendant que s'apaisât le tumulte soulevé par l'ardent plaidoyer de la citoyenne Constance, il acheva le verre d'eau sucrée commencé par l'oratrice.

— Citoyens, je saurai de cette façon, dit-il, tout ce que pense notre charmante ennemie. Hélas, je sais déjà qu'elle ne pense pas grand bien de nous autres, pauvres hommes!... Où diable l'ai-je vue? murmura-t-il en *a parte*, il me semble que je la connais!... Citoyens, je serai bref! moi aussi je vais vous poser une question. La femme vous semble-t-elle faite pour les luttes du forum? Malgré tout ce qu'a pu réunir d'arguments l'éloquente citoyenne, je répondrai hardiment NON! Non, la candidature féminine n'a aucune chance de réussite, non, la femme n'est pas faite pour des luttes de la tribune, et moi, modeste citoyen, moi qui ne suis pas même avocat, je me fais fort de vaincre à la tribune mon éloquente adversaire, non par la puissance de ma parole, mais simplement par la puissance de ma voix! ah! citoyenne, croyez-moi, la femme doit garder son rôle si doux et si beau, elle doit rester l'ange de...

Celui-là c'est un pur.

— Non! cria la citoyenne Constance.
— Si! reprit Cabassol, je déplore d'être en contradiction avec l'ardente championne, — champion a-t-il seulement un féminin? — de la suprématie féminine, mais autant la femme me semble une créature charmante, exquise, adorable, un ange brun ou blond...
— Ou châtain! cria une voix.
— Ou roux!
— Oui, ou roux... un ange sur les genoux de qui je suis prêt à effeuiller toutes les roses de la création, à répandre tous les parfums...
— Je prie le citoyen d'être un peu moins poétique, dit le président de sa voix creuse.
— Est-ce possible, quand il s'agit de l'être charmant que nous adorons tous? Citoyen président, laissez-moi au moins ce dernier culte... autant la femme qui reste femme me semble exquise, autant celle qui ambitionnerait le titre de conseillère municipale, ou de notaresse me paraîtrait une créature hybride, étrange, fantastique...

LA GRANDE MASCARADE PARISIENNE

Le musée Cambiac.

Et Cabassol se fit résolument l'adversaire des droits politiques de la femme. Pendant trois grands quarts d'heure il tonna du haut de la tribune, et s'attacha à réduire en poudre les théories de la citoyenne Constance. Après avoir ainsi sacrifié la candidate féminine sur l'autel du candidat masculin, le citoyen Savoureux, il passa à l'égorgement de l'orateur Duracuiriste et de son comité de surveillance.

Comme il accablait le Duracuiriste d'un dernier sarcasme, l'assemblée, devenue très mouvementée, éclata en bravos.

— La pipe ! la pipe ! cria la majorité des assistants.
— Non ! non !
— Si ! si !
— C'est un sage !
— C'est pas vrai !
— C'est un pur !
— Pas de pipe.
— Citoyens ! cria M. Paradoux, avec son plus bel accent du Midi, je vais vous mettre d'accord... à mon humble avis, une pipe doit être décernée au citoyen Cabassol, et une pipe à la citoyenne Constance. Ils

Une dame était sur le divan.

le méritent tous les deux... je mets aux voix les deux pipes... que ceux qui sont d'avis de décerner une pipe au citoyen et une pipe à la citoyenne, veuillent bien lever la main ?.... très bien ! Maintenant que ceux qui sont d'un avis contraire lèvent la main ! Très bien, les deux pipes sont décernées !

— Je vais donc savoir ce que c'est que cette pipe ! se dit Cabassol.

Le citoyen Paradoux porta la main à sa poche et en tira deux objets soigneusement enveloppés de papier de soie.

— Voilà le prix de l'éloquence ! dit-il, en tendant un des objets à chacun des récompensés, citoyenne Constance, si comme femme l'usage vous défend la pipe, comme citoyenne, vous en êtes digne !

Cabassol avait vivement développé le mystérieux cadeau ; c'était une élégante pipe en bois, dont le fourneau était une tête barbue coiffée d'un chapeau de forme étrange.

— Regardez, dit le citoyen Paradoux, en mettant avec gravité son chapeau tromblon.

— Ah, parfait ! s'écria Cabassol, charmant !... et ressemblant ! comme c'est ça, la barbe, la bouche, le nez... et le chapeau... c'est parfait !

La citoyenne Constance, très froide, examinait aussi la pipe.

— Vous pouvez vous vanter de posséder un objet curieux et rare, reprit le citoyen Paradoux, n'en a pas qui veut ! Cette pipe est réservée aux vainqueurs des tournois d'éloquence... c'est une idée que j'ai eue pour donner de l'élan à nos réunions, pour encourager les orateurs... quand vous verrez cette pipe-là aux lèvres d'un citoyen, vous pourrez dire : celui-là, c'est un pur !

— C'est la réclame électorale du citoyen Paradoux... un joli farceur ! glissa un citoyen mécontent à l'oreille de Cabassol.

Cabassol ne répondit pas, il regardait toujours la citoyenne Constance qui regardait sa pipe.

— Ah, je la reconnais, se dit-il à la fin, je l'ai vue à la *Clef des cœurs !* c'est une cliente de l'agence Boulandais ! je crois l'avoir bombardée de déclarations il y a quelques semaines.... grands dieux ! si je l'avais épousée... quel club que mon ménage !

— Je protégerai les actrices !

LA GRANDE MASCARADE PARISIENNE

VIII

Les négociations matrimoniales de la Clef des cœurs. — Les chagrins de Saint-Tropez. — Un musée de curiosités féminines. — Comment le corset de Rigolboche maria Bezucheux.

— L'argent dure bien moins longtemps qu'au temps jadis, il me semble, disait amèrement Lacostade, on fait la monnaie bien mince maintenant... elle s'use plus vite!

— Comment, voudrais-tu insinuer que nous n'avons plus le sou? s'écria Bezucheux, Déjà! serais-tu redevenu prodigue?

— Hélas! voilà

La vie de l'homme civilisé est pavée de soucis!

longtemps que je n'ai savouré les douceurs de la prodigalité !.....

— Alors, voilà l'argent de tes corsets fini!... c'est impossible, voyons, deux mille francs et quelques centimes reçus il y a six semaines à peine ?

— Il nous reste soixante et trois francs !

— Lacostade ! Je ne t'ai pas suffisamment surveillé, j'ai eu tort, tu auras fait des dépenses occultes et illicites... c'est honteux ! Et moi qui espérais que cet argent pourrait nous faire aller jusqu'au jour trois fois béni où M. Narcisse Boulandais de la Clef des cœurs nous confiera de jolies héritières à conduire à l'autel...

— Sais-tu qu'il tarde bien à nous les découvrir, ces jolies héritières !

— C'est ce que je dis comme vous ! dit une troisième personne entrant sans façon dans l'appartement de Lacostade.

— Mon bon Cabassol ! s'écria Bezucheux, que tu deviens donc rare !

— Je suis accablé de besogne ! répondit Cabassol, les affaires ! la politique ! Je cours les réunions publiques et privées pour mon patron, le citoyen Savoureux, je parle avec éloquence et abondance, je lutte, je terrasse les ennemis de mon patron et de la société ; j'aplatis chaque soir l'hydre du socialisme, j'écrase le parti Duracuiriste... entre temps, je corrige les épreuves d'une édition complète des discours de mon patron... je corrige les phrases qui ne me plaisent pas, je sème des fleurettes par-ci par-là et je collabore à l'*Éclair* à titre intermittent...

— Ouf ! Et ça te rapporte !

— Cent cinquante francs par mois, des complets à 35 fr. et toujours des photographies... plus la promesse d'un poste considérable, pour le jour où mon patron attrapera le portefeuille qu'il guigne depuis si longtemps avec la patience d'un crocodile à l'affût... Je serai son chef de cabinet, j'aurai le monde à mes pieds, je protégerai les actrices, mais en attendant je tire la langue...

— La Clef des cœurs nous néglige ! Il est impossible qu'avec nos portraits, M. Boulandais n'ait pas encore déniché les héritières qu'il nous doit...

— Nous devrions aller lui faire des reproches...

— Allons-y tout de suite !

Bezucheux et Lacostade sautèrent sur leurs chapeaux et brandirent leurs cannes en jurant d'accabler M. Boulandais des reproches les plus amers pour sa négligence.

— Un instant, dit Lacostade, que je prévienne Angèle !

— Angèle? fit Cabassol.

— Tu la connais, répondit Lacostade, c'est elle qui faisait les honneurs de notre grand dîner, l'autre jour... pauvre enfant, laissons-lui ses illusions, il ne faut pas lui dire que nous courons à l'agence matrimoniale...

Et il ouvrit la porte d'une seconde pièce où une dame lisait, étendue sur un divan.

Dans le tramway de l'Arc de triomphe, nos amis continuèrent à gémir sur la dureté des temps et sur celle non moins grande des cœurs d'héritières. Décidément l'existence manquait d'agrément ! décidément, la vie de l'homme civilisé était pavée de soucis ! ah, vive la vie sauvage, la large existence des peuplades primitives ! l'Océanien, le Néo-zélandais, le Papou, le Taïtien, le

Les malheurs de Saint-Tropez.

Patagon, le Calédonien, ont eu de la chance de ne pas naître en Europe, dans les pays pourris de civilisation où des plumes sur la tête et des anneaux coquettement passés dans les narines, ne suffisent pas pour frapper l'imagination des héritières.

Enfoncés dans ces réflexions mélancoliques, nos amis faillirent dépasser l'hôtel de la Clef des cœurs ; Cabassol heureusement s'en aperçut et sonna en soupirant. Un domestique froid et digne les conduisit dans le salon d'attente et porta leurs cartes à son maître.

M. Narcisse Boulandais ne se fit pas attendre, il parut sur le seuil de son cabinet et les pria d'entrer.

— Je suis occupé avec une personne, mais vous pouvez entrer, il n'y a pas d'indiscrétion, nous parlions de vous justement...

Le cœur de Cabassol battit; Lacostade et Bezucheux échangèrent un coup d'œil. Si cette personne était une des héritières demandées!... Cabassol entra le premier, curieux de la connaître et derrière lui Lacostade et Bezucheux se bousculèrent pour passer. Tant d'empressement était inutile, la personne qui daignait s'occuper d'eux avec le directeur de l'agence, était tout simplement leur ami Saint-Tropez.

— Comment, toi ici! fit Bezucheux avec une grimace.

— Oui, je... répondit Saint-Tropez avec un air embarrassé, je... suis venu me rappeler au souvenir de M. Boulandais... je suis impatient... il me tarde de...

— Oui, dit M. Boulandais, monsieur Saint-Tropez se rend à mon avis, il abandonne le mariage assorti et fait inscrire décidément pour l'autre...

— L'autre? quel autre?

— Vous savez bien, le mariage non assorti! Je lui ai dit la première fois qu'il me fit l'honneur de me prendre pour confident : — le mariage non assorti, pour vous, c'est plus sûr et surtout plus rapide... Il n'a pas voulu en croire ce jour-là ma vieille expérience et nous avons perdu quelques mois... Ce n'est pas que je n'aie tenté le mariage assorti d'abord, mais je n'ai pas réussi... Tenez, voici son dossier, il y a dix-sept refus, sans compter les refus de vive voix qui sont inscrits à part... Voyez, prenez connaissance des lettres : *Monsieur, en réponse à votre honorée du huit courant, j'ai l'honneur de vous renvoyer la photographie du jeune homme proposé; le parti ne nous convient nullement, ma fille a dansé avec lui à la dernière de vos soirées, entre autres désavantages, elle lui trouve l'air...*

— Inutile! inutile! dit vivement Saint-Tropez, je m'en rapporte à vous et ces messieurs aussi.

— Non! non! je veux les convaincre qu'il n'y a pas de ma faute. Tenez, voici une autre lettre ; c'est de la jeune fille même : *Monsieur, ce n'est pas cela du tout, du tout! ce monsieur me déplaît tout à fait, inutile d'en parler, il est laid, il a l'air malingre, il est essoufflé après deux tours de valse...*

— Malingre! fit Saint-Tropez en fronçant les sourcils, essoufflé!

— En voici une autre : *Monsieur, je vous renvoie le ridicule portrait de...* Une autre encore : *Monsieur, il doit y avoir eu erreur, le portrait que vous m'avez envoyé ne répond nullement à nos aspirations...* Il y en a dix-sept comme ça... vous voyez, n'est-ce pas, que monsieur a pris le bon parti, en arrivant enfin au mariage *non assorti*... Cela ira beaucoup plus vite!

— Eh bien, et nous? demanda Cabassol, savez-vous que nous séchons d'impatience! Est-ce que vous avez comme cela un dossier de refus pour chacun de nous?

— Non, ce n'est pas à ce point-là...

Quel joli musée, si l'on pouvait collectionner les étoiles.

— Allez-vous nous conseiller le mariage *non assorti* comme à notre pauvre ami?

— Nous n'en sommes pas encore là... voyons, où en sommes-nous? j'ai cinq refus pour M. Cabassol, six pour M. Bezucheux et quatre pour M. Lacostade...

— Comment, cinq refus pour moi contre dix-sept pour Saint-Tropez... mais alors, ou vous ne vous occupez que de Saint-Tropez, et c'est de l'injustice, ou je devrais avoir été accepté douze fois!...

Liv. 97.

— Mais non, comprenez donc! pour M. Saint-Tropez cela va plus vite, je fais une demande, on refuse tout de suite et je passe à une autre, mais pour vous, cela va moins vite, on prend le temps de la réflexion, on hésite...

— Ah! très bien, je comprends! dit Cabassol... Dites-moi, et la dame N° 475, la jeune veuve! m'aurait-elle repoussé?

— La dame N° 475... non, pas réussi de ce côté...

— Comment! mais il m'a semblé au contraire, qu'à chacune de vos soirées, je faisais un pas plus avant dans son cœur...

— Pas réussi...

— C'est étrange, elle semblait me voir avec plaisir et, faut-il le dire, je m'oubliais auprès d'elle, et je passais toute la soirée à ses côtés... à causer, à rêver même... voyons, êtes-vous bien sûr?

— J'ai un autre parti à vous proposer, dit M. Boulandais sans répondre à l'interrogation, et, de ce côté, je suis certain du succès... le n° 429, 28 ans, orpheline, bachelière.....

— Je la connais, s'écria Cabassol.

— Je l'ai vue hier et je suis autorisé à vous dire...

— C'est la citoyenne Constance Lecamus, n'est-ce pas? A mon grand regret, elle ne répond pas à mon idéal!... elle est charmante, mais trop de discours après la lune de miel...

— Vous avez tort.

— Eh bien, et nous? interrompit Bezucheux, avez-vous quelque douce espérance pour nous?

— Ne manquez pas à ma soirée de demain, peut-être aurai-je une bonne réponse à vous donner... une demoiselle hésite en ce moment entre vous et votre ami Pontbuzaud.

— Hésiter entre Pontbuzaud et moi! c'est inouï... jusqu'à présent je n'avais jamais vu ça... Enfin!... qui est-ce?...

— Une orpheline, le n° 430, je n'ai pas le droit de préciser avant la réponse... Je prie aussi M. Lacostade de venir avec sa cuirasse... il est venu la dernière fois en simple habit, il a eu tort! Allons, messieurs, bon espoir et à demain!

— Allons, dit Bezucheux en s'en allant, patientons encore... il y a de l'espoir! Nous n'avons pas encore essuyé dix-sept refus comme le pauvre Saint-Tropez!

— Mon Dieu, tu sais, fit Saint-Tropez, c'est affaire de chance... moi j'ai toujours eu la guigne.

— Ce qui m'étonne, dit Cabassol, c'est ce que le sieur Boulandais vient de me dire... c'est le refus de la dame n° 475!

— Pourvu que nous puissions aller jusqu'au jour du contrat! s'écria Lacostade, ma suprême ressource est épuisée..

— Nous allons redevenir vertueux! soupira Bezucheux, c'est dur quand on n'a pas la vocation, mais il le faut!... mes enfants, je vous quittte, je vais toucher mes rentes chez mon banquier!

— Est-il heureux, ce Bezucheux, il a encore un banquier!

— Deux cents francs par mois, servis par mon conseil judiciaire... Dieu! que c'est maigre! Le brigand de conseil!... Celui que j'ai donné à papa est moins féroce!...

Bezucheux laissa ses amis au tramway et se dirigea vers le boulevard Haussmann où demeurait le célèbre Cambiac, le richissime banquier connu par son amour pour les collections et pour le foyer de la danse.

Le célèbre banquier, qui aime à se surnommer lui-même le *roi du bibelot*,

— Comme gendre je vous flanque net à la porte !

est un collectionneur émérite; aucun meuble rare, aucun bibelot étrange, ne peut paraitre sur la place, sans que Cambiac ne se le fasse apporter pour l'examiner, le soupeser, établir son état civil, et l'enchasser dans ses collections s'il en vaut la peine. De même, poussé sans doute on cela par son instinct de collectionneur, aucune étoile ne peut se lever à l'horizon du Paris galant, sans que le gros Cambiac ne fasse tout ce que ses millions lui permettent, ce qui n'est pas peu dire, pour confisquer quelque temps l'astre à son profit.

Aussi l'hôtel habité par Cambiac est-il un vrai musée, depuis l'escalier des appartements particuliers jusqu'aux chambres de débarras, où sont reléguées les curiosités de second ordre. — Cambiac ne regrette qu'une chose, c'est que les étoiles, son autre passion, ne puissent pas se conserver et se cataloguer comme les autres curiosités. Quel joli musée il aurait si cela se pouvait! Malheureusement, ces délicieuses étoiles sont essentiellement filantes, ces objets d'art si délicieusement ciselés, si douillettement sertis dans la soie et la dentelle ne peuvent rester à la disposition du collectionneur comme de simples émaux ou comme des marbres inertes!

Cambiac est veuf, il a deux filles suffisamment jolies et suffisamment bien élevées, au dire de Bezucheux de la Fricottière, qui, au temps de sa splendeur, a beaucoup dansé avec elles. Maintenant toutes relations sont rompues, Bezucheux ne va plus dans le monde depuis sa déconfiture, et s'il a osé jadis lever les yeux vers elles, il sait bien que le gros Cambiac, ce vil homme d'argent déclinerait l'honneur de redorer l'antique blason des la Fricottière. —

Cependant le banquier, un vieil ami de papa la Fricottière, l'invite régulièrement à déjeuner, chaque fois qu'il vient toucher la pension mensuelle allouée par son conseil judiciaire.

Dès le premier déjeuner, Cambiac, toujours rond en affaires, a dit à Bezucheux :

— Comme client je vous vénère, mon petit Bezucheux, mais, vous savez, comme prétendant je vous flanque net à la porte ! Choisissez !

— Restons amis ! dût mon cœur se briser ! répondit Bezucheux avec un soupir, en regardant d'un œil chargé de tristesse les deux demoiselles Cambiac.

Et tout en restant galant comme un mousquetaire Louis XIII, il avait mis une sourdine à la cour vague qu'il faisait jadis sans préciser aux deux jeunes filles.

Ce jour-là, quand il arriva chez le banquier, en sortant de la Clef des cœurs, Cambiac l'accueillit avec le plus large de ses sourires.

— Mon bon Bezucheux, comme vous devenez rare ! dit-il.

— Mais... je le regrette comme vous. Ah, si les mois pouvaient avoir plusieurs trente-un !

— Mon petit, vous allez déjeuner avec nous ! mes filles vous adorent, je leur dis toujours : si vous aviez connu son père ! c'est son père qu'il fallait voir, jadis ! Le type du parfait la Fricottière !

— Mais je n'ai pas dégénéré ! fit Bezucheux.

— Je le sais bien... vous savez nos conventions : comme client je vous vénère, mais...

— Comme gendre ! je connais votre opinion. Mais, soyez tranquille, mon cœur est en miettes !

— Pas le plus petit doigt de cour !

— Entendu ! vous ne voulez cependant pas que je sois grossier ? cela, je vous en avertis d'avance, je ne le pourrais pas... Vous connaissez ma nature : gentilhomme quand même !

— Ah ! Il faut que je vous montre quelque chose... mon musée s'est enrichi depuis votre dernière visite.

— Une perle ? un bibelot unique ? quoi ?

— Mieux que cela, mon ami !

— Un Rembrandt? un Franz-Hals?...
— Mieux que cela !
— Une Vénus de Milo?
— Vous brûlez! mais c'est encore mieux que cela, ce n'est pas un objet unique que j'ai déterré, c'est toute une collection!
— Une collection !

— J'espère découvrir quelques corsets d'Agnès Sorel, d'Isabeau, etc.

— Une collection merveilleuse, unique, sans pareille ! Quelque chose de...
— Vous m'étourdissez!
— Et d'inédit! vous savez, personne n'en possède l'équivalent. Les uns peuvent avoir plus de hollandais que moi, ou de dix-huitième siècle, ou de faïences, ou d'armes, mais personne n'a ce que j'ai! Dans aucune collection vous ne trouverez ce que vous allez voir... Vous n'en avez donc pas entendu parler? mais les journaux ont déjà publié des articles enthousiastes sur ma nouvelle collection... On m'a déjà demandé à photographier les principales pièces, mais j'ai refusé... Et les criailleries des jaloux ! j'en connais qui ne dérangent pas depuis ma trouvaille...

— Vous piquez extraordinairement ma curiosité ! qu'est-ce donc enfin ?
— Vous allez voir ! j'ai fait arranger un petit salon exprès... que dis-je, un boudoir, pour ma nouvelle collection.
— Un boudoir ! Il y a donc du féminin là-dedans ?
— C'est tout ce qu'il y a de plus féminin ? Suivez-moi et apprêtez-vous à vous pâmer ! je vous connais, je sais que ça vous plaira.
Et le joyeux Cambiac guida Bezucheux à travers les salons jusqu'au boudoir de la mystérieuse collection.
— Y êtes-vous ? demanda-t-il en soulevant une portière, eh bien, admirez !
Le boudoir, comme disait Cambiac, était une grande pièce garnie de vitrines sur tous les côtés, avec une grande table centrale encore à vitrines. Au premier pas Bezucheux s'arrêta.
— Mais s'écria-t-il, je suis chez une corsetière...
— Artistique et historique ! acheva Cambiac !
— Des corsets ! des corsets et rien que des corsets !
— Mon Dieu, oui, voilà ma nouvelle collection... y êtes-vous ? Admirez-vous ? Des corsets historiques, mon cher, tout ce qu'il y a de plus historiques...
— Je ne comprends pas.
— Approchez et regardez. Voyez, chaque pièce à sa provenance... lisez les étiquettes... tous historiques !
— Comment ? des corsets du moyen âge ?
— Mais non, mon ami... je n'ai pas encore abordé l'époque moyen âge, mais je vais m'y mettre et avec de l'intelligence, du flair et de l'argent, ce serait bien le diable si je ne découvrais pas quelques corsets d'Agnès Sorel, d'Isabeau, de Catherine de Médicis ou de Marion Delorme... Ma collection pour le moment est toute moderne... Approchez-vous, et admirez ! Tenez, ce corset bleu, il provient de Mlle Mars... c'est le plus antique ; celui-ci, tenez, ce corset rose, devinez le nom de celle dont il a pressé.....
— Je tiens l'étiquette, dit Bezucheux, en lisant, *corset de Mlle Rigolboche* (1858) !
— Hein, mon cher ! connaissez-vous une collection qui puisse montrer un corset authentique de Rigolboche ? Et celui-là ? corset de Mlle Cora Pearl, porté de septembre 1862 à janvier 1863 ! Admirez, mon cher, admirez tout à votre aise. Voici une rareté, une des perles de la collection, un corset de la Dame aux Camélias ; pauvre Marguerite Gautier, était-elle maigre ! c'est sans doute un de ses derniers corsets... Tenez ! encore une perle, un corset de Lola Montès avec les initiales L. M. et une couronne de comtesse brodées dans le satin... qu'en dites-vous de celui-ci ? est-il assez coquet ? ce satin jaune un peu défraîchi ne vous dit-il pas bien des choses ?

— Il me semble que je l'ai déjà vu... murmura Bezucheux.
— Non, vous êtes trop jeune! répondit tranquillement le banquier. — Et tous ceux-ci? Voici la rangée des corsets aristocratiques, des corsets de marquises, de duchesses, et même de princesses... rien que des initiales sur les étiquettes, vous comprenez, mais je puis vous dire les noms à l'oreille. Voici les corsets politiques, tous provenant d'épouses de ministres ou d'hommes d'État, bien curieuse cette rangée politique! Voici plus gracieux : corsets d'artistes dramatiques... toute cette vitrine est consacrée aux théâtres ; corsets

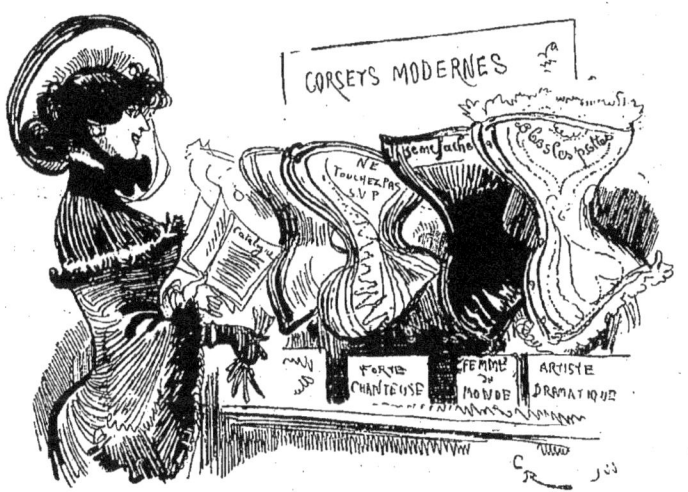

La collection Cambinc.

de chanteuses, corsets de danseuses, corsets de comédiennes et même corsets de tragédiennes. Voyez celui-ci, ce sévère corset, droit comme un alexandrin, raide comme un confident de tragédie, c'est un corset de Rachel! Tenez, ce corset d'une taille respectable, il provient de Mlle Georges... Voici deux corsets de Fanny Essler, un corset de Déjazet... Admirez maintenant la vitrine aux corsets du demi-monde... Rien que des corsets de célébrités de 1850... Est-ce joli, est-ce chatoyant?... En raconteraient-ils des choses si le bon Dieu faisait parler les corsets!... Tenez, moi, j'en suis amoureux, de ma collection... Est-ce gentil! Et tout ça a été porté, tout ça, plus ou moins longtemps, a enchâssé les plus... Ah, je veux continuer cette collection, je cherche à la compléter... mon rêve serait de posséder un corset de Jeanne d'Arc, un corset de Mme Tallien, un corset de... et de continuer les temps modernes... Vous n'auriez pas par hasard, à titre de souvenir ou autrement, un corset de quelque célébrité? je vous connais, vous devez avoir quelques jolis petits souvenirs ! un corset de Tulipia, par exemple, voilà qui serait gentil ?

— Hélas, fit Bezucheux, demandez-en un au prince de Bosnie !

— Voyez-vous, je suis positivement amoureux de ma collection, elle m'a coûté cher, mais je ne regrette pas mon argent !... je veux la compléter, je veux joindre à chaque corset le portrait de celle qui l'a porté, un portrait authentique... Et puis, j'ai une autre idée... Croyez-vous au spiritisme?

— Au spiritisme? répéta Bezucheux surpris.

— Oui ! moi j'y crois vaguement. Je vais faire venir un médium...

— Pour faire parler vos corsets?...

— Ils ont été portés, ils ont participé quelque temps à la vie de femmes aimables, ils ont tressailli sous les battements de cœurs charmants... je voudrais arriver à connaître quelque peu de leurs impressions !...

— Ah, mon pauvre Cambiac, ne prenez pas la peine de faire venir un médium, interrogez-moi?

— Comment, vous seriez medium? ou somnambule?...

— Extra-lucide ! oui ! je puis vous en raconter long sur vos corsets... Et d'abord, mon cher Cambiac, combien vous ont-ils coûté?

Mlle Emilie.

— Une misère, étant donné la haute curiosité, la saveur de la chose...

— Combien ?

— Ça n'a pas de prix ! c'était une véritable occasion... un vieux viveur réduit à la misère, qui voulait garder l'anonyme et a consenti à me les céder pour quatre...

— Mille ?

— Quatre-vingt mille !

Bezucheux chercha un fauteuil pour se laisser tomber, n'en trouvant pas, il s'appuya sur une vitrine pour rire à son aise.

— Mon cher Cambiac, je connais vos corsets, si vous me l'aviez dit, je vous les aurais fait avoir pour quatre mille ! c'est moi qui les ai vendus !

— Vous !

— Moi ! ces corsets appartenaient depuis nombre d'années à mon ami Lacostade, à la suite d'une négociation avec un usurier nommé Quillebart...

— C'est le nom de l'intermédiaire qui me les a procurés...

— Parbleu ! mon pauvre ami, faites-en votre deuil, vos corsets n'ont jamais appartenu à Lola Montès, Rigolboche, Cora Pearl et autres ! Vos corsets sont neufs, ils se sont fanés pendant leur séjour chez les usuriers et chez Lacostade... Ce Quillebart a eu une inspiration de génie, il est admirable, cet homme... il a travaillé ses corsets, les a truqués, arrangés, maquillés... Ces

LA GRANDE MASCARADE PARISIENNE

Depuis mon enfance je ne rêve que voyages, tropiques, colonies, forêts vierges!

initiales de Lola Montès, il les a fait broder, parbleu! Ah! malheureux Cambiac, ce Quillebart est capable de les avoir fait porter par sa concierge ou sa femme de ménage pour vous donner de charmantes illusions...

— Mon cher Bezucheux, je vous en prie, voyons, vous êtes sûr de ce que vous avancez?

— Si j'en suis sûr! quand je vous dis que c'est moi qui ai fait venir Quillebart pour reprendre ces corsets qui embarrassaient Lacostade depuis dix ans! avec bien de la peine, nous en avons tiré deux mille francs... Quillebart n'en voulait pas d'abord parce qu'ils étaient défraîchis, puis il s'est ravisé... il avait trouvé son petit truc... Quel génie! mon pauvre ami, va-t-on se moquer de vous quand on va connaître l'histoire!... vos concurrents en bibelotage, vos rivaux en collections vont faire des gorges chaudes... vous savez, Cambiac, je vous plains, pas pour les quatre-vingt mille, mais pour le bruit que va faire votre...

— Mais vous n'en direz rien, mon ami, mon cher Bezucheux!

— Ah ça! est-ce que vous croyez que je pourrai me retenir d'en parler? C'est une histoire

— Je vous remercie bien sincèrement.

trop comique, mon cher! tout Paris va s'esclaffer... mon cher, vous êtes fichu comme collectionneur!

— Voyons, il faut que vous me promettiez...

— Le reste de vos collections en pâtira... vos émaux cloisonnés? des truquages! votre vieux Delft? du Batignolles tout pur! votre Palissy? de la blague! vos sculptures italiennes, vos faïences Renaissance, vos... tout le reste, enfin, fabriqué à Paris par des malins qui vous ont tiré des carottes!... vous êtes flambé... moi, je vous conseille de faire votre vente avant que l'on sache l'histoire!...

— Mon ami! mon cher ami! s'écria Cambiac, vous savez que j'ai toujours eu de l'amitié pour vous!... je vous en prie, n'ébruitez pas l'affaire... ne parlez pas de cet escroc de Quillebart... voyons, que voulez-vous que je...

— Fi! vous voulez acheter mon silence!

— Non! Tenez Bezucheux, jurez-moi de ne rien dire et je vous permets... Tenez mon bon ami, ne me considérez plus comme votre banquier, considérez moi comme... votre beau-père!!!

— Bien vrai?

— Je vous y autorise, Bezucheux !

— La Providence n'abandonne jamais les amoureux ! dit solennellement Bezucheux, mon cœur était brisé par votre sévérité, voilà que les morceaux se recollent..... Je l'aimais tant !

— Laquelle ? demanda Cambriac.

— Celle que vous voudrez ! répondit noblement Bezucheux, vous voyez comme je suis bon prince !

— L'aînée, alors, Émilie ?

— Mademoiselle Émilie ! merci, beau père !... Bénissez votre gendre !

Mlle 430 a reconnu son erreur.

Ma cuirasse a tapé dans l'œil de madame 430.

— Mais vous me jurez que jamais personne ne connaîtra l'histoire de ma collection de corsets ? vous me jurez un silence éternel...

— Je le jure ! c'est comme si le notaire y avait passé ! alors, beau-père, je puis reprendre auprès de mademoiselle Émilie la cour interrompue par de malheureux événements ?

— Je vous le permets..... Et maintenant, comme ma collection est connue, tant pis, mes corsets resteront authentiques !

IX

Où l'on se repassé le n° 430. Une fiancée un peu négresse. Cinq mariages.

Monsieur Félix Cambriac a l'honneur de vous faire part du mariage de mademoiselle Émilie Cambriac, sa fille, avec Monsieur Gontran Bezucheux de la Fricottière.

Et vous prie d'assister à la bénédiction nuptiale qui leur sera donnée le... prochain en l'église de la Trinité.

LA GRANDE MASCARADE PARISIENNE

On se repasse le n° 430.

LA CLEF DES CŒURS
M. *Narcisse Boulandais, directeur*

A Monsieur Bezucheux de la FRICOTTIÈRE

Monsieur,

Mes efforts viennent d'être couronnés de succès, j'ai la joie de vous apprendre qu'une réponse favorable vient de m'être faite par le n° 430, dont voici la désignation :

	AGE	COULEUR	DOT :	ESPÉRANCES	SIGNE PARTICULIER	IDÉAL
N° 430, demoiselle	26 ans	brune	350,000	350,000	néant	quelconque

Vous avez plusieurs fois valsé avec elle à nos petites sauteries intimes ; la demoiselle espérait vous voir à nos dernières soirées pour vous répondre de vive voix, mais vous devenez si rare depuis quelque temps, qu'elle a dû me charger de cette mission délicate.

Je vous attends maintenant pour vous donner quelques derniers détails et pour fixer le jour d'une entrevue avec la jeune fille. Êtes-vous heureux! on marque une certaine impatience et l'on soupire en contemplant votre portrait! Je connais assez votre cœur pour répondre de votre empressement.

Accourez donc et croyez-moi votre toujours dévoué.

Narcisse BOULANDAIS

Je me permets de joindre à ma lettre un prospectus détaillant les très avantageuses conditions que j'offre aux clients de l'agence pour les articles indispensables, *trousseaux et layettes*.

Vous voyez que non-seulement je marie mes clients, mais encore, que je pense aux exigences de leur nouvelle situation. Je m'occupe même de l'avenir, je vous ai dit que pour mes clients j'étais plus qu'un père !

N. BOULANDAIS

J'oubliais. Pour votre voyage de noces, je pourrai vous donner une liste d'hôtels de premier ordre avec lesquels j'ai des traités qui assurent aux clients de l'agence des soins empressés, une exquise délicatesse, des chambres avec vue sur les sites poétiques et une très confortable nourriture, le tout aux prix les plus modérés.

A Monsieur Narcisse BOULANDAIS
Directeur de la Clef des cœurs

Monsieur

Je vous remercie bien sincèrement de la peine que vous vous êtes donnée pour découvrir la jeune personne idéale que le ciel, je n'en doutais pas, devait me reserver. Cette jeune personne idéale, je l'ai trouvée moi-même. Le billet de faire part ci-joint vous l'apprendra.

J'allais vous écrire pour vous prier de rayer mon nom des registres de l'agence lorsque votre lettre m'est parvenue.

Je suis à la fois confus et désolé, confus de l'immense faveur que mademoiselle 430 voulait bien m'accorder et désolé de porter le désespoir dans ce cœur aimable et confiant.

Ah! que ne sommes-nous en Turquie !

Je crois cependant avoir trouvé un moyen de tout arranger. Vous m'avez dit dernièrement que mademoiselle 430 hésitait entre moi et mon ami Pontbuzaud, eh bien, je la repasse à Pontbuzaud ! Tachez de la décider pour ce pauvre ami, au besoin, dites-lui du mal de moi. Je me résigne à devenir pour elle pire qu'un monstre, pour faire le bonheur de mon ami. Plus tard si, comme je n'en doute pas, ils sont heureux ensemble, je dirai en contemplant leur joie : voilà donc mon ouvrage ! Et une noble satisfaction emplira mon âme.

Votre paternelle préoccupation des layettes m'a profondément touché. Soyez sûr que, bien que mon bonheur à moi ne soit pas l'œuvre de l'agence, c'est à vos bons soins que j'aurai recours si le ciel daigne bénir mon mariage.

Je vous prie d'agréer, monsieur, les remerciements infinis
de votre très reconnaissant

Bezucheux de la FRICOTTIÈRE

O mon ami, elle sera heureuse, je te le jure !

Mon cher Pontbuzaud,

Cours vite à la Clef de cœurs.

La demoiselle 430 qui hésitait entre toi z'et moi (comprend-on ça !) s'est enfin décidée..... C'est toi qu'elle a choisi. (Suis-je assez infortuné !)

Par malheur, on avait confondu nos deux photographies et c'est moi qu'on a prévenu. Vole rapidement vers l'agence pour que l'erreur n'aille pas plus loin.

La lettre de faire part ci-jointe t'apprendra que, de mon côté, j'ai découvert l'être charmant destiné à faire la joie de mon âme! Les négociations avec le papa de cet être charmant m'ont fait un peu négliger mes amis depuis quelque temps, nous rattraperons le temps perdu au dîner d'enterrement de ma vie de garçon.

Ton
Bezucheux de la Fricottière
ex-célibataire (<i>bientôt</i>)

Mon cher Bezucheux,

Merci, noble ami !

La demoiselle 430 a reconnu son erreur, c'était en effet moi qu'elle préférait. M. Boulandais nous présenta l'un à l'autre et nous sympathisâmes immédiatement.

— Voici, par exemple, une anicroche : une vieille arrière-tante qui m'avait maudit, a oublié de me déshériter, son notaire vient de me l'annoncer; grâce à la négligence de ma bien-aimée tante j'hérite avec une ribambelle de cousins, juste une douzaine, mais comme elle était deux ou trois fois millionnaire, ma part sera encore raisonnable.

Je te présenterai à ma future.

Ce n'est pas tout.

Une de mes co-héritières est une charmante jeune fille, je l'épouse — ça s'est arrangé en 48 heures.

Comment faire maintenant avec mademoiselle 430 ? Je ne peux pourtant pas devenir bigame !

Je suis désolé de la plonger dans le désespoir, mais je ne puis contrevenir aux lois de mon pays.

Une idée lumineuse m'est venue ! si je la passais à Saint-Tropez ? Ce pauvre ami, il faut bien faire quelque chose pour lui..... je viens d'en écrire à M. Boulandais, j'espère que le petit changement pourra se faire.

J'ai une autre idée encore. Si nous prenions le même jour pour enterrer notre vie de garçon ? — Mais non, l'idée est mauvaise, pas le même jour, ça fait que nous l'enterrons deux fois.

Est-ce dit ? c'est dit.

A toi,
Tiburce Pontbuzaud

Mon cher Saint-Tropez,

Veux-tu me rendre un service ?

Je vais me marier — tout seul — avec une cousine, (ça fait une, compte bien !) Et il se trouve justement que grâce aux bons soins de M. Boulandais la demoiselle n° 430 veut aussi m'épouser..... (ça ferait deux !)

Quelle situation !!!

Je connais ton amitié, je sais que jamais on n'y a fait appel en vain.

Voici ce que je réclame de toi :

Tu vas t'en aller trouver M. Boulandais (il est prévenu) tu rencontreras chez lui Mlle 430, tu diras que tu viens de ma part, tu seras gracieux, empressé, éloquent, tu diras du mal de moi, et tu épouseras...

Tu tâcheras de la rendre heureuse, ô mon ami, pour que je n'aie pas de remords. Son cœur sera brisé, il est certain que dans les premiers temps tu auras à sécher ses larmes et à lui prodiguer des consolations, mais à la longue mon image s'effacera de son cœur et elle s'habituera à toi, j'aurai fait deux heureux — cela me sera compté là-haut.

Bezucheux se marie, je me marie, tu vas te marier, ça fait trois enterrements de vie de garçon..... nous rirons copieusement !

ton bienfaiteur,
Tiburce Pontbuzaud

Mon cher Pontbuzaud,

Trop tard ! Voilà huit jours que je suis presque marié. Des négociations entamées à la dernière soirée de la Clef des cœurs, ont abouti et les bans viennent d'être publiés.

Je n'avais voulu rien dire avant d'être tout à fait sûr. Excuse mes cachotteries et mets-les sur le compte de ma modestie. Tu dois comprendre que malgré le plaisir que j'aurais à t'obliger, je ne puis épouser aussi la demoiselle 430. Ma future m'a déjà déclaré qu'elle était horriblement jalouse.

Tu sais, malgré tout ce que disait M. Boulandais, j'ai réussi un mariage assorti. M. Boulandais nous classait dans les non assortis, parce que je suis blanc, et que ma future est un peu négresse. Je suis très heureux. Depuis mon enfance, je ne rêve que voyages, tropiques, colonies, forêts vierges et les circonstances m'ont toujours empêché d'aller plus loin que Monaco... je trouverai tout cela dans mon ménage !...

Tu as entrevu ma future aux soirées de la Clef des cœurs, c'est la fille d'un ancien ministre des finances de Haïti, que des malheurs politiques ont forcé à émigrer. Je craignais d'être obligé de choisir Haïti pour mon voyage de noces, mais mon beau-père, pour des raisons politiques, m'en a dispensé.

Je compte sur vous tous pour m'aider à ensevelir ma

Invitation au dîner d'enterrements.

vie de garçon. Ce sera très chic, mon beau-père demande à être de la cérémonie.

Le sort de la pauvre demoiselle 430 me tourmente. J'écris à Lacostade pour lui démontrer qu'elle ferait tout à fait son affaire.

A bientôt, mon futur beau-père brûle de vous être présenté à tous.

SAINT-TROPEZ.

Mon vieux LACOSTADE,

Tu fus cuirassier, c'est-à-dire chevalier français; comme tel, tu te dois aux dames!

La demoiselle 430 consentait à m'épouser, mais par un coup du sort, je suis engagé ailleurs, nos bans sont publiés. (Je te présenterai à ma future et à mon beau-père, tu les trouveras peut-être un peu basanés, mais cela tient à ce qu'ils sont tout à fait du midi).

Il est certain que tu n'auras qu'à paraître pour que les sympathies de Mlle 430, un instant égarées sur moi, se reportent sur ta personne. Mlle 430 gagnera beaucoup au change, ma modestie bien connue m'oblige à le déclarer hautement.

J'écris à M. Boulandais pour le prier d'arranger les choses.

Vas-y tout de suite et sois heureux.

A bientôt l'enterrement de ma vie de garçon.

A toi,
SAINT TROPEZ, ancien célibataire.

Mon cher SAINT-TROPEZ,

Impossible!

Ma cuirasse a tapé dans l'œil de Mme 420, 800,000 francs, fortes espérances, grandes relations dans la diplomatie... je l'aime! elle m'adore!

Tu comprends, que même pour rendre service à un ami, je ne puis briser le cœur à une faible femme qui m'adore! Mes bans vont être publiés et le petit souper pour l'enterrement de ma vie de jeune homme est déjà commandé. Nous rirons une dernière fois!

J'écris à Bisseco et je lui passe ta commission. Tu connais son obligeance, c'est chose faite. Ne te tourmente donc plus pour le n° 430 et marie-toi avec sérénité.

LACOSTADE,
ex jeune homme à marier.

Mon vieux BISSECO,

Au moment où je me prépare à conduire à l'autel une femme charmante, séduisante et surtout aimante, voilà que, par suite d'un malentendu, une autre femme me tombe sur les bras.

Décidément, il est temps que je me retire du monde, dans tous les salons que j'honore de ma présence, j'enflamme l'imagination des jeunes personnes.

Je te cède ma deuxième future, le n° 430 du catalogue de la Clef des cœurs. Présente-toi hardiment avec ma recommandation et je suis sûr du succès.

C'est entendu, n'est-ce pas? Nous enterrerons notre vie de garçon en même temps.

Le ministère est renversé!

Bezucheux se marie, Saint-Tropez se marie, je me marie, tu vas te marier. L'infortuné Cabassol seul va rester! Plaignons-le.

         Ton LACOSTADE,
         célibataire en retraite.

  Mon cher LACOSTADE,

Je ne veux pas que tu puisses dire que, moi, Bezucheux de la Fricottière, je suis un vil escroc. Je vais tout t'avouer. Sois indulgent, mon ami et prends pitié de mes remords. Tu sais que je me marie, tu as reçu la lettre de faire part, mais ce que tu ne sais pas, mon ami, c'est que ce sont tes corsets qui ont fait le mariage. Je t'expliquerai cela, mais sache que c'est grâce à tes corsets que j'épouse Mlle Cambiac, la fille de mon banquier; je fais une variante au vers connu:

    « *Un père est un banquier donné par la nature.* »

Mon beau-père sera toujours mon banquier, je lui continue ma confiance.
Je reprends le cours de mes aveux.
Je me marie donc grâce à tes corsets. En bonne justice, c'est toi qui devrais

épouser, je t'escroque une fiancée. De là mes remords. Je les aurais tranquillement étouffés (je suis canaille, mais très franc) si une idée ne m'était venue : mon beau-père a deux filles ; veux-tu devenir mon beau-frère? je t'indiquerai les moyens de parvenir à ce grade distingué.

Ces aveux ont soulagé ma conscience. Je suis plus tranquille maintenant. J'attends ton absolution.

Bezucheux de la Fricottière.

Mon cher Bezucheux,

Comment, encore une future? Ça ferait trois!
Qu'on aille encore nier mon prestige.
Je ne comprends rien à ce que tu me racontes. Je suis enchanté que mes corsets t'aient porté bonheur et je t'accorde le pardon que tu sollicites.
Je me marie aussi, je ne puis donc épouser la deuxième Mlle Cambiac, pas plus que je ne puis épouser le n° 430 de l'agence Boulandais.

Ton Lacostade,
futur mari du n° 420 (catalogue Boulandais).

Mon cher Lacostade,

Merci. Je cours chez M. Boulandais. Déjà je brûle pour le n° 430. O mon ami, elle sera heureuse, je le jure.

Bisséco.

X

Le dernier des célibataires. — Explication orageuse à la Clef des cœurs. — Coup de théâtre. — Le mariage de Cabassol.

Pendant que se négociaient les mariages de ses amis, Cabassol, absorbé par ses travaux parlementaires, n'avait pas paru au *Débinard's club*. Le citoyen Savoureux, en train de démolir un ministère, le mettait sur les dents. Des courses, des lettres, des articles pour deux ou trois journaux, des compte-rendus bien sentis des séances de la Chambre occupaient tous ses instants. Quand il croyait pouvoir s'échapper pendant une soirée, une séance de nuit ou un coup de collier à donner dans le journal le retenait, et il était obligé de remettre à plus tard les effusions de l'amitié.

Enfin, le jour même où Bisséco obtenait la main du n° 430, l'événement tant attendu arrivait : le ministère, savamment miné, déboulonné avec soin, s'écroula sous une poussée énergique du citoyen Savoureux, et le citoyen Savoureux, investi de la confiance du pays, fut chargé par l'exécutif d'en fabriquer un autre.

— Enfin! se dit Cabassol, je vais donc être quelque chose!

Monsieur Boulandais opérant pour lui-même.

Au moment où ses amis, ayant appris l'heureux événement, se réunissaient pour aller en corps lui présenter leurs félicitations, Cabassol arriva comme une bombe au nouveau domicile de Bezucheux.

— Vite, des sels! du vinaigre! de l'éther! s'écria-t-il en se précipitant dans un fauteuil tout neuf, je sens que je m'évanouis, soignez-moi...

— C'est la joie du triomphe qui te... dit Bezucheux en secouant son ami.

— C'est la rrrrage!

— Comment! est-ce que... Le ministère Savoureux n'est pas renversé, par hasard?

— Hélas, pas encore!... Savoureux tient son portefeuille..

— Grands dieux! il a dédaigné ton concours?... il s'est montré ingrat?..

— Sais-tu ce qu'il a osé m'offrir? à moi, son secrétaire! son...

— Quoi?

— Une sous-préfecture, mon ami, une simple sous-préfecture! Et quelle sous-préfecture!... La tienne, mon ami; la tienne!

— Mon arrondissement montagneux et embêtant?

— Juste! celle où tous les sous-préfets se pendent!

— Et tu as refusé avec indignation?

— J'allais refuser... lorsqu'une pensée soudaine m'est venue et j'ai gardé la sous-préfecture pour venir vous l'offrir... Qui veut être sous-préfet?

— Personne, mon bon, nous nous marions...

— Toi, oui, je le sais, mais les autres?...

— Les autres aussi! Lacostade se marie, Pontbuzaud aussi, Saint-Tropez aussi, Bisséco aussi!

— Tous!... Par les soins de l'agence Boulandais?

— Moi par mes seuls mérites, les autres par les soins de l'agence!

— Eh bien! et moi? De quel droit vous mariez-vous sans moi? Nous sommes allés ensemble à l'agence, on doit nous marier ensemble... Vous n'avez pas entendu dire que M. Boulandais me mariât aussi?

— Non...

— Alors c'est de l'injustice. Il vous marie tous et il me néglige... Il y met de la mauvaise volonté... Je vais lui faire des reproches... Allons, personne ne veut de ma sous-préfecture?

— Si, dit Bisséco en s'avançant, j'ai réfléchi, donne-la moi tout de même. Ça fera plaisir à ma femme... Je tâcherai d'avoir de l'avancement!

— Tiens, mon ami, voici la nomination en blanc, je la ferai régulariser. Je vole à la Clef des cœurs.

Cabassol descendait déjà l'escalier. Un fiacre passait devant la porte; il sauta dedans et donna l'adresse de M. Boulandais.

— Comment! se répétait-il en route, il y a une dame qui semble me voir avec une certaine faveur et mon mariage traine!... il y a quelque chose de louche!... Moi seul pas marié! Boulandais me trahit.

Les plantations d'orangers symboliques, dans le jardin de l'agence, irritèrent davantage Cabassol. Ces arbrisseaux ridicules semblaient le regarder avec ironie et lui dire : « Nous ne fleurissons pas pour toi! » Cabassol traversa le jardin comme un ouragan et jeta sa carte au domestique.

— M. le directeur est occupé, dit le domestique, si monsieur veut prendre la peine de s'asseoir.

Cabassol ne prit pas la peine de s'asseoir; sans écouter les objections ou sans les entendre, il s'élança vers le cabinet du directeur, ouvrit brusquement la porte... et s'arrêta pétrifié par un spectacle inattendu :

M. Narcisse Boulandais était agenouillé aux pieds d'une dame!

— Comment, s'écria Cabassol, au lieu de vous occuper de vos clients, vous... Ah!

Cette exclamation ne contenait pas simplement de l'étonnement, elle renfermait de la fureur et éclata comme une cartouche de dynamite.

La dame aux pieds de qui M. Narcisse Boulandais semblait en train de déposer ses hommages personnels, était le n° 475, la jeune veuve particulièrement distinguée par Cabassol parmi les nombreux et brillants partis catalogués à l'agence matrimoniale, celle-là même dont Cabassol sollicitait inutilement la main depuis deux mois, auprès de M. Narcisse Boulandais.

— Voilà donc! s'écria Cabassol en se croisant les bras et en foudroyant d'un regard indigné son infidèle mandataire, voilà donc le secret de vos réticences... Vous combattiez mes préférences pour la plus aimable de vos clientes (Cabassol s'inclina devant la dame), parce que vous vouliez la garder pour vous!

— Monsieur, je marie les autres, mais il ne m'est point interdit de songer à moi!... Décidément, à force de combattre le célibat chez les autres, j'ai pensé à l'attaquer chez moi..... Je me suis converti moi-même...

— Et la mission dont je vous avais chargé? Vous deviez solliciter la main de madame pour moi, mais j'ai le droit de penser que vous m'avez nui dans son esprit et que vous êtes pour quelque chose dans le refus...

Lecture du contrat.

— Le refus? dit la dame n° 475 qui, terrassée par l'émotion, n'avait pas pu dire un seul mot jusque-là.

— Madame ne semblait pas me voir avec trop d'éloignement dans nos causeries aux soirées de la Clef des cœurs, reprit Cabassol avec amertume... dans nos douces causeries... Mais vous avez profité de la mission que je vous avais confiée pour étouffer une sympathie naissante...

— Une mission? reprit la dame n° 475, un refus? mais il n'a jamais été question de cela...

— Pas question de refus? s'écria Cabassol, mais alors M. Boulandais ne vous a donc rien dit?

— Je n'ai rien dit, fit M. Boulandais, parce que, dans ma grande expérience en matière d'unions, j'ai pensé que celle que vous rêviez n'était pas possible... C'est dans votre intérêt que j'ai agi et que je vous ai proposé d'autres...

— D'autres? qui vous parle d'autres? Vous avais-je, oui ou non, prié d'être mon intermédiaire auprès de madame; non pour lui exprimer de doux sentiments que je croyais lui avoir laissé entrevoir, mais pour lui demander de ne pas repousser l'offre d'un cœur sincère...

— Je n'ai pas jugé à propos...

— Je sais pourquoi maintenant... Et ce refus que vous m'avez apporté,

Un ménage équestre.

ce faux refus? Comment qualifier cet abus de confiance? Vous n'aviez rien dit à madame...

— Et je pensais tout à l'heure, s'écria la dame n° 475, que M. Boulandais ne parlait pas en son nom personnel, mais bien au nom d'une personne qui s'était laissée deviner... lorsque tout à coup, le voyant se jeter à mes genoux, j'ai compris mon erreur...

— L'espérance renait en moi! s'écria Cabassol; je vous en supplie, madame, si M. Boulandais au lieu de me tromper indignement, avait rempli sa mission avec fidélité... je vous en supplie, madame, l'auriez-vous chargé de me transmettre... un refus... un refus cruel?

Oubliant ou dédaignant la présence de M. Boulandais, Cabassol allait se laisser tomber aux genoux de la dame n° 475 et pour toute réponse, la dame mettait sa main dans celle que lui tendait Cabassol, lorsque M. Boulandais se précipita entre eux.

— Arrêtez! s'écria-t-il, arrêtez! ce mariage ne peut se faire!

LA GRANDE MASCARADE PARISIENNE

M. et Mme Cabassol en voyage de noces.

— Pourquoi? demanda Cabassol en le repoussant?
— Parce que je n'ai qu'à révéler votre nom à madame pour la faire reculer... Je vais tout dire, puisque vous le voulez! tant pis pour vous, vous l'aurez voulu... Madame, savez-vous quel est le nom de monsieur? de monsieur qui sollicite si tendrement et si ardemment votre main et votre cœur?... Eh bien, frémissez! monsieur s'appelle Cabassol et c'est votre persécuteur! l'exécuteur des vengeances de feu votre premier mari!
— Hein? s'écria Cabassol.
— Quant à madame, vous devinez son nom, n'est-ce pas? C'est Mme Badinard, la très calomniée et très malheureuse Mme Badinard!

Avant que Cabassol, foudroyé par l'étonnement, pût se lancer à son secours, Mme Badinard était tombée dans un fauteuil qui se trouvait heureusement derrière elle.

— Ah! ah! ah! reprit M. Boulandais, vous ne vous attendiez pas à cette révélation? Oui, madame, monsieur est bien le légataire de votre mari, celui qui vous laissa jadis accablée sous le poids d'horribles calomnies et qui se fit le vengeur féroce de torts imaginaires... c'est bien l'homme à qui vous avez dû intenter un procès en restitution d'héritage... Comprenez-vous pourquoi je n'ai pas voulu vous transmettre la demande de M. Cabassol?... La prudence la plus élémentaire me commandait d'éconduire M. Cabassol pour éviter de vous rappeler un passé douloureux... Et maintenant que, à mon grand regret, l'explication a eu lieu, je reprendrai la parole pour mon compte et je vous demanderai, madame, si vous voulez permettre à un galant homme de consacrer sa vie à tenter de vous faire oublier les épreuves imméritées d'un passé cruel?... En un mot, si vous voulez être Mme Boulan...

— Jamais! s'écria Mme Badinard en se levant avec vivacité.

— Et moi je vous demanderai, madame, s'écria Cabassol, si vous daignerez jamais me pardonner...

— Quoi donc? dit en rougissant Mme Badinard, vous n'eûtes jamais de torts... personnels envers moi... Au contraire, la première personne qui

Le ménage Ponthuzaud.

reconnut et proclama mon innocence, ce fut vous... C'est donc de la reconnaissance, au contraire, que je vous dois!...

— Ah! madame! vous êtes aussi bonne que charmante!

— C'est moi, monsieur, qui dois vous faire d'humbles excuses pour l'horrible procès que M. Mitaine, mon avoué, vous a intenté... Je ne connais tous les détails de l'affaire que depuis peu... J'avais donné les pouvoirs les plus étendus à mon avoué, afin de ne plus entendre parler de rien, de n'avoir plus à m'occuper d'aucun détail de la succession de M. Badinard... et mon mandataire, dépassant ses instructions, vous a suscité le plus injuste des procès... Je vous prie de me pardonner les ennuis que Mᵉ Mitaine vous a créés...

Bisséco préfet.

— Ah! madame, pourrez-vous jamais me pardonner d'avoir été en quelque sorte le complice de feu votre mari, et de n'avoir pas rejeté tout de suite les atroces calomnies du testament.

— Encore une fois, je n'ai rien à vous pardonner, puisque vous n'avez rien à vous reprocher!

— Dites-moi tout de même que vous me pardonnez... je serai plus tranquille!

— Puisque vous le voulez, je vous donne l'absolution la plus complète...

— Et que...

— Comment, ce n'est pas encore assez?

— Et que tout est oublié!...

— Tout est oublié!

— Et que ces fatales circonstances, qui devraient nous séparer, vous consentez à ce qu'elles fassent le contraire...

— Quoi!... sachant que je suis Mᵐᵉ Badinard, vous persévérez...

— Si je persévère!... Consentez-vous?... pour me prouver que vous m'avez tout à fait pardonné...

— Vous êtes bien pressant...

— Dites oui.

— Eh bien!... soit!

Cette fois Cabassol se mit tout à fait à genoux pour recevoir convenablement la main que madame Badinard lui tendait...

— Monsieur Boulandais! cria-t-il en se relevant après avoir longuement

Tous les gens de Sport!

embrassé la main de madame Badinard, sans pitié pour le malheureux directeur de l'agence, Monsieur Boulandais, inscrivez une union de plus sur les registres de la Clef des cœurs!

L'homme le plus heureux de la terre, huit jours après le coup de théâtre de la Clef des cœurs, c'était, après Cabassol toutefois, son digne ami, son complice resté son notaire, maître Taparel! Il venait de rédiger le contrat de Cabassol avec madame Claire-Léonie Valfleury, veuve en premières noces de M. Timoléon Badinard, et son principal clerc, M. Miradoux, était en train d'en donner lecture aux futurs époux.

— *M. Antony Cabassol, préfet...* lisait M. Miradoux.
— Comment, préfet? s'écria Cabassol, mais ce n'était pas préfet, d'abord,

c'était sous-préfet, et j'ai passé ma sous-préfecture à mon ami Bisséco...

— Cependant, dit M° Taparel, voici l'officiel et voici, en même temps que la nomination de M. Bisséco comme sous-préfet, celle de M. Antony Cabassol comme préfet de...

— Savoureux se sera ravisé, dit Cabassol, me voilà donc homme politique... Je vais demander un congé, un fort congé... J'entrerai en fonctions après la lune de miel... et j'espère qu'elle sera longue!

— Ouf! voilà donc enfin la liquidation Badinard tout à fait terminée! dit M° Taparel quand les futurs eurent apposé côte à côte leurs signatures sur le contrat, avons-nous eu du mal! C'est mon dernier acte, mon cher client, je cède mon étude à Miradoux!

A quelques jours de là, par un colossal et stupéfiant souper, six célébataires célébraient les funérailles de leur vie de garçon. Bezucheux, Lacostade, Bisséco, Saint-Tropez, Pontbuzaud et Cabassol enterraient joyeusement le célibat. Bezucheux, pour plus d'agrément, aurait voulu six soupers successifs au lieu d'un, mais Cabassol très occupé à faire sa cour, avait obtenu qu'une seule cérémonie serait célébrée.

Bezucheux avait amené son futur beau-père, le collectionneur de corsets Cambiac, Cabassol était arrivé flanqué de Taparel et de Miradoux, Saint-Tropez était venu bras dessus bras dessous avec son beau-père, l'ancien ministre de Haïti, Lacostade n'avait amené personne, mais dix minutes après son arrivée, Mlle Angèle, celle qui le consolait depuis ses malheurs, avait fait son entrée dans la salle du festin, non pour vitrioler celui qui l'abandonnait, mais pour souper encore une fois avec lui avant le jour fatal.

Le beau-père un peu nègre de Saint-Tropez, homme très civilisé, avait proféré quelques grognements à la vue de Mlle Angèle, non pour se formaliser de la présence de cette jeune et intéressante personne, mais pour se plaindre qu'elle fut à la fête, le seul représentant du sexe aimable qui embellit la vie des hommes mariés... et des célibataires.

Les six mariages suivirent de fort près ce souper des funérailles. Aussitôt après la cérémonie très discrètement célébrée, M. et Mme Cabassol partirent pour leur voyage de noces. Où aller? en Italie, en Suisse? Cabassol et sa femme avaient longtemps agité la question. Par bonheur, Cabassol se ressouvint de certain hôtel où Tulipia et le prince de Bosnie avaient naguère abrité leurs errantes amours, de l'*Hôtel de la Lune de miel* enfin, si bien caché dans la verdure, par un aubergiste pratique et sentimental, au sein d'une nature confortable et poétique, avec un lac aux flots bleus à ses pieds, une file de montagnes bleues à l'horizon, et un ciel bleu quand il ne pleuvait pas, au dessus!

Ce fut donc vers l'hôtel de la Lune de miel que se dirigèrent M. et Mme Cabassol pour y passer la leur.

Il ne nous reste plus maintenant qu'à terminer par le souhait traditionnel : allez, ô cher Cabassol, ô charmante madame Cabassol, jeune homme aventureux, femme outrageusement calomniée, êtres jadis battus par toutes les tempêtes et maintenant arrivés au port, allez! soyez heureux et ayez quelques enfants! vous l'avez bien mérité.

Cabassol n'est pas préfet; comme on lui a refusé un congé indéfini, il a donné sa démission pour conserver son indépendance! Il est journaliste et tout porte à croire qu'il sera un jour un de nos grands hommes politiques. Madame Cabassol a de son côté quelque fortune, une maison de campagne et des terres non loin de Paris; Cabassol sera député.

Bezucheux de la Fricottière après avoir bien hésité entre la politique et la diplomatie, s'est enfin décidé à se consacrer entièrement à la carrière d'homme du monde. Les traditions de l'élégance française, du bon ton, du chic, tous ces apanages des races aristocratiques sont en péril, Bezucheux de la Fricottière se raidit et lutte à outrance pour leur faire traverser les temps orageux et américanistes.

Il lutte courageusement; chevaux, chasses, baccarat, danseuses, artistes dramatiques ou lyriques, tous les genres de sport enfin, sont l'objet de ses constantes préoccupations.

Saint-Tropez est heureux.

— Je suis High-lifard! dit-il, c'est ma vraie vocation, tous les la Fricottière ont été, sont et je l'espère, seront comme ça!

Lacostade est propriétaire terrien. Il a des chevaux et ne fait pas courir, préférant courir lui-même dans ses prés et ses bois. Sa femme est toujours en amazone, c'est un ménage équestre. De temps en temps, en tête à tête avec sa femme, Lacostade met sa cuirasse pour se laisser admirer.

Saint-Tropez est heureux, il a des enfants un peu mulâtres. Une révolution vient de rappeler son beau-père à Haïti, mais il a refusé de le suivre malgré la promesse d'un bon poste; il préfère se faire décrire par sa femme les splendeurs des pays chauds et les agréments des voyages maritimes.

Bisséco est préfet; Cabassol lui a fait obtenir de l'avancement, pour l'empêcher de se suicider dans son arrondissement montagneux.

Ponthuzaud plaide en séparation : son épouse le battait. Pour se venger, il a écrit une brochure sur le divorce et l'a fait publier en feuilleton dans le journal de son arrondissement.

M. Narcisse Boulandais, directeur de l'agence matrimoniale la Clef des cœurs, est toujours célibataire.

Dernières nouvelles, le mariage morganatique du sympathique prince Michel de Bosnie avec Tulipia Balagny vient d'être cassé pour vice de forme. La chronique scandaleuse a parlé d'un archiduc qui aurait pris des licences avec le contrat de mariage de Michel, mais ce bruit n'a rien d'officiel. Tulipia a renoncé aux pompes solennelles des cours et elle est revenue à toute vapeur vers son cher Paris.

Pour tâcher d'oublier ses malheurs conjugaux elle s'est prise soudain de passion pour l'art dramatique et elle vient de se faire engager au Gymnase.

Sans nul doute, à cette heure, Bezucheux de la Fricottière est allé se jeter à ses pieds.

TABLE DES MATIÈRES

PREMIÈRE PARTIE

UNE VIE DE POLICHINELLE

I. — L'hôtel Hippocrate. — Un lendemain de carnaval. — Le testament de feu Badinard. — Étrange mission dévolue à M. Antony Cabassol. — L'album aux soixante-dix-sept portraits compromettants 1

II. — Cabassol ouvre les hostilités et débute en révolutionnant Bullier. — Un notaire qui se dérange.................. 16

III. — Une soirée à l'ambassade de Zanguebar. — Le Crocodile d'argent. — Négociation d'un emprunt hypothéqué sur trois cents lieues carrées de serpents à sonnettes.. 37

IV. — L'ambassadrice compromise. — Un rival de Haïti. — Nouveaux désagréments causés par l'affaire Badinard à l'infortuné Mᵉ Taparel... 53

V. — Un duel féroce au bois de Vincennes. — La troisième vengeance. — Le plus beau jour de la vie de M. Félicien Cabuzac est troublé par des discussions violentes.................... 71

VI. — Idées de Cabassol sur l'équitation. — Les douze sonnets dédiés à Mᵐᵉ Éléonore de Champbadour. — Intimités sur l'Arc de Triomphe.................. 91

Liv. 101.

VII. — Où surgit M. de Champbadour, mari invulnérable ! — L'Œil, compagnie d'assurances contre les risques du mariage.............. 103
VIII. — Vie torrentueuse de cinq aimables gommeux. — Bézucheux de la Fricottière et ses cinq sous-préfètes. — Signes particuliers de quelques belles-petites... 116
IX. — Pures amours enveloppées dans l'ombre et le mystère. — Cabassol perd son temps. — Les faux pick-pockets de Mabille............. 139
X. — Interrogatoires. — Horribles découvertes. — Les cinq clefs à faveurs roses. — Invasion nocturne et nouvelle découverte non moins horrible que les autres................................ 147

DEUXIÈME PARTIE

LE CLUB DES BILLES DE BILLARD

I. — Recherche d'un crâne. — Une réception aux billes de Billard. — Une photographie mystérieuse................................. 161
II. — Une fête andalouse. — Rendez-vous dérangé. — Comment Cabassol, surpris par un mari jaloux comme un tigre, s'en tira en lui arrachant une molaire. — Le ballet du mal de dents........... 177
III. — L'illustre docteur Cabassol. — Consultations dans les coulisses. — Siège de Mlle Criquetta, étoile des Folies-Musicales.............. 193
IV. — Campement bellevillois. — Amers chagrins de Mme Friol mère... — Une jeune fille qui tourne mal................................. 211
V. — La première de la Petite Favorite. — Où Cabassol et Me Taparel sont admis à l'honneur de se pâmer devant les chefs-d'œuvre de l'illustre maître Jean Bizouard, peintre impressionniste et naturaliste. 227
VI. — La poésie naturaliste. — La sculpture naturaliste. — Programme de la VIE DÉGOUTANTE, organe naturaliste. — La jalousie de Mme Bizouard. — Exploits d'huissier................................. 241
VII. — Un prince de la science. — Cabassol et Miradoux, esclaves du devoir, risquent des maladies pour le service de la succession Badinard. — Trop de potions !...................................... 257
VII. — Question véritablement indiscrète posée au bouillant colonel Ploquin. — Le phonographe de Me Taparel. — Victoires et conquêtes d'un vieux brave....................................... 269
IX. — Échantillon de poésie darwiniste pour la Revue préhistorique. — La bibliothèque ambulante de M. Poulet-Golard. — Collections de cailloux de l'âge de pierre et de photographies de l'âge du faux chignon.. 277
X. — Comment le sage arrange sa vie. — Où Cabassol entrevoit la possibilité de venger Badinard de quelques-uns de ses ennemis. — La volage Tulipia. — Catastrophe............................. 290

TROISIÈME PARTIE

L'ENLÈVEMENT DE TULIPIA

I. — A la recherche de Tulipia. — Les habitantes de la villa Girouette. — Comment Cabassol et deux clercs de notaire se virent obligés de signer des promesses de mariage....................... 321

TABLE DES MATIÈRES

II. — Comment le prince de Bosnie et son précepteur se dérangèrent de leurs devoirs et abandonnèrent cruellement la pauvre grande-duchesse de Klakfeld pour la séduisante Tulipia... 342
III. — Consommation prodigieuse de couleur locale. — Trop de macaroni. Manière de lester un corricolo. — Souscription forcée au profit des indigents calabrais. — Dons en argent et en nature........ 360
IV. — Les agréments du palais Trombolino-Trombolini. — Trop de gondoles. — Touchante histoire de la tendre Bianca Trombolino. — Rats, hiboux, spectres et courants d'airs..................... 390
V. — Dame de compagnie pour voyageurs poétiques. — Nuits romantiques. Trop de mandoline. — Annonces sentimentales viennoises..... 407
VI. — Nouvelles souffrances occasionnées par la couleur locale. — Trop de mulet. — Tulipia apprend à jouer de la trompe des Alpes. — Un Voyage de noces contrarié par l'Angleterre.................... 422
VII. — A la recherche de Tulipia. — Route du Righi. — Un mariage dans l'intérieur du pont des Soupirs. — L'infortuné Cabassol marie encore un clerc de notaire...................................... 432
VIII. — Un séjour à l'hôtel de la Lune de Miel, près Lucerne (Suisse). — Amour et poésie. — Lunes de miel et divorces. — Appartement à musique. — L'avoué de l'hôtel............................. 443
IX. — A Dieppe. — Tulipia, reine de la plage. — Les sept costumes de Tulipia. — Tulipia austère...................................... 462
X. — Horrible découverte... 467

QUATRIÈME PARTIE

UN PROCÈS HORRIBLEMENT SCANDALEUX

I. — Affaire Badinard contre Cabassol. — Où l'on fait connaissance avec Me Mitaine, avoué de Mme Badinard............................. 481
II. — Comment Cabassol devint le lion du jour et occupa violemment toutes les âmes tendres et sentimentales de l'Europe civilisée. — Inquiétudes masculines. — La vendetta modèle.................. 493
III. — La fête de Criquetta. — Bezucheux couronne une rosière et prononce un éloquent discours sur les charmes de la vertu. — La rosière approximative 507
IV. — Me Mitaine poursuit son enquête. — Pénibles réflexions dans un bahut. — Où Bezucheux de la Fricottière menace de perforer Mitaine.. 525
V. — Le grand jour du procès Badinard. — Les émotions de l'audience. — Audition des témoins. — Révélations !..................... 539
VI. — Suite de l'audition des témoins. — Révélations nouvelles. — Les faiblesses de Miradoux. — Réparations proposées par Cabassol. — Coup de théâtre... 559
VII. — La gouvernante de M. de la Fricottière le père. — M. de la Fricottière candidat. — Profession de foi. — Réunion publique......... 573
VIII. — La galerie d'ancêtres de M. de la Fricottière. — Le procès en interdiction. — Me Mitaine se dérange!.............................. 588
IX. — Vengeance féminine. — Comment le vitriol faillit détériorer le physique par trop séduisant de Me Mitaine. — La fin du procès. — Opérations extrêmement délicates de la liquidation Badinard..... 619

CINQUIÈME PARTIE

LA CLEF DES CŒURS

I. — Messieurs les membres du cercle des débinards. — Comment Bezucheux de la Fricottière et ses amis, poursuivis par la malechance, furent forcés de cultiver la vertu avec acharnement. — Les trois moyens 641

II. — La Clef des cœurs. — Guerre au célibat. — Le ministère des mariages. — Les essais de compatibilité. — Le catalogue de M. Narcisse Boulandais 657

III. — La soirée de la Clef des cœurs. — Grande exposition de partis. — La poursuite de l'idéal. — M. Narcisse Boulandais expose ses plans de rénovation de la profession matrimoniale 672

IV. — Comment Saint-Tropez se lança dans les affaires. — La grande émission des tramways de Venise. — Pontbuzaud se fait l'éducateur de la jeunesse. — Un pensionnat de jeunes demoiselles. — Castel-Bignol. 688

V. — Le dîner mensuel des Marseillais de Paris. — Où le romancier Cavagnous expose les principes de la littérature tempéramentiste. — Les saucisses du siège. — La poésie sur peau humaine. — Un homme politique 710

VI. — La suprême ressource de Lacostade. — Le corset est-il une cuirasse ou bien un simple objet de toilette. — Négociations délicates. .. 731

VII. — Cabassol journaliste. — Souper triomphatif. — Une réunion chez le citoyen Paradoux. — Le parti Duracuiriste. — Les droits de la femme. — Où Cabassol reçoit une pipe d'honneur. 739

VIII. — Les négociations matrimoniales de la Clef des cœurs. — Les chagrins de Saint-Tropez. — Un musée de curiosités féminines. — Comment le corset de Rigolboche maria Bezucheux 765

IX. — Où l'on se repasse le n° 430. — Une fiancée un peu négresse. — Cinq mariages 780

X. — Le dernier des célibataires. — Explication orageuse à la Clef des cœurs. — Coup de théâtre. — Le mariage de Cabassol. 780

www.ingramcontent.com/pod-product-compliance
Lightning Source LLC
Chambersburg PA
CBHW070715020526
44115CB00031B/1118